Vorwort

Das Lehrwerk „Grundlagen und Prozesse des Wirtschaftens" behandelt als Teilband der Reihe Industriekaufleute grundlegende wirtschaftliche Vorgänge und Sachverhalte bezogen auf die Lernfelder 1, 11 und 12 des Rahmenlehrplans für den zum 1. August 2002 neu geordneten Ausbildungsberuf Industriekaufmann/ Industriekauffrau.

Der Zugang zu den wirtschaftlichen Themen erfolgt über einen problemorientierten Ansatz, der einen entscheidungs- und handlungsorientierten Unterricht stützt und damit die Entwicklung der Handlungskompetenz fördert. Durch seine gesamtwirtschaftliche Perspektive ergänzt das Lehrwerk die betriebswirtschaftliche Perspektive und die Geschäftsprozessorientierung des neuen Rahmenlehrplans. Damit wird die Basis für das Verständnis grundlegender betriebswirtschaftlicher Sachverhalte und vielfältiger Systemverflechtungen zwischen Märkten, Gesamtwirtschaft und Gesellschaft gelegt.

Die Konzeption des Bandes ist so angelegt, dass durch komplexe Methoden und Aufgabenstellungen systemorientiertes und vernetztes Denken und Handeln angeregt werden. Die Darstellung wirtschaftpolitischer Probleme und Fragestellungen ist darauf ausgerichtet, dass der Einzelne die privaten, beruflichen und gesellschaftlichen Situationen als Voraussetzung für individuell und sozial verantwortliches Handeln sachgerecht durchdenken und beurteilen kann.

Die vielfältigen Anleitungen zum Einsatz unterschiedlicher methodischer Vorgehensweisen und Arbeitstechniken fördern das Anliegen, Aufgaben und Probleme zunehmend selbstständig, sachgerecht und eigenverantwortlich zu bewältigen. Einen Schwerpunkt bildet hierbei der Umgang mit komplexen Problemen, Aufgabenstellungen, Quellentexten, Schaubildern, Statistiken sowie mit informationstechnischen Systemen zur Informationsbeschaffung-, -verarbeitung und -auswertung.

Zugleich stellt der Band durch sein umfangreiches Glossar und Stichwortverzeichnis sowie ein Verzeichnis der Internetadressen eine wertvolle Hilfe als Nachschlagewerk bei der Bewältigung der berufsbezogenen Aufgaben dar. Ferner sollen zusammenfassende Übersichten und umfangreiche Aufgaben die Prüfungsvorbereitung unterstützen.

Der Herausgeber
Prof. Dr. Franz-Josef Kaiser
im Juli 2002

Inhaltsverzeichnis

2 Das Unternehmen im gesamt- und weltwirtschaftlichen Zusammenhang ... 168

1 In Ausbildung und Beruf orientieren

1 Ausbildung in einem Industrieunternehmen

Für die anerkannten Ausbildungsberufe, zu denen der Ausbildungsberuf Industriekaufmann/-kauffrau gehört, ist gesetzlich keine bestimmte Schulbildung als Zugangsvoraussetzung vorgeschrieben. In der Regel gelten der Hauptschulabschluss, die mittlere Reife, die Fachhochschulreife oder die allgemeine Hochschulreife als schulische Voraussetzung. Die Anforderungen an die Bewerber und die Einstellungsbedingungen der Industrieunternehmen sind jedoch unterschiedlich. Deshalb ist es sinnvoll, sich über die in Frage kommenden Ausbildungsbetriebe der verschiedenen Wirtschaftsbranchen, das konkrete Tätigkeitsfeld sowie über die Einstellungsbedingungen zu informieren. Durch Praktika, Informationen des Arbeitsamtes, Bewerbungen bei Ausbildungsbetrieben, Einstellungstests und Bewerbungsgespräche werden die eigenen Vorstellungen von dem Ausbildungsberuf Industriekaufmann/-kauffrau mit der Wirklichkeit verglichen.Wichtige Fragen, die zuvor geklärt werden sollten, sind beispielsweise: Welche Inhalte werden während der Ausbildung vermittelt? Entspricht der Ausbildungsbetrieb meinen persönlichen Anforderungen und Interessen? Welche Bedeutung hat die Abschlussprüfung? Welche beruflichen Perspektiven sind nach erfolgreich absolvierter Abschlussprüfung möglich?

Industriekaufleute werden in Industriebetrieben für die Planung, Durchführung und Kontrolle der verschiedensten kaufmännischen Aufgabenstellungen eingesetzt. Industrieunternehmungen produzieren industrielle Erzeugnisse, die zu marktgerechten Preisen verkauft werden sollen. Dies setzt in zunehmendem Maße voraus, dass dem Kunden Komplettlösungen (z. B. Beratung, Entwicklung, Montage, Finanzierung) angeboten werden. (...) Die Größe von Industrieunternehmungen als auch die Art der von ihnen gefertigten Produkte weisen eine große Bandbreite auf. So schwankt die Größe der Unternehmung vom „Familienbetrieb" mit unter 100 Mitarbeitern bis zur Großunternehmung mit über 10.000 Mitarbeitern. Die Produktpalette reicht von A bis Z, das heißt z. B. von Auto, Ameisensäure bis Zeppelin, Zellulose, Zitronensaft. Die Vielseitigkeit der Aufgabenstellungen, der zu erstellenden Leistungen und die Größe der Unternehmungen deuten die Vielseitigkeit der Aufgaben von Industriekaufleuten an.

aus: Bundesanstalt für Arbeit: Blätter zur Berufskunde Industriekaufmann/ Industriekauffrau, 1-IXA 301, Bertelsmann Verlag Bielefeld 1997, S. 3

Aufgaben

Vergleichen Sie, inwieweit Ihre Erwartungen an den Ausbildungsberuf mit den gegebenen Möglichkeiten in der Praxis Ihres Ausbildungsbetriebs übereinstimmen.

1.1 Berufliche Tätigkeiten und Perspektiven

Auszug aus einem Interview zwischen Auszubildenden und einem Vertreter des Arbeitsamtes Detmold im Rahmen einer Berufsfindungsmesse

Herr Brandt: (Vertreter des Arbeitsamtes)	Hallo Daniela, wir haben Sie eingeladen, damit Sie uns über Ihren Ausbildungsberuf als Industriekauffrau berichten. In welchem Unternehmen machen Sie Ihre Ausbildung?
Daniela: (Auszubildende zur Industriekauffrau)	Ich bin zur Zeit im zweiten Ausbildungsjahr der Weser Möbel GmbH. Wir stellen Schlafzimmermöbel her und verkaufen diese an den Einzelhandel. Wir haben zur Zeit in Lemgo 300 Mitarbeiter und vertreiben unsere Möbel in Deutschland und im angrenzenden Ausland.
Herr Brandt:	Beschreiben Sie uns einmal, wie Ihre Ausbildung bisher verlaufen ist.
Daniela:	Da ich in Blockform unterrichtet werde, bin ich ca. 13 Wochen pro Lehrjahr in der Berufsschule und den Rest im Unternehmen. Jedes Vierteljahr wechsel ich – wie im Ausbildungsplan vorgesehen – die Abteilungen. Bisher war ich in der Warenannahme, im Lager und in der Buchhaltung. Zur Zeit arbeite ich im Einkauf.
Herr Brandt:	Was genau machen Sie in der Einkaufsabteilung? Welche Tätigkeiten fallen dort an?
Daniela:	Wenn wir aus dem Lager oder aus der Arbeitsvorbereitung eine Bedarfsmeldung bekommen, müssen wir die fehlenden Materialien bestellen. Das können verschiedene Hölzer sein, aber genauso gut auch Furniere, Schlösser für Türen usw. Wir müssen die Lieferanten heraussuchen, eventuell Anfragen schreiben, Angebote vergleichen und dann natürlich bestellen.
Herr Brandt:	Sie sprechen immer von „wir". Wie viele Personen arbeiten bei Ihnen in der Abteilung Einkauf?
Daniela:	Natürlich mache ich die Arbeit nicht allein. Wir sind zu fünft und die Arbeit wird auf uns Mitarbeiter aufgeteilt. Durch die Aufteilung wird die Arbeit schneller erledigt und wird so für den Einzelnen nicht langweilig.
Herr Brandt:	Arbeiten Sie dabei am Computer?
Daniela:	Na klar, der Computer ist mein tägliches Arbeitsgerät. Ohne ihn läuft bei uns gar nichts mehr.

Aber man muss bei uns auch das Faxgerät bedienen und vor allem viel telefonieren. Durch den täglichen Umgang mit den Lieferanten lernt man sehr schnell, sich auf verschiedene Situationen einzustellen. Man muss da sehr flexibel sein.

Herr Brandt: Nun arbeiten Sie ja in einer Branche, der es zur Zeit nicht so gut geht. Macht sich das bei Ihnen im Unternehmen bemerkbar?

Daniela: Aber ja doch. In der Branche und gerade in dieser Region sind sehr viele Unternehmen in finanzielle Schwierigkeiten geraten und werden eventuell sogar von wirtschaftlich stärkeren Unternehmen gekauft.

Herr Brandt: Wissen Sie mehr über die Hintergründe?

Daniela: Die Möbelindustrie ist sehr konjunkturabhängig und in schlechten Zeiten sind diese Unternehmen besonders anfällig. Unser Kostenstellenleiter stöhnt immer über die hohen Fixkosten, die auch dann anfallen, wenn wir wenig produzieren. Wir haben für unsere Produktion sehr teure Maschinen angeschafft, und wenn die nicht ausgelastet sind, müssen die Kosten trotzdem von den Fertigprodukten getragen werden.

Herr Brandt: Da wissen Sie ja schon gut Bescheid, Daniela. Sagen Sie, waren Sie schon mal in der Produktion tätig?

Daniela: Ja, klar. Die ersten sechs Wochen in der Ausbildung müssen alle Auszubildenden in der Fertigung arbeiten. Das war damals zwar zunächst sehr anstrengend, aber es ist doch ungeheuer wichtig für die weitere Ausbildung. Man lernt, welche Produkte das Unternehmen herstellt, und bekommt ein Gefühl für die Arbeit in der Produktion.

Herr Brandt: Wie wird bei Ihnen gefertigt?

Daniela: Wir produzieren in unseren Werkstätten in Reihenfertigung. Dabei bekommt jeder Arbeiter ein bestimmtes Aufgabengebiet, in dem er wirklich fit ist. Durch die Arbeitsteilung können sich die Mitarbeiter spezialisieren und die Produkte werden qualitativ besser.

Herr Brandt: Vielen Dank, Daniela. Ich glaube, die Zuhörer haben einen guten Einblick in Ihren Ausbildungsalltag bekommen.

Aufgaben

1. Welche Abteilungen hat Daniela bisher durchlaufen? Wie ist die Arbeit in den Abteilungen organisiert?
2. Nennen Sie typische Tätigkeiten, die Daniela bisher ausgeführt hat. Welche Arbeiten haben Sie in Ihrem Ausbildungsunternehmen bisher ausgeführt? Gibt es auch Tätigkeiten, die Ihnen nicht gefallen haben?

1.2 Was sind Industrieunternehmen?

Die deutsche Industrie umfasst ein sehr großes Branchenspektrum und stellt daher fast alle Produkte her, die in einer Volkswirtschaft nachgefragt werden. Industrieunternehmen stellen überwiegend **Sachleistungen** her und dienen im Wesentlichen der Stoffgewinnung und Stoffverarbeitung. Damit stehen sie im Gegensatz zu Banken, Versicherungen und Handelsunternehmen, die **Dienstleistungen** anbieten.

Sachleistungen sind Güter, die meist im Wege der Arbeitsteilung und unter Einsatz maschineller Anlagen produziert werden. In den letzten Jahren haben Sachleistungsbetriebe jedoch in zunehmendem Maße auch Dienstleistungsaufgaben übernommen, sodass eine Abgrenzung nicht immer eindeutig vorgenommen werden kann. Man denke etwa an die von Industriebetrieben angebotenen Finanzierungsdienste, Beratungsleistungen, Softwareprodukte, Schulungen usw.

vgl. Kapitel 2, 3.6.3 Wirtschaftssektoren im Wandel

Handwerksbetriebe stellen allerdings auch Sachleistungen her und sind in der Regel ebenfalls Stoffgewinnungs- oder Stoffverarbeitungsbetriebe, was eine genauere Abgrenzung zum Industrieunternehmen erforderlich macht. Folgende tendenzielle Unterscheidungsmerkmale können hervorgehoben werden.

Abgrenzung zwischen Industrie und Handwerk

- Ein Industriebetrieb beschäftigt im Gegensatz zum Handwerk in der Regel eine **größere Anzahl von Mitarbeitern**,
- ist von den **maschinellen Anlagen** weit umfangreicher ausgestattet als Handwerksbetriebe,
- sieht sich in stärkerem Maße einem **anonymen Markt** gegenüber und
- orientiert sich in Zeiten der Globalisierung zunehmend an **weltweiten Beschaffungs- und Absatzmärkten**.

vgl. Kapitel 3, 8 Globalisierung

Der zunehmende Strukturwandel bei Industrie- und Handwerksbetrieben erschwert jedoch eine eindeutige Abgrenzung. Dies lässt sich am Beispiel der **Fertigungstiefe** erläutern.

Zeichneten sich früher Industriebetriebe dadurch aus, dass sie fast alle Fertigungsstufen selbst ausführten, ist in den letzten zehn Jahren ein zunehmender Fremdbezug von vorwiegend standardisierten Vor- und Zwischenprodukten zu beobachten. Auch Vertriebsaktivitäten werden in stärkerem Maße an spezialisierte Händler übertragen.

Eigenfertigung und Fremdbezug, Outsourcing, vgl. Teilband *Industrielle Geschäftsprozesse*, Kapitel 3 Beschaffungsprozesse planen, steuern und kontrollieren

Trotzdem gibt es Kriterien, durch die sich ein Industrieunternehmen charakterisieren lässt. Dabei wird unter einem „Industrieunternehmen" die rechtlich organisatorische Einheit verstanden, innerhalb derer die Erzeugung der Sachleistung erfolgt. Als „Industriebetrieb" wird der eigentliche Ort der Leistungserstellung bezeichnet.

Industrieunternehmen

Industriebetrieb

1.3 Merkmale von Industrieunternehmen

Bereits in dem einleitenden Interview wurden einige Merkmale von Industrieunternehmen angesprochen. An dieser Stelle werden drei zentrale Merkmale in ihren Grundzügen vorgestellt:

- Arbeitsteilung
- Anlageintensität
- Konzentrationsprozesse

1.3.1 Arbeitsteilung

Arbeitsteilung liegt vor, wenn Arbeiten in einem Leistungsprozess auf verschiedene Träger verteilt werden. Somit bedeutet Arbeitsteilung Spezialisierung auf bestimmte Tätigkeiten. Die Arbeitsteilung innerhalb des Betriebs umfasst zwei Aspekte: die Aufgabengliederung und die Arbeitszerlegung:

vgl. Kapitel 2, 3.6 Arbeitsteilung

Wird die betriebliche Gesamtaufgabe nach Funktionen, also nach Teilaufgaben gegliedert, ist die Aufgabengliederung gemeint. Das Ergebnis sind die Abteilungen (Einkauf, Verkauf, Produktion, Lagerung, Verwaltung usw.) eines Betriebs. In den Abteilungen werden sie weiter aufgegliedert und Aufgabenträgern zugeordnet. Das Ergebnis einer Aufgabengliederung spiegelt sich in Organigrammen wider.

betriebliche Organisationsformen, vgl. Teilband *Industrielle Geschäftsprozesse*, Kapitel 1 Marktorientierte Geschäftsprozesse eines Industriebetriebs

Aufgabengliederung

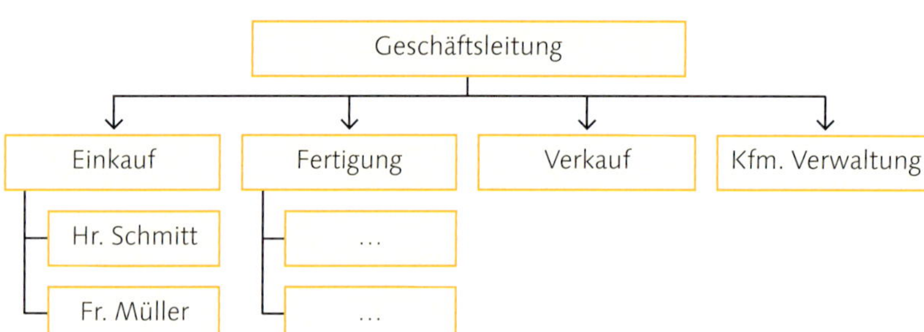

Die Art der Arbeitsteilung, die Ökonomen wie Adam Smith und Frederic W. Taylor beschrieben, ist die **Arbeitszerlegung**, deren Einrichtung dann sinnvoll ist, wenn die Arbeitskräfte ständig die gleichen Arbeitsgriffe wiederholen. Sie hatte deshalb stets ein großes Echo, weil sie zur Produktivitätserhöhung und Wirtschaftlichkeitsverbesserung führte. Lange Zeit waren diese Größen die entscheidende Seite der Medaille.

Adam Smith, vgl. Kapitel 2, 6.1 Modell der freien Marktwirtschaft

Doch diese Form der Arbeitsteilung hat auch erhebliche Nachteile: Fließbandarbeit führt zu Arbeitsmonotonie und einseitiger Belastung des Arbeiters. Die Produkte erreichen nicht höchste Qualitätsstandards, oft verursacht durch nachlassende Aufmerksamkeit des Arbeiters. Aus Unternehmenssicht führt sie zu einem erhöhten Krankenstand und zur Fluktuation. Heute wird durch Änderung der Fertigungsorganisation und verschiedene Humanisierungsstrategien in den Fabrikhallen versucht, die Nachteile so gering wie möglich zu halten, ohne jedoch die Vorteile der Arbeitsteilung aus dem Blick zu verlieren.

Arbeitszerlegung

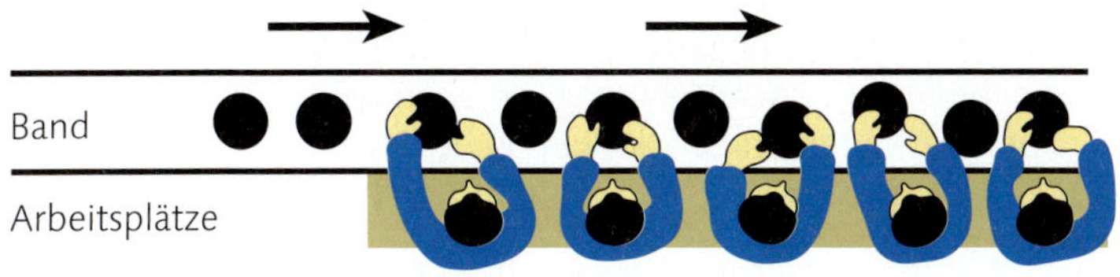

1.3.2 Anlageintensität

Industrielle Produktion ist gekennzeichnet durch eine hohe Ausstattung mit maschinellen Anlagen. Der Begriff Anlageintensität beschreibt die **Auslastung der Kapazität** einer Maschine. Maschinen können theoretisch mehr hervorbringen, als sie es zusammen mit Menschen tun. Das liegt an ihrem technischen Potenzial. Wenn also die Kapazitätsauslastung eines Betriebs sinkt, dann laufen auch die Räder der Industrie insgesamt langsamer. Im Ernstfall werden vielleicht Maschinen stillgelegt und Kurzarbeit eingeführt.

vgl. ausführlich Teilband *Industrielle Geschäftsprozesse*, Kapitel 2 Leistungserstellungsprozesse planen, steuern und kontrollieren

Ein geringer Auslastungsgrad an maschinellen Anlagen hat auch ein **Kostenproblem** zur Folge. In einer konjunkturellen Rezession kann dies über die Existenz eines Produzenten entscheiden: Bei rückläufiger Konjunktur und hoher Anlageintensität eines Industrieunternehmens verteilen sich die fixen Kosten auf weniger Erzeugnisse, was zur Folge hat, dass die Selbstkosten des Produkts steigen.

Fixe Kosten sind solche Kosten, die das Unternehmen kurzfristig nicht vermeiden kann und die auch dann anfallen, wenn wenig oder gar nicht produziert wird. Für einen industriellen Betrieb sind dies vor allem Abschreibungen, aber auch Löhne und Gehälter, da Arbeitsverträge nicht ohne weiteres gekündigt werden können.

Abschreibungen und fixe Kosten, vgl. ausführlich Teilband *Prozessorientiertes Rechnungswesen*, Kapitel 1 Werteströme und Werte erfassen und analysieren, Kapitel 2 Wertschöpfungsprozesse analysieren und beurteilen

1.3.3 Konzentrationsprozesse

vgl. Kapitel 2, 7 Wettbewerbspolitik

Viele Industrieunternehmen haben sich im Laufe der Zeit zu Großunternehmen entwickelt. Ausgehend von der Kostenexplosion in nahezu allen Bereichen eines Industrieunternehmens versuchen die wirtschaftlich stärkeren Unternehmen, schwächere zu übernehmen oder mit gleich starken Konkurrenten zusammenzuarbeiten bzw. sich zusammenzuschließen. Mit anderen Worten: Die Unternehmen konzentrieren sich.

Im Zeitalter der Globalisierung sind Konzentrationsprozesse nicht nur auf den nationalen Markt beschränkt. Unternehmenszusammenschlüsse finden zunehmend grenzüberschreitend statt, man spricht in diesem Zusammenhang auch von so genannten multinationalen Unternehmen (MNU).

Die Gründe für Unternehmenszusammenschlüsse auf nationaler wie auf internationaler Ebene sind offensichtlich: Sie konzentrieren sich, um

- die Lieferung von Rohstoffen sicherzustellen,
- in Wirtschaftskrisen abgefedert zu sein,
- eine gemeinsame Forschung und Entwicklung finanzieren zukönnen,
- Zugang zu fremden Märkten zu erhalten,
- kostenintensive Eigenfertigung in Billiglohnländer zu verlegen,
- neue Rohstoffquellen zu erschließen.

Die internationale Konzentration wird weiter zunehmen, was „soziale Marktwirtschaftler" mit zunehmender Skepsis verfolgen. Durch Konzentrationsprozesse wird die wirtschaftliche Freiheit kleinerer Unternehmen eingeschränkt, Konsumenten haben kaum noch Wahlmöglichkeiten beim Kauf ihrer Produkte, der Einfluss von Unternehmen auf politische Organe wird negative Folgen für den freien Markt haben.

soziale Marktwirtschaft, vgl. Kapitel 2, 6 Wirtschaftsordnungen

Konzentrationsprozesse sind verstärkt in wirtschaftlich schwachen Zeiten zu beobachten. In der Industrie vor allem dann, wenn die Unternehmen auf Grund niedriger Kapazitätsauslastung und hoher Anlageintensität ihre Kosten nicht mehr decken können und in finanzielle Schwierigkeiten geraten.

1.4 Industrietypen und Industriebranchen

Industrieunternehmen lassen sich zunächst in unterschiedliche Industrietypen einteilen. Diese Typen spiegeln gleichzeitig die einzelnen Produktionsstufen wider. Den Industrietypen können dann unterschiedliche Industriebranchen zugeordnet werden. Das folgende Schaubild gibt einen Überblick:

Industrietypen und Industriebranchen

Sachleistungsbetriebe

Grundstoff-und Produktionsgüterindustrie	Investitionsgüterindustrie	Verbrauchsgüterindustrie	Nahrungs- und Genussmittelindustrie
Produktionsstufe I/II Gewinnung und Veredelung		Produktionsstufe III: Be- und Verarbeitung	
– Bergbau (Kohle, Erz, Salze) – Eisenschaffende Industrie – Mineralölverarbeitung – Chemische Industrie – Steine und Erden – Zellstoff-, Papier-, Pappeindustrie – Sägewerke und Holzbearbeitung	– Stahl- und Leichtmetallbau – Maschinenbau – Fahrzeugbau – Schiffsbau – Elektronische Industrie – Feinmechanische und optische Industrie – Eisen-, Blech-, Metallwarenindustrie	– Keramische Industrie – Glasindustrie – Holzverarbeitende Industrie – Musikinstrumenten-, Spiel-, Schmuckwaren- und Sportgeräteindustrie – Papier- und Pappeverarbeitung – Druckindustrie – Kunststoffverarbeitende Industrie – Lederindustrie – Schuhindustrie – Textilindustrie – Bekleidungsindustrie	– Mühlenindustrie – Zuckerindustrie – Backwarenindustrie – Süßwarenindustrie – Molkereiindustrie – Obst- und Gemüseverarbeitende Industrie – Fischindustrie – Brauereien – Tabakindustrie

1.5 Berufliche Tätigkeitsfelder von Industriekaufleuten

Die Anforderungen an Industriekaufleute ändern sich zunehmend und mit ihnen die Aufgabenstellungen in den einzelnen Arbeitsfeldern. Heute wird in den einzelnen Arbeitsfeldern der Industriekaufleute **geschäftsprozessorientiertes Handeln** erwartet. Während der gesamten Ausbildung werden deshalb in Verbindung mit den Fachqualifikationen auch arbeitsfeldübergreifende Qualifikationen vermittelt.

vgl. Teilband *Industrielle Geschäftsprozesse*, Kapitel 1 Marktorientierte Geschäftsprozesse eines Industriebetriebs

Leitbild ist nicht mehr der abwicklungsorientierte Sachbearbeiter in klassischen kaufmännischen Funktionsbereichen, sondern der kundenorientierte Sachbearbeiter, der team-, prozess- und projektorientiert an der Erstellung kundengerechter Problemlösungen arbeitet. Deshalb benötigen Industriekaufleute zur Wahrung ihrer Aufgaben eine breite berufliche Handlungskompetenz, die Fachkompetenz mit Methoden- und Sozialkompetenz verbindet.

Handlungskompetenz, vgl. 2.3 Ausbildung und Praxis

Industriekaufleute sind in Unternehmen unterschiedlicher Branchen und Größen tätig. Ihr kaufmännisch-betriebswirtschaftliches Aufgabenfeld erstreckt sich über alle Funktionen eines Unternehmens.

Bei allen Aufgabenstellungen ist der Bezug zur betrieblichen Leistung entscheidend. Industriekaufleute unterstützen sämtliche Unternehmensprozesse aus betriebswirtschaftlicher Sicht von der Auftragsanbahnung bis zum Kundenservice nach Auftragsrealisierung. Während ihrer Ausbildung werden Industriekaufleute in den unterschiedlichen Abteilungen eines Unternehmens eingesetzt und erhalten somit einen umfassenden Überblick über die kaufmännischen Tätigkeiten.

Industriekaufleute

- verkaufen die Produkte und Dienstleistungen des Unternehmens,
- betreiben Marketingaktivitäten von der Analyse der Marktpotenziale bis zum Kundenservice,
- beraten und betreuen Kunden,
- ermitteln den Bedarf an Produkten und Dienstleistungen,
- kaufen Materialien, Produktionsmittel und Dienstleistungen ein und disponieren diese für die Leistungserstellung oder den Vertrieb,
- unterstützen den Prozess der Auftragserledigung, z. B. in der Leistungserstellung und der Logistik, bearbeiten betriebswirtschaftliche Themen in allen Funktionen des Betriebs,
- bearbeiten Geschäftsvorgänge des Rechnungswesens,
- werten Kennzahlen und Statistiken für die Erfolgskontrolle und zur Steuerung betrieblicher Prozesse aus,
- wenden Instrumente zur Personalbeschaffung und Personalauswahl an,
- planen den Personaleinsatz und bearbeiten Aufgaben der Personalverwaltung,
- planen und organisieren Arbeitsprozesse.

betriebswirtschaftliche Themen: Finanzierung, Investitionen, Rentabilität, Kostenplanung, -analyse und -verfolgung usw.

Die Erledigung der Aufgaben des Industriekaufmanns bzw. der Industriekauffrau erfordert selbstständige Sachbearbeitung sowie Teamarbeit. Zur Bearbeitung ihrer Aufgaben greifen sie auf ihre Fremdsprachenkenntnisse zurück und nutzen aktuelle Informations-, Kommunikations- und Medientechniken.

Funktionsmodell eines Industriebetriebs und dessen Beziehungen zur Umwelt

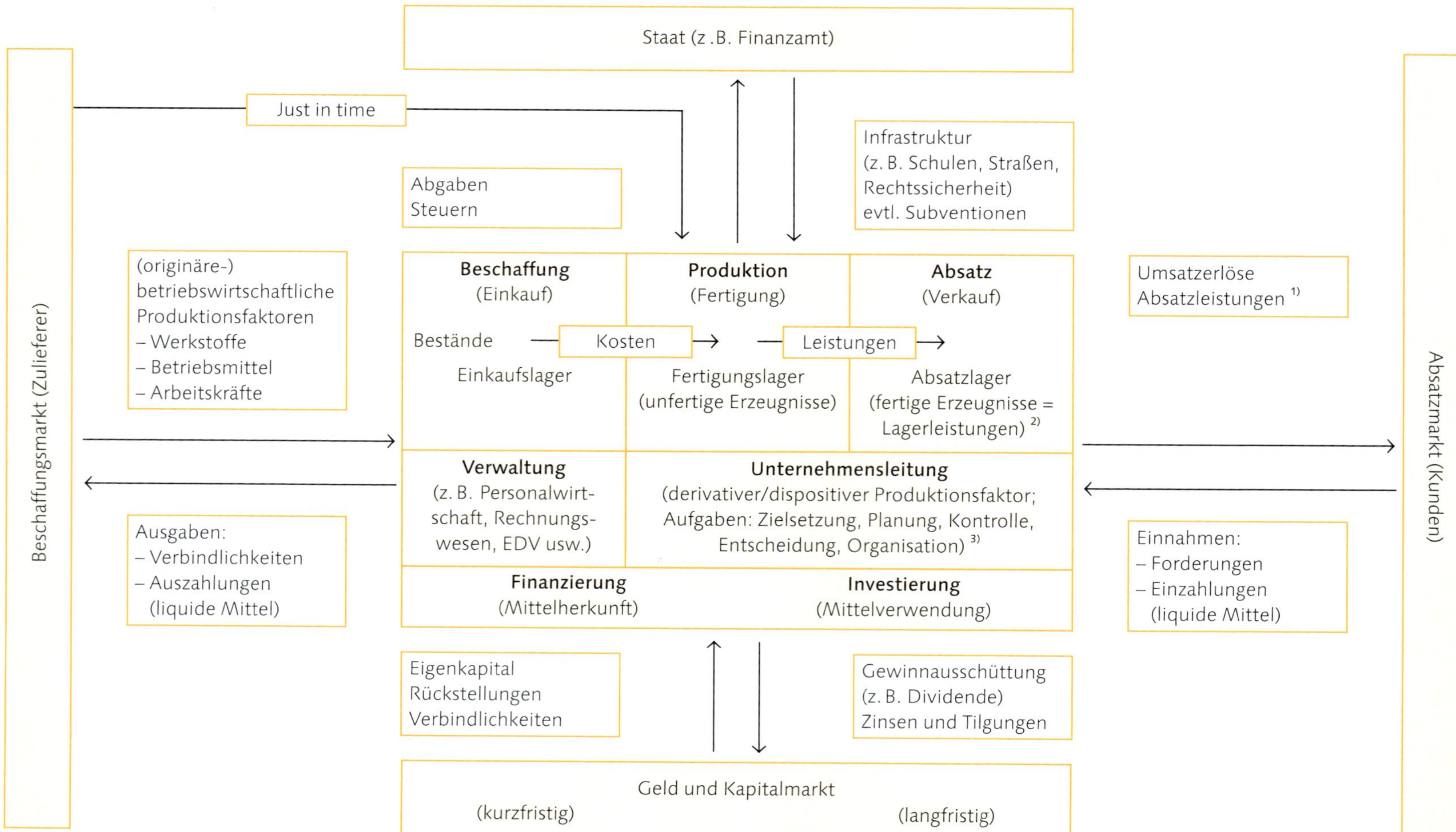

1) Absatzleistungen → bewertet zum Verkaufspreis
2) Lagerleistungen → bewertet zu Herstellungskosten (§ 255 Abs. 2 HGB bzw. § 6 EStG)

3) Hier sind nur die (strategischen) Zielsetzungs-, Planungs-, Entscheidungs- und Kontrollaufgaben auf der obersten Führungsebene angesprochen. Auch die nachgelagerten Führungs- und Ausführungsebenen haben die genannten (eher taktischen) Aufgaben in ihren Bereichen zu erfüllen.

Aufgaben

1. Geben Sie in einem Satz eine Definition von einem Industrieunternehmen.
2. Welche Leistungen eines Industrieunternehmens haben sich in den letzten Jahren zurückentwickelt, welche Leistungen sind für ein Industrieunternehmen hinzugekommen?
3. Erstellen Sie eine Tabelle nach folgendem Muster:

Kriterium	Handwerksbetrieb	Industrieunternehmen
Mitarbeiterzahl	wenige	i. d. R. hoch
Anlagenintensität	niedrig	sehr hoch
Absatzgebiet	Kunde ist bekannt	anonymer Markt

   Suchen Sie nach weiteren Kriterien, die Handwerks- und Industriebetriebe unterscheiden.
4. Wie ist die Fertigung in Ihrem Ausbildungsbetrieb organisiert? Gibt es unterschiedliche Organisationstypen bei unterschiedlichen Produkten?
5. Welche Abteilungen gibt es in Ihrem Ausbildungsbetrieb? Informieren Sie sich über die speziellen Aufgaben der einzelnen Funktionsbereiche (Abteilungen)!
6. Im Kapitel 2, 7.3 Kooperation und Konzentration, wird die Bedeutung der zunehmenden Konzentration beschrieben. Versuchen Sie mit eigenen Worten zu erklären, was man unter „Konzentration" von Unternehmen versteht.
7. Aus welchen Gründen ist aus Sicht der Unternehmen die zunehmende Konzentration (national und international) von Vorteil?
8. Überlegen Sie, warum auf der anderen Seite die zunehmende Konzentration vom „sozialen Marktwirtschaftler" mit Skepsis verfolgt wird.
9. Zu welchem Industrietypus und zu welcher Branche zählt Ihr Unternehmen? Welche Branchen sind in Ihrer Schulklasse vertreten?
10. Welche besonderen Fähigkeiten und Eigenschaften werden von einem Industriekaufmann bzw. einer Industriekauffrau erwartet?

2 Lernen im dualen System

Grundlage einer einheitlichen und ordnungsgemäßen Berufsausbildung ist das **Berufsbildungsgesetz (BBiG)**. Es sieht vor, dass Ausbildungsberufe durch Ausbildungsordnungen beschrieben werden müssen (§ 25 BBiG). In der **Verordnung über die Berufsausbildung Industriekaufmann/-kauffrau** werden die Inhalte für den **Lernort Betrieb** aufgeführt. Der **Rahmenlehrplan** ist in dem Exemplar der Verordnung über die Berufsausbildung, das die Auszubildenden vor Beginn der Ausbildung vom Ausbilder zur Verfügung gestellt bekommen, enthalten. Hier sind die Lerninhalte für den **Lernort Berufsschule** aufgeführt. Um schon vorab die Ausbildungsinhalte kennen zu lernen, ist es zweckmäßig, sich die Verordnung über die Berufsausbildung über den Buchhandel, über öffentliche Bibliotheken oder über die Beratungsstellen der Arbeitsämter zu besorgen.

vgl. 3 Berufsbildungsgesetz und Ausbildungsvertrag

vgl. 2.2 Rahmenlehrplan

2.1 Ausbildungsordnung

Die Ausbildungsordnung legt für den jeweiligen Beruf folgende Inhalte fest:

1. Die Bezeichnung des Ausbildungsberufs: Für die Ausbildung im Industriesektor ist der Ausbildungsberuf Industriekaufmann/-kauffrau staatlich anerkannt, wobei an Stelle der Doppelbezeichnung die Berufsbezeichnung in der männlichen oder in der weiblichen Form verwendet wird. Unabhängig hiervon steht der Beruf Männern und Frauen offen.

2. Ausbildungsdauer: Die Berufsausbildung dauert in der Regel drei Jahre. Verkürzungen am Anfang oder am Ende der Ausbildungszeit sind jedoch möglich. Die Ausbildung endet mit der bestandenen Kaufmannsgehilfenprüfung vor der zuständigen Industrie- und Handelskammer.

3. Die Fertigkeiten und Kenntnisse, die Gegenstand der Berufsausbildung sind (Ausbildungsberufsbild): Im Ausbildungsberufsbild werden bestimmte Kenntnisse und Fertigkeiten festgelegt, die den Auszubildenden im Lernort Betrieb vermittelt werden sollen. Welche Kenntnisse und Fertigkeiten für den Beruf Industriekaufmann/-frau aufgeführt werden, finden Sie auf der nächsten Seite.

Ausbildungsberufsbild, vgl. S. 21

4. Eine Anleitung zur sachlichen und zeitlichen Gliederung der Fertigkeiten und Kenntnisse (Ausbildungsrahmenplan): Für den Lernort Betrieb ordnet der Ausbildungsrahmenplan bei der **sachlichen Gliederung** den Teilen des Ausbildungsberufsbildes die zu vermittelnden Fertigkeiten und Kenntnisse zu. Bei der **zeitlichen Gliederung** werden die zu vermittelnden Fertigkeiten und Kenntnisse den drei Ausbildungsjahren zugeordnet. Für den Lernort Berufsschule ist der Rahmenlehrplan maßgebend, der neben einer allgemeinen und einer berufsbezogenen Vorbemerkung eine Übersicht über die Lerngebiete sowie die Verteilung der Zeitrichtwerte, der Lernziele und der Lerninhalte der einzelnen Lernabschnitte beinhaltet. Soweit möglich, sind die Lernziele und -inhalte der Datenverarbeitung bereits in die Lerngebiete integriert und werden bei der Bemessung der Zeitrichtwerte nicht mehr berücksichtigt.

Ausbildungsberufsbild	
1 Der Ausbildungsbetrieb 1.1 Stellung, Rechtsform und Struktur 1.2 Berufsbildung 1.3 Sicherheit und Gesundheitsschutz bei der Arbeit 1.4 Umweltschutz 2 Geschäftsprozesse und Märkte 2.1 Märkte, Kunden, Produkte und Dienstleistungen 2.2 Geschäftsprozesse und organisatorische Strukturen 3 Information, Kommunikation, Arbeitsorganisation 3.1 Informationsbeschaffung und -verarbeitung 3.2 Informations- und Kommunikationssysteme 3.3 Planen und Organisieren 3.4 Teamarbeit, Kommunikation und Präsentation 3.5 Anwendung einer Fremdsprache (bei Fachaufgaben) 4 Integrative Unternehmensprozesse 4.1 Logistik 4.2 Qualität und Innovation 4.3 Finanzierung 4.4 Controlling	5 Marketing und Absatz 5.1 Auftragsanbahnung und -vorbereitung 5.2 Auftragsbearbeitung 5.3 Auftragsnachbereitung und Service 6 Beschaffung und Bevorratung 6.1 Bedarfsermittlung und Disposition 6.2 Bestelldurchführung 6.3 Vorratshaltung und Beständeverwaltung 7 Personal 7.1 Rahmenbedingungen, Personalplanung 7.2 Personaldienstleistungen 7.3 Personalentwicklung 8 Leistungserstellung 8.1 Produkte und Dienstleistungen 8.2 Prozessunterstützung 9 Leistungsabrechnung 9.1 Buchhaltungsvorgänge 9.2 Kosten- und Leistungsrechnung 9.3 Erfolgsrechnung und Abschluss 10 Fachaufgaben im Einsatzgebiet

§ 4 Verordnung über die Berufsausbildung zum Industriekaufmann/zur Industriekauffrau vom 18. Juni 2002 (Ausbildungsordnung)

5. Prüfungen: Die **Zwischenprüfung** soll in der Mitte des zweiten Ausbildungsjahres stattfinden. Sie wird schriftlich anhand von praxisbezogenen Aufgaben bzw. Fällen durchgeführt und umfasst die Prüfungsbereiche Beschaffung und Bevorratung; Produkte und Dienstleistungen; Kosten- und Leistungsrechnung.
Die **Abschlussprüfung** für die Prüfungsbereiche Geschäftsprozesse, Kaufmännische Steuerung und Kontrolle sowie Wirtschafts- und Sozialkunde findet zu Beginn des letzten Ausbildungsjahres statt. Der Prüfungsbereich Einsatzgebiete folgt am Ende der Ausbildung.

Zwischenprüfung: § 8 Verordnung über die Berufsausbildung Industriekaufmann/zur Industriekauffrau vom 18. Juni 2002

§ 9 Abschlussprüfung

(1) Die Abschlussprüfung erstreckt sich auf die (...) Fertigkeiten und Kenntnisse sowie auf den im Berufsschulunterricht entsprechend dem Rahmenlehrplan vermittelten Lehrstoff, soweit er für die Berufsausbildung wesentlich ist.
(2) Die Abschlussprüfung besteht aus vier Prüfungsbereichen. Die Prüfung in den Bereichen Geschäftsprozesse, kaufmännische Steuerung und Kontrolle sowie Wirtschafts- und Sozialkunde ist schriftlich durchzuführen. Der Prüfungsbereich Einsatzgebiet besteht aus einer Präsentation und einem Fachgespräch.

§ 9 Verordnung über die Berufsausbildung Industriekaufmann/zur Industriekauffrau vom 18. Juni 2002

In der Präsentation soll eine selbstständig durchgeführte Fachaufgabe erläutert und dargestellt werden. Im Fachgespräch wird auf die dargestellte Fachaufgabe eingegangen.

2.2 Rahmenlehrplan

Der Rahmenlehrplan wird durch die Ständige Konferenz der Kultusminister und -senatoren der Länder (KMK) beschlossen. Die Länder übernehmen ihn oder setzen diesen in eigene Lehrpläne um.

> Die Lernfelder dieses Rahmenlehrplanes orientieren sich an typischen Geschäftsprozessen eines Industrieunternehmens. (...) Die Orientierung an Geschäftsprozessen wird ergänzt durch die Berücksichtigung der vielfältigen Systemverflechtungen zwischen Märkten, Gesamtwirtschaft und Gesellschaft. Die Zielformulierungen sind im Sinne des Grundsatzes der Nachhaltigkeit ökologischer, sozialer und ökonomischer Entwicklung zu interpretieren.

Quelle: Rahmenlehrplan für den Ausbildungsberuf Industriekaufmann/Industriekauffrau, Beschluss der Kultusministerkonferenz vom 14. Juni 2002

Gegenstand der Berufsausbildung im **Lernort Betrieb** ist im ersten Ausbildungsjahr z. B. „Beschaffung und Bevorratung" (vgl. Ausbildungsberufsbild Nr. 6, S. 21). Hierzu gehören Kenntnisse und Fertigkeiten über „Bedarfsermittlung und Disposition" (vgl. Nr. 6.1). Im einzelnen sollen hier folgende Inhalte vermittelt werden:

6.1 Bedarfsermittlung und Disposition
a) Bedarf an Produktionsmitteln und Dienstleistungen ermitteln
b) Dispositionsverfahren anwenden
c) Bestellmengen und Bestelltermine ermitteln

Im **Lernort Berufsschule** soll ebenfalls im ersten Ausbildungsjahr das Lernfeld 5 „Leistungserstellungsprozese planen, steuern und kontrollieren" behandelt werden. In diesem Lernfeld sind u. a. folgende **Lernziele** zu erreichen:

Lernfeld 5, vgl. Teilband *Industrielle Geschäftsprozesse*, Kapitel 2 Leistungserstellungsprozesse planen, steuern und kontrollieren

> Im Rahmen der Materialdisposition ermitteln sie für einen Kundenauftrag auf Basis vorgegebener Stücklisten bzw. Leistungsmerkmale nach Pflichtenheft den Bedarf. Für fremdbezogene Teile oder Leistungen erstellen sie Bestellvorschläge unter Berücksichtigung der Wiederbeschaffungszeiten und Verbrauchsschätzungen.
> Für eigengefertigte Teile analysieren sie aufgrund technischer Vorgaben die Struktur eines Erzeugnisses und erstellen Stücklisten und Arbeitspläne. Sie disponieren daraus abgeleitete Fertigungsaufträge, nehmen in Abstimmung mit vorhandenen Kapazitäten und gegebenen Prioritäten eine Einlastung der Fertigungsaufträge vor und beschreiben die Möglichkeiten der Auftragsverfolgung und der Auftragskontrolle.

Quelle: Rahmenlehrplan für den Ausbildungsberuf Industriekaufmann/Industriekauffrau, Beschluss der Kultusministerkonferenz vom 14. Juni 2002

An diesem Beispiel über den Aufbau der Ausbildungsordnung zeigt sich deutlich die Wirkungsweise der dualen Berufsausbildung. Zeitlich **parallel zur fachpraktischen Ausbildung** durch den Ausbildungsbetrieb erfolgt die Vermittlung der **theoretischen Fachkenntnisse** durch die Berufsschule. Diese Reihenfolge kann auch anders verlaufen. Z. B. wird mit dem Rechnungswesen in der Berufsschule bereits im ersten Ausbildungsjahr begonnen. Im Ausbildungsbetrieb hingegen wird der Auszubildende sinnvollerweise frühestens ab dem dritten Ausbildungsjahr in Tätigkeiten im Rahmen der „Leistungsabrechnung" (vgl. Ausbildungsberufsbild Nr. 9) eingeführt, die er dann in der Praxis anwenden und berufsspezifisch vertiefen kann.

2.3 Ausbildung und Praxis

Die vielfältigen Aufgaben und Tätigkeiten im Industriesektor haben sich durch den technischen und wirtschaftlichen Wandel in den letzten Jahren grundlegend verändert. Die zunehmende PC-Nutzung und die Nutzung neuer Informationsmedien, allen voran das Internet, führt dazu, dass der Kontakt zu Kunden und Lieferanten intensiver und schneller geworden ist. Viele Arbeitsabläufe erfordern ein außerordentlich gutes Organisationstalent, wobei selbstständiges kaufmännisches Denken und vor allem Teamarbeit mehr und mehr gefordert sind. Daher haben bei den Anforderungen während der Ausbildung insbesondere fachübergreifende Qualifikationen erheblich an Bedeutung gewonnen.
Die Ausbildung in Berufsschule und Betrieb ist deshalb darauf ausgerichtet, den Auszubildenden eine umfassende berufliche **Handlungskompetenz** zu vermitteln, die sich aus den folgenden Qualifikationen zusammensetzt:

Handlungskompetenz: selbstständiger Umgang mit Aufgaben und Problemen unter Einbeziehung von Partnern und unter Berücksichtigung von ökologischen und ökonomischen Faktoren zum Erreichen einer Lösung

- **Fachkompetenz:**
  Die Fähigkeit und Fertigkeit, Aufgabenstellungen selbstständig, fachlich richtig und methodengeleitet zu bearbeiten und das Ergebnis zu beurteilen.

- **Methodenkompetenz:**
  Zur Beantwortung von Fragen oder zur Erreichung eines Ziels im beruflichen und außerberuflichen Bereich Bescheid wissen und unterrichtet sein über die Anwendung von planmäßigen Verfahren und Vorgehensweisen.

- **Sozialkompetenz:**
  Die Fähigkeit und Bereitschaft, sich mit anderen rational, verantwortungsbewusst und kooperativ auseinander zu setzen und zu verständigen.

- **Ökologische Kompetenz:**
  Die Einsicht in die komplexen Zusammenhänge von Ökonomie und Ökologie und die Bereitschaft, Verhaltensänderungen in Richtung auf umweltgerechtes Handeln zu erlangen.

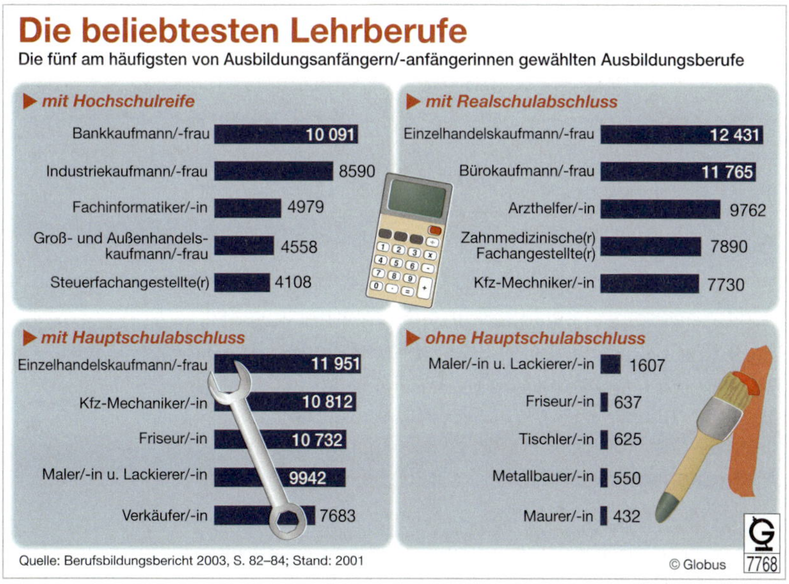

Banker, Kaufmann, Maler

Wer nach bestandenem Abitur nicht gleich studieren will, sondern erst eine betriebliche Ausbildung absolvieren möchte, den zieht es vor allem in die kaufmännischen Bereiche. Die Berufe Bankkaufmann/-frau und Industriekaufmann/-frau nehmen dabei die ersten beiden Plätze ein.
Bei den jungen Leuten, die mit Realschulabschluss eine Lehre beginnen, steht auch das Kaufmännische im Vordergrund, allerdings im Büro und im Einzelhandel. Gefragt sind daneben die Berufe Arzthelfer/-in, Kfz-Mechaniker/-in und Zahnarzthelfer/-in.
Hauptschüler mit Abschluss zieht es ins Büro oder in die Malerwerkstatt, Hauptschüler ohne Abschluss bevorzugen durchweg Handwerksberufe.

Quelle: Globus; statistische Angaben: Statistisches Bundesamt 2001

Übersicht:	
Ausbildungsbetrieb: Fachpraktische Ausbildung	Ausbildungsordnung (gem. § 25 BBiG): Lerninhalte für den Lernort Betrieb – Bezeichnung des Ausbildungsberufes – Ausbildungsdauer – Ausbildungsberufsbild (Fertigkeiten und Kenntnisse der Berufsausbildung) – Ausbildungsrahmenplan (Umsetzung im betrieblichen Ausbildungsplan) – Prüfungen
Berufsschule: Vermittlung theoretischer Fachkenntnisse	Rahmenlehrplan: Lerninhalte für den Lernort Berufsschule – Gliederung nach Ausbildungsjahren und Lernfeldern – Lernzielformulierungen = Qualifikationen und Kompetenzen, die am Ende der Ausbildung zu erreichen sind
Die Lerninhalte der Ausbildungsordnung und des Rahmenlehrplans sind aufeinander abgestimmt.	
Zu den Ausbildungszielen zählt die Vermittlung umfassender beruflicher Handlungskompetenz, d. h. – Fachkompetenz – Sozialkompetenz – Ökologische Kompetenz – Methodenkompetenz	

Aufgaben

1. Vergleichen Sie anhand eines selbst gewählten Beispiels aus der Ausbildungsordnung für Ihren Ausbildungsberuf die zeitliche Gliederung aus dem Ausbildungsrahmenplan (Lernort Betrieb) mit der zeitlichen Gliederung aus dem Rahmenlehrplan (Lernort Schule).
2. Welche Anforderungen an den Auszubildenden stellen Fachkompetenz, Sozialkompetenz, Methodenkompetenz und ökologische Kompetenz?

3 Berufsbildungsgesetz und Ausbildungsvertrag

Die gesetzlichen Regelungen bezüglich Fragen der Berufsausbildung sind dem **Berufsbildungsgesetz (BBiG)** zu entnehmen, welches neben der Berufsausbildung auch die berufliche Fortbildung und die berufliche Umschulung regelt. Zum Thema „Abschluss eines Berufsausbildungsvertrages" ist dem Gesetz § 3, Absatz 1 zu entnehmen:

> „Wer einen anderen zur Berufsausbildung einstellt (Ausbildender), hat mit dem Auszubildenden einen Berufsausbildungsvertrag zu schließen."

§ 3 Abs. 1 BBiG

Doch der Abschluss des Vertrags allein sagt über den Inhalt des Ausbildungsvertrags nichts aus! Das Berufsbildungsgesetz schreibt deshalb in § 4 vor, **„den wesentlichen Inhalt des Vertrags schriftlich niederzulegen"**. Als wesentlicher Inhalt gelten folgende acht Angaben:

§ 4 Berufsbildungsgesetz	Kommentar
1. Art, sachliche und zeitliche Gliederung sowie Ziel der Berufsausbildung, insbesondere die Berufstätigkeit, für die ausgebildet werden soll	
2. Beginn und Dauer der Berufsausbildung	Vor Beginn des Ausbildungsverhältnisses muss der Ausbildende die Eintragung in das Verzeichnis der Berufsausbildungsverhältnisse beantragen. Das Berufsausbildungsverhältnis soll nicht mehr als drei Jahre und nicht weniger als zwei Jahre dauern. Das Ausbildungsverhältnis endet mit Bestehen der Abschlussprüfung, auch vor Beendigung der Ausbildungszeit.
3. Ausbildungsmaßnahmen außerhalb der Ausbildungsstätte	z. B. Seminare, andere Betriebsstätten, Zweigstellen
4. Dauer der regelmäßigen täglichen Ausbildungszeit	richtet sich nach tariflichen und gesetzlichen Bestimmungen
5. Dauer der Probezeit	Die Probezeit muss mindestens einen Monat und darf höchstens drei Monate betragen. Während der Probezeit kann das Ausbildungsverhältnis ohne Einhaltung einer Kündigungsfrist und ohne Angabe von Gründen gekündigt werden.
6. Zahlung und Höhe der Vergütung	richtet sich nach tariflichen und gesetzlichen Bestimmungen
7. Dauer des Urlaubs	richtet sich nach tariflichen und gesetzlichen Bestimmungen
8. Voraussetzungen, unter denen der Berufsausbildungsvertrag beendet werden kann	Nach der Probezeit kann das Ausbildungsverhältnis nur beendet werden – durch Auflösungsvertrag im gegenseitigen Einverständnis, – durch Kündigung aus einem wichtigen Grund ohne Einhaltung einer Frist (innerhalb von zwei Wochen, nachdem der wichtige Grund bekannt ist), – durch Kündigung von Seiten des Auszubildenden mit einer Kündigungsfrist von vier Wochen (wenn der Auszubildende die Berufsausbildung aufgeben oder sich für eine andere Berufstätigkeit ausbilden lassen will).

Das Zustandekommen des Ausbildungsvertrags hängt auch vom Alter des Auszubildenden ab. Es ist zu prüfen, ob der Auszubildende geschäftsfähig ist und demnach den Ausbildungsvertrag rechtlich wirksam unterschreiben darf. Für das **BGB** beginnt die Volljährigkeit und somit die volle Geschäftsfähigkeit erst ab dem vollendeten 18. Lebensjahr. Das bedeutet z. B., dass 17-Jährige die Einwilligung des gesetzlichen Vertreters (in der Regel die Eltern) brauchen. Vor dem vollendeten 18. Lebensjahr kann keine Ausbildung ohne Zustimmung des gesetzlichen Vertreters aufgenommen werden! Die Berechtigung zum Einstellen und Ausbilden ist in den §§ 20–24 BBiG geregelt. Grundsätzlich muss die persönliche und fachliche Eignung des Ausbilders gegeben und der Ausbildungsbetrieb nach Art und Einrichtung für die Berufsausbildung geeignet sein. Wenn es an der Zeit ist, den Ausbildungsvertrag schriftlich festzuhalten und von beiden Vertragsparteien unterschreiben zu lassen, erhalten der Auszubildende und – bei Minderjährigen – deren gesetzliche Vertreter jeweils ein Exemplar.

Geschäftsfähigkeit, vgl. 10.1.3 Rechtssubjekte

BGB = Bürgerliches Gesetzbuch, vgl. 10.1.1 Rechtsordnung

Diese Broschüre ist beim Bundesministerium für Bildung und Forschung kostenlos erhältlich. www.bmbf.de

3.1 Rechte und Pflichten aus dem Ausbildungsvertrag

Vom Beginn der Ausbildung bis zur bestandenen Abschlussprüfung ergeben sich auf Grund des Ausbildungsvertrags Rechte und Pflichten für den Ausbildenden und den Auszubildenden.
Nach Abschluss des Berufsausbildungsvertrags, also noch vor Beginn der eigentlichen Ausbildung, muss der Ausbildende unverzüglich die Eintragung in das Verzeichnis der Berufsausbildungsverhältnisse bei der Industrie- und Handelskammer beantragen. Die Bestätigung der zuständigen Kammer, die auf dem Ausbildungsvertrag vermerkt wird, gibt den Auszubildenden die Sicherheit, dass die Ausbildung in einem anerkannten Ausbildungsberuf ordnungsgemäß begonnen werden kann.
Außerdem wird vor Beginn der Ausbildung für jeden Auszubildenden eine Personalakte angelegt, in der die persönlichen Daten aufgenommen werden. Im Laufe der Ausbildung wird diese Personalakte weitergeführt und um einige Angaben ergänzt, wie z. B. die erste Beurteilung vor Abschluss der Probezeit, das Zwischenprüfungsergebnis, Ausbildungsmaßnahmen außerhalb der Ausbildungsstätte und Seminare.

vgl. 9.6.1 Industrie- und Handelskammer (IHK)

Der ausbildende Betrieb muss die Auszubildenden vor Beginn der Ausbildung bei der zuständigen Berufsschule anmelden, denn die Ausbildung erfolgt einerseits im Betrieb und andererseits in der Berufsschule (duales System). Außerdem dürfen Auszubildende, die noch nicht volljährig sind, nur beschäftigt werden, wenn sie innerhalb der letzten 14 Monate von einem Arzt ihrer Wahl auf ihre Berufstauglichkeit untersucht worden sind und dem Ausbildenden die Bescheinigung des Arztes vorliegt.

§ 32 Jugendarbeitsschutzgesetz, Erstuntersuchung

Spätestens zum Beginn der Ausbildung sollte dem Ausbildenden die Lohnsteuerkarte und der Nachweis der Krankenversicherung übergeben werden, damit die Angaben in der Personalakte vermerkt werden können und der Ausbildungsbetrieb die entsprechenden Anmeldungen (Krankenkasse, Finanzamt) durchführen kann. Erst dann steht dem Beginn der Ausbildung nichts mehr im Wege. Daraus ergeben sich weitere Rechte und Pflichten für den Ausbildenden und die Auszubildenden.

3.2 Rechte und Pflichten von Ausbildenden und Auszubildenden

Der Ausbildende verpflichtet sich:	Der Auszubildende verpflichtet sich:
– dafür zu sorgen, dass dem Auszubildenden die Fertigkeiten und Kenntnisse vermittelt werden, die zum Erreichen des Ausbildungsziels nach der Ausbildungsordnung erforderlich sind;	– sich zu bemühen, die Fertigkeiten und Kenntnisse zu erwerben, um das Ausbildungsziel zu erreichen und die ihm im Rahmen seiner Berufsausbildung übertragenen Aufgaben sorgfältig auszuführen;
– den Auszubildenden rechtzeitig zu den angesetzten Zwischen- und Abschlussprüfungen anzumelden und für die Teilnahme freizustellen;	– am Berufsschulunterricht und an Prüfungen sowie an Ausbildungsmaßnahmen außerhalb der Ausbildungsstätte teilzunehmen;
– dem Auszubildenden vor Beginn der Ausbildung die Ausbildungsordnung kostenlos auszuhändigen;	– den Weisungen zu folgen, die ihm im Rahmen der Berufsausbildung erteilt werden;
– zur kostenlosen Bereitstellung der Ausbildungsmittel, z. B. Werkzeuge, Werkstoffe, Fachliteratur;	– die für die Ausbildungsstätte geltende Ordnung zu beachten;
– dem Auszubildenden nur Verrichtungen zu übertragen, die dem Ausbildungszweck dienen und seinen körperlichen Kräften angemessen sind;	– Werkzeug, Maschinen und sonstige Einrichtungen pfleglich zu behandeln (dazu gehören auch Verrichtungen, die mit der Sauberkeit des eigenen Arbeitsplatzes zusammenhängen);
– den Auszubildenden zum Besuch der Berufsschule anzuhalten und dafür freizustellen;	– zum Stillschweigen über Betriebs- und Geschäftsgeheimnisse;
– selbst auszubilden oder einen Ausbilder damit zu beauftragen;	– ein vorgeschriebenes Berichtsheft ordnungsgemäß zu führen und regelmäßig vorzulegen;
– Berichtshefte kostenlos auszuhändigen und die ordnungsgemäße Führung zu überwachen;	– bei Fernbleiben von der betrieblichen Ausbildung, vom Berufsschulunterricht oder von sonstigen Ausbildungsveranstaltungen dem Ausbildenden unter Angabe von Gründen unverzüglich Nachricht zu geben.
– dafür zu sorgen, dass der Auszubildende charakterlich gefördert sowie sittlich und körperlich nicht gefährdet wird;	
– dem Auszubildenden bei Beendigung des Ausbildungsverhältnisses ein Zeugnis auszustellen.	

Übersicht:	
wichtige Regelungen des BBiG	§ 3 Berufsausbildungsvertrag ist erforderlich § 4 wesentlicher Inhalt ist schriftlich festzulegen §§ 20–24 Eignung des Ausbildenden und des Ausbildungsbetriebs
Aus dem Vertrag ergeben sich Rechte und Pflichten …	… für den Ausbildenden – Eintragung des Ausbildungsverhältnisses bei der IHK nach Vertragsabschluss – Anlegen einer Personalakte – Anmeldung in Berufsschule – Anmeldung bei Krankenkasse und Finanzamt
	… für den Auszubildenden – Übergabe der Lohnsteuerkarte – Nachweis der Krankenversicherung

Aufgaben

1. Bei welchen der folgenden Fälle werden die Bestimmungen des Berufsausbildungsvertrags nicht eingehalten? Erläutern Sie Ihre Entscheidung.
   a) Der Ausbildende ist mit einem 18-Jährigen übereingekommen, ein Ausbildungsverhältnis ab dem 1. September zu schließen. Am 1. Oktober hat der Ausbildende trotz Aufnahme des Ausbildungsverhältnisses durch den Auszubildenden den Vertrag nicht schriftlich niedergelegt.
   b) Während der Probezeit kündigt ein Auszubildender ohne Vorankündigung und Angaben von Gründen. Der Ausbildende nimmt die Kündigung an.
   c) Der Ausbildende stellt eine 19-Jährige ein, ohne sich eine Bescheinigung gemäß § 32 Jugendarbeitsschutzgesetz über die ärztliche Untersuchung vorlegen zu lassen.
   d) Die Auszubildende einigt sich mit dem Ausbildenden an Stelle der sonst üblichen drei Monate Probezeit auf eine Probezeit von einem Monat. Dies wird schriftlich festgehalten.
2. Beurteilen Sie folgende Fälle:
   a) Günter, der als kaufmännischer Auszubildender bei einer Baustoffgroßhandlung tätig ist, wird vom Ausbilder aufgefordert, beim Entladen einer Wagenladung Fliesen zu helfen. Günter wendet ein, seine Kleidung werde beim Abladen der Fliesen beschmutzt und derartige Tätigkeiten gehörten nicht zu seiner Ausbildung. Der Ausbilder behauptet, Günter habe nach seinen Weisungen zu handeln.
   b) Der 17-jährige Horst hat einen Ausbildungsplatz als Industriekaufmann bei einem Fahrradhersteller. Jeweils Montag und Mittwoch ist Berufsschultag. Durch ein Schreiben der Berufsschule erfährt der Ausbildende, dass Horst an vier Berufsschultagen hintereinander unentschuldigt gefehlt hat. Die mündliche Entschuldigung von Horst will der Ausbilder nicht gelten lassen. Bei nochmaligem unentschuldigtem Fehlen betrachte er das Ausbildungsverhältnis als gelöst und würde Horst auf der Stelle entlassen.

4 Das „Müll-Dilemma" – Umweltorden oder IHK-Zeugnis?

Beispiel: Orkan arbeitet als Auszubildender zum Industriekaufmann in einem Metallverarbeitungsunternehmen. Der Sondermüll, der bei der Verarbeitung des Metalls entsteht, muss kostenpflichtig entsorgt werden. Eines Tages hört Orkan bei einem Gespräch, dass sein Chef ein Abkommen mit einer Transportfirma geschlossen haben soll, die einen Teil dieses Sondermülls illegal aus dem Weg schafft. Als Orkan seinen Chef daraufhin anspricht, leugnet dieser alles und droht ihm mit Schwierigkeiten und ggf. sogar mit einer Kündigung, falls er weitere Nachforschungen anstellt. Orkan geht der Sache dennoch weiter nach und ist entschlossen, seinen Chef anzuzeigen, falls sich das Gerücht bestätigt.

Das „Müll-Dilemma" nach: Michael Sprey: Umweltorden oder IHK-Zeugnis? Lernprogramm zur Umweltbildung an kaufmännischen Schulen, Paderborn 1994, S. 31

Auszug aus dem Berufsbildungsgesetz
§ 15 Kündigung
(1) Während der Probezeit kann das Berufsausbildungsverhältnis jederzeit ohne Einhalten der Kündigungsfrist gekündigt werden.
(2) Nach der Probezeit kann das Berufsausbildungsverhältnis nur gekündigt werden
1. aus einem wichtigen Grund ohne Einhalten von einer Kündigungsfrist
2. vom Auszubildenden mit einer Kündigungsfrist von vier Wochen, wenn er die Berufsausbildung aufgeben oder sich für eine andere Berufstätigkeit ausbilden lassen will.
(3) Die Kündigung muss schriftlich und in den Fällen des Absatzes 2 unter Angabe der Kündigungsgründe erfolgen.
(4) Eine Kündigung aus einem wichtigen Grund ist unwirksam, wenn die ihr zu Grunde liegenden Tatsachen ... länger als zwei Wochen bekannt sind.

Auszug aus dem Berufsausbildungvertrag
§ 4 Pflichten des Auszubildenden
Der Auszubildende ... verpflichtet sich insbesondere, ...
3. (Weisungsgebundenheit)
den Weisungen zu folgen, die im Rahmen der Berufsausbildung vom Ausbildenden, vom Ausbilder oder von anderen weisungsberechtigten Personen ... erteilt werden, ...
6. (Betriebsgeheimnisse)
über Betriebsgeheimnisse Stillschweigen zu wahren.

Auszug aus dem Merkblatt zum Berufsausbildungsvertrag
§ 4 Pflichten des Auszubildenden
6. (Betriebsgeheimnisse)
Der Auszubildende hat über die ihm als Betriebs- und Geschäftsgeheimnisse bezeichneten Tatsachen hinaus auch dann Stillschweigen zu bewahren, wenn er eindeutig erkennen musste, dass es sich um Betriebs- und Geschäftsgeheimnisse handelt.

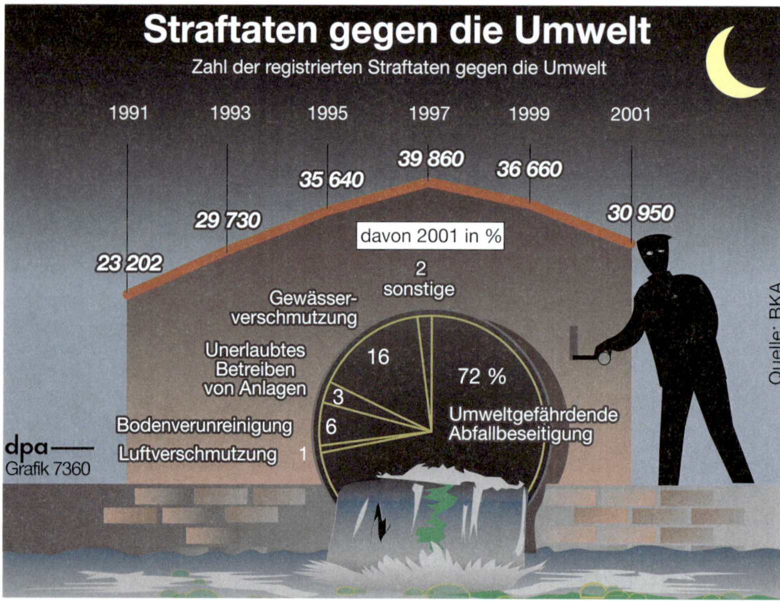

Karikatur von Haitzinger

Aufgaben

1. Halten Sie Orkans Verhalten eher für falsch oder eher für richtig? Begründen Sie Ihre Bewertung.
2. Die umweltgefährdende Beseitigung von Abfällen ist nach wie vor Spitzenreiter der in Deutschland registrierten Umweltstraftaten (vgl. Schaubild „Tatort Umwelt").
   Welche Hintergründe könnte dies haben? Berücksichtigen Sie auch die obige Karikatur.
3. Spielen Sie den konfliktträchtigen Sachverhalt „Orkan stellt den Geschäftsführer zur Rede" vor der Klasse nach.
   Benutzen Sie zur Beurteilung und Beobachtung das Schema auf der nächsten Seite.

Bewertung von Konflikten (Analyseschema)	
Konfliktbestandteile	Fragen an die Konfliktszenen
1. Konfliktgegenstand	Worum geht es bei dem Konflikt? Wird der Konfliktgegenstand in der Spielszene benannt oder wird er verschleiert?
2. Konfliktsuche	Wo liegen die Ursachen für den Konflikt?
3. Status (Stellung) der Konfliktparteien	Wer argumentiert gegen wen? Wer verbündet sich mit wem?
4. Austragungsweise	Wie wird der Konflikt ausgetragen? Sind die Auseinandersetzungen sachlich, handgreiflich oder emotional (gefühlsbetont)?
5. Argumentation	Wie und durch welche Hinweise begründen die Konfliktparteien ihre Meinungen und Handlungen?
6. Konfliktverlauf	Was gibt den Anstoß zum Ausbruch des Konfliktes?

4. Für wie akzeptabel halten Sie jeweils die folgenden Argumente, die man zu Gunsten von Orkans (PRO) bzw. gegen sein Verhalten (KONTRA) vorbringen kann? Bewerten Sie die Antworten a) bis l) nach folgendem Schema:

Das Argument halte ich für						
-3	-2	-1	0	+1	+2	+3

Erstellen Sie dazu nach dem Schema eine tabellarische Übersicht für alle Angaben, in der die Ergebnisse der Klasse gesammelt werden, und diskutieren Sie die Gründe für die Angaben.

PRO	KONTRA
a) Orkan trägt als Mitarbeiter die Mitverantwortung für das Umweltvergehen, da die Firma gesetzlich verpflichtet ist, Umweltauflagen einzuhalten.	g) Es gibt kein Gesetz, das Orkan dazu zwingt, den Geschäftsführer zu verraten, solange man seine Mitwisserschaft nicht nachweisen kann.
b) Orkan trägt durch seinen Einsatz zum Schutz der Umwelt bei und könnte durch sein Durchsetzungsvermögen Vorteile für seinen späteren beruflichen Werdegang erreichen.	h) Orkans persönliches Recht auf eine gesicherte Existenz wiegt mehr als der Schutz der Umwelt und der Erhalt unserer natürlichen Lebensgrundlagen.
c) Der Geschäftsführer kann Orkan nicht zwingen, seine weiteren Nachforschungen einzustellen, die das Umweltvergehen aufklären sollen, da das Umweltvergehen gesetzeswidrig ist.	i) Orkan muss den Anweisungen des Geschäftsführers Folge leisten, weil dieser ihn sonst für die Missachtung seiner Anweisung bestraft.
d) Das Unternehmen muss auf gesellschaftlichen Wertewandel reagieren und Verantwortung für zukünftiges Leben übernehmen.	j) Orkan sollte sich dem Geschäftsführer verbunden fühlen und ihn aus Firmenloyalität nicht in Schwierigkeiten bringen.
e) Die fundamentale Verpflichtung, unsere natürlichen Lebensgrundlagen zu schützen und zu erhalten, ist wichtiger als persönliche Interessen und Vorteile.	k) Das wirtschaftliche Überlebensinteresse der Firma und damit der Erhalt der Arbeitsplätze in diesem Fall kann nur auf Kosten der Umwelt erfolgen.
f) Orkan sollte das schlechte Verhältnis zu dem Geschäftsführer in Kauf nehmen, weil ihn seine Eltern und Freunde bestimmt für sein vorbildliches Verhalten im Umweltschutz loben werden.	l) Der Geschäftsführer würde Orkan bestimmt auch einen Gefallen erweisen, wenn dieser sich bereit erklärt, keine weiteren Nachforschungen anzustellen.

5 Schutzgesetze und Verordnungen

Verschiedene Rechtsgrundlagen sind für das Berufsausbildungsverhältnis maßgebend. Die rechtlichen Vorschriften der Berufsbildung sollen in beiden Lernorten (Betrieb und Berufsschule) im ersten Ausbildungsjahr vermittelt werden.

5.1 Überblick

Im Einzelnen gelten folgende Rechtsgrundlagen:
- Berufsbildungsgesetz
- Berufsbildungsförderungsgesetz
- Gewerbeordnung
- Ausbilder-Eignungsverordnung
- Allgemeine Regelungen der Gleichstellung auf Grund des Einigungsvertrags
- Jugendarbeitsschutzgesetz
- Arbeitszeitgesetz
- Unfallverhütungsbestimmungen
- Mutterschutzgesetz

Berufsbildungsgesetz (BBiG)
Das Berufsbildungsgesetz enthält Regelungen, die die Berufsausbildung direkt betreffen, so z. B.
- die Begründung, den Inhalt, Beginn und die Beendigung des Berufsausbildungsverhältnisses
- Regelungen zur persönlichen und fachlichen Eignung der Ausbilder, zur Überwachung der Berufsausbildung und zu den Prüfungen
- besondere Vorschriften für einzelne Wirtschafts- und Berufszweige

Berufsbildungsförderungsgesetz (BerBiFG)
Das Berufsbildungsförderungsgesetz ist die gesetzliche Grundlage zur Förderung der Berufsbildung. Auf Grund einer Berufsausbildungsplanung sollen die Grundlagen geschaffen werden, die den technischen, wirtschaftlichen und gesellschaftlichen Anforderungen der beruflichen Bildung entsprechen.
Zur Durchführung der Aufgaben der Berufsbildung erteilt der zuständige Bundesminister Weisungen an das Bundesinstitut für Berufsbildung. So wirkt das Bundesinstitut für Berufsbildung mit bei der Vorbereitung
- der Ausbildungsordnungen und sonstigen Rechtsverordnungen
- des Berufsbildungsberichts
- der Berufsbildungsstatistik

Ausbildungsordnung und Rahmenlehrplan, vgl. 2 Lernen im dualen System

Gewerbeordnung (GewO)
Die Gewerbeordnung regelt unter anderem Fragen über die Gestaltung des Arbeitsvertrags und der Betriebssicherheit sowie die staatliche Aufsicht durch die Gewerbeaufsichtsämter.
Diese wird zumeist den ordentlichen Polizeibehörden oder von den Landesregierungen zu ernennenden Beamten übertragen, wobei zwischen den Gewerbeaufsichtsämtern und der Berufsgenossenschaft eine enge Zusammenarbeit besteht.

vgl. 5.4 Arbeitsschutz und Unfallverhütungsbestimmungen

Ausbilder-Eignungsverordnung
Ausbildende in der gewerblichen Wirtschaft (auch Landwirtschaft, öffentlicher Dienst, Hauswirtschaft, Beamte des Bundes), die selbst ausbilden, müssen über die fachliche Eignung hinaus den Erwerb berufs- und arbeitspädagogischer Kenntnisse nachweisen. Dies geschieht für die Ausbilder in einer schriftlichen und mündlichen Prüfung vor einem Prüfungsausschuss.

AEVO (Ausbilder-Eignungsverordnung)

Regelungen der Gleichstellung auf Grund des Einigungsvertrags
Der Einigungsvertrag zwischen der Bundesrepublik Deutschland und der Deutschen Demokratischen Republik über die Herstellung der Einheit Deutschlands vom 31. August 1990 regelt die Gleichstellung der abgelegten Prüfungen oder der erworbenen Befähigungsnachweise. Diese Regelung soll die Freizügigkeit und Durchlässigkeit zwischen Bildungssystemen und Bildungsgängen ermöglichen.

5.2 Jugendarbeitsschutzgesetz

Beispiel:

Dirk: „Mit meinem Ausbildungsplatz habe ich richtig Glück gehabt. Das Klima im Betrieb ist toll und mein Ausbilder ist total locker. Eigentlich arbeite ich schon voll mit; am Samstag mache ich Überstunden, da gibt's extra Geld."
Nurcan: „Samstagsarbeit und Überstunden – ich glaube, das dürfen Azubis doch gar nicht."
Dirk: „Warum denn nicht, wenn ich doch einverstanden bin; meine Eltern meinen auch, das könnte nichts schaden. Und das zusätzliche Geld kann ich gut für den Führerschein gebrauchen."

Der Gesetzgeber geht davon aus, dass Jugendliche weniger widerstandsfähig sind als erwachsene Menschen, da ihre körperliche, geistige und seelische Entwicklung noch nicht abgeschlossen ist. Das Jugendarbeitsschutzgesetz gilt für alle Beschäftigten unter 18 Jahre (§ 1).
Einige Bestimmungen gelten aber auch für berufsschulpflichtige Auszubildende, die 18 Jahre und älter sind.

Die Schutzbestimmungen des Jugendarbeitsschutzgesetzes gelten u. a. für folgende Bereiche:

Arbeitszeit (§ 8), Tägliche Freizeit (§ 13), Nachtruhe (§ 14) und Fünf-Tage-Woche (§ 15)
- nicht mehr als 8 Stunden täglich, nicht mehr als 40 Stunden wöchentlich
- Ausnahme: 8½ Stunden täglich, aber höchstens 40 Sunden wöchentlich
- grundsätzlich gilt die Fünf-Tage-Woche, bei Samstags-, Sonntags- oder Feiertagsarbeit ein Ausgleich in der Woche
- weitere Anpassungen sind durch Tarifverträge möglich
- Beschäftigung grundsätzlich nur von 6 bis 20 Uhr (Ausnahmen: z. B. im Gaststättengewerbe, in mehrschichtigen Betrieben, in der Landwirtschaft, in Bäckereien und Konditoreien)
- zwischen Feierabend und Arbeitsbeginn am nächsten Tag müssen mindestens 12 Stunden liegen

Tarifverträge, vgl. 6 Tarifvertragliche Regelungen

Ruhepausen (§ 11)
– Arbeitsunterbrechung von 15 Minuten gilt als Ruhepause
– mindestens 30 Minuten bei 4½ bis 6 Arbeitsstunden
– mindestens 60 Minuten bei mehr als 6 Arbeitsstunden
– erste Pause spätestens nach 4½ Arbeitsstunden

Urlaub (§ 19)
Wenn der Jugendliche zu Beginn des Kalenderjahres
- noch nicht 16 Jahre alt ist: 30 Werktage
- 16 Jahre alt ist: 27 Werktage
- 17 Jahre alt ist: 25 Werktage

Berufsschule (§ 9), Prüfungen (§ 10)
- Jugendliche muss für den Berufsschulunterricht freigestellt werden
- keine Beschäftigung vor einem vor 9 Uhr beginnenden Unterricht (gilt auch für die über 18jährigen, die noch berufsschulpflichtig sind)
- keine Beschäftigung an einem Berufsschultag mit mehr als 5 Unterrichtsstunden (45 Minuten), einmal in der Woche
- Anrechnung des Berufsschultags mit 8 Stunden auf die Arbeitszeit
- Freistellung für die Teilnahme an Prüfungen und Ausbildungsmaßnahmen außerhalb der Ausbildungsstätte
- Freistellung am Arbeitstag unmittelbar vor der schriftlichen Abschlussprüfung
- Anrechnung der Prüfungszeit auf die Arbeitszeit (bei schriftlicher Abschlussprüfung 8 Stunden)
- kein Entgeltausfall auf Grund des Berufsschulbesuchs bzw. Teilnahme an Prüfungen und Ausbildungsmaßnahmen

Beschäftigungsverbote und -beschränkungen (§§ 22, 23, 24)
- für gefährliche Arbeiten, z. B. Arbeiten, die die Leistungsfähigkeit übersteigen und mit Unfallgefahren verbunden sind (z. B. Akkordarbeit), und Arbeiten, bei denen die Jugendlichen großer Hitze, Kälte, Nässe, gesundheitsschädlichem Lärm, gefährlichen Strahlen und gefährlichen Arbeitsstoffen ausgesetzt sind
- Ausnahmen nur, wenn für die Ausbildung unumgänglich

Akkord- und Fließbandarbeit, vgl. Teilband *Industrielle Geschäftsprozesse*, Kapitel 2 Leistungserstellungsprozesse planen, steuern und kontrollieren

5.3 Arbeitszeitgesetz (ArbZG)

Der gesetzliche Arbeitszeitschutz sichert u. a. den Arbeitnehmern Regelungen zur zeitlichen Begrenzung der Beschäftigung zu.
Nach § 3 des Arbeitszeitgesetzes soll die regelmäßige Arbeitszeit an Werktagen 8 Stunden nicht überschreiten. Daraus resultiert eine wöchentlich zulässige **Höchstarbeitszeit** von (6 x 8 =) 48 Stunden.
Auf Grund des so genannten Günstigkeitsprinzips besteht aber keine Verpflichtung, die gesetzlich höchstzulässige Arbeitszeit auch auszunutzen. Sie legt nur den Rahmen fest, innerhalb dessen sich die privatrechtlich vereinbarte Arbeitsleistung zu bewegen hat. Als Arbeitszeit gilt die Zeit von Beginn bis Ende der Beschäftigung ohne Pausen. Bei einer täglichen Arbeitszeit von mehr als 6 Stunden ist mindestens eine 30-minütige **Pause** vorgeschrieben (§ 4 ArbZG). Zwischen Ende und Beginn der Arbeitszeit muss eine **Ruhezeit** von 11 Stunden liegen (§ 5 ArbZG). Bei gleitender Arbeitszeit und Schichtarbeit muss ebenfalls die durchschnittliche Wochenarbeitszeit erreicht werden. Die **Arbeitsruhe an Sonn- und Feier-**

Eine Überschreitung der Höchstarbeitszeit muss vom Arbeitgeber beim Arbeitsamt gemeldet und vom Arbeitsamt genehmigt werden. Diese Mehrarbeit darf nicht verwechselt werden mit Überstunden, d. h. Arbeitsstunden, die über der tariflichen Arbeitszeit liegen.

tagen ist geschützt. Es gibt aber auch technisch begründete Ausnahmeregelungen, die u.a. in der Gewerbeordnung zu finden sind. Weitere spezielle Arbeitszeitregelungen sind im Jugendarbeitsschutzgesetz und Mutterschutzgesetz vorgeschrieben.

vgl. 5.2 Jugendarbeitsschutzgesetz

vgl. 5.5 Mutterschutzgesetz

Im Westen gibt es die 40-Stunden-Woche nicht mehr (außer in der Landwirtschaft) und auch die Ostdeutschen nehmen Abschied. Dort haben die Tarifparteien inzwischen eine durchschnittliche Wochenarbeitszeit von 39,2 Stunden vereinbart. In den alten Bundesländern sind es nach langen und teils zähen Tarifauseinandersetzungen inzwischen 37,7 Stunden. Manche Tarifbereiche – allen voran die Metall verarbeitende Industrie und die Druckereien – haben die 35-Stunden-Woche faktisch durchgesetzt. (...)
Die Jahresarbeitszeit schwankt von Branche zu Branche zum einen wegen der unterschiedlichen Wochenarbeitszeit, zum anderen wegen der unterschiedlichen Urlaubsregelungen. (...)
Quelle: Globus; statistische Angaben: WSI-Tarifarchiv

Übersicht:	
verschiedene Rechtsgrundlagen des Ausbildungsverhältnisses	– Berufsbildungsgesetz (BBiG) – Berufsbildungsförderungsgesetz (BerBiFG) – Gewerbeordnung (GewO) – Ausbilder-Eignungsverordnung (AEVO) – allg. Regelungen der Gleichstellung auf Grund des Einigungsvertrags
Jugendarbeitsschutzgesetz	– gilt insbesondere für Auszubildende unter 18 Jahren – regelt Arbeitszeit, Ruhepausen, Urlaub, Beschäftigungsverbote, Freistellung für Berufsschulbesuch und Prüfungen
Arbeitszeitgesetz	– regelt zulässige Höchstarbeitszeit, Pausen, Ruhezeit, Arbeitsruhe an Sonn- und Feiertagen

Aufgaben

1. Welche Rechtsgrundlagen sind für das Berufsausbildungsverhältnis maßgebend?
2. Nennen Sie Vorschriften des Jugendarbeitsschutzgesetzes, die für Sie persönlich von Bedeutung sind.
3. Nurcan ist 17 Jahre, Erika ist 18 Jahre und Franz ist 19 Jahre alt.
   Alle sind Auszubildende im zweiten Ausbildungsjahr als Industriekauffrau/-kaufmann. Beurteilen Sie, ob die folgenden Aussagen hinsichtlich des Jugendarbeitsschutzgesetzes richtig sind.
   a) Nurcan muss 25 Arbeitstage Urlaub erhalten.
   b) Erika unterliegt nicht mehr den Bestimmungen des Jugendarbeitsschutzgesetzes.
   c) Franz hat dienstags sechs Stunden Berufsschulunterricht. Er ist an diesem Tag von der Arbeit freizustellen.
   d) Erika darf auch samstags beschäftigt werden, wenn der gültige Tarifvertrag dies zulässt.
   e) Nurcan soll heute bis 21 Uhr arbeiten.
   f) Für Erika beginnt die Berufsschule um 9.30 Uhr. Der Ausbildende kann verlangen, dass sie bis 9.10 Uhr im Betrieb arbeitet, da der Weg bis zur Berufsschule nur 15 Minuten beträgt.
   g) Die einzige Pause im Betrieb für alle drei Auszubildenden ist die Mittagspause von 45 Minuten Dauer.
   h) Die Auszubildenden haben an einem Montag ihre schriftliche Abschlussprüfung. Sie sind am vorausgehenden Freitag von der Arbeit freizustellen.
4. Welche tarifliche Arbeitszeit ist in dem für Sie gültigen Tarifvertrag vorgeschrieben?
   Sind bei Ihnen Ausnahmen möglich?
5. Diskutieren Sie über Ausgleichsregelungen bei längerer Arbeitszeit.
6. Informieren Sie sich, bei welchen Berufsgruppen – aus technischen Gründen – Ausnahmeregelungen vorkommen.

5.4 Arbeitsschutz und Unfallverhütungsbestimmungen

Die überbetriebliche Arbeitsschutzorganisation in Deutschland ist geprägt durch ein doppelgleisiges Vorschriftensystem. So bestehen als Aufsichtsbehörden im Arbeitsschutz die **staatliche Gewerbeaufsicht** und die **Berufsgenossenschaften** bzw. die Unfallversicherungsträger der öffentlichen Hand.
Beide Stellen überschneiden sich teilweise im Hinblick auf Aufgaben und Zuständigkeit. Dabei haben sowohl der Staat als auch die Berufsgenossenschaften die Befugnis, Vorschriften zu erlassen. Die zwei Arten von Rechtsvorschriften zur Unfallverhütung und zum Arbeitsschutz sind zum einen die **Unfallverhütungsvorschriften** der gewerblichen Berufsgenossenschaften und zum anderen die **staatlichen Vorschriften** (Gesetze und Verordnungen).
Der Staat hat den verfassungsrechtlichen Auftrag, dafür zu sorgen, dass Leben und Gesundheit der Bürger geschützt werden (Artikel 2 Abs. 2 Grundgesetz). Dieses Grundrecht des Einzelnen bedeutet für die Gesetz-

gebung, Verwaltung und Rechtsprechung die Verpflichtung, die Arbeitnehmer gegen vermeintliche Gefahren der Arbeitswelt (Verletzungen, Erkrankungen, vorzeitige Einbuße der Arbeitsfähigkeit) zu schützen.

Grundlage für den Arbeitsschutz ist das Arbeitsschutzgesetz (ArbschG), das in § 1 die Zielsetzung des Gesetzes folgendermaßen festlegt:

> **ArbschG §1:**
> Dieses Gesetz dient dazu, Sicherheit und Gesundheitsschutz der Beschäftigten bei der Arbeit durch Maßnahmen des Arbeitsschutzes zu sichern und zu verbessern …

Laut § 2 sind Maßnahmen des Arbeitsschutzes im Sinne des Gesetzes Maßnahmen zur Verhütung von Unfällen bei der Arbeit und arbeitsbedingten Gesundheitsgefahren einschließlich Maßnahmen der menschengerechten Gestaltung der Arbeit.

Des Weiteren legt das Arbeitsschutzgesetz
- die Pflichten des Arbeitsgebers,
- die allgemeinen Grundsätze zum Arbeitsschutz,
- die Pflichten des Arbeitnehmers,
- die Maßnahmen der ersten Hilfe und
- die Überwachung des Arbeitsschutzes durch die zuständigen (Landes-) Behörden in Zusammenarbeit mit den Trägern der gesetzlichen Unfallversicherung fest.

In diesem Gesetz werden lediglich die allgemeinen Grundlagen des Arbeitsschutzes behandelt. Die Umsetzung wird sowohl in weiteren staatlichen Vorschriften als auch in den Unfallverhütungsvorschriften der Berufsgenossenschaften konkretisiert.

Staatliche Vorschriften

Die Sachgebiete der staatlichen Vorschriften und Unfallverhütungsbestimmungen umfassen:
1. Arbeitsstätten einschließlich Betriebshygiene
2. Werkzeuge, Geräte, Maschinen, technische Anlagen und Fahrzeuge
3. Gefährliche Stoffe
4. Persönliche Schutzausrüstungen
5. Arbeitsschutzorganisation im Betrieb

Diesem Auftrag ist der Staat durch zahlreiche Rechtsvorschriften wie u. a. folgenden Bestimmungen nachgekommen:
- Gesetz über technische Arbeitsmittel vom 24. Juni 1968 (Gerätesicherheits- bzw. Maschinenschutzgesetz genannt)
  Das Gesetz verpflichtet alle Hersteller, Importeure und Händler zur Lieferung von ungefährlichen Geräten, die im Gesetz „technische Arbeitsmittel“ genannt werden. So sollen die Gefahren, die von den Maschinen ausgehen, weitgehend ausgeschaltet werden. Für die Überwachung und Beglaubigung der Sicherheitsanforderungen wurden Prüfstellen und -zeichen geschaffen, die ihrerseits von der Gewerbeaufsicht kontrolliert werden (TÜV-Zeichen, VDE, GS-Zeichen = „Geprüfte Sicherheit“).
- Gesetz über Betriebsräte, Sicherheitsingenieure und andere Fachkräfte für Arbeitssicherheit vom 12. Dezember 1973 (ASiG), so genanntes Arbeitssicherheitsgesetz

GS-Zeichen (Gütesiegel für Sicherheit)

- Arbeitszeitgesetz (ArbZG). Es regelt die höchstzulässige Arbeitszeit, Pausen, Überstunden u. ä.
- Arbeitsstättenverordnung vom 20. März 1975
  Sie bestimmt in vielen Einzelvorschriften, nach welchen Gesichtspunkten die Fabriken und Werkstätten, die Büros und Verwaltungen, die Läger und Läden gestaltet werden müssen, um den Arbeitnehmern einen menschengerechten und menschenwürdigen Arbeitsplatz zu bieten (z. B. Pausenräume).
- Verordnung über gefährliche Stoffe vom 26. August 1986 (Gefahrenstoffverordnung – GefStoffV). Sie soll den Arbeitnehmer vor Gesundheitsgefahren am Arbeitsplatz schützen. Sie enthält Vorschriften für die Verpackung und Kennzeichnung von giftigen, ätzenden und schädliche Reize erzeugenden Arbeitsstoffen. Sie verpflichtet den Arbeitgeber, seine Mitarbeiter durch entsprechende hygienische und technische Maßnahmen vor gesundheitlichen Schäden zu schützen.
- Mutterschutzgesetz
- Heimarbeitsgesetz
- Jugendarbeitsschutzgesetz (Gesetz zum Schutze der Jugend in der Öffentlichkeit)

vgl. 5.3 Arbeitszeitgesetz (ArbZG)

vgl. 5.5 Mutterschutzgesetz

vgl. 5.2 Jugendarbeitsschutzgesetz

Hinzu kommen die Unfallverhütungsvorschriften der Berufsgenossenschaften.

Des Weiteren bestehen zahlreiche Richtlinien und Empfehlungen wie u. a.:
- Liste der Werte maximaler Arbeitsplatz-Konzentrationen gesundheitsschädigender Stoffe, so genannte MAK-Werte
- Richtlinien des Vereins Deutscher Ingenieure (VDI)
- Merkblätter der Vereinigung der Technischen Überwachungsvereine (TÜV)
- Normen des Deutschen Instituts für Normung (DIN)
- Empfehlung der Internationalen Arbeitsorganisation (ILO)
- Ergonomische Prüfliste für den Arbeitsschutz

Unfallverhütungsvorschriften der Berufsgenossenschaften

Obwohl die Unfallverhütungsvorschriften der Berufsgenossenschaften auf den ersten Blick als einige unter vielen gesetzlichen Regelungen und vergleichbaren Verordnungen erscheinen, nehmen die Berufsgenossenschaften jedoch eine zentrale und bedeutende Rolle im staatlichen Regel- und Vorsorgesystem zur Unfallverhütung und -sicherung ein.
So sind die Berufsgenossenschaften (gewerbliche, landwirtschaftliche) bzw. Unfallversicherungsträger der öffentlichen Hand zum einen die **Träger der gesetzlichen Unfallversicherung** in Selbstverwaltung (Selbstverwaltungskörperschaft des öffentlichen Rechts) und übernehmen zum anderen die Federführung bei der Bearbeitung und Erstellung von Unfallverhütungsvorschriften, die in Fachausschüssen erarbeitet werden, in denen u. a. auch die Gewerbeaufsicht mitarbeitet.
Die Berufsgenossenschaften haben den Auftrag, mit allen geeigneten Mitteln dafür zu sorgen:
- Unfälle zu verhüten
- vor Gesundheitsgefahren am Arbeitsplatz zu bewahren
- den Verletzten gesundheitlich wiederherzustellen
  Medizinische Rehabilitation: Ihr Ziel ist es, den Verletzten so wiederherzustellen, dass keine oder eine möglichst geringe Minderung seiner Erwerbsfähigkeit zurückbleibt.

- ihn beruflich wieder einzugliedern
  Berufliche Rehabilitation: Ihr Ziel ist die Wiedereingliederung in das Arbeits- und Berufsleben durch das Vermitteln geeigneter Tätigkeiten und die Gewährung von Berufshilfen für eine notwendige Umschulung.
- ihn und seine Familie durch Geldleistungen sozial abzusichern (Zahlung von Verletztengeld, -rente, Überbrückungshilfe, Sterbegeld, Witwen- und Waisenrente)

Hierarchien der Regelung für Arbeitsschutz und Unfallverhütung	
Gesetze	z. B. Reichsversicherungsordnung, Sozialgesetzbuch
Verordnungen	z. B. Unfallverhütungsvorschriften
allgemeine Verwaltungsvorschriften	z. B. Durchführungsanweisungen zu Unfallverhütungsvorschriften
allgemein anerkannte Regeln der Technik und gesicherte arbeitswissenschaftliche Erkenntnisse	z. B. – DIN-Normen – VDE-Bestimmungen – Richtlinien u. a.

Jeder **Unternehmer** ist Mitglied der für seinen Gewerbezweig zuständigen Berufsgenossenschaft (§§ 658, 659 Reichsversicherungsordnung – RVO). Die Mitgliedschaft liegt nicht im Ermessen des einzelnen Unternehmers; es handelt sich um eine **Pflichtmitgliedschaft**, die kraft Gesetzes entsteht.

vgl. Auszug aus der Satzung der Maschinenbau- und Metall-Berufsgenossenschaft, S. 40

Die **Beiträge zur Unfallversicherung** sind vom Unternehmer an die jeweiligen Unfallversicherungsträger zu leisten, wobei jeder versichert ist, der in einem Arbeits-, Dienst- oder Ausbildungsverhältnis steht, ohne Rücksicht auf Alter, Geschlecht, Familienstand und Nationalität. Versichert sind auch Schulkinder, Studenten, Kindergartenkinder usw. über die Unfallversicherungsträger der öffentlichen Hand.
Kommt es zu einem **Arbeitsunfall** – das kann auch auf dem Weg zur oder von der Arbeit sein –, dann setzt das umfangreiche **Leistungsprogramm** der Berufsgenossenschaften ein.
Die Berufsgenossenschaften sind im Gegensatz zu den Gewerbeaufsichtsämtern nach fachlichen Gesichtspunkten gegliedert. Sie sind für die Betriebe einer bestimmten Branche zuständig, unabhängig davon, in welchem Bundesland der Betrieb seinen Sitz hat. Arbeitsunfälle können unterschiedliche Ursachen haben, wie folgendes Schaubild zeigt.

Als Unfallursachen lassen sich unterscheiden:	
technische Unfallursachen	z. B. fehlende Schutzvorrichtungen, sicherheitswidrige Zustände durch Verschleiß, falsch konstruierte oder mangelhaft erstellte Arbeitsmaschinen, elektrische Anlagen, Beförderungsmittel oder Arbeitschutzmittel
physische Unfallursachen	z. B. Seh- und Hörstörungen, übergroße Nervosität oder Ermüdungserscheinungen
psychische Unfallursachen	z. B. persönliche Trägheit, Bequemlichkeit oder Gereiztheit und Unaufmerksamkeit durch einen vorangegangenen Streit mit dem Kollegen oder Vorgesetzten
soziale Unfallursachen	z. B. sicherheitswidrige Verhaltensweisen (Angeberei, „Mutproben") sowie mangelhafte Aufsicht

Satzung der Maschinenbau- und Metall-Berufsgenossenschaft

Die Vertreterversammlung der Maschinenbau- und Metall-Berufsgenossenschaft hat auf Grund des § 34 Abs. 1 Satz 1 Sozialgesetzbuch (IV. Buch) die folgende Satzung beschlossen:

Abschnitt I: Name, Sitz, Rechtsstellung, Aufgabe, Zuständigkeit, Bezirksverwaltungen

§ 1 Name, Sitz, Rechtsstellung

(1) Die Berufsgenossenschaft führt den Namen „Maschinenbau- und Metall-Berufsgenossenschaft“. Sie hat ihren Sitz in Düsseldorf und bildet seit dem 1. Januar 1991 eine Verwaltungsgemeinschaft mit der Hütten- und Walzwerks-Berufsgenossenschaft.

(2) Sie ist eine rechtsfähige bundesunmittelbare Körperschaft des öffentlichen Rechts mit Selbstverwaltung; sie ist befugt, den Bundesadler im Dienstsiegel zu führen.

§ 2 Aufgaben

(1) Die Berufsgenossenschaft ist Träger der gesetzlichen Unfallversicherung für Versicherte in § 3 der Satzung bezeichneten Unternehmen.

(2) Aufgabe der Berufsgenossenschaft ist es, mit allen geeigneten Mitteln für die Verhütung von Arbeitsunfällen, Berufskrankheiten und arbeitsbedingten Gesundheitsgefahren sowie für eine wirksame Erste Hilfe (§§ 1 Nr. 1, 14 Abs. 1 SGB VII) zu sorgen; nach Eintritt eines Arbeitsunfalls oder einer Berufskrankheit hat sie die Gesundheit und die Leistungsfähigkeit der Versicherten mit allen geeigneten Mitteln wiederherzustellen und die Versicherten oder ihre Hinterbliebenen durch Geldleistungen zu entschädigen (§ 1 Nr. 2 SBG VII).

§ 3 Sachliche und örtliche Zuständigkeit

(1) Die Berufsgenossenschaft erstreckt sich auf das Land Nordrhein-Westfalen (ohne den Kreis Lippe in den Grenzen der Kreise Detmold und Lemgo am 01.07.1963), auf die ehemaligen Regierungsbezirke Koblenz und Trier vom Lande Rheinland-Pfalz nach dem Stand vom 30.09.1968, auf das Land Sachsen-Anhalt und auf das Land Sachsen, mit Ausnahme des ehemaligen Bezirks Chemnitz.

(2) Soweit sich die örtliche Zuständigkeit erstreckt, ist die Berufsgenossenschaft für Unternehmen sachlich zuständig, die überwiegend Eisen, Stahl, NE-Metall und Kunststoff be- oder verarbeiten. Hierzu gehören insbesondere folgende Unternehmenszweige:

1. Herstellung von Maschinen, Hebezeugen, Förderanlagen, Schienen-, Land und Wasserfahrzeugen, deren Einzelteilen und Zubehör; Herstellung von technischen und sanitären Armaturen;
2. Eisen-, Stahl- und Metallgießereien, Druckgießereien;
3. Hammerwerke; Schmiedepresswerke, Gesenkschmieden;
4. Kaltwalzwerke; Kaltziehereien für Drähte, Stangen, Rohre und sonstige Profile; Herstellung von Kaltbandprofilen;
5. Herstellung von Stahlkonstruktionen;
6. Herstellung von Blecherzeugnissen, wie Kesseln, Behältern, Apparaten, Rohren und Rohrverbindungsstücken, Schweißkonstruktionen, Blechwaren, Heiz- und Kochgeräten, Geräten und Bedarfsartikeln für Haushalt, Landwirtschaft, Industrie und Gewerbe;
7. Herstellung von Drahterzeugnissen, Schrauben, Nieten, Norm- und Fassondrehteilen, Ketten, Federn, Schlössern, Beschlägen, Metallwaren;
8. Herstellung von Press-, Stanz- und Ziehteilen;
9. Herstellung von Hand- und Maschinenwerkzeugen, Schneidwaren, Bestecken, Tafelwerkzeugen und blanken Waffen;
10. Schlossereien, Schmieden, Klempnereien, mechanische Werkstätten, Reparaturwerkstätten, Schweißereien, Schleifereien;
11. Montage von Stahl- und Blechkonstruktionen, Maschinen, Heizungs- und Lüftungsanlagen, Rohrleitungen;
12. Isolier- und Kesselreinigungsarbeiten, Emaillierwerke, Lackierereien, Metallspritzereien, Verzinkereien, Bleilötereien. …

Im Rahmen der Unfallverhütung haben die Berufsgenossenschaften

- Unfallverhütungsvorschriften zu erlassen, die ein unfallsicheres Arbeiten ermöglichen. Die Unfallverhütungsvorschriften (UVV) sind für den Betrieb verbindliche Rechtsnormen. Sie halten die Mindestanforderungen für die Sicherheit am Arbeitsplatz fest.
- die Betriebe in allen Fragen der Unfallverhütung zu beraten. So ermöglicht z. B. das Gesetz über technische Arbeitsmittel eine vorgreifende Unfallverhütung. Es schreibt die Beachtung der Sicherheit von technischen Arbeitsmitteln schon bei ihrer Herstellung vor. Maschinen, Betriebseinrichtungen und Arbeitsmethoden sollten so gestaltet sein, dass Unfälle oder Berufserkrankungen erst gar nicht auftreten können.
- durch technische Aufsichtsbeamte darauf zu achten, dass die Unfallverhütungsvorschriften eingehalten werden (technische Unfallverhütung). Die technischen Aufsichtsbeamten überwachen als Berater der Berufsgenossenschaften die Beachtung der Unfallverhütungsvorschriften und die Durchführung der entsprechenden Maßnahmen. Sie beraten ferner die Betriebe in allen Fragen der Arbeitssicherheit.
- für die Unfallverhütung zu werben (psychologische Unfallverhütung).
- Arbeitnehmer durch den technischen Aufsichtsdienst in Fragen der Unfallverhütung zu schulen (z. B. vor allem die Sicherheitsbeauftragten in den Betrieben).

Eine besondere **Mitwirkungspflicht** bei der Bekämpfung von Unfall- und Gesundheitsgefahren im Betrieb kommt den **Betriebsräten** zu. Laut § 89 Betriebsverfassungsgesetz hat der Betriebsrat im Arbeitsschutz und in der Unfallverhütung einen Überwachungs- und Gestaltungsauftrag, ein Mitbestimmungsrecht, einen Unterstützungsauftrag gegenüber den Behörden sowie ein Informations- und Beteiligungsrecht.

vgl. 9.3 Betriebsrat

Übersicht:

staatliche Gewerbeaufsicht		Berufsgenossenschaften (gewerbliche BG, landwirtschaftliche BG, Unfallversicherungsträger der öffentlichen Hand)	
Erlass staatlicher Vorschriften (Gesetze und Verordnungen)	z. B. – Arbeitsschutzgesetz (ArbSchG) – Gerätesicherheits-/ Maschinenschutzgesetz – Arbeitssicherheitsgesetz (AsiG) – Arbeitsstätten-verordnung – Gefahrenstoffverordnung (GefStoffV)	Unfallverhütung/Schutz vor Gesundheitsgefahren am Arbeitsplatz	– federführend beim Erstellen von UVV – Beratung von Betrieben – Schulung
		Leistungen bei Arbeitsunfällen	– medizinische Rehabilitation – berufliche Rehabilitation – soziale Absicherung
		– Pflichtmitgliedschaft von Unternehmen in der für ihre Branche zuständigen BG – Unternehmen leistet Beiträge zur Unfallversicherung an die jeweiligen Unfallversicherungsträger	

Aufgaben

1. Wer erstellt und überwacht die Unfallverhütungsvorschriften?
2. Welche Ursachen führen zu Arbeitsunfällen?
3. Welche Aufgaben haben die Gewerbeaufsichtsämter, welche die Berufsgenossenschaften?

Aufgaben im betrieblichen Arbeitsschutz

Unternehmen sind zuständig insbesondere für

- Organisation der Arbeitssicherheit und ersten Hilfe
- Beschaffung der Sicherheitseinrichtungen
- Auswahl der Mitarbeiter
- Abgrenzung der Verantwortungsbereiche
- Übertragung von Unternehmerpflichten
- Bestellung von Sicherheitsfachkräften, Sicherheitsbeauftragten und Ersthelfern
- Bildung eines Arbeitsschutzausschusses
- Unterweisung der Versicherten
- Überwachung aller sicherheitstechnischen und arbeitsmedizinischen Maßnahmen

Betriebsärzte[1]	**Aufsichtsführende**	**Fachkräfte für Arbeitssicherheit**[2]
– beraten den Unternehmer u. a. hinsichtlich der arbeitsmedizinischen Aspekte von Anlagen und Einrichtungen, Arbeitsmitteln, -stoffen, -verfahren, Körperschutzmitteln, Arbeitsplätzen und Arbeitsabläufen, Arbeitsplatzwechsel und Beschäftigung Behinderter sowie Fragen der Psychologie, Physiologie, Ergonomie, Hygiene, des Rhythmus der Arbeitszeit, Organisation der ersten Hilfe. – Sie führen arbeitsmedizinische Untersuchungen durch, sie beobachten die Durchführung des Arbeitsschutzes und der Unfallverhütung.	– Einsatz der Mitarbeiter: Durchführung von Einzelmaßnahmen zur Sicherheit, Aufsicht und Kontrolle – Motivation zur Sicherheit: Gefahrenabwehr im Einzelfall	– beraten den Unternehmer u. a. in sicherheitstechnischen Fragen zu Anlagen und Einrichtungen, Arbeitsmitteln, -stoffen und -verfahren, Körperschutzmitteln, Arbeitsplätzen und Arbeitsabläufen. – Sie überprüfen Anlagen und Arbeitsmittel. – Sie beobachten die Durchführung des Arbeitsschutzes und der Unfallverhütung, teilen Maßnahmen zur Beseitigung von Mängeln mit und untersuchen Ursachen von Unfällen.
Betriebsratsmitglieder	**Mitarbeiter**	**Sicherheitsbeauftragte**[3]
– achten auf die Einhaltung der zum Schutz der Mitarbeiter erlassenen Arbeitsschutzbestimmungen und Unfallverhütungsvorschriften – beteiligen sich an Betriebsbesichtigungen und Unfalluntersuchungen – nehmen an Sitzungen des Arbeitsschutzausschusses teil	haben insbesondere – Vorschriften und Anweisungen zu beachten, persönliche Schutzausrüstungen zu benutzen, – Mängel zu beseitigen; sofern dieses nicht möglich ist, diese zu melden.	– unterstützen insbesondere die unmittelbaren Vorgesetzten und die Mitarbeiter in allen Fragen des Arbeitsschutzes. – Sie kontrollieren regelmäßig den Arbeitsbereich und motivieren die Arbeitskollegen.

In der Regel erforderlich:
[1] entsprechend der Zahl der Versicherten
[2] entsprechend der Zahl der Versicherten
[3] in allen Unternehmen mit über 20 Versicherten

5.5 Mutterschutzgesetz

Art. 6 Abs. 4 Grundgesetz:
Jede Mutter hat Anspruch auf den Schutz und die Fürsorge der Gemeinschaft.

Mutterschutz

Das Mutterschutzgesetz gilt für alle Frauen, die in einem Arbeitsverhältnis stehen, auch für Teilzeitbeschäftigte, Haushaltsgehilfinnen und Heimarbeiterinnen; ebenso für Angestellte und Arbeiterinnen, die im öffentlichen Dienst beschäftigt sind, sowie für Frauen, die sich noch in der beruflichen Ausbildung befinden. Weder die Staatsangehörigkeit noch der Familienstand spielen eine Rolle. Entscheidend ist, dass die Frau ihren Arbeitsplatz in der Bundesrepublik Deutschland hat. Nicht unter den Mutterschutz fallen Hausfrauen und Selbstständige. Für Beamtinnen gelten besondere Regelungen, die im Beamtenrecht festgelegt sind.

vgl. Auszug aus dem Mutterschutzgesetz, S. 45

Den Arbeitgeber informieren

Sobald eine werdende Mutter Gewissheit über ihre Schwangerschaft und den voraussichtlichen Tag der Entbindung hat, soll sie ihren Arbeitgeber unverzüglich unterrichten. Denn nur dann kann dieser die ihm gesetzlich auferlegten Pflichten zum Schutz der werdenden Mutter auch erfüllen. (Der Arbeitgeber hat die Bestimmungen zum Schutz der werdenden Mutter von dem Tag an zu beachten, an dem er Kenntnis von der Schwangerschaft erhält.) Verlangt der Arbeitgeber ausdrücklich einen Nachweis des Arztes, weil ihm die mündliche Information nicht genügt, muss er selbst die Kosten für die Bescheinigung übernehmen. Der Arbeitgeber ist durch Gesetz verpflichtet, dem zuständigen Gewerbeaufsichtsamt die Schwangerschaft mitzuteilen. An diese Behörde, die die Einhaltung der Mutterschutzvorschriften kontrolliert, können sich Frauen mit allen Fragen wenden, die sich aus der Anwendung dieser Schutzvorschriften ergeben.

Sicherung des Arbeitsverhältnisses

Kündigungsschutz

Die werdende Mutter steht unter Kündigungsschutz. Während der Schwangerschaft und in den ersten vier Monaten nach der Entbindung ist eine Kündigung durch den Arbeitgeber ungültig, wenn ihm die Schwangerschaft oder Entbindung bekannt war oder ihm innerhalb von zwei Wochen nach Zugang der Kündigung mitgeteilt wurde.
Anders liegt der Fall bei Frauen, die im Haushalt mit hauswirtschaftlichen, erzieherischen oder pflegerischen Aufgaben in einer die Arbeitskraft voll in Anspruch nehmenden Weise beschäftigt sind. Für sie besteht Kündigungsschutz nur bis zum Ablauf des fünften Monats der Schwangerschaft.
Eine Kündigung während der Schwangerschaft und in den ersten vier Monaten nach der Entbindung ist nur in wenigen besonderen Fällen erlaubt und darf nur mit Zustimmung der dafür zuständigen Aufsichtsbehörde erfolgen. Bei einer gültigen Kündigung des Arbeitsverhältnisses erhalten Frauen während der Schutzfristen Mutterschaftsgeld.

Mutterschaftsgeld

Wird einer Frau verbotswidrig gekündigt, sollte sie schriftlich – per Einschreiben – gegen die Kündigung protestieren und sich außerdem an das zuständige Gewerbeaufsichtsamt wenden. Der Arbeitgeber, der einer Frau verbotswidrig gekündigt hat, muss ihr das Arbeitsentgelt auch dann weiterzahlen, wenn er sie nicht beschäftigt.

Durch das Bundeserziehungsgeldgesetz wurde der Kündigungsschutz auf die Zeit des Erziehungsurlaubs ausgedehnt.

Kündigung auf eigenen Wunsch

Jede Mutter kann sich frei entscheiden, ob sie ihre Beschäftigung nach der Geburt des Kindes aufgeben will, um sich ganz der Pflege ihres Kindes zu widmen. Sie hat das Recht, ihr Arbeitsverhältnis während der Schwangerschaft und während der Schutzfrist nach der Entbindung ohne Einhaltung einer Frist zum Ende der Schutzfrist zu kündigen.

Beispiel:

Petra, 19 Jahre, Auszubildende in der Industrie, im 3. Monat schwanger: „Mein Vorgesetzter meint, ich könnte in der Ferienzeit auch mal etwas länger arbeiten."

Manuela, 23 Jahre, Industriekauffrau, im 4. Monat schwanger: „Wenn ich zur Vorsorgeuntersuchung muss, soll ich die Zeit im Betrieb nacharbeiten."

Generell wird vom Arbeitgeber eine angemessene Gestaltung des Arbeitsplatzes zum Schutz von Leben und Gesundheit der werdenden Mutter verlangt. Bei sitzender Tätigkeit steht der Schwangeren das Recht auf kurze Arbeitsunterbrechungen zu. Bei vorwiegender Arbeit im Stehen ist der Arbeitgeber verpflichtet, eine Sitzgelegenheit zum kurzen Ausruhen bereitzustellen. Des Weiteren hat die Schwangere Anspruch auf Freistellung zur Durchführung der notwendigen ärztlichen Untersuchungen. Überhaupt darf der Arbeitgeber werdende Mütter und Frauen, solange sie stillen, nicht mit Arbeiten beschäftigen, die ihre Gesundheit oder die ihres Kindes gefährden könnten.

Sechs Wochen vor der Entbindung bis acht Wochen danach darf der Arbeitgeber eine Frau nicht beschäftigen. Bei Mehrlingsgeburten oder Frühgeburten dauert diese Schutzfrist sogar mindestens zwölf Wochen nach der Geburt. Vor der Geburt ist aber eine Beschäftigung mit Zustimmung der Mutter zulässig. Die Mutter hat im ersten Jahr nach der Geburt ihres Kindes einen gesetzlichen Anspruch, zum Stillen freigestellt zu werden.

Eine Frage nach bestehender Schwangerschaft ist im Einstellungsgespräch unzulässig (Urteil des Bundesarbeitsgerichts vom 15. Oktober 1992). Eine unehrliche Antwort ist daher kein Anfechtungsgrund.

Mutterschaftsgeld

Das Mutterschaftsgeld stellt sicher, dass die Arbeitnehmerin durch die Mutterschaft keine finanziellen Nachteile erleidet. Die gesetzlich oder freiwillig krankenversicherte Arbeitnehmerin hat in der Regel Anspruch auf ein Mutterschaftsgeld während der Schutzfrist vor und nach der Entbindung. Es beträgt maximal 13 € pro Kalendertag. Das Mutterschaftsgeld wird von der Krankenkasse gezahlt. Da durch das Mutterschaftsgeld der bisherige Verdienst vielfach nicht abgedeckt ist, muss der Arbeitgeber im Allgemeinen während der gesetzlichen Schutzfrist einen Zuschuss zum Mutterschaftsgeld zahlen. Die Höhe dieses Zuschusses bestimmt sich aus der Differenz zwischen dem um die gesetzlichen Abzüge verminderten durchschnittlichen kalendertäglichen Arbeitsentgelt und dem Mutterschaftsgeld in Höhe von 13 €. Dies gilt auch, wenn das Mutterschaftsgeld auf insgesamt 205 € monatlich begrenzt ist, z. B. bei nicht in der gesetzlichen Krankenversicherung versicherten Frauen.

Auszug aus dem Mutterschutzgesetz

§ 3 Beschäftigungsverbote für werdende Mütter

(1) Werdende Mütter dürfen nicht beschäftigt werden, soweit nach ärztlichem Zeugnis Leben oder Gesundheit von Mutter oder Kind bei Fortdauer der Beschäftigung gefährdet sind.

§ 4 Weitere Beschäftigungsverbote

(1) Werdende Mütter dürfen nicht mit schweren körperlichen Arbeiten und nicht mit Arbeiten beschäftigt werden, bei denen sie schädlichen Einwirkungen von gesundheitsgefährdenden Stoffen oder Strahlen, von Staub, Gasen oder Dämpfen, von Hitze, Kälte oder Nässe, von Erschütterungen oder Lärm ausgesetzt sind.

(2) Werdende Mütter dürfen insbesondere nicht beschäftigt werden

1. mit Arbeiten, bei denen regelmäßig Lasten von mehr als 5 kg Gewicht oder gelegentlich Lasten von mehr als 10 kg Gewicht ohne mechanische Hilfsmittel von Hand gehoben, bewegt oder befördert werden. Sollen größere Lasten mit mechanischen Hilfsmitteln von Hand gehoben, bewegt oder befördert werden, so darf die körperliche Beanspruchung der werdenden Mutter nicht größer sein als bei Arbeiten nach Satz 1;
2. nach Ablauf des fünften Monats der Schwangerschaft mit Arbeiten, bei denen sie ständig stehen müssen, soweit diese Beschäftigung täglich vier Stunden überschreitet;
3. mit Arbeiten, bei denen sie sich häufig erheblich strecken oder beugen oder bei denen sie dauernd hocken oder sich gebückt halten müssen;
4. mit der Bedienung von Geräten und Maschinen aller Art mit hoher Fußbeanspruchung, insbesondere von solchen mit Fußantrieb;
5. mit dem Schälen von Holz;
6. mit Arbeiten, bei denen Berufserkrankungen im Sinne der Vorschriften über Ausdehnung der Unfallversicherung auf Berufskrankheiten entstehen können, sofern werdende Mütter infolge ihrer Schwangerschaft bei diesen Arbeiten in besonderem Maße der Gefahr einer Berufserkrankung ausgesetzt sind;
7. nach Ablauf des dritten Monats der Schwangerschaft auf Beförderungsmitteln;
8. mit Arbeiten, bei denen sie erhöhten Unfallgefahren, insbesondere der Gefahr auszugleiten, zu fallen oder abzustürzen, ausgesetzt sind.

(3) Die Beschäftigung von werdenden Müttern mit

1. Akkordarbeit und sonstigen Arbeiten, bei denen durch ein gesteigertes Arbeitstempo ein höheres Entgelt erzielt werden kann;
2. Fließarbeit mit vorgeschriebenem Arbeitstempo ist verboten. (...)

§ 8 Mehrarbeit, Nacht- und Sonntagsarbeit

(1) Werdende und stillende Mütter dürfen nicht mit Mehrarbeit, nicht in der Nacht zwischen 20 und 6 Uhr und nicht an Sonn- und Feiertagen beschäftigt werden.

§ 9 Kündigungsverbot

(1) Die Kündigung gegenüber einer Frau während der Schwangerschaft und bis zum Ablauf von vier Monaten nach der Entbindung ist unzulässig, wenn dem Arbeitgeber zur Zeit der Kündigung die Schwangerschaft oder Entbindung bekannt war oder innerhalb zweier Wochen nach Zugang der Kündigung mitgeteilt wird. (...)

Erziehungsgeld

Wer die Betreuung des Kindes übernimmt, hat Anspruch auf Erziehungsgeld, das der Bund zahlt. Das Erziehungsgeld beträgt 307 € monatlich und wird vom Tag der Geburt bis maximal zur Vollendung des 24. Lebensmonats gewährt. Alternativ besteht seit Januar 2001 die Möglichkeit, den Erziehungsgeldbezug auf ein Jahr zu beschränken und damit ein höheres Erziehungsgeld von bis zu 460 € monatlich bis zur Vollendung des 12.

Lebensmonats zu erhalten. Dabei wird in den ersten sechs Monaten eine Einkommensgrenze in Höhe von 51.130 € bei Verheirateten bzw. 38.350 € bei anderen Berechtigten zu Grunde gelegt[1]. Ab dem 7. Lebensmonat des Kindes tritt eine abgestufte Kürzung des Erziehungsgelds ein, wenn das Jahreseinkommen eine bestimmte Grenze übersteigt (vgl. §§ 4 und 5 Bundeserziehungsgeldgesetz – BErzGG).

[1] Beide Einkommensgrenzen erhöhen sich für jedes weitere Kind um 2.454 €.

Erziehungsurlaub (Elternzeit)
Wie bei der Zahlung des Erziehungsgelds, das sowohl Müttern als auch Vätern gleichermaßen gewährt werden kann, haben sowohl Mütter als auch Väter, also alle Arbeitnehmer sowie zur Berufsbildung Beschäftigte und in Heimarbeit Beschäftigte, Anspruch auf unbezahlten Erziehungsurlaub bis zur Vollendung des dritten Lebensjahrs des Kindes.

Seit dem Januar 2001 können beide Elternteile den Erziehungsurlaub zur gleichen Zeit antreten. Nebenher können die Eltern bis zu 30 Stunden pro Woche in Teilzeit arbeiten. Wenn der Arbeitgeber zustimmt, kann das dritte Jahr Erziehungsurlaub bis zum achten Lebensjahr des Kindes genommen werden, um zum Beispiel das erste Schuljahr des Kindes zu begleiten. Der Erziehungsurlaub muss spätestens vier Wochen vor dem Zeitpunkt, zu dem er beginnen soll, mündlich oder schriftlich beim Arbeitgeber angemeldet werden.

Teilzeitarbeit,
vgl. ausführlich Teilband *Industrielle Geschäftsprozesse*, Kapitel 4 Personalmanagement

Übersicht:
- Das Mutterschutzgesetz gilt für alle Frauen, die in einem Arbeitsverhältnis stehen und schwanger sind.
- Arbeitgeber muss unverzüglich von einer Schwangerschaft unterrichtet werden, um seine Pflichten gem. Mutterschutzgesetz erfüllen zu können
- Gewerbeaufsichtsamt wird vom Arbeitgeber informiert und kontrolliert
- Einhaltung der Mutterschutzvorschriften im Betrieb

Schutzmaßnahmen am Arbeitsplatz während Schwangerschaft und Stillzeit	– angemessene Arbeitsplatzgestaltung – keine gesundheitsgefährdenden Tätigkeiten – keine Mehr-, Nacht- und Sonntagsarbeit – Freistellung für ärztliche Untersuchungen und Stillen
Beschäftigungsverbot	– sechs Wochen vor Entbindung bis acht Wochen danach
Kündigungssschutz	– während Schwangerschaft und der ersten vier Monate nach Entbindung bzw. Erziehungsurlaub
Mütter bzw. beide Elternteile haben Anspruch auf	– Mutterschaftsgeld – Erziehungsgeld – Erziehungsurlaub

Aufgaben

1. Warum werden per Gesetz schwangere Frauen besonders geschützt?
2. Welchen Rat würden Sie Petra und Manuela (Beispiel S. 44) geben, um ihre Probleme zu lösen? Schauen Sie im Mutterschutzgesetz nach.
3. Nennen Sie die Schutzfristen für werdende Mütter.

6 Tarifvertragliche Regelungen

6.1 Tarifvertrag

Der Tarifvertrag ist ein schriftliches Abkommen zwischen den **Sozialpartnern**, d. h. tariffähigen Verbänden, den so genannten Koalitionen. Vertragspartner sind auf der einen Seite eine Gewerkschaft oder eine gewerkschaftliche Spitzenorganisation, auf der anderen Seite ein Arbeitgeber, ein Arbeitgeberverband (eventuell eine Innung) oder eine Arbeitgeberspitzenorganisation. Entsprechend kann es sich bei dem Verhandlungsergebnis um einen Haus- oder Firmenentwurf einerseits, einen Verbandstarif andererseits handeln. Allerdings haben in der Regel nur sehr große Firmen einen Haus- oder Firmenentwurf, so z. B. die Volkswagen AG. In der Regel gilt der Tarifvertrag für einen ganzen Wirtschaftszweig.

vgl. 6.2.1 Tariffähigkeit

Auszüge aus dem Tarifvertragsgesetz (TVG):

§ 1 Abs. 1
Der Tarifvertrag regelt die Rechte und Pflichten der Tarifvertragsparteien und enthält Rechtsnormen, die den Inhalt, den Abschluss und die Beendigung von Arbeitsverhältnissen sowie betriebliche und betriebsverfassungsrechtliche Fragen ordnen können.
§ 2 Abs. 1
Tarifvertragsparteien sind Gewerkschaften, einzelne Arbeitgeber sowie Vereinigungen von Arbeitgebern.
§ 3 Abs. 1
Tarifgebunden sind die Mitglieder der Tarifvertragsparteien und der Arbeitgeber, der selbst Partei des Tarifvertrages ist.
§ 8
Die Arbeitgeber sind verpflichtet, die für ihren Betrieb maßgebenden Tarifverträge an geeigneter Stelle im Betrieb auszulegen.

Nach dem Inhalt der Abmachungen muss zwischen Rahmen- oder Manteltarif sowie Lohn- oder Gehaltstarif unterschieden werden.

6.1.1 Rahmen- oder Manteltarifvertrag

Er enthält Bestimmungen über die **allgemeinen Arbeitsbedingungen**, die längerfristig gültig sind, z. B. über:

- Einstellungsbedingungen für Arbeitnehmer
- Arbeitszeitregelung (einschließlich Pausen)
- Urlaub
- Kündigungsfristen
- Taktzeiten bei Akkordarbeit
- Zuschläge bei Mehr-, Nacht- und Feiertagsarbeit
- vermögenswirksame Leistungen
- Verfahrensvorschriften über die Beilegung von Streitigkeiten (Schlichtungsverfahren, Tarifkommission, Schiedsamt)
- Altersversorgung

Grundsätzlich gilt der Rahmen- und Manteltarif für einen längeren Zeitraum.

6.1.2 Lohn- oder Gehaltstarifvertrag

Lohn- oder Gehaltstarifverträge regeln das **Arbeitsentgelt** für einen bestimmten Zeitraum, also Fragen des Leistungslohns, des Zeitlohns sowie des Soziallohns, aber auch die Ausbildungsvergütungen. Sie regeln die Lohnsätze und Gehälter für die verschiedenen nach Ausbildung, Art der Tätigkeit, Lebensjahren und Ortsklassen gebildeten Gruppen von Arbeitnehmern, aber auch Erschwerniszuschläge, Schutzzuschläge, Feiertagszuschläge, Urlaubs- und Weihnachtsgeld.

Eine besondere Rolle spielt dabei in der Regel der **Ecklohn**. Er bestimmt das gesamte Lohngefüge des Tarifvertrages, weil er die Grundlage für die Berechnung von Zu- und Abschlägen darstellt. Der Ecklohn ist der Normallohn eines Beschäftigten in einer bestimmten Ortsklasse. Für den Gehalts- und Lohnrahmentarifvertrag werden bestimmte Tätigkeiten einer Lohngruppe zugeordnet – von Lohngruppe 1 (geringe Anforderungen und Qualifikation) aufsteigend z. B. bis Lohngruppe 6.

Lohngruppen und Arbeitsbewertung, vgl. Teilband *Industrielle Geschäftsprozesse*, Kapitel 4 Personalmanagement

Der Ecklohn wird bestimmt für eine mittlere Leistung und gleich 100 % gesetzt, die Löhne für die höheren und niedrigeren Lohngruppen werden durch festgesetzte prozentuale Auf- bzw. Abschläge definiert.

Beispiel: Rechnung mit Ecklohn

Lohngruppen	1	78 %	14,04 €
	2	80 %	14,40 €
	3	95 %	17,10 €
	4	100 %	18,00 € Ecklohn
	5	112 %	20,46 €
	6	118 %	21,04 €

Ändert sich durch die Tarifverhandlungen der Ecklohn, ändern sich automatisch auch die anderen Löhne.

6.1.3 Gehalts- und Lohnrahmentarifvertrag

Im Gehalts- und Lohnrahmentarifvertrag sind die Grundsätze der Bewertung für die Entlohnung festgeschrieben, d. h. die **Eingruppierung** in eine bestimmte Lohn- oder Gehaltsgruppe. Er gilt über einen längeren Zeitraum. Diese Trennung in zwei Arten von Tarifverträgen ist sinnvoll, weil sich die Rahmenbedingungen in der Regel nicht so schnell ändern wie die oft jährlich neu ausgehandelten Lohn- und Gehaltssätze sowie Ausbildungsvergütungen.

Technologietarifverträge

In den letzten Jahren sind auch immer häufiger Rationalisierungsschutz- bzw. Qualifizierungstarifverträge (= Technologietarifverträge) abgeschlossen worden. Während die erstgenannten Verträge auf Arbeitsplatz- und Verdienstsicherung, eventuell auch Umschulungs- und Einarbeitungshilfen gerichtet sind, zielen die Qualifizierungstarifverträge regelmäßig auf Freistellung und Kostenübernahme für Fort- und Weiterbildung.

6.1.4 Geltungsbereich der Tarifverträge

Ein Tarifvertrag gilt nur innerhalb eines bestimmten **geografischen Gebietes**. Nach dem Geltungsbereich unterscheidet man Landes-, Bezirks-, Orts- und Werkstarife. Der Tarifvertrag kann für das ganze Bundesgebiet gelten (z. B. Tarifvertrag für die besonderen Bedingungen der Montagearbeiter in der Eisen-, Metall- und Elektroindustrie), für ein oder mehrere Bundesländer, für einen oder mehrere Landesbezirke (z. B. Regierungsbezirke Nordwürttemberg und Nordbaden) sowie für eine Unternehmung.

Beispiel zum Geltungsbereich eines Tarifvertrages

Gehaltstarifvertrag für Angestellte der Metall- und Elektroindustrie in Berlin und Brandenburg
Tarifgebiet 1 vom 14. März 1995

1. Geltungsbereich
Dieser Vertrag gilt
1.1 räumlich: innerhalb des Landes Berlin für die Stadtbezirke Charlottenburg, Spandau, Reinickendorf, Wedding, Tiergarten, Kreuzberg, Neukölln, Tempelhof, Schöneberg, Steglitz, Wilmersdorf und Zehlendorf in den Grenzen vom 01.01.1990, ehemals Berlin (West)
1.2 fachlich: für Betriebe der Metall- und Elektroindustrie sowie für Betriebe, die nicht der Metall- und Elektroindustrie angehören, jedoch Mitglied des VME sind, einschließlich deren Betriebs- und Vertriebsabteilungen, Hilfs- und Nebenbetrieben sowie Montagestellen
1.3 persönlich: für Angestellte im Sinne der §§ 2 und 3 des Angestelltenversicherungsgesetzes, d.h. für alle kaufmännischen und technischen Angestellten sowie Werkmeister/Werkmeisterinnen und Meister/Meisterinnen (…)

Grundsätzlich kann nur der Arbeitnehmer auf den Regelungen des Tarifvertrages bestehen, der Mitglied der entsprechenden Gewerkschaft, also „organisiert" ist. Ein nicht organisierter Arbeitnehmer kann in der Regel nicht den Tariflohn verlangen, es sei denn, der Betrieb stellt üblicherweise oder ausdrücklich alle Arbeitnehmer im Betrieb gleich. Dies geschieht über **Betriebsvereinbarungen** oder wird in individuellen Arbeitsverträgen festgelegt, z. B. wenn dort steht: Urlaub nach Tarifvertrag.
Die **Allgemeinverbindlichkeitserklärung** nach § 5 TVG hat dagegen die Wirkung, dass Arbeitgeber, die nicht Mitglied eines Arbeitgeberverbandes sind, dazu verpflichtet werden, die Tarifvereinbarungen ihrer Branche einzuhalten. Diese Regelung dient dazu, innerhalb einer Branche verschiedenartige Arbeitsbedingungen sowie Löhne und Gehälter auszuschließen, insbesondere auch den Arbeitnehmern nicht organisierter Betriebe die gleichen Rechte wie den übrigen Arbeitnehmern zu verschaffen. Davon ist eine stattliche Anzahl von Arbeitnehmern betroffen.

vgl. § 5 Tarifvertragsgesetz: Allgemeinverbindlichkeit, S. 50

6.1.5 Wirkungen des Tarifvertrags

Jeder Tarifvertrag hat so genannte normative und schuldrechtliche (obligatorische) Wirkungen. Normative Wirkung bedeutet: Der Tarifvertrag gilt wie gesetzliche Bestimmungen, Vorschriften oder Normen. Jeder Arbeitgeber, jeder Arbeitnehmer und die Gewerkschaft haben sich an die Abmachungen zu halten. Man sagt auch: Der Tarifvertrag wirkt unmittelbar und zwingend für und gegen alle Mitglieder der Tarifvertragsparteien (so genannte **Tarifbindung**). Allerdings können in Betriebsvereinbarungen oder einzelnen Arbeitsverträgen günstigere Abmachungen vereinbart werden. Dann gelten jeweils die besseren Bedingungen. Anders ausgedrückt: Einzelarbeitsverträge oder Betriebsvereinbarungen können für die Arbeitnehmer keine schlechteren als die im Tarifvertrag vereinbarten Bedingungen durchsetzen, nur bessere.

§ 3 Tarifvertragsgesetz: Tarifgebundenheit

Die Vereinbarungen des Tarifvertrages sind insofern **Mindestbedingungen**, sie sind unabdingbar; d.h., auf sie kann auch durch einen Vertrag nicht rechtsgültig verzichtet werden. Diesen Sachverhalt bezeichnet man als **Günstigkeitsprinzip**. Damit sich jeder über die Abmachungen des Tarifvertrages unterrichten kann, muss der Tarifvertrag im Betrieb aushängen (§ 8 TVG). Darüber hinaus besteht ein „öffentliches Tarifregister" beim Bundesministerium für Arbeit und Sozialordnung (§ 6 TVG).

§ 4 Tarifvertragsgesetz: Wirkung der Rechtsnormen

§ 4 Wirkung der Rechtsnormen
(1) Die Rechtsnormen des Tarifvertrages, die den Inhalt, den Abschluss oder die Beendigung von Arbeitsverhältnissen ordnen, gelten unmittelbar und zwingend zwischen den beiderseits Tarifgebundenen, die unter den Geltungsbereich des Tarifvertrages fallen. Diese Vorschrift gilt entsprechend für Rechtsnormen des Tarifvertrages über betriebliche und betriebsverfassungsrechtliche Fragen.

§ 5 Allgemeinverbindlichkeit
(1) Der Bundesminister für Arbeit und Sozialordnung kann einen Tarifvertrag im Einvernehmen mit einem aus je drei Vertretern der Spitzenorganisationen der Arbeitgeber und der Arbeitnehmer bestehenden Ausschuss auf Antrag einer Tarifvertragspartei für allgemein verbindlich erklären, wenn
1. die tarifgebundenen Arbeitgeber nicht weniger als 50 vom Hundert der unter den Geltungsbereich des Tarifvertrages fallenden Arbeitnehmer beschäftigen und
2. die Allgemeinverbindlicherklärung im öffentlichen Interesse geboten erscheint.
(...)

§ 6 Tarifregister
Bei dem Bundesminister für Arbeit und Sozialordnung wird ein Tarifregister geführt, in das der Abschluss, die Änderung und die Aufhebung der Tarifverträge sowie der Beginn und die Beendigung der Allgemeinverbindlichkeit eingetragen werden.

6.2 Rolle der Sozialpartner

Die Vereinigungen der Arbeitnehmer und Arbeitgeber (Koalitionen) haben die durch das Grundgesetz geschützte Aufgabe, eigenverantwortlich und vor allem durch den Abschluss von Tarifverträgen eine sinnvolle **Ordnung des Arbeitslebens** zu schaffen (vgl. Art. 9 Abs. 3 GG, Vereinigungsfreiheit, Verbot von Maßnahmen gegen Arbeitskämpfe).
Im Wirtschaftssystem der Bundesrepublik Deutschland, der sozialen Marktwirtschaft, werden die Mindestlöhne bzw. -gehälter durch Tarifver-

vgl. Kapitel 2, 6.3 Soziale Marktwirtschaft als realtypische Wirtschaftsordnung träge zwischen Arbeitgeberverbänden und Gewerkschaften festgelegt. Gesetzliche Mindestlöhne gibt es nicht. Die ausgehandelten Löhne und Gehälter bedürfen auch keiner staatlichen Genehmigung.

6.2.1 Tariffähigkeit

Das Tarifrecht ist Teil des kollektiven Arbeitsrechts. Es befasst sich also nicht mit dem einzelnen Arbeitnehmer, sondern mit Verbänden, genauer: mit den Verträgen, die diese abschließen, mit den so genannten **Kollektivverträgen**.

Parteien eines Tarifvertrages sind die Sozialpartner. Dies können Gewerkschaften, einzelne Arbeitgeber und Arbeitgeberverbände sein. Die Gewerkschaften und Arbeitgeberverbände bzw. einzelne Arbeitgeber haben die so genannte **Tariffähigkeit**; sie können Tarifverträge abschließen. Die Vereinigungen von Arbeitgebern und Arbeitnehmern müssen bestimmte **Voraussetzungen** erfüllen, um Tariffähigkeit zu erlangen. Dazu gehören:

Voraussetzungen zur Erlangung der Tariffähigkeit

- Es muss sich um eine freie (freiwillige) und privatrechtliche Vereinigung handeln.
- Sie muss auf Dauer ausgerichtet sein.
- Sie muss auf ein bestimmtes Ziel ausgerichtet sein, z.B. auf die Verbesserung der wirtschaftlichen und sozialen Bedingungen für die Arbeitnehmer.
- Die Vereinigung muss körperschaftlich organisiert sein.
- Sie muss gegnerfrei organisiert sein, d. h., Mitglieder dürfen nur Arbeitnehmer oder Arbeitgeber sein.
- Die Vereinigung muss in der Regel überbetrieblich tätig sein.
- Die Vereinigung muss über eine gewisse Verbandsmacht verfügen, um notfalls auch Druck auf den Gegner ausüben zu können.

6.2.2 Tarifautonomie

Im Rahmen der vom Grundgesetz verbürgten Eigenständigkeit und Selbstverwaltung der Berufsverbände ist der Tarifvertrag das wichtigste Ordnungsinstrument. Sein Zustandekommen beendet gewöhnlich den Kampf zwischen Gewerkschaft und Arbeitgebern und läutet für seine Laufzeit einen arbeitsrechtlichen Frieden ein. Dieser Friede und die soziale Ordnung werden nicht durch staatliche Gesetze oder Abordnungen geregelt, sondern durch zwei **gleichberechtigte Verhandlungspartner**, die sich einigen. Im Kampf um bessere Arbeitsbedingungen vertreten die Gewerkschaften die Interessen der Arbeitnehmer. Sie handeln als Sozialpartner die Arbeitsbedingungen (Tarife) in eigener Verantwortung, d. h. im Wesentlichen unabhängig von staatlicher Einflussnahme, mit dem gegnerischen Sozialpartner, den Arbeitgebern, aus. Die Partner bestimmen überwiegend selbst die Gesetze ihres Handelns. Dieses **Recht der sozialen Selbstverwaltung** nennt man Tarifhoheit oder Tarifautonomie.

Es berechtigt die Tarifpartner, ohne staatlichen Zwang selbstständig „den Inhalt, den Abschluss und die Beendigung von Arbeitsverhältnissen sowie betriebliche und betriebsverfassungsrechtliche Fragen" zu ordnen (vgl. § 1 TVG).

Übersicht:		
Tarifvertrag	– schriftliches Abkommen über Arbeitsbedingungen zwischen den Sozialpartnern (Arbeitgeber-/ Arbeitnehmervereinigungen = Koalitionen) für einen bestimmten räumlichen Geltungsbereich – Abschluss von Tarifverträgen als durch das GG geschützte Aufgabe der Koalitionen zur Ordnung des Arbeitslebens	
Arten von Tarifverträgen	Rahmen-/Manteltarifvertrag	– regelt allg. Arbeitsbedingungen
	Lohn-/Gehaltstarifvertrag	– regelt Arbeitsentgelt (Lohn-/ Gehaltssätze) für einen bestimmten Zeitraum
	Gehalts-/ Lohnrahmentarifvertrag	– regelt Kriterien der Eingruppierung in eine Lohn- oder Gehaltsgruppe
	Rationalisierungsschutz-/ Qualifizierungstarifvertrag	Vereinbarungen über – Arbeitsplatzsicherung – Fort- und Weiterbildungsmöglichkeiten
Wirkung von Tarifverträgen	– Tarifbindung § 3 TVG – Günstigkeitsprinzip § 4 TVG – Allgemeinverbindlichkeit § 5 TVG	
Tariffähigkeit	– Befugnis der Sozialpartner zum Abschluss von Tarifverträgen	
Tarifautonomie	– Recht der sozialen Selbstverwaltung der Koalitionen als gleichberechtigte Verhandlungspartner bei der Aushandlung der Arbeitsbedingungen	

Aufgaben

1. Hat ein Arbeitnehmer einen rechtskräftigen Anspruch auf die Bestimmungen eines Tarifvertrages, wenn er
   a) in der Gewerkschaft ist, der Arbeitgeber jedoch nicht im Arbeitgeberverband,
   b) nicht organisiert ist, der Arbeitgeber aber im Arbeitgeberverband ist?

2. Gibt es Ausbildungsbetriebe von Schülern der Klasse, die nicht durch diese Tarifverträge gebunden sind?
3. Vergleichen Sie Ihren Ausbildungsvertrag mit den tarifvertraglichen Regelungen. Werden in Ihrem Ausbildungsbetrieb diese Regelungen eingehalten? Wenn ja, warum?
4. Was versteht man unter den Begriffen „Tariffähigkeit" und „Tarifautonomie"?
5. Die technischen Zeichner von Karlstadt haben sich zur Verbesserung der Bedingungen ihres Berufsstands in einem „Verband der technischen Zeichner" zusammengeschlossen, um wirksamer auftreten zu können. Sogar die Inhaber einiger Architekten- und Baufirmen sind Mitglieder. Auf der letzten Versammlung ist eine Resolution verabschiedet worden, nach der ein Fortbildungsurlaub zu erkämpfen ist. Der Vorsitzende des Verbandes spricht den zuständigen Arbeitgeberverband an, wird von diesem aber nicht als Verhandlungspartner akzeptiert. Warum nicht?
6. Im Bewusstsein der Öffentlichkeit gelten Gewerkschaften – mit Recht – als Sozialpartner und Gegenspieler der Arbeitgeber, mit denen sie um Löhne, Sozialleistungen und Arbeitszeit ringen. Die Gewerkschaften sind aber auch selbst Unternehmer und Arbeitgeber, weil ihnen große Banken, Baugesellschaften, Versicherungen und andere Versicherungsunternehmen gehören. Welches Problem entsteht dadurch für den Gedanken der Tarifautonomie?

6.3 Tarifverhandlungen, Streik und Aussperrung

Tarifverhandlungen

Im Vorfeld der neuen Tarifverhandlungen bereiten in der Regel die Ausschüsse von Gewerkschaften und Arbeitgebern Positionen vor, um auf die eigenen Mitglieder, die Gegenpartei und die Öffentlichkeit Einfluss auszuüben und die eigenen Vorstellungen zu rechtfertigen.

Gegenstand neuer Tarifverhandlungen sind auf Seiten der **Arbeitnehmer** zumeist ein Ausgleich

- für die steigende Leistung der Arbeitnehmer (Produktivitätszuwachs),
- für die steigenden Lebenshaltungkosten sowie
- eine Umverteilungskomponente (um den Gewinnvorsprung der Unternehmen zumindest teilweise aufzuholen).

Die Forderungen der Gewerkschaften werden von den Mitgliedern in Mitgliederversammlungen besprochen und von gewählten Tarifkommissionen beschlossen. Die von beiden Tarifvertragsparteien beauftragten **Verhandlungskommissionen** versuchen in Verhandlungen eine Einigung über Angebot und Forderungen zu erzielen. Um der eigenen Forderung Nachdruck zu verleihen, kann es bereits in dieser Phase zu Warnstreiks kommen. Weitgehende Streiks als Mittel, die Forderung durchzusetzen, erübrigen sich, wenn sich beide Parteien bereits in der Verhandlungsphase einigen.

Warnstreik

Kommt es trotz aller Bemühungen zu keiner Einigung, wird die Schlichtung nach einem vorher vereinbarten Schlichtungsabkommen eingeleitet. Die Parteien verpflichten sich, Streitigkeiten aus dem Tarifvertrag einer **Schlichtungskommission** vorzulegen. Sie setzt sich in der Regel aus dem unparteiischen (neutralen) Vorsitzenden und zwei oder mehr Beisitzern der streitenden Parteien zusammen. Kommt auch über den Schlichtungsausschuss

Schlichtung

keine Einigung zu Stande, so kann eine **Zentraltarifkommission** angerufen werden. Unter Umständen wird auch ein Schiedsamt zur Schlichtung eingeschaltet. Wird auch durch diese Einrichtung keine Lösung erzielt, so wird die zentrale oder große Tarifkommission der Gewerkschaft beim Hauptvorstand der Gewerkschaft die Genehmigung zur **Urabstimmung** über Kampfmaßnahmen beantragen.

Urabstimmung: Die vom Tarifvertrag betroffenen Gewerkschaftsmitglieder stimmen darüber ab, ob Arbeitskampfmaßnahmen zum Erreichen der Ziele ergriffen werden sollen. Es sind i. d. R. 75 % Ja-Stimmen erforderlich.

Kampfmaßnahmen setzen gewöhnlich eine Mehrheit von 75 % der Stimmen der Mitglieder voraus. Der Arbeitskampf, in der Regel der **Streik**, ist das rechtlich anerkannte Mittel zur Austragung des Konflikts zwischen Arbeitnehmer- und Arbeitgeberorganisationen. Er darf nur von der Arbeitnehmerseite in Gang gebracht werden.

Streik

Streik: eine kollektive Arbeitsniederlegung oder Vorenthaltung der Arbeitskraft, um bestimmte Ziele zu erreichen

Die Macht der Koalitionen, Gewerkschaften und Arbeitgeberverbände zeigt sich in ihrem Recht, einen Arbeitskampf anzusagen, der weit tragende Folgen für die wirtschaftliche und politische Ordnung haben kann. In der Auseinandersetzung um die Arbeitsbedingungen ist der Streik ein rechtlich zulässiges Mittel.

Eine gesetzliche Definition des Arbeitskampfes gibt es nicht. Nach allgemeiner Auffassung wird unter Arbeitskampf jede von einer Tarifvertragspartei ausgehende planmäßige Störung des Arbeitsfriedens, mit der ein bestimmtes Ziel erreicht werden soll, verstanden. Die dabei getroffenen Maßnahmen müssen kollektiv sein, d. h. von Gruppen ausgehen bzw. gegen Gruppen gerichtet sein. Der Streik ist aber nur dann rechtmäßig, wenn die **Gewerkschaften** ihn ausrufen. Wilde Streiks, d. h. Streiks ohne Beteiligung der Gewerkschaften, sind in der Regel rechtswidrig.

Allein die Gewerkschaft ist befugt, einen Streik auszurufen!

Man hat den Gewerkschaften das **Streikmonopol** zugebilligt, damit sie eine Gegenmacht gegen die Macht der Arbeitgeber bilden können. Andererseits ist dadurch ein geordnetes Vorgehen im Arbeitskampf gewährleistet, also die Anzettelung von Streiks durch einzelne Arbeitnehmer oder kleine Arbeitnehmergruppen weitgehend unmöglich gemacht.

Streik und Aussperrung sind im Grundgesetz nicht geregelt, wohl aber in einigen Landesverfassungen aufgeführt.

Das Arbeitskampf- bzw. Streikrecht ist – obwohl durch die Verfassung gewährleistet – nicht gesetzlich geregelt, sondern beruht auf praktischen

Erfahrungen und der Rechtsprechung. Es wird von zwei Grundsätzen beherrscht, dem Grundsatz der Kampfgleichheit (Kampfparität) und der Freiheit in der Wahl der Mittel. Die Kampfparität ist dadurch gewährleistet, dass jede Seite ein Kampfmittel hat, die Arbeitnehmer den Streik, die Arbeitgeber die Aussperrung. Beide Mittel können nur kollektiv eingesetzt werden. So kann ein Arbeiter allein nicht streiken, er kann nur die Arbeit niederlegen und verweigern. Ebenso kann der Betriebsleiter nicht einen bestimmten Arbeiter aussperren, sondern nur die gesamte Belegschaft bzw. Gruppen der Belegschaft.

Kampfparität

Der Arbeitskampf ist immer auf eine Veränderung ausgerichtet. In der Regel geht er von der Gewerkschaft aus, die als Kampfmittel den Streik einsetzt.

Arten des Streiks	
Bummelstreik	Wird die Arbeit nur langsam und schleppend erledigt, dann spricht man vom Bummelstreik. Unter Umständen geschieht das unter Verweis auf Dienst- oder Arbeitsvorschriften, die dann wörtlich ausgelegt und „todernst" genommen werden. In diesem Fall spricht man auch von „Dienst nach Vorschrift", obwohl der Sache nach ein Bummelstreik vorliegt.
Sitzstreik	Sitzstreik wird eine Arbeitsniederlegung genannt, bei der die Streikenden den Betrieb während der Dauer der Aktion nicht verlassen, an ihrem Arbeitsplatz bleiben oder sich zu einer Betriebsversammlung zusammenfinden.
Schwerpunktstreik	Beim Schwerpunktstreik werden nur einzelne Betriebe oder Betriebsteile bestreikt, während beim allgemeinen Streik alle Betriebe des Tarifgebiets bzw. der gesamte Betrieb bestreikt werden (Flächenstreik bzw. u. U. Generalstreik). Auch Schwerpunktstreiks können sehr erfolgreich sein, insbesondere dann, wenn sie in Abteilungen oder von Berufsgruppen durchgeführt werden, deren Arbeit für den Gesamtbetrieb unentbehrlich ist. So kann etwa die Arbeitsniederlegung im Kraftwerk eines industriellen Großbetriebs die vorübergehende Einstellung der gesamten Produktion zur Folge haben. Der Schwerpunktstreik herrscht heute vor. Werden Schlüsselunternehmen, also Unternehmen, von denen wiederum viele andere Unternehmen abhängen, bestreikt, so hat das zwei Vorteile für die Gewerkschaft: Sie schont einmal ihre Streikkasse wegen der geringen Anzahl der in Ausstand getretenen Gewerkschaftsmitglieder, die während der Arbeitsniederlegung von der Gewerkschaft bezahlt werden; zum anderen führt sie einen Streik von großer volkswirtschaftlicher Bedeutung, da auf Grund der Abhängigkeit anderer Unternehmen von den bestreikten Unternehmen auch diese die Produktion einschränken oder einstellen müssen.
Warnstreik	Der Warnstreik während noch laufender Tarifverhandlungen soll in der Regel die Gegenseite „kompromissbereit" machen, indem die Entschlossenheit zum Kampf demonstriert wird. Daher wird auch von Demonstrationsstreik gesprochen. Er dient dem beschleunigten Abschluss dieser Verhandlungen. Als Mittel zur Ausschöpfung aller Verhandlungsmöglichkeiten ist er unter bestimmten Voraussetzungen rechtlich zulässig. (Im strengen Sinne ist er rechtswidrig, weil erst nach gescheiterten Verhandlungen gestreikt werden darf – Beachtung der Friedenspflicht.)
Protest- und Sympathiestreik	Ein Proteststreik kann zu Beginn des Arbeitskampfes ausbrechen, z. B. bei sehr schlechten Verhandlungsangeboten. Sympathiestreiks wollen anderen Arbeitnehmern, die sich im Arbeitskampf befinden, behilflich sein. Sie werden auch Solidaritätsstreiks genannt. Proteststreiks und Solidaritätsstreiks gehören nicht zu den rechtmäßigen Streiks – jedenfalls ist ihre Anerkennung rechtlich umstritten.
politischer Streik	Auch Streiks aus politischem Anlass sind grundsätzlich nicht statthaft.

In unserer hochgradig verflochtenen Gesellschaft berühren Streik und Aussperrung nicht nur die am Arbeitskampf unmittelbar Beteiligten. Sie treffen auch Nichtstreikende und sonstige Dritte sowie die Allgemeinheit schwer. Arbeitskämpfe müssen deshalb unter dem obersten **Gebot der Verhältnis-**

mäßigkeit stehen. Dabei sind die wirtschaftlichen Gegebenheiten zu berücksichtigen und das Gemeinwohl darf nicht offensichtlich verletzt werden. Deswegen soll der Arbeitskampf nach bestimmten Regeln verlaufen. An seinem Ende soll ja nicht der Gegner „zerstört am Boden liegen", sondern lediglich bereit sein, neue Bedingungen des Zusammenlebens anzuerkennen, z. B. höhere Löhne. Die Grundregel der Verhältnismäßigkeit betrifft nicht nur Zeitpunkt und Ziel, sondern auch die Art der Durchführung und die Intensität des Arbeitskampfes.

Wie kommt es zu einem Streik? Ein Streik liegt vor, wenn eine Arbeitnehmergruppe gemeinschaftlich nach einem Plan die Arbeit einstellt, um eine Änderung der Arbeitsbedingungen (z. B. mehr Lohn oder mehr Urlaub) durchzusetzen bzw. Verschlechterungen abzuwehren, ohne dabei eine Kündigung des Arbeitsverhältnisses zu wollen.

Arbeitskämpfe 1970 bis 2000

Nimmt man die Häufigkeit von Streiks und Aussperrungen als Maßstab, erscheint die Bundesrepublik Deutschland als ein Land, in dem Arbeitskonflikte sich im Allgemeinen nicht so scharf zuspitzen und rascher beigelegt werden können als in anderen Ländern. Zwischen 1991 und 2000 gingen in der Bundesrepublik insgesamt nur etwa 3 Millionen Arbeitstage, rund 5 Minuten je Beschäftigten und Jahr, durch Arbeitskämpfe verloren. Das ist nicht zuletzt auf die starke Verrechtlichung der Arbeitsbeziehungen und das Vorhandensein wirksamer Konfliktregelungsmechanismen zurückzuführen. Den sozialen Interessenausgleich zwischen Arbeitnehmern und Arbeitgebern führen Gewerkschaften und Arbeitgeberverbände als Tarifparteien in der Regel auf dem Verhandlungswege herbei. Erst wenn Verhandlungen und Schlichtungsverfahren zu keinem Ergebnis führen, wird die kollektive Arbeitsniederlegung als letztes Mittel eingesetzt. (...) Ihre bisher größte Intensität erreichten die Arbeitskämpfe in der früheren Bundesrepublik mit 5,6 Mio. ausgefallenen Arbeitstagen und 537.000 betroffenen Arbeitnehmern im Jahre 1984. Dabei stand die 35-Stunden-Woche im Mittelpunkt der Auseinandersetzungen. In den letzten großen Streiks (1992) ging es in erster Linie um höhere Löhne und Gehälter. Durch die Rezession und den wachsenden Druck auf die Arbeitskosten sahen sich die Gewerkschaften in der Folge aber zunehmend in die Defensive gedrängt. (...)

Quelle: Erich-Schmidt-Verlag

Die **Rechtmäßigkeit eines Streiks** hat fünf Voraussetzungen:

- Der Streik muss von einer Gewerkschaft ausgerufen worden sein. Ein „wilder" Streik ist rechtswidrig.
- Die angestrebten Änderungen der Arbeitsbedingungen müssen durch Tarifvertrag regelbar sein.
- Die Gewerkschaft darf nicht der Friedenspflicht eines noch laufenden Tarifvertrages unterliegen.
- Die Gewerkschaft muss sich an das durch ihre Satzung vorgeschriebene Verfahren gehalten haben, d. h., in der Regel müssen mindestens 75 % der Mitglieder für den Streik gestimmt haben.
- Der Streik muss dem angestrebten Ziel angemessen sein und die Verhandlungsmöglichkeiten müssen ausgeschöpft sein.

Friedenspflicht bedeutet, dass während des laufenden gültigen Tarifvertrags von keiner Seite Kampfmaßnahmen ergriffen werden dürfen. Um den Forderungen des neuen Tarifvertrages, über den vor Ablauf des alten verhandelt wird, Nachdruck zu verleihen, dürfen Warnstreiks stattfinden.

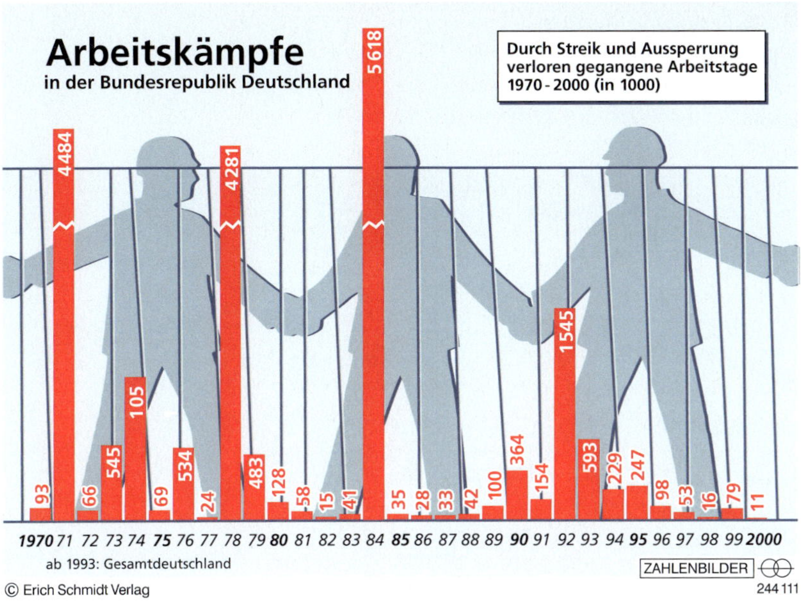

Aussperrung und Boykott

Das selten angewandte Kampf- und Beugemittel der Arbeitgeber ist die **Aussperrung**. Sie liegt vor, wenn ein Arbeitgeber planmäßig Arbeitnehmergruppen nicht arbeiten lässt und die Lohnzahlung verweigert, um sein Ziel zu erreichen. Regelmäßig wird die Aussperrung von den Arbeitgebern nur als **Verteidigungsmittel** eingesetzt. Sie darf nicht gegen den Grundsatz der Verhältnismäßigkeit verstoßen und nicht gezielt nur gegen Gewerkschaftsmitglieder gerichtet sein. Der Arbeitgeber will sich bei einer Aussperrung nicht von den betroffenen Arbeitnehmern trennen – im Unterschied zu einer Massenkündigung und -entlassung. Daher fallen Aussperrungen als Maßnahmen des wirtschaftlichen Arbeitskampfes nicht unter das Kündigungsschutzgesetz. Für ausgesperrte Arbeitnehmer sichert eine so genannte **Wiedereinstellungsklausel** im neuen Tarifvertrag die Fortsetzung des Arbeitsverhältnisses.

Aussperrung = Die Arbeitgeber schließen die Arbeitnehmer vom Arbeitsplatz und damit von der Lohnfortzahlung aus, um Druck auf die Gegenseite auszuüben.

Während der Arbeitskampfmaßnahmen ist das Arbeitsverhältnis aufgehoben, d. h., die Hauptpflichten der Parteien ruhen. Ist der Streik oder die Aussperrung beendet, so leben alle Rechte und Pflichten aus dem Arbeitsverhältnis wieder auf, ohne dass es einer erneuten vertraglichen Abmachung bedarf. Das Arbeitsverhältnis ist nur unterbrochen worden, entsprechend auch die Zahlung von Lohn und Gehalt. Die betroffenen Arbeitnehmer haben während der Zeit keinen Anspruch auf Arbeitslosengeld; entsprechend wichtig sind in dieser Situation die Streikkassen der Gewerkschaften.

Wiederaufnahme der Arbeiten, wenn mindestens 25 % der Gewerkschaftsmitglieder in einer neuen Urabstimmung zustimmen.

Arbeitslosengeld, vgl. Kapitel 3, 7.4.3 Maßnahmen gegen Arbeitslosigkeit

Eine Besonderheit soll noch erwähnt werden: der **Boykott** bzw. die Sperrung. Beim Boykott versuchen die Arbeitnehmer bzw. die Gewerkschaft zu verhindern, dass der bestreikte Betrieb oder Arbeitgeberverband neue Arbeitnehmer bekommt („Streikbrecher"). Sie fordern dazu auf, in bestimmten Betrieben nicht zu arbeiten. Umgekehrt versuchen die Arbeitgeber bei der Sperrung zu erreichen, dass die Mitglieder der Gewerkschaft nicht eingestellt werden.

Von der Tarifverhandlung zum neuen Tarifvertrag

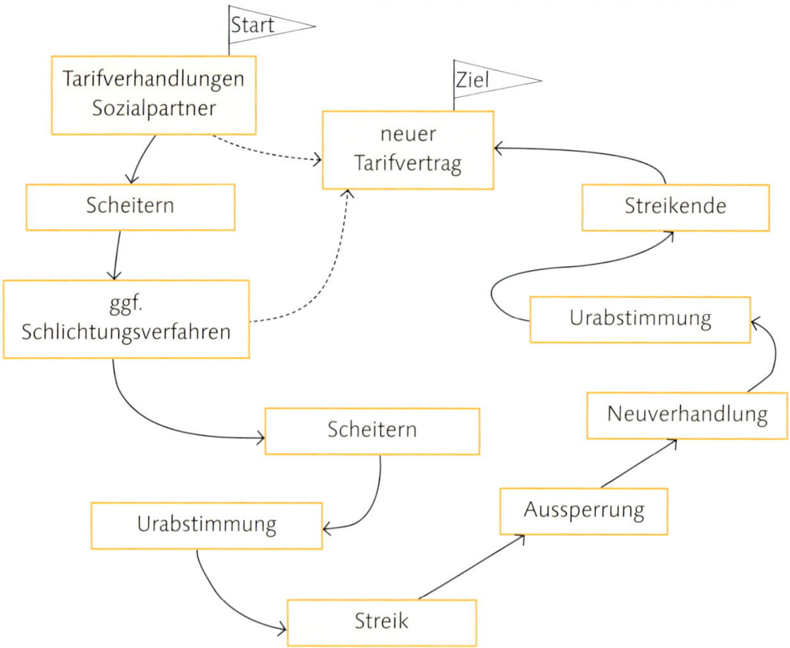

Übersicht:

Tarifverhandlungen	häufige Forderungen von Gewerkschaften: – Ausgleich für Produktivitätszuwachs – Inflationsausgleich – Umverteilungsmaßnahmen zu Gunsten der Arbeitnehmer
Streik	– Kampfmittel der Arbeitnehmer – kollektive Arbeitsniederlegung oder Vorenthaltung der Arbeitskraft, um bestimmte Ziele zu erreichen – Streikmonopol der Gewerkschaften
Aussperrung	– Kampfmittel der Arbeitgeber – Arbeitgeber schließen die Arbeitnehmer vom Arbeitsplatz und damit von der Lohnfortzahlung aus

Aufgaben

1. Verfolgen Sie für Ihren Tarifbereich die aktuellen Tarifauseinandersetzungen. Welche Forderungen von Arbeitnehmern werden aufgestellt? Wie werden sie begründet?
2. Weshalb wird immer wieder von den Gewerkschaften gefordert, dass sich Politiker bei aktuellen Tarifauseinandersetzungen mit Stellungnahmen zurückhalten sollen?
3. Vergleichen Sie den Verlauf aktueller Tarifauseinandersetzungen mit dem Schema „Von der Tarifverhandlung zum neuen Tarifvertrag".
4. Ein Streik betrifft nicht nur den bestreikten Arbeitgeber. Welche Auswirkungen hat ein Streik auf die streikenden Arbeitnehmer, andere Arbeitnehmer im selben Betrieb oder in anderen Betrieben, auf andere Unternehmen, auf die Volkswirtschaft?

7 Sozialversicherung

Die Sozialversicherung umfasst die **Kranken-, Renten-, Pflege- und Unfallversicherung** als Personenversicherungen sowie die **Arbeitslosenversicherung** als Vermögensversicherung. Auf die im Bergbau existierende Knappschaftsversicherung (zusammengefasste Kranken- und Rentenversicherung unter besonderer Berücksichtigung der im Bergbau auftretenden Umstände und Gefahren mit eigenem Prämien- und Leistungssystem) wird hier nicht eingegangen.

Unterscheidung nach dem Versicherungsziel in
- gesetzliche Pflichtversicherung
- freiwillige Vertragsversicherung

Durch die enorme Zunahme der Arbeiterschaft im Rahmen der Industrialisierung in der zweiten Hälfte des 19. Jahrhunderts sah sich der Staat veranlasst, ein umfassendes System der kollektiven Sicherung aufzubauen, um die Arbeiterfamilien vor der Gefährdung ihrer Existenz zu schützen. 1883 wurde daher zunächst die gesetzliche Krankenversicherung eingeführt, der die Unfallversicherung, die Arbeiter- und Angestelltenrentenversicherung, die Arbeitslosenversicherung sowie die Handwerkerrentenversicherung bis 1938 folgten. Die gesetzlichen Sozialversicherungen haben „**Zwangscharakter**, da, von Ausnahmen abgesehen, alle nicht selbstständigen Arbeitnehmer versicherungspflichtig sind".

Versicherungsträger: Öffentlich-rechtliche Versicherungsanstalten

vgl. 7.2 Sozialversicherungen im Überblick

Die jeweiligen **Leistungen** sind **gesetzlich festgelegt**; die Beiträge richten sich nach den Einkommen der Versicherten (Ausnahme: Unfallversicherung). Die allgemeine **Bemessungsgrundlage** der Rentenregelung wird jährlich entsprechend der allgemeinen Einkommensentwicklung neu festgesetzt; bei bereits laufenden Renten erfolgt eine Anpassung, sodass die Renten entsprechend dem durch die zunehmende Produktivität vermehrten Bevölkerungseinkommen steigen (dynamische Produktivitätsrente).

Bemessungsgrundlage

Finanzierungsprobleme ergeben sich bei sinkendem Wirtschaftswachstum, lang anhaltender Arbeitslosigkeit und steigender Lebenserwartung bei zurückgehender Geburtenrate. Diese können nur durch Beitragserhöhung oder zu Lasten des Staatshaushalts gelöst werden. Das Grundgesetz verpflichtet den Staat, die Träger der Renten- und Arbeitslosenversicherung durch Zuschüsse aus Steuermitteln zu unterstützen, wenn diese nicht mehr in der Lage sind, die festgesetzten Leistungen aus ihren Beiträgen und Rücklagen zu finanzieren.

Neben den Beiträgen der Versicherten und deren Arbeitgebern, den gesetzlichen Rücklagen sowie der Garantie des Bundes dienen Rückstellungen zur Deckung von später fälligen Verbindlichkeiten aus Entschädigungs- und Kapitalzahlungsverpflichtungen.

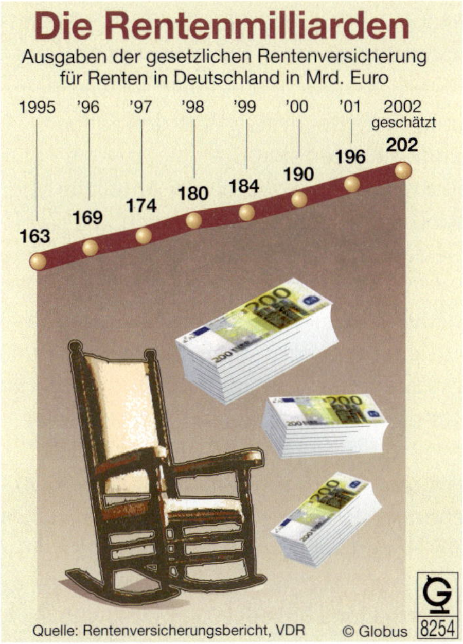

Sind Krankheit, Unfall, Invalidität und Tod einem Dritten anzulasten, können die Versicherungsträger gegenüber dem Schuldigen Ersatzansprüche (Regress = Rückgriff) wegen gewährter Leistungen geltend machen.
Zwischen allen Landesversicherungsanstalten findet ein Leistungsausgleich im Verhältnis ihrer Beitragseinnahmen statt. Das heißt, die Rentenausgaben werden gemeinsam getragen. Derartige gegenseitige Hilfeleistung ist auch den Trägern der berufsgenossenschaftlichen Unfallversicherung gesetzlich vorgeschrieben.

vgl. 5.4 Arbeitsschutz und Unfallverhütungsbestimmungen

Die wichtigsten Gesetze für das Sozialversicherungsrecht sind die **Reichsversicherungsordnung** (RVO) und das **Arbeitsförderungsgesetz** (AFG). Beide sind als besondere Teile in das **Sozialgesetzbuch** (SGB), der Grundlage des Sozialversicherungsrechts, integriert. Die Einhaltung von Gesetzen und Satzungen wird von den Arbeitsministerien des Bundes und der Länder als Aufsichtsbehörden überwacht. Der Bundesminister für Arbeit und Sozialordnung überwacht hierbei das Bundesversicherungsamt und die bundesunmittelbaren **Sozialversicherungsträger**:

- Bundesversicherungsanstalt für Angestellte (BfA)
- Bundesbahn-Versicherungsanstalt
- Seekasse
- Bundesknappschaft
- bundesmittelbare Berufsgenossenschaften

Den Landesministerien für Arbeit und Sozialordnung unterstehen die Landesversicherungsämter für Sozialversicherung sowie die landesunmittelbaren Sozialversicherungsträger:

- Landesversicherungsanstalten für Arbeit (LVA)
- Krankenkassen bzw. Krankenkassenverbände
- landesunmittelbare Genossenschaften

7.1 Finanzierungsproblem

Die Ausgaben für die Leistungen der Sozialversicherungen sind in den letzten Jahren explodiert. Damit stellt sich immer drängender die Frage, ob das Ziel der Sozialversicherung, individuelle Risiken gemeinschaftlich abzusichern, in der Zukunft weiter verfolgt werden kann.
Gründe für die **steigenden Kosten** sind u. a.:

- die sinkende Bevölkerungszahl, wodurch der Anteil der alten Menschen an der Gesamtbevölkerung steigt, damit auch die Zahl der Pflegebedürftigen und die Zahl der Rentner im Verhältnis zur erwerbstätigen Bevölkerung
- die wachsende Zahl der Arbeitslosen und damit steigende Ausgaben bei der Arbeitslosenversicherung, aber auch Mindereinnahmen bei allen Sozialversicherungsträgern durch sinkende Beitragszahlungen
- steigende Kosten für die Sozialleistungen durch steigende Warenpreise und Personalkosten

Die Gesundheitsstrukturgesetze (GSG) von 1993 und 2000, die Einführung der Pflegeversicherung 1995, die Neuregelung zur Frührente 1996, die Diskussion um die Heraufsetzung des Rentenalters und die Rentenreform 2001 sind nur einige Maßnahmen der letzten Jahre, durch die versucht wird, dieser Entwicklung Einhalt zu gebieten. Ob die Maßnahmen greifen, weiß niemand.

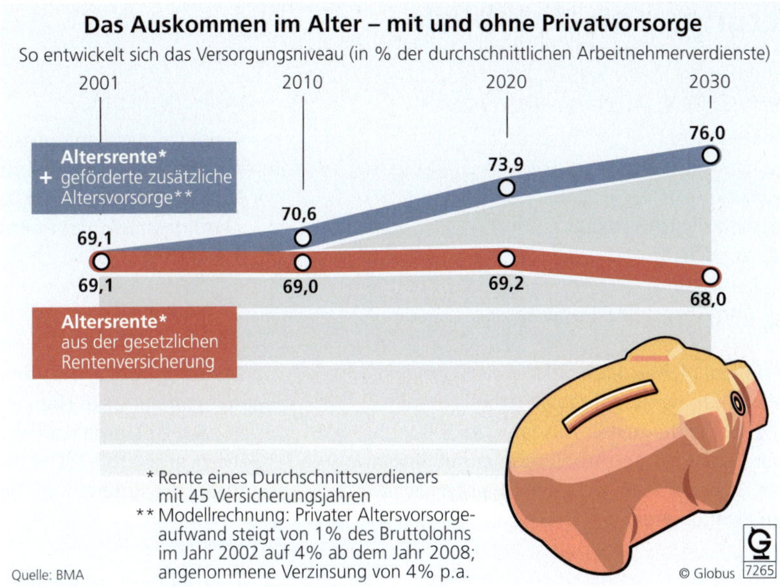

Beispiel Krankenversicherung: Trotz Budgetierung und Selbstbeteiligung sind die Kosten der Krankenversicherung weiter drastisch gestiegen; im Gegensatz zu den Einnahmen, die u. a. durch die geringeren Beiträge der arbeitslosen Mitglieder nur gering anstiegen.

Budgetierung: z. B. Arznei- und Heilmittelbudget der Ärzte
Selbstbeteiligung: Zuzahlung des Patienten

Beispiel Rentenversicherung: Der „Generationen-Vertrag" gerät immer mehr ins Wanken. Die Mitglieder der Rentenversicherung bezahlen mit ihren Beiträgen die Renten der älteren Generation und erwerben so ein Anrecht auf Rentenzahlung durch die nachfolgende Generation, wenn sie selbst ins Rentenalter kommen.

Doch schon heute beträgt das Verhältnis von Rentnern zu Erwerbstätigen 40 zu 100. In 50 Jahren wird sich der Anteil der Rentner auf ein Verhältnis von 75 zu 100 fast verdoppeln (laut Schätzungen des Statistischen Bundesamtes). Gleichzeitig ist die Grenze der Belastbarkeit bei den Arbeitnehmern durch die hohen Abzüge für die Sozialversicherungen vom Gehalt und für die Arbeitgeber durch die Lohnnebenkosten erreicht.

Aufgaben

1. Begründen Sie den „Zwangscharakter" der Sozialversicherung.
2. Erläutern Sie die Gründe für die Einführung der Pflegeversicherung.
3. Die Rentenversicherung wird häufig als „Generationen-Vertrag" bezeichnet. Was ist damit gemeint?
4. Immer wieder wird vom „Zukunftsproblem Rente" gesprochen. Erläutern Sie, was darunter zu verstehen ist, warum sich das Problem ständig vergrößert und welche Lösungsvorschläge diskutiert werden.
5. Welche Ziele verfolgte die Bundesregierung mit den Regelungen zur Frührente?
   Diskutieren Sie die Auswirkungen auf die verschiedenen Sozialversicherungszweige.
6. Weshalb werden nicht alle Bürger von der Sozialversicherung erfasst?

7.2 Sozialversicherungen im Überblick

	Krankenversicherung	Unfallversicherung
Träger	– Ortskrankenkassen – Innungskrankenkassen – Betriebskrankenkassen – Landwirtschaftliche Krankenkassen – Bundesknappschaft – See-Krankenkasse – Arbeiter- und Angestelltenersatzkassen	– Gewerbliche, Landwirtschaftliche und See-Berufsgenossenschaften – Bundesverband der Unfallversicherungsträger der öffentlichen Hand (BAGUV)
Beiträge	Durchschnittlich 14,3 % des Bruttolohns (schwankt von Kasse zu Kasse). In der Regel zahlen Arbeitnehmer und Arbeitgeber je die Hälfte, Ausnahmen: z. B. Geringerverdienende oder Arbeitnehmer mit einem Einkommen über der Beitragsbemessungsgrenze[1]/ Versicherungspflichtgrenze	Der Beitrag wird allein vom Arbeitgeber getragen, die Höhe richtet sich nach Gefahrenklassen und Betriebsgröße (die Höhe der Lohn- und Gehaltssummen der Betriebe).
Leistungen	– Maßnahmen zur Förderung der Gesundheit – Maßnahmen und Leistungen zur Verhütung und Früherkennung von Krankheiten – Behandlung von Krankheiten – Mutterschaftsvorsorge – sonstige Hilfen – Sterbegeld	– Maßnahmen zur Unfallverhütung – Heilbehandlung bei Unfallverletzungen und Berufskrankheiten – Verletztengeld – Berufshilfe – Renten an Verletzte und Hinterbliebene – Sterbegeld
Versicherte	**Pflichtversicherte:** Arbeiter, Angestellte und Auszubildende, deren Jahresarbeitsentgelt 75 % der jährlich neu festzulegenden Beitragsbemessungsgrenze[1] der gesetzlichen Rentenversicherung nicht überschreitet; Empfänger von Arbeitslosengeld und Arbeitslosenhilfe; Behinderte in Heimen, Anstalten und Werkstätten; Landwirte und deren mitarbeitende Familie und Altenteile; Personen, die Anspruch auf Zahlung aus der gesetzlichen Rentenversicherung haben; Künstler und Publizisten. **Familienversicherte:** Ehegatten und Kinder eines Mitgliedes, wenn sie nicht schon selbst pflichtversichert sind **Freiwillig Versicherte:** Personen, die aus der Pflichtversicherung ausgeschieden sind, z. B. weil die Jahresentgeltgrenze überschritten wurde oder aus familiären Gründen (z. B. Scheidung); Arbeitnehmer mit einem Jahreseinkommen oberhalb der Verdienstgrenze bei erstmaliger Arbeitsaufnahme, wenn sie innerhalb der ersten drei Monate nach Aufnahme der Arbeit die Mitgliedschaft beantragen; Schwerbehinderte unter bestimmten Voraussetzungen	**Pflichtversicherte:** Alle Arbeitnehmer einschließlich Auszubildende, unabhängig von der Höhe ihres Einkommens; Kindergartenkinder, Schüler und Studenten; außerdem z. B. Blutspender, Selbstständige unter bestimmten Bedingungen (z. B. Hebammen, Masseure); Arbeitslose. **Freiwillig Versicherte:** Alle, die dies wollen, z. B. Selbstständige oder Hausfrauen

Rentenversicherung	Arbeitslosenversicherung	Pflegeversicherung
– Bundesversicherungsanstalt für Angestellte, BfA – Landesversicherungsanstalten für Arbeiter, LVA – Bundesknappschaft – Seekasse – Bundesbahnversicherungsanstalt	Bundesanstalt für Arbeit mit ihren Landesarbeitsämtern und Arbeitsämtern	Pflegekassen, ihre Aufgaben werden von den gesetzlichen Krankenkassen übernommen
19,5 % des Bruttolohnes, in der Regel zahlen Arbeitgeber und Arbeitnehmer je die Hälfte	6,5 % des Bruttolohnes, in der Regel zahlen Arbeitgeber und Arbeitnehmer je die Hälfte	1,7 % des Bruttogehaltes bis zur Beitragsbemessungsgrenze[1]; Arbeitgeber und Arbeitnehmer zahlen je die Hälfte
– Renten an Versicherte (z. B. wegen Berufsunfähigkeit, Erwerbsminderung, Erwerbsunfähigkeit, Kindererziehung oder Altersruhegeld) – Renten an Hinterbliebene (z. B. Witw(er)enrenten, Waisenrenten), ergänzende Leistungen (z. B. Übergangsgeld, Erwerbsminderung/-unfähigkeit)	– Beschäftigungspolitik (z.B. Berufsberatung, Arbeitsvermittlung, berufliche Aus- und Fortbildung, Umschulungen, berufsfördernde Leistungen zur Rehabilitation); – Erhaltung und Schaffung von Arbeitsplätzen (z.B. Kurzarbeitergeld); Leistungen an Arbeitslose (z. B. Arbeitslosengeld, Arbeitslosenhilfe, Beiträge zur Kranken-, Unfall- und Rentenversicherung der Leistungsempfänger)	Alle Pflegebedürftigen haben Anspruch auf Leistungen aus der Gesetzlichen Pflegeversicherung. Die Leistungen richten sich nach dem Grad der Pflegebedürftigkeit; hierbei werden drei Pflegestufen unterschieden
Pflichtversicherte: Arbeiter und Angestellte, sofern sie nicht nur geringfügig beschäftigt sind; Auszubildende, unabhängig von der Höhe ihrer Vergütung; Wehr- und Zivildienstleistende; Eltern während des Erziehungsurlaubs; **Freiwillig Versicherte:** Jeder, der nicht zu dem Personenkreis der Pflichtversicherten gehört, kann sich freiwillig versichern.	**Pflichtversicherte:** alle Arbeitnehmer und Auszubildenden Eine freiwillige Versicherung ist nicht möglich!	**Pflichtversicherte:** Jeder, der in einer gesetzlichen Krankenkasse versichert ist, ist Pflichtmitglied der Pflegeversicherung. **Freiwillig Versicherte** in einer gesetzlichen Krankenkasse können zwischen der gesetzlichen oder einer privaten Pflegeversicherung wählen. **Privat Krankenversicherte** müssen eine private Pflegeversicherung abschließen.

[1] jährliche Beitragsbemessungsgrenzen 2003
Renten- und Arbeitslosenversicherung:
West: 61.200 € (monatlich 5.100 €)
Ost: 51.000 € (monatlich 4.250 €)
Kranken- und Pflegeversicherung:
West und Ost: 41.400 € (monatlich 3.450 €)

7.3 Sozial- und Individualversicherung

Nicht alle Risiken werden durch die Sozialversicherung abgedeckt. Das Problem der Finanzierung der Sozialversicherung veranlasst außerdem immer mehr Bürger, sich für den Krankheitsfall oder für die Finanzierung der Rente zusätzlich abzusichern. In diesen Fällen greifen u. a. die privaten Versicherungen. Der Schutz durch die gesetzliche Sozialversicherung ist außerdem für alle mehr oder weniger gleich. Für individuelle Wünsche bleibt wenig Spielraum. Hinsichtlich der Beiträge gilt jedoch der Solidargrundsatz: Wer wenig verdient, zahlt weniger – wer ein höheres Einkommen bekommt, zahlt mehr. Bei der Individualversicherung entscheidet ausschließlich das versicherte Risiko über die Beitragshöhe.

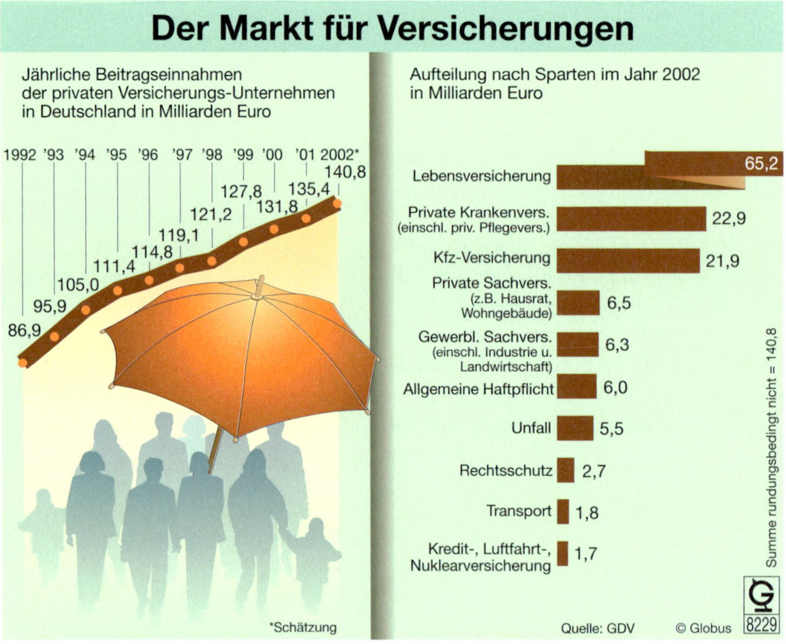

Ein weiteres bedeutsames Unterscheidungsmerkmal ist die rechtliche Grundlage der Versicherung. Während es sich bei der Sozialversicherung um „eine staatlich verordnete Grundversorgung" handelt (basierend auf Gesetzen und Verordnungen), bildet der juristisch verbindliche Vertrag die Basis der Individualversicherung. Die Versicherungsbedingungen regeln dabei die Rechte und Pflichten der Vertragspartner. So beschreiben sie z. B., gegen welche Gefahren eine Versicherung Schutz bietet, welche Risiken sie ausschließt, wann und an wen sie zahlt. Da sehr verschiedene Risiken zu einem Schaden führen können und die Versicherungen nicht alle Ursachen versichern wollen, sind die Verträge für den Laien oft nur schwer verständlich. Vor Abschluss eines Versicherungsvertrages sollte man sich deshalb ausführlich mit den Vertragsbedingungen beschäftigen.

Aufgaben

1. Grenzen Sie die Individualversicherung von der Sozialversicherung ab.
2. Erläutern Sie die Pflichten, die sich aus dem Versicherungsvertrag für beide Parteien ergeben.

8 Steuerpflichtiges Arbeitsentgelt

8.1 Formen des Arbeitsentgelts

Die Personalwirtschaft beschäftigt sich vornehmlich mit der Bezahlung der menschlichen Arbeitskraft im Einzelnen sowie im gesamtwirtschaftlichen Zusammenhang. Nachfolgend werden die verschiedenen Formen des Arbeitsentgelts vorgestellt:

Arbeitsentgelt als Gewinnbeteiligung:
  Erlöse des Geschäftsjahres
– Kosten des Geschäftsjahres
= Gewinn des Geschäftsjahres (Periodengewinn)

Formen des Arbeitsentgelts

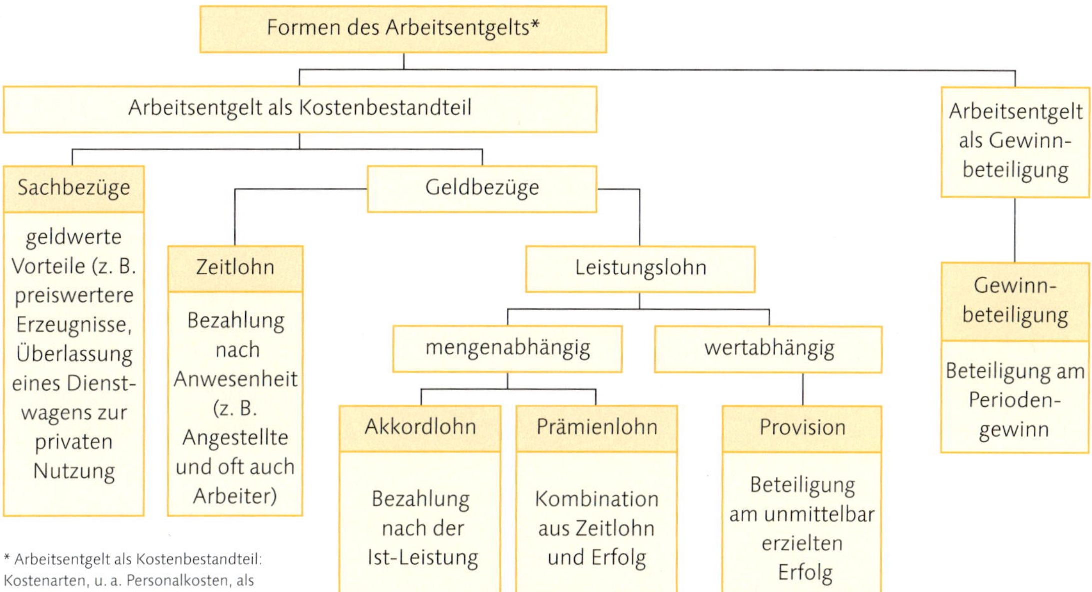

* Arbeitsentgelt als Kostenbestandteil: Kostenarten, u. a. Personalkosten, als Bestandteil der Kalkulation, z. B. der Verkaufspreise

Neben diesen direkten Entgelten für geleistete Arbeit erbringen die Arbeitgeber finanzielle Leistungen für ihr Personal, die unter dem Begriff **soziale Aufwendungen** zusammengefasst werden können.

8.2 Steuerpflichtige Einkünfte

Natürliche Personen, die **im Inland einen Wohnsitz** oder ihren gewöhnlichen Aufenthalt haben, sind **unbeschränkt einkommensteuerpflichtig**.

Steuerpflicht siehe § 1 EStG (Einkommensteuergesetz)

Der Einkommensteuer unterliegen Einkünfte aus
- unselbstständiger Arbeit
- selbstständiger Arbeit
- Gewerbebetrieb
- Kapitalvermögen
- Vermietung und Verpachtung, Land- und Forstwirtschaft
- sonstigen Einkünften (z. B. Renten, Unterhaltsleistungen, Spekulationsgeschäften, Vermietung beweglicher Gegenstände)

Einkunftsarten nach § 2 EStG

Bei **Einkünften aus nicht selbstständiger Arbeit** wird die Einkommensteuer durch Abzug vom Arbeitslohn erhoben. Der Arbeitgeber ist Schuldner der Lohnsteuer. Er hat die Lohnsteuer bei jeder Lohnzahlung vom Arbeitslohn einzubehalten und abzuführen.

Einkünfte aus nicht selbstständiger Arbeit, siehe § 38 EStG (Lohnsteuer)

Lohnsteuer: Einkommensteuer für Einkünfte aus nicht selbstständiger Arbeit

Bei der Ermittlung der Lohnsteuer werden berücksichtigt:
- das Brutto-Arbeitsentgelt
- steuerpflichtige Zulagen
- Steuerfreibeträge
- der jeweils gültige Steuertarif

Dabei ist es wichtig zu wissen, dass zu den Einkünften aus unselbstständiger Arbeit neben dem tariflichen oder vertraglichen Monatsgehalt auch alle anderen Formen des Entgelts gehören, wie z. B. Zuschüsse, Beihilfen aber auch Sachleistungen wie Firmenwagen oder Dienstwohnungen.
Das steuerpflichtige Arbeitsentgelt berechnet sich also wie folgt:

Berechnung des steuerpflichtigen Arbeitsentgelts
Bruttoentgelt
+ andere Formen des Entgelts
– Steuerfreibeträge
= steuerpflichtiges Arbeitsentgelt

8.3 Steuerfreibeträge

Entscheidend für die Höhe der Steuern ist nicht das Bruttoentgelt, sondern das **zu versteuernde Entgelt**.

Steuerfreibeträge, vgl. Teilband *Industrielle Geschäftsprozesse*, Kapitel 4 Personalmanagement

Durch die Eintragung eines Freibetrages auf der Lohnsteuerkarte ermäßigen sich die Steuern in zweifacher Weise, und zwar auf Grund
- der niedrigeren steuerpflichtigen Einkünfte,
- des geringeren Steuersatzes (Progressionsstufe).

Ein Antrag auf Eintragung eines Freibetrages kann für
- erhöhte Werbungskosten,
- erhöhte Sonderausgaben und
- außergewöhnliche Belastungen gestellt werden.

8.3.1 Werbungskosten

Werbungskosten (§ 9 EstG) sind Aufwendungen, die zur Erwerbung, Sicherung und Erhaltung der Einkünfte dienen (z. B. Konkurrenzfähigkeit im Beruf bei Einkünften aus nicht selbstständiger Arbeit). Dazu gehören: Aufwendungen für Arbeitsmittel (Fachliteratur, Werkzeug, typische Berufskleidung usw.), für Fahrten zwischen Wohnung und Arbeitsstätte, Beiträge zu Berufsverbänden, Aufwendungen für eine Berufsfortbildung und Mehraufwendungen auf Grund einer beruflich begründeten doppelten Haushaltsführung. Werbungskosten welche die **Antragsgrenze** von 600 € überschreiten, können in die Lohnsteuerkarte eingetragen werden. Für die Feststellung, ob die Antragsgrenze überschritten wird, dürfen die Werbungskosten nicht in voller Höhe, sondern nur mit dem Betrag angesetzt werden, der den **Arbeitnehmer-Pauschalbetrag** von 1.044 € übersteigt. Das folgende Beispiel soll dieses verdeutlichen:

Antragsgrenze

Arbeitnehmer-Pauschalbetrag

Beispiel: Frau Schmidt-Müller entstehen für Fahrten von ihrem Wohnort zu ihrer Arbeitsstätte und für die berufliche Fortbildung zur Betriebswirtin folgende Kosten im Kalenderjahr 2003:

1) Fahrten zur Arbeitsstätte (insgesamt 15 km an 225 Tagen)

– für die ersten 10 km 0,36 €	810,00 €
– für die weiteren 5 km 0,40 €	450,00 €
2) Berufliche Fortbildung	
– Kursgebühren	720,00 €
– Fahrten zum Fortbildungsinstitut (120 Tage) Hin- und Rückfahrt 12 km 0,30 € (2 x)	864,00 €
– Arbeitsgemeinschaft (40 Tage) Hin- und Rückfahrt 9 km 0,30 € (2 x)	216,00 €
– Literatur, Büromaterial usw.	120,00 €
Summe Werbungskosten/Jahr	3.180,00 €
abzgl. Werbungskostenpauschbetrag	1.044,00 €
= einzutragender Freibetrag/Jahr	2.136,00 €
= monatlicher Freibetrag	178,00 €

Der Werbungskostenpauschbetrag wird vom Bruttoentgelt abgezogen, da dieser Betrag schon in der Lohnsteuer-Tabelle berücksichtigt wird.

8.3.2 Sonderausgaben und außergewöhnliche Belastungen

Aufwendungen der Lebensführung, die aus verschiedenen Gründen steuerlich begünstigt werden, heißen Sonderausgaben.

Sonderausgaben sind bestimmte Aufwendungen, die aus wirtschafts- und sozialpolitischen Gründen steuerlich absetzbar sind.

Einteilung der Sonderausgaben

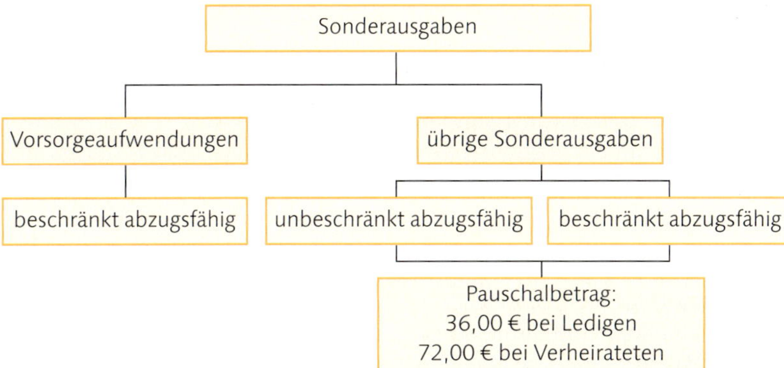

Vorsorgeaufwendungen

Zu den **Vorsorgeaufwendungen** zählen die Arbeitnehmerbeiträge zur gesetzlichen Sozialversicherung, Beiträge zu privaten Kranken-, Pflege-, Unfall-, Haftpflicht- oder Lebensversicherungen. Für diese Sonderausgaben kann in die Lohnsteuerkarte keine Eintragung beantragt werden.
Die übrigen Sonderausgaben können in die Lohnsteuerkarte eingetragen werden, wenn sie die **Antragsgrenze** von 600 € überschreiten.

Antragsgrenze

übrige Sonderausgaben

Zu den **unbeschränkt abzugsfähigen** übrigen Sonderleistungen gehören:
- Renten und dauernde Lasten
- Gezahlte Kirchensteuer
- Steuerberatungskosten

Beschränkt abzugsfähig sind:

- Unterhaltsleistungen an den im Inland ansässigen geschiedenen oder dauernd getrennt lebenden Ehegatten bis zu höchstens 13.805 € jährlich
- Aufwendungen für Berufsausbildung/Weiterbildung in einem nicht ausgeübten Beruf bis zu je 920 € jährlich bzw. bis zu 1.227 € bei einer auswärtigen Unterbringung
- 30 % des Schulgeldes für ein Kind, das eine staatlich genehmigte Ersatzschule oder staatlich anerkannte Ergänzungsschule besucht
- Spenden und Beiträge für mildtätige, kirchliche, religiöse, wissenschaftliche Zwecke bis zu bestimmten Höchstgrenzen
- Spenden und Beiträge an politische Parteien sowie an Stiftungen bis zu bestimmten Höchstgrenzen

Entstehen einem Arbeitnehmer größere Aufwendungen als der überwiegenden Mehrzahl der Steuerpflichtigen gleicher Einkommens- und Vermögensverhältnisse und gleichen Familienstandes, sind sie als **außergewöhnliche Belastungen** abziehbar (§ 33 EStG). Hierzu gehören u. a.:

außergewöhnliche Belastungen

- Kinderbetreuungskosten
- Krankheitskosten
- Kurkosten
- Kosten der Ehescheidung
- Unterhaltsaufwendungen für bedürftige Angehörige (z. B. Eltern)
- Berufsausbildung eines Kindes
- Haushaltshilfe
- Heim- oder Pflegeunterbringung

8.4 Lohnsteuerkarte

Die Gemeinden haben den unbeschränkt einkommensteuerpflichtigen Arbeitnehmern für jedes Kalenderjahr unentgeltlich eine Lohnsteuerkarte auszustellen und zu übermitteln. Steht ein Arbeitnehmer nebeneinander bei mehreren Arbeitgebern in einem Dienstverhältnis, so hat die Gemeinde eine entsprechende Anzahl Lohnsteuerkarten unentgeltlich auszustellen und zu übermitteln.

Lohnsteuerkarte, siehe § 39 EStG

Wenn eine Lohnsteuerkarte verloren gegangen, unbrauchbar geworden oder zerstört worden ist, hat die Gemeinde eine Ersatz-Lohnsteuerkarte auszustellen. Hierfür kann die ausstellende Gemeinde von dem Arbeitnehmer eine Gebühr bis 5 € erheben. Die Gemeinde hat die Ausstellung einer Ersatz-Lohnsteuerkarte dem für den Arbeitnehmer örtlich zuständigen Finanzamt und Arbeitsamt unverzüglich mitzuteilen.

vgl. Abbildung Lohnsteuerkarte, S. 74/75

Für die Ausstellung der Lohnsteuerkarte ist die örtliche Gemeinde zuständig, in deren Bezirk der Arbeitnehmer am 20. September des vorangegangenen Jahres seinen gewöhnlichen Aufenthalt hatte.
Die Gemeinde hat auf der Lohnsteuerkarte insbesondere einzutragen:
1. die **Steuerklasse** in Buchstaben,
2. die **Zahl der Kinderfreibeträge** bei den Steuerklassen I bis IV, und zwar für jedes unbeschränkt einkommensteuerpflichtige Kind
a) den **Zähler 0,5**, wenn dem Arbeitnehmer der Kinderfreibetrag nach § 32 Abs. 6 Satz 1 zusteht, oder

§ 32 Abs. 6 Satz 1 EStG

b) den **Zähler 1**, wenn dem Arbeitnehmer der Kinderfreibetrag zusteht, weil
ba) die Voraussetzungen des § 32 Abs. 6 Satz 2 vorliegen,
bb) der andere Elternteil vor dem Beginn des Kalenderjahrs verstorben ist oder
bc) der Arbeitnehmer allein das Kind angenommen hat.

§ 32 Abs. 6 Satz 2 Nr. 1 EStG
§ 32 Abs. 6 Satz 3 Nr. 1 EStG
§ 32 Abs. 6 Satz 3 Nr. 2 EStG

Der **Kinderfreibetrag** wird aus dem so genannten sächlichen Existenzminimum (Grundbedarf) eines Kindes berechnet. Bei zusammen veranlagten Eltern beträgt der Kinderfreibetrag 3.648 €, d. h., je Elternteil 1.824 €. Daneben gibt es den **Freibetrag für Betreuung und Erziehung oder Ausbildung** in Höhe von 2.160 €. Dieser gilt für alle voll- und minderjährigen Kinder. Sowohl der Kinderfreibetrag als auch der „Freibetrag für Betreuung und Erziehung oder Ausbildung" kommen nur dann zum Tragen, wenn sie günstiger als das Kindergeld sind. Das Finanzamt führt diese Prüfung automatisch durch.

Kinderfreibetrag und Freibetrag für Betreuung und Erziehung oder Ausbildung, vgl. Kapitel 3, 7.2.2 Familienförderung

Alternativen: Kindergeld oder Kinderfreibetrag		
Kindergeld	– erstes bis drittes Kind	154 €
	– jedes weitere Kind	179 €
Kinderfreibetrag p. a.	– je Elternteil	1.824 €
	– zusammen veranlagte Eltern	3.648 €

Das **Kindergeld** muss bei der zuständigen Familienkasse beantragt werden. Die Familienkasse gehört in der Regel zum Arbeitsamt. Die Beantragung des Kindergelds kann durch die Vorlage einer Haushaltsbescheinigung, Lebensbescheinigung oder Geburtsurkunde des Kindes erfolgen.
Das Kindergeld wird normalerweise bis zum 18. Lebensjahr gezahlt. Es wird bis zur Vollendung des 27. Lebensjahrs weitergezahlt, wenn sich das Kind noch in der Schul-, Berufsausbildung oder im Studium befindet. Zusätzlich muss der Familienkasse eine Bescheinigung der Schule, Hochschule oder des Ausbildungsbetriebs vorgelegt werden, aus der hervorgeht, um welche Art der Ausbildung es sich handelt und wie lange diese voraussichtlich dauern wird.

8.5 Steuerklassen

Die Steuerklassen sind für die Höhe der Lohnsteuer besonders wichtig, weil durch sie unterschiedliche Einkommensteuertarife (Grund- und Splittingtabelle) und verschiedene Frei- und Pauschbeträge gleich in den Steuertabellen berücksichtigt werden, ohne dass sie vom Finanzamt als Freibetrag auf der Lohnsteuerkarte eingetragen werden müssen. Welche Lohnsteuerklasse für 2003 in Frage kommt, ist den folgenden Erläuterungen zu entnehmen:

Steuerklassen	
Steuerklasse I	gilt für ledige und geschiedene Arbeitnehmer sowie für verheiratete Arbeitnehmer, deren Ehegatte im Ausland wohnt oder die von ihrem Ehegatten dauernd getrennt leben. Verwitwete Arbeitnehmer gehören ebenfalls in die Steuerklasse I, wenn der Ehegatte vor 2002 verstorben ist.

Steuerklasse II	gilt für die in Steuerklasse I genannten Arbeitnehmer, in deren Wohnung mindestens ein Kind gemeldet ist, für das sie einen Kinderfreibetrag oder Kindergeld erhalten.
Steuerklasse III	gilt für verheiratete Arbeitnehmer, wenn beide Ehegatten im Inland wohnen, nicht dauernd getrennt leben und der Ehegatte des Arbeitnehmers keinen Arbeitslohn bezieht oder Arbeitslohn bezieht und in die Steuerklasse V eingereiht wird. Verwitwete Arbeitnehmer gehören nur dann in Steuerklasse III, wenn der Ehegatte nach dem 31. Dezember 2000 verstorben ist.
Steuerklasse IV	gilt für verheiratete Arbeitnehmer, wenn beide Ehegatten Arbeitslohn beziehen, im Inland wohnen und nicht dauernd getrennt leben.
Steuerklasse V	tritt für Ehegatten an die Stelle der Steuerklasse IV, wenn der andere Ehegatte in die Steuerklasse III eingereiht wird.
Steuerklasse VI	ist auf der zweiten oder weiteren Lohnsteuerkarte von Arbeitnehmern zu bescheinigen, die nebeneinander von mehreren Arbeitgebern Arbeitslohn beziehen.

Die Steuerklassenkombination IV und IV geht davon aus, dass die Ehegatten gleich viel verdienen.

siehe § 38b EStG

Die Steuerklassenkombination III und V ist so gestaltet, dass die Summe der Steuerabzugsbeträge für beide Ehegatten in etwa der gemeinsamen Jahressteuer entspricht, wenn der in Steuerklasse III eingestufte Ehegatte 60 %, der in Steuerklasse V eingestufte Ehegatte 40 % des gemeinsam zu versteuernden Einkommens erzielt. Verdient der nach Steuerklasse V zu besteuernde Ehegatte weniger als 40 %, so wird regelmäßig zu wenig Lohnsteuer einbehalten, welche dann im Rahmen der Einkommensteuerveranlagung nacherhoben wird (vgl. hierzu Abschnitt 8.7 Einkommensteuererklärung).

Die Lohnsteuer wird vom inländischen Arbeitgeber (Steuerschuldner) berechnet, bei jeder Lohnzahlung vom Arbeitslohn einbehalten und an das Finanzamt am Orte der Betriebsstätte abgeführt.

Steuerschuldner ist der Arbeitgeber; er behält die Steuer ein und ist verpflichtet, sie an das Finanzamt abzuführen (er ist der Schuldner gegenüber dem Finanzamt).

Der Arbeitgeber hat spätestens am **zehnten Tag nach Ablauf eines jeden Lohnsteuer-Anmeldungszeitraums** (grundsätzlich Kalendermonat) dem Betriebsstättenfinanzamt die einbehaltene Lohnsteuer abzuführen.

Abführung der einbehaltenen Lohnsteuer, vgl. Teilband *Industrielle Geschäftsprozesse*, Kapitel 4 Personalmanagement

Arbeitnehmer, die unbeschränkt einkommensteuerpflichtig sind (§ 1 EStG) und Einkünfte aus unselbstständiger Arbeit beziehen (§ 2 EStG), haben unter Berücksichtigung von steuerfreien Einnahmen (§ 3 EStG) die Lohnsteuer zu tragen (Steuerträger).

Steuerträger ist der Arbeitnehmer; er trägt die Steuerlast

8.6 Steuertarif

Beispiel: Die Auszubildende Bettina Lotto erhält ihre Entgeltabrechnung. Sie vermisst die Lohn- und Kirchensteuer sowie den Solidaritätszuschlag.

Abrechnung der Brutto-Netto-Bezüge Januar 2002

Pers.-Nr.	Abteilung	Kostenstelle	Eintritt	Austritt	St. Kl.	Kinder	Konfession	Steuertabelle	Freibetr. mtl.	Freibetr. jährl.
30100	Vw	300	01.09.2001		1	0,0	ev.		0,00	0,00

Versicherungs-Nr.	Name der Krankenkasse	KK %	Tätigkeit	KV	RV	AV	PV	GV	St. Tg	SV. Tg
	BEK Oldenburg	13,90	78102	1	2	1	1	0	30	30

Fly Bike Werke, Rostocker Str. 334, 26121 Oldenburg

Bettina Lotto
Am Engelsgraben 75

26135 Oldenburg

Urlaub Vorjahr	Steuertage kumuliert
0,00	60
Urlaubsanspruch	SV Tage kumuliert
30,00	60
Urlaub – monatlich genommen	SV AG – Anteil monatlich
0,00	123,86 €
Urlaub Rest	SV AG – Anteil kumuliert **
30,00	123,86 €
Resttage aus Urlaubskürzung	
0	

Lohnart	Bezeichnung	bezahlte Menge	Faktor	%-Zuschlag	St*)	SV*)	Betrag
3	Auszubildendenvergütung				L	L	587,99 €
921	VWL 1 Zuschuss				L	L	13,29 €
							Gesamt-Brutto
							601,28 €

Steuer/Sozialversicherung

Steuer-Brutto	Lohnsteuer	Kirchensteuer	SolZ		Steuerrechtl. Abzüge
601,28 €	0,00 €	0,00 €	0,00 €		
					0,00 €
601,28 €	0,00 €	0,00 €	0,00 €		

KV/PV-Brutto	RV/AV-Brutto	KV-Beitrag	PV-Beitrag	RV-Beitrag	AV-Beitrag	SV-rechtl. Abzüge
601,28 €	601,28 €	41,79 €	5,11 €	57,42 €	19,54 €	123,86 €
601,28 €	601,28 €	41,79 €	5,11 €	57,42 €	19,54 €	123,86 €

Aufgelaufene Jahreswerte:		
Gesamt-Brutto	Steuer-Brutto	
601,28 €	601,28 €	
Lohnsteuer	Kirchensteuer	
0,00 €	0,00 €	
SolZ		
0,00 €	0,00 €	
KV/PV-Brutto	RV/AV-Brutto	
601,28 €	601,28 €	
KV-Beitrag	PV-Beitrag	
41,79 €	5,11 €	
RV-Beitrag	AV-Beitrag	
57,42 €	19,57 €	
VWL ges.**	Direktvers.**	Auszahlung**
40,00 E	0,00 €	437,42 €

Nr.	Netto-Bezüge / Netto-Abzüge	Netto-Verdienst
		477,42 €
9024	VWL 1 Überweisung	– 40,00 €

Kto.-Nr.:	4107839	Auszahlungsbetrag
BLZ:	28060228	437,42 €
Bank:	Raiffeisenbank Oldenburg	

*) A=Abfindung, E=Einmalbezug, F=frei, L=Laufender Bezug, M=mehrjährige Versteuerung, S=sonstiger Bezug, V=Vorjahr
**) in diesen Werten sind keine Vorträge enthalten

Zu versteuernde Jahreseinkommen bis 7.235 € für Ledige bzw. 14.470 € für Verheiratete bleiben steuerfrei. Oberhalb des Grundfreibetrages beginnt die lineare Steuerprogression mit einem Eingangssteuersatz in Höhe von 19,9 % und steigt dann relativ schnell auf 23 % bei 9.252 € bzw. 18.504 €. Danach folgt ein lang gestreckter linear progressiver Anstieg. Die Belastung jedes zusätzlich verdienten Entgelts wird immer größer (Grenzbelastung).

Einkünfte über 55.007 € bzw. 110.014 € werden in der sich anschließenden Proportionalzone dann einem gleich bleibenden Steuersatz von 48,5 % unterworfen.
2001 trat die so genannte dritte Stufe der Einkommensteuerreform in Kraft, um die Arbeitnehmer zu entlasten. Spätestens bis zum Jahr 2005 wird der **Eingangssteuersatz** bis auf 15 % und der **Spitzensteuersatz** bis auf 42 % gesenkt; ein Vorziehen der Steuerreform wird zur Zeit diskutiert.
Je nach Höhe des Einkommens durchläuft die Berechnung der Einkommensteuer auf diese Weise mehrere Tarifzonen. Bezieht man die so ermittelte Steuerschuld auf das zu versteuernde Gesamteinkommen, ergibt sich die **steuerliche Durchschnittsbelastung**.

Lohnsteuertabellen mit Frei- und Pauschalbeträgen					
Steuerklasse	I	II	III	IV	V
Existenzminimum	7.235,00 €	7.235,00 €	14.470,00 €	7.235,00 €	
Arbeitnehmer-Pauschbetrag	1.044,00 €	1.044,00 €	1.044,00 €	1.044,00 €	1.044,00 €
Sonderausgaben-Pauschbetrag	36,00 €	36,00 €	72,00 €	36,00 €	
arbeitslohnabhängige Vorsorgepauschale, Höchstbeträge	1.980,00 €	1.980,00 €	3.996,00 €	1.980,00 €	
Haushaltsfreibetrag		2.340,00 €			
Beträge, ab deren Überschreitung laut Lohnsteuertabelle erstmals Lohnsteuer gezahlt wird:					
Jahresbeitrag	10.367,00 €	13.103,00 €	19.475,00 €	10.367,00 €	1.079,00 €
Monatsbeitrag	863,92 €	1.091,92 €	1.622,92 €	863,92 €	89,92 €
Bei der Berechnung des Solidaritätszuschlags und der Kirchensteuer werden berücksichtigt:					
Kinderfreibeitrag je (0,5) Kind	1.824,00 €	1.824,00 €	3.648,00 €	1.824,00 €	
Betreuungsfreibeitrag je (0,5) Kind	1.080,00 €	1.080,00 €	2.160,00 €	1.080,00 €	

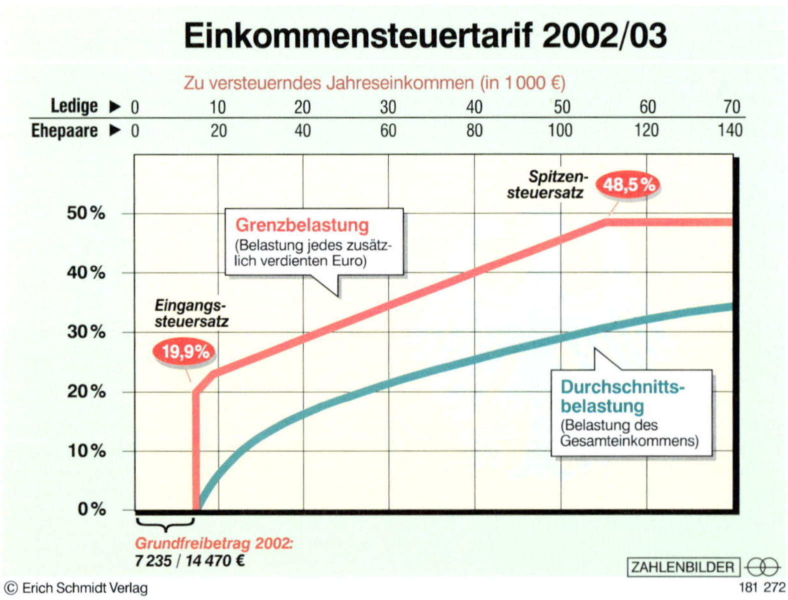

Bei der Verwendung einer Lohnsteuer – Tabelle muss zunächst geklärt werden, welche Tabelle für den Arbeitnehmer in Frage kommt. Die **„Allgemeine Lohnsteuer – Tabelle"** gilt für alle Angestellten und Arbeiter, die voll sozialversicherungspflichtig sind. Die **„Besondere Lohnsteuer – Tabelle"** berücksichtigt eine gekürzte Vorsorgepauschale für nicht rentenversicherungspflichtige Arbeitnehmer (z. B. Beamte); diese zahlen also mehr Steuern.

Sozialversicherung, vgl. ausführlich 7 Sozialversicherung

Beispiel: Bettina Lotto erhält im Jahr 2002 8.117,28 € mit Weihnachts- und Urlaubsgeld. Ihr Jahresentgelt liegt damit über dem Betrag von 7.235,00 €, der als steuerfreies Existenzminimum ausgewiesen ist.

Trotzdem muss sie keine Steuern bezahlen. Dies liegt daran, dass erst nach Abzug aller Freibeträge (wie z. B. die Werbungskosten-Pauschale von 1.044,00 € im Jahr) von diesem Jahresbruttoentgelt berechnet werden kann, ob das steuerfreie Existenzminimum vorliegt. In der Steuertabelle sind diese Werbungskosten für das Monatsentgelt eingearbeitet.

Abzüge an Lohnsteuer, Solidaritätszuschlag und Kirchensteuer

Lohn/Gehalt bis	Steuerklasse	Lohnsteuer	ohne Kinderfreibetrag SolZ	Kirchensteuer 8 %	Kirchensteuer 9 %
542,99	I	–	–	–	–
	II	–	–	–	–
	III	–	–	–	–
	IV	–	–	–	–
	V	90,41	1,88	7,23	8,13
	VI	107,75	5,35	8,62	9,69
545,99	I	–	–	–	–
	II	–	–	–	–
	III	–	–	–	–
	IV	–	–	–	–
	V	91,00	2,00	7,28	8,19
	VI	108,33	5,46	8,66	9,74
548,99	I	–	–	–	–
	II	–	–	–	–
	III	–	–	–	–
	IV	–	–	–	–
	V	91,58	2,11	7,32	8,24
	VI	108,91	5,58	8,71	9,80
551,99	I	–	–	–	–
	II	–	–	–	–
	III	–	–	–	–
	IV	–	–	–	–
	V	92,16	2,23	7,37	8,29
	VI	109,50	5,70	8,76	9,85
554,99	I	–	–	–	–
	II	–	–	–	–
	III	–	–	–	–
	IV	–	–	–	–
	V	92,83	2,36	7,42	8,35
	VI	110,08	5,81	8,80	9,90
557,99	I	–	–	–	–
	II	–	–	–	–
	III	–	–	–	–
	IV	–	–	–	–
	V	93,41	2,48	7,47	8,40
	VI	110,66	5,93	8,85	9,95
	I	–	–	–	–
	II	–	–	–	–

Lohn/Gehalt bis	Steuerklasse	Lohnsteuer	ohne Kinderfreibetrag SolZ	Kirchensteuer 8 %	Kirchensteuer 9 %
587,99	I	–	–	–	–
	II	–	–	–	–
	III	–	–	–	–
	IV	–	–	–	–
	V	99,33	3,66	7,94	8,93
	VI	116,66	6,41	9,33	10,49
590,99	I	–	–	–	–
	II	–	–	–	–
	III	–	–	–	–
	IV	–	–	–	–
	V	99,91	3,78	7,99	8,99
	VI	117,25	6,44	9,38	10,55
593,99	I	–	–	–	–
	II	–	–	–	–
	III	–	–	–	–
	IV	–	–	–	–
	V	100,58	3,91	8,04	9,05
	VI	117,83	6,48	9,42	10,60
596,99	I	–	–	–	–
	II	–	–	–	–
	III	–	–	–	–
	IV	–	–	–	–
	V	101,16	4,03	8,09	9,10
	VI	118,50	6,51	9,48	10,66
599,99	I	–	–	–	–
	II	–	–	–	–
	III	–	–	–	–
	IV	–	–	–	–
	V	101,75	4,15	8,14	9,15
	VI	119,08	6,54	9,52	10,71
602,99	I	–	–	–	–
	II	–	–	–	–
	III	–	–	–	–
	IV	–	–	–	–
	V	102,33	4,26	8,18	9,20
	VI	119,66	6,58	9,57	10,76
	I	–	–	–	–
	II	–	–	–	–

Lohn/Gehalt bis	Steuerklasse	Lohnsteuer	ohne Kinderfreibetrag SolZ	Kirchensteuer 8 %	Kirchensteuer 9 %
632,99	I	–	–	–	–
	II	–	–	–	–
	III	–	–	–	–
	IV	–	–	–	–
	V	108,33	5,46	8,66	9,74
	VI	125,66	6,91	10,05	11,30
635,99	I	–	–	–	–
	II	–	–	–	–
	III	–	–	–	–
	IV	–	–	–	–
	V	108,91	5,58	8,71	9,80
	VI	126,25	6,94	10,10	11,36
638,99	I	–	–	–	–
	II	–	–	–	–
	III	–	–	–	–
	IV	–	–	–	–
	V	109,50	5,70	8,76	9,85
	VI	126,83	6,97	10,14	11,41
641,99	I	–	–	–	–
	II	–	–	–	–
	III	–	–	–	–
	IV	–	–	–	–
	V	110,08	5,81	8,80	9,90
	VI	127,41	7,00	10,19	11,46
644,99	I	–	–	–	–
	II	–	–	–	–
	III	–	–	–	–
	IV	–	–	–	–
	V	110,66	5,93	8,85	9,95
	VI	128,00	7,04	10,24	11,52
647,99	I	–	–	–	–
	II	–	–	–	–
	III	–	–	–	–
	IV	–	–	–	–
	V	111,33	6,06	8,90	10,01
	VI	128,58	7,07	10,28	11,57
	I	–	–	–	–
	II	–	–	–	–

Lohn/Gehalt bis	Steuerklasse	Lohnsteuer	ohne Kinderfreibetrag SolZ	Kirchensteuer 8 %	Kirchensteuer 9 %	mit Zahl der Kinderfreibeträge/Freibeträge für Betreuungs-, Erziehungs- und Ausbildungsbedarf 0,5 SolZ	0,5 Kirchensteuer 8 %	0,5 Kirchensteuer 9 %	1,0 SolZ	1,0 Kirchensteuer 8 %	1,0 Kirchensteuer 9 %	1,5 SolZ	1,5 Kirchensteuer 8 %	1,5 Kirchensteuer 9 %	2,0 SolZ	2,0 Kirchensteuer 8 %	2,0 Kirchensteuer 9 %	2,5 SolZ	2,5 Kirchensteuer 8 %	2,5 Kirchensteuer 9 %	3,0 SolZ	3,0 Kirchensteuer 8 %	3,0 Kirchensteuer 9 %
	I	[illegible]240.58	68,23	[illegible]	111,65	62,15	90.41	101,71	56.30	[illegible]	92,12	50,72	[illegible]	83,00	45.30	[illegible]	[illegible]4.13	[illegible]	58.32	65,61	[illegible]	[illegible]	57,53
4 538,99	I	1 257,33	69,15	100,58	113,15	63,04	91,70	103,16	57,15	83,13	93,52	51,55	74,98	84,35	46,09	67,04	75,42	40,85	59,42	66,85	35,89	52,20	58,73
	II	1 167,91	64,23	93,43	105,11	58,30	84,80	95,40	52,58	76,49	86,05	47,15	68,59	77,16	41,87	60,90	68,51	36,80	53,53	60,22	32,01	46,56	52,38
	III	775,66	42,66	62,05	69,80	38,43	55,90	62,89	34,43	50,08	56,34	30,52	44,40	49,95	26,62	38,73	43,57	22,93	33,36	37,53	19,35	28,14	31,66
	IV	1 257,33	69,15	100,58	113,15	66,03	96,04	108,05	63,04	91,70	103,16	60,11	87,43	98,36	57,15	83,13	93,52	54,32	79,02	88,89	51,55	74,98	84,35
	V	1 807,50	99,41	144,60	162,67																		
	VI	1 849,66	101,73	147,97	166,46																		
4 541,99	I	1 258,66	69,22	100,69	113,27	63,12	91,81	103,28	57,22	83,24	93,64	51,62	75,08	84,47	46,15	67,14	75,53	40,91	59,51	66,95	35,95	52,29	58,82
	II	1 169,25	64,30	93,54	105,23	58,37	84,90	95,51	52,65	76,59	86,16	47,22	68,68	77,27	41,93	61,00	68,62	36,86	53,62	60,32	32,07	46,65	52,48
	III	775,66	42,66	62,05	69,80	38,53	56,05	63,05	34,43	50,08	56,34	30,52	44,40	49,95	26,72	38,86	43,72	22,93	33,36	37,53	19,35	28,14	31,66
	IV	1 258,66	69,22	100,69	113,27	66,11	96,16	108,18	63,12	91,81	103,28	60,18	87,54	98,48	57,22	83,24	93,64	54,39	79,12	89,01	51,62	75,08	84,47
	V	1 808,91	99,49	144,71	162,80																		
	VI	1 851,16	101,81	148,09	166,60																		
	I	1 260,08	69,30	100.80	113,40	63,19	91,92	103,41	57,30	83,34	93,76	51,69	75,18	84,58	46,22	67,24	75,64	40,97	59,60	67,05	36,01	52,38	58,92

Quelle: Auszug aus Lohnsteuer-Tabelle, Monat 2002, Luchterhand Verlag, Neuwied

Alle Eintragungen in der Lohnsteuerkarte genau prüfen!
Lesen Sie die Informationsschrift „Lohnsteuer 2002“

Ordnungsmerkmale des Arbeitgebers

Lohnsteuerkarte 2002

Gemeinde	AGS
STADT OLDENBURG	

Finanzamt und Nr.	Geburtsdatum
FINANZAMT OLDENBURG	09.03.1983

I. Allgemeine Besteuerungsmerkmale

Steuerklasse	Kinder unter 18 Jahren: Zahl der Kinderfreibeträge	
EINS	--	*

Kirchensteuerabzug

EV

BETTINA LOTTO
AM ENGELSGRABEN 75

26135 OLDENBURG

(Datum)
20.09.2001

(Gemeindebehörde)
STADT OLDENBURG

II. Änderungen der Eintragungen im Abschnitt I

Steuerklasse	Zahl der Kinderfreibeträge	Kirchensteuerabzug	Diese Eintragung gilt, wenn sie nicht widerrufen wird:	Datum, Stempel und Unterschrift der Behörde
			vom 2002 an bis zum 31. 12. 2002	I. A.
			vom 2002 an bis zum 31. 12. 2002	I. A.

III. Für die Berechnung der Lohnsteuer sind vom Arbeitslohn als steuerfrei **abzuziehen**:

Jahresbetrag Euro	monatlich Euro	wöchentlich Euro	täglich Euro	Diese Eintragung gilt, wenn sie nicht widerrufen wird:	Datum, Stempel und Unterschrift der Behörde
				vom 2002 an	
in Buchstaben	-tausend		Zehner und Einer wie oben -hundert	bis zum 31. 12. 2002	I. A.
				vom 2002 an	
in Buchstaben	-tausend		Zehner und Einer wie oben -hundert	bis zum 31. 12. 2002	I. A.

IV. Für die Berechnung der Lohnsteuer sind dem Arbeitslohn **hinzuzurechnen**:

Jahresbetrag Euro	monatlich Euro	wöchentlich Euro	täglich Euro	Diese Eintragung gilt, wenn sie nicht widerrufen wird:	Datum, Stempel und Unterschrift der Behörde
				vom 2002 an	
in Buchstaben	-tausend		Zehner und Einer wie oben -hundert	bis zum 31. 12. 2002	I. A.

LSt 1
Nr. 645/1 (08.01) OFD Ms St 21

V. Lohnsteuerbescheinigung für das Kalenderjahr 2002 und besondere Angaben

1. Dauer des Dienstverhältnisses	vom – bis		vom – bis		vom – bis	
2. Zeiträume ohne Anspruch auf Arbeitslohn	Anzahl „U":		Anzahl „U":		Anzahl „U":	
	Euro	Ct	Euro	Ct	Euro	Ct
3. Bruttoarbeitslohn einschl. Sachbezüge ohne 9. und 10.						
4. Einbehaltene Lohnsteuer von 3.						
5. Einbehaltener Solidaritätszuschlag von 3.						
6. Einbehaltene Kirchensteuer des Arbeitnehmers von 3.						
7. Einbehaltene Kirchensteuer des Ehegatten von 3. (nur bei konfessionsverschiedener Ehe)						
8. In 3. enthaltene steuerbegünstigte Versorgungsbezüge						
9. Steuerbegünstigte Versorgungsbezüge für mehrere Kalenderjahre						
10. Ermäßigt besteuerter Arbeitslohn für mehrere Kalenderjahre (ohne 9.) und ermäßigt besteuerte Entschädigungen						
11. Einbehaltene Lohnsteuer von 9. und 10.						
12. Einbehaltener Solidaritätszuschlag von 9. und 10.						
13. Einbehaltene Kirchensteuer des Arbeitnehmers von 9. und 10.						
14. Einbehaltene Kirchensteuer des Ehegatten von 9. und 10. (nur bei konfessionsverschiedener Ehe)						
15. Kurzarbeitergeld, Winterausfallgeld, Zuschuss zum Mutterschaftsgeld, Verdienstausfallentschädigung (Infektionsschutzgesetz), Aufstockungsbetrag und Altersteilzeitzuschlag						
16. Steuerfreier Arbeitslohn nach Doppelbesteuerungsabkommen						
16. Steuerfreier Arbeitslohn nach Auslandstätigkeitserlass						
17. Steuerfreie Arbeitgeberleistungen für Fahrten zwischen Wohnung und Arbeitsstätte						
18. Pauschalbesteuerte Arbeitgeberleistungen für Fahrten zwischen Wohnung und Arbeitsstätte						
19. Steuerfreie Beiträge des Arbeitgebers an eine Pensionskasse oder einen Pensionsfonds						
20. Steuerpflichtige Entschädigungen und Arbeitslohn für mehrere Kalenderjahre, die nicht ermäßigt besteuert wurden – in 3. enthalten						
21. Steuerfreie Verpflegungszuschüsse bei Auswärtstätigkeit						
22. Steuerfreie Arbeitgeberleistungen bei doppelter Haushaltsführung						
23. Steuerfreie Arbeitgeberzuschüsse zur freiwilligen Krankenversicherung und zur Pflegeversicherung						
24. Arbeitnehmeranteil am Gesamtsozialversicherungsbeitrag						
25. Ausgezahltes Kindergeld		–		–		–
Anschrift des Arbeitgebers (lohnsteuerliche Betriebsstätte) Firmenstempel, Unterschrift;						
Finanzamt, an das die Lohnsteuer abgeführt wurde **(Name und dessen vierstellige Nr.)**						

Um Rückfragen zu vermeiden, wird die Ausfüllung empfohlen.

Lohnsteuerermittlung

Arbeitgeber ermittelt auf der Basis

des steuerpflichtigen Arbeitsentgelts des Arbeitnehmers im Abrechnungsmonat	der Angaben der Steuerkarte des Arbeitnehmers: – Familienstand – Steuerklasse – Zahl der Kinder – Freibeträge	der Allgemeinen Lohnsteuertabelle (gültig für rentenversicherungspflichtige Arbeitnehmer)

die Höhe der Monatslohnsteuer des Arbeitnehmers

Arbeitgeber hält Lohnsteuerbetrag ein und erfüllt Aufzeichnungspflichten

Arbeitgeber führt Lohnsteuer an das Finanzamt ab

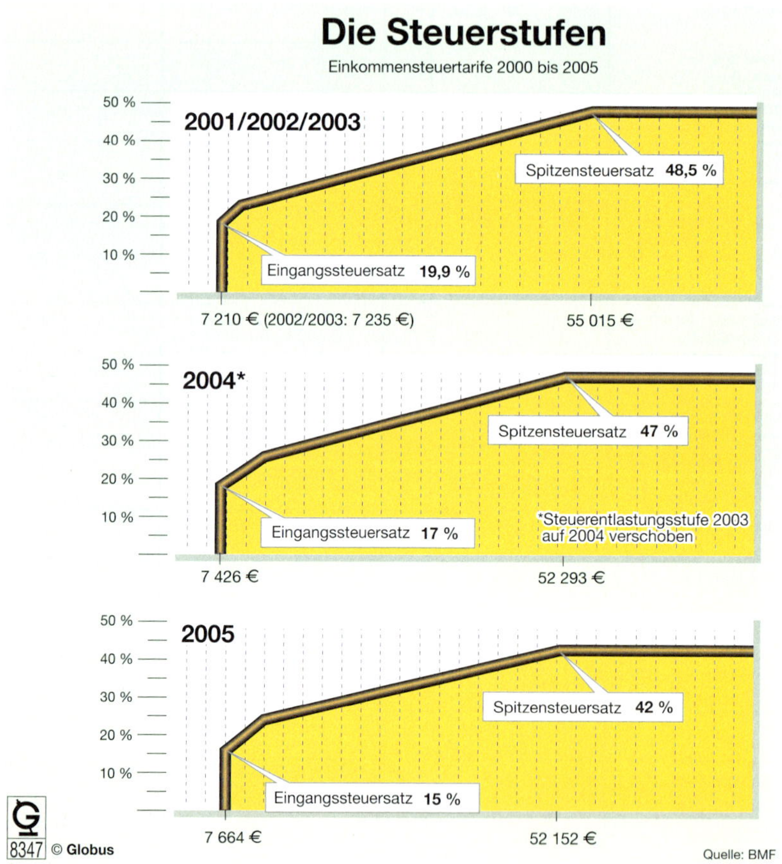

8.7 Einkommensteuerveranlagung

Die **Veranlagung**, hierunter versteht man die Festsetzung der Steuerschuld, erfolgt durch das Finanzamt auf Grund der eingereichten **Steuererklärung**. Steuerschuld und -berechnung werden dem Steuerpflichtigen in einem **Steuerbescheid** mitgeteilt. Bereits geleistete Vorauszahlungen, die vierteljährlich zu entrichten sind, sowie gezahlte Lohn- und Kapitalertragsteuer werden von der Steuerschuld abgezogen, die innerhalb eines Monats zu bezahlen ist. Gleichzeitig enthält der Einkommensteuerbescheid die Höhe der künftigen vierteljährlichen Vorauszahlungen.

Steuerveranlagung: Festsetzung der Steuerschuld

Steuererklärung erfolgt durch den Einkommensteuerpflichtigen mit dem Formular „Einkommensteuererklärung".

Steuerbescheid ergeht vom Finanzamt an den Steuerpflichtigen und enthält Steuerschuld und -berechnung; kann zu Rückzahlung durch Finanzamt oder Nachzahlung von Steuern durch Steuerpflichtigen führen.

Steuerschuld: Kann ein Steuerpflichtiger seine Steuerschuld nicht fristgemäß zahlen, muss er vor Ablauf der Zahlungsfrist ein begründetes Stundungsgesuch einreichen und darlegen, wie er zu zahlen gedenkt.
Werden Zahlungen nicht rechtzeitig entrichtet, kommt es zur Erhebung von Säumniszuschlägen.

Personen, die nicht Arbeitnehmer sind, werden mit ihren steuerpflichtigen Einkünften zur Einkommensteuer veranlagt und haben deshalb grundsätzlich eine Einkommensteuererklärung abzugeben.
Arbeitnehmer sind nur in bestimmten Fällen zur Abgabe einer Einkommensteuererklärung verpflichtet und zwar, wenn z. B.

- die Einkünfte, von denen keine Lohnsteuer einbehalten worden ist, mehr als 410 € beträgt,
- ein Arbeitnehmer von mehreren Arbeitgebern gleichzeitig Arbeitslohn bezogen hat,
- für den Arbeitslohn, aus einer geringfügigen Beschäftigung, vom Finanzamt eine Freistellungsbescheinigung ausgestellt worden ist,
- die Summe der anderen Einkünfte des Arbeitnehmers positiv ist.

Lohnsteuerpflichtige Arbeitnehmer können einen Antrag auf Veranlagung zur Einkommensteuer stellen, wenn sie davon ausgehen können, dass sie einen Teil der Steuern zurückerhalten – z. B., wenn ihre Aufwendungen die Pauschbeträge überschreiten.

Fristen: Nach Ablauf eines Kalenderjahres hat der einkommensteuerpflichtige Arbeitnehmer bis zum 31. Mai des Folgejahres dem Finanzamt eine Steuererklärung einzureichen, die alle Angaben für die Steuerermittlung enthält.

- Familienstand und Zahl der Kinder
- Art der Veranlagung (Ehegatten können zwischen getrennter Veranlagung und Zusammenveranlagung wählen)
- die einzelnen Einkünfte
- Sonderausgaben
- beantragte Vergünstigungen wegen außergewöhnlicher Belastungen oder außerordentlicher Einkünfte

Lohnsteuerpflichtige sind mit ihrem Antrag auf Veranlagung zur Einkommensteuer nicht an diese Frist gebunden.

Splitting: Bei der Zusammenveranlagung von Ehegatten werden die Einkünfte beider zusammengerechnet und anschließend halbiert. Dies nennt man Splitting. Die Steuer wird von der ermittelten Hälfte berechnet und danach verdoppelt.

Die grünen Felder werden vom Finanzamt ausgefüllt.

12 Nummer	Zeitr.	11 Steuernummer	10	00	Vorg.	Fallgruppe

2002

Eingangsstempel

☐ **Einkommensteuererklärung**

☐ **Antrag auf Festsetzung der Arbeitnehmer-Sparzulage**

☐ **Erklärung zur Feststellung des verbleibenden Verlustvortrags**

An das Finanzamt

Steuernummer bei Wohnsitzwechsel: bisheriges Finanzamt

☐ Ich rechne mit einer Einkommensteuererstattung.

99 10

Allgemeine Angaben

Steuerpflichtige Person (Stpfl.), bei Ehegatten: **Ehemann**

Telefonische Rückfragen tagsüber unter Nr.

40 Postempfänger

Anschrift 69

Zeile

Name

Vorname

Geburtsdatum | Tag | Monat | Jahr | Religion | Ausgeübter Beruf

Straße und Hausnummer

Postleitzahl, derzeitiger Wohnort

Verheiratet seit dem | Verwitwet seit dem | Geschieden seit dem | Dauernd getrennt lebend seit dem

Ehefrau: Vorname

ggf. von Zeile 2 abweichender Name

Geburtsdatum | Tag | Monat | Jahr | Religion | Ausgeübter Beruf

Straße und Hausnummer, Postleitzahl, derzeitiger Wohnort (falls von Zeilen 5 und 6 abweichend)

Bitte reichen Sie dem Finanzamt eine Ausfertigung dieser Erklärung ein.

Nur von Ehegatten auszufüllen:

☐ Zusammenveranlagung ☐ Getrennte Veranlagung ☐ Besondere Veranlagung für das Jahr der Eheschließung

Wir haben Gütergemeinschaft vereinbart ☐ Nein ☐ Ja

99 17

Art der Steuerfestsetzung

10

11 Alter A B Religion A B

77 von bis A Dauer der KiSt.-Pflicht von Monat bis Monat

78 von bis B

73 Angaben zur Erstattung 83 Bescheid ohne Anschrift Ja = 1

74 Veranlagungsart 75 Zahl d. zusätzl. Bescheide

70 nichtamtlicher Vordruck Ja = 2

Bankverbindung **Bitte stets angeben!**

Kontonummer | Bankleitzahl

Geldinstitut (Zweigstelle) und Ort

Kontoinhaber ☐ lt. Zeilen 2 u. 3 oder: | Name (im Fall der Abtretung bitte amtlichen Abtretungsvordruck beifügen)

Der Steuerbescheid soll nicht mir / uns zugesandt werden, sondern

41 Name

42 Vorname

43 Straße und Hausnummer oder Postfach

45 Postleitzahl, Wohnort

Unterschrift

Die mit der Steuererklärung angeforderten Daten werden aufgrund der §§ 149 ff. der Abgabenordnung und der §§ 25, 46 des Einkommensteuergesetzes erhoben.

Ich versichere, dass ich die Angaben in dieser Steuererklärung wahrheitsgemäß nach bestem Wissen und Gewissen gemacht habe. Mir ist bekannt, dass Angaben über Kindschaftsverhältnisse und Pauschbeträge für Behinderte erforderlichenfalls der Gemeinde mitgeteilt werden, die für die Ausstellung der Lohnsteuerkarten zuständig ist.

Bei der Anfertigung dieser Steuererklärung hat mitgewirkt:

Datum, Unterschrift(en)
Steuererklärungen sind eigenhändig – bei Ehegatten von beiden – zu unterschreiben.

ESt 1 A - Einkommensteuererklärung für unbeschränkt Steuerpflichtige - OFD Berlin - St 17 - 9.00 - 408/00

Name und Vorname

Steuernummer

Anlage N

Bitte Lohnsteuerkarte(n) im Original beifügen!

2002

Jeder Ehegatte mit Einkünften aus nichtselbständiger Arbeit hat eine eigene Anlage N abzugeben.

Stpfl. / Ehemann = 7
Ehefrau = 8

99 | 4

Einkünfte aus nichtselbständiger Arbeit

Zeile	Angaben zum Arbeitslohn	Erste Lohnsteuerkarte	Weitere Lohnsteuerkarte(n)
1		Steuerklasse	
2	**Bruttoarbeitslohn**	10 Euro Ct	11 Euro Ct
3	**Lohnsteuer**	40	41
4	**Solidaritätszuschlag**	50	51
5	**Kirchensteuer des Arbeitnehmers**	42	43
6	**Nur bei konfessionsverschiedener Ehe: Kirchensteuer für den Ehegatten**	44	45
7	**Nachträgliche Steuerbefreiung** für Arbeitslohn (in Zeile 2 enthalten) aufgrund geringfügiger Beschäftigung(en) – sog. **325-Euro-Arbeitsverhältnisse – für den der Arbeitgeber den pauschalen** Rentenversicherungsbeitrag (12 %) entrichtet hat. (Bitte Bescheinigung des Arbeitgebers beifügen.)		28
8	**Versorgungsbezüge** (in Zeile 2 enthalten)		32
	Außerordentliche Einkünfte, die ermäßigt besteuert werden sollen (vgl. Zeile 45 des Hauptvordrucks):		
9	**Versorgungsbezüge für mehrere Jahre**		33
10	**Arbeitslohn für mehrere Jahre**		13
11	**Entschädigungen** (Bitte Vertragsunterlagen beifügen.)		66
12	**Steuerabzugsbeträge** zu den Zeilen 9 bis 11	46 Lohnsteuer	52 Solidaritätszuschlag
13		48 Kirchensteuer Arbeitnehmer	49 Kirchensteuer Ehegatte
14	Steuerpflichti... ...itsl... von ... kein St... ...abzug ... ...genommen w... ...ist		15

85 | Veranlagungsgrund
10, 40, 50, 42, 44, 11, 41, 51, 43, 45, 28, 32, 33, 13

...ie dem Finanzamt
...g dieser Anlage ein.

Zeile	Werbungskosten				
31					40 Tage
32	**Fahrten zwischen Wohnung und Arbeitsstätte** Aufwendungen für Fahrten mit eigenem oder zur Nutzung überlassenem				41 km
33	☐ privaten Pkw ☐ Firmenwagen ☐ Motorrad/Motorroller	Letztes amtl. Kennzeichen	☐ Moped/Mofa ☐ Fahrrad		43 Tage
34	Arbeitstage je Woche / Urlaubs- und Krankheitstage	**Erhöhter Kilometersatz wegen Behinderung** ☐ Behinderungsgrad mindestens 70 ☐ Behinderungsgrad mindestens 50 und erhebliche Gehbehinderung			44 km / 46 Tage / 47 km
35	Arbeitsstätte in (Ort und Straße) – ggf. nach besonderer Aufstellung –	Einsatzwechseltätigkeit vom – bis	40 benutzt an Tagen	41 einfache Entfernung km	61 Schlüsselz. zu Kz 41
36			43 Tagen	44 km	62 Schlüsselz. zu Kz 44
37			46 Tagen	47 km	63 Schlüsselz. zu Kz 47
38	Aufwendungen für Fahrten mit öffentlichen Verkehrsmitteln	Euro	steuerfrei ersetzt Euro –	49 Euro	49
39	Fahrtkostenersatz, der vom Arbeitgeber pauschal besteuert oder bei Einsatzwechseltätigkeit steuerfrei gezahlt wurde			50	50
40	**Beiträge zu Berufsverbänden** (Bezeichnung der Verbände)			51	51
41	**Aufwendungen für Arbeitsmittel** – soweit nicht steuerfrei ersetzt – (Art der Arbeitsmittel bitte einzeln angeben.)	Euro			
42		+			
43		+			
44		+		52	52
45	**Weitere Werbungskosten** (z. B. Fortbildungskosten, Reisekosten bei Dienstreisen) – soweit nicht steuerfrei ersetzt –				
46		+			

8.8 Kirchensteuer

Außer der Lohnsteuer zieht der Arbeitgeber bei der Lohn- bzw. Gehaltszahlung auch Kirchensteuer ab und überweist sie an das Finanzamt, wenn der Arbeitnehmer einer **Steuer erhebenden Religionsgemeinschaft** angehört. Die **Höhe der Kirchensteuer** richtet sich nach den Bestimmungen des **Bundeslands**, in welchem der Betrieb (in Ausnahmefällen der Wohnort des Arbeitnehmers) liegt. Der **Kirchensteuersatz** beträgt in Baden-Württemberg und Bayern **8 % der Lohnsteuer** und in den anderen Bundesländern **9 % der Lohnsteuer**.

Kirchensteuer muss nur zahlen, wer Mitglied einer Steuer erhebenden Religionsgemeinschaft ist.

Kinderfreibeträge werden bei der **Erhebung der Lohnsteuer** nicht berücksichtigt. Beim Steuerabzug vom Arbeitslohn wirken sich die Kinderfreibeträge auf den Solidaritätszuschlag und die Kirchensteuer aus.

Sie werden wie folgt berechnet:

Die Kinderfreibeträge werden vom Bruttoentgelt abgezogen. Von diesem verminderten Bruttoentgelt wird eine „fiktive" Lohnsteuer errechnet, die, multipliziert mit 5,5 % (SolZ) bzw. 8 % oder 9 % (Kirchensteuer), die zu zahlenden Beträge für diese Abgaben ergibt. Die tatsächlich zu zahlende Lohnsteuer wird vom Bruttoentgelt ohne Abzug von Kinderfreibeträgen berechnet.

SolZ = Solidaritätszuschlag

In den einzelnen Bundesländern kann die Kirchensteuer auf bestimmte Höchstsätze des zu versteuernden Einkommens begrenzt sein (Kappung).

Beispiel: Ein Ehepaar (Steuerklasse IV) hat im Jahr 2003 folgende Einkünfte:

Zu versteuerndes Einkommen 2002	120.023,00 €	
Einkommensteuer	48.330,00 €	
Kirchensteuer	4.349,70 €	9,0 %
Höchstsatz (Niedersachsen)	4.200,80 €	3,5 %
Vorteil durch die Kappung	148,90 €	

8.9 Solidaritätszuschlag

Als Maßnahme zur Bewältigung der finanziellen Erblasten im Zusammenhang mit der Herstellung der Einheit Deutschlands und zur langfristigen Sicherung des Aufbaus in den neuen Ländern wird ab dem 01. Januar 1995 zur Einkommensteuer ein Solidaritätszuschlag als Ergänzungsabgabe erhoben. Dieser beträgt 5,5 % z. B. für die Lohn-, Einkommen- bzw. Kapitalertragsteuer (Bemessungsgrundlage). Der Solidaritätszuschlag bemisst sich nach der Lohnsteuer. Sind auf der Lohnsteuerkarte Kinderfreibeträge bescheinigt, berechnet sich der Solidaritätszuschlag nach einer fiktiven Lohnsteuer, die diese Kinderfreibeträge berücksichtigt.

Der Solidaritätszuschlag wird nur erhoben, wenn die Lohnsteuer in der Steuerklasse III monatlich 162 € und in anderen Steuerklassen monatlich 81 € überschreitet. Danach wird für einen Übergangsbereich bis zur Erhebung des vollen Satzes stufenweise übergeleitet.

Beispiel: Herr Finke, Herr Krüger und Herr Schulz hatten im Mai 2003 ein zu versteuerndes Entgelt in Höhe von 4.539,25 €. Herr Finke ist ledig und Herr Krüger ist verheiratet. Herr Schulz ist ebenfalls verheiratet und hat ein Kind. In seiner Steuerkarte ist ein Kinderfreibetrag mit dem Zähler 1 eingetragen.
Nachfolgend werden die Lohnsteuer, die Kirchensteuer und der Solidaritätszuschlag für jeden ermittelt.

Ermittlung der Kirchensteuer und des Solidaritätszuschlags

Arbeitnehmer	Herr Finke	Herr Krüger	Herr Schulz
Steuerklasse/Kinder	I/ kein Kind	III/ kein Kind	III/ ein Kind
Zu versteuerndes Einkommen	4.539,25 €	4.539,25 €	4.539,25 €
– Lohnsteuer (Bemessungsgrundlage)	1.258,66 €	775,66 €	775,66 €
– Kirchensteuer 9 %	113,27 €	69,80 €	56,34 €
– Solidaritätszuschlag 5,5 %	69,22 €	42,66 €	34,43 €

Lohnsteuertabelle, 8.6 Steuertarife, S. 75

Die Auswirkung von Kindern auf die Höhe des Solidaritätszuschlag und der Kirchensteuer:

a) Kinderfreibetrag	3.648,00 €
b) Erhöhter Abzugsbetrag für Kinder	2.160,00 €
c) Summe Jahr	5.808,00 €
d) Monat	484,00 €
Einkommen unter Berücksichtigung von d) [4.539,25 € – 484 €]	4.055,25 €
Fiktive Lohnsteuer zur Berechnung von KiSt/SolZ	626,00 €

8.10 Sozialversicherung

Beispiel:
Der junge und dynamische Bürokaufmann Herr Baumann will auf die Sozialversicherungen verzichten, da er auf Grund seiner Berufsausbildung und seiner sportlichen Aktivitäten diese Ausgaben für überflüssig hält.

vgl. ausführlich 7 Sozialversicherung

Neben den Lohn- und Kirchensteuern **muss** der Arbeitgeber vom Lohn bzw. Gehalt auch Sozialversicherungsbeiträge abziehen und sie – zusammen mit seinem Anteil – an die zuständige **Krankenkasse** überweisen. **Arbeitnehmer**, die ihren Lebensunterhalt durch die Verwertung ihrer Arbeitskraft verdienen, bedürfen in besonderem Maße des **Schutzes und der Fürsorge des Staats**. Sie sind deshalb grundsätzlich **versicherungspflichtig**. In der gesetzlichen Kranken-, Renten-, Arbeitslosen- und Pflegeversicherung tragen **Arbeitnehmer und Arbeitgeber** die **Beiträge bis zu den**

die 5 „Säulen" der gesetzlichen Sozialversicherung:
- Rentenversicherung
- Arbeitslosenversicherung
- Unfallversicherung
- Krankenversicherung
- Pflegeversicherung

Höchstgrenzen jeweils zur Hälfte. Die Beiträge zur **gesetzlichen Unfallversicherung** trägt der Arbeitgeber allein und zahlt sie an die Berufsgenossenschaften.

Die Beiträge (Arbeitnehmer- und Arbeitgeberanteil) betragen 2003

- in der Rentenversicherung 19,1 %,
- in der Arbeitslosenversicherung 6,5 % und
- in der Pflegeversicherung 1,7 % des Arbeitsentgelts.

Übersicht:	
7 Einkunftsarten	– Einkünfte aus Land- und Forstwirtschaft – Einkünfte aus Gewerbebetrieb – Einkünfte aus selbstständiger Arbeit – Einkünfte aus nichtselbstständiger Arbeit – Einkünfte aus Kapitalvermögen – Einkünfte aus Vermietung und Verpachtung – sonstige Einkünfte
Lohnsteuer	– Einkommensteuer für Einkünfte aus nichtselbstständiger Arbeit – Arbeitgeber Schuldner der Lohnsteuer – an das Finanzamt am Ort des Betriebes abzuführen
Einträge in die Lohnsteuerkarte	– Steuerklasse – Zahl der Kinderfreibeträge
Steuerklassen	– I bis VI (Familienstand) – bestimmt Höhe der Lohnsteuer
Steuersätze	– Eingangssteuersatz 2003: 19,9 % – Spitzensteuersatz 2003: 48,5 %
Kirchensteuersatz	– 8 % bzw. 9 %, abhängig vom Bundesland
Solidaritätszuschlag	– zur Sicherung des Aufbaus in den neuen Ländern – 5,5 %

Aufgaben

1. Nennen Sie die Einkunftsarten nach dem Einkommensteuergesetz.
2. Ist ein Lottogewinn in Höhe von 1.000.000 € zu versteuern? Wie hoch wäre der Steuersatz? Zu welcher Einkunftsart zählt der Lottogewinn?
3. Welcher Personenkreis ist einkommensteuerpflichtig?
4. Unterscheiden Sie die Begriffe Einkunftsarten, Summe der Einkünfte, Gesamtbetrag der Einkünfte, Einkommen und das zu versteuernde Einkommen.
5. Nennen Sie mögliche Bestandteile des Bruttolohns.
6. Welche Faktoren werden bei der Ermittlung der Lohnsteuer berücksichtigt?
7. Erstellen Sie für einen Arbeitnehmer aus Niedersachsen eine Entgeltabrechnung für den Monat März 2002: Familienstand ledig, Steuerklasse I, kath., Tarifentgelt 1.605 €, freiwilliger Anteil des Arbeitgebers zur VL 26,59 €, Sparrate des Arbeitnehmers 40 €. Die Beitragssätze zur Renten-, Arbeitslosen- und Pflegeversicherung entnehmen Sie bitte dem Lehrbuch. Der Krankenversicherungsatz beträgt 14 %. Nehmen Sie die Tabelle auf S. 83 zur Hilfe.

VL = vermögenswirksame Leistung

Abzüge an Lohnsteuer, Solidaritätszuschlag und Kirchensteuer

Lohn/ Gehalt bis	Steuerklasse	Lohnsteuer	ohne Kinderfreibetrag			mit Zahl der Kinderfreibeträge/Freibeträge für Betreuungs-, Erziehungs- und Ausbildungsbedarf																	
						0,5			1,0			1,5			2,0			2,5			3,0		
			SolZ	Kirchensteuer 8 %	9 %	SolZ	Kirchensteuer 8 %	9 %	SolZ	Kirchensteuer 8 %	9 %	SolZ	Kirchensteuer 8 %	9 %	SolZ	Kirchensteuer 8 %	9 %	SolZ	Kirchensteuer 8 %	9 %	SolZ	Kirchensteuer 8 %	9 %
1 601,99	I	179,91	9,89	14,39	16,19	6,41	9,33	10,49	–	4,58	5,15	–	0,30	0,34	–	–	–	–	–	–	–	–	–
	II	128,83	7,08	10,30	11,59	–	5,49	6,17	–	1,05	1,18	–	–	–	–	–	–	–	–	–	–	–	–
	III	–	–	–	–	–	–	–	–	–	–	–	–	–	–	–	–	–	–	–	–	–	–
	IV	179,91	9,89	14,39	16,19	8,10	11,79	13,26	6,41	9,33	10,49	1,16	6,94	7,81	–	4,58	5,15	–	2,36	2,65	–	0,30	0,34
	V	423,50	23,29	33,88	38,11																		
	VI	457,16	25,14	36,57	41,14																		
1 631,99	I	188,00	10,34	15,04	16,92	6,83	9,94	11,18	–	5,15	5,79	–	0,80	0,90	–	–	–	–	–	–	–	–	–
	II	136,50	7,50	10,92	12,28	–	6,07	6,83	–	1,56	1,76	–	–	–	–	–	–	–	–	–	–	–	–
	III	2,83	–	0,22	0,25	–	–	–	–	–	–	–	–	–	–	–	–	–	–	–	–	–	–
	IV	188,00	10,34	15,04	16,92	8,53	12,42	13,97	6,83	9,94	11,18	2,63	7,53	8,47	–	5,15	5,79	–	2,90	3,26	–	0,80	0,90
	V	435,00	23,92	34,80	39,15																		
	VI	469,00	25,79	37,52	42,21																		

Quelle: Auszug aus Lohnsteuer-Tabelle, Monat 2002, Luchterhand Verlag, Neuwied

8. Ermitteln Sie mit Hilfe der LSt-Tabelle die Lohnsteuer, den Solidaritätszuschlag und die Kirchensteuer bei einem zu versteuernden Lohn in Höhe von 1.629,00 € und folgenden steuerrelevanten Angaben:
   a) Steuerklasse I
   b) Steuerklasse III; keine Kinder
   c) Steuerklasse III; zwei Kinder
   d) Steuerklasse V
   e) Steuerklasse IV; zwei Kinder
9. Fragen zur Lohnsteuerkarte:
   a) Von wem erhält der Arbeitnehmer die Lohnsteuerkarte?
   b) Welche Gebühren sind für die Ausstellung der Lohnsteuerkarte zu entrichten?
   c) Welche Eintragungen enthält die Lohnsteuerkarte?
10. Nennen Sie in sinnvolle Steuerklassen für die folgenden Fälle:
    a) Ein Ehepaar verdient jeweils ein Bruttoentgelt in Höhe von 3.000,00 €.
    b) Ein alleinstehender Erziehungsberechtigter mit einem Kind
    c) Ein lediger Arbeitnehmer
    d) Ein Ehepaar, ein Partner verdient 4.000,00 €, der andere Partner erhält ein Entgelt in Höhe von 1.800,00 €.
    e) Ein lediger Arbeitnehmer hat einen zweiten Arbeitsplatz.
11. Welche Frei- und Pauschbeträge werden in der Lohnsteuertabelle berücksichtigt?
12. Ermitteln Sie den möglichen Jahressteuersatz bei folgendem zu versteuernden Einkommen:

Steuerklasse	Zu versteuerndes Jahreseinkommen
I	9.000,00 €
I	100.000,00 €
III; ein Kind	19.000,00 €
V	2.000,00 €

13. Erklären Sie den Begriff „Grenzbelastung"!
14. Welche Arbeitnehmer zahlen Kirchensteuer? Wovon hängt die Höhe der Kirchensteuer ab?
15. Wie werden die Kirchensteuer und der Solidaritätszuschlag ermittelt? Inwieweit senken Kinder diese Beiträge?

9 Mitbestimmungs- und Mitwirkungsrechte

Beispiel:

Bettina ist Auszubildende in einer Industrieunternehmung, die Bremssysteme für Fahrräder herstellt. Im 3. Ausbildungsjahr soll sie kurz vor Pfingsten Überstunden machen und nach Geschäftsschluss noch Lieferscheine zusammen mit dem Lagerleiter fertig stellen. Ihr passt das nicht, denn sie hat schon Pläne für ihre Freizeit. Sie geht zum Vertriebsleiter und beschwert sich.
Bettina: Ich sehe nicht ein, dass ich Überstunden machen muss. Ich habe eine Verabredung gleich nach der Arbeit. Bisher war es sowieso nicht üblich, dass wir Auszubildende Überstunden machen mussten!
Vertriebsleiter: Wir machen alle Überstunden heute, um vor den Pfingsttagen noch unsere Kunden beliefern zu können. Wenn die Ware erst morgen rausgeht, wird sie nicht mehr rechtzeitig ankommen und wir würden mit Sicherheit einige unserer Großkunden verlieren. Was das für ein Nachspiel hat, davon kannst du dir doch bestimmt selbst ein Bild machen.
Bettina: Mag schon alles sein, aber für eine Ausbildungsvergütung mache ich keine Überstunden! Nach mehr als zwei Ausbildungsjahren müsste ich eigentlich zumindest den Lohn einer Hilfskraft bekommen, mit Überstundenzuschlag.
Vertriebsleiter: Du bekommst, was dir zusteht. Die Überstunden sind von dir jetzt gleich, hier und heute zu machen, ansonsten riskierst du deine Kündigung, das müsste dir doch wohl klar sein. Also, nun leg schon los, der Lagerleiter will schließlich auch mal Feierabend haben.

Der Fall von Bettina ist typisch für viele **Interessenkonflikte**, die alltäglich **am Arbeitsplatz** entstehen. Ähnliche Konflikte können entstehen um

- die Festlegung von Beginn und Ende der täglichen Arbeitszeit
- die Pausenregelung
- Kündigungen
- Versetzungen im Betrieb
- Anweisungen von Vorgesetzten bei der täglichen Arbeit

Beide Seiten, Arbeitnehmer und Arbeitgeber, verfolgen eigene Interessen, die auch berechtigt sein können. In gewissen Situationen können diese Interessen in Gegensatz zueinander geraten. Der Konflikt muss dann geregelt werden.

Im 19. Jahrhundert, in der Frühphase der Industrialisierung, wäre es bei dem letzten Satz des Vertriebsleiters geblieben. Die Firma hätte Bettina gekündigt, sobald sie für sie nicht mehr nützlich (Verweigerung von Überstunden) wäre. Ersatz hätte sie auf dem Arbeitsmarkt leicht gefunden. Bettina hingegen wäre das Risiko eingegangen, auf dem Arbeitsmarkt keine bessere Stelle zu finden. Diese Konfliktregelung allein durch den Markt wäre immer zu Lasten des Schwächeren ausgegangen, und das war praktisch immer der Arbeitnehmer.

Kennzeichen der Industrialisierung: Deutliche Zunahme der gewerblichen Güterproduktion (sekundärer Sektor) auf Kosten des Agrarbereichs (primärer Sektor)

In der sozialen Marktwirtschaft, wie sie in der Bundesrepublik Deutschland besteht, unterliegen aus diesem Grunde der **Arbeitsmarkt** und die **Arbeitsbedingungen** anderen **Formen der Regulierung**, als da sind:

- Gesetze der demokratisch gewählten Parlamente
- Tarifverhandlungen zwischen Gewerkschaften und Arbeitgebern
- Urteile der Arbeitsgerichte im Falle von Rechtsstreitigkeiten

Im Rahmen dieser Gesetze und Tarifverträge bleibt dem **Arbeitgeber** zur Wahrung von Unternehmensinteressen die Weisungsbefugnis gegenüber dem Arbeitnehmer, das so genannte **Direktionsrecht**. Deshalb brauchen die **Arbeitnehmer** eine Möglichkeit, ihre Interessen gegenüber dem Arbeitgeber zu vertreten und gegebenenfalls durchzusetzen. Sie müssen **mitbestimmen** können.

vgl. Kapitel 2, 6.3 Soziale Marktwirtschaft als realtypische Wirtschaftsordnung

Direktionsrecht = Weisungsrecht des Arbeitgebers, das in erster Linie die jeweils konkret zu erbringende Arbeit und die Art und Weise ihrer Erledigung festlegt. Hierzu gehört auch die konkrete Ordnung im Betrieb, die grundsätzlich einseitig vom Arbeitgeber festgelegt wird, soweit dem nicht das Mitbestimmungsrecht eines etwa vorhandenen Betriebsrates entgegensteht.

Die Mitbestimmungs- und Mitwirkungsrechte des Arbeitnehmers im Betrieb lassen sich unterteilen in die Mitbestimmungs- und Mitwirkungsrechte:

1. des einzelnen Arbeitnehmers[1)]
2. auf der Ebene der Betriebsversammlung, wo sich der einzelne Arbeitnehmer in Auseinandersetzung mit seinen Kollegen und dem Betriebsrat für seine Belange einsetzen kann[2)]
3. durch die Jugend- und Auszubildendenvertretung[3)]
4. durch den Betriebsrat (und die Sprecherausschüsse für leitende Angestellte)[4)]
5. im Aufsichtsrat bei Kapitalgesellschaften[5)]

[1)](vgl. 9.1)
[2)](vgl. 9.2)
[3)](vgl. 9.4)
[4)](vgl. 9.3)
[5)](vgl. 9.5)

Bettina hat die Überstunden gemacht, aber unter Vorbehalt. Gleichzeitig wandte sie sich an die Jugend- und Auszubildendenvertretung (JAV), die die Interessen der jugendlichen Auszubildenden beim Betriebsrat vertritt. Bettinas Gespräch mit der JAV hatte folgendes Ergebnis:

Beispiel:

An die Mitglieder des Betriebsrates

Einladung zur Sitzung des Betriebsrates am
Tag: Dienstag, dem 21. Mai 2002
Zeit: 9 Uhr
Ort: Büro der Betriebsrates

Tagesordnung:

1. Sicherheitsmaßnahmen beim Fahren von Gabelstaplern
2. Pausenregelung des Büropersonals an neuen Bildschirmgeräten
3. Kündigungen und personelle Umbesetzungen
4. Antrag der JAV betr. Überstunden für Azubis
5. Vorbereitung der Betriebsversammlung im 3. Quartal
6. Verschiedenes

gez. V. Szirmay
Betriebsratsvorsitzende

Die Einladung zeigt nur einen kleinen Ausschnitt aus der Arbeit eines Betriebsrats und der Jugend- und Auszubildendenvertretung. Ausführlich wird auf diese Organe der betrieblichen Mitbestimmung in den folgenden Kapiteln eingegangen. Zunächst werden jedoch erst einmal die Rechte des einzelnen Arbeitnehmers dargestellt.

Aufgaben

1. Warum lehnt Bettina die Überstunden ab?
2. Wie begründet der Vertriebsleiter die Überstunden?
3. Hier ist ein Interessenkonflikt entstanden, der gelöst werden muss. Überlegen Sie die Vor- und Nachteile folgender Möglichkeiten der Konfliktlösung:
   a) Die Entscheidung über Überstunden ist allein Sache des einzelnen Arbeitnehmers. Eine Verweigerung darf nicht gegen den Arbeitnehmer benutzt werden.
   b) Der Arbeitgeber allein entscheidet, wann, wie viele und von wem Überstunden gemacht werden.
4. Wie würden Sie sich im Falle von Bettina verhalten? Überlegen Sie dabei die Vor- und Nachteile.

9.1 Mitbestimmungs- und Mitwirkungsrechte des einzelnen Arbeitnehmers

Das Betriebsverfassungsgesetz (§§ 81 bis 85) gibt dem einzelnen Arbeitnehmer eigene Rechte auf Unterrichtung, Anhörung, Erörterung und Beschwerde, und zwar in Angelegenheiten, die ihn und seinen Arbeitsplatz unmittelbar betreffen.

Betriebsverfassungsgesetz

Diese Rechte sind im Grunde arbeitsvertraglicher Natur und stehen daher auch den Arbeitnehmern in Betrieben ohne Betriebsrat zu.

Die Informations-, Mitwirkungs- und Beschwerderechte des Arbeitnehmers

Der Arbeitgeber hat den Arbeitnehmer über dessen Aufgaben und Verantwortung sowie über die Art der Tätigkeit und über ihre Einordnung in den Arbeitsablauf des Betriebs zu unterrichten (z. B. mündlich durch den Meister, Abteilungsleiter oder schriftlich durch Aushändigung einer Arbeitsplatz- oder Stellenbeschreibung).

- Vor Aufnahme der Beschäftigung, aber auch bei jeder Einweisung in einen neuen Arbeitsplatz ist der Arbeitnehmer auf die von der Arbeit ausgehenden **Unfall- und Gesundheitsgefahren** sowie über die Maßnahmen und Einrichtungen zur Abwendung dieser Gefahren zu unterrichten.

vgl. 5.4 Arbeitsschutz und Unfallverhütungsbestimmungen

- Er kann im Rahmen seiner Informationsrechte Einsicht in die über ihn geführte **Personalakte** nehmen (§ 83 BetrVG). Dieses Recht kann der Arbeitnehmer nur selbst ausüben; ihm ist jedoch unbenommen, ein Betriebsratsmitglied hinzuzuziehen.
- In betrieblichen Angelegenheiten, die seine Person betreffen, hat der Arbeitnehmer ein Anrecht darauf, auch **selbst initiativ** zu werden. Er kann sich an seinen Vorgesetzten wenden und von ihm verlangen, dass er gehört wird.
- Soweit der Arbeitnehmer durch Maßnahmen des Arbeitgebers betroffen wird, kann er auch **Vorschläge** für die Gestaltung des Arbeitsplatzes und des Arbeitsablaufes machen (§ 82 Abs. 1 BetrVG).
- Glaubt der Arbeitnehmer, dass seine Vorschläge nicht berücksichtigt werden, so kann er von seinem **Beschwerderecht** (§ 84 BetrVG) Gebrauch machen.

Das Beschwerderecht kann auch in Anspruch genommen werden, z. B. wenn der Arbeitnehmer untertariflich entlohnt oder von Sonderzahlungen ausgeschlossen wird, er stets mit der schwersten Arbeit beschäftigt oder stets schärfer gerügt wird als andere Arbeitnehmer oder wenn Arbeitskollegen ihn belästigen. Laut § 85 BetrVG kann der Arbeitnehmer, auch wenn er sich zuvor schon selbst beim Arbeitgeber beschwert hat, beim Betriebsrat Beschwerde einlegen.

9.2 Betriebsversammlung

Generell gilt die Betriebsversammlung als ein wichtiges Instrument der betrieblichen Mitbestimmung des einzelnen Arbeitnehmers. Die Betriebsversammlung besteht aus allen Arbeitnehmern des Betriebs und muss **mindestens einmal vierteljährlich** während der Arbeitszeit einberufen werden. Sie wird vom Vorsitzenden des Betriebsrats geleitet und ist nicht öffentlich, d. h., teilnahmeberechtigt sind – mit einigen Ausnahmen – **nur Betriebsangehörige**. Hinzugezogen werden können Beauftragte der im Betrieb vertretenen Gewerkschaften – als beratende Teilnehmer; der **Arbeitgeber** ist auf jeden Fall einzuladen. Einmal im Jahr muss er in der Betriebsversammlung über das Personal- und Sozialwesen sowie über die wirtschaftliche Lage und Entwicklung des Betriebs berichten. Einzelne Arbeitnehmer oder Gruppen können auf der Betriebsversammlung Vorschläge oder Anregungen an den Betriebsrat einreichen, ihm Anträge für seine Tätigkeit unterbreiten und zu den Tätigkeiten und Beschlüssen des Betriebsrats Stellung nehmen. Über eventuelle Beschlüsse können alle anwesenden Arbeitnehmer abstimmen.

9.3 Betriebsrat

Die rechtliche Grundlage für die Arbeit des Betriebsrats ist das Betriebsverfassungsgesetz (BetrVG).

> **§ 1 Errichtung von Betriebsräten**
> In Betrieben mit in der Regel mindestens fünf ständigen wahlberechtigten Arbeitnehmern, von denen drei wählbar sind, werden Betriebsräte gewählt.

Wahlberechtigt sind alle volljährigen Arbeitnehmer des Betriebs, also auch die volljährigen Auszubildenden. Wählbar sind jene Wahlberechtigten, die mindestens sechs Monate im Betrieb sind. Existiert in einem Betrieb, in dem es laut Betriebsverfassungsgesetz einen Betriebsrat geben müsste, kein Betriebsrat, sind folgende Schritte zur Wahl notwendig:

- Einladung zu einer Betriebsversammlung durch drei Arbeitnehmer des Betriebs oder eine im Betrieb vertretene Gewerkschaft
- Wahl eines Wahlvorstands auf dieser Betriebsversammlung
- Ausschreiben der Wahl und Entgegennahme von Kandidatenvorschlägen
- Durchführung der Wahl und Auszählung
- Einladung der gewählten Betriebsratsmitglieder durch den Wahlvorstand

Die Reform des Betriebsverfassungsgesetzes 2001 sieht ein vereinfachtes Wahlverfahren für Kleinbetriebe mit bis zu 50 Arbeitnehmern vor. Ferner sollen künftig die ersten drei Arbeitnehmer, die zur Wahl einladen, unter Kündigungsschutz stehen.

Die Zahl der Betriebsratsmitglieder richtet sich nach der Zahl der Arbeitnehmer des Betriebs. Seit Inkrafttreten des neuen BetrVG beträgt die Zahl der Betriebsratsmitglieder zwischen 7 und 13 (siehe hierzu § 9 BetrVG). Eine bestimmte Anzahl der Betriebsratsmitglieder ist von ihrer Tätigkeit freizustellen, allerdings erst in Betrieben mit über 200 Beschäftigten. Der Betriebsrat wird alle vier Jahre gewählt. Er ist die gewählte Interessenvertretung aller Arbeitnehmer im Betrieb. Seine Stellung (§ 2), die Regeln der Zusammenarbeit mit dem Arbeitgeber (§ 74) und seine Aufgaben (§ 80) sind im Betriebsverfassungsgesetz festgelegt.

vgl. Auszug aus dem Betriebsverfassungsgesetz, S. 90

Um seine Aufgaben zu erledigen, hat der Betriebsrat folgende **Rechte gegenüber dem Arbeitgeber**, die ebenfalls im BetrVG geregelt sind:
- Informationsrecht
- Anhörungs- und Beratungsrecht
- Mitbestimmungsrecht
- Recht auf Unterrichtung in wirtschaftlichen Angelegenheiten

Informationsrecht. Zur Erledigung seiner Aufgaben ist der Betriebsrat nach § 80 Abs. 2 BetrVG rechtzeitig und umfassend zu informieren. Er kann auch notwendige Unterlagen anfordern, die der Arbeitgeber zur Verfügung stellen muss. Dieses Recht erstreckt sich zum Beispiel auf die Planung von Neu-, Um- und Erweiterungsbauten oder von neuen Arbeitsverfahren und technischen Anlagen, aber auch allgemein auf solche Angelegenheiten wie Verkauf oder Stilllegung eines Betriebs.

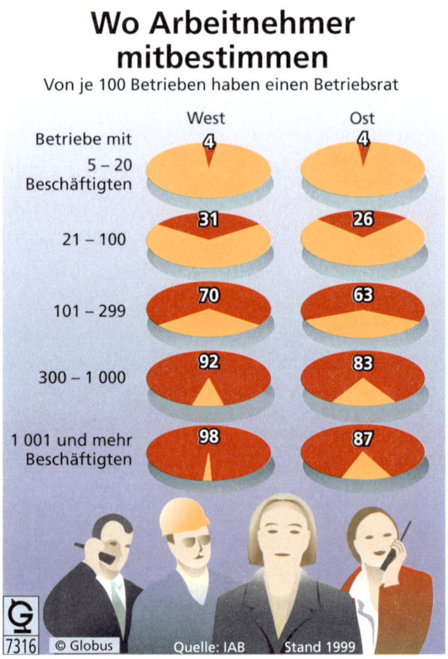

Anhörungs- und Beratungsrecht. In bestimmten Angelegenheiten hat der Arbeitgeber sich vor der Entscheidung mit dem Betriebsrat zu beraten oder die Stellungnahme des Betriebsrats zu seinen Entscheidungen anzuhören. In beiden Fällen kann er gegen den Willen des Betriebsrats entscheiden. Versucht er aber seine Entscheidung ohne den Betriebsrat zu machen, so kann die Entscheidung, wie z. B. bei einer Kündigung, ohne Anhörung des Betriebsrats rechtsunwirksam sein. Dieses Recht hat der Betriebsrat z. B. bei der Planung von Betriebsänderungen oder Arbeitsverfahren sowie bei der Personalplanung oder der Berufsbildung.

Mitbestimmungsrecht. In Angelegenheiten, in denen der Betriebsrat ein Mitbestimmungsrecht hat, entscheiden Arbeitgeber und Betriebsrat gemeinsam. Beide können die Initiative ergreifen, d.h. Vorschläge machen, über die entschieden werden muss. Können sich der Arbeitgeber und der Betriebsrat nicht einigen, so wird die Angelegenheit einer **Einigungsstelle** (§ 76 BetrVG) vorgelegt, die dann für beide Seiten verbindlich entscheidet.

§ 76 BetrVG Einigungsstelle
(2) Die Einigungsstelle besteht aus einer gleichen Anzahl von Beisitzern, die vom Arbeitgeber und Betriebsrat bestellt werden, und einem unparteiischen Vorsitzenden, auf dessen Person sich beide Seiten einigen müssen. Kommt eine Einigung über die Person des Vorsitzenden nicht zu Stande, so bestellt ihn das Arbeitsgericht. Dieses entscheidet auch, wenn keine Einigung über die Zahl der Beisitzer erzielt wird.

Ein Mitbestimmungsrecht hat der Betriebsrat u. a. bei der Festlegung einer Betriebsordnung, bei Unfallschutz oder der Urlaubsplanung. Auch bei der Regelung der Arbeitszeiten, der Überstunden oder bei der Einführung von Kurzarbeit stehen dem Betriebsrat Mitbestimmungsrechte zu. Die entsprechenden Verhandlungsergebnisse werden in Betriebsvereinbarungen festgehalten. Sie gelten für alle Arbeitnehmer eines Betriebs. Betriebsvereinbarungen müssen in schriftlicher Form ausliegen.

Betriebsvereinbarungen

Unterrichtung in wirtschaftlichen Angelegenheiten. Der Betriebsrat und die Arbeitnehmer sind auf Informationen über wirtschaftliche Angelegenheiten des Unternehmens angewiesen, denn viele Entscheidungen der Unternehmensleitung betreffen auch die Arbeitnehmer.
Um sicher zu stellen, dass die Arbeitnehmer über bestimmte Themen unterrichtet werden, gibt es den Wirtschaftsausschuss, der in Unternehmen mit mehr als 100 Arbeitnehmern gebildet wird. Der Wirtschaftsausschuss berät wirtschaftliche Angelegenheiten mit dem Unternehmer und unterrichtet den Betriebsrat (§ 106 BetrVG).
Beispiele solcher wirtschaftlicher Angelegenheiten sind:
- die wirtschaftliche und finanzielle Lage des Unternehmens
- Produktions-, Investitions- und Rationalisierungsvorhaben
- die Stilllegung oder Verlegung von Betrieben oder Betriebsteilen
- der Zusammenschluss von Betrieben

Der Wirtschaftsausschuss hat, ebenso wie der Betriebsrat, keine Mitbestimmungsrechte in unternehmerischen Entscheidungen.

Wirtschaftsausschuss

Seit der Reform des BetrVG werden künftig auch Fragen des betrieblichen Umweltschutzes im Wirtschaftsausschuss thematisiert. Darüber hinaus erhält auch der Betriebsrat Mitwirkungsrechte beim betrieblichen Umweltschutz (§ 89 BetrVG).

Auszug aus dem Betriebsverfassungsgesetz
§ 2 Abs. 1
Arbeitgeber und Betriebsrat arbeiten unter Beachtung der geltenden Tarifverträge vertrauensvoll und im Zusammenwirken mit den im Betrieb vertretenen Gewerkschaften und Arbeitgebervereinigungen zum Wohl der Arbeitnehmer und des Betriebs zusammen.
§ 74 Abs. 1 und 2
Arbeitgeber und Betriebsrat sollen mindestens einmal im Monat zu einer Besprechung zusammentreten. Sie haben über strittige Fragen mit dem ernsten Willen zur Einigung zu verhandeln und Vorschläge für die Beilegung von Meinungsverschiedenheiten zu machen. Maßnahmen des Arbeitskampfes zwischen Arbeitgeber und Betriebsrat sind unzulässig; Arbeitskämpfe tariffähiger Parteien werden hierdurch nicht berührt. Arbeitgeber und Betriebsrat haben Betätigungen zu unterlassen, durch die der Arbeitsablauf oder der Frieden des Betriebs beeinträchtigt werden. Sie haben jede parteipolitische Betätigung im Betrieb zu unterlassen; die Behandlung von Angelegenheiten tarifpolitischer, sozialpolitischer und wirtschaftlicher Art, die den Betrieb oder seine Arbeitnehmer unmittelbar betreffen, wird hierdurch nicht berührt.
§ 80 Abs. 1
Der Betriebsrat hat folgende allgemeine Aufgaben:
1. darüber zu wachen, dass die zu Gunsten der Arbeitnehmer geltenden Gesetze, Verordnungen, Unfallverhütungsvorschriften, Tarifverträge und Betriebsvereinbarungen durchgeführt werden;
2. Maßnahmen, die dem Betrieb und der Belegschaft dienen, beim Arbeitgeber zu beantragen;
3. Anregungen von Arbeitnehmern und der Jugend- und Auszubildendenvertretung entgegenzunehmen und, falls sie berechtigt erscheinen, durch Verhandlungen mit dem Arbeitgeber auf eine Erledigung hinzuwirken; er hat die betreffenden Arbeitnehmer über den Stand und das Ergebnis der Verhandlungen zu unterrichten;
4. die Eingliederung Schwerbehinderter und sonstiger besonders schutzbedürftiger Personen zu fördern;
5. die Wahl einer Jugend- und Auszubildendenvertretung vorzubereiten und durchzuführen und mit dieser zur Förderung der Belange der in § 60 Abs. 1 genannten Arbeitnehmer eng zusammenzuarbeiten; er kann von der Jugend- und Auszubildendenvertretung Vorschläge und Stellungnahmen anfordern;
6. die Beschäftigung älterer Arbeitnehmer im Betrieb zu fördern;
7. die Eingliederung ausländischer Arbeitnehmer im Betrieb und das Verständnis zwischen ihnen und den deutschen Arbeitnehmern zu fördern.

9.4 Jugend- und Auszubildendenvertretung

Durch seine Zusammensetzung ist der Betriebsrat nicht immer geeignet, auch die Probleme und Wünsche der jugendlichen Arbeitnehmer und Auszubildenden entsprechend zu vertreten. Dieser Mangel wird durch die Jugend- und Auszubildendenvertretung weitgehend ausgeglichen.

Die jugendlichen Arbeitnehmer (dazu gehört, wer noch nicht 18 Jahre alt ist) und Auszubildenden unter 25 Jahren im weiten Sinne (u. a. auch Praktikanten, Anlernlinge, Umschüler) können in den Betrieben, die einen Betriebsrat haben und mindestens fünf jugendliche Arbeitnehmer und Auszubildende beschäftigen, eine Jugend- und Auszubildendenvertretung wählen (§ 60 BetrVG). Gewählt werden kann in geheimer Wahl, wer noch nicht 25 Jahre alt ist.
Die Anzahl der zu wählenden Jugend- und Auszubildendenvertreter ist nach der Anzahl der beschäftigten jugendlichen Arbeitnehmer und Auszubildenden gestaffelt.

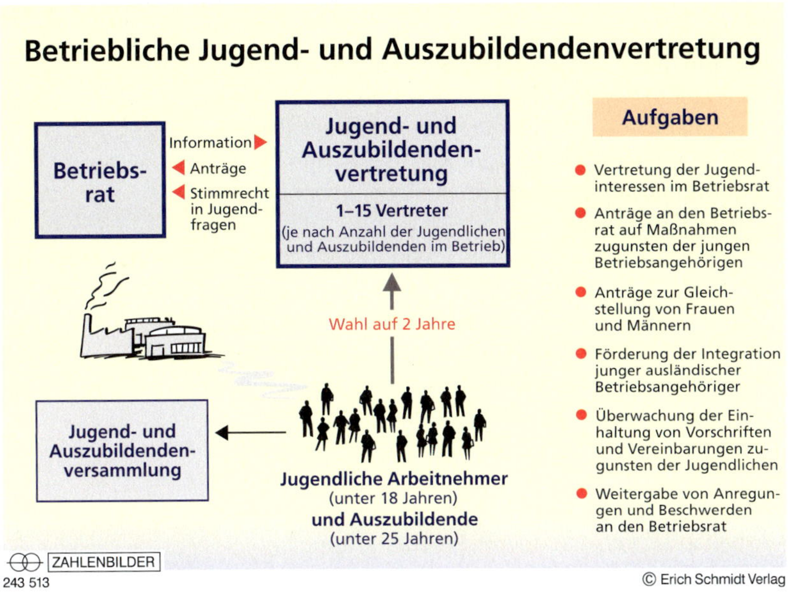

Übersicht:

Rechte des einzelnen Arbeitnehmers (§§ 81-85 BetrVG)	Informationsrecht	z. B. Einsicht in die eigene Personalakte (§ 83 BetrVG)
	Mitwirkungsrecht	z. B. Vorschlagsrecht bez. Arbeitsplatz-/ Arbeitsablaufgestaltung (§ 82 (1) BetrVG)
	Beschwerderecht	direkt beim Arbeitgeber oder über den Betriebsrat (§§ 84, 85 BetrVG)
Betriebsversammlung	– teilnahmeberechtigt sind alle Betriebsangehörige (Arbeitnehmer und Arbeitgeber) – Arbeitgeber berichten jährlich über Personal- und Sozialwesen, wirtschaftliche Lage und Entwicklung des Unternehmens – Arbeitnehmer können Vorschläge machen, Anträge an den Betriebsrat stellen und zur Tätigkeit des Betriebsrats Stellung nehmen	
Betriebsrat (BR)	Wahl	– alle vier Jahre – wahlberechtigt: alle volljährigen Arbeitnehmer – wählbar: alle Wahlberechtigten mit mdst. 6 Monaten Betriebszugehörigkeit
	Größe	– richtet sich nach Zahl der Arbeitnehmer (§ 9 BetrVG)
	Rechte und Aufgaben	– Informationsrecht – Anhörungs- und Beratungsrecht – Mitbestimmungsrecht – Unterrichtung in wirtschaftlichen Angelegenheiten
Jugend- und Auszubildendenversammlung (JAV)	Wahl	– alle zwei Jahre – wählbar in Betrieben mit mdst. fünf jugendlichen Arbeitnehmern und Auszubildenden unter 25 (§ 60 BetrVG)
	Größe	– 1-13 Mitglieder; richtet sich nach der Zahl der jugendlichen Arbeitnehmer
	Rechte und Aufgaben	– Interessenvertretung der jugendlichen Arbeitnehmer und Auszubildenden beim BR – Weiterleitung entsprechender Belange an den BR

Aufgaben

1. Stellen Sie die Schwerpunkte der Betriebsratsarbeit in Ihrem Betrieb fest, indem Sie
   - sich einige Tagesordnungen von Betriebsratssitzungen zeigen lassen,
   - ein Betriebsratsmitglied interviewen oder zur Klasse einladen lassen.
2. Welche Rechte hat der Betriebsrat gegenüber dem Arbeitgeber in den folgenden Konfliktsituationen?
   Erörtern Sie die Rechtslage mit Hilfe der jeweils genannten Paragrafen des Betriebsverfassungsgesetzes.
   a) Hans W. (50 Jahre) wird aus betriebsbedingten Gründen gekündigt (ordentliche Kündigung). (§§ 82, 84 und 102 Abs. 4)
   b) Um einen direkten Anschluss an das Schienennetz der Deutschen Bundesbahn zu haben, wird eine moderne einstöckige Lagerhalle in eine 28 km entfernte Ortschaft verlegt. (§§ 90, 102, 106, 111, 112, 112 a, 113)
   c) Jutta K. (10 Jahre im Betrieb) wird von ihrem bisherigen Arbeitsplatz auf einen anderen Arbeitsplatz versetzt und in der Lohngruppe heruntergestuft. (§§ 81–85, 87, 95, 99–102)
   d) Christoph B. (Auszubildender) weigert sich, Sicherheitshinweise von Kollegen in der Registratur zu beachten. (§§ 81, 82 und 87)
   e) Die Arbeitnehmer der Vertriebsabteilung fordern Fortbildungsmaßnahmen während der Arbeitszeit für die Arbeit am PC. (§§ 81 Abs. 3 und 96–98)

9.5 Mitbestimmung im Aufsichtsrat

Bei **Kapitalgesellschaften** ab einer bestimmten Anzahl von Mitarbeitern sind die Arbeitnehmer auch im Aufsichtsrat vertreten. Dieses Recht wird durch die folgenden Gesetze bestimmt:

vgl. 11.3 Gründung einer Kapitalgesellschaft

- **Betriebsverfassungsgesetz von1952**: Dies gilt für Kapitalgesellschaften mit Belegschaften bis 2.000 Mitarbeiter (AG und KGaA) und von 501 bis 2.000 Mitarbeiter bei der GmbH.
- **Mitbestimmungsgesetz von 1976**: Dies gilt für Kapitalgesellschaften ab 2.000 Mitarbeiter.
- **Montan-Mitbestimmungsgesetz von 1951**: Dies gilt für Kapitalgesellschaften im Bergbau sowie in der Eisen- und Stahlindustrie ab 1.000 Beschäftigte.

Bei Kapitalgesellschaften übernimmt der Aufsichtsrat im Wesentlichen die Aufgabe der Überwachung der Unternehmensleitung (des Vorstandes bei der AG oder der Geschäftsführung bei der GmbH).

Beispiel Aktiengesellschaft: Der Vorstand setzt die Beschlüsse der Hauptversammlung (Versammlung der Aktionäre) um. Die Entscheidungen, die durch diese beiden Gremien getroffen werden, haben weit reichende Konsequenzen für die wirtschaftliche Entwicklung des Unternehmens und damit natürlich auch für die Sicherung der Arbeitsplätze der (relativ großen) Belegschaft. Zu diesen Entscheidungen zählen z. B. das Produktions- und Investitionsprogramm, Preise, Vergrößerung oder Verkleinerung eines Unternehmens.

Diese Entscheidungen sind von den Mitbestimmungsrechten der Betriebsräte ausgegrenzt. Deshalb ist hier die Erweiterung der Mitbestimmung auf der Ebene der Aufsichtsräte für die Arbeitnehmer von großer Bedeutung.

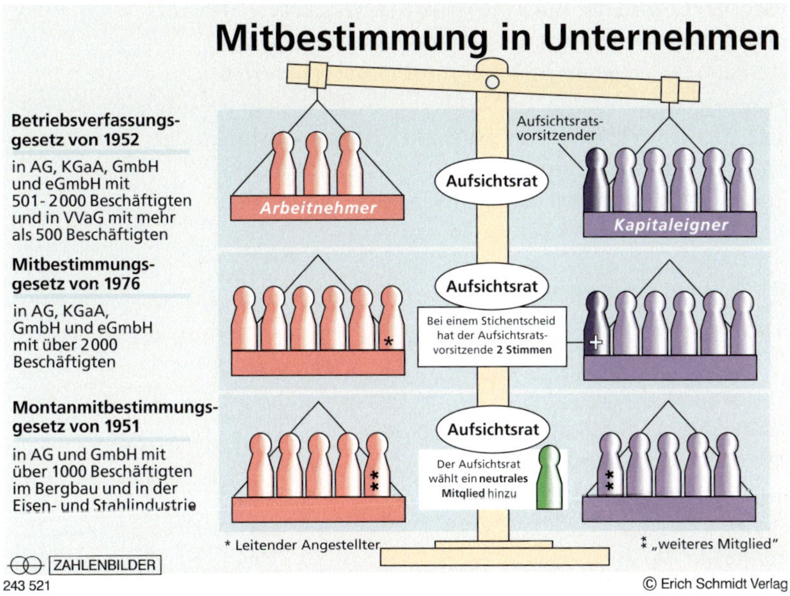

eGmbH = Erwerbs- und Wirtschaftsgenossenschaft

KGaA = Kommanditgesellschaft auf Aktien

VVaG = Versicherungsvereine auf Gegenseitigkeit

9.5.1 Mitbestimmung im Aufsichtsrat nach dem Betriebsverfassungsgesetz

Die Mitbestimmung nach dem Betriebsverfassungsgesetz von 1952 gilt für Kapitalgesellschaften außerhalb des Montanbereichs. Das Verhältnis von Arbeitgebern zu Arbeitnehmern im Aufsichtsrat beträgt hier 2 : 1 **(Drittelparität)**. Die Arbeitgebervertreter werden von der Hauptversammlung gewählt, die Arbeitnehmervertreter werden von den Arbeitnehmern bestimmt, z. B. auf der Betriebsversammlung. Hierbei behalten die Arbeitgeber (Kapitaleigner) auf Grund ihrer zahlenmäßigen Überlegenheit die Majorität bei den unternehmerischen Entscheidungen.
Parität bedeutet Gleichbehandlung. Entsprechend bedeutet „paritätische" Mitbestimmung eine Gleichverteilung der Stimmen von Arbeitgebern und Arbeitnehmern im Aufsichtsrat.

Beteiligung nach dem Betriebsverfassungsgesetz

Modell für einen Aufsichtsrat aus 9 Mitgliedern*

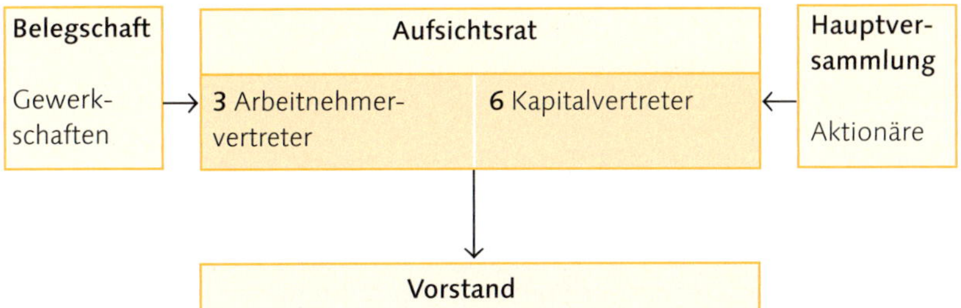

*In diesem Beispiel (9 Aufsichtsratsmitglieder) kann ein Vertreter der Arbeitnehmer von außen kommen.

9.5.2 Mitbestimmung im Aufsichtsrat nach dem Mitbestimmungsgesetz

Nach diesem Gesetz von 1976 wird der Aufsichtsrat in Kapitalgesellschaften mit über 2.000 Beschäftigten, die nicht der Montanindustrie angehören, **paritätisch** besetzt, d. h. zu gleichen Teilen von Arbeitnehmervertretern und Arbeitgebervertretern.
Hinzu kommt allerdings noch ein Vertreter des Vorstands, der bei Abstimmungen im Aufsichtsrat ebenfalls eine Stimme hat (der **Arbeitsdirektor**). Dadurch haben auch bei diesem Modell letztlich die Arbeitgeber eine Stimme mehr.

Mitbestimmung nach dem Mitbestimmungsgesetz 1976

Modell für ein Unternehmen mit mehr als 20.000 Arbeitnehmern

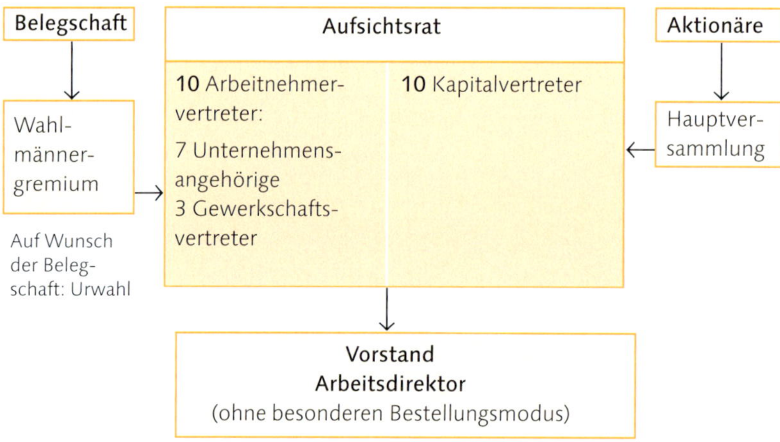

9.5.3 Montan-Mitbestimmung

Das Montan-Mitbestimmungsgesetz von 1951 mit seiner Ergänzung von 1956 schreibt für Unternehmen der Montanindustrie (also Bergbau, Eisen- und Stahlindustrie) mit über 1.000 Beschäftigten einen besonders zusammengesetzten Aufsichtsrat vor.
Die Aufsichtsräte der montanindustriellen Unternehmen sind nach diesem Gesetz paritätisch von Anteilseignern (Aktionären) und Arbeitnehmervertretern zu besetzen. In der Regel besteht der Aufsichtsrat aus elf Mitgliedern, und zwar aus vier Vertretern der Anteilseigner und einem „weiteren" Mitglied, vier Arbeitnehmervertretern und einem „weiteren" Mitglied und einer elften, vom Gesetz ebenfalls „weiteres" Mitglied genannten Person. Dieser elfte Mann – auch **neutrales Mitglied** genannt – soll verhindern, dass es bei Abstimmungen im Aufsichtsrat zum Patt (Stimmengleichheit) kommt.
Die vier Arbeitnehmervertreter setzen sich wie folgt zusammen:
Zwei Arbeitnehmervertreter, ein Angestellter und ein Arbeiter des Unternehmens, werden vom Betriebsrat gewählt. Die beiden anderen, meist externe Arbeitnehmervertreter, werden von der Spitzenorganisation der Gewerkschaft nach Beratung mit der in der Unternehmung vertretenen Gewerkschaft und dem Betriebsrat benannt.

Von den fünf Arbeitnehmervertretern im Aufsichtsrat benennt die Gewerkschaft also drei Mitglieder. Von diesen muss einer ein „weiteres" Mitglied sein, d. h. jemand, der nicht Vertreter der Gewerkschaft sein und kein wesentliches wirtschaftliches Interesse an der Unternehmung haben darf. Der Betriebsrat benennt mit Zustimmung der Gewerkschaft zwei Mitglieder. Die Arbeitnehmer selbst wählen also den Aufsichtsrat nicht, sie können nur indirekt über ihre Interessenvertreter, die Gewerkschaften und den Betriebsrat, die Auswahl der Aufsichtsratsmitglieder mit entscheiden. Die Hauptversammlung wählt zehn Mitglieder des Aufsichtsrats, wobei sie an die Vorschläge der Gewerkschaft und des Betriebsrats gebunden ist. Auf das elfte Mitglied des Aufsichtsrats müssen sich die zehn Aufsichtsratsmitglieder einigen. Dabei werden je drei Stimmen von Arbeitnehmer- und Arbeitgebervertretern benötigt. Die Aufsichtsratsmitglieder schlagen den elften Mann vor, er wird ebenfalls durch die Hauptversammlung gewählt.

Eine **Besonderheit** der Montan-Mitbestimmung besteht darin, dass neben der Beteiligung der Arbeitnehmer im Aufsichtsrat auch eine **Beteiligung im Vorstand** vorgesehen ist. Das Montan-Mitbestimmungsgesetz sieht einen Arbeitsdirektor als gleichberechtigtes Mitglied zwingend vor. Er darf nicht gegen die Stimmen der Arbeitnehmervertreter im Aufsichtsrat bestellt bzw. abberufen werden. Zu seinen Aufgaben zählen insbesondere die Sozial- und Personalangelegenheiten, wie z. B. Einstellungen, Versetzungen, Lohnfragen. Darüber hinaus ist er wie alle anderen Vorstandsmitglieder für alle wirtschaftlichen Belange der Unternehmung zuständig.

Mitbestimmung nach dem Montan-Mitbestimmungsgesetz

Modell für ein Unternehmen mit 11-köpfigem Aufsichtsrat

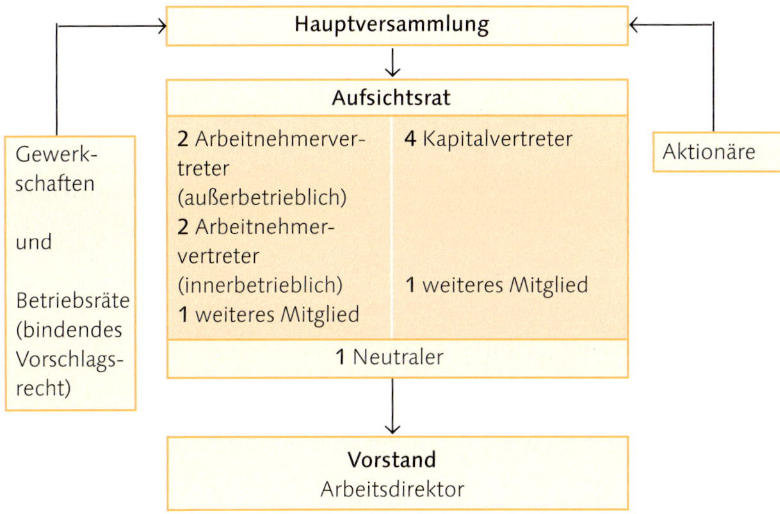

Aufgaben

1. Was bedeutet paritätische Mitbestimmung?
2. Was würden Sie sagen: Ist die Mitbestimmung im Aufsichtsrat nach dem Mitbestimmungsgesetz von 1976 paritätisch?
3. Welche Funktion hat der Aufsichtsrat in einem Unternehmen gegenüber der Unternehmensleitung? Welche Bedeutung kommt dabei der Arbeitnehmervertretung zu?

4. Erläutern Sie den Unterschied zwischen dem Montan-Mitbestimmungsgesetz und dem Betriebsverfassungsgesetz.
5. Diskutieren Sie die Pro- und Kontra-Argumente zur Montan-Mitbestimmung und sammeln Sie weitere Argumente.

Pro-und-Kontra zur Montan-Mitbestimmung	
– Nicht nur der Unternehmer trägt das Risiko, sondern auch der Arbeitnehmer riskiert, z. B. beim Konkurs, den Verlust seines Arbeitsplatzes.	– Der Kapitalgeber trägt das Risiko des Verlustes, daher muss er auch allein entscheiden können.
– Gleichwertigkeit von Arbeit und Kapital	– Ohne Kapital keine Arbeitsplätze
– Kontrolle wirtschaftlicher Macht und ihres Missbrauchs	– Mitbestimmung ist eine Aushöhlung des Eigentumsrechts
– Die Mitbestimmung in der Montanindustrie hat in der Praxis zu keinerlei Kapitalabbau geführt.	– Die Kapitalgeber werden weiteres Kapital verweigern, wenn sie nicht allein über die Verwendung entscheiden dürfen.

Übersicht:

- In Kapitalgesellschaften ab einer bestimmten Anzahl von Mitarbeitern sind die Arbeitnehmer zusätzlich im Aufsichtsrat vertreten.
- Die Mitbestimmung im Aufsichtsrat ist in folgenden Gesetzen geregelt:

Gesetz	BetrVG 1952	MitbestG 1976	Montan-MitbestG 1951
gilt für	– GmbH zwischen 500 und 2.000 AN – AG bis 2.000 AN	– Alle Kapitalgesellschaften über 2.000 AN	– Alle Kapitalgesellschaften im Bergbau bzw. Eisen-/Stahlindustrie
Zusammensetzung des Aufsichtsrats	– Drittelparität (Verhältnis Arbeitgeber : AN = 2:1)	– Paritätisch besetzt + Vorstandsmitglied (Arbeitsdirektor)	– Paritätisch besetzt + neutrales Mitglied („elfter Mann") – Ferner: Beteiligung der AN im Vorstand durch Arbeitsdirektor

9.6 Überbetriebliche Institutionen

9.6.1 Industrie-und Handelskammer (IHK)

Als berufsbezogene Organisationen überwachen die Kammern (z. B. Industrie- und Handelskammer, Handwerkskammer, Rechtsanwaltskammer, Landwirtschaftskammer) u. a. die Berufsausbildung im jeweiligen Beruf. Sie nehmen beispielsweise die Abschlussprüfungen ab. Alle Gewerbebetriebe sind in der Industrie- und Handelskammer Pflichtmitglieder.

Die Industrie- und Handelskammer überwacht als zuständige Stelle gemäß §§ 45 und 47 BBiG die Durchführung der Berufsausbildung und Umschulung und fördert diese durch Beratung der Ausbildenden und Auszubildenden. Zu diesem Zweck bestellt sie **Ausbildungsberater**, die bei der Durchführung ihrer Aufgaben an die gesetzlichen Bestimmungen, insbe-

Die zuständige Industrie- und Handelskammer überwacht die Durchführung der Berufsausbildung.

sondere an die Bestimmungen des Berufsbildungsgesetzes, und an die geltenen Vorschriften gebunden sind.
Die Ausbildungsberater der Industrie- und Handelskammer sind berechtigt und verpflichtet, die notwendigen Auskünfte für die Überwachung zu verlangen, entsprechende Unterlagen einzusehen und die Ausbildungsstätten zu besichtigen. Bei Besichtigungen und Aussprachen haben sie auf die Beteiligung des Betriebsrates hinzuwirken.
Dem Ausbildungsberater obliegt im Rahmen seiner Tätigkeit insbesondere
- die Beratung der an der Ausbildung Beteiligten in Fragen der beruflichen Bildung,
- die Feststellung und Überwachung der persönlichen und fachlichen Eignung der Auszubildenden und Ausbilder sowie der Eignung der Ausbildungsstätte,
- die Überwachung der Berufsausbildung dahingehend, dass sie in einer durch ihren Zweck gebotenen Form planmäßig, zeitlich und sachlich gegliedert durchgeführt wird.

Im Einzelnen ergeben sich daraus folgende Aufgaben:

1. Beratung der Auszubildenden und Ausbilder

1.1 Beratung über die Voraussetzungen der Berufsausbildung, z. B. über
- Ausbildungsmöglichkeiten (Ausbildungsberufe – Ausbildungsordnung)
- Ausbildungsvertrag und Ausbildungspflichten
- Art und Einrichtung der Ausbildungsstätte
- Bestellung von Ausbildern, sachliche und zeitliche Gliederung der Ausbildung (betrieblicher Ausbildungsplan)

1.2 Beratung über die Durchführung der Berufsausbildung, z. B. über
- pädagogische Fragen der Ausbildung
- methodisches Unterweisen und Lehren
- Einsatz von Lehr- und Lernmitteln
- Auswahl und Ausstattung von Ausbildungsplätzen
- sachliche Gliederung und zeitlicher Ablauf der Ausbildung
- verkürzte Ausbildungszeiten
- Zusammenarbeit mit den an der Ausbildung Beteiligten, insbesondere mit den Erziehungsberechtigten und Berufsschulen

§ 22 BBiG betr. angemessenes Verhältnis der Zahl der Auszubildenden zur Zahl der Ausbildungsplätze

§ 23 BBiG betr. Mängel in der persönlichen und/oder sachlichen Eignung des Ausbilders und Mängel der Eignung der Betriebsstätte

2. Beratung der Auszubildenden,

z. B. über
- Fragen aus dem Ausbildungsvertrag
- Rechte und Pflichten aus dem Ausbildungsverhältnis
- Verkürzung oder Verlängerung der Ausbildungszeit
- Berufsschulbesuch und Teilnahme an außerbetrieblichen Ausbildungsmaßnahmen
- Zulassung, Anforderungen und Ablauf bei Zwischen- und Abschlussprüfungen
- Aus- und Weiterbildungseinrichtungen, Aufstiegs-, Fortbildungs- und Förderungsmöglichkeiten

3. Feststellung der Eignung der Ausbildungsstätte,

z. B.
- Art der Einrichtung
- angemessenes Verhältnis der Anzahl der Auszubildenden zur Zahl der Ausbildungsplätze oder zur Zahl der beschäftigten Fachkräfte
- persönliche und fachliche Eignung des Ausbildenden bzw. der Ausbilder

4. Überwachung der Durchführung der Berufsausbildung,
z. B. ob und in welchem Umfang
- die Ausbildungsordnung und die sachliche und zeitliche Gliederung (betrieblicher Ausbildungsplan) eingehalten werden
- das Verbot der Beschäftigung mit ausbildungsfremden Arbeiten beachtet wird
- zum Besuch der Berufsschule und von überbetrieblichen Ausbildungsmaßnahmen die Freistellung erfolgt
- Ausbildungsmittel kostenlos zur Verfügung gestellt werden
- die einschlägigen gesetzlichen Vorschriften angewendet werden
- Ausbilder bestellt und eingesetzt sind
- Auflagen gemäß § 22 Abs. 2 BBiG eingehalten werden

Quelle: IHK Berlin, Richtlinien für die Tätigkeit der Ausbildungsberater v. 15. Februar 1992

Der Ausbildungsberater erfüllt seine Aufgaben der Beratung und Überwachung durch den Besuch der Ausbildungsstätten auf Grund der regelmäßigen Überprüfung oder auf Grund besonderer Veranlassung (z. B. Beschwerden oder sonstiger aktueller Anlässe, die mit Vorrang zu bearbeiten sind).
Er hält und beteiligt sich an Sprechstunden und Sprechtagen und führt Informationsveranstaltungen sowie Einzel- und Gruppenberatungen für Ausbildende, Ausbilder und Auszubildende durch. Des Weiteren erteilt er Informationen bei Prüfungen unter Berücksichtigung der Prüfungsergebnisse.

9.6.2 Gewerkschaften

Für die Arbeitnehmer sind eine ausreichende Entlohnung, sichere Arbeitsplätze und kurze Arbeitszeiten wichtig, denn sie bestimmen die Qualität ihres Lebens. Für die Arbeitgeber sind dies Kosten, die die Höhe der Gewinne und die Konkurrenzfähigkeit mitbestimmen. Unter Berücksichtigung dieser gegensätzlichen Interessen muss eine Einigung erzielt werden.
In Deutschland bis zur Weimarer Republik und noch heute in wenigen Bereichen der bundesdeutschen Wirtschaft einigte bzw. einigt sich der jeweilige Arbeitgeber mit den einzelnen Arbeitnehmern in einem Arbeitsvertrag. Es fand bzw. findet eine **einzelvertragliche Regelung** von Arbeitsbedingungen statt. Dabei kann der Arbeitgeber seine Interessen weitgehend durchsetzen, weil er in der stärkeren Position ist. Er ist Eigentümer der Produktionsmittel und verfügt über die größeren finanziellen Reserven. Dem Arbeitnehmer steht demgegenüber i. d. R. nur seine Arbeitskraft als Quelle seines Einkommens zur Verfügung.
Deshalb haben schon im 19. Jahrhundert Arbeitnehmer versucht, sich zu Gewerkschaften zusammenzuschließen und gemeinsame Forderungen, also eine **kollektiv-vertragliche Regelung**, durchzusetzen.
Innerhalb unserer Wirtschaftsordnung hat sich die **Tarifautonomie** als wirksames Mittel gezeigt, um Interessenkonflikte unter Berücksichtigung der Erfordernisse des Markts und gesamtgesellschaftlicher Belange auszutragen. Tarifautonomie ist das Recht der Sozialpartner auf eigenverantwortliches Aushandeln der Arbeitsbedingungen. Das Grundgesetz der Bundesrepublik Deutschland erkennt das Recht auf Gewerkschaften und Tarifautonomie grundsätzlich an.

vgl. 6.2.2 Tarifautonomie

Artikel 9, Abs. 3 des Grundgesetzes bestimmt:

> Das Recht, zur Wahrung und Förderung der Arbeits- und Wirtschaftsbedingungen Vereinigungen zu bilden, ist für jedermann und für alle Berufe gewährleistet. Abreden, die dieses Recht einschränken oder zu behindern suchen, sind nichtig, hierauf gerichtete Maßnahmen sind rechtswidrig. (...)

Weitere Einzelheiten dazu werden im **Tarifvertragsgesetz** (TVG) geregelt. In § 1 Abs. 1 des TVG heißt es:

§ 1 Tarifvertragsgesetz

> Der Tarifvertrag regelt die Rechte und Pflichten der Tarifparteien und enthält Rechtsnormen, die den Inhalt, den Abschluss und die Beendigung von Arbeitsverhältnissen sowie betriebliche und betriebsverfassungsrechtliche Fragen ordnen können.

§ 2 Tarifvertragsgesetz

Tarifparteien sind Gewerkschaften, einzelne Arbeitgeber sowie Arbeitgeberverbände (§ 2 Abs. 1 TGV).
In den Gewerkschaften der Bundesrepublik (alte Bundesländer) sind knapp über 40 % der Arbeitnehmer organisiert, während 80 bis 90 % der Arbeitgeber in Arbeitgeberverbänden organisiert sind.
Die Gewerkschaften des Deutschen Gewerkschaftsbundes (DGB) sind parteipolitisch ungebunden. Darüber hinaus sind sie **Industriegewerkschaften**. Das heißt, sie organisieren alle Arbeitnehmer eines Unternehmens bzw. einer Branche unabhängig von
- dem ausgeübten Beruf (ob Dreher, Elektriker oder kaufmännische Angestellter),
- dem Qualifikationsstatus (ob Hilfsarbeiter, Facharbeiter oder Ingenieur) oder,
- der Art des Arbeitsverhältnisses (ob Arbeiter, Angestellter oder Beamter).

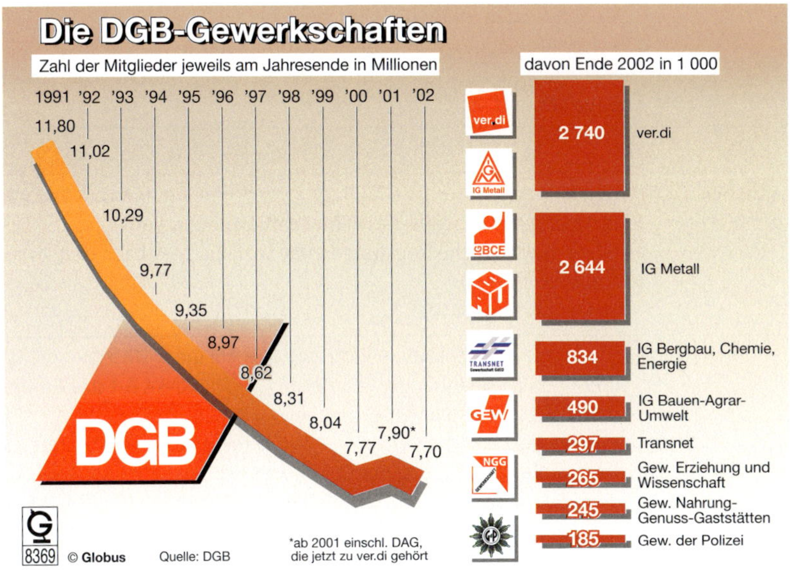

Darin unterschiedet sich der DGB vom Deutschen Beamtenbund und der Deutschen Angestellten-Gewerkschaft (DAG) sowie von den meisten Gewerkschaften in Großbritannien, die **Berufsgewerkschaften** geblieben sind. Die Gewerkschaften haben die Aufgabe, die Interessen der abhängig

www.dag.de

Beschäftigten zu schützen. Dies erreichen sie z. B. durch Lohnerhöhungen, Verbesserung der Arbeitsbedingungen, Rechtsschutz. Darüber hinaus wirken sie bei der **Arbeitsgerichtsbarkeit** mit und nehmen Einfluss auf die Gesetzgebung. Verhandlungsergebnisse mit den Arbeitgebern werden in **Tarifverträgen** festgeschrieben.

vgl. 10.2.2 Arbeitsgerichtsbarkeit

vgl. 6.1 Tarifvertrag

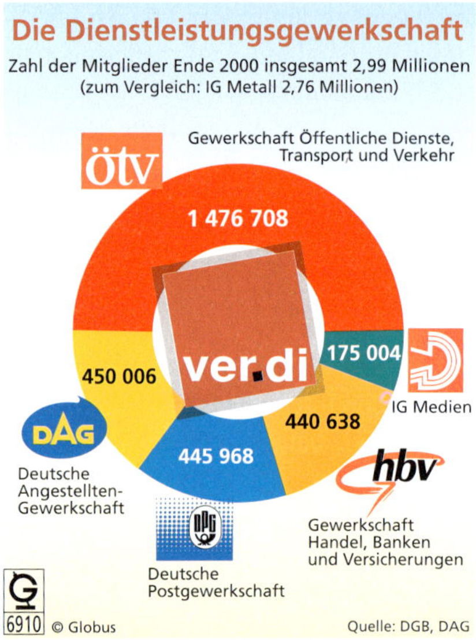

Die Arbeitgeberseite in der Industrie hat sich in verschiedenen Branchenverbänden organisiert, die zum Teil Mitglieder des Bundesverbands der Deutschen Industrie (BDI) als Spitzenverband sind.

www.bdi-online.de

Auf der Arbeitnehmerseite werden die Interessen der Beschäftigten in Industrieunternehmen von Gewerkschaften wie z. B. der IG Metall vertreten, die Mitglied des DGB ist. Für den Dienstleistungssektor ist im März 2001 die Vereinte Dienstleistungsgewerkschaft (ver.di) gegründet worden als Zusammenschluss aus fünf Gewerkschaften (siehe Abbildung).

www.igmetall.de

www.verdi.de

Übersicht:

IHK:

Zuständigkeiten laut BBiG	– Überwachen die Berufsausbildung – nehmen Abschlussprüfungen ab
Aufgaben der IHK-Ausbildungsberater	– Beratung der Auszubildenden und Ausbilder in Fragen der beruflichen Bildung – Feststellung der Eignung der Ausbildungsstätte – Überwachung der Durchführung der Berufsausbildung nach planmäßigen, zeitlichen und sachlichen Kriterien

Gewerkschaften:

Grundlagen gewerkschaftlicher Tätigkeit in Deutschland	– GG Art. 9 Abs. 3: Recht auf Bildung von Vereinigungen zur Wahrung und Förderung der Arbeits- und Wirtschaftsbedingungen – kollektivvertragliche Regelungen der Sozialpartner nach dem Prinzip der Tarifautonomie – Tarifvertragsgesetz (TVG)
gewerkschaftliche Organisationsprinzipien	– Industriegewerkschaften = vertreten alle AN eines Unternehmens bzw. einer Branche unabhängig von Beruf, Qualifikation, Art des Arbeitsverhältnisses, Beispiel: DGB – Berufsgewerkschaft = vertreten AN-Interessen eines bestimmten Berufszweiges, Beispiel: Deutscher Beamtenbund

Aufgaben

1. Finden Sie heraus, welcher Arbeitgeberverband bzw. welche Arbeitgebervertretungen für Ihren Ausbildungsbereich Verhandlungspartner ist.
2. Warum ist Tarifautonomie für die Funktionsfähigkeit eines marktwirtschaftlichen Systems notwendig?

9.7 Mitbestimmung in der EU

Die Einrichtung des Europäischen Binnenmarkts ist für die Mitbestimmung in der Bundesrepublik Deutschland nicht unbedeutend. Da in den Mitgliedstaaten der EU die Gewerkschaften unterschiedlich stark sind und die Mitbestimmungsmodelle von denen der Bundesrepublik abweichen können, wäre Folgendes denkbar:
Ein deutsches Unternehmen verlagert seinen Sitz in ein Nachbarland der EU; die in Deutschland verbleibenden Betriebe sind Niederlassungen dieses Unternehmens. Die betriebliche Mitbestimmung in den einzelnen deutschen Betrieben bleibt bestehen; allerdings entfallen ohne weitere Vereinbarung die weiteren Formen der Mitbestimmung durch den Wirtschaftsausschuss, den Gesamtbetriebsrat und den Konzernbetriebsrat. Auch die Montan- und Unternehmensmitbestimmung gilt in den ausländischen Unternehmen nicht mehr.

vgl. Kapitel 2, 8.7 Wirtschaftsraum EU – Beispiel einer regionalen Integration

Und so könnten die Folgen sein:
Für multinationale Unternehmer war die EU schon immer ein Wirtschaftsraum. General Motors (GM) wird vorgeworfen, in der Frage der Maschinenlaufzeiten die Beschäftigten gegeneinander auszuspielen: Maschinenlaufzeiten im Standort Zaragoza (Spanien) 120 Std., in Kaiserslautern 112 Std., in Antwerpen (Belgien) 110 Std. Die 110 Std. Maschinenlaufzeit in Antwerpen (...) sind nur unter dem Druck der Standortverlagerung zu Stande gekommen. Als auch Kaiserslautern als Investitionsstandort vernachlässigt wurde, gab die Interessenvertretung dem Druck nach: Maschinenlaufzeit jetzt 139,5 Std.; die Standorte Rüsselsheim und Bochum haben nachgezogen.
Quelle: Europäische Betriebsräte, Hans-Böckler-Stiftung

Um eine „harmonische Entwicklung" der Wirtschaft zu sichern, fordern die Gewerkschaften eine Art europäischer Mitbestimmung. Ohne eine solche Regelung befürchten die Arbeitgeber **Wettbewerbsvorteile** für Unternehmen ohne Mitbestimmung und die Gewerkschaften befürchten ein **„social dumping"**, d. h. ein Auswandern von Unternehmen in Länder mit kostengünstigeren Mitbestimmungsregelungen. Aber eine Mitbestimmungsregelung, die in allen EU-Staaten zugleich gelten soll, ist äußerst schwierig, denn die bestehenden Formen der Mitbestimmung in den einzelnen Mitgliedstaaten sind höchst unterschiedlich und teils unvereinbar.
Der Vorschlag der EG-Kommission sah vor, dass in gemeinschaftsweit operierenden Unternehmen oder Unternehmensgruppen mit mindestens 1.000 Beschäftigten **europäische Betriebsräte (EBR)** eingesetzt werden. Diese EBR sollten Informations- und Beratungsfunktionen haben.
Den genauen Umfang, die Zusammensetzung, Zuständigkeiten und Arbeitsweisen der EBR werden zwischen der Unternehmensleitung und einem von den Arbeitnehmern gewählten besonderen Verhandlungsgremium schriftlich vereinbart. Jeder Mitgliedstaat bestimmt, wie die Arbeitnehmer ihre Vertreter in dieses Gremium wählen.
Demnach könnten sich die Formen und die Zuständigkeiten dieser EBR von Unternehmen zu Unternehmen stark voneinander unterscheiden. Es wäre auch im Einzelfall möglich, neben dem Informations- und Beratungsrecht noch weiter gehende Mitbestimmungsrechte zu vereinbaren.

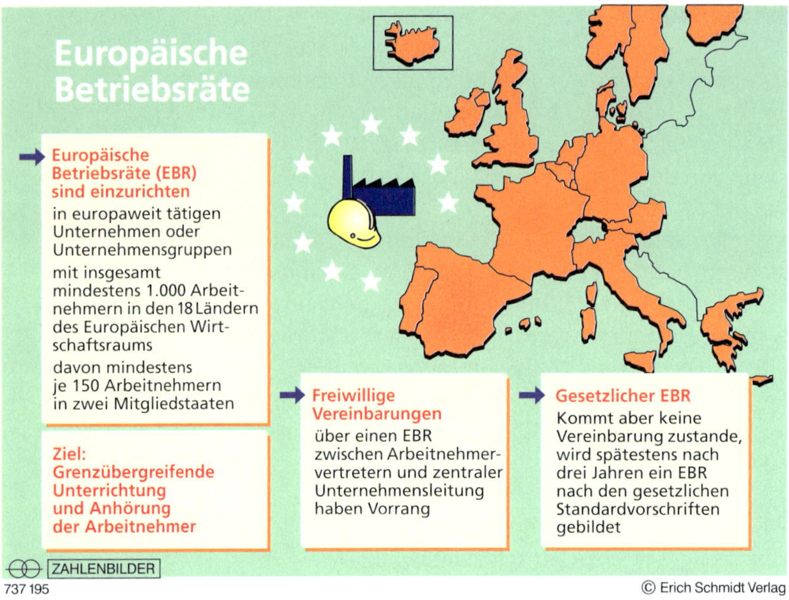

Es gibt bereits jetzt eine Reihe von Unternehmen, die Vereinbarungen im Sinne des Kommissionsvorschlags gemacht haben, so zum Beispiel die Vereinbarung über eine europäische Branchenkommission mit Vertretern von Arbeitnehmern und Arbeitgebern bei Thomson Grand Public (vertreten in fünf Ländern einschließlich Deutschlands). Ein anderes Beispiel finden wir beim Europäischen Volkswagen-Konzern, bei dem es nun einen Europäischen Volkswagen-Konzernbetriebsrat gibt.

Ein weiterer wichtiger Schritt für die Harmonisierung der Mitbestimmung in Europa wurde im Zuge der Einführung der ersten europaweiten Gesellschaftsform, der Europäischen Aktiengesellschaft, unternommen. Die Europa-AG (abgekürzt SE = societas europea) ist eine neue Rechtsform für Unternehmen, die in verschiedenen EU-Mitgliedstaaten tätig sind. Für grenzüberschreitend tätige Unternehmen ist die Europa-AG eine Möglichkeit, sich in einer Rechtsform zusammenzuschließen.

Europäische Aktiengesellschaft

Nachdem die Frage der Mitbestimmung jahrelang die Einführung der Europa-AG behindert hatte, einigten sich schließlich auf dem EU-Gipfel in Nizza 2000 die Arbeits- und Sozialminister der EU-Mitgliedstaaten auf eine „Richtlinie über die Beteiligung der Arbeitnehmer in der Europäischen Aktiengesellschaft".

Danach gilt für den Fall einer Fusion zweier europäischer Unternehmen zu einer Europäischen Aktiengesellschaft, dass die Mitbestimmungsregeln zwischen den Organen der beteiligten Gesellschaften durch ein besonderes Verhandlungsgremium ausgehandelt werden müssen, ähnlich wie bei der Festlegung der Kompetenzen der EBR. Falls keine Einigung zwischen den Arbeitgebern und Arbeitnehmern der beteiligten Unternehmen erzielt werden kann, gilt die so genannte Auffangregelung. Diese besagt, dass die Mitbestimmungsregeln derjenigen Gesellschaft übernommen werden, deren Beschäftigte mindestens 25 % der Belegschaft des zukünftigen Unternehmens ausmachen.

Fusion, vgl. Kapitel 2, 7.4 Wie sich Unternehmen zusammenschließen

Auffangregelung

Wie kontrovers die Gestaltung einheitlicher Mitbestimmungsregeln in Europa jedoch nach wie vor ist, wird daran deutlich, dass diese Richtlinie nur unter der Voraussetzung verabschiedet werden konnte, den einzelnen

EU-Mitgliedstaaten die Übernahme dieser Regelung in nationales Recht und damit deren tatsächliche Umsetzung freizustellen. Die Mitgliedstaaten haben drei Jahre Zeit, ihr Recht entsprechend zu ändern, sodass die neue Rechtsform ab 2004 genutzt werden kann.

Europa im Vergleich

Unsere Nachbarn haben am Arbeitsplatz wenig zu sagen
In Sachen Mitbestimmung ist Europa nicht geeint.

Einige Beispiele:

Niederlande: Ab 35 Mitarbeitern können Arbeitnehmer so genannte Unternehmensräte wählen. Der Unternehmer muss regelmäßig Rechenschaft ablegen, etwa über Personalplanung und Bildungsmaßnahmen. Eine ähnliche Regelung gibt es in Dänemark.

Österreich: Die Rechte der Betriebsräte ähneln denen in Deutschland. Schon jenseits einer Firmengröße von 150 Mitarbeitern (...) müssen Betriebsräte freigestellt werden.

Frankreich: Hier hängen die Mitwirkungsmöglichkeiten von der Größe des Betriebs ab. Die Personalvertreter haben wenig Macht. Ihr wichtigstes Recht ist, über betriebliche Maßnahmen unterrichtet zu werden. Halten die Betriebsräte geplante Maßnahmen für schädlich, können sie rechtliche Schritte einleiten.

Großbritannien: Arbeitnehmervertreter haben kaum Mitspracherechte. Gewerkschaftliche Vertrauensleute sind eher eine Beschwerdeinstanz.

Quelle: Der Tagesspiegel online, 15. Februar 2001

Übersicht:	
Harmonisierungsbedarf	– unterschiedliche Mitbestimmungs-Modelle in Europa – drohende Wettbewerbsvorteile/Standortvorteile („Sozial-Dumping")
Europäische Betriebsräte (EBR)	– Bildung von EBR in „gemeinschaftsweit" tätigen Unternehmen mit mindestens 1.000 AN – EBR grundsätzlich mit Informations- und Beratungsfunktionen – Besonderes Verhandlungsgremium verhandelt im jeweiligen Einzelfall über Zusammensetzung und Kompetenzen des EBR.
Mitbestimmungsregeln bei grenzüberschreitendem Zusammenschluss zur Europäischen Aktiengesellschaft	– Besonderes Verhandlungsgremium handelt zwischen Arbeitgebern und den beteiligten Unternehmen die Mitbestimmungsregeln aus. – Auffangregelung = Europäische Aktiengesellschaft muss Mitbestimmungsregeln übernehmen, wenn mindestens 25 % der AN bisher derartige Rechte hatten – Übernahme der Mitbestimmungs-Richtlinien in nationales Recht erfolgt auf freiwilliger Basis

Aufgaben

1. Wie versuchte der Vorschlag der EU-Kommission den unterschiedlichen Formen der Mitbestimmung in den EU-Ländern gerecht zu werden?
2. Wie soll nach grenzüberschreitenden Fusionen die Mitbestimmung in der Europäischen Aktiengesellschaft aussehen?

10 Rechtliche Rahmenbedingungen des Wirtschaftens

10.1 Rechtliche Grundlagen

10.1.1 Rechtsordnung

Beispiel:

Weil Herr Ast die Vorfahrtsregeln nicht beachtet hat, kommt es zu einem Zusammenstoß mit dem Wagen des Herrn Brandt. Herr Brandt wird dabei schwer verletzt, sein Auto erleidet einen Totalschaden. Bei Herrn Ast wird durch die Polizei eine Alkoholprobe entnommen. Beide Autos werden abgeschleppt; dies wird den Besitzern zunächst getrennt in Rechnung gestellt. Gegen Herrn Ast wird nach einer Woche ein erstes Ermittlungsverfahren wegen Trunkenheit am Steuer eingeleitet; des Weiteren erstattet Herr Brandt sechs Wochen später, nach Beendigung seines Krankenhausaufenthaltes, Strafanzeige wegen schwerer Körperverletzung und fordert neben Schadenersatz und Schmerzensgeld auch noch die Erstattung der Abschleppgebühren. Die Frau von Herrn Brandt, der sich bei dem Unfall auf dem Weg zur Arbeit befand, reicht bei seinem Arbeitgeber den Antrag auf Lohnfortzahlung ein. Dieser braucht jedoch nur sechs Wochen zu zahlen. Danach wendet sich Herr Brandt an seine Krankenkasse und an die Bundesversicherungsanstalt für Angestellte zwecks weiterer Lohnfortzahlung. Da Herr Brandt nach seinem sechswöchigen Krankenhausaufenthalt zunächst einmal noch weitere zwölf Wochen dienstunfähig geschrieben wird und danach eine achtwöchige Rehabilitationsmaßnahme antreten will, kündigt sein Arbeitgeber ihm das Arbeitsverhältnis. Herr Brandt hält diese Kündigung für nicht gerechtfertigt und will vor Gericht seine Weiterbeschäftigung einklagen. Er erkundigt sich jedoch gleichzeitig beim Arbeitsamt über die Modalitäten zum Antrag auf Arbeitslosengeld und die Vermittlung in ein neues Arbeitsverhältnis.

Welche Gesetze und Gerichte müssen bei den einzelnen Streitpunkten herangezogen werden?

Rechtsordnung = Gesamtheit aller in einem Rechtsstaat gültigen Rechtsregeln

Die **Rechtsordnung** stellt die Basis für das menschliche Zusammenleben dar. Über die Rechtsordnung können die vielfältigen Konflikte, die sowohl im Privat- als auch im öffentlichen bzw. Wirtschaftsleben auftreten können, gelöst werden. Die Rechtsordnung stellt allgemein verbindliche Regelungen und Bindungen auf und umfasst alle geltenden Rechtsnormen wie Gesetze, Verordnungen, Verwaltungsakte und Entscheidungen der obersten Gerichte.

Die Rechtsordnung der Bundesrepublik Deutschland umfasst zwei große Bereiche: das öffentliche Recht und das Privatrecht (bürgerliches Recht, Zivilrecht).

öffentliches Recht

Das **öffentliche Recht** regelt die Rechtsbeziehungen zwischen Hoheitsträgern oder einem Hoheitsträger, wie z. B. dem Staat, und Privatrechtssubjekten und wird größtenteils durch die Auferlegung von Ge- und Verboten und durch gerichtliche Verfolgung bei Verstößen gegen diese vom Grundsatz der Über- und Unterordnung beherrscht. Öffentliches Recht ist größtenteils zwingendes Recht, d. h., es kann nicht abgeändert werden. Man kann sich nicht darüber hinwegsetzen. Öffentliches Recht wird über Verwaltungsakte umgesetzt.

Das öffentliche Recht umfasst u. a.
- Teile des Arbeitsrechts (Arbeitsschutz, Unfallschutz, Kündigungsschutz),
- Finanzrecht (Haushaltsordnungen der Länder),
- Gewerberecht (Gewerbeordnung, Handwerksordnung),
- Kirchenrecht,
- Prozessrecht (Straf- und Zivilprozessordnung),
- Sozialrecht (Sozialgesetzbücher, BAföG, RVO),
- Staats- und Verfassungsrecht (Grundgesetz, Länderverfassungen),
- Steuerrecht (Abgabenordnung, Einkommensteuergesetz, Körperschaftssteuergesetz, Umsatzsteuergesetz usw.),
- Strafrecht (Strafgesetzbuch),
- Verwaltungsrecht (Beamtenrecht, Schulrecht, Kommunalrecht).

Das **Privatrecht** dagegen regelt die Rechtsbeziehungen der Privatrechtssubjekte untereinander und wird vom Grundsatz der Gleichordnung der Beteiligten bestimmt. Das Privatrecht enthält grundsätzliche Regeln, die abgeändert werden können. Somit eröffnet das Privatrecht Handlungsspielräume. Im Mittelpunkt des Privatrechts stehen der Abschluss und die Erfüllung von Verträgen sowie die Regulierung von Schäden, die durch unrechtmäßiges Handeln entstanden sind. Das Privatrecht umfasst:

Privatrecht

Bürgerliches Recht
(Vorschriften des Bürgerlichen Gesetzbuches – BGB)
Erstes Buch: Allg. Teil (§§ 1–240 BGB)
1. Abschnitt. Personen (§§ 1–89)
2. Abschnitt. Sachen und Tiere (§§ 90–103)
3. Abschnitt. Rechtsgeschäfte (§§ 104–185)
4. Abschnitt. Fristen,Termine (§§ 186–193)
5. Abschnitt. Verjährung (§§ 194–218) …
Zweites Buch: Schuldrecht (§§ 241–853)
1. Abschnitt. Inhalt der Schuldverhältnisse (§§ 241–304)
2. Abschnitt. Gestaltung rechtsgeschäftlicher Schuldverhältnisse durch Allgemeine Geschäftsbedingungen (§§ 305–310)
3. Abschnitt. Schuldverhältnisse aus Verträgen (§§ 310–359)
3. Abschnitt. Erlöschen der Schuldverhältnisse (§§ 362–397) …
8. Abschnitt. Einzelne Schuldverhältnisse (§§ 433–853)
Drittes Buch: Sachenrecht (§§ 854–1296)
1. Abschnitt. Besitz (§§ 854–872)
2. Abschnitt. Allgemeine Vorschriften über Rechte an Grundstücken (§§ 873–902)
3. Abschnitt. Eigentum (§§ 903–1011) …
Viertes Buch: Familienrecht (§§ 1297–1921)
Fünftes Buch: Erbrecht (§§ 1922–2385)

BGB = Bürgerliches Gesetzbuch

Handelsrecht (Vorschriften des Handelsgesetzbuches – HGB)

Erstes Buch: Handelsstand (§§ 1–104)
1. Abschnitt. Kaufleute (§§ 1–7)
2. Abschnitt. Handelsregister (§§ 8–16)
3. Abschnitt. Handelsfirma (§§ 17–37a)
4. Abschnitt. (aufgehoben)
5. Abschnitt. Prokura und Handlungsvollmacht (§§ 48–58)
6. Abschnitt. Handlungsgehilfen und Handlungslehrlinge (§§ 59–83)
7. Abschnitt. Handelsvertreter (§§ 84–92c)
8. Abschnitt. Handelsmakler (§§ 93–104)

Zweites Buch: Handelsgesellschaften und stille Gesellschaft (§§ 105–236)

Drittes Buch: Handelsbücher (§§ 238–342a)
1. Abschnitt. Vorschriften für alle Kaufleute (§§ 238–263)
2. Abschnitt. Ergänzende Vorschriften für Kapitalgesellschaften (§§ 264–335b) …

Viertes Buch: Handelsgeschäfte (§§ 343–475h)
1. Abschnitt. Allgemeine Vorschriften (§§ 343–372)
2. Abschnitt. Handelskauf (§§ 373–382)
3. Abschnitt. Kommissionsgeschäft (§§ 383–406) …

HGB = Handelsgesetzbuch

weitere Bereiche des Privatrechts:
- Arbeitsrecht
- Bank- und Börsenrecht
- Gesellschaftsrecht (z. B. Aktien-, GmbH-Gesetz)
- Urheberrecht und gewerblicher Rechtsschutz (Patentgesetz, Warenzeichengesetz u. a.)
- Wertpapierhandels-, Scheck-, Wechselgesetz

Übersicht:

Die Rechtsordnung ist die Gesamtheit aller in einem Rechtsstaat gültigen Rechtsnormen. In Deutschland werden zwei große Bereiche unterschieden:

Öffentliches Recht	Privatrecht
(Beziehungen staatlicher Stellen untereinander; Beziehungen Staat – Bürger)	(Beziehungen der Bürger untereinander)
– Völkerrecht – Verfassungsrecht – Verwaltungsrecht – Strafrecht – Steuerrecht – Verkehrsrecht usw.	– Bürgerliches Recht – Handelsrecht – Gesellschaftsrecht usw.

Aufgaben

1. Ordnen Sie die folgenden Vorgänge dem öffentlichen oder dem privaten Recht zu:
   a) Claudia wird bei illegalem Drogenbesitz gefasst und zu einer Jugendstrafe verurteilt.
   b) Herr Schneider schließt einen Leasingkauf für ein Auto ab.
   c) Acht Arbeitskollegen gründen einen Kegelverein.
   d) Klaus unterschreibt einen Ausbildungsvertrag zum Bürokaufmann.
   e) Frau König erhält vom Finanzamt eine Aufforderung, ihre Einkommensteuerschuld in Höhe von 7.500 € zu begleichen.
   f) Die Bundesrepublik Deutschland schließt mit Burkina Faso einen Vertrag über verstärkte Entwicklungshilfe ab.
   Nennen Sie die jeweils in Frage kommenden gesetzlichen Grundlagen.

2. Wodurch unterscheiden sich öffentliches und privates Recht?
3. Suchen Sie Beispiele zu einzelnen Fragestellungen, die über die verschiedenen Gesetze geregelt werden müssen.

10.1.2 Rechtsquellen

Beispiel:

Olaf, der zurzeit eine sechswöchige Ausbildungsphase im Büro des technischen Kundendienstes eines EDV-Herstellers absolviert, nimmt die Reklamation eines langjährigen Kunden entgegen. Der Kunde hatte eine Rechnung über eine Telefondiagnose erhalten, die in den letzten neun Jahren seit Kauf der EDV-Anlage immer als Kulanzleistung unentgeltlich durchgeführt worden war. Olaf teilt dem Kunden mit, er müsse dieses anhand der Allgemeinen Geschäftsbedingungen prüfen und wolle dann zurückrufen. In den Allgemeinen Geschäftsbedingungen steht tatsächlich, dass auch Ferndiagnosen zu den branchenüblichen Tarifen berechnet würden. Olaf teilt dieses dem Kunden bei seinem Rückruf mit. Der Kunde wertet dieses jedoch als Vertrauensbruch der langjährigen Geschäftsbeziehungen.

Muss die Telefondiagnose bezahlt werden oder nicht?

Rechtsquellen

Unter Rechtsnormen versteht man Rechtsquellen, aus denen sich ein geregeltes Rechtsleben entwickeln soll. Die Rechtsordnung der Bundesrepublik Deutschland basiert auf verschiedenen Rechtsquellen wie
- schriftlichen Regelungen (Verfassungen, Gesetze, Rechtsverordnungen und Satzungen) und
- dem Gewohnheitsrecht (als allgemein durchgesetzte Rechtsbildung durch die Rechtsprechung, vor allem des Bundesverfassungsgerichts, oder die tatsächlich herrschende, allgemein anerkannte Praxis zwischen den Vertragsparteien).

Rechtsquellen
- Grundgesetz
- Bundesgesetze
- Landesverfassungen
- Landesgesetze

Bei Gesetzen auf gleicher Rangordnung gehen die später erlassenen den früher erlassenen vor.

Die wichtigsten **schriftlichen Rechtsquellen** sind im Einzelnen:
- das Grundgesetz der Bundesrepublik Deutschland vom 23. Mai 1949 und die Landesverfassungen der einzelnen Bundesländer
- die von den Parlamenten (Legislative: Bundestag und Bundesrat, Landtage und Senate) in einem förmlichen Gesetzgebungsverfahren verabschiedeten Gesetze
- das BGB vom 18. August 1896, als wichtigste Rechtsquelle des Bürgerlichen Rechts, sowie das HGB vom 10. Mai 1897
- Rechtsverordnungen von dazu ermächtigten Regierungs- und Verwaltungsorganen (Exekutive), die weitere Einzelheiten der Gesetze regeln. Sie stehen rangmäßig unter den Gesetzen. Rechtsverordnungen kommen nicht durch ein förmliches Gesetzgebungsverfahren zu Stande.

- Satzungen, die von Körperschaften, Anstalten und Stiftungen des öffentlichen Rechts auf Grund ihrer Autonomie als Rechtsvorschriften erlassen werden und Aufgaben und Angelegenheiten der örtlichen Gemeinschaft regeln

Gewohnheitsrecht

Neben die schriftlich festgelegten Rechtsquellen tritt als ungeschriebenes Recht das **Gewohnheitsrecht**. Gewohnheitsrechte sind in der Praxis über einen längeren Zeitraum angewandte Regeln, die als rechtsverbindlich anerkannt wurden. Sie finden vor allem dort Anwendung, wo bisher entsprechende gesetzliche Regelungen fehlen, um so Gesetzeslücken auszugleichen. Vielfach hat sich das Gewohnheitsrecht auch über die Auslegung schriftlich festgelegter Regelungen durch die „ständige Rechtsprechung" der Gerichte entwickelt. Es setzt die notwendige Rechtsüberzeugung, eine gleichmäßig dauernde Übung und eine stillschweigende Billigung voraus.

objektives Recht

Als **objektives Recht** bezeichnet man die Summe aller Rechtsnormen (Gesetzestexte, Gewohnheitsrecht, Handelsbräuche, ständige Rechtsprechung), die Konflikte lösen sollen. Objektives Recht legt allgemeine Rechtsfolgen fest und bildet den Rahmen für das subjektive Recht, in dem das einzelne Rechtssubjekt innerhalb des objektiven Rechts seine Interessen individuell ausgestalten kann.

subjektives Recht

Als **subjektives Recht** bezeichnet man Ansprüche eines Rechtssubjekts. Unter einem Anspruch (§ 194 BGB) versteht man dabei die Möglichkeit, von einem anderen ein Tun oder Unterlassen zu verlangen. Subjektive Rechte können als Schuld- oder Sachenrechte ausgestaltet sein:

Schuldrechte = relative Rechte

Sachenrechte = absolute Rechte

- Schuldrechte (oder relative Forderungsrechte) sind Ansprüche, die Rechtssubjekte gegenüber bestimmten anderen Rechtssubjekten haben, z. B. die Forderung auf Erfüllung eines Kauf- oder Mietvertrages,
- Sachenrechte (oder absolute Forderungsrechte) sind Ansprüche, die Rechtssubjekte gegenüber allen anderen Rechtssubjekten haben (Eigentums- und Besitzrechte an Sachen, Persönlichkeitsrechte, Urheber- und Patentrechte).

Unter **materiellem Recht** versteht man die Rechtsnormen als solche. Das **formelle Recht** dagegen umfasst die Rechtssätze, die die Anwendung des materiellen Rechts und seine Durchsetzung regeln, wie z. B. das Verfahrensrecht.

Übersicht:

schriftliche Regelungen	Gesetze, Verfassungen, Verordnungen, Satzungen
Gewohnheitsrecht	Recht, das sich ohne schriftliche Festlegung über einen langen Zeitraum ergeben hat
objektive Rechte	allgemein gültige Rechte
subjektive Rechte	gelten nur zwischen bestimmten Personen
materielles Recht	Rechtsnorm an sich
formelles Recht	Anwendung der Rechtsnormen in der Rechtsprechung

Aufgaben

1. Warum hat man neben dem Bürgerlichen Gesetzbuch (BGB) noch für die Kaufleute speziell das Handelsgesetzbuch geschaffen?
2. Schildern Sie aus Ihrem Ausbildungsbetrieb rechtliche Vorgänge, die auf Gewohnheitsrecht basieren.
3. Suchen Sie Beispiele zu subjektivem und objektivem Recht.
4. Ermitteln Sie, um welche Art der Rechtsquelle es sich in den einzelnen Fällen handelt:
   a) Bundestag und -rat beschließen eine Erhöhung der Mineralölsteuer.
   b) Der Hessische Landtag führt eine Verpackungssteuer ein.
   c) In einer kleinen Gemeinde in Bayern dürfen die Einwohner seit Jahren einen Privatweg des Bürgermeisters benutzen.
   d) Der Gemeinderat verabschiedet das „bessere Müllkonzept".
   e) Das Finanzamt der Stadt München erkennt ab sofort Arbeitszimmer nicht mehr als Werbungskosten an.

10.1.3 Rechtssubjekte

Beispiel:

Silke, 17-jährige Auszubildende im zweiten Ausbildungsjahr zur Einzelhandelskauffrau in einem Süßwarengeschäft, hat an zwei sechsjährige Kinder, die ihr sagten, sie wollten ihren Geburtstag feiern und dieses mit ihrem eigenen Taschengeld bezahlen, Süßwaren im Wert von 35,00 € verkauft. Am Spätnachmittag kommen die Mütter der beiden Kinder mit den Süßigkeiten in das Geschäft und verlangen das gesamte Geld zurück, obwohl die Kinder bereits Süßigkeiten im Wert von 12,00 € verzehrt hatten. Der Chef von Silke gibt widerwillig das Geld an die Mütter heraus, fordert aber die 12,00 € von Silke zurück. Gleichzeitig sagt er zu Silke, dass sie unverantwortlich gehandelt habe und das erste Lehrjahr wohl bei ihr keinen Erfolg gebracht hätte. Silke ist über diese Äußerung ihres Chefs so empört, dass sie gegen den Willen ihrer Eltern die Ausbildung bei ihrem jetzigen Arbeitgeber nicht mehr fortsetzen möchte.

Hat Silke einen Fehler gemacht und darf sie gegen den Willen ihrer Eltern das Ausbildungsverhältnis kündigen?

Die in der bestehenden Rechtsordnung verankerten Rechte und Pflichten setzen immer ein Rechtssubjekt als Träger von Rechten und Pflichten voraus. Rechte und Pflichten bestehen dabei immer gegenüber anderen Rechtssubjekten. **Rechtssubjekte** können natürliche oder juristische Personen sein.

Natürliche Personen sind alle Menschen, unabhängig von Alter und geistiger oder körperlicher Leistungsfähigkeit. Die Rechtsfähigkeit eines Menschen beginnt nach § 1 BGB mit der Vollendung der Geburt und endet mit dem Tod.

Rechtsfähigkeit = die Fähigkeit, Träger von Rechten und Pflichten zu sein

Juristische Personen sind dagegen keine natürlichen Rechtssubjekte. Juristische Personen sind in besonderer Form organisierte Personenvereinigungen (z. B. Vereine, Anstalten, Körperschaften) oder Vermögensmassen (Stiftungen), denen bei Erfüllung bestimmter Auflagen ebenfalls die Fähigkeit verliehen wird, Träger von Rechten und Pflichten zu sein.

Juristische Personen des Privatrechts erlangen die Rechtsfähigkeit durch Gründung oder Eintragung in ein öffentliches Register (Vereins-, Handels- oder Genossenschaftsregister). Sie verlieren sie durch Auflösung oder durch Löschung aus diesem Register. Juristische Personen des öffentlichen Rechts erlangen ihre Rechtsfähigkeit durch Gesetz oder Verwaltungsakt (staatliche Verleihung) und verlieren diese durch Beschluss der jeweils zuständigen Behörde. Öffentlich-rechtliche Körperschaften sind Verbände aus einer Vielzahl von Mitgliedern. Anstalten dienen einem bestimmten Verwaltungszweck und haben Benutzer. Stiftungen des öffentlichen Rechts dagegen sind Zusammenfassungen von Vermögen und haben Nutznießer. Juristische Personen werden durch ihre Rechtsfähigkeit allein noch nicht in die Lage versetzt, selbst im Rechtsverkehr tätig zu werden, sondern sie werden durch ihre Organe (z. B. Vorstand) vertreten.
Die wichtigsten juristischen Personen sind Vereine:

§ 21 BGB

§ 21 BGB Nichtwirtschaftlicher Verein
Ein Verein, dessen Zweck nicht auf einen wirtschaftlichen Geschäftsbetrieb gerichtet ist, erlangt Rechtsfähigkeit durch Eintragung in das Vereinsregister des zuständigen Amtsgerichtes.

§ 22 BGB

§ 22 BGB Wirtschaftlicher Verein
Ein Verein, dessen Zweck auf einen wirtschaftlichen Geschäftsbetrieb gerichtet ist, erlangt in Ermangelung besonderer reichsgesetzlicher Vorschriften Rechtsfähigkeit durch staatliche Verleihung. Die Verleihung steht dem Bundesstaate zu, in dessen Gebiet der Verein seinen Sitz hat.

Geschäftsfähigkeit

Deliktsfähigkeit ist ein Begriff des bürgerlichen Rechts. Der entsprechende Gegenbegriff aus dem Strafgesetz ist die Strafmündigkeit.

Neben der Rechtsfähigkeit spielen auch die Begriffe Geschäfts- und Deliktsfähigkeit im Rahmen des Privatrechts eine wichtige Rolle. **Geschäftsfähigkeit** ist die Fähigkeit, Rechtsgeschäfte selbstständig durch die Abgabe oder den Empfang rechtsgültiger Erklärungen abzuschließen. **Deliktsfähigkeit** dagegen ist die Verantwortlichkeit für unerlaubte Handlungen.

Kinder, Jugendliche und auch bestimmte andere Personengruppen sollen vor den Rechtsfolgen unüberlegt abgeschlossener Geschäfte oder auch unbewusst begangener Delikte geschützt werden. Deshalb sind die Geschäfts- und Deliktsfähigkeit sowie die Strafmündigkeit u. a. von Altersstufen abhängig. Die verschiedenen **Stufen der Geschäftsfähigkeit** werden in den §§ 104–113 geregelt.

§ 104 BGB

§ 104 BGB Geschäftsunfähigkeit
Geschäftsunfähig ist:
1. wer nicht das siebente Lebensjahr vollendet hat;
2. wer sich in einem die freie Willensbestimmung ausschließenden Zustand krankhafter Störung der Geistestätigkeit befindet, sofern nicht der Zustand seiner Natur nach ein vorübergehender ist.

Willenserklärung, vgl. 10.1.5 Rechtsgeschäfte

Geschäftsunfähig sind nach § 104 BGB:
Eine Willenserklärung ist eine Äußerung des Geschäftswillens. Die Willenserklärungen Geschäftsunfähiger sind nach § 105 BGB nichtig, d. h. von vornherein ungültig. Ebenfalls nichtig sind Willenserklärungen, die im Zu-

Beispiel: Ein fünfjähriges Mädchen kauft sich eine Puppe. Auf Verlangen der Mutter muss der Spielwarenhändler die Puppe zurücknehmen und das Geld zurückgeben.

stand der Bewusstlosigkeit o. Ä. abgegeben werden.
Für Geschäftsunfähige handelt ausschließlich der gesetzliche Vertreter. Ein Rechtsgeschäft mit einem Geschäftsunfähigen kommt jedoch zu Stande, wenn der Geschäftsunfähige als Bote auftritt und die Nachricht eines Geschäftsfähigen überbringt.

§ 106 BGB Beschränkte Geschäftsfähigkeit Minderjähriger
Ein Minderjähriger, der das siebente Lebensjahr vollendet hat, ist nach Maßgabe der §§ 107 bis 113 in der Geschäftsfähigkeit beschränkt.

§ 106 BGB

Beschränkt geschäftsfähig sind nach § 106 und § 114 BGB:
Von beschränkt Geschäftsfähigen abgeschlossene Rechtsgeschäfte erhalten nur dann Gültigkeit, wenn die gesetzlichen Vertreter ihre Einwilligung oder ihre Zustimmung erteilen. Erfolgt dies nicht, kommt das Rechtsgeschäft nicht zu Stande, der Vertrag wird unwirksam. Bis zur Zustimmung oder Ablehnung ist das Rechtsgeschäft „schwebend unwirksam".

§§ 107–109, 111 BGB
Einwilligung = vor dem Rechtsgeschäft
Zustimmung = nach dem Rechtsgeschäft

Beispiele: Ein 14-Jähriger kauft sich einen CD-Player. Die Eltern sind damit einverstanden. Der gute Glaube an die Geschäftsfähigkeit wird jedoch nicht geschützt. Eine 16-jährige Schülerin, die älter aussieht, kauft ein teures Armband. Die Eltern sind damit nicht einverstanden, sodass der Juwelier es zurücknehmen muss.

In bestimmten **Ausnahmefällen**, die im Gesetz genau festgelegt sind, kann ein beschränkt Geschäftsfähiger wie ein voll Geschäftsfähiger handeln:

§ 107 BGB Einwilligung des gesetzlichen Vertreters
Der Minderjährige bedarf zu einer Willenserklärung, durch die er nicht lediglich einen rechtlichen Vorteil erlangt, der Einwilligung seines gesetzlichen Vertreters.

§ 107 BGB

Beispiel: Ein achtjähriges Kind erbt 50.000 €, dieses bringt dem Kind lediglich einen rechtlichen Vorteil. Dagegen beinhaltet die Erbschaft eines Grundstückes später Verpflichtungen, wie z. B. die Bezahlung der Grundsteuer.

1. Erlangung eines lediglich rechtlichen Vorteils

§ 110 BGB „Taschengeldparagraf"
Ein von dem Minderjährigen ohne Zustimmung des gesetzlichen Vertreters geschlossener Vertrag gilt als von Anfang an wirksam, wenn der Minderjährige die vertragsmäßige Leistung mit Mitteln bewirkt, die ihm zu diesem Zwecke oder zu freier Verfügung von dem Vertreter oder mit dessen Zustimmung von einem Dritten überlassen worden sind.

§ 110 BGB

Beispiele: Der zwölfjährige Sebastian kauft sich von seinen Ersparnissen einen Fußball. Ein neunjähriges Mädchen erhält zu seiner Erstkommunion von seinen Großeltern 1.000 € und kauft sich davon ein Mountainbike.

2. Taschengeldparagraf

§ 112 BGB Selbstständiger Betrieb eines Erwerbsgeschäftes § 112 BGB
(1) Ermächtigt der gesetzliche Vertreter mit Genehmigung des Vormundschaftsgerichtes den Minderjährigen zum selbstständigen Betrieb eines Erwerbsgeschäftes, so ist der Minderjährige für solche Rechtsgeschäfte unbeschränkt geschäftsfähig, welche der Geschäftsbetrieb mit sich bringt. Ausgenommen sind solche Rechtsgeschäfte, zu denen der Vertreter die Genehmigung des Vormundschaftsgerichtes bedarf.
(2) Die Ermächtigung kann von dem Vertreter nur mit Genehmigung des Vormundschaftsgerichtes zurückgenommen werden.

Beispiele: Ein Minderjähriger betreibt nach Ermächtigung durch seinen gesetzlichen Vertreter ein Lebensmittelgeschäft und kann so z. B. den Einkauf der notwendigen Waren für das Geschäft selbst tätigen.
Ein 17-jähriger Auszubildender im Großhandel kann eigenmächtig Waren verkaufen.

3. Selbstständiger Betrieb eines Erwerbsgeschäftes

§ 113 BGB Dienst- oder Arbeitsverhältnis § 113 BGB
(1) Ermächtigt der gesetzliche Vertreter den Minderjährigen, in Dienst oder in Arbeit zu treten, so ist der Minderjährige für solche Rechtsgeschäfte unbeschränkt geschäftsfähig, welche die Eingehung oder Aufhebung eines Dienst- oder Arbeitsverhältnisses der gestatteten Art oder die Erfüllung der sich aus einem solchen Verhältnis ergebenden Verpflichtungen betreffen. Ausgenommen sind Verträge, zu denen der Vertreter der Genehmigung des Vormundschaftsgerichtes bedarf.

Beispiel: Der Kauf eines Mopeds durch einen Jugendlichen, um den Ausbildungsplatz besser zu erreichen. Dieses bedeutet jedoch nicht eine freie Verfügbarkeit des Jugendlichen über sein Gehalt.

§ 56 HGB Angestellte in Laden oder Warenlager § 56 BGB
Wer in einem Laden oder in einem öffentlichen Warenlager angestellt ist, gilt als ermächtigt zu Verkäufen und Empfangnahmen, die in einem derartigen Laden oder Warenlager gewöhnlich geschehen.

4. Dienst- oder Arbeitsverhältnis
Unbeschränkte Geschäftsfähigkeit besitzen alle juristischen Personen und alle natürlichen Personen über 18 Jahre, sofern sie nicht entmündigt sind. Mit Erlangen der unbeschränkten (oder auch vollen) Geschäftsfähigkeit erwerben Rechtssubjekte die Fähigkeit, sich rechtsgeschäftlich zu verpflichten oder Rechte zu erwerben.

Deliktsfähigkeit
Die Deliktsfähigkeit, d. h. die Fähigkeit, für unerlaubte Handlungen verantwortlich und schadensersatzpflichtig gemacht zu werden, wird in den §§ 823 ff. BGB geregelt.

Beispiel:

Ein dreijähriges Kind spielt mit Streichhölzern, die es zufällig gefunden hat, und verursacht einen Großbrand.

Wer muss in diesem Fall für den Schaden aufkommen? Was versteht man in diesem Zusammenhang unter der Aufsichtspflicht?

§ 823 BGB Schadenersatzpflicht § 823 BGB
(1) Wer vorsätzlich oder fahrlässig das Leben, den Körper, die Gesundheit, die Freiheit, das Eigentum oder ein sonstiges Recht eines anderen widerrechtlich verletzt, ist dem anderen zum Ersatze des daraus entstehenden Schadens verpflichtet.
(2) Die gleiche Verantwortung trifft denjenigen, welcher gegen ein den Schutz eines anderen bezweckendes Gesetz verstößt. Ist nach dem Inhalte des Gesetzes ein Verstoß gegen dieses auch ohne Verschulden möglich, so tritt die Ersatzpflicht nur im Falle des Verschuldens ein.

§ 827 BGB Ausschluss und Minderung der Verantwortlichkeit § 827 BGB
Wer im Zustande der Bewusstlosigkeit oder in einem die freie Willensbildung ausschließenden Zustande krankhafter Störung der Geistestätigkeit einem anderen Schaden zufügt, ist für den Schaden nicht verantwortlich. Hat er sich durch geistige Getränke oder ähnliche Mittel in einen vorübergehenden Zustand dieser Art versetzt, so ist er für einen Schaden, den er in diesem Zustand widerrechtlich verursacht, in gleicher Weise verantwortlich, wie wenn ihm Fahrlässigkeit zur Last fiele; die Verantwortlichkeit tritt nicht ein, wenn er ohne Verschulden in den Zustand geraten ist.

§ 828 BGB Minderjährige; Taubstumme § 828 BGB
(1) Wer nicht das siebente Lebensjahr vollendet hat, ist für einen Schaden, den er einem anderen zufügt, nicht verantwortlich.
(2) Wer das siebente, aber nicht das achtzehnte Lebensjahr vollendet hat, ist für einen Schaden, den er einem anderen zufügt, nicht verantwortlich, wenn er bei der Begehung der schädigenden Handlung nicht die zur Erkenntnis der Verantwortlichkeit erforderliche Einsicht hat. Das Gleiche gilt von einem Taubstummen.

§ 832 Haftung des Aufsichtspflichtigen § 832 BGB
(1) Wer kraft Gesetzes zur Führung der Aufsicht über eine Person verpflichtet ist, die wegen Minderjährigkeit oder wegen ihres geistigen oder körperlichen Zustandes der Beaufsichtigung bedarf, ist zum Ersatze des Schadens verpflichtet, den diese Person einem Dritten widerrechtlich zufügt. Die Ersatzpflicht tritt nicht ein, wenn er seiner Aufsichtspflicht genügt oder wenn der Schaden auch bei gehöriger Aufsichtspflicht entstanden sein würde.
(2) Die gleiche Verantwortlichkeit trifft denjenigen, welcher die Führung der Aufsicht durch Vertrag übernimmt.

Haftung für unerlaubte Handlungen

Rechte und Pflichten in Abhängigkeit vom Alter	
0	Rechtsfähigkeit, Geburt
6	Schulpflicht nach den Landesschulgesetzen; Kinobesuch bis 20 Uhr
7	beschränkte Geschäftsfähigkeit; bedingte Deliktsfähigkeit
12	Zustimmung beim Religionswechsel; Kinobesuch bis 22 Uhr
13	Leichte und geeignete Arbeiten sind stundenweise erlaubt.
14	bedingte Schuldfähigkeit; Religionsmündigkeit (selbstständige Entscheidung über Religionszugehörigkeit)
15	Ende des Beschäftigungsverbots; bedingte Beschäftigung von Jugendlichen
16	beschränkteTestierfähigkeit (Fähigkeit, ein Testament aufzusetzen); Ehefähigkeit; Möglichkeit zum Erwerb der Fahrerlaubnis Kl. A1; Ausweispflicht; Ende des bedingten Gaststättenverbots; Ende des Verbots des öffentlichen Tabakgenusses; Wahlrecht für die Jugend- und Auszubildendenvertretung im Betrieb; Kinobesuch bis 24 Uhr
18	Volljährigkeit; volle Geschäfts- und Testierfähigkeit; Ehemündigkeit; Beginn der Wehrpflicht/ Zivildienstpflicht; Strafmündigkeit als Heranwachsender; volle zivilrechtliche Deliktsfähigkeit; aktives und passives Wahlrecht zum Bundestag und zu den Länderparlamenten sowie zum Betriebsrat bzw. Personalrat; Möglichkeit zum Erwerb des Führerscheins Kl. B, BE, C, CE,C1, C1E, A (beschränkt); Ende der Berufsschulpflicht
21	volle Schuldfähigkeit
24	Möglichkeit des Erwerbs der Ausbildereignung
25	Berufung zum Schöffen oder als ehrenamtlicher Richter beim Arbeits- oder Sozialgericht; Adoptionsfähigkeit; Führerschein Kl. A (unbeschränkt)
27	Ernennung als Beamter auf Lebenszeit möglich
40	Mindesalter für das Amt des Bundespräsidenten
45	Ende der Wehrpflicht in Friedenszeiten
60	vorzeitiges Altersruhegeld für Frauen, Schwerbehinderte, Berufs- und Erwerbsunfähige; Ende der Wehrpflicht für Offiziere und Unteroffiziere und alle im Verteidigungsfall
63	vorzeitiges Altersruhegeld
65	Regelaltersgrenze in der Rentenversicherung

Übersicht:

Wer ist rechtsfähig?

alle Menschen von Geburt bis zum Tod	Personenvereinigungen des privaten Rechts z. B. Stiftung Warentest, Ruhrkohle Aktiengesellschaft (AG)	Personenvereinigungen des öffentlichen Rechts z. B. Körperschaften: Bund, Land, Gemeinde Anstalten: Bundesanstalt für Arbeit, Fernseh- und Rundfunkanstalt

Übersicht:

Wer ist geschäftsfähig?

Alle **natürlichen Personen**, abhängig vom Lebensalter

geschäftsunfähig	beschränkt geschäftsfähig	voll geschäftsfähig
0 1 2 3 4 5 6	7 8 9 10 11 12 13 14 15 16 17	18
Der gesetzliche Vertreter handelt.	Rechtsgeschäfte sind schwebend unwirksam und von der nachträglichen Zustimmung des Erziehungsberechtigten abhängig.	

Alle **juristischen Personen** bei ihrer Entstehung

Ausnahmen der beschränkten Geschäftsfähigkeit gelten,
- wenn der Minderjährige nur rechtliche Vorteile erlangt,
- wenn Verpflichtungen vom Taschengeld bezahlt werden können,
- wenn im Rahmen des mit der Zustimmung der Erziehungsberechtigten aufgenommenen Berufs Willenserklärungen abgegeben werden.

Aufgaben

1. In welchem Maße sind die folgenden Rechtssubjekte rechts- bzw. geschäftsfähig?
   a) ein Hund
   b) ein Kegelklub
   c) ein entmündigtes, geistig behindertes Kind
   d) ein siebzehnjähriger Auszubildender
   e) ein ungeborenes Kind
   f) ein Rauschgiftsüchtiger
   g) eine Gesellschaft mit beschränkter Haftung
2. Bilden Sie Beispiele zu den unterschiedlichen Formen bei beschränkter Geschäftsfähigkeit.
3. Erkundigen Sie sich nach den Rechten und Pflichten als Auszubildende vor und nach Vollendung der Volljährigkeit.
4. Geben Sie an, ob es sich um natürliche oder juristische Personen des öffentlichen oder des privaten Rechts handelt:
   a) Kegelklub
   b) Siemens AG
   c) Ärztekammer Westfalen-Lippe
   d) Bundesversicherungsanstalt für Angestellte
   e) Mitteldeutscher Rundfunk
   f) Evangelische Kirche Hessen/Nassau
   g) AOK
   h) Bergbauberufsgenossenschaft
5. Eine Fünfjährige kauft sich zwei Tüten Gummibären. Die Eltern verlangen, dass der Süßwarenhändler diese zurücknimmt. Nehmen Sie Stellung zu diesem Sachverhalt.
6. Erarbeiten Sie die unterschiedlichen Stufen der Deliktsfähigkeit anhand der im Text aufgeführten Gesetzesauszüge.
7. Ein Zehnjähriger kauft sich von seinem Taschengeld eine CD. Ist der Kaufvertrag rechtswirksam?

8. Dürfen minderjährige Auszubildende selbstständig verkaufen? Begründen Sie dieses an Hand des Gesetzes.
9. Wie entstehen juristische Personen des privaten und öffentlichen Rechts ?

10.1.4 Rechtsobjekte

Beispiel:

Klaus und Martin, Auszubildende zum Industriekaufmann, absolvieren eine vierwöchige Ausbildungsphase im Lager. Das Unternehmen befindet sich seit geraumer Zeit in extremen Liquiditätsschwierigkeiten. Auf Grund dessen hat man mit einigen der Hauptlieferanten Verträge geschlossen, nach denen größere Lieferungen auch in Raten gezahlt werden können. Aus einer dieser noch nicht vollständig bezahlten Lieferungen heraus veranlasst Klaus eine Lieferung an einen Kunden, der bereits seine Bestellung aufgegeben hatte. Als Martin dies dem zuständigen Verkäufer mitteilt, sagt dieser, er hätte die Lieferung nicht veranlassen dürfen, da die Ware noch nicht vollständig bezahlt sei. Martin dagegen meint, dass die Ware, die im Lager eingegangen sei, auch weiterverkauft werden dürfe.

Wer hat Recht ?

Rechtsobjekte:
- Sachen
- Rechte

Gegenstand von Rechtshandlungen sind **Rechtsobjekte**, welche man in körperliche (Sachen) und nicht körperliche Gegenstände (Rechte) unterteilen kann. Rechtssubjekte können im Rahmen der bestehenden Rechtsordnung über Rechtsobjekte verfügen.

Sachen können vertretbar oder nicht vertretbar sein.

Sachen lassen sich nach verschiedenen Kriterien in **bewegliche** (Mobilien, die nicht Grundstücke oder Bestandteile von Grundstücken sind) und **unbewegliche** (Immobilien) Sachen unterteilen. Weiter kann man die beweglichen Sachen in vertretbare und nicht vertretbare Sachen einteilen. **Vertretbare Sachen** sind bewegliche Sachen, die nach Zahl, Maß oder Gewicht bestimmt werden können (§ 91 BGB). Alle Gegenstände, die auf Grund ihrer Einmaligkeit schwer wieder beschafft und deshalb nur nach ihrem Wert ersetzt werden können, zählen zu den **nicht vertretbaren Sachen**. Bewegliche Sachen lassen sich weiter in verbrauchbare und nicht verbrauchbare Sachen einteilen. Darüber hinaus kann man Sachen danach einteilen, ob sie wesentliche Bestandteile einer Sache, wesentliche Bestandteile eines Grundstücks oder eines Gebäudes, Scheinbestandteile oder Zubehör sind. Sachen sind auch Früchte und Nutzungen. Diese Begriffe werden in den §§ 90–103 BGB geklärt.

Neben Sachen können auch verschiedene **Rechte**, wie z. B. Forderungen, Hypotheken, Urheber- oder Eigentumsrechte, Gegenstand von Rechtsgeschäften sein. **Schuldrechtliche** Ansprüche (relative Rechte) beinhalten die Rechte auf etwas, was durch Verträge gesichert wird, und haben nur Gültigkeit zwischen bestimmten Rechtssubjekte. **Sachenrechtliche** Ansprüche (absolute Rechte) beinhalten die Rechte an etwas, z. B. Eigentumsrechte, und wirken gegen alle anderen Rechtssubjekte. Im Sachenrecht des BGB wird unterschieden, ob jemand die rechtliche (Eigentum) oder nur die tatsächliche (Besitz) Herrschaft über eine Sache ausübt.

§ 903 BGB Befugnisse des Eigentümers § 903 BGB

Der Eigentümer einer Sache kann, soweit nicht das Gesetz oder Rechte Dritter entgegenstehen, mit der Sache nach Belieben verfahren und andere von jeder Einwirkung ausschließen.

§ 854 BGB Erwerb des Besitzes § 854 BGB

(1) Der Besitz einer Sache wird durch die Erlangung der tatsächlichen Gewalt über die Sache erworben.
(2) Die Einigung des bisherigen Besitzers und des Erwerbers genügt zum Erwerbe, wenn der Erwerber in der Lage ist, die Gewalt über die Sache auszuüben.

Das Eigentum an beweglichen Sachen wird durch Übertragung verschafft, d. h. durch Einigung und Übergabe.

§ 929 BGB Einigung und Übergabe § 929 BGB

Zur Übertragung des Eigentums einer beweglichen Sache ist erforderlich, dass der Eigentümer die Sache dem Erwerber übergibt und beide darüber einig sind, dass das Eigentum übergehen soll. Ist der Erwerber im Besitz der Sache, so genügt die Einigung über den Übergang des Eigentums.

In bestimmten Fällen kann der Erwerber das Eigentum an einer Sache auch von einem Nichteigentümer erhalten, jedoch nur dann, wenn er gutgläubig war. Der gute Glaube schützt dann nicht, wenn die Sache dem Eigentümer gestohlen wurde oder sonstwie abhanden gekommen ist.

§ 932 BGB Gutgläubiger Erwerb vom Nichtberechtigten § 932 BGB

(1) Durch eine nach § 929 erfolgte Veräußerung wird der Erwerber auch dann Eigentümer, wenn die Sache nicht dem Veräußerer gehört, es sei denn, dass er zu der Zeit, zu der er nach diesen Vorschriften das Eigentum erwerben würde, nicht in gutem Glauben ist.
(2) Der Erwerber ist nicht in gutem Glauben, wenn ihm bekannt oder infolge grober Fahrlässigkeit unbekannt ist, dass die Sache nicht dem Veräußerer gehört.

§ 935 BGB Kein gutgläubiger Erwerb von abhanden gekommenen Sachen § 935 BGB

(1) Der Erwerb des Eigentums auf Grund der §§ 932 bis 934 tritt nicht ein, wenn die Sache dem Eigentümer gestohlen worden, verloren gegangen oder sonst abhanden gekommen war. Das Gleiche gilt, falls der Eigentümer nur mittelbarer Besitzer war, dann, wenn die Sache dem Besitzer abhanden gekommen ist.
(2) Diese Vorschriften finden keine Anwendung auf Geld oder Inhaberpapiere sowie auf Sachen, die im Wege öffentlicher Versteigerung veräußert werden.

Das Eigentum an unbeweglichen Sachen wird durch Einigung zwischen Veräußerer und Erwerber (Auflassung § 925 BGB) und anschließender Eintragung in das Grundbuch übertragen (§ 873 BGB). Die notarielle Beurkundung des geschlossenen Vertrages ist notwendig (§ 873 (2) BGB). Eigentümer ist, wem eine Sache rechtlich gehört, Besitzer ist, wer eine Sache hat.

Es können folgende **Eigentums- und Besitzverhältnisse** zu einer Sache bestehen:

- Wenn ein Eigentümer die Sache hat, ist er **unmittelbarer Besitzer** (§ 854 BGB).
- Wenn ein Eigentümer die tatsächliche Gewalt über eine Sache durch einen anderen in seinem Haushalt oder Erwerbsgeschäft ausüben lässt, bleibt er unmittelbarer Besitzer. Der andere wird so genannter **Besitzdiener** (§ 855 BGB).
- Wenn einem Eigentümer ein Besitz ohne dessen Einwilligung abhanden kommt, bleibt er Eigentümer. Er ist aber nicht mehr Besitzer. Der Dieb ist **fehlerhafter Besitzer** (§ 858 (2) BGB).
- Wenn ein Eigentümer die Sache für einen bestimmten Zeitraum weggibt (verleiht oder vermietet), ist er nur noch **mittelbarer Besitzer** und der Vertragspartner wird unmittelbarer Besitzer (§ 868 BGB).

Der rechtmäßige Besitzer kann sich gegen jeden, der ihm den Besitz gegen seinen Willen entziehen will, auf Grund seines Selbsthilferechtes mit Gewalt erwehren (§ 859 BGB). Der Eigentümer kann nach § 985 BGB von dem Besitzer die Herausgabe der Sache verlangen.

Übersicht:

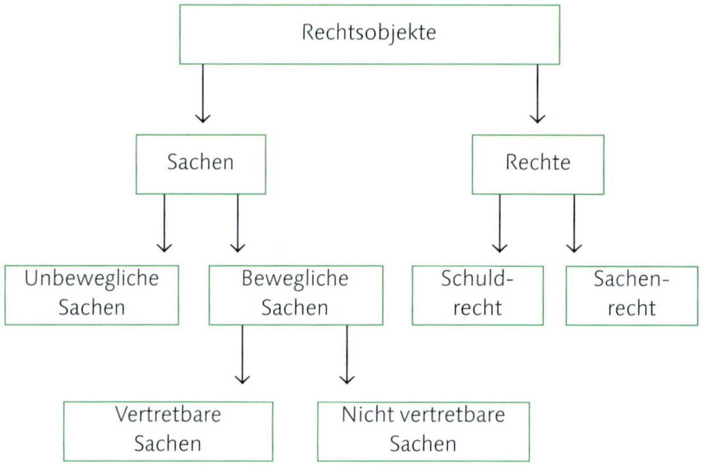

Aufgaben

1. Erläutern Sie an einem Beispiel aus Ihrem Ausbildungsbetrieb, wie das Eigentum an beweglichen Gütern übertragen wird.
2. Herr Köhler hat ein auf Abzahlung gekauftes Auto zwei Wochen später weiterveräußert. Wie wird dieser Sachverhalt durch das Gesetz geregelt?
3. Ordnen Sie die Begriffe Eigentümer, unmittelbarer Besitzer, mittelbarer Besitzer, fehlerhafter Besitzer, Besitzdiener den folgenden Sachverhalten zu:
   a) Karin wohnt in einer Wohngemeinschaft zur Untermiete.
   b) Der Sachbearbeiter des Einkaufs darf mit dem Firmenwagen des Prokuristen fahren.
   c) Zwei zehnjährige Jungen finden eine Geldbörse, ohne sie zum Fundbüro zu bringen.

d) Peter verleiht sein Fahrrad an Andreas.
e) Der Hausmeister wohnt zur Miete in dem Zwölffamilienhaus des Unternehmers.
4. Bilden Sie Beispiele zu vertretbaren und nicht vertretbaren Sachen.

10.1.5 Rechtsgeschäfte

Beispiel:

Claudia, Auszubildende in einer Druckerei, ist zur Zeit in der Auftragsabwicklungsabteilung beschäftigt. Sie erhält die Aufgabe, verschiedene Kunden anzuschreiben und deren Aufträge unter Mitteilung des voraussichtlichen Liefertermines zu bestätigen. Der Einzelhändler Klaus Debner aus Düsseldorf hatte zehn Wirtschaftslexika zu einem Preis von 39,80 € bestellt. Claudia verschreibt sich bei ihrer Auftragsbestätigung und trägt nur einen Preis von 29,80 € ein. Der Einzelhändler freut sich über den Nachlass und kürzt nach erfolgter Lieferung die ausgestellte Rechnung über 398,00 € um 100,00 €. Die Buchhaltung teilt dieses dann später dem Leiter der Auftragsabwicklung mit, der Claudia dafür verantwortlich macht und von ihr die 100,00 € einfordern will.

Was kann Claudia tun, um aus dieser Situation herauszukommen?

Rechtsgeschäfte = Beziehungen zwischen Rechtssubjekten untereinander

Willenserklärung = Äußerung des Geschäftswillens

Die Rechtsbeziehungen zwischen Rechtssubjekten untereinander werden als **Rechtsgeschäfte** bezeichnet. Rechtsgeschäfte enthalten eine oder mehrere rechtsgültige Willenserklärungen und zielen auf die bewusste Herbeiführung von Rechtswirkungen ab. Das Gesetz bezeichnet eine **Willenserklärung** als Äußerung des Geschäftswillens. Der Geschäftswillen stellt die innere, subjektive Seite dar, die eigentliche Erklärung die äußere, objektive Seite. Eine Willenserklärung muss dabei nicht mündlich oder schriftlich erfolgen, sondern kann auch stillschweigend (konkludent) erfolgen oder sich aus den Umständen ergeben.
Neben ausdrücklichen und stillschweigenden Willenserklärungen kann man noch empfangsbedürftige und nicht empfangsbedürftige Willenserklärungen unterscheiden. Nicht empfangsbedürftige Willenserklärungen werden mit Abgabe der Erklärung wirksam (z. B. Testamente). Empfangsbedürftige Willenserklärungen werden mit ihrem Zugang wirksam, unter Anwesenden sofort und unter Abwesenden nach § 130 BGB, sobald die Willenserklärung in den gewöhnlichen Empfangsbereich des Erklärungsgegners mit Möglichkeit der Kenntnisnahme gelangt, wenn nicht vorher oder gleichzeitig ein Widerruf zugeht (z. B. Kündigungen). Der Zugang der Willenserklärung ist die Voraussetzung für die Wirksamkeit der abgegebenen Willenserklärung. Die Beweislast für den Zugang einer Willenserklärung liegt beim Absender, sodass eine Willenserklärung unter Zeugen, per Einschreiben usw. abgegeben werden sollte.

Wie eine Willenserklärung zu interpretieren ist, wird in § 133 BGB geregelt:

§ 133 BGB Auslegung einer Willenserklärung
Bei der Auslegung einer Willenserklärung ist der wirkliche Wille zu erforschen und nicht an dem buchstäblichen Sinne des Ausdrucks zu haften.

Die durch Willenserklärungen erzeugten Rechtsgeschäfte lassen sich unterteilen:	
nach der Anzahl der notwendigen Willenserklärungen	– einseitig/zweiseitig verpflichtende Rechtsgeschäfte
nach den anzuwendenden Rechtsvorschriften	– (kausale) Verpflichtungs-/(abstrakte) Verfügungsgeschäfte – formbedürftige/nicht formbedürftige Rechtsgeschäfte – entgeltliche/unentgeltliche Rechtsgeschäfte – gültige/ungültige Rechtsgeschäfte

Nach der **Anzahl der notwendigen Willenserklärungen** unterscheidet man in ein-, zwei- und mehrseitige Rechtsgeschäfte. Einseitige Rechtsgeschäfte liegen vor, wenn bereits die Willenserklärung eines Rechtssubjekts genügt, um eine bestimmte Rechtswirkung herbeizuführen. Zwei- oder mehrseitige Rechtsgeschäfte (Verträge) kommen durch zwei oder mehr miteinander übereinstimmende Willenserklärungen zu Stande. Diese lassen sich noch weiter in einseitig und mehrseitig verpflichtende Rechtsgeschäfte unterteilen. Bei einseitig verpflichtenden Rechtsgeschäften verpflichtet sich nur ein Vertragspartner zu einer Leistung, bei den mehrseitig verpflichtenden Rechtsgeschäften alle Vertragspartner.

Nach den **anzuwendenden Rechtsvorschriften** kann man bürgerliche Rechtsgeschäfte und Handelsgeschäfte unterscheiden. Für bürgerliche Rechtsgeschäfte zwischen Nichtkaufleuten, die man noch weiter in schuld-, sachen-, familien- und erbrechtliche Rechtsgeschäfte unterteilen kann, gelten die Vorschriften des BGB. Für Handelsgeschäfte zwischen zwei Kaufleuten (zweiseitige Handelsgeschäfte) oder zwischen einem Kaufmann und einem Nichtkaufmann (einseitiges Handelsgeschäft) finden in erster Linie die Regelungen des HGB Anwendung, ergänzend aber auch die des BGB.

Die Rechtsgrundlagen bei Handelsgeschäften unterscheiden sich von denen bei bürgerlichen Geschäften.

§ 343 HGB Begriff der Handelsgeschäfte
(1) Handelsgeschäfte sind alle Geschäfte eines Kaufmanns, die zum Betriebe seines Handelsgewerbes gehören.

§ 343 HGB

§ 344 HGB Vermutung für das Handelsgeschäft
(1) Die von einem Kaufmann vorgenommenen Rechtsgeschäfte gelten im Zweifel als zum Betriebe seines Handelsgewerbes gehörig.
(2) …

§ 344 HGB

Verschiedene Vorschriften, wie die Schriftform bei einem Schuldanerkenntnis oder einer Bürgschaft, der gesetzliche Zinssatz bei Zahlungsverzug, die Herabsetzungsmöglichkeiten bei Vertragsstrafen und die anzuwendenden Sorgfaltspflichten, werden im BGB und im HGB unterschiedlich geregelt.

Verpflichtungsgeschäft

Rechtsgeschäfte unterscheidet man weiterhin in (kausale) Verpflichtungsgeschäfte und (abstrakte) Verfügungsgeschäfte. Verpflichtungsgeschäfte begründen Schuldverhältnisse und werden im schuldrechtlichen Teil des BGB geregelt. Verfügungsgeschäfte verändern bereits vorhandene Rechte an Rechtsgegenständen und gehören zum Sachenrecht. Verfügungsgeschäfte führen unmittelbare Rechtsänderungen herbei. Verfügungsgeschäfte können auch ohne Verpflichtungsgeschäfte vorgenommen werden.

Verfügungsgeschäft

Da die Vorschriften des BGB und des HGB weitgehend nachgiebiges Recht sind, herrscht im Rechtsverkehr in hohem Maße **Vertragsfreiheit**, d. h., die Vertragspartner können grundsätzlich ihre Verträge nach ihrem Willen gestalten. Der Grundsatz der Vertragsfreiheit beinhaltet die Abschluss-, die Inhalts- und die Formfreiheit.

Freiheiten beim Vertragsabschluss bezüglich:
- Abschluss
- Inhalt
- Form

Die **Abschlussfreiheit** stellt es jedem frei, einen Vertrag einzugehen oder nicht. Eine Ausnahme bildet der so genannte Kontrahierungszwang, durch den man z. B. verpflichtet wird, Leistungen der örtlichen Wasser- und Energieversorgungsunternehmen zu beziehen. Die **Inhaltsfreiheit** besagt, dass die Parteien den Inhalt der Verträge und die damit verbundenen Verpflichtungen frei aushandeln können. Nach dem Grundsatz der **Formfreiheit** sind Willenserklärungen zur Herbeiführung von Rechtsgeschäften im Allgemeinen an keine besondere Form gebunden.

Kontrahierungszwang

Für einige Rechtsgeschäfte wird die Einhaltung bestimmter **Formen** vorgesehen:
- die **gesetzliche Schriftform** (§ 126 BGB), wobei die eigenhändige Unterschrift erforderlich ist (§ 126 a BGB elektronische Form, § 126 b BGB Textform),
- die **öffentliche Beglaubigung** (§ 129 BGB), bei der die eigenhändige Unterschrift von einem Notar oder einer zuständigen Behörde beglaubigt wird,
- die **notarielle Beurkundung** (§ 128 BGB), die eine vom Notar abgefasste öffentliche Urkunde darstellt.

bestimmte Formvorschriften für bestimmte Rechtsgeschäfte

Schriftlich festgehalten werden müssen z. B. das Schuldversprechen und die Schuldanerkenntnis, Privattestamente und Abzahlungsgeschäfte. Nach § 766 BGB muss die Bürgschaftserklärung eines Nichtkaufmanns schriftlich sein, die eines Vollkaufmanns kann dagegen auch mündlich abgegeben werden.
Öffentlich beglaubigt werden müssen z. B. Anmeldungen zum Handelsregister nach § 12 HGB und zum Grundbuch. Notariell beurkundet werden müssen Grundstückskaufverträge (§ 873 BGB), Erbverträge (§ 2276 BGB), Schenkungsversprechen (§ 518 BGB) und Eheverträge sowie Beschlüsse der Hauptversammlung einer AG.
Die Formvorschriften haben dabei verschiedene Funktionen wie Schutz, Warnung oder Beweis zu erfüllen. Wird die Form – obwohl vom Gesetz verlangt – nicht eingehalten, so ist das Rechtsgeschäft nichtig.

Übersicht:		
einseitig	empfangsbedürftig	– Kündigung – Mahnung
	nicht empfangsbedürftig	– Testament
zweiseitig	– Kaufvertrag – Behandlungsvertrag – Arbeitsvertrag – Sparvertrag	– Leihvertrag – Werkvertrag – Darlehensvertrag
bürgerliche Rechtsgeschäfte	zwischen Nichtkaufleuten (BGB)	
Handelsgeschäfte	zwischen Kaufleuten (HGB)	

Kaufverträge und Werkverträge, vgl. Teilband *Industrielle Geschäftsprozesse*, Kapitel 3 Beschaffungsprozesse planen, steuern und konrollieren

Aufgaben

1. Charakterisieren Sie die folgenden Rechtsgeschäfte:
   a) Ein Mieter kündigt seine Wohnung.
   b) Herr Möller kauft sich zwei Gebrauchtwagen, einen von einem Vertragshändler, einen anderen von einer Privatperson.
   c) Herr Schneider legt Widerspruch gegen einen Bußgeldbescheid ein.
   d) Ein Großhandel verkauft an ein Einzelhandelsgeschäft Waren unter Eigentumsvorbehalt.
   e) Frau Meyer mietet zwei Wohnungen, eine zur Betreibung ihrer Werbeagentur, die andere für ihren persönlichen Gebrauch.
2. Aus welchem Grund hat der Gesetzgeber für verschiedene Rechtsgeschäfte Formvorschriften verankert?
3. Welche Formvorschriften sind für folgende Rechtsgeschäfte vorgeschrieben?
   a) Kaufvertrag über ein Auto
   b) Kaufvertrag über eine Eigentumswohnung
   c) Vermietung einer Eigentumswohnung
   d) Verpachtung eines Grundstückes
   e) Bürgschaftserklärung eines Kaufmannes
   f) Bürgschaftserklärung einer Privatperson
   g) Aufsetzen eines Testaments einer Privatperson
   Suchen Sie die jeweiligen rechtlichen Grundlagen.
4. Welche der folgenden Rechtsgeschäfte sind einseitig?
   a) Kauf
   b) Testament
   c) Schenkung
   d) Miete

Grenzen der Vertragsfreiheit

Trotz weitestgehender Vertragsfreiheit kann nicht jedes beliebige Rechtsgeschäft abgeschlossen werden. Auf Grund gesetzlicher Vorschriften sind bestimmte Geschäfte von vornherein ungültig, d. h. nichtig, oder es besteht die Möglichkeit, Rechtsgeschäfte bei Vorliegen bestimmter Tatbestände anzufechten, d. h. deren Gültigkeit rückwirkend zu vernichten.

Vertragsfreiheit gilt nicht unbeschränkt!

Nichtige Geschäfte verstoßen gegen die Interessen der Allgemeinheit. Nach § 139 BGB ist bei einer Teilnichtigkeit des Rechtsgeschäftes das ganze Rechtsgeschäft nichtig, wenn nicht anzunehmen ist, dass es auch ohne den nichtigen Teil vorgenommen sein würde. Die Teilnichtigkeit setzt jedoch die Teilbarkeit des Rechtsgeschäfts voraus. Im Einzelnen können folgende Nichtigkeitsgründe unterschieden werden:

Nichtige Geschäfte sind von vornherein ungültig.

a) Verstöße gegen Formvorschriften

§ 125 BGB Nichtigkeit wegen Formmangels
Ein Rechtsgeschäft, welches der durch Gesetz vorgeschriebenen Form ermangelt, ist nichtig. Der Mangel an der durch Rechtsgeschäft bestimmten Form hat im Zweifel gleichfalls Nichtigkeit zur Folge.

§ 125 BGB

Beispiel: Kaufvertrag über ein Grundstück oder eine Eigentumswohnung ohne notarielle Beurkundung

b) Gesetzesverstöße

§ 134 BGB Gesetzliches Verbot
Ein Rechtsgeschäft, das gegen ein gesetzliches Verbot verstößt, ist nichtig, wenn sich aus dem Gesetz nicht ein anderes ergibt.

§ 134 BGB

Beispiele: Drogenhandel, Schmuggel

c) Verstöße gegen die guten Sitten

§ 138 BGB Sittenwidriges Rechtsgeschäft; Wucher
(1) Ein Rechtsgeschäft, das gegen die guten Sitten verstößt, ist nichtig.
(2) Nichtig ist insbesondere ein Rechtsgeschäft, durch das jemand unter Ausbeutung der Zwangslage, der Unerfahrenheit, des Mangels an Urteilsvermögen oder der erheblichen Willensschwäche eines anderen sich oder einem Dritten für eine Leistung Vermögensvorteile versprechen oder gewähren lässt, die in einem auffälligen Missverhältnis zu der Leistung stehen.

§ 138 BGB

Beispiel: Ein Kreditinstitut verlangt Wucherzinsen, d. h., Leistung steht zur Gegenleistung in einem Missverhältnis.

d) Kenntnis des geheimen Vorbehalts

§ 116 BGB Geheimer Vorbehalt
Eine Willenserklärung ist nicht deshalb nichtig, weil sich der Erklärende insgeheim vorbehält, das Erklärte nicht zu wollen. Die Erklärung ist nichtig, wenn sie einem anderen gegenüber abzugeben ist und dieser den Vorbehalt kennt.

§ 116 BGB

Beispiel: Anke möchte, dass ein Kollege ihren Pkw repariert. Deshalb verspricht sie ihm, seine alten Schallplatten zu kaufen, denkt aber insgeheim nicht dran. In dieser Situation gilt: Der Kaufvertrag ist gültig, wenn der Kollege den geheimen Vorbehalt nicht kennt, nichtig, wenn er ihn kennt.

Den geheimen Vorbehalt bezeichnet man auch als „bösen Scherz".

e) Scherzerklärung

§ 118 BGB Mangel der Ernstlichkeit
Eine nicht ernstlich gemeinte Willenserklärung, die in der Erwartung abgegeben wird, der Mangel an Ernstlichkeit werde nicht verkannt, ist nichtig.

§ 118 BGB

Beispiel: Auf einer Party verkauft ein Gast sein Auto gegen fünf Kästen Bier (guter Scherz). Der Erklärende ist jedoch nach § 122 BGB schadensersatzpflichtig, wenn Letzterer auf die Gültigkeit der Erklärung vertraut.

f) Scheingeschäft

§ 117 BGB Scheingeschäft
(1) Wird eine Willenserklärung, die einem anderen gegenüber abzugeben ist, mit dessen Einverständnis nur zum Schein abgegeben, so ist sie nichtig.
(2) Wird durch ein Scheingeschäft ein anderes Rechtsgeschäft verdeckt, so finden die für das verdeckte Rechtsgeschäft geltenden Vorschriften Anwendung. § 117 BGB

Beispiel: A verkauft auf Grund eines schriftlichen Kaufvertrages an B sein Grundstück mit Haus zum Preis von 500.000 €. Um Steuern und Gebühren zu sparen, nennen sie beim Notar übereinstimmend die Kaufsumme von 200.000 €. B überweist A daraufhin nur 200.000 € und bedankt sich für das gute Geschäft. Hierbei fallen der Wille und die Erklärung auseinander.

g) Geschäfte mit Geschäftsunfähigen nach § 105 BGB

§ 105 BGB Nichtigkeit der Willenserklärung
(1) Die Willenserklärung eines Geschäftsunfähigen ist nichtig.
(2) Nichtig ist auch eine Willenserklärung, die im Zustande der Bewusstlosigkeit oder vorübergehender Störung der Geistestätigkeit abgegeben wird. § 105 BGB

Beispiele: Eine Sechsjährige kauft sich eine Puppe.
Ein Betrunkener verkauft seine Uhr.

h) Geschäfte mit beschränkt Geschäftsfähigen, die nicht nach § 108 BGB innerhalb von zwei Wochen genehmigt werden

§ 108 BGB Vertragsschluss ohne Einwilligung
(1) Schließt der Minderjährige einen Vertrag ohne die erforderliche Einwilligung des gesetzlichen Vertreters, so hängt die Wirksamkeit des Vertrags von der Genehmigung des Vertreters ab.
(2) Fordert der andere Teil den Vertreter zur Erklärung über die Genehmigung auf, so kann die Erklärung nur ihm gegenüber erfolgen; eine vor der Aufforderung dem Minderjährigen gegenüber erklärte Genehmigung oder Verweigerung der Genehmigung wird unwirksam. Die Genehmigung kann nur bis zum Ablaufe von zwei Wochen nach dem Empfange der Aufforderung erklärt werden; wird sie nicht erklärt, so gilt sie als verweigert.
(3) Ist der Minderjährige unbeschränkt geschäftsfähig geworden, so tritt seine Genehmigung an die Stelle der Genehmigung des Vertreters. § 108 BGB

Beispiel: Die 16-jährige Marion kauft bei einem Händler ein gebrauchtes Mofa und vereinbart Ratenzahlung. Die Eltern fordern den Händler auf, das Mofa zurückzunehmen.

Anfechtbare Rechtsgeschäfte haben so lange Gültigkeit, bis sie angefochten werden. Mit der Anfechtung werden die Rechtsgeschäfte nichtig. Der Anfechtung geht dabei die Auslegung der Willenserklärung voraus. Anfechtbare Geschäfte verstoßen gegen die Interessen Einzelner.

Anfechtungsgründe sind Irrtum, arglistige Täuschung und widerrechtliche Drohung.

Irrtum:

Bei einem Irrtum fallen der eigentliche Wille und die Erklärung unbewusst auseinander. Man unterscheidet dabei:

- **Inhaltsirrtum** (§ 119 (1) 1. Alt. BGB) „Man weiß, was man sagt, aber nicht, was man damit sagt."
- **Erklärungsirrtum** (§ 119 (1) 2. Alt., § 120 BGB) „Man weiß nicht, was man sagt"
- **Eigenschaftsirrtum** (§ 119 (2) BGB) Beachtlicher Irrtum über verkehrswesentliche Eigenschaften

§ 119 BGB Anfechtbarkeit wegen Irrtums

§ 119 BGB

(1) Wer bei der Abgabe einer Willenserklärung über deren Inhalt im Irrtum war oder eine Erklärung dieses Inhalts überhaupt nicht abgeben wollte, kann die Erklärung anfechten, wenn anzunehmen ist, dass er sie bei Kenntnis der Sachlage und bei verständiger Würdigung des Falles nicht abgegeben haben würde.

(2) Als Irrtum über den Inhalt der Erklärung gilt auch der Irrtum über solche Eigenschaften der Person oder der Sache, die im Verkehr als wesentlich angesehen werden.

§ 120 BGB Anfechtbarkeit wegen falscher Übermittlung

§ 120 BGB

Eine Willenserklärung, welche durch die zur Übermittlung verwendete Person oder Anstalt unrichtig übermittelt worden ist, kann unter der gleichen Voraussetzung angefochten werden wie nach § 119 eine irrtümlich abgegebene Willenserklärung.

Beispiele: Die Sekretärin schreibt im Angebot statt 21,00 € 12,00 € (Erklärungsirrtum); ein Bote richtet etwas falsch aus oder es trifft ein verstümmeltes Telegramm ein (Übermittlungsirrtum); Verkauf eines Originalgemäldes durch einen Kunsthändler in der Annahme, es sei eine Kopie, oder Kauf eines Patentes, das nicht verwertbar ist (Inhaltsirrtum).

Rechtlich unerheblich ist der **Motivirrtum**, d. h. die Veranlassung zur Abgabe einer Erklärung.

Ein Motivirrtum berechtigt nicht zur Anfechtung.

Beispiele: Die Eltern kaufen der Tochter ein Kleid in der Hoffnung, ihr damit eine Freude zu bereiten. Dieses stellt sich jedoch als Fehlschluss heraus. Kauf von Aktien, die dann jedoch, anstatt zu steigen, sehr stark fallen.

Bei einem Irrtum fallen Wille und Erklärung auseinander. Das Gesetz kommt in diesem Falle dem Irrenden durch die Möglichkeit der Anfechtung entgegen. Gleichzeitig soll aber auch der Vertragspartner, der auf die Gültigkeit der abgegebenen Erklärung vertraut hat, geschützt werden. Der Erklärende ist deshalb nach § 122 BGB zum Ersatz des Vertrauensschadens verpflichtet. Der andere ist so zu stellen, wie er gestanden hätte, wenn er sich erst gar nicht auf das Geschäft eingelassen hätte (negatives Interesse). Dieses gilt aber nicht, wenn der Anfechtungsgegner die Anfechtbarkeit kennt oder hätte kennen müssen. Beim Erfüllungs- oder positiven Interesse ist der Vertragspartner so zu stellen, als wenn das Geschäft erfüllt worden wäre.

Eine Erklärung wegen Irrtums kann nach § 119 BGB nur dann angefochten werden, wenn die Erklärung bei Kenntnis der Sachlage und bei verständiger Würdigung des Falles nicht abgegeben worden wäre. Ein Irrtum über einen nebensächlichen Punkt berechtigt nicht zur Anfechtung. Die Anfechtung wegen Irrtums muss unverzüglich, d. h. ohne schuldhaftes Zögern, erfolgen (§ 121 BGB). Die Anfechtung ist gegenüber dem Anfechtungsgegner zu erklären (§ 143 BGB) und hat die Wirkung, dass das angefochtene Rechtsgeschäft als von Anfang an nichtig anzusehen ist (§ 142 BGB). Das Anfechtungsrecht verjährt nach zehn Jahren.

Arglistige Täuschung und widerrechtliche Drohung

Eine arglistige Täuschung kann in einem Tun oder Unterlassen bestehen, z. B. durch die Vorspiegelung falscher Tatsachen, die Entstellung wahrer Tatsachen oder die Verweigerung wahrer Tatsachen bei Auskunftspflicht. Bei einer widerrechtlichen Drohung gibt der Vertragspartner seine Willenserklärung unter Druck ab.

§ 123 BGB Anfechtbarkeit wegen Täuschung oder Drohung

§ 123 BGB

(1) Wer zur Abgabe einer Willenserklärung durch arglistige Täuschung oder widerrechtlich durch Drohung bestimmt worden ist, kann die Erklärung anfechten.
(2) Hat ein Dritter die Täuschung verübt, so ist eine Erklärung, die einem anderen gegenüber abzugeben war, nur dann anfechtbar, wenn dieser die Täuschung kannte oder kennen musste. Soweit ein anderer als derjenige, welchem gegenüber die Erklärung abzugeben war, aus der Erklärung unmittelbar ein Recht erworben hat, ist die Erklärung ihm gegenüber anfechtbar, wenn er die Täuschung kannte oder kennen musste.

Beispiele: Der Verkäufer eines Unfallwagens verneint trotz zweimaligen Nachfragens den Unfallschaden;
bei einem Verkauf einer Eigentumswohnung droht der Käufer dem Verkäufer damit, ohne Reduzierung des Kaufpreises die ihm bekannte Vorstrafe des Verkäufers zu veröffentlichen.

Bei der Anfechtung wegen arglistiger Täuschung oder rechtswidriger Drohung setzt § 124 BGB eine Jahresfrist ab Kenntnis der Täuschung bzw. Wegfall der Zwangslage. Die Verjährungsfrist bei diesen Anfechtungsgründen beträgt ebenfalls zehn Jahre. Bei Anfechtung wegen arglistiger Täuschung und widerrechtlicher Drohung muss der widerrechtlich Handelnde nach § 823 BGB Schadenersatz leisten.

Übersicht:

Rechtsgeschäfte sind nichtig:		Rechtsgeschäfte sind anfechtbar:	
– Formverstoß	Verlangt ein Rechtsgeschäft eine bestimmte Form, z. B. notarielle Beglaubigung, die nicht eingehalten wird, so ist es nichtig.	– Irrtum	Inhaltsirrtum (man weiß, was man sagt, aber nicht, was man damit sagt), Erklärungsirrtum (man weiß nicht, was man sagt) und Eigenschaftsirrtum (beachtlicher Irrtum über verkehrswesentliche Eigenschaften) führen zur Nichtigkeit der Willenserklärung, Motivirrtum (Beweggrund zur Abgabe der Erklärung) dagegen nicht!
– Gesetzesverstoß	Verstößt ein Rechtsgeschäft gegen ein Gesetz, z. B. Rauschgifthandel, dann ist es nichtig.		
– Verstoß gegen die guten Sitten	Sittenwidrig ist ein Rechtsgeschäft, durch das ein anderer in Zwangslage erheblich benachteiligt wird, z. B. Wucherzinsen.		
– Geheimer Vorbehalt (böser Scherz)	Jemand gibt eine Willenserklärung gegenüber einem anderen ab, behält sich aber insgeheim vor, sie nicht einzuhalten. Weiß der andere dies, ist das Rechtsgeschäft nichtig.		
– Scheingeschäfte	Wird eine Willenserklärung, die einem anderen gegenüber abzugeben ist, mit dessen Einverständnis nur zum Schein abgegeben, so ist sie nichtig.	– Arglistige Täuschung	Gibt jemand eine Willenserklärung ab, weil er durch Vorspiegelung falscher Tatsachen dazu gebracht wurde, ist die Willenserklärung anfechtbar.
– Scherzgeschäfte	Im Scherz abgegebene Willenserklärungen sind nichtig, wenn sie vom Partner als solche erkannt und aufgenommen werden.		
– Geschäftsunfähigkeit	Willenserklärungen von Kindern bis zur Vollendung des siebenten Lebensjahres und Willenserklärung im Zustand der Bewusstlosigkeit oder der (auch vorübergehenden) Störung der Geistestätigkeit sind nichtig. Ebenso Willenserklärungen von beschränkt Geschäftsfähigen ohne die Einwilligung der gesetzlichen Vertreter.	– Widerrechtliche Drohung	Gleiches gilt, wenn jemand zur Abgabe einer Willenserklärung gezwungen wurde.

Aufgaben

1. Beurteilen Sie die Wirksamkeit folgender Verträge:
   a) Herr Schneider ist stark verschuldet und erhält von einer Privatbank einen letzten Kredit mit 20 % Zinsen p. a.
   b) Eine eigentlich zu 29,00 € kalkulierte Ware wird auf Grund eines Schreibfehlers zu 26,00 € angeboten.
   c) Die sechsjährige Sophie kauft von ihrem Taschengeld eine Musikkassette.
   d) Herr Meister verkauft zwei Jagdgewehre, für welche er keinen Jagdschein besitzt.
   e) Die siebzehnjährige Heike kündigt gegen den Willen ihrer Eltern ihre Ausbildungsstelle als Friseurin.
   f) Der betrunkene Horst unterschreibt einen Kaufvertrag über ein stark überteuertes Auto.

g) Um die Kosten für den Notar zu sparen, schließen zwei Geschäftsleute einen Kaufvertrag über ein Grundstück mündlich ab.
h) Die sechzehnjährige Martina, die 430 € in ihrer Ausbildung verdient, kauft sich einen Videorekorder zu 800 €.
i) Ein PC wird ohne schriftlichen Kaufvertrag verkauft. Nach drei Monaten stellt sich heraus, dass die Kapazität zu gering ist.
j) Ein Motorrad wird mit der Zusicherung verkauft, es sei unfallfrei. Bei einer Inspektion in der Werkstatt stellt sich jedoch das Gegenteil heraus.
Begründen Sie Ihre Antwort jeweils mit den gesetzlichen Grundlagen!

2. Finden Sie Beispiele für Sachverhalte, die Ihrer Meinung nach gegen die guten Sitten verstoßen!
3. Bilden Sie Beispiele, um die verschiedenen Arten von Irrtümern, die bei Abschlüssen von Verträgen auftreten können, zu unterscheiden!
4. Innerhalb welcher Frist muss ein Vertrag angefochten werden?
5. Erläutern Sie, unter welchen Voraussetzungen Rechtsgeschäfte nichtig sind.
   Geben Sie Beispiele für die in der Übersicht aufgeführten nichtigen Rechtsgeschäfte an.

10.1.6 Überblick über wichtige Rechtsgeschäfte und Vertragsarten

Beispiel:

In der Köhler GmbH & Co. KG ist eine neue Mitarbeiterin für Sachbearbeitungsaufgaben im Einkauf eingestellt worden. Das Personalwesen sendet ihr daher zunächst einmal den Arbeitsvertrag in zweifacher Ausfertigung zu. Da die neue Mitarbeiterin bereits in vier Wochen anfangen soll, die räumlichen Kapazitäten im bisherigen Einkauf aber begrenzt sind, soll sie bis zur Umstrukturierung in einem angemieteten Büro in einer gegenüberliegenden Spedition untergebracht werden. Die EDV-Anlage für sie soll über einen Großhandel angeschafft werden. Die Büromöbel sollen wie bisher von einer Schreinerei maßgefertigt werden, mit der schon lange Geschäftsverbindungen bestehen. Das Holz dafür wird jedoch wie üblich von einem mit dem Geschäftsführer der Köhler GmbH & Co. KG befreundeten Holzimporteur aus Hamburg geliefert.

Fassen Sie die verschiedenen Vertragsarten, die in diesem Sachverhalt geschildert werden, zusammen.

Bei der Vielfalt der Verträge des Privat- und Wirtschaftslebens ist allen gemeinsam, dass sie durch Willenserklärungen (Angebot und Annahme) zu Stande kommen. Die Rechte des einen Vertragspartners sind dabei jedes Mal die Pflichten des anderen und umgekehrt. In jedem Falle müssen zu einem Vertragsabschluss die Willenserklärungen inhaltlich übereinstimmen. Mit dem Vertragsabschluss (Verpflichtungsgeschäft) verpflichten sich die Vertragspartner, den Vertrag zu erfüllen (Erfüllungsgeschäft).

In der Tabelle auf Seite 129 wird ein Überblick über die wichtigsten Vertragsarten jeweils mit der Art des Vertrages, dem Vertragsinhalt, den Vertragspartnern sowie den gesetzlichen Grundlagen gegeben.

Übersicht:

Art des Vertrags	Vertragsinhalt	Vertragspartner	gesetzliche Grundlagen
Kaufvertrag	Veräußerung von Sachen oder Rechten gegen Entgelt	Verkäufer – Käufer	§§ 433–480 BGB, §§ 373–382 HGB
Schenkungsvertrag	unentgeltliche Veräußerung von Sachen oder Rechten	Schenker – Beschenkter	§§ 516–534 BGB
Mietvertrag	entgeltliche Überlassung einer Sache oder eines Rechtes	Mieter – Vermieter	§§ 535–580 BGB
Pachtvertrag	entgeltliche Überlassung von Sachen oder Rechten zum Gebrauch und Genuss der Früchte gegen einen vereinbarten Pachtzins	Verpächter – Pächter	§§ 581–597 BGB
Leihvertrag	unentgeltliche Überlassung von Sachen zum Gebrauch	Verleiher – Leiher	§§ 598–606 BGB
Berufsausbildungs-vertrag	vergütete Ausbildung für eine Berufstätigkeit	Auszubildender – Ausbilder	Berufsbildungs-gesetz; § 3 ff. BBiG
Dienstvertrag	Leistung von Diensten gegen Entgelt	Dienstberechtigter – Dienstverpflichteter	§§ 611–630 BGB, Arbeitsgesetze
Arbeitsvertrag	Leistung von Diensten als Arbeitnehmer	Arbeitgeber – Arbeitnehmer	§§ 611–630 BGB, §§ 59 ff. HGB, Arbeitsgesetze
Werkvertrag	Herstellen eines Werkes, Veränderung einer Sache, Herbeiführen eines bestätigten Erfolges gegen vereinbarte Vergütung	Unternehmer – Besteller	§§ 631–651 BGB
Gesellschafts-vertrag	Regelung der Zusammenarbeit von Personen zur gemeinsamen Erfüllung eines gemeinsamen Zwecks	Gesellschafter	§§ 705–740 BGB, § 16 AktG, § 2 GmbHG, § 109 HGB, § 6 GenG
Auftragsvertrag	unentgeltliche Besorgung eines Geschäftes für einen anderen	Auftraggeber – Beauftragter	§§ 662–674 BGB
Geschäfts-besorgungsvertrag	Dienst- oder Werkvertrag, der Geschäftsbesorgung zum Gegenstand hat	Auftraggeber – Beauftragter	§ 675 ff. BGB
Versicherungs-vertrag	Ersatz eines Vermögensschadens (Schadensversicherung) bzw. Zahlung eines vereinbarten Kapitals oder einer Rente nach Eintritt des Versicherungsfalls bei vorheriger Prämienzahlung	Versicherer – Versicherungsnehmer	§ 1 Gesetz über den Versicherungsvertrag
Verwahrungs-vertrag	Aufbewahrung einer Sache gegen Vergütung	Verwahrer – Hinterleger	§ 688 ff. BGB
Bürgschaftsvertrag	Verpflichtung des Bürgen gegenüber dem Gläubiger zur Erfüllung der Verbindlichkeiten des Dritten	Bürge – Gläubiger eines Dritten	§ 765 ff. BGB
Erbvertrag	Regelung über die Aufteilung des Nachlasses	Erblasser – Erben	§§ 2274 ff. BGB

Weitere Vertragsarten sind:
- Maklervertrag (§ 652 ff. BGB, § 93 ff. HGB)
- Reisevertrag (§ 651a–m BGB)
- Frachtvertrag (§§ 407–452 HGB)
- Speditionsvertrag (§§ 453–466 HGB)
- Lagervertrag (§§ 467–475 HGB)
- Kommissionsvertrag (§§ 383–406 HGB)
- Darlehensvertrag (§§ 488–498 BGB)

Aufgaben

1. Versuchen Sie mit Hilfe des Gesetzestextes den Werk- und den Werklieferungsvertrag voneinander abzugrenzen.
2. Um welche Art von Verträgen handelt es sich jeweils?
   a) Klaus verleiht seine Stereoanlage gegen Entgelt.
   b) Herr Ebert lässt sein Haus von einem Maler porträtieren.
   c) Dieter lässt sein Auto in der Kfz-Werkstatt reparieren.
   d) Frau Brose lässt sich ein Kleid von einem Textildesigner maßschneidern.
   e) Herr Kröger überlässt seine Gaststätte Herrn Tewes zur Nutzung gegen eine monatliche Gebühr von 1.200 €.
   f) Frau Krüger leiht ihrer Nachbarin zehn Eier.
3. Vergleichen Sie Ihren Berufsausbildungsvertrag mit denen Ihrer Mitschüler!
   Welche Bestandteile werden gleich geregelt, wo gibt es Unterschiede? Worauf sind die Unterschiede bei einzelnen Vertragsbestandteilen zurückzuführen?
4. In welcher Beziehung sind für Ihren Ausbildungsbetrieb Leasingverträge von Bedeutung? Informieren Sie sich über die verschiedenen Arten von Leasingverträgen!
5. Suchen Sie zu den einzelnen Vertragsarten Beispiele aus Ihrer Ausbildungspraxis!
6. Untersuchen Sie, welche Regelungen des Jugendarbeitsschutzgesetzes im Rahmen Ihrer Berufsausbildung von Bedeutung sind!
7. Bestimmen Sie für die einzelnen Fälle, ob es sich um einen Dienst-, Kauf-, Miet-, Pacht-, Werklieferungs- oder Werkvertrag handelt:
   a) Einstellung der Bremsen in einer Pkw-Werkstatt
   b) Überlassung einer Imbissbude zur Nutzung gegen Entgelt
   c) Anfertigung eines Anzuges durch einen Schneider, wobei der Stoff vom Kunden geliefert wurde
   d) Veräußerung von Patenten gegen Entgelt
   e) Überlassung eines Computers zur Nutzung gegen Entgelt
8. Bilden Sie Beispiele zu den einzelnen Vertragsarten aus Ihrer Ausbildungspraxis.
9. Stellen Sie für folgende Rechtsgeschäfte jeweils Rechte und Pflichten der Vertragspartner gegenüber: Miete, Pacht und Ausbildung.
10. Was ist der Unterschied zwischen einem Miet- und einem Pachtvertrag?
11. Was versteht man unter einer Bürgschaft?
    Warum sind die Vorschriften für Bürgschaften unter Kaufleuten anders als unter Nichtkaufleuten?

10.2 Aufbau der Rechtsprechung

10.2.1 Gerichtsbarkeiten

Rechtsgeschäftliche Beziehungen verlaufen nicht immer einwandfrei, sondern es kann zu Rechtsstreitigkeiten kommen, die geklärt werden müssen. Die Rechtsprechung liegt dabei, wie im Grundgesetz geregelt, bei unabhängigen Gerichten, die das materielle Recht anzuwenden haben. Die Rechtspflege der Bundesrepublik Deutschland ist auf folgende Gerichtszweige aufgeteilt:

Ordentliche Gerichtsbarkeit

a) **Amtsgerichte**: Sie sind die unterste Instanz der ordentlichen Gerichtsbarkeit. Ihnen steht ein Einzelrichter vor, der in Zivilsachen alleine entscheidet, bei Strafsachen entweder auch alleine oder unter Beisitzung eines so genannten Schöffengerichtes aus zwei Personen.

b) **Landgerichte**: Sie sind mit einem Präsidenten, vorsitzenden Richtern und weiteren Richtern besetzt. In Zivilsachen entscheiden Zivilkammern mit drei Berufsrichtern und in Strafsachen Strafkammern.

c) **Oberlandesgerichte** (Kammergerichte in Berlin) haben einen Präsidenten, vorsitzende Richter und weitere Richter. Je nach Zuständigkeit werden Zivil- oder Strafsenate angerufen.

d) Der **Bundesgerichtshof (BGH)** mit Sitz in Karlsruhe ist der oberste Gerichtshof für die ordentliche Gerichtsbarkeit. Der BGH ist mit einem Präsidenten, vorsitzenden Richtern und weiteren Richtern besetzt. Die Mitglieder werden vom Bundesjustizminister berufen und vom Bundespräsidenten ernannt. Die ordentlichen Gerichte behandeln alle Streitigkeiten, die nicht besonderen Gerichten zugewiesen sind, sowie Strafsachen und Angelegenheiten der (nicht streitigen) freiwilligen Gerichtsbarkeit.

Die **freiwillige Gerichtsbarkeit** befasst sich, ohne Vorliegen eines Rechtsstreits, mit der Begründung, Veränderung oder Aufhebung von Rechtsverhältnissen. Dieses wird im Gerichtsverfassungsgesetz geregelt. Die ordentlichen Gerichtsbarkeiten sind für Zivil- und Strafsachen zuständig.
Wie unterscheiden sich Zivil- und Strafprozesse? Zivilprozesse klären private Ansprüche, Strafprozesse dagegen verfolgen Straftaten. Bürgerliche Personen sind Kläger in Zivilprozessen, die mit einer Klärung des Sachverhaltes enden; der Staatsanwalt ist Kläger in Strafprozessen, die zu einer Bestrafung oder einem Freispruch führen; Zivilprozesse werden nach der Zivilprozessordnung, Strafprozesse nach der Strafprozessordnung abgewickelt.
Die **besonderen Gerichtsbarkeiten** der Bundesrepublik Deutschland werden ebenfalls im Grundgesetz geregelt:

a) Die allgemeine Verwaltungsgerichtsbarkeit mit den Verwaltungs- und Oberverwaltungsgerichten der Länder und dem Bundesverwaltungsgericht in Berlin. **Verwaltungsgerichte** behandeln Klagen gegen Verwaltungsakte, gegen sämtliche Behörden und Verwaltungen, außer den Sozialversicherungen.

b) Die Arbeitsgerichtsbarkeit mit den Arbeitsgerichten und den Landesarbeitsgerichten sowie dem Bundesarbeitsgericht in Erfurt. Vor **Arbeitsgerichten** werden Auseinandersetzungen aus privatrechtlichen Arbeitsverhältnissen zwischen Arbeitgebern und Arbeitnehmern ausgetragen.

vgl. 10.2.2 Arbeitsgerichtsbarkeit

c) Die Sozialgerichtsbarkeit mit den Sozialgerichten und Landessozialgerichten sowie dem Bundessozialgericht in Kassel. **Sozialgerichte** entscheiden über Streitigkeiten zwischen Versicherten und Versicherungsträgern im Bereich der Sozialversicherungen.
d) Die Finanzgerichtsbarkeit mit den **Finanzgerichten** der Länder und dem Bundesfinanzhof in München. Diese sind für steuerrechtliche Streitigkeiten zuständig. So kann man z. B. zuerst beim Finanzamt Einspruch gegen seinen Steuerbescheid einlegen, nach Zurückweisung der Beschwerde wird eine Klage beim Finanzgericht erhoben.

Die einzelnen Gerichtsbarkeiten sind in Art. 95 GG geregelt.

Das **Bundesverfassungsgericht** in Karlsruhe überprüft auf Antrag, ob Bundes- oder Landesgesetze mit dem Grundgesetz vereinbar sind. Bei Verfassungsbeschwerden, wenn ein einzelner Bürger gegen eine anscheinend verfassungswidrige Behandlung durch eine Behörde oder ein Gericht klagt, ist ebenfalls das Bundesverfassungsgericht zuständig.

Bei zivilen Rechtsstreitigkeiten ist zu prüfen, welches Gericht in erster Instanz zuständig ist. Dieses bestimmt sich nach der sachlichen und örtlichen **Zuständigkeit**. Die örtliche Zuständigkeit der Zivilgerichte wird in der Zivilprozessordnung als Gerichtsstand geregelt. Der Gerichtsstand kann ein gesetzlicher oder vertraglich vereinbarter, ein allgemeiner für alle Streitigkeiten oder ein besonderer für bestimmte Streitsachen, ein ausschließlicher oder ein vom Kläger frei wählbarer sein.

Zuständigkeiten der Gerichte		
I. Der Richter des Amtsgerichtes als Einzelrichter (§§ 23, 23a, 23b GVG, §§ 689, 764 ZPO) für:	II. Die Kammer für Handelssachen des Landgerichts (§ 95 GVG) für:	III. Die Zivilkammer des Landgerichts (§ 71 GVG) für:
1. Streitigkeiten bis zu 5.000 € Streitwert 2. ohne Rücksicht auf den Streitwert für Wohnraum-Mietstreitigkeiten, Streit zwischen Reisenden und Wirten, aus Beförderungsverträgen 3. Ehe- und Güterrechtssachen, Kindschaftssachen, Ansprüche aus gesetzlicher Unterhaltspflicht 4. Mahnverfahren, Aufgebotsverfahren, Zwangsvollstreckungssachen	Handelssachen mit mehr als 5.000 € Streitwert, d. h. Klagen 1. gegen einen Kaufmann aus beiderseitigen Handelsgeschäften 2. aus Wechseln u. ä. Urkunden 3. auf Grund des Scheckgesetzes 4. aus handelsrechtl. Gesellschaftsverträgen, Firmen- und Musterrecht 5. wegen unlauteren Wettbewerbs mit Ausnahme der Ansprüche aus § 13a UWG, soweit kein beiderseitiges Handelsgeschäft 6. wegen börsenmäßiger Ansprüche	alle bürgerlichen Rechtsstreitigkeiten, die nicht den Amtsgerichten zugewiesen sind

Grundsätzlich unterscheidet man drei Instanzenzüge: Ausgangsverfahren, Berufung und Revision.

Berufung

Bei der **Berufung** werden die tatsächlichen und juristischen Tatbestände des Ausgangsverfahrens (erste Instanz) noch einmal überprüft, d. h. der Sachverhalt wird noch einmal komplett neu aufgerollt. Berufungsverfahren finden gegen Urteile der ersten Instanz statt.

Revision

Die **Revision** gegen die Berufungsurteile geht von den von der Vorinstanz festgestellten Tatsachen aus und überprüft, ob das Gesetz richtig angewendet und das Verfahren vorschriftsmäßig durchgeführt wurde. Die Revision überprüft den Verlauf des Prozesses, d. h., das vorangegangene Urteil wird auf rechtliche Fehler geprüft.

Das Rechtsmittel der Beschwerde gibt es in gesetzlich besonders geregelten Fällen. Sie werden an das nächsthöhere Gericht weitergeleitet.

10.2.2 Arbeitsgerichtsbarkeit

Die Arbeitsgerichte befassen sich nur mit Streitigkeiten, die sich aus Arbeitsverhältnissen ergeben. Will jemand das Arbeitsgericht anrufen, muss er also Arbeitnehmer oder Arbeitgeber sein oder zumindest gewesen sein. Im Einzelnen legt das **Arbeitsgerichtsgesetz** vom 3. September 1953 (in der Fassung vom 2. Juli 1979) fest, welche Klagen vom Arbeitsgericht behandelt werden können. Danach muss es sich um Rechtsstreitigkeiten zwischen Arbeitnehmern (bzw. Gewerkschaften) und Arbeitgebern handeln, wie z. B.

Seit dem 1. Mai 2000 finden auch die Bestimmungen des Arbeitsgerichtsbeschleunigungsgesetzes Anwendung, vgl. S. 135

- aus dem Arbeitsverhältnis (bzw. Ausbildungsverhältnis): Streit um Lohn und Gehalt oder Urlaub,
- über das Bestehen eines Arbeitsverhältnisses: Streit um die Wirksamkeit einer Kündigung in der Kündigungsschutzklage,
- aus Verhandlungen über die Eingehung eines Arbeitsverhältnisses: Streit um die Gültigkeit eines Vorvertrages,
- aus den Folgen eines Arbeitsverhältnisses: Streit unter Arbeitskollegen am Arbeitsplatz mit Maschinenbeschädigung und Körperverletzung,
- aus unerlaubten Handlungen, soweit diese mit einem Arbeitsverhältnis im Zusammenhang stehen: Schadenersatzklage wegen einer Maschine, die ein Arbeiter grob fahrlässig beschädigt hat,
- aus einem Tarifvertrag: Streit um die Gültigkeit von Abmachungen,
- aus dem Betriebsverfassungsgesetz: Streit um seine Auslegung.

Die höchste Anzahl der Klagen vor den Arbeitsgerichten nehmen mit großem Abstand Rechtsstreitigkeiten um Kündigungen und um Arbeitsentgelte ein. Weitere Gründe können die Herausgabe von Arbeitspapieren oder die Zeugniserstellung oder -berichtigung sein.

Im Hinblick auf die Gerichte in der Bundesrepublik Deutschland (Strafgerichte, Zivilgerichte, Verfassungsgerichte, Verwaltungsgerichte, Finanzgerichte, Sozialgerichte) nimmt die Arbeitsgerichtsbarkeit in unserer Rechtsordnung eine Sonderstellung ein. In den Ländern ist sie ressortmäßig den Arbeitsministerien zugeordnet. Für das Bundesarbeitsgericht ist das Bundesministerium für Arbeit und Sozialordnung zuständig. Damit ist die Arbeitsgerichtsbarkeit eine **Sondergerichtsbarkeit** außerhalb der allgemeinen Justizverwaltung.

In den Ländern Mecklenburg-Vorpommern, Rheinland-Pfalz, Sachsen, Sachsen-Anhalt und Thüringen sind die Justizministerien zuständig.

Bei den Arbeitsgerichten – jeweils für einen bestimmten Arbeitsgerichtsbezirk zuständig – und den Landesarbeitsgerichten bestehen Kammern. Sie

sind mit einem Vorsitzenden als **Berufsrichter** und zwei ehrenamtlichen Richtern (Laienrichter) als Beisitzer besetzt. Die **Laienrichter** kommen aus den Kreisen der Arbeitnehmer und Arbeitgeber. Sie werden auf Vorschlag der Gewerkschaften bzw. der Arbeitgeberverbände auf vier Jahre durch die Oberste Arbeitsbehörde eines Landes bzw. für das Bundesarbeitsgericht durch den Bundesarbeitsminister in ihr Amt berufen und Arbeitsrichter genannt.
Beim **Bundesarbeitsgericht** in Erfurt spricht man nicht von Kammern, sondern von Senaten. Ein Senat ist immer mit einem Vorsitzenden als Senatspräsidenten, zwei Bundesrichtern und je einem ehrenamtlichen Richter (Laienrichter) von Arbeitnehmer- und Arbeitgeberseite als Beisitzer besetzt.
Entbrennt beispielsweise ein Streit um die Tariffähigkeit einer Arbeitgebervereinigung, so wird das Arbeitsgericht von Amts wegen auf Grund eines Antrags tätig und führt einen Beschluss herbei. Diesen Vorgang nennt man entsprechend **Beschlussverfahren**. Bei ihm gilt das Amtsprinzip, d. h., das Gericht hat von Amts wegen den Sachverhalt zu erforschen. Dieses Verfahren ist kostenfrei.

vgl. 6.2.1 Tariffähigkeit

Erhebt aber eine private Partei Klage, so muss das Gericht ein Urteil fällen. Daher spricht man bei diesem Verfahren von **Urteilsverfahren**. Bei diesem Verfahren gilt der Verhandlungsgrundsatz, d. h., das Verfahren wird von den Parteien und nicht etwa von Amts wegen betrieben. Im Laufe des Verfahrens ist der Richter an das gebunden, was die Parteien vortragen. Er kann keine eigenen Nachforschungen betreiben. Die Kosten des Verfahrens hat der Verlierer zu zahlen. Die reinen Gerichtskosten gehen zu Lasten der Staatskasse.

1. Instanz: Verhandlung vor dem Arbeitsgericht
Will ein Arbeitnehmer einen Prozess vor dem **Arbeitsgericht** selbst führen, kann er den Prozess in zwei Formen einleiten:
- Er verfasst eine Klageschrift und reicht sie dem Arbeitsgericht ein.
- Er gibt seine Klage der Rechtsantragstelle des Arbeitsgerichts zu Protokoll.

Arbeitsgerichtsbarkeit

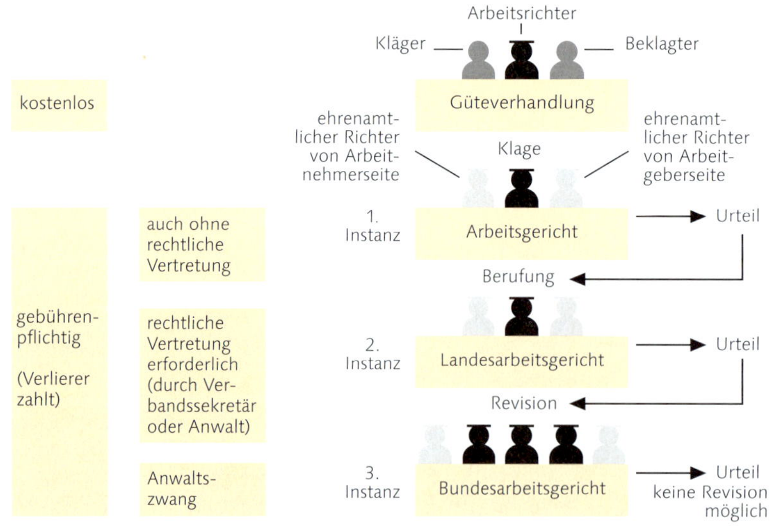

Unter bestimmten Umständen kann sich ein Arbeitnehmer auch durch einen Rechtsanwalt oder einen rechtskundigen Vertreter der Gewerkschaft – einen so genannten Rechtsschutzsekretär – vertreten lassen. Als Rechtsschutzsekretär kommen auch Vertreter von Arbeitgeberverbänden in Betracht. Geht jemand mit einem Rechtsanwalt zu Gericht, so muss er diesen – egal, wie der Prozess ausgeht – selbst bezahlen. Mit anderen Worten: Auch wenn er den Prozess verliert, braucht er nicht – wie es sonst üblich ist – die Prozesskosten für den Gegner zu bezahlen. Daran ist schon zu erkennen, dass das Verfahren beim Arbeitsgericht nach Möglichkeit mit niedrigen Kosten zum Ziel führen soll. Ein weiterer Vorteil arbeitsgerichtlicher Verfahren sind die kurzen Fristen der Ladung, des Einspruchs usw.

Güteverhandlung

Bevor es aber zu einer Entscheidung kommt, wird immer eine Güteverhandlung – zwei Wochen nach Klageerhebung – angesetzt. In dieser Güteverhandlung, die der Vorsitzende allein durchführt, wird der Fall eingehend besprochen und der Versuch einer gütlichen Einigung unternommen. Gelingt ein Vergleich, ein Verzicht auf die Forderung oder ein Anerkenntnis der Schuld, kann das Verfahren eingestellt werden. In diesem Fall haben die Prozessbeteiligten keine Kosten zu bezahlen.

Kommt es aber zu keinem Vergleich oder Kompromiss zwischen dem Kläger und dem Beklagten, so wird eine „streitige" **Verhandlung** angesetzt. Auszubildende können solche Streitfälle vor den Ausschuss für Lehrlingsstreitigkeiten bei der zuständigen Kammer bringen. Dies hat den Vorteil, dass Arbeitnehmer- und Arbeitgebervertreter dabei sind und dass man vor dem Gang zum Arbeitsgericht den Streit im Einvernehmen lösen kann. Dies ersetzt das Güteverfahren beim Arbeitsgericht.
Kommt jedoch keine Lösung zu Stande, kann der Auszubildende, wie oben beschrieben, den Prozess durch eine der zwei Einreichungsformen vor dem örtlichen Arbeitsgericht selbst einleiten.

2. Instanz: Verhandlung vor dem **Landesarbeitsgericht**
Wird nach eingehender Beratung die Klage eines Arbeitnehmers abgewiesen, so kann er innerhalb von zwei Wochen nach Urteilszustellung in die **Berufung** gehen. Allerdings muss der Streitwert über 600 € liegen, das Arbeitsgericht muss eine Berufung wegen der grundsätzlichen Bedeutung des Falles zugelassen haben oder es muss um das Bestehen bzw. Nichtbestehen eines Arbeitsverhältnisses gehen. Diese Voraussetzungen müssen seit Inkrafttreten des Gesetzes zur Vereinfachung und Beschleunigung des arbeitsgerichtlichen Verfahrens vom 1. Mai 2000 gegeben sein. Bei der Berufung werden alle Tatsachen, die der Arbeitnehmer und der beklagte Arbeitgeber vorbringen, nochmals festgestellt, geprüft und rechtlich gewürdigt. Bei der Berufungsverhandlung in der zweiten Instanz, also dem Landesarbeitsgericht, muss sich der Arbeitnehmer durch einen Rechtsanwalt oder einen rechtskundigen Gewerkschaftsvertreter vertreten lassen.

Arbeitsgerichtsbeschleunigungsgesetz vom 1. Mai 2000

3. Instanz: Verhandlung vor dem Bundesarbeitsgericht
Sollte jemand auch in der zweiten Instanz nicht Recht bekommen, aber immer noch von seinem Recht überzeugt sein, so kann er unter bestimmten Voraussetzungen als dritte Instanz das **Bundesarbeitsgericht** in Erfurt anrufen. Das Bundesarbeitsgericht behandelt nur Streitfälle von grundlegender und besonderer Bedeutung, die noch nicht entschieden sind, bzw. Fälle, in denen die unteren Instanzen zu abweichenden Rechtsauffassungen gekommen sind. Es ist **Revisionsinstanz**, d. h., es stellt nicht noch einmal

Das Bundesarbeitsgericht ist im November 1999 von Kassel nach Erfurt umgezogen.

die Tatsachen fest, sondern überprüft die korrekte Anwendung der gesetzlichen Bestimmungen auf die vorliegenden Tatsachen. Wird z. B. in letzter Instanz ein Prozess erfolgreich abgeschlossen, so ist mit diesem Urteil des Bundesarbeitsgerichts gleichzeitig eine Lücke des Gesetzestextes ausgefüllt worden. Bei ähnlichen Fällen – in anderen Gerichtsverfahren – wird das Urteil wie eine gesetzliche Bestimmung selbst in die Überlegungen einbezogen werden. Eine „Rechtsfortbildung" hat stattgefunden, ohne dass ein neues Gesetz erlassen worden ist.

Rechtsfortbildung

Vier Jahre dauert es heutzutage, bis alle drei Instanzen der Arbeitsgerichtsbarkeit entschieden haben, ob eine Kündigung z. B. berechtigt war oder nicht. Allerdings werden die weitaus meisten Verfahren in erster Instanz entschieden, wozu insbesondere die Güterverhandlung beiträgt. Im Jahre 1998 dauerten 19,4 % aller Urteilsverfahren unter einem Monat, 36,8 % zwischen einem und drei Monaten, 19 % zwischen drei und sechs, 19,2 % zwischen sechs und zwölf sowie 5,6 % über zwölf Monate.

Übersicht:

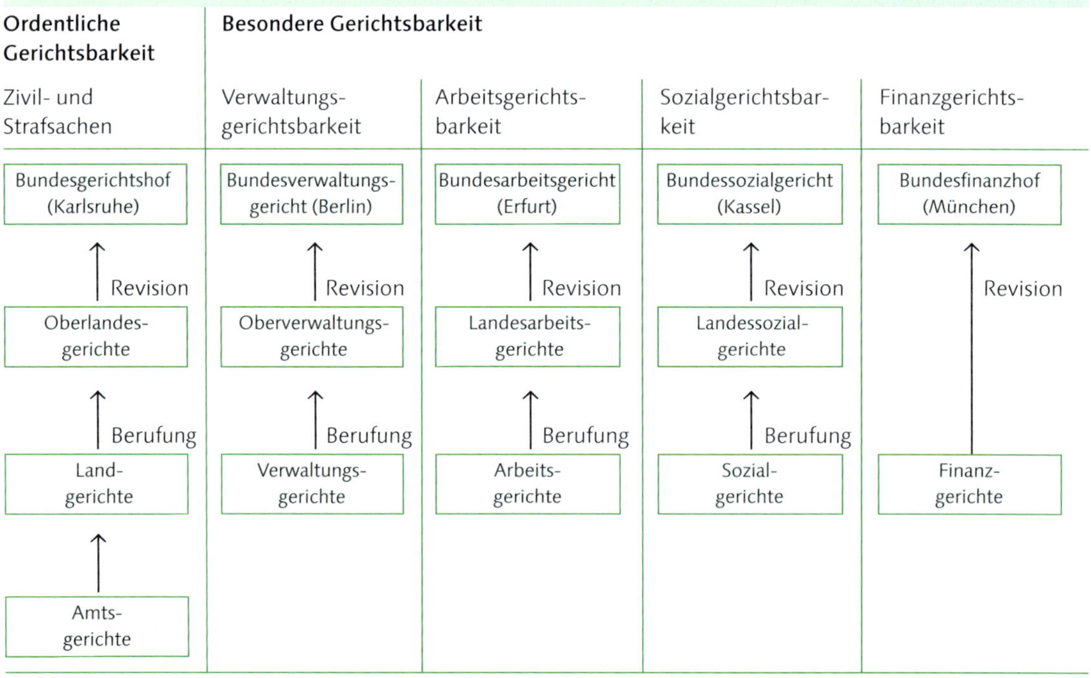

Aufgaben

1. Entscheiden Sie, vor welchen Gerichten (Amtsgericht, Landgericht, Arbeitsgericht, Sozialgericht, Finanzgericht, Verwaltungsgericht) die jeweiligen Streitigkeiten ausgetragen werden.
   a) Klage auf Fortzahlung der Leistungen aus der Arbeitslosenversicherung
   b) Auseinandersetzung über die Rechtmäßigkeit eines kommunalen Gebührenbescheides
   c) Antrag auf Erlass eines Mahnbescheides über 10.000 €
   d) Beantragung des Konkursverfahrens durch die Unternehmung
   e) Klage wegen mangelnder Gleichbehandlung in der Entlohnung auf Grund des Geschlechts

2. In welchen Fällen ist das Arbeitsgericht zuständig?
   a) Günter und Max geraten bei der Arbeit mit dem Gabelstapler aneinander. Max schiebt Günter den Gabelstapler derart heftig gegen seine Fersen, dass ein Knöchel angebrochen ist.
   b) Günter will Schadenersatz geltend machen. Wo?
   c) Peter hat von seinem Chef ein Darlehen zur Finanzierung eines Wagens bekommen. Nach einem Totalschaden stellt er die Tilgung des Darlehens ein. Wo kann der Chef sein Recht geltend machen?
   d) Andreas ist aus der Kirche ausgetreten, damit er Steuern spart. Seine Frau ist nicht berufstätig, aber streng katholisch. Nun wird Andreas vom Finanzamt aufgefordert, für seine Frau Kirchensteuer zu zahlen. Andreas „geht an die Decke" und legt Einspruch ein, aber ohne Erfolg. Jetzt will er klagen. Wo muss er seine Klage einreichen?
3. Warum wirken Arbeitgeber und Arbeitnehmer als Arbeitsrichter bei der Rechtsprechung mit?

10.3 Das Handelsgesetzbuch (HGB)

Unter welchen Voraussetzungen eine Unternehmung gegründet werden darf oder muss, wie dies geschieht, wer Kaufmann ist und welche Rechte und Pflichten der Kaufmann gegenüber Dritten hat – dies und noch einiges mehr legt das Handelsgesetzbuch, kurz HGB, fest. Bevor jemand eine „Firma" gründen will, hat er sich also zunächst kundig zu machen, auf welche Bestimmungen er im Handelsleben achten muss; als Nächstes sollte er sich überlegen, welche Rechtsform für sein Unternehmen die geeignetste ist. Im ersten Buch des Handelsgesetzbuches (mit dem Titel Handelsstand) wird festgelegt, wer Kaufmann ist.

10.3.1 Wer ist Kaufmann?

Erstes Buch. Handelsstand
Erster Abschnitt. Kaufleute

§ 1 Istkaufmann — § 1 HGB
(1) Kaufmann im Sinne dieses Gesetzbuchs ist, wer ein Handelsgewerbe betreibt.
(2) Handelsgewerbe ist jeder Gewerbebetrieb, es sei denn, dass das Unternehmen nach Art oder Umfang einen in kaufmännischer Weise eingerichteten Geschäftsbetrieb nicht erfordert.

§ 2 Kannkaufmann — § 2 HGB
Ein gewerbliches Unternehmen, dessen Gewerbebetrieb nicht schon nach § 1 Abs. 2 Handelsgewerbe ist, gilt als Handelsgewerbe im Sinne dieses Gesetzbuchs, wenn die Firma des Unternehmens in das Handelsregister eingetragen ist. Der Unternehmer ist berechtigt, aber nicht verpflichtet, die Eintragung nach den für die Eintragung kaufmännischer Firmen geltenden Vorschriften herbeizuführen. Ist die Eintragung erfolgt, so findet eine Löschung der Firma auch auf Antrag des Unternehmens statt, sofern nicht die Voraussetzung des § 1 Abs. 2 eingetreten ist.

§ 3 Land- und Forstwirtschaft;
Kannkaufmann

§ 3 HGB

(1) Auf den Betrieb der Land- und Forstwirtschaft finden die Vorschriften des § 1 keine Anwendung.
(2) Für ein land- oder forstwirtschaftliches Unternehmen, das nach Art und Umfang einen in kaufmännischer Weise eingerichteten Geschäftsbetrieb erfordert, gilt § 2 mit der Maßgabe, dass nach Eintragung in das Handelsregister eine Löschung der Firma nur nach den allgemeinen Vorschriften stattfindet, welche für die Löschung kaufmännischer Firmen gelten.
(3) Ist mit dem Betrieb der Land- oder Forstwirtschaft ein Unternehmen verbunden, das nur ein Nebengewerbe des land- oder forstwirtschaftlichen Unternehmens darstellt, so finden auf das im Nebengewerbe betriebene Unternehmen die Vorschriften der Absätze 1 und 2 entsprechende Anwendung.

§ 4 (aufgehoben)

§ 5 Kaufmann kraft Eintragung

§ 5 HGB

Ist eine Firma im Handelsregister eingetragen, so kann gegenüber demjenigen, welcher sich auf die Eintragung beruft, nicht geltend gemacht werden, dass das unter der Firma betriebene Gewerbe kein Handelsgewerbe sei.

§ 6 Handelsgesellschaften;
Formkaufmann

§ 6 HGB

(1) Die in betreff der Kaufleute gegebenen Vorschriften finden auch auf die Handelsgesellschaften Anwendung.
(2) Die Rechte und Pflichten eines Vereins, dem das Gesetz ohne Rücksicht auf den Gegenstand des Unternehmens die Eigenschaft eines Kaufmanns beilegt, bleiben unberührt, auch wenn die Voraussetzungen des § 1 Abs. 2 nicht vorliegen.

Kaufmann nach dem HGB		
Istkaufmann	Kannkaufmann	Formkaufmann
Kaufmann kraft kaufmännisch eingerichteten Geschäftsbetriebs	Kaufmann kraft Eintragung ins Handelsregister Eintragung ist freiwillig	Kaufmann kraft Rechtsform zum Beispiel: AG, GmbH, eG
HGB § 1	HGB §§ 2, 3	HGB § 6

10.3.2 Was ist eine Firma?

Dritter Abschnitt. Handelsfirma

§ 17 Begriff

§ 17 HGB

(1) Die Firma eines Kaufmanns ist der Name, unter dem er seine Geschäfte betreibt und die Unterschrift abgibt.
(2) Ein Kaufmann kann unter seiner Firma klagen und verklagt werden.

Die Wahl des Firmennamens hängt von der Rechtsform ab, wobei folgende Arten unterschieden werden:

- **Personenfirma**, bestehend aus einem oder mehreren Personennamen,
- **Sachfirma**, abgeleitet vom Unternehmensgegenstand,
- **Fantasiefirma**, häufig von Markennamen abgeleitete werbewirksame Bezeichnung,
- **gemischte Firma**, die sowohl Personennamen als auch den Unternehmensgegenstand enthält.

Eine Firma besteht aus dem so genannten **Firmenkern**, der die notwendigen Bestandteile wie Personen-, Sach- oder Fantasienamen und einen Zusatz enthält, aus dem das Gesellschaftsverhältnis hervorgeht, sowie ggf. einem **Firmenzusatz** zur Unterscheidung von Person und Geschäft. Der Firmenzusatz kann auch aus einem Fantasienamen bestehen.

Da Kaufleute in ihren Geschäften bestimmten (strengeren) Vorschriften unterliegen als Nichtkaufleute, muss allen, die mit ihnen Geschäfte abschließen, bekannt sein, dass sie es mit Kaufleuten zu tun haben, d. h., die Tatsache, dass eine Firma gegründet wurde, muss öffentlich registriert und bekannt gemacht werden. Dies erfolgt durch **Eintragung ins Handelsregister**, einem beim Amtsgericht geführten Verzeichnis aller Unternehmen. Eintragungen im Handelsregister dienen der Unterrichtung und dem Schutz der Öffentlichkeit.

§ 18 Firma des Kaufmanns
(1) Die Firma muss zur Kennzeichnung des Kaufmanns geeignet sein und Unterscheidungskraft besitzen.
(2) Die Firma darf keine Angaben enthalten, die geeignet sind, über geschäftliche Verhältnisse, die für die angesprochenen Verkehrskreise wesentlich sind, irrezuführen. Im Verfahren vor dem Registergericht wird die Eignung der Irreführung nur berücksichtigt, wenn sie ersichtlich ist.

§ 10 Bekanntmachung der Eintragungen
(1) Das Gericht hat die Eintragungen in das Handelsregister durch den Bundesanzeiger und durch mindestens ein anderes Blatt bekannt zu machen. Soweit nicht das Gesetz ein anderes vorschreibt, werden die Eintragungen ihrem ganzen Inhalte nach veröffentlicht.

§ 12 Anmeldungen;
Zeichnung von Unterschriften; Nachweis der Rechtsnachfolge
(1) Die Anmeldungen zur Eintragung in das Handelsregister sowie die zur Aufbewahrung bei dem Gerichte bestimmten Zeichnungen von Unterschriften sind in öffentlich beglaubigter Form einzureichen.

§ 29 Anmeldung der Firma
Jeder Kaufmann ist verpflichtet, seine Firma und den Ort seiner Handelsniederlassung bei dem Gericht, in dessen Bezirk sich die Niederlassung befindet, zur Eintragung in das Handelsregister anzumelden; …

§ 30 Unterscheidbarkeit
(1) Jede neue Firma muss sich von allen an demselben Ort oder in derselben Gemeinde bereits bestehenden und in das Handelsregister oder in das Genossenschaftsregister eingetragenen Firmen deutlich unterscheiden …

Handelsregister

Eintragungen:
Erfolgen auf schriftlichen Antrag mit notariell beglaubigter Unterschrift oder von Amts wegen (z. B. bei Eröffnung des Insolvenzverfahrens)

Gliederung:
Abteilung A für Einzelkaufleute und Personengesellschaften, Abteilung B für Kapitalgesellschaften

Wirkung der Eintragung:
- rechtsbezeugend (deklaratorisch)
  Beispiele: Eintragung eines Istkaufmanns nach HGB § 1, Prokuraeintragung
- rechtserzeugend (konstitutiv)
  Beispiel: Kannkaufmann erhält erst durch die Eintragung die Kaufmannseigenschaft

Löschung:
Rot unterstrichene Eintragungen gelten als gelöscht.

Die Firma ist an bestimmte rechtliche Grundsätze gebunden. Dazu gehören:

Firmenwahrheit: Dieser Grundsatz bedeutet, dass der Firmenname nicht irreführend sein darf. Er muss den tatsächlichen Rechtsverhältnissen entsprechen. Dieser Grundsatz schützt die Geschäftspartner, denn die Rechtsform der Firma gibt Auskunft über Größe und damit Finanzkraft des Unternehmens. Firmenwahrheit

Seit 1998 gilt für alle Unternehmensformen, dass eine Namens-, Sach-, Misch- oder Fantasiefirma gewählt werden darf, für die in Hinblick auf den Zusatz jedoch eindeutige Namensregelungen existieren (siehe auch Kapitel 11 Unternehmensformen).

Firmenklarheit: Die Firma darf nicht den gleichen Namen tragen wie eine andere Firma am gleichen Ort. Bei der Eintragung ins Handelsregister wird dies geprüft. Auch dieser Grundsatz bedeutet eine Sicherheit für die Geschäftspartner, da er hilft, Verwechslungen zwischen den Firmen zu vermeiden. Firmenklarheit

Firmenbeständigkeit: Dieser Grundsatz besagt, dass beim Wechsel des Inhabers der Name der Firma weitergeführt werden darf. Hierbei muss jedoch im Zweifel die Firmenwahrheit beachtet werden, da sich durch einen Inhaberwechsel auch die Rechtsform ändern kann. Wenn z. B. ein Vater seine Tochter als Teilhaberin in die Firma aufnehmen möchte und sich dadurch die Firma von einer Einzelunternehmung in eine OHG ändert, muss der Zusatz OHG aufgenommen werden. Beispiel: Aus der Firma Elektro Erich Karl könnte dann Elektro Karl OHG werden. Firmenbeständigkeit

Firmeneinheit: Ein Kaufmann darf für sein Handelsgeschäft nur eine Firma führen. Firmeneinheit

Firmenöffentlichkeit: Die Eintragung ins Handelsregister muss erfolgen, damit die Öffentlichkeit über die Gründung der Firma informiert wird. Firmenöffentlichkeit

Übersicht:	
Kaufmann nach HGB §§ 1–3, 6	– Istkaufmann – Kannkaufmann – Formkaufmann
Firma des Kaufmanns, §§ 17, 18 HGB (= Name, unter dem der Kaufmann seine Geschäfte betreibt)	– Personenfirma – Sachfirma – Fantasiefirma – gemischte Firma
Firmengrundsätze	– Firmenwahrheit – Firmenklarheit – Firmenbeständigkeit – Firmeneinheit – Firmenöffentlichkeit
Handelsregister	– öffentliches Register zur Unterrichtung und zum Schutz der Öffentlichkeit – wird von den Gerichten geführt – verzeichnet Kaufleute unter ihrer Firma sowie deren Niederlassungsort – macht bestimmte Rechtsvorgänge offenkundig

10.3.3 Rechtsform und Unternehmensform

Die Begriffe „Rechtsform“ und „Unternehmensform“ werden oft einander gleichgestellt. Der Begriff „Rechtsform“ ist jedoch weiter gefasst, da hierunter auch die öffentlichen Betriebe, denen das an sich Kennzeichnende des Unternehmensbegriffs – die Gewinnmaximierung – fehlt, und die Genossenschaften fallen.

vgl. 11 Unternehmensformen

Gewinnmaximierung, vgl. Kapitel 2, 1.4.1 Ökonomisches Prinzip

Die Wahl der Rechtsform beeinflusst entscheidend eine ganze Reihe betriebswirtschaftlicher Kernfragen, beispielsweise die
- Kapitalbeschaffung,
- Haftung,
- Geschäftsführung,
- Gewinn- und Verlustverteilung,
- steuerliche Behandlung.

Abgesehen von der Möglichkeit der Umgründung trifft der Unternehmer mit der Wahl der Rechtsform betriebswirtschaftliche Entscheidungen für einen längeren Zeitraum.

Überblick über die Rechtsformen

Zunächst wird unterschieden zwischen den **privatrechtlichen Unternehmungen** und den **öffentlichen Betrieben**. Im Privatrecht sind Rechtssätze enthalten, die die rechtlichen Beziehungen der Einzelnen zueinander nach dem Grundsatz der Gleichordnung regeln, beispielsweise im Handelsrecht. Im öffentlichen Recht werden dagegen die Beziehungen des Einzelnen zum Staat und zu Körperschaften des öffentlichen Rechts geregelt. Statt Gleichordnung herrschen hier Grundsätze der Überordnung bzw. Unterordnung vor (Strafrecht, Schulrecht, Polizeirecht, Steuerrecht usw.).

Bei den öffentlichen Unternehmen liegen die Anteilsrechte in der Hand öffentlicher Körperschaften (Bund, Land, Gemeinde). In nicht privatrechtlicher Form sind öffentliche Unternehmen als Körperschaften bzw. Anstalten vorhanden. Sie können jedoch auch in privatrechtlicher Form existieren, z. B. als Kapitalgesellschaften. Sind zum Teil privatrechtliche und zum Teil öffentliche Körperschaften beteiligt, spricht man von gemischtwirtschaftlichen Unternehmen (z. B. kommunale Verkehrs- und Versorgungsunternehmungen, Wohnungsbaugesellschaften).

Die privatwirtschaftlichen Unternehmungen werden unterteilt in die **gemeinwirtschaftlichen** Unternehmen (Genossenschaften) und die **erwerbswirtschaftlichen** Unternehmen. Beim gemeinwirtschaftlichen Prinzip wird das Ziel der volkswirtschaftlichen Bedarfsdeckung verfolgt. Erwerbswirtschaften betreiben Gewinnmaximierung.
Bei den erwerbswirtschaftlichen Unternehmen unterscheidet man **Einzelunternehmen** und **Gesellschaftsunternehmen**.
Die Gesellschaftsunternehmen wiederum gliedern sich in die **Personengesellschaften**, die **Kapitalgesellschaften** und die **besonderen Gesellschaftsformen** (beispielsweise Versicherungsvereine auf Gegenseitigkeit).
Hinsichtlich der Personengesellschaften gibt es eine Aufteilung in **Handelsgesellschaften** (OHG, KG) und **unvollkommene Gesellschaften** (BGB-Gesellschaft, stille Gesellschaft). Auch bei den Kapitalgesellschaften werden Handelsgesellschaften (AG, KGaA, GmbH) und unvollkommene Gesellschaften (Bergrechtliche Gewerkschaft, Reederei, Bohrgesellschaft) unterschieden.

Übersicht:

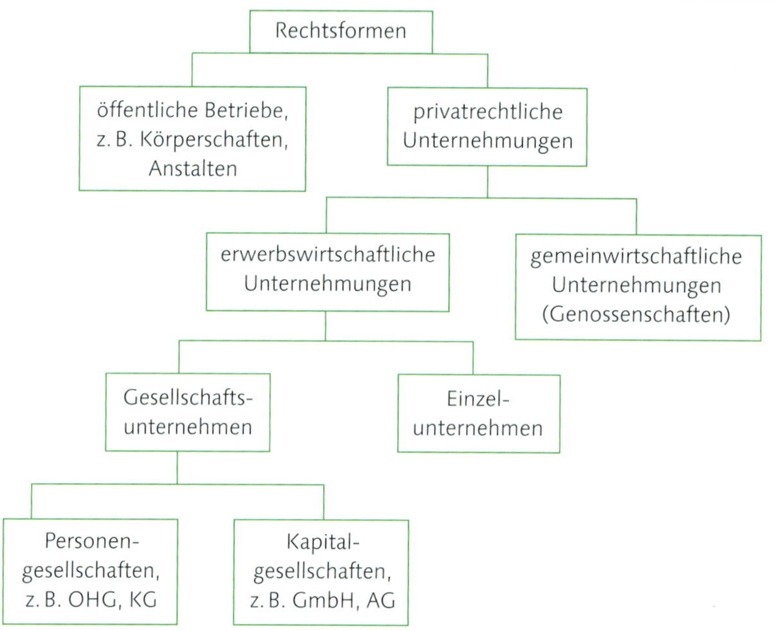

Aufgaben

1. Frau Seifert ist kaufmännische Angestellte in einem mittelständischen Unternehmen. Ist sie Kaufmann im Sinne des HGB?
2. Was versteht man unter dem Begriff „Firma“?
3. Welche Kaufmannseigenschaft setzt die Rechtsform Ihres Ausbildungsbetriebs voraus?
4. Erläutern Sie, warum Kaufleute im Handelsregister eingetragen sein müssen.

11 Unternehmensformen

11.1 Einzelunternehmung

Beispiel:

Der angestellte Meister Erich Karl ist in einem Elektroinstallationsbetrieb beschäftigt und will sich selbstständig machen. Ein wesentlicher Grund dafür ist, dass er endlich sein „eigener Herr" sein will. Er rechnet zunächst mit Aufträgen von Privatkunden, also mit Arbeiten wie der Installation von elektrischen Leitungen bzw. Anlagen und Reparaturen. Da er durch seine Arbeit bereits bekannt ist, geht er davon aus, dass er einen Gesellen einstellen muss, um alle Aufträge erledigen zu können. Die Verwaltungsarbeit wird seine Frau übernehmen; ein kleines Büro kann er im Haus einrichten, die Garage ist für den Anfang groß genug, um alle notwendigen Werkzeuge lagern zu können. Der Kapitalbedarf zur Gründung des Betriebs ist nicht sehr hoch, da er die meisten Werkzeuge bereits besitzt und ein gebrauchter Transporter als Dienstfahrzeug schon vorhanden ist. Einen Namen für sein Unternehmen hat er auch schon: „Elektro Erich Karl".

Was muss Herr Karl bei der Gründung eines Einzelunternehmens beachten?

Erich Karl hat sich für die Gründung einer Einzelunternehmung entschlossen, denn er will vor allem endlich die Entscheidungen treffen, und zwar alleine. Bei der Einzelunternehmung steht die Persönlichkeit des Unternehmers im Vordergrund – er prägt durch seine Initiative und das Maß seiner Verantwortung Aufbau und Entwicklung seiner Unternehmung, ist im Rahmen der bestehenden Wirtschafts- und Rechtsordnung frei in seinen Entschlüssen und durch seinen unternehmerischen Betätigungsdrang und seine Kapitalkraft elastisch und damit in der Regel recht krisenfest.
Erich Karl hat sich dazu entschlossen, seine Firma ins Handelsregister eintragen zu lassen, da er damit rechnet, schnell weitere Aufträge zu bekommen und innerhalb der nächsten Jahre weitere Mitarbeiter einstellen zu müssen; das erfordert eine größere kaufmännische Verwaltung. Für die Gründung einer Einzelunternehmung existiert keine Vorschrift über die Höhe des Kapitals. Der Inhaber der Unternehmung haftet unbeschränkt für sein Unternehmen, d. h. mit seinem Geschäfts- und Privatvermögen. Dafür gehört ihm auch der volle Gewinn (100 %).
Beim Namen kann es sich um eine Personen-, Sach-, Fantasie- oder gemischte Firma handeln, jeweils mit dem Zusatz „eingetragener Kaufmann" (§ 19 Abs. 1 HGB).

Firmierung der Einzelunternehmung, § 19 Abs. 1 HGB

Vorteile der Einzelunternehmung sind:
- große unternehmerische Freiheit,
- relativ geringer Kapitalaufwand.

Nachteile der Einzelunternehmung sind:
- große Abhängigkeit von der Arbeitskraft und der Arbeitsleistung des Unternehmers und seiner ggf. mitarbeitenden Familienmitglieder,
- beschränkte Kapitalkraft und Kreditbasis.

11.2 OHG und KG, zwei Personengesellschaften im Vergleich

Beispiel:

Erich Karl hat mit seinen Erwartungen Recht behalten. Sein Geschäft läuft glänzend. Neben den Aufträgen von Privatkunden erhält er das Angebot, die Elektroinstallationen für ein Geschäftszentrum vorzunehmen. Dafür ist eine Aufstockung des Personals notwendig; außerdem reicht sein Wohnhaus nicht mehr für die Büro- und Lagerräume aus. Er benötigt einen größeren Fuhrpark und erheblich mehr Geräte, Maschinen und Werkzeuge. Dies kann Herr Karl mit seinen bisherigen Möglichkeiten nicht realisieren. Vor allem deshalb, weil keine Bank bereit ist, den dafür notwendigen Kredit zur Verfügung zu stellen. Außerdem kann sich seine Frau nicht mehr um die kaufmännische Verwaltung des Betriebs kümmern. Anna Moser, eine ehemalige Kollegin aus der Meisterschule, wäre bereit, die kaufmännische Verwaltung des Betriebs zu übernehmen. Sie möchte jedoch Teilhaberin werden, was Herrn Karl recht wäre, zumal sie über einiges Kapital verfügt, das sie in die Firma einbringen möchte.

Welche Unternehmensform bietet sich an?

11.2.1 Offene Handelsgesellschaft (OHG)

Die Offene Handelsgesellschaft (OHG) betreibt ein Handelsgewerbe unter gemeinschaftlicher Firma, wobei die Gesellschafter den Gläubigern unmittelbar und unbeschränkt mit ihrem vollen Vermögen (auch dem Privatvermögen) haften. Die wichtigsten rechtlichen Vorschriften sind im HGB §§ 105 ff. geregelt. Hier einige Auszüge:

rechtliche Vorschriften zur OHG, §§ 105 ff. HGB

Firma: Die OHG setzt eine gemeinschaftliche Firma voraus, unter der sie Rechte und Eigentum erwerben, Verbindlichkeiten eingehen, vor Gericht klagen und verklagt werden kann. Unter der Firma ist sie im Handelsregister einzutragen, wobei die Firma gemäß § 19 Abs. 2 HGB einen Zusatz enthalten muss, aus dem das Vorhandensein einer Gesellschaft erkennbar ist (Karl OHG, Karl & Co.).

Firmierung der OHG, § 19 Abs. 2 HGB

Rechtsverhältnisse der Gesellschafter untereinander: Grundsätzlich gilt bei der OHG Einzelgeschäftsführung, das heißt, jeder Gesellschafter ist zur Geschäftsführung berechtigt und verpflichtet. Ausgenommen hiervon sind „ungewöhnliche Geschäfte" wie Änderung des Gesellschaftsvertrags, Grundstückskäufe und -verkäufe, Gesellschaftsauflösung usw., bei denen ein Beschluss aller Gesellschafter notwendig ist. Lediglich im Innenverhältnis können die Rechtsverhältnisse der Gesellschafter wie Beschlussfassung, Geschäftsführung usw. frei vereinbart werden.

OHG-Geschäftsführung: alle Gesellschafter einzeln; Vereinbarungen im Innenverhältnis sind für Dritte uninteressant.

Vertretung im Außenverhältnis: Prinzipiell gilt der Grundsatz der Alleinvertretung, das heißt, jeder Gesellschafter hat für sich allein Vertretungsmacht. Im Gesellschaftsvertrag kann jedoch eine abweichende Regelung getroffen werden (Beschränkung der Vertretung, Gesamtvertretung). Sie muss im Handelsregister eingetragen werden.

OHG-Vertretung nach außen: Alleinvertretung aller Gesellschafter; Beschränkungen müssen im Handelsregister eingetragen sein.

Gewinn- und Verlustverteilung: Die Einlagen der Gesellschafter werden zunächst mit 4 % verzinst; reicht der Jahresgewinn hierzu nicht aus, mit einem niedrigeren Prozentsatz. Übersteigt der Gewinn die 4-Prozent-Marke, wird der Rest nach Köpfen verteilt; Gleiches gilt bei Verlust.
Im Gesellschaftsvertrag kann von diesen gesetzlichen Bestimmungen abgewichen werden.

Gesellschaftsauflösung: Sie erfolgt, wenn die im Gesetz aufgeführten Auflösungsgründe vorliegen bzw. im Gesellschaftsvertrag festgelegte Situationen hierzu eintreten. Eine Auflösung erfolgt beispielsweise durch Gesellschafterbeschluss, Kündigung oder Tod eines Gesellschafters.

Wenn im Gesellschaftsvertrag keine Weiterführung vorgesehen wurde, geschieht die Auflösung durch Gerichtsentscheid auf Grund der Klage eines Gesellschafters aus wichtigem Grund, beispielsweise grobe Pflichtverletzung eines anderen Gesellschafters; Auflösung wegen Eröffnung des Insolvenzverfahrens über das Gesellschaftsvermögen oder bei Zwangsvollstreckung durch den Privatgläubiger eines Gesellschafters.

Wie die Einzelunternehmung vereinigt auch die Offene Handelsgesellschaft in sich alle Merkmale persönlichen Unternehmertums wie Selbstständigkeit, Unübertragbarkeit und Unvererbbarkeit der Gesellschaftsrechte bei unbeschränkter Haftung. Ihre Bildung ist meistens durch wachsenden Kapitalbedarf bedingt. Da die Solidarhaftung der Gesellschafter den Gläubigern erhöhte Sicherheit bietet, ist der Fremdkapitalzugang der OHG in der Regel problemlos. Ein weiterer Grund für die Gründung einer OHG ist der Zusammenschluss von Personen mit sich ergänzenden Kenntnissen und Fähigkeiten (finanzielle Mittel, verwertbare Rechte). Auch die Fortsetzung einer Einzelunternehmung durch eine Erbengemeinschaft („Familiengesellschaft"), wenn der Einzelunternehmer beispielsweise aus Altersgründen die Verantwortung auf mehrere Schultern zu verteilen gedenkt, führt oft zur OHG-Gründung. Der volle Einsatz aller Gesellschafter, deren Kreditwürdigkeit sowie die große Anpassungsfähigkeit hinsichtlich der Vertragsgestaltung im Innenverhältnis haben die OHG zu einer recht krisenfesten Rechtsform werden lassen.

Zwar ist das Risiko aus Sicht des einzelnen Gesellschafters relativ groß, da er – selbst nach einem etwaigen Ausscheiden aus der Gesellschaft – für fünf Jahre für alle bis zu seinem Ausscheiden entstandenen Schulden auch mit seinem Privatvermögen für die Verbindlichkeiten der Gesellschaft haftet, die Anzahl der Insolvenzverfahren ist gegenüber den Kapitalgesellschaften jedoch erheblich geringer.

11.2.2 Kommanditgesellschaft (KG)

Auch die Kommanditgesellschaft (KG) ist eine Gesellschaft zum Betrieb eines Handelsgewerbes unter gemeinschaftlicher Firma. Im Gegensatz zur OHG ist die Haftung hier teilweise unbeschränkt (Komplementäre), teilweise beschränkt (Kommanditisten). Die wichtigsten rechtlichen Bestimmungen sind im HGB §§ 161 ff. geregelt:

rechtliche Vorschriften zur KG, §§ 161 ff. HGB

Die Firma muss gemäß § 19 Abs. 3 HGB die Bezeichnung „Kommanditgesellschaft" oder eine allgemein verständliche Abkürzung dieser Bezeichnung enthalten (Karl KG, Karl & Co.).

Firmierung einer KG, § 19 Abs. 3 HGB

Rechtsverhältnisse der Gesellschafter untereinander: Die Geschäftsführung der KG obliegt allein den Komplementären. Es ist jedoch möglich, den Kommanditisten im Gesellschaftsvertrag ein Mitspracherecht bei der Geschäftsführung einzuräumen. Dies wird häufig dann praktiziert, wenn ein Gläubiger in die Gesellschaft eintritt und seine Forderungen in Kommanditanteile umwandelt.

Vertretung im Außenverhältnis: Sie ist allein den Komplementären vorbehalten. Ein Kommanditist kann jedoch beispielsweise als Prokurist an einer Gesamtvertretung beteiligt sein. Bezogen auf die Komplementäre herrscht Einzelvertretung wie bei der OHG, sofern der Gesellschaftsvertrag nichts anderes vorsieht.

vgl. 12.1 Prokura

Gewinn- und Verlustverteilung: Sie ähnelt derjenigen bei der OHG. Allen Gesellschaftern werden vom Gewinn 4 % ihres Kapitalanteils gutgeschrieben. Der Rest wird nicht nach Köpfen wie bei der OHG, sondern im „angemessenen Verhältnis" verteilt. Gleiches gilt für die Verlustbeteiligung. Um in der Realität Streitigkeiten über das, was „angemessen" ist, zu vermeiden, wird man sinnvollerweise in den Gesellschaftsvertrag eine exakte Gewinn- und Verlustregelung aufnehmen.

Gesellschaftsauflösung: Sie erfolgt wie bei der OHG. Eine andere Regelung gilt lediglich beim Tod eines Kommanditisten: Dieser ist kein Auflösungsgrund; die Erben rücken in seine Rechtsstellung ein.

Personelle, juristische und wirtschaftliche Struktur der KG ermöglichen es, die Produktionsfaktoren Arbeit und Kapital so miteinander zu kombinieren, dass der Einfluss der Kapitalgeber begrenzt bleibt, sodass in der KG gewissermaßen die Vorteile von Kapitalgesellschaft und Personengesellschaft zum Tragen kommen.
Wegen der beschränkten Haftung ist die Kapitalbeschaffung durch Aufnahme neuer Kommanditisten, die ja von der Geschäftsführung ausgeschlossen sind und nur geringe Kontrollrechte haben, meistens problemlos.
Andererseits ist das Verhältnis zwischen Geschäftsführung und Kommanditisten eine schwierige Angelegenheit: Wie die Praxis zeigt, kommt es häufig vor, dass die Kommanditisten auf Grund des Umfangs ihrer Kapitalbeteiligung großen, ggf. sogar beherrschenden Einfluss auf die Geschäftsführung ausüben. Der Ausgestaltung und Abfassung des Gesellschaftsvertrages kommt daher hier besondere Bedeutung zu.

Produktionsfaktoren, vgl. Kapitel 2, 3.2 Volkswirtschaftliche Produktionsfaktoren

Aufgaben

1. Welche Bestimmungen in Bezug auf den Namen einer Firma existieren bei den vorgestellten Unternehmensformen?
2. Wer haftet bei der Offenen Handelsgesellschaft, wer bei der Kommanditgesellschaft und in welchem Umfang?
3. Erstellen Sie eine Liste der Anforderungen, die Erich Karl und Anna Moser an ihr Unternehmen haben. Prüfen Sie, welche der beiden Rechtsformen für sie geeigneter ist.
4. Erläutern Sie, was Herr Karl und Frau Moser tun müssen, um die von Ihnen als geeignet ausgewählte Unternehmung zu gründen.
5. Erstellen Sie eine Liste mit den Vor- und Nachteilen der OHG und der KG.

Übersicht Unternehmensformen,vgl. S. 156

11.3 Gründung einer Kapitalgesellschaft

Beispiel:

Vor seiner Selbstständigkeit war Christoph Busse bei einem Signal- und Schaltanlagen-Unternehmen beschäftigt. Er ist Betriebswirt und Diplom-Ingenieur und möchte sich mit neuen Entwicklungen ebenfalls im Signal- und Schaltanlagenbau selbstständig machen. Er hat bereits gute Kontakte zur Deutschen Bahn und erwartet ebenfalls Aufträge von Städten und Gemeinden. Er will zudem als Zulieferer für einen größeren Elektrokonzern tätig werden. Die Aufträge, die er erwartet, bewegen sich in der Größenordnung von 5.000 bis 50.000 € und mehr. Es liegt auf der Hand, dass er für solch ein Unternehmen viel Personal, viele Geräte und Maschinen und entsprechende Geschäfts- und Produktionsräume benötigt. Mit anderen Worten, der Kapitalbedarf dieses Industrieunternehmens ist, verglichen mit dem des Handwerksunternehmens von Herrn Karl und Frau Moser, sehr viel höher. Bei der Höhe der Aufträge möchte der Unternehmensgründer für sich auch das Risiko der Haftung beschränken; außerdem braucht er weitere Kapitalgeber, da er selbst nur 25.000 € Startkapital aufbringen kann. Er lässt sich bei der Industrie- und Handelskammer seiner Stadt bei seiner Unternehmensgründung beraten.

vgl. 9.6.1 Industrie- und Handelskammer (IHK)

Welche Möglichkeiten hat Herr Busse?

Bei Kapitalgesellschaften handelt es sich um juristische Personen mit eigener Rechtspersönlichkeit – als solche sind sie alleiniger Rechtsträger ihres Vermögens und ihrer Schulden, unabhängig von Veränderungen seitens der Gesellschafter. Im Gegensatz zu den Personengesellschaften, wo Eigenkapitalgeber und Unternehmer normalerweise identisch sind, liegen Kapitaleigentum und Unternehmensführung bei Kapitalgesellschaften grundsätzlich nicht beieinander. Normalerweise beschränkt sich der Einfluss der Gesellschafter auf ihr Stimmrecht in der Gesellschafterversammlung, ihr Risiko auf die geleistete Kapitaleinlage.

11.3.1 Aktiengesellschaft (AG)

Ein Höchstmaß an Anonymität gewährt die Aktiengesellschaft, deren Entstehung auf das 19. Jahrhundert zurückgeht, als die Gründung großer Eisenbahn-, Schifffahrts- und Versicherungsgesellschaften so viel Kapital erforderte, dass es von einzelnen Unternehmern und Personengesellschaften nicht mehr aufgebracht werden konnte. In Anlehnung an die Vergabe von Teilhaberpapieren bei den alten überseeischen Handelskompanien gründete man die moderne Aktiengesellschaft, die Teilhaberpapiere über Banken an ein breites Publikum verkaufte. Aktiengesellschaften mit weit mehr als 100.000 Gesellschaftern sind durchaus möglich.

Gründung und Kapitalbeschaffung: Zur Gründung einer AG ist mindestens eine Person notwendig, die einen Gesellschaftsvertrag aufstellt, der von einem Notar beurkundet werden muss. Diese Satzung beinhaltet Firma, Sitz und Gegenstand des Unternehmens, die Höhe des Grundkapitals (mindestens 50.000 €), die Zusammensetzung des Aufsichtsrats und des Vorstands.

Die Einzelheiten vom Gründungsvorgang bis zur Eintragung in das Handelsregister sind im Aktiengesetz geregelt.

Das **Grundkapital** ist die Summe der Nennbeträge aller Aktien, zu deren Aufbringung sich die Aktionäre verpflichtet haben. Der Mindestnennbetrag einer Aktie beträgt 1 €, höhere Aktienbeträge müssen auf volle Euro lauten (AktG § 8).
Es gibt verschiedene Formen der **AG-Gründung**. Bei einer Einheitsgründung, der überwiegenden Form, ist das Zeitgeschehen in etwa wie folgt:
- Feststellung einer notariell oder gerichtlich beurkundeten Satzung
- Übernahme der Aktien durch die Gründer (auch dieser Vorgang ist notariell oder gerichtlich zu beurkunden)
- Schaffung der Organe des Unternehmens: die Gründer bestellen den Aufsichtsrat, dieser bestellt den ersten Vorstand
- Teileinzahlung des Grundkapitals, Volleinzahlung bei Inhaberaktien
- Erstellung eines Gründungsberichts, Vornahme einer Gründungsprüfung
- Anmeldung zur Eintragung in das Handelsregister beim Amtsgericht des Sitzes der Gesellschaft unter Hinzufügung sämtlicher Urkunden durch alle Gründer, Aufsichtsrats- und Vorstandsmitglieder, wobei nachzuweisen ist, dass die notwendigen Einzahlungen erfolgt sind

Erst die Eintragung in das Handelsregister verleiht der AG ihre Rechtsfähigkeit.

Eintragung ins Handelsregister

© Erich Schmidt Verlag

Name der Fima: Die Firma der Aktiengesellschaft kann eine Personen-, Sach-, Fantasie- oder gemischte Firma sein und muss die Bezeichnung „Aktiengesellschaft" oder eine allgemein verständliche Abkürzung dieser Bezeichnung enthalten. Beispiel: Mainzer Spielwarenfabrik AG.

Aktienarten: Als fester Anteil des Grundkapitals einer AG ist die Aktie ein Wertpapier, das nicht unter dem Nennwert abgegeben werden darf, sondern normalerweise mit einem Aufgeld (Agio) verkauft wird, das in die gesetzliche Rücklage kommt. Während Aktien in Deutschland auf eine in Geld ausgedrückte feste Summe ausgestellt sind (Nennwert- oder Nominalaktie), gibt es im Ausland (USA, Kanada, Italien, Belgien) auch so genannte Quotenaktien, bei 1000 ausgegebenen Aktien wird jede Aktie beispielsweise auf 1/1000 des Kapitals ausgestellt.

Stammaktien und Vorzugsaktien: Die bei uns übliche Nennwertaktie wird in die Aktiengattungen Stammaktien (Normaltyp mit Stimmrecht) und Vorzugsaktien unterteilt. Unter **Vorzugsaktien** werden Aktienarten zusammengefasst, die gegenüber der Stammaktie gewisse Vorrechte gewähren, beispielsweise:
- festen Ertrag im Hinblick auf eine nach oben begrenzte Vorzugsdividende, meistens auch verbunden mit einer Bevorzugung bei der Verteilung des Liquidationserlöses
- veränderlicher Ertrag – Gewährung einer Überdividende (zusätzlicher Anteil am Reingewinn)
- stimmrechtlose Vorzugsaktien mit geldlichen Vorteilen
- Mehrstimmrechtsaktien (in Deutschland nicht erlaubt)

Inhaber- und Namensaktien: Eine Unterteilung ganz anderer Art ist die Unterscheidung in Inhaberaktien und Namensaktien. **Inhaberaktien**, die Normalform, ermöglichen durch Einigung und Übergabe eine einfache Übertragung, verbunden mit dem Nachteil, dass Aufsichtsrat und Vorstand nicht erkennen können, ob und wie sich Mehrheitsverhältnisse in den Hauptversammlungen bilden und ändern. Die Inhaber von **Namensaktien** sind dagegen im Aktienbuch vermerkt – bei einer Übertragung ist der Name des Erwerbers einzutragen. Bedarf die Übertragung von Namensaktien laut Satzung der Zustimmung der Gesellschaft, spricht man von gebundenen oder vinkulierten Namensaktien.
Weitere Begriffe der Aktiengesellschaft sind:
- eigene Aktien,
- Vorratsaktien und
- Belegschaftsaktien.

Eigene Aktien wurden von der jeweiligen Gesellschaft selbst zurückgekauft. Da durch den Erwerb eigener Aktien in größeren Mengen das Verbot der Rückzahlung des Grundkapitals umgangen werden könnte, ist er nur beschränkt zugelassen, etwa dann, wenn die Aktien den Arbeitnehmern der AG zum Vorzugskurs angeboten werden sollen (Ausgabe von Belegschaftsaktien) oder wenn dadurch ein schwerer Schaden von der Gesellschaft abgewendet werden kann.

Vorratsaktien stellen keine eigene Aktiengattung dar – sie werden bei der Emission (Ausgabe) in der Regel von einem Bankenkonsortium übernommen, das sie zur Verfügung der Verwaltung der AG hält, die über deren Verwendung entscheiden muss. Wirtschaftlich handelt es sich um „Leeraktien", da die AG durch sie kein neues Kapital erhält. Deshalb werden sie nur im Geschäftsbericht, nicht in der Bilanz aufgeführt.
Belegschaftsaktien werden den Arbeitnehmern einer AG entweder im Rahmen einer Umwandlung von Rücklagen in Nennkapital (Kapitalerhöhung) oder durch ein Angebot eigener Aktien zum Vorzugskurs zugänglich. So hat beispielsweise die Hoechst AG einmal jedem Belegschaftsmitglied durch das Angebot eigener Aktien zum Vorzugskurs einmalig einen Vorteil von 500 DM (= 255,65 €) zukommen lassen.

Organe der AG: Die AG besteht aus dem leitenden Organ **„Vorstand"**, dem überwachenden Organ **„Aufsichtsrat"** und der beschließenden **„Hauptversammlung"**. Das zuletzt genannte Organ wahrt die Interessen der Aktionäre und beschließt in den Fällen, die im Aktiengesetz oder der Satzung der Hauptversammlung vorbehalten sind.
Hierzu gehören u. a.:
- Wahl und Abberufung der Aufsichtsratsmitglieder, soweit sie nicht auf Grund anderer Gesetze und Vorschriften in den Aufsichtsrat entsandt worden sind,
- die Verwendung des Bilanzgewinns,
- die Entlastung von Vorstand und Aufsichtsrat,
- die Wahl des Abschlussprüfers sowie des Prüfers für Sonderprüfungen,
- Satzungsänderungen und alle Grundfragen der AG wie Kapitalerhöhungen bzw. -herabsetzungen, Fusionen, Auflösung der Gesellschaft.

Eine **ordentliche Hauptversammlung** ist regelmäßig einmal im Jahr vom Vorstand einzuberufen. Stehen außergewöhnliche Situationen wie Kapitalveränderungen, Fusion an, wird eine **außerordentliche Hauptversammlung** einberufen. Deren Einberufung können auch der Aufsichtsrat sowie Aktionäre schriftlich unter Angabe der Gründe und des Zwecks bewirken, wenn ihre Anteile zusammen mindestens 20 Prozent des Grundkapitals ausmachen. Im Normalfall gilt für Beschlüsse der Hauptversammlung ein-

Fusion, vgl. Kapitel 3, 7.4 Wie sich Unternehmen zusammenschließen fache **Stimmenmehrheit**; Beschlüsse von besonderer Tragweite (Kapitalbeschaffung, -herabsetzung, Satzungsänderungen usw.) bedürfen einer qualifizierten Mehrheit von 75 % des bei der Beschlussfassung vertretenen Grundkapitals.

qualifizierte Mehrheit

Ein **Aktionär** muss sein Stimmrecht nicht selbst ausüben, sondern kann sich hierbei durch einen Bevollmächtigten vertreten lassen. Da die Aktien überwiegend in Banken deponiert sind, vertreten diese durch Ausübung des Depotstimmrechts den Aktionär. Die Vollmacht darf nur einem bestimmten Kreditinstitut und nur für die Dauer von 15 Monaten erteilt werden. Hat der Aktionär dem Kreditinstitut keine ausdrücklichen Weisungen für die Ausübung des Stimmrechts erteilt, hat die Bank das Stimmrecht entsprechend ihren eigenen, den Aktionären mitgeteilten Vorschlägen auszuüben. Zwar sind durch Gesetz die Aktionäre von der Geschäftsführung ausgeschlossen, Großaktionäre können in der Realität jedoch durchaus entscheidenden Einfluss auf die Geschäftsführung nehmen, zumal ein Aktionär gleichzeitig auch Vorstandsmitglied oder Aufsichtsratsmitglied werden kann.

Der **Aufsichtsrat einer AG** wird von der Hauptversammlung zu zwei Dritteln auf vier Jahre gewählt. Wählbar sind nur natürliche Personen, die weder Vorstandsmitglied noch leitende Angestellte der AG sind. Das restliche Drittel wird gemäß Betriebsverfassungsgesetz aus Arbeitnehmern gebildet. Die Arbeitnehmervertreter werden von der Gesamtheit der Arbeitnehmer entsprechend der Wahlordnung für Betriebsräte ermittelt. Der Aufsichtsrat besteht aus drei Mitgliedern, wenn die Satzung nicht eine höhere durch drei teilbare Zahl vorsieht.

vgl. 9.5 Mitbestimmung im Aufsichtsrat

Der Aufsichtsrat wählt aus seiner Mitte einen Vorsitzenden sowie mindestens einen Stellvertreter und kann zur Vorbereitung schwieriger Verhandlungen und Beschlüsse einen oder mehrere Ausschüsse berufen, beispielsweise einen Investitionsausschuss. Seine Hauptaufgabe besteht jedoch in der Bestellung, Abberufung und Überwachung des Vorstandes. Er hat daher Einsicht in die Bücher und Geschäftsunterlagen und erhält vom Vorstand mindestens vierteljährlich Berichte über Umsatz, Geschäftslage, beabsichtigte Geschäftspolitik und weitere grundsätzliche Fragen der Unternehmensführung. Jahresabschluss, Gewinnverteilungsvorschlag und Geschäftsbericht sind zu prüfen; der Hauptversammlung ist darüber zu berichten.

Hauptaufgabe

Neben der Kontrollfunktion hat der Aufsichtsrat Beratungsfunktion und auch eine gewisse Repräsentationsfunktion im Hinblick auf die Pflege alter Geschäftsbeziehungen sowie die Knüpfung neuer zu Kunden, Banken und Lieferern. Industrie, Banken und Handel haben daher oft ihre besten Leute gegenseitig in die Aufsichtsräte entsandt. Nach dem neuen Aktiengesetz darf eine natürliche Person nur noch in höchstens zehn Aufsichtsräten sitzen. Überkreuzverflechtungen, d. h. die Entsendung von gesetzlichen Vertretern anderer Kapitalgesellschaften in den Aufsichtsrat einer AG, wenn bereits ein Vorstandsmitglied dieser AG im Aufsichtsrat der anderen Gesellschaft ist, sowie die Zugehörigkeit eines Vorstandsmitglieds einer Tochtergesellschaft zum Aufsichtsrat der Muttergesellschaft sind verboten.

Der Vorstand einer AG wird vom Aufsichtsrat auf die Dauer von höchstens 5 Jahren bestellt. Eine wiederholte Bestellung ist möglich. Der Vorstand besteht aus einer oder mehreren Personen, die keine Aktionäre zu sein brauchen und nicht dem Aufsichtsrat angehören dürfen. Dem Vorstand obliegt die Geschäftsführung, in der er an keinerlei Weisungen des Aufsichtsrats oder der Hauptversammlung gebunden ist, er leitet das Unternehmen in eigener Verantwortung. Bei mehreren Vorstandsmitgliedern besteht grundsätzlich Gesamtgeschäftsführungs- und Gesamtvertretungsbefugnis. Für ihre Tätigkeit können die Vorstandsmitglieder neben ihrem Gehalt einen Teil des Jahresgewinns (Tantieme) beanspruchen.

Rechnungslegung der AG: Der Vorstand hat in den drei ersten Monaten des Geschäftsjahres nach einem vorgegebenen Schema den **Jahresabschluss** des Vorjahres zu erstellen und den Abschlussprüfern vorzulegen. Nach deren Prüfung gelangt der Abschluss zum Aufsichtsrat, der binnen eines Monats dazu Stellung nehmen muss. Bei Billigung gilt er als festgestellt. Innerhalb der ersten acht Monate des Geschäftsjahres ist die Hauptversammlung zur Entgegennahme des festgestellten Jahresabschlusses und zur Beschlussfassung über die Verwendung des Gewinns vom Vorstand einzuberufen. Neben der Bilanz und der GuV, deren Gliederung und Bewertung dem Aktiengesetz zu entsprechen hat, gehört zur ordnungsgemäßen Rechnungslegung einer AG auch das Aufstellen eines **Geschäftsberichts**, bestehend aus einem allgemeinen Teil (Geschäftsverlauf und Lage der Gesellschaft) und einem speziellen Teil, in dem der Jahresabschluss erläutert und Abweichungen zum Vorjahr begründet werden. Die Feststellung des Jahresabschlusses beinhaltet gleichzeitig die Gewinnfeststellung. Die Hauptversammlung beschließt daher nur noch über die Verwendung des bereits festgestellten und damit vorgegebenen **Bilanzgewinns**.

vgl. Teilband *Prozessorientiertes Rechnungswesen*, Kapitel 3 Jahresabschluss analysieren und bewerten

GuV = Gewinn- und Verlustrechnung

Rechnungslegung der AG

Jahresüberschuss	Ausgleich eines Verlustvortrages Einstellung von 5 % des Restbetrages in die gesetzliche Rücklage bis zu 10 % des Rückkapitals	vom Gesetz (AktG § 150) zwingend vorgeschrieben
Jahresüberschuss	Einstellung bis zu 50 % des dann verbleibenden Restbetrages in die freien Rücklagen. Ein höherer Anteil kann durch die Satzung bestimmt werden.	Entscheidung des Vorstandes und des Aufsichtsrates (AktG § 58)
Jahresüberschuss / Bilanzgewinn	Einstellung weiterer Beträge in die freien Rücklagen Dividende Gewinnvortrag	Beschluss der Hauptversammlung auf Grund eines Vorschlags des Vorstandes und des Berichtes (AktG § 174)

Die Gewinnverwendung sieht wie folgt aus: Der zwanzigste Teil des ggf. um einen Verlustvortrag aus dem Vorjahr verminderten Jahresabschlusses ist so lange der **gesetzlichen Rücklage** zuzuführen, bis diese 10 % des Grundkapitals beträgt. Vorstand und Aufsichtsrat können, sofern die Satzung nichts anderes vorsieht, die Hälfte des noch verbliebenen Jahresüberschusses einer **freien Rücklage** zuführen. Weitere Beträge können von der Hauptversammlung in ihrem Beschluss über den Bilanzgewinn in die freie Rücklage eingestellt werden. Gesellschaften, die nicht an der Börse notiert sind, haben mehr Spielräume bei der Gewinnverwendung.

11.3.2 Gesellschaft mit beschränkter Haftung (GmbH)

Die GmbH, eine Konstruktion am grünen Tisch aus den frühen Neunzigerjahren des 19. Jahrhunderts, war als eine Rechtsform zwischen OHG und AG gedacht. Kleinen und mittleren Unternehmen sollte eine Haftungsbeschränkung ermöglicht werden, ohne die teure Form der AG wählen zu müssen. Die GmbH ist eine Gesellschaft mit eigener Rechtspersönlichkeit, deren Gesellschafter sich mit Einlagen an dem in Stammeinlagen zerlegten Stammkapital beteiligt haben, ohne persönlich für die Verbindlichkeiten der Gesellschaft zu haften. Da sich die Gläubiger nur an das Gesellschaftsvermögen, nicht aber an die Gesellschafter halten können, haftet eigentlich niemand unbeschränkt. Denn die Gesellschaft haftet beschränkt, d. h. Gesellschafter haften überhaupt nicht, abgesehen davon, dass sie ggf. noch fehlende Einzahlungen auf ihre Stammeinlagen zu erbringen haben. Im Gesellschaftsvertrag kann jedoch eine beschränkte oder unbeschränkte Nachschusspflicht festgelegt werden.

Der **Gesellschaftsvertrag** bedarf notarieller Form und ist von sämtlichen Gesellschaftern zu unterzeichnen. Er muss Firma und Sitz der Gesellschaft, den Gegenstand des Unternehmens, den Betrag des Stammkapitals und den Betrag der von jedem Gesellschafter auf das Stammkapital zu leistenden Einlage enthalten.

Die Firma kann einen Personen-, Sach-, Fantasie- oder gemischten Firmennamen mit dem Zusatz „Gesellschaft mit beschränkter Haftung" oder einer allgemein verständlichen Abkürzung dieser Bezeichnung haben.
Beispiel: Fritz Müller Computer-Vertrieb GmbH; COSYMA (COmputer SYStems MAnagement), Gesellschaft für Systemberatung, Software-Entwicklung und Textverarbeitung mit beschränkter Haftung.

Gründung und Kapitalbeschaffung: Das Mindeststammkapital einer GmbH beträgt 25.000 €. Davon müssen die Gesellschafter sofort mindestens 12.500 € in Geld oder als Sacheinlage (erfordert wie bei der AG einen Sachgründungsbericht) einzahlen. Ist das Stammkapital 50.000 € oder höher, genügt ein Viertel als sofortige Einzahlung. Der Rest ist auf Anforderung der Gesellschaft (durch Gesellschafterbeschluss) oder, falls so im Gesellschaftsvertrag vereinbart, auf Anforderung der Geschäftsführung zu leisten. Die Stammeinlage jedes Gesellschafters muss mindestens 100 € betragen.
Nach der 1981 in Kraft getretenen GmbH-Reform können Gesellschaften mit beschränkter Haftung jetzt auch durch eine Person errichtet werden. Auch juristische Personen können Gesellschafter sein.
Die Namen der jeweiligen Gesellschafter und ihre Stammeinlagen sind aus der alljährlich im Januar zum Handelsregister einzureichenden Liste der Gesellschafter ersichtlich (GmbHG § 40), die von jedermann eingesehen werden kann (HGB § 9).

Organe der GmbH:
- Gesellschafterversammlung
- oder der Geschäftsführer
- Aufsichtsrat

Das oberste Organ der GmbH ist die **Gesellschafterversammlung**, deren Zuständigkeit diejenige der Hauptversammlung einer AG bei weitem übertrifft. Nach § 46 GmbHG unterliegen der Bestimmung der Gesellschafter:

- die Feststellung der Jahresbilanz, die Verteilung des sich ergebenden Reingewinns,
- die Einforderung von Einzahlungen auf die Stammeinlagen,
- die Rückzahlung von Nachschüssen,
- die Teilung sowie die Einziehung von Geschäftsanteilen,
- die Bestellung und die Abberufung von Geschäftsführern sowie deren Entlastung,
- die Maßregeln zur Prüfung und Überwachung der Geschäftsführung,
- die Bestellung von Prokuristen und Handlungsbevollmächtigten zum gesamten Geschäftsbetrieb,
- die Geltendmachung von Ersatzansprüchen, welche der Gesellschaft aus der Gründung oder Geschäftsführung gegen Geschäftsführer oder Gesellschafter zustehen, sowie die Vertretung der Gesellschaft in Prozessen, welche sie gegen die Geschäftsführer zu führen hat.

vgl. 12 Vollmachten im Handelsrecht

Die Beschlussfassung in der Gesellschafterversammlung erfolgt nach der Mehrheit der abgegebenen Stimmen, wobei sich die Anzahl der Stimmen des Einzelnen nach dem Geschäftsanteil richtet. Soll ein Gesellschafter entlastet oder von einer Verbindlichkeit befreit werden, hat er selbst kein Stimmrecht und darf ein solches auch nicht für andere ausüben. Gesellschafterbeschlüsse werden in Versammlungen gefasst, es sei denn, sämtliche Gesellschafter erklären sich schriftlich mit einer zu treffenden Bestimmung oder einer schriftlichen Stimmabgabe einverstanden. Eine Gesellschafterversammlung ist durch den oder die Geschäftsführer einzuberufen, in der Regel mindestens eine Woche vor dem Termin, wobei der Zweck der Versammlung angekündigt werden soll.

Der oder die **Geschäftsführer** einer GmbH entsprechen dem Vorstand einer AG. Ihre Bestellung erfolgt durch den Gesellschaftsvertrag oder einen Beschluss der Gesellschafter. Geschäftsführer sind meist mehrere oder alle Gesellschafter; es können jedoch auch Nichtgesellschafter berufen werden. Die Geschäftsführer sind verpflichtet, für die ordnungsgemäße Buchführung der Gesellschaft zu sorgen, und müssen in den ersten drei Monaten des Geschäftsjahres die Bilanz für das Vorjahr sowie eine Gewinn- und

Verlustrechnung aufstellen. Durch den Gesellschaftsvertrag kann diese Frist auf sechs Monate und bei Geschäften der Gesellschaft in überseeischen Gebieten bis auf neun Monate verlängert werden.
Die Geschäftsführer haben in Angelegenheiten der Gesellschaft die Sorgfalt eines ordentlichen Geschäftsmannes anzuwenden. Verletzen sie diese Pflichten, haften sie der Gesellschaft gegenüber solidarisch für den entstandenen Schaden.

Gewinn- und Verlustrechnung, vgl. ausführlich Teilband *Prozessorientiertes Rechnungswesen*

Ein **Aufsichtsrat** ist nach dem GmbH-Gesetz kein notwendiges Organ. Sieht die Satzung jedoch einen vor, so gelten nach § 52 GmbHG auch für die GmbH die Vorschriften für den Aufsichtsrat einer AG, soweit im Gesellschaftsvertrag nichts anderes bestimmt ist.

Für eine AG, KGaA, GmbH, bergrechtliche Gewerkschaft oder eine Erwerbs- und Wirtschaftsgenossenschaft mit mehr als 2.000 beschäftigten Arbeitnehmern ist das Gesetz über die Mitbestimmung der Arbeitnehmer (MitbestG) zu berücksichtigen, vgl. 9.5.2 Mitbestimmung im Aufsichtsrat nach dem Mitbestimmungsgesetz

Vorteile der GmbH gegenüber der AG:
- niedrigere Gründungs- und Verwaltungskosten
- weniger Gründungskapital
- weit gehendes Mitverwaltungsrecht der Gesellschafter

Nachteile:
- geringere Kapital- und Kreditbasis
- schwierigere Übertragbarkeit der Geschäftsanteile (erfordert gerichtliche oder notarielle Beurkundung)
- Möglichkeit der Einführung einer Nachschusspflicht

Personengesellschaft, z. B. OHG	Kapitalgesellschaft, z. B. AG
gemeinschaftliches Vermögen der Gesellschafter	verselbstständigtes Vermögen der Gesellschafter
keine eigene Rechtspersönlichkeit	eigene Rechtspersönlichkeit
Gesellschaftsvertrag grundsätzlich formlos	Satzung bedarf der öffentlichen Beurkundung durch einen Notar
Existenz grundsätzlich vom Bestand der Gesellschafter abhängig	Existenz der Unternehmung grundsätzlich vom Gesellschafterbestand unabhängig
Haftung umfasst auch das Privatvermögen	Haftung ist grundsätzlich auf das Gesellschaftsvermögen beschränkt
Geschäftsführung und Vertretung durch Gesellschafter (Eigentümerunternehmungen)	Geschäftsführung und Vertretung durch Leitungsorgane (Managerunternehmungen)

Aufgaben

1. Welche Unternehmensform würden Sie Herrn Busse vorschlagen?
2. Auf welchem Weg können sich die AG und die GmbH mehr Kapital beschaffen?
3. Bei welcher Unternehmensform hätte Herr Busse mehr unternehmerische Freiheiten?
4. Erläutern Sie die Unterschiede zwischen Personen- und Kapitalgesellschaften unter den Aspekten:
   Geschäftsführung und Vertretung, Kapitalbeschaffung, Haftung, Ergebnisverteilung.

Übersicht Unternehmensformen, vgl. S. 156

Diese Aufgaben beziehen sich auf das Beispiel von S. 147

Übersicht:

		Personengesellschaften		Kapitalgesellschaften	
	Einzelunternehmung	**OHG**	**KG**	**AG**	**GmbH**
Inhaber*	Unternehmer	Gesellschafter	Kommanditist, Komplementär	Aktionäre	Gesellschafter
Firma	muss Bezeichnung „eingetragener Kaufmann" enthalten (oder Abkürzung)	muss Bezeichnung „Offene Handelsgesellschaft" bzw. „OHG" enthalten	muss Bezeichnung „Kommanditgesellschaft" bzw. „KG" enthalten	muss Bezeichnung „Aktiengesellschaft" bzw. „AG" enthalten	muss Bezeichnung „Gesellschaft mit beschränkter Haftung" bzw. „GmbH" enthalten
Geschäftsführung	Inhaber	jeder Gesellschafter	nur Vollhafter	Vorstand	Geschäftsführer
überwachendes Organ	–	–	–	Aufsichtsrat	Aufsichtsrat (bei mehr als 500 Arbeitnehmern)
beschließendes Organ	–	–	–	Hauptversammlung	Gesellschafterversammlung
Haftung und Haftungssumme	Inhaber haftet unbeschränkt	jeder Gesellschafter haftet unbeschränkt, unmittelbar und solidarisch	Vollhafter wie bei OHG, Teilhafter nur mit Einlage	AG als juristische Person mit ihrem Vermögen	GmbH als juristische Person mit ihrem Vermögen (evtl. Nachschüsse durch Gesellschafter)
Registereintragung	Handelsregister	Handelsregister	Handelsregister	Handelsregister	Handelsregister

*Grundsätzlich ist eine Personen-, Sach-, Fantasie- oder gemischte Firma möglich.

12 Vollmachten im Handelsrecht

Welche Vollmachten besitzen Mitarbeiter gegenüber Dritten? Ist z. B. ein Personalsachbearbeiter, der die Zahlungen an die Mitarbeiter durchführt, auch dazu berechtigt, die Zahlungsanweisungen an die Hausbank zu zeichnen? Die wichtigsten Vollmachten im Handelsrecht sind **Prokura** und **Handlungsvollmacht**. Prokuristen und Handlungsbevollmächtigte sind Stellvertreter eines Kaufmanns. Rechtsgeschäfte, die von Prokuristen oder Handlungsbevollmächtigten im Rahmen ihrer Vertretungsmacht vorgenommen werden, wirken unmittelbar für und gegen den Kaufmann.

BGB §§ 164 ff.

12.1 Prokura

12.1.1 Erteilung

Prokura kann nur vom Inhaber des Handelsgeschäfts oder seinem gesetzlichen Vertreter und nur mittels ausdrücklicher Erklärung erteilt werden.

Erteilung der Prokura, § 48 HGB

12.1.2 Umfang

Der Prokurist ist zu allen Arten von gerichtlichen und außergerichtlichen Geschäften und Rechtshandlungen ermächtigt, die der Betrieb eines Handelsgewerbes mit sich bringt. Darunter fallen zum Beispiel:

Umfang der Prokura, §§ 49 f. HGB

- Einstellung von Personal und Erteilen von Handlungsvollmachten
- Aufnahme und Einräumung von Krediten
- Schenkungen machen und fremde Verbindlichkeiten übernehmen
- Schließung und Eröffnung von Zweigniederlassungen
- Erwerb von Unternehmen und Beteiligungen
- Eingehung von Wechselverbindlichkeiten
- Kauf von Grundstücken

Grundsätzlich nicht ermächtigt ist der Prokurist zu den so genannten Grundlagengeschäften, also Geschäften, die den Bereich des Handelsgewerbes als solches betreffen. Der Prokurist kann demnach **nicht**

- das Handelsgeschäft einstellen oder veräußern,
- die Firma ändern,
- neue Gesellschafter aufnehmen,
- Konkurs beantragen,
- Anmeldungen zum Handelsregister vornehmen,
- das Inventar und die Bilanz unterzeichnen,
- Grundstücke belasten oder veräußern (außer mit Sondervollmacht).

12.1.3 Arten

1. **Einzelprokura:** Berechtigung, die Vertretung alleine auszuüben.
2. **Filialprokura:** Beschränkung der Prokura auf einen Filialbetrieb.
3. **Gesamtprokura:** Unter der Gesamtprokura versteht man eine Prokura, die mehreren Personen gemeinschaftlich erteilt wird, d. h., die Prokura kann durch die Prokuristen nur gemeinsam ausgeübt werden.

Filialprokura, § 50 Abs. 3 HGB

Gesamtprokura, § 48 Abs. 2 HGB

12.1.4 Zeichnung

Zeichnung, § 51 HGB

Der Prokurist zeichnet üblicherweise mit „ppa" vor seinem handgeschriebenen Namen, beides unter (oder über) der Firma (dem Firmenstempel) des Handelsgeschäftes. Dies ist jedoch nur eine Ordnungsvorschrift, ihre Verletzung macht die Unterschrift eines Prokuristen nicht unwirksam. Die Prokura kann vertraglich eingeschränkt werden. Zum Schutz von Dritten ist eine Beschränkung des Umfanges der Prokura dem **Dritten gegenüber** jedoch **unwirksam**. Wenn z. B. einem Prokuristen ausdrücklich die Vergabe von Krediten untersagt wird, der Prokurist aber dennoch einen Kredit an einen Kunden vergibt, so haftet der Prokurist gegenüber dem Kaufmann, der Kunde hat aber einen rechtmäßigen Anspruch auf den Kredit (es sei denn, ihm war die Einschränkung der Prokura bekannt).

12.2 Handlungsvollmacht

12.2.1 Erteilung

Handlungsvollmacht, § 54 HGB

Handlungsvollmacht kann von jedem Kaufmann erteilt werden. Die Erteilung bedarf keiner besonderen Form und kann auch durch schlüssiges Verhalten (z. B. Duldung) erfolgen. Die Handlungsvollmacht wird nicht ins Handelsregister eingetragen.

12.2.2 Umfang

Der Umfang ist u. a. abhängig von der Art der Handlungsvollmacht bzw. von der Festlegung durch den Kaufmann. Bei der **allgemeinen Handlungsvollmacht** ergeben sich gegenüber der Prokura folgende Unterschiede: Die Handlungsvollmacht erstreckt sich auf alle Rechtsgeschäfte und Rechtshandlungen, die der Betrieb eines derartigen Handelsgewerbes gewöhnlich mit sich bringt. Der Handlungsbevollmächtigte ist somit nur zu gewöhnlichen (alltäglichen), branchenüblichen Geschäften ermächtigt, nicht wie der Prokurist zu Geschäften, die in irgendeinem Handelsgewerbe vorkommen können. Z. B. darf ein Handlungsbevollmächtigter eines Papiergroßhandels keine Aktien kaufen, auch wenn ein großer Gewinn zu erwarten ist.

Folgende Rechtsgeschäfte bzw. Rechtshandlungen können von einem Handlungsbevollmächtigten nur mit besonderer Ermächtigung des Kaufmanns durchgeführt werden:

- Veräußerung und Belastung von Grundstücken
- Eingehung von Wechselverbindlichkeiten
- Aufnahme von Darlehen
- Prozessführung

12.2.3 Zeichnung

Der Handlungsbevollmächtigte unterschreibt üblicherweise mit
i. A. (im Auftrag) = Einzel- oder Arthandlungsvollmacht,
i.V. oder „in Vollmacht" oder „per" = allgemeine Handlungsvollmacht.

12.2.4 Arten

1. **Einzel- oder Spezialhandlungsvollmacht:** Der Spezialbevollmächtigte ist zu einzelnen, konkret bestimmten Geschäften bevollmächtigt.
   Beispiel: Bevollmächtigung zum Kauf eines neuen Lkws

2. **Arthandlungsvollmacht:** Sie ermächtigt zur Vornahme von Geschäften einer bestimmten Art (Gattung).
   Beispiele: Bankkassierer, Einkäufer, Abteilungsleiter

3. **Allgemeine Handlungsvollmacht:** Sie erstreckt sich auf den gesamten Betrieb dieses Handelsgewerbes.

Übersicht:

	Prokura §§ 48 ff. HGB:	Handlungsvollmacht § 54 HGB:
Erteilung	– § 48 (1) HGB: persönliche, ausdrückliche Erklärung des Inhabers des Handelsgeschäfts oder dessen gesetzlichen Vertreters – Eintragung ins HR	– von jedem Kaufmann, bedarf keiner besonderen Form, auch durch konkludentes Handeln – keine Eintragung ins HR
Umfang	§§ 49, 50 HGB: alle gerichtlichen und außergerichtlichen Geschäfte und Rechtshandlungen	alle gewöhnlichen (= alltäglichen, branchenüblichen) Geschäfte
	ausgenommen: Grundlagengeschäfte (die das Handelsgeschäft als solches betreffen)	ausgenommen: – Grundstücke belasten oder veräußern – Wechselverbindlichkeiten eingehen – Darlehen aufnehmen – Prozessführung
	vertragliche Einschränkungen sind gegenüber Dritten unwirksam!	
Arten	– Einzelprokura – Filialprokura – Gesamtprokura	– allgemeine Handlungsvollmacht – Einzel- / Spezialhandelsvollmacht – Arthandelsvollmacht
Zeichnung	§ 51 HGB „ppa." + Unterschrift	„i. A.", „i.V.", „per" + Unterschrift

Aufgaben

Die Solutions GmbH hat sich auf die Beratung mittelständischer Industrieunternehmen spezialisiert. Für Frau Martini ist Einzelprokura im Handelsregister eingetragen, Herrn Beyer wurde allgemeine Handlungsvollmacht erteilt. Während eines Urlaubs des Geschäftsführers bietet sich ein kleines Bürogebäude samt Grundstück günstig zum Kauf an.

1. Wer von den beiden darf hierfür ein Darlehen aufnehmen, den Kaufvertrag abschließen und nach Erwerb das geänderte Inventar unterzeichnen?
2. Mit Frau Martini wurde vereinbart, sie dürfe keine Grundstücke erwerben. Ist diese Einschränkung überhaupt zulässig? Hätte sie das Grundstück dennoch erworben, wäre die Solutions GmbH an den Kaufvertrag gebunden?
3. Herrn Beyer wird Gesamtprokura gemeinsam mit Frau Martini erteilt. Könnte er den Grundstückskaufvertrag abschließen?

Wissens-Check

1. Welche Aussagen entsprechen den Bestimmungen des Jugendarbeitsschutzgesetzes?

a) Jugendliche dürfen keine Akkordarbeit verrichten oder andere tempoabhängige Arbeiten, mit denen ein höheres Entgelt erzielt werden kann.
b) Jugendliche dürfen nicht länger als drei Stunden ohne Ruhepausen beschäftigt werden.
c) Zwischen Feierabend und Arbeitsbeginn am darauf folgenden Tag muss eine Ruhezeit von mindestens 10 Stunden liegen.
d) Das Jugendarbeitsschutzgesetz soll Menschen unter 25 Jahren vor Gesundheitsgefährdung oder Entwicklungsstörung bewahren.
e) Jugendliche müssen während ihrer Abschlussprüfungen zwei Arbeitstage vor Prüfungsbeginn freigestellt werden.
f) Jugendliche dürfen generell samstags nicht beschäftigt werden.
g) Eine mindestens 15-stündige ununterbrochene Ruhepause muss zwischen dem Feierabend und dem Arbeitsbeginn am nächsten Tag liegen.

2. Welche zwei der sechs unten stehenden Aussagen treffen auf die beiden nachfolgenden Zweige der Sozialversicherung zu? Ordnen Sie zu.

Zweige der Sozialversicherung:
① Krankenversicherung
② Unfallversicherung

a) Angestellte sind in dieser Versicherung nur dann pflichtversichert, wenn ihr regelmäßiger Jahresarbeitsverdienst eine bestimmte Grenze nicht überschreitet.
b) Träger dieser Versicherung ist die Bundesanstalt für Arbeit.
c) Die Versicherungsjahre setzen sich aus Beitragszeiten, Ersatz- und Ausfallzeiten und der Zurechnungszeit zusammen.
d) Die Beiträge zu dieser Versicherung werden allein vom Arbeitgeber aufgebracht.
e) Träger dieser Versicherung ist die Bundesversicherungsanstalt für Angestellte.
f) Der Träger dieser Versicherung zahlt Altersruhegeld.

3. Welche Aussage gilt für die Beitragsbemessungsgrenze in der Sozialversicherung?

a) Die Beitragsbemessungsgrenze ist für Rentenversicherung und Unfallversicherung dieselbe.
b) Die Beitragsbemessungsgrenze gilt nur für die Rentenversicherung.
c) Die Beitragsbemessungsgrenze für die Rentenversicherung und die Arbeitslosenversicherung ist gleich hoch.
d) Liegt der Bruttoverdienst eines Angestellten unter der Beitragsbemessungsgrenze, so bemisst sich der Beitrag für die Sozialversicherung nach der Beitragsbemessungsgrenze.
e) Die Beitragsbemessungsgrenze gilt nur für die Pflegeversicherung.
f) Die Beitragsbemessungsgrenze für die Rentenversicherung und die Krankenversicherung ist gleich hoch.

4. Die Leistungen der gesetzlichen Sozialversicherung werden von unterschiedlichen Trägern erbracht. Welche Leistung übernimmt die zuständige Berufsgenossenschaft?

a) Altersruhegeld
b) Verletztenhilfe
c) Übernahme der Kosten für Vorsorgeuntersuchungen
d) Erwerbsunfähigkeitsrente
e) Übernahme der Kosten für Familienhilfe

5. Welche Einkünfte sind Einkünfte aus nichtselbstständiger Arbeit?

a) Dividende aus Aktien
b) Miete, die ein Hauseigentümer monatlich erhält
c) Zinsgutschrift eines Kreditinstituts
d) Die Chefsekretärin erhält Weihnachtsgeld.
e) Honorar eines Architekten
f) Pachteinnahmen

6. Ein Angestellter, der Einkünfte aus nichtselbständiger Arbeit bezieht, kann welche der folgenden Aufwendungen als Werbungskosten geltend machen?

a) Beiträge zu einer Rechtsschutzversicherung
b) Spenden an Amnesty International
c) Portoausgaben für eine Bewerbung
d) Abonnement eines Wochenmagazins
e) Gebühren für ein Weiterbildungsseminar in einem nicht ausgeübten Beruf
f) Beiträge zur privaten Haftpflichtversicherung

7. Im Tarifvertragsrecht unterscheidet man zwischen Lohn- oder Gehaltstarifvertrag und Rahmen- oder Manteltarifvertrag. Welcher der folgenden Inhalte wird typischerweise in einem Lohn- oder Gehaltstarifvertrag geregelt?

a) tägliche und wöchentliche Arbeitszeit
b) Urlaubstage
c) Gehaltssätze der einzelnen Gehaltsgruppen
d) Kündigungsfristen
e) Weihnachts- und Urlaubsgeld

8. Was bedeutet Aussperrung im Rahmen eines Tarifkonflikts?

a) außerordentliche Kündigung der gewerkschaftlich organisierten Arbeitnehmer
b) gemeinsame und planmäßige Niederlegung der Arbeit aller Arbeitnehmer
c) Betriebsbesetzung durch streikende Mitarbeiter, die der Betriebsleitung den Zutritt verwehren
d) Nichtzulassung von Mitarbeitern zur Arbeit bei Verweigerung der Lohnzahlung
e) ordentliche Kündigung von Mitarbeitern während eines Arbeitskampfes

9. Welche Gerichte sind für die unten stehenden Klagen a) bis f) zuständig?

Ordnen Sie jedem Buchstaben die richtige Ziffer zu!

① Arbeitsgericht ② Finanzgericht ③ Verwaltungsgericht
④ Amtsgericht ⑤ Landgericht ⑥ Sozialgericht

a) Klage eines Arbeitnehmers gegen seine Krankenversicherung wegen zu geringen Krankengelds
b) Klage eines Arbeitnehmers gegen seine fristlose Kündigung
c) Klage eines Auszubildenden wegen des Nichtbestehens seiner Abschlussprüfung
d) Klage eines Industrieunternehmens wegen einer Forderung im Wert von 8.000 €
e) Klage eines Arbeitnehmers wegen Nichtanerkennung seiner Werbungskosten
f) Klage eines Industrieunternehmens auf Abnahme einer Leistung im Wert von 4.500 €

10. Welche Rechte hat der Betriebsrat in den unten stehenden Angelegenheiten a) bis f)?
Ordnen Sie jedem Buchstaben die richtige Ziffer zu!

① Informations- und Beratungsrecht
② Mitbestimmungsrecht
③ Widerspruchsrecht
④ keines der hier genannten Rechte

a) Urlaubsplanung
b) Kündigung einer Sekretärin durch die Geschäftsführung
c) Aufstellen eines Sozialplans
d) Einführung neuer Arbeitsverfahren
e) Personalbedarfsplanung
f) Aufstellen eines Investitionsplans für das nächste Geschäftsjahr

11. Wozu ist die Jugend- und Auszubildendenvertretung (JAV) nach dem Betriebsverfassungsgesetz berechtigt?

a) Sie darf jugendliche Arbeitnehmer und Auszubildende gegenüber der Gewerkschaft vertreten.
b) Sie darf beim Betriebsrat beantragen, dass über Maßnahmen, betreffend die Situation jugendlicher Arbeitnehmer und Auszubildender beraten wird.
c) Sie darf mit der Personalabteilung über Bildungsmaßnahmen für die Auszubildenden verhandeln.
d) Sie darf geschlossen an allen Betriebsratssitzungen teilnehmen.
e) Sie darf direkt mit der Geschäftsführung Fragen des Arbeitsschutzes jugendlicher Arbeitnehmer und Auszubildender verhandeln.

12. Die XYZ-GmbH hat 815 Beschäftigte und somit einen Aufsichtsrat.
Wie setzt sich dieser zusammen?

a) Der Aufsichtsrat ist paritätisch mit Vertretern der Gesellschafter und der Belegschaft besetzt.
b) Im Aufsichtsrat sind alle Beschäftigten persönlich vertreten.
c) Die Aufsichtsratssitze verteilen sich zu gleichen Teilen auf Vertreter der Gesellschafter, der Belegschaft und des Betriebsrats.
d) Ein Drittel der Aufsichtsratsmitglieder sind Arbeitnehmervertreter.

e) Die Hälfte der Aufsichtsratssitze wird von der zuständigen Gewerkschaft besetzt.

13. Nach dem Mitbestimmungsgesetz von 1976 ist der Aufsichtsrat zahlenmäßig gleich mit Anteilseigner- und Arbeitnehmervertretern zu besetzen. Kritiker behaupten, es handele sich dabei um eine „Scheinparität". Mit welchem Argument wird diese Kritik begründet?

a) Der Aufsichtsrat besteht meistens aus 21 Personen, sodass die Anteilseignerseite immer die Mehrheit hat.
b) Bei Stimmengleichheit im Aufsichtsrat entscheidet bei erneuter Abstimmung über denselben Gegenstand die Stimme des Vorsitzenden, den in der Regel die Anteilseignerseite stellt.
c) Der Aufsichtsrat ist beschlussfähig, auch wenn nicht alle Mitglieder an der Beschlussfassung mitwirken.
d) Es handelt sich hierbei um eine Drittelparität.
e) Die leitenden Angestellten sind im Aufsichtsrat nicht vertreten.

14. Welche der nachfolgend genannten Rechte a) bis g) erhält der Mensch ab welchem Zeitpunkt?
Ordnen Sie jedem Buchstaben die richtige Ziffer zu!

① Geburt
② Vollendung des 7. Lebensjahres
③ Vollendung des 14. Lebensjahres
④ Vollendung des 16. Lebensjahres
⑤ Vollendung des 18. Lebensjahres
⑥ Vollendung des 21. Lebensjahres

a) Religionsmündigkeit
b) aktives Wahlrecht (Bundestag)
c) aktives Wahlrecht (Betriebsrat)
d) passives Wahlrecht (Landtag)
e) Rechtsfähigkeit
f) uneingeschränkte Strafmündigkeit
g) beschränkte Geschäftsfähigkeit

15. Welcher Fall ist ein einseitiges Rechtsgeschäft?

a) Ein Industrieunternehmen kündigt einem Mitarbeiter.
b) Ein Industrieunternehmen beauftragt eine Werbeagentur.
c) Ein Industrieunternehmen mietet für eine Betriebsfeier einen Festsaal.
d) Ein Industrieunternehmen kauft ein Grundstück.

16. Was gilt für die nachfolgend genannten Rechtsgeschäfte a) bis f)?
Ordnen Sie jedem Buchstaben die richtige Ziffer zu!

① rechtsgültig ② anfechtbar ③ nichtig ④ schwebend unwirksam

a) Ein Juwelier bietet ein Armband irrtümlich für 50 € statt für 500 € an.
b) Eine 6-Jährige kauft von ihrem Taschengeld ein Eis.
c) Ein Kreditvermittler vereinbart einen Zins von 12 % pro Monat.
d) Ein 17-jähriger Auszubildender kauft ein Motorrad.
e) Ein 17-Jähriger kauft von seinem Taschengeld Inline-Skates.
f) Eine 19-jährige schließt einen Vertrag in einem Fitness-Studio ab.

17. Das Astral Hotel will nachträglich sanitäre Einrichtungen in seinen Zimmern einbauen lassen. Es beauftragt den Sanitärfachbetrieb Blitz & Blank OHG, das benötigte Material zu liefern, Zu- und Abflüsse zu legen und sämtliche Installationsarbeiten vorzunehmen. Um welche Vertragsart handelt es sich?

a) Kaufvertrag
b) Werkvertrag
c) Arbeitsvertrag
d) Werklieferungsvertrag
e) Mietvertrag

18. Um welche Kaufmannseigenschaften handelt es sich in den unten stehenden Beispielen a) bis e)?
Ordnen Sie jedem Buchstaben die richtige Ziffer zu!

① Formkaufmann ② Istkaufmann ③ keine von beiden

a) Molkerei X. Franzerl (Familienbetrieb)
b) FX Marketinggesellschaft mbH
c) Tischlerei Norbert Schwarz (ein Geselle)
d) Pharma AG (800 Mitarbeiter)
e) Buchgroßhandel Werner KG (20 Beschäftigte)

19. Welche der Aussagen a) bis g) gelten laut Gesetz für die nachfolgenden Unternehmensformen?
Ordnen Sie jedem Buchstaben die richtige Ziffer zu!

① gilt nur für die OHG
② gilt nur für die GmbH
③ gilt nur für die AG
④ gilt nur für die KG
⑤ gilt für keine der genannten Unternehmensformen

a) Die Eigentumsanteile werden an der Börse gehandelt.
b) Das gezeichnete Kapital heißt Stammkapital.
c) Die Rechtsvorschriften für diese Gesellschaft stehen im BGB.
d) Alle Gesellschafter haften unbeschränkt.
e) Die Gesellschaft erlischt automatisch mit Erfüllung des gemeinsamen Ziels.
f) Einige Gesellschafter haften beschränkt, die übrigen unbeschränkt.
g) Alle Gesellschafter sind zur Geschäftsführung verpflichtet.

20. Es soll eine GmbH zur Erstellung von medizinischen Geräten gegründet werden. In welchem Fall treffen alle aufgeführten Merkmale zu?

a) kein Mindeststammkapital, mindestens sieben Gründer, persönliche Haftung, Geschäftsführer
b) kein Mindeststammkapital, mindestens sieben Gründer, persönliche Haftung, Vorstand
c) Mindeststammkapital 25.000 €, ein oder mehrere Gründer, keine persönliche Haftung der Gründer nach Einzahlung ihrer Einlage, Vorstand
d) Mindeststammkapital 50.000 €, mindestens fünf Gründer, keine persönliche Haftung der Gründer nach Einzahlung ihrer Einlage, Geschäftsführer

e) Mindeststammkapital 25.000 €, ein oder mehrere Gründer, keine persönliche Haftung der Gründer nach Einzahlung ihrer Einlage, Geschäftsführer
f) Mindeststammkapital 50.000 €, mindestens fünf Gründer, persönliche Haftung der Gründer, Vorstand

Situation zur **21.** und **22.** Aufgabe
Die EFG-GmbH ist ein Pharmaunternehmen in Hamburg. Die Stammeinlagen der fünf Gesellschafter stellen sich wie folgt dar:

Gesellschafter	Stammeinlage in Tausend €
Herr Rausch	7,5
Herr Schmitz	5
Frau Rosenheim	5
Herr Rudnick	5
Frau Bauer	2,5

Der Gesellschaftsvertrag sieht für die Gewinn- und Verlustverteilung keine besondere Regelung vor. Eine Nachschusspflicht ist nicht festgelegt. Frau Bauer ist alleinige Geschäftsführerin.

21. Im abgelaufenen Geschäftsjahr wurde von der EFG-GmbH ein Gewinn von 200.000 € erwirtschaftet.

Wie viel Tausend Euro vom Gewinn erhält der Gesellschafter Rausch?

22. Frau Bauer scheidet am 1. Mai als Gesellschafterin aus der EFG-GmbH aus. An diesem Tag endet auch ihre Tätigkeit als Geschäftsführerin. Der Gesellschafter Rausch hat die Stammeinlage der Gesellschafterin Bauer übernommen. Was hat dies zur Folge?

a) Mit der Übernahme der Stammeinlage von Frau Bauer fällt Herrn Rausch die Tätigkeit als Geschäftsführer automatisch zu.
b) Als Gesellschafter mit der größten Stammeinlage steht Herrn Rausch allein die Bestellung eines neuen Geschäftsführers zu.
c) Durch die Übernahme der Stammeinlage von Frau Bauer erhöht sich der Stimmrechtsanteil von Herrn Rausch in der Gesellschafterversammlung von bisher 75 auf 100 der insgesamt 250 Stimmen.
d) Bis zur Bestellung eines neuen Geschäftsführers übt Herr Rausch nach dem GmbH-Gesetz kommissarisch die Tätigkeit des Geschäftsführers aus.
e) Herr Rausch muss sich nach dem GmbH-Gesetz die Übernahme der Stammeinlage auf der nächsten Gesellschafterversammlung noch genehmigen lassen.

23. Welche der unten stehenden Rechte und Pflichten a) bis f) obliegen den Organen in einer AG?
Ordnen Sie jedem Buchstaben die richtige Ziffer zu!

① Hauptversammlung ② Vorstand ③ Aufsichtsrat

a) Prüfung des Jahresabschlusses
b) Beschlussfassung über eine Kapitalerhöhung
c) Bestellung der Abschlussprüfer
d) Geschäftsführung
e) Beschlussfassung über die Verwendung des Bilanzgewinns
f) Wahl der Aktionärsvertreter für den Aufsichtsrat

24. Yvonne Laubach kauft das florierende „Sportstudio Cindy & Friends" als Alleininhaberin und setzt ihre Freundin Susanne Roloff als Prokuristin ein. Die Firma bleibt als solche bestehen. Sie zieht es vor, dass Inhaberwechsel und Prokuraerteilung nach außen hin so wenig wie möglich bekannt werden. Welches Vorgehen entspricht den gesetzlichen Bestimmungen?

a) Sie stellt beim Amtsgericht einen Antrag auf Änderung der Eintragung des Eigentümerwechsels, nicht aber auf Eintragung der Prokuraerteilung.
b) Sie stellt beim Amtsgericht einen Antrag auf Änderung der Eintragung des Eigentümerwechsels sowie auf Eintragung der Prokuraerteilung und weist ihre Prokuristin an, Geschäftsbriefe mit „Yvonne Laubach" zu unterschreiben, da sie selbst nicht regelmäßig im Studio anwesend ist.
c) Sie unterlässt jegliche Eintragungsänderungen im Handelsregister des Amtsgerichts und unterschreibt die Geschäftsbriefe vom Zeitpunkt der Übernahme an mit „Yvonne Laubach".
d) Sie stellt beim Amtsgericht einen Antrag auf Änderung der Eintragung des Eigentümerwechsels sowie auf Eintragung der Prokuraerteilung und unterschreibt die Geschäftsbriefe vom Zeitpunkt der Übernahme an mit „Yvonne Laubach".
e) Sie stellt beim Amtsgericht einen Antrag auf Änderung der Eintragung des Eigentümerwechsels sowie auf Eintragung der Prokuraerteilung und unterschreibt die Geschäftsbriefe vom Zeitpunkt der Übernahme an mit „Yvonne Laubach".

25. Herr Reimer und Frau Scholz besitzen Gesamtprokura. Welche Rechtshandlung(en) dürfen sie nach dem Gesetz vornehmen?

a) Sie können das Unternehmen in allen Vertragsangelegenheiten einzeln und in unbeschränkter Höhe vertreten.
b) Sie dürfen das Unternehmen gemeinsam in allen Geschäften und Rechtshandlungen im Rahmen des Geschäftsbetriebes vertreten.
c) Sie können gemeinsam sämtliche Rechtsgeschäfte inklusive Verkauf und Belastung von Grundstücken im Namen des Unternehmens eigenverantwortlich abschließen.
d) Sie haben bei gewöhnlichen Rechtsgeschäften Einzelvertretungsbefugnis, bei außergewöhnlichen Rechtsgeschäften muss eine Zustimmung der Geschäftsführung vorliegen.
e) Sie sind bevollmächtigt, als Einzelperson Grundstücke des Unternehmens zu verkaufen.

26. Ermitteln Sie die Höhe der Renten-, Arbeitslosen-, Kranken- (hier: 13,6 %) und Pflegeversicherung für folgende Gehälter in den alten (West) und den neuen (Ost) Bundesländern:

a) 3.000,00 € (Monat: September 2003)
b) 4.000,00 € (Monat: September 2003)
c) 5.000,00 € (Monat: September 2003)
d) 6.000,00 € (Monat: Dezember 2003); Jahresentgelt 39.000,00 €

Berücksichtigen Sie die Beitragsbemessungsgrenzen, vgl. S. 63

27. Welche Art von Geschäftsfähigkeit liegt bei den folgenden Personen vor?

Ordnen Sie jedem Buchstaben die richtige Ziffer zu!

① geschäftsunfähig
② beschränkt geschäftsfähig
③ voll geschäftsfähig

a) ein 30-jähriger Gelegenheitstrinker
b) ein Sechsjähriger
c) ein dauernd Geisteskranker
d) ein 20-Jähriger, der laut einem Gerichtsbeschluss nicht mehr alle Geschäfte tätigen darf
e) eine Achtjährige
f) eine 60-jährige Person, die unter Betreuung steht

28. Welche der nachfolgenden Aussagen zum Besitz bzw. Eigentum sind richtig?

a) Es besteht kein Unterschied zwischen Besitz und Eigentum, denn rechtlich bedeutet es dasselbe.
b) Jeder, der eine Sache findet, ist Eigentümer.
c) Der Besitzer hat die tatsächliche Verfügungsgewalt über eine Sache.
d) Eigentum ist immer für jeden sichtbar.
e) Der Besitzer hat die rechtliche Verfügungsgewalt über eine Sache.
f) Der Eigentümer hat die rechtliche Verfügungsgewalt über eine Sache.
g) Der Eigentümer hat die tatsächliche Verfügungsgewalt über eine Sache.

29. Welche Personen bzw. Institutionen wirken im dualen Ausbildungssystem zusammen?

a) Ausbildungsbetrieb und Industrie- und Handelskammer
b) Berufsschule und Industrie- und Handelskammer
c) Bund und das jeweilige Land
d) Ausbilder und Auszubildende
e) Berufsschule und Ausbilder
f) Ausbildungsbetrieb und Auszubildender
g) Berufsschule und Ausbildungsbetrieb

30. Im BBiG sind die Pflichten des Auszubildenden festgelegt. Welche der nachfolgenden Aussagen ist richtig?

a) Die Abschlussprüfung muss immer beim ersten Versuch bestanden werden. Sie kann nicht wiederholt werden.
b) Spätestens vier Wochen vor Beendigung des Ausbildungsverhältnisses muss der Auszubildende erklären, ob er weiter beschäftigt werden möchte.
c) An betrieblichen Weiterbildungsmaßnahen dürfen Auszubildende nur am Wochenende teilnehmen.
d) Für Weiterbildungsmaßnahmen, die außerhalb des Ausbildungsbetriebs stattfinden, werden Auszubildende freigestellt und sind verpflichtet, daran teilzunehmen.
e) Auszubildende dürfen nicht für die Jugendvertretung kandidieren.

2 Das Unternehmen im gesamt- und weltwirtschaftlichen Zusammenhang

1 Grundlagen des Wirtschaftens

Sicher hat jeder von Ihnen Wünsche und Träume, von denen Sie hoffen, dass sie erfüllt oder wahr werden. Sind Sie rundum mit allen Annehmlichkeiten des Lebens ausgestattet oder haben Sie das Gefühl, dass Ihnen noch etwas fehlt? Was hat das alles mit Wirtschaften zu tun?

Wirtschaftliches Handeln ist die Antwort auf die Tatsache, dass wir nicht im Schlaraffenland leben. Unter paradiesischen Zuständen bräuchten wir nicht zu wirtschaften, weil jeder Wunsch erfüllt werden könnte.

Peter Breughel: Das Schlaraffenland (1567)

Güterknappheit und unerfüllte Wünsche führen zu wirtschaftlichem Handeln.

Die dafür notwendigen Güter sind aber nicht unbegrenzt vorhanden, sondern mehr oder weniger knapp. Erst die Güterknappheit führt zu unerfüllten Wünschen. Sie motiviert zu Handlungen, lässt Wünsche Wirklichkeit werden. Durch das wirtschaftliche Handeln versuchen wir die Kluft zwischen unseren prinzipiell unbegrenzten Wünschen und knappen Gütern abzubauen.

Um das Problem der unbegrenzten Wünsche bei gleichzeitiger Güterknappheit zu lösen, gibt es prinzipiell drei verschiedene Möglichkeiten:

Der erste Weg heißt: Askese als Lebenseinstellung. Bettelmönche sind womöglich nicht unglücklicher als Millionäre. Mit dem Weg in die Bedürfnislosigkeit nimmt die Abhängigkeit von verfügbaren Gütern ab. Das gesamtwirtschaftliche Niveau sinkt auf die Stufe der existenziellen Bedürfnisbefriedigung.

Niemals
Wonach du sehnlichst ausgeschaut,
Es wurde dir beschieden,
Du triumphierst und jubelst laut:
Jetzt hast du endlich Frieden!
Ach, Freundchen, rede nicht so wild,
Bezähme deine Zunge,
Ein jeder Wunsch, wenn er erfüllt,
Kriegt augenblicklich Junge
Wilhelm Busch (o. J.): Schein und Sein, Leipzig, Insel Verlag

Der zweite Weg heißt: Beschaffung von Gütern zulasten anderer. Die Erscheinungsformen sind vielfältig. Sie reichen vom individuellen Diebstahl bis hin zur Ausbeutung der Entwicklungsländer durch die Industriestaaten. Der Wohlstand aller wird nicht vermehrt: Was der eine hat, ist dem anderen genommen!
Der dritte Weg heißt: Wirtschafte! Versuche planvoll und auf friedlichem Wege deine individuell gegebenen Mittel so einzusetzen, dass die Bedürfnisse in bestmöglichem Umfang befriedigt werden.

Unendliche Bedürfnisse und Knappheit an Gütern zwingen die Menschen zu wirtschaften.

Wirtschaften umfasst alle planvollen Handlungen der Menschen, die darauf zielen, das Spannungsverhältnis zwischen der Fülle von Bedürfnissen und den knappen vorhandenen Gütern zu verringern. Wirtschaftliche Handlungen lassen das Mangelempfinden schwächer werden bis hin zum völligen Verschwinden. Sie erfordert wohl überlegte Entscheidungen, weil die eingesetzten Mittel automatisch für andere Zwecke nicht mehr zur Verfügung stehen. Jede Wirtschaftsgesellschaft muss sich deshalb mit drei grundsätzlichen Fragen beschäftigen:

1. **Was** soll produziert werden?
2. **Wie** sollen die Güter produziert werden?
3. **Für wen** sollen die Güter produziert werden?

Die Antworten fallen unterschiedlich aus. Sie entscheiden über die Lebenschancen und den Wohlstand der Menschen.

1.1 Bedürfnisse

Bedürfnisse = Gefühl eines Mangels mit dem Bestreben, ihn zu beseitigen.

Man unterscheidet:
- Primär-(Existenz-)bedürfnisse und Sekundär-(Wahl-)bedürfnisse
- materielle und immaterielle (soziale) Bedürfnisse
- Individual- und Kollektivbedürfnisse

Was Menschen brauchen und wünschen, wird in der Volkswirtschaftslehre **Bedürfnisse** genannt. Diese hat jedes Lebewesen, denn um nicht zu verhungern, muss es sich ernähren. Im Organismus stellt sich bei Nahrungsmangel ein Hungergefühl ein. Er strebt nun danach, den Mangelzustand aufzuheben. Mit der Nahrungsaufnahme werden die Bedürfnisse befriedigt, der Mangel verschwindet.
Bedürfnisse werden definiert als das Gefühl eines Mangels mit dem Bestreben, ihn zu beseitigen. Die Bedürfnisse des Menschen sind jedoch im Unterschied zu denen anderer Lebewesen nicht ausschließlich auf die Existenzsicherung gerichtet. Sie sind nicht von Natur aus begrenzt und vermehren sich bei den meisten Menschen stetig. Wie jeder aus eigener Erfahrung weiß, haben Menschen ganz unterschiedliche Arten von Bedürfnissen, die nach verschiedenen Kriterien eingeteilt werden können.

Bürogestaltung im Wandel der Bedürfnisse

Die Qualität des Büros wird bestimmt von Architektur, Ergonomie, Design, Funktion und Technik. Diese Faktoren müssen zusammenwirken, um Belastungen für die Mitarbeiter durch unzureichende Anthropometrie, visuelle Störungen oder Lärm zu minimieren. Doch nicht nur die menschliche Physis fordert ihr Recht, die Bürogestaltung muss auch der Psyche gerecht werden, indem sie den Mitarbeitern sowohl Privatsphäre als auch Kontaktmöglichkeiten bietet.

Anthropometrie = die Wissenschaft von den Maßverhältnissen des menschlichen Körpers

Ein Paradebeispiel dafür, wie kläglich Büromodelle scheitern, die das Zusammenspiel der verschiedenen Faktoren nicht berücksichtigen, ist das Großraumbüro. Hier lag die Priorität auf Kommunikation. Vergessen wurde das Bedürfnis des Menschen nach Ruhe und Abgeschirmtheit am Arbeitsplatz. Das Resultat war, dass diese Büroform von den Mitarbeitern abgelehnt wurde und bei Neuplanungen nicht mehr ins Kalkül gezogen wird. Auch das Einzelbüro hat ausgedient – sieht man von Leitungsfunktionen ab –,weil es dem natürlichen Kommunikationsbedürfnis widerspricht.

Aus diesen Extremen heraus entstanden als zeitgemäße Büroformen das Gruppenbüro und das Kombi-Büro. Beim Gruppenbüro steht die Kommunikation noch im Vordergrund. Durch Begrenzung der Personenzahl und Aufstellung von Zwischenwänden, die für Sicht- und Lärmschutz sorgen, entspricht es aber auch dem Wunsch nach Privatheit. Beim Kombi-Büro mit seinen Arbeitskojen, die durch raumhohe Wände von der innen liegenden Gemeinschaftszone abgeteilt sind, liegt die Gewichtung etwas stärker auf der Privatsphäre.

Quelle: bit 3/94

Neben den Existenzbedürfnissen (Nahrung, Kleidung, Wohnung usw.), die auch **Primärbedürfnisse** genannt werden, gibt es Bedürfnisse, die das Leben angenehmer und schöner gestalten. Man nennt sie **Sekundär- oder Wahlbedürfnisse**. Zu ihnen zählt das Bedürfnis nach Kultur ebenso wie nach Luxus. Die Skala reicht von der Seife über Rockkonzerte bis hin zu Kaviar und Luxusjacht.

Nicht zu vergessen sind die **sozialen Bedürfnisse**: das Bedürfnis nach Kommunikation, das Bedürfnis, respektiert zu werden, das Bedürfnis, zu lieben und geliebt zu werden. Diese Bedürfnisse werden häufig auch **immaterielle Bedürfnisse** genannt, weil man sie nicht direkt durch Konsum befriedigen kann. Die Bedeutung immaterieller Bedürfnisse ist nicht zu unterschätzen. Häufig beeinflussen gerade die immateriellen Bedürfnisse die Kaufentscheidung ganz erheblich, so z. B. bei modischer Markenkleidung. Vor allem die Medien und die gezielte Bewerbung von Produkten tragen entscheidend zu dieser Form der Beeinflussung bei. In Zeiten zunehmender Umweltzerstörung gewinnt das Bedürfnis nach einer intakten Umwelt eine größere Bedeutung gegenüber **materiellen Bedürfnissen**.

Die menschlichen Bedürfnisse lassen sich nicht einfach gegeneinander abgrenzen, weil sie sich in Abhängigkeit von der persönlichen Lebenssituation verändern, z. B. mit dem Alter, dem Einkommen und den sozialen und kulturellen Beziehungen einer Person. Wichtige Unterschiede gibt es auch z. B. im Hinblick auf die kulturelle Zugehörigkeit von Menschen.

Beispiele: In der chinesischen Esskultur gelten Hundefleisch und 100-jährige Eier als Delikatesse. Allein der Gedanke daran wird bei Europäern Appetitlosigkeit bewirken.
Kühlschränke und luftige Sommerbekleidung sind für einen Eskimo unwichtig, Südeuropäer hingegen benötigen diese Artikel im alltäglichen Leben.

Eine weitere wichtige Einteilung der Bedürfnisse wird danach vorgenommen, ob die Bedürfnisse individueller oder kollektiver Natur sind.

Kollektivbedürfnisse entstehen aus dem Zusammenleben von Menschen. Sie betreffen Bereiche wie Bildung, Sicherheit und Rechtssystem, Gesundheit, Verkehr, Umwelt. Eine Einzelperson ist mit der Übernahme der Kosten, die zur Befriedigung anfallen, überfordert. Die Entscheidung über die Befriedigung überträgt sie daher auf politische Gremien.

Individual- und Kollektivbedürfnisse bedingen sich gegenseitig. Sie sind eng miteinander verflochten. So bewirkt das individuelle Bedürfnis nach „Beweglichkeit" den Bau von Autobahnen, öffentlichen Nahverkehrssystemen, Wander- und Radfahrwegen. Das Bedürfnis nach „Sicherheit" steht im Verbund mit der Erstellung von Kasernen und Gefängnissen. Aus Veränderungen im Zusammenleben der Menschen werden Kollektivbedürfnisse geboren. Vor 100 Jahren lebten in Deutschland drei Generationen unter einem Dach. Die Großeltern betreuten die Enkelkinder, die Kinder versorgten die Eltern. Heute sind die Enkelkinder im Kindergarten, Oma und Opa häufig im Alten- oder Pflegeheim.

1.2 Bedarf und Nachfrage

Beispiel: Herr Kugel möchte für den Sommer wieder fit werden. Im Sportcenter in seiner Nähe werden Badminton-Kurse angeboten. Ein Arbeitskollege sucht außerdem für die Zukunft einen Partner. Er informiert Herrn Kugel über den seiner Meinung nach besten Schläger. Herr Kugel meldet sich zu Trainerstunden an und geht in ein Sportgeschäft, um den Schläger zu kaufen. Im Geschäft findet er aber ein Sonderangebot und er entscheidet sich spontan zum Kauf des anderen Schlägers.

Bedürfnis = Gefühl eines Mangels mit dem Bestreben, ihn zu beseitigen – z. B.: Herr Kugel fühlt sich körperlich unwohl und hat das Bestreben, körperlich fit zu werden.

Bedarf = finanziell gesicherte Möglichkeit, ein bestimmtes Produkt zu kaufen – z. B.: Herr Kugel möchte den Badmintonschläger der Marke XY kaufen.

Nachfrage = Bedarf, der am Markt wirksam wird – z. B.: Herr Kugel geht in ein Sportgeschäft und fragt dort nach dem Schläger aus dem Sonderangebot. Für diesen Schläger existiert eine Nachfrage.

Bedürfnisse entstehen aus einem allgemeinen Mangelgefühl, z. B. führt Bewegungsmangel zu dem Bedürfnis, sich sportlich zu betätigen. Nun steht eine Entscheidung an: Aus dem breiten Spektrum sportlicher Betätigungsmöglichkeiten wird eine Sportart ausgewählt, z. B. Badminton.

Wenn sich das Mangelgefühl auf genau bestimmte Güter oder Dienstleistungen bezieht, spricht man von **Bedarf**. Der Bedarf ist die finanziell gesicherte Möglichkeit, ein Produkt zu kaufen, was nicht bedeutet, dass dieses Produkt auch tatsächlich erworben wird.

Der Bedarf wird erst zur **Nachfrage,** wenn er tatsächlich am Markt wirksam wird; in unserem Fall durch den Kauf des Schlägers im Sportgeschäft. Über den Kauf einer Ware wird die individuelle Knappheit an Gütern und Dienstleistungen reduziert.

Übersicht:		
Wirtschaften …		… umfasst alle planvollen Handlungen des Menschen, die darauf zielen, das Spannungsverhältnis zwischen der Fülle von Bedürfnissen und den knappen vorhandenen Gütern zu verringern.
Grundkonflikt des Wirtschaftens:		– Die Bedürfnisse des Menschen sind unbegrenzt. – Die wirtschaftlichen Güter sind knapp.
Bedürfnisse:		
… nach der Notwendigkeit	Primärbedürfnisse	Befriedigung ist lebenserhaltend
	Sekundarbedürfnisse	Befriedigung ist lebensbereichernd, z. B. Kulturbedürfnisse, Luxusbedürfnisse
… nach Personenzahl und Befriedigungsart	Individualbedürfnisse	Bedürfnisse sind individuell verschieden und individuell zu befriedigen.
	Kollektivbedürfnisse	viele Menschen mit gleichen Bedürfnissen, Befriedigung erfolgt durch die Gemeinschaft als Ganzes
… nach dem Gegenstand	materielle Bedürfnisse	werden durch wirtschaftliche Güter befriedigt
	immaterielle Bedürfnisse	werden außerwirtschaftlich befriedigt

Von den Bedürfnissen zur Nachfrage:

Bedürfnisse
Gefühl des Mangels mit dem Bestreben, ihn zu beseitigen
⟶
Bedarf
finanziell gesicherte Möglichkeit, ein bestimmtes Produkt zu kaufen
⟶
Nachfrage
Bedarf, der am Markt wirksam wird

1.3 Güter

Güter sind Produkte und Dienstleistungen, mit denen Menschen ihre Bedürfnisse befriedigen. Güter lassen sich in verschiedene Kategorien einordnen.

1.3.1 Freie und wirtschaftliche Güter

Güter, die im Verhältnis zu den Bedürfnissen im Überfluss vorhanden sind, werden **freie Güter** genannt. Sie stehen von Natur aus ohne besonderes Zutun der Menschen in unbegrenzter Menge jedem kostenlos zur Verfügung. Es besteht keine ökonomische Notwendigkeit, sparsam mit ihnen umzugehen, d. h.: Freie Güter sind nicht Gegenstand wirtschaftlichen Handelns. Typische Beispiele sind Sonnenlicht, Wind oder Regen. Sobald ein Aufwand zur Bereitstellung notwendig ist, handelt es sich nicht mehr um ein freies Gut.

Im Laufe der geschichtlichen Entwicklung sind durch Bevölkerungswachstum und wirtschaftliche Aktivitäten die natürlichen Ressourcen der Erde beansprucht worden. Damit einhergehend ist die Zahl der freien Güter stetig kleiner und die der wirtschaftlichen Güter immer größer geworden. So sind zum Beispiel Trinkwasser oder Fische im Meer nicht mehr im Überfluss vorhanden, sondern knapp geworden.

Knappheit ist das Kennzeichen für **wirtschaftliche Güter**. Generell ist Güterknappheit das Problem der Wirtschaft und zugleich die Triebkraft wirtschaftlichen Handelns. Viele gesellschaftliche Fragen drehen sich um

Knappheitsprobleme. Knappheit ist nicht nur von Natur aus vorgegeben, sondern lässt sich künstlich schaffen bzw. steigern, zum Beispiel durch gezielte Produktionsdrosselung (Erdöl), Importbeschränkungen oder Gütervernichtung (Agrarprodukte). Knapp ist nicht mit selten zu verwechseln. Naturkatastrophen, Sonnenfinsternisse sind selten, aber nicht knapp. Wirtschaftliche Güter sind knapp im Verhältnis zum Umfang der Bedürfnisse. Das bedeutet: Für das Vorliegen von Güterknappheit müssen die Bedürfnisse der Menschen nicht unendlich groß sein. Es genügt, dass ihre Wünsche über die verfügbaren Güter hinausreichen. Weil wirtschaftliche Güter knapp sind, kosten sie etwas. Sie haben in der Regel einen Preis und sind Gegenstand wirtschaftlichen Handelns, d. h., man muss sparsam mit ihnen umgehen. Das ist die Voraussetzung dafür, dass viele Güter verfügbar sind und ein hohes Maß an Bedürfnisbefriedigung erreicht wird.

Güterknappheit entsteht, wenn die Nachfrage das Angebot übersteigt.

Lebensmittel als wirtschaftliche Güter

Wüstensand als freies Gut

Wirtschaftliche Güter lassen sich zunächst in **materielle Güter** (= Sachgüter) und **immaterielle Güter** (= Dienstleistungen und Rechte) unterteilen. Rechte sind z. B. Patente und Lizenzen. Sachgüter und Dienstleistungen können nach dem Verwendungszweck in **Konsum-** und **Produktionsgüter** untergliedert werden. Ein PC im Büro ist zum Beispiel ein Produktionsgut, bei privater Nutzung wird dieses Gerät aus ökonomischer Sicht zum Konsumgut.

Werden die Güter langfristig benutzt, nennt man sie **Gebrauchsgüter**. **Verbrauchsgüter** sind nach der Nutzung verbraucht. Eine weitere Unterscheidung ist die nach **Komplementär-** und **Substitutionsgütern**. Substitutionsgüter ersetzen sich gegenseitig. Ein Gut wird gegen ein anderes ausgetauscht, z. B. eine Schreibmaschine gegen einen PC mit Textverarbeitungssoftware, ein Bleistift gegen einen Kugelschreiber. Wenn Güter zur Verwendung durch andere Güter ergänzt werden müssen, spricht man von Komplementärgütern. Komplementärgüter sind zum Beispiel PC und Monitor oder Minen und Kugelschreiber.

Insbesondere für Produzenten ist es wichtig zu wissen, um welche Güterart es sich handelt. Werden zum Beispiel Schreibmaschinen durch PCs ersetzt, dann wird nicht nur die Nachfrage nach Schreibmaschinen abnehmen, sondern parallel auch die Nachfrage nach Farbbändern und Ersatzteilen. Werden in privaten Haushalten Plattenspieler gegen CD-Spieler ausgetauscht, dann steigt mit der Nachfrage nach CD-Spielern zugleich die Nachfrage nach CDs und CD-Aufbewahrungssystemen. Die Produktion von Plattenspielern und ihren Verbundprodukten (Schallplatten, Plattenreiniger usw.) nimmt also ab, ist heute bedeutungslos geworden.

Außerdem können in Bezug auf die Preise, die Güter am Markt erzielen, noch **homogene** und **heterogene** Güter unterschieden werden. Homogen nennt man Güter, die sich in den Augen des Betrachters in nichts unterscheiden. Eine Preisdifferenzierung ist nicht möglich.
In der Praxis ist das selten, denn schon die Vorliebe für eine Marke eines Produkts lässt das Produkt heterogen, d. h. unterscheidbar von anderen werden. Beispielsweise ist bekannt, dass Waschmittelhersteller dasselbe Waschmittel einmal in einer Verpackung mit Markennamen und einmal als Billigprodukt (No-Name-Produkt) anbieten. Das Gut ist dasselbe, wird vom Verbraucher aber als unterschiedlich angesehen.
Unterschiede zwischen gleichartigen Gütern können natürlich auch auf unterschiedlicher Qualität beruhen (sachlichen Unterschieden), auf zeitlichen Aspekten (z. B. Ladenöffnungszeiten) oder räumlichen Differenzierungen. Das Produkt erzielt beispielsweise an verschiedenen Orten verschiedene Preise.

Was zum Haushalt dazugehört
Die Ausstattung der deutschen Haushalte lässt auf ein angenehmes Leben in der Bundesrepublik schließen. Fast jeder Haushalt besitzt einen Kühlschrank, 96 % haben wenigstens einen Festnetz-Telefonanschluss, nur 4 % verzichten auf einen Fernseher und in 95 % der Haushalte steht eine Waschmaschine. Drei von vier Haushalten haben einen oder mehrere Pkw und häufig sind Geschirrspüler oder Mikrowelle als automatische Küchenhilfen vorhanden.
Im internationalen Vergleich ist die Ausstattung von Deutschlands Haushalten geradezu luxuriös. Das zeigt sich nicht erst beim Blick in die Länder der Dritten Welt, wo die Menschen dringendere Sorgen als die Anschaffung eines Fotoapparates haben. Schon beim Vergleich mit anderen Ländern innerhalb Europas lässt sich erkennen, dass die deutschen Haushalte zu den am besten ausgestatteten der Welt gehören.
Quelle: Globus 5222

1.3.2 Private und öffentliche Güter

Sowohl private als auch öffentliche Güter sind wirtschaftliche Güter. **Private Güter** werden angeboten, weil sie individuell nachgefragt werden. Ihr Preis richtet sich nach angebotener und nachgefragter Gütermenge. Private Güter sind individuelles Eigentum. Sie sind darüber hinaus gekennzeichnet durch Konsumrivalität und das Ausschlussprinzip. Mit Rivalität im Konsum wird der Umstand beschrieben, dass immer nur ein Wirtschaftssubjekt das Gut nutzen kann: Indem einer das Gut nutzt, wird allen anderen die Nutzung unmöglich gemacht. Zum Beispiel können nicht zwei Personen zugleich ein und dasselbe Kleidungsstück tragen. Das Ausschlussprinzip charakterisiert, dass nur jene ein Gut erhalten, die bereit sind, den geforderten Preis des Gutes zu zahlen. Zahlungsunwillige oder Zahlungsunfähige werden rigoros von der Nutzung des Gutes ausgeschlossen. Die weit überwiegende Mehrzahl der Güter sind private Güter.

Konsumrivalität und Ausschlussprinzip

Öffentliche Güter werden auf Grund ihrer Eigenart faktisch vom Staat angeboten. Sie stehen allen zur Verfügung und können größtenteils gemeinsam genutzt werden. Prinzipiell kann jeder diese Güter beanspruchen (Nichtausschließbarkeit). Zudem hat niemand einen Schaden davon, wenn noch andere das Gut in Anspruch nehmen (z. B.: Straßenbeleuchtung, Landesverteidigung, innere Sicherheit usw.). Durch die Nichtausschließbarkeit spekuliert jeder darauf, dass ein anderer die Produktionskosten für ein Gut übernimmt, von dem man dann unentgeltlich Gebrauch machen kann, sodass durch die fehlende Kostendeckung die privatwirtschaftliche Bereitstellung unterbleibt. Die Unterversorgung ist aber umso weniger wünschenswert, je mehr das Vorhandensein dieser Güter im öffentlichen Interesse liegt (z. B. Schutz der Gesundheit, Gewährleistung gleicher Bildungschancen, Erhaltung der natürlichen Umwelt). Da zur verbindlichen Festlegung von Art und Umfang des öffentlichen Güterangebots der Preismechanismus versagt, erfolgt deren Angebot im Prinzip durch den Mechanismus politischer Wahlen. Die Produktionskosten decken die anbietenden öffentlichen Haushalte des Staates (Bund, Länder, Gemeinden) durch Zwangsabgaben (Steuern und Gebühren).

Nichtausschließbarkeit

vgl. 2.3.4 Marktversagen bei öffentlichen Gütern sowie Kapitel 3, 5 Umweltpolitik

Hochschulbildung als öffentliches Gut? Studenten-Demonstration in Berlin

Übersicht:

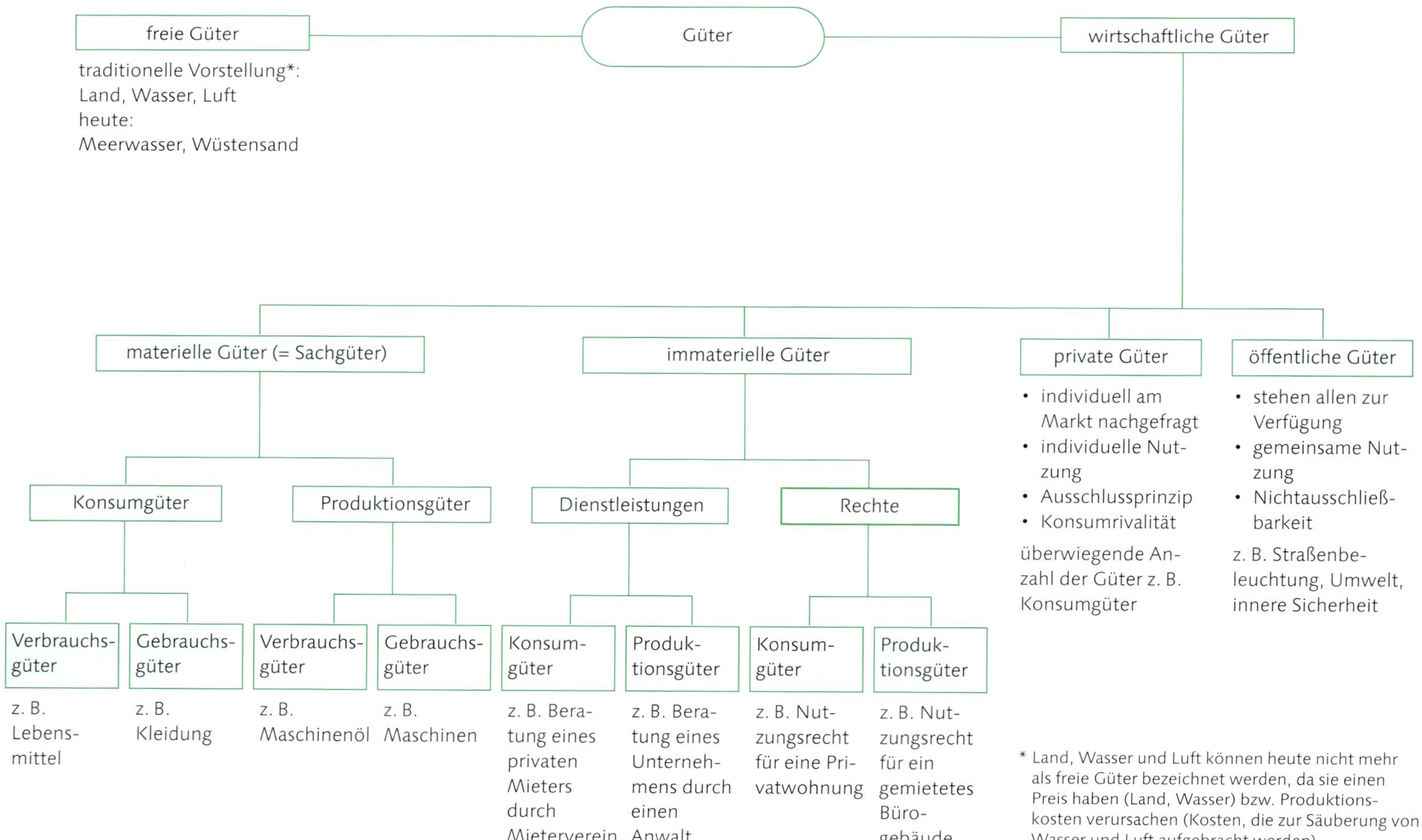

* Land, Wasser und Luft können heute nicht mehr als freie Güter bezeichnet werden, da sie einen Preis haben (Land, Wasser) bzw. Produktionskosten verursachen (Kosten, die zur Säuberung von Wasser und Luft aufgebracht werden).

Aufgaben

1. Unterscheiden Sie die Begriffe „Bedürfnisse", „Bedarf" und „Nachfrage".
2. In Deutschland gibt es viele leer stehende Wohnungen. Deutet dies darauf hin, dass kein Bedarf nach Wohnraum besteht? Gibt es womöglich andere Ursachen?
3. Im Folgenden sind verschiedene Aussagen über freie, öffentliche und/oder wirtschaftliche Güter aufgeführt. Entscheiden Sie, um welche Güterart es sich handelt.
   a) Das Gut kann von jedem kostenlos in Anspruch genommen werden.
   b) Das Gut ist für jeden verfügbar.
   c) Für das Gut ist ein Preis zu bezahlen.
   d) Zur Herstellung des Guts sind Produktionsverfahren erforderlich.
   e) Das Gut hat keinen Preis.
   f) Das Gut existiert nur in begrenzter Menge.
   g) Das Gut kann in jeder beliebigen Menge gekauft werden.
4. Begründen Sie, warum es problematisch ist, wenn die Luft oder der Boden als freie Güter beansprucht werden.
5. Worin besteht der Unterschied zwischen knappen und seltenen Gütern?
6. Welche Güter und Dienstleistungen produziert Ihr Ausbildungsbetrieb?
7. Welche der nachfolgenden Güter würden Sie paarweise als komplementär, substitutiv oder unabhängig voneinander bezeichnen: Auto, Limonade, Hühnereier, Benzin, Milch, Zucker, Streichholz, Kaffee, Butter, Bleistift, Margarine, Kugelschreiber, Käse?
8. Wie ändert sich bei den obigen Gütergruppen (Aufgabe 7) die Nachfrage für eines der Güter, wenn die Nachfrage des jeweils anderen steigt?
9. Was halten Sie von der Idee, dass jeder Waldspaziergänger einen kleinen Betrag für die Erhaltung der Wälder zahlt, z. B. als Waldsteuer oder auch als Eintrittsgeld für bestimmte Waldgebiete und Naturparks? Empfinden Sie diesen Einfall als einen Beitrag zum Erhalt der Wälder oder nicht? Haben Sie eine bessere Idee?

Waldbesuche
Städte wollen „Eintrittsgeld"
Wer im Stadtwald spazieren gehen will, soll dafür künftig „Eintrittsgeld" bezahlen. Das fordert der Forstausschuss „Deutscher Kommunalwald". Der Vorsitzende des Zusammenschlusses kommunaler Waldbesitzer auf Stadt-, Land- und Kreisebene, Reimer Steenbock, sagte am Donnerstag in Bonn, die Kommunen hätten kein Geld mehr, den Wald zu bewirtschaften. Den Angaben zufolge ist ein Viertel des Waldes in der alten Bundesrepublik im Besitz von Städten und Gemeinden.

Quelle: Dürener Nachrichten, 29. April 1994

10. Vom morgendlichen Aufstehen bis zu diesem Augenblick haben Sie diverse öffentliche Güter und Dienstleistungen benutzt. Überlegen Sie, welche, und listen Sie diese auf.

1.4 Wirtschaftliche Ziele unternehmerischen Handelns

1.4.1 Ökonomisches Prinzip

Im Hinblick auf die Verwendung der knappen Güter oder knappen finanziellen Mittel muss sich der Mensch entscheiden. Wonach richtet er sich? In der Theorie lautet die Antwort: Bei wirtschaftlichen Entscheidungen sollten sich die Menschen stets rational verhalten. Der wirtschaftlich ausschließlich rational handelnde Mensch wird von der Wissenschaft **Homo oeconomicus** genannt, eine Kunstfigur, die sich weder durch Gefühle, Spontanität, Gewohnheiten, Werbung noch Geltungssucht bei ihren wirtschaftlichen Aktivitäten leiten lässt. Der Homo oeconomicus richtet sein Handeln nach dem **ökonomischen Prinzip** aus, welches in zwei Versionen vorliegt: das **Maximalprinzip** und das **Minimalprinzip**. Welches der beiden Prinzipien als Handlungsgrundlage zur Anwendung kommt, hängt von der Situation ab.

homo oeconomicus = ein Mensch, der sich bei wirtschaftlichen Entscheidungen stets rational verhält

ökonomisches Prinzip = optimale Verwendung vorhandener Mittel

Maximalprinzip: Nach dem Maximalprinzip handelt, wer mit einem bestimmten Mitteleinsatz den größtmöglichen (= maximalen) Nutzen erstrebt. Das Maximalprinzip kommt in der Regel in privaten Haushalten zur Geltung und wird daher auch Haushaltsprinzip genannt.
Beispiel: Eine Büroangestellte versucht für 500 € eine möglichst große Wohnung anzumieten.

Minimalprinzip: Nach dem Minimalprinzip handelt, wer einen bestimmten Nutzen mit geringstem (= minimalem) Einsatz erreicht. Das Minimalprinzip gilt für jede Leistungserstellung. Es wird hauptsächlich in Unternehmen angewandt.
Beispiele: Eine Auszubildende benutzt für den Weg zum Ausbildungsbetrieb das preisgünstigste Verkehrsmittel. Ein bestimmtes Umsatzziel soll mit möglichst geringem Kosteneinsatz erzielt werden.

„Frau Kunz, bitte zum Diktat!" Diesen Satz hört man heute im Büro sehr selten, denn einmal verfügen die Schreibkräfte und Sekretärinnen vielfach nicht mehr über genügend Stenografiekenntnisse, zum anderen ist das Diktieren in das Stenogramm sehr unrationell. Fachleute stellten fest, dass wir siebenmal schneller sprechen als schreiben. Sekretärinnen und Schreibkräfte sind heute gut bezahlte Arbeitnehmerinnen, deren Zeit ebenso wertvoll ist wie die eines Sachbearbeiters. Aus diesem Grund ist es nicht mehr zu verantworten, dass sie ein Diktat ins Stenogramm aufnehmen und dabei vielfach unnötige Wartezeiten während Telefonaten, Denkpausen und anderen Störungen „absitzen" müssen.
So kostet heute ein in Stenogramm diktierter Geschäftsbrief etwa 50 DM (= 25,45 €). Beim Einsatz eines Diktiergerätes können diese Kosten fast halbiert werden, denn man spart dadurch bis zu 50 Prozent Arbeitszeit.
Quelle: Die Büropraxis 1993, S. 35

Eine gleichzeitige Anwendung des Maximal- und des Minimalprinzips ist nicht möglich. Wenn zum Beispiel eine Sekretärin viel verdienen und viel Freizeit genießen möchte, muss sie sich entscheiden, was für sie wichtiger ist. Als Halbtagskraft hat sie mehr Freizeit, aber weniger Einkommen, weniger Konsummöglichkeiten. Durch Überstunden reduziert sie die Freizeit zu Gunsten des Einkommens.

Das **ökonomische Prinzip** fordert letztendlich die optimale Nutzung der vorhandenen Mittel. Ein Unternehmer, der einen bestimmten Umsatz mit minimalen Kosten anstrebt und weder Abwässer klärt noch Abluft filtert, handelt nach dem ökonomischen Prinzip unter der Voraussetzung, dass ihm die Umweltschädigung nicht angerechnet wird. Dabei bleibt völlig außer Acht, dass die Umwelt in einem erheblichen Maße belastet wird. Handlungen nach dem ökonomischen Prinzip sind nicht mit vernünftigem Handeln gleichzusetzen. Sie können durchaus extrem unvernünftig sein.

vgl. Kapitel 3, 5.1 Verhältnis von Ökonomie und Ökologie

Übersicht:

Wirtschaftliches Handeln nach dem ökonomischen Prinzip dient der optimalen Verwendung vorhandener (knapper) Mittel.

Maximalprinzip	„Haushaltsprinzip" = maximaler Nutzen bei gegebenem Mitteleinsatz
Minimalprinzip	„Sparprinzip" = minimaler Mitteleinsatz bei gegebenem Nutzen

Eine gleichzeitige Anwendung des Maximal- und des Minimalprinzips ist nicht möglich!

1.4.2 Wirtschaftssubjekte

Wirtschaftliche Handlungen werden von privaten und öffentlichen Haushalten (Staat) und von privaten und öffentlichen Unternehmen vollzogen, den Wirtschaftssubjekten.

Wirtschaftssubjekte sind die Akteure (Handelnden) im Wirtschaftsgeschehen. Dazu zählen
- die privaten Haushalte und Unternehmen (Dienstleistungs- und Produktionsbetriebe) und
- die öffentlichen Haushalte und Unternehmen (der Staat).

1.4.2.1 Haushalte

Ein **privater Haushalt** stellt einen Einpersonenhaushalt oder eine Lebensgemeinschaft mehrerer Personen dar, die gemeinsam wirtschaften (Mehrpersonenhaushalt).

In Haushalten werden wirtschaftliche Entscheidungen getroffen und Wirtschaftsleistungen erbracht. Haushalte bieten Faktorleistungen in Form von Arbeit an und fragen Konsumgüter nach. Sie beziehen Einkommen aus selbstständiger oder unselbstständiger Arbeit, aus Vermögen und über Transferzahlungen der öffentlichen Haushalte (Kindergeld, Arbeitslosengeld usw.). Das verfügbare Einkommen wird entweder gespart oder für den Konsum ausgegeben. Spareinlagen und Konsumausgaben erfolgen mit dem Ziel, einen möglichst hohen Nutzen zu erzielen.

Transferzahlungen = Zahlungen des Staats an die privaten Haushalte ohne unmittelbare Gegenleistung

Die privaten Haushalte sind nicht ausschließlich konsumierende Wirtschaftseinheiten, denn im Regelfall wird in Haushalten für den Eigenbedarf produziert, z. B. die Herstellung von Nahrungsmitteln und Mahlzeiten, Pflegeleistungen oder in Form der Kindererziehung. Mit steigenden Preisen für Konsumgüter und wachsender Freizeit ist teilweise eine Rückverlagerung betrieblicher in häusliche Herstellung festzustellen (Do-it-yourself-Bewegung). Auf der anderen Seite werden Pflegeleis-

Private Haushalte handeln nach dem Prinzip der Nutzenmaximierung.

tungen, z. B. die Altenpflege oder die Kindererziehung, zunehmend von sozialen Einrichtungen der öffentlichen Haushalte erbracht.

Private Haushalte sind soziale Einheiten, häufig in Form von Familien. Veränderungen in den Sozialbeziehungen, z. B. die Zusammenführung von zwei Single-Haushalten (Heirat) oder die Aufteilung in Single-Haushalte (Scheidung), haben wirtschaftliche Konsequenzen dadurch, dass sich die Struktur der Konsumausgaben ändert.

Schluss mit Familienleben?

Von je 100 deutschen Haushalten bestanden aus so vielen Personen:

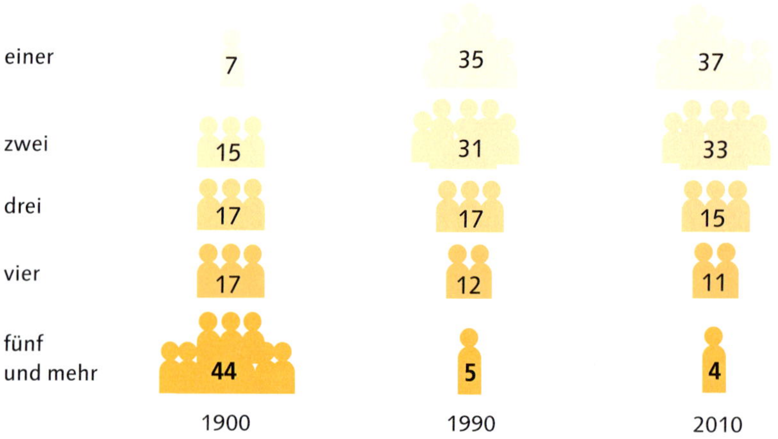

Quelle: Statistisches Bundesamt (geschätzt)

Die **öffentlichen Haushalte** erfassen die Tätigkeiten der Kommunen, der Länder, des Bundes und der Sozialversicherungen, die mit Ein- oder Auszahlungen verbunden sind.

Öffentliche Haushalte werden durch die Steuern und Abgaben der privaten Haushalte und Unternehmen finanziert. Die Einzahlungen fließen in Form von Lohn- und Transferzahlungen, Subventionen und öffentlichen Aufträgen zurück in den privaten Sektor. Ziel der öffentlichen Haushalte ist es, den Bedarf an öffentlichen Gütern zu stillen, u. a. durch die Bereitstellung von

Öffentliche Haushalte verfolgen das Ziel, den Bedarf an öffentlichen Gütern zu stillen.

- lebensnotwendigen Gütern und Dienstleistungen (z. B. Energie, Trinkwasser, Feuerwehr, Krankenhaus),
- sozialen und kulturellen Einrichtungen (z. B. Kindergärten, Schulen, Sportanlagen, Theater, Jugendzentren),
- verkehrstechnischer und kommunikativer Infrastruktur (z. B. öffentlicher Personennahverkehr, wie Autobahnen),
- innerer und äußerer Sicherheit (z. B. Bundeswehr, Polizei).

1.4.2.2 Unternehmen

Private Unternehmen sind Wirtschaftseinheiten, die auf dem Faktormarkt Rohstoffe, Arbeitskräfte, Vorprodukte usw. nachfragen, Güter produzieren und auf den Märkten anbieten. Ein wichtiges Handlungsmotiv der privaten Unternehmen ist das Streben nach Gewinn und Eigenkapitalrentabilität. Um dies zu erreichen, versuchen sie am Markt erfolgreich zu sein. Dazu planen

Private Unternehmen streben nach Gewinnmaximierung.

sie ihre Produktion nach der erwarteten Nachfrage und den Gewinnchancen. Eigenkapitalrentabilität und Gewinnmaximierung sind nicht automatisch ein und dasselbe. Dies geht aus dem Beispiel des Unternehmens hervor, das zur Ausweitung der Produktion eine neue Produktionshalle plant.

Beispiel: Gewinnmaximierung/Eigenkapitalmaximierung

Ein Unternehmen überlegt, die Produktion von Schreibtischen durch eine neue Produktionshalle zu verdoppeln.

Es geht von folgenden Daten aus:

Stückzahl	**5.000**	**10.000**
erforderlicher Eigenkapitaleinsatz in €	2,3 Mio.	4,6 Mio.
Stückkosten in €	600 Mio.	550 Mio.
Verkaufspreis je Stück in €	700 Mio.	630 Mio.
Gewinn in €	500.000 Mio.	800.000 Mio.
Eigenkapitalrentabilität	21,7 %	17,4 %

Rentabilität und andere Kennziffern, vgl. ausführlich Teilband *Industrielle Geschäftsprozesse,* Kapiel 6 Langfristige Investitions- und Finanzierungsprozesse und Teilband *Prozessorientiertes Rechnungswesen* Kapitel 3 Jahresabschluss analysieren und bewerten

Zur Finanzierung wird das Eigenkapital durch die Aufnahme neuer, zahlungskräftiger Teilhaber auf den doppelten Betrag (4,6 Mio.) aufgestockt. Die Produktionssteigerung reduziert die Stückkosten und öffnet damit den Weg zum Absatz über günstigere Angebotspreise. Durch die Investition kann aber der Gewinn nur um 60 % gesteigert werden, d. h., die Eigenkapitalrentabilität fällt von 21,7 % auf 17,4 %.

Umsatz
− Kosten
= Gewinn

Ein höherer Gewinn ist für ein Unternehmen reizlos, wenn er über einen übermäßig hohen Kapitaleinsatz erwirtschaftet wird. Fällt die Eigenkapitalrentabilität unter den Zinssatz für langfristige Anlagen auf den Finanzmärkten, so ist auch bei einem absolut hohen Gewinn die Produktion unwirtschaftlich.

$$\text{Eigenkapitalrentabilität} = \frac{\text{Gewinn x 100}}{\text{Eigenkapital}}$$

Zur Wahrnehmung seiner Aufgaben unterhält der Staat eigene Unternehmen. Die **öffentlichen Unternehmen** sind entweder Kostendeckungsbetriebe (öffentlicher Personennahverkehr) oder Zuschussbetriebe (z. B. Kultureinrichtungen, Schwimmbäder). Sie streben daher nach Kostenoptimierung. Öffentliche Unternehmen haben meistens eine Monopolstellung, dürfen diese aber nicht ausnutzen.

Monopol, vgl. 2.3.3 Marktformen

Beim Erwerb öffentlicher Güter (z. B. Bau einer Schule) verhalten sich gemeinwirtschaftliche Unternehmen wie erwerbswirtschaftliche Unternehmen, d. h., sie sind bestrebt, Leistungen preisgünstig einzukaufen. Beim Verkauf von Leistungen unterscheiden sie sich fundamental: **Erwerbswirtschaftliche Unternehmen** setzen auf einen Preis, der einen möglichst hohen Gewinn oder eine gute Rentabilität verspricht; **gemeinwirtschaftliche Unternehmen** berücksichtigen bei der Preispolitik soziale Gesichtspunkte.

Übersicht:

Wirtschaftssubjekte		Zielsetzungen
Haushalte	– private	Nutzenmaximierung
	– öffentliche	Bedarfsdeckung öffentlicher Güter
Unternehmen	– privatwirtschaftliche	Gewinnmaximierung
	– öffentliche	Kostenminimierung

1.4.3 Privatisierung – Segen oder Fluch?

Öffentliche Unternehmen haftet der Markel unzureichender Dienstleistungsqualität und Wirtschaftlichkeit an, insbesondere, wenn sie sich nicht gegen Mitbewerber behaupten müssen.
Eine Insolvenz öffentlicher Unternehmen ist praktisch ausgeschlossen. Defizite werden selten durch eine Senkung der Kosten oder neue Marktstrategien, sondern über den Weg der Gebührenerhebung angegangen. Die Räte als oberste Gremien sind von den Parteien beherrscht. Ihnen liegt der eigene Vorteil manchmal näher als der des Bürgers.

Preismechanismus = Preisbildung auf dem Markt durch Angebot und Nachfrage, vgl. 2.3 Preisbildung in der Realität

Privaten Unternehmen wird unterstellt, dass sie effizienter und preisgünstiger anbieten als kommunale Einrichtungen, da sie sich dem Wettbewerb stellen müssen. Die Privatisierungsgegner heben hervor, dass mit der Privatisierung öffentlicher Unternehmen die sozialen Belange der Gesellschaft zu kurz kommen, da die Privatwirtschaft die Sicherstellung eines flächendeckenden Dienstleistungsangebotes zu gleichen Bedingungen für alle Bürger prinzipiell nicht anbieten kann.

Beispiel: Deutsche Post AG; Unternehmensbereich Postdienst

Die Deutsche Post AG ist gesetzlich verpflichtet, den Kunden überall in zumutbarer Entfernung Postanlagen und Einrichtungen anzubieten (Postämter, Briefkästen usw.). Jeder Kunde kann die Leistungen unter den gleichen Bedingungen beanspruchen. Die Deutsche Post AG unterliegt dem Annahmezwang. Sie muss ein Paket auch dann zustellen, wenn die damit verbundenen Kosten in keinem Verhältnis zur entrichteten Gebühr stehen. In Teilbereichen ist sie durch den Beförderungsvorbehalt gegen privatwirtschaftliche Konkurrenz geschützt (Briefdienst) und somit Monopolist (Alleinanbieter)[1]. Ihre Monopolstellung darf sie jedoch nicht ausnutzen. Die Gebühren sollen lediglich die Kosten decken. Über eine interne Umverteilung werden die Verluste aus den unwirtschaftlichen Strecken durch die Gewinne aus den profitablen ausgeglichen.

[1] Das Briefbeförderungsmonopol wurde im Januar 2002 eingeschränkt, vgl. S. 191

1.4.4 Betriebswirtschaft – Volkswirtschaft – Weltwirtschaft

Die **Betriebswirtschaft** erfasst die wirtschaftlichen Vorgänge in privaten und öffentlichen Unternehmen, z. B. die Kalkulation der Kosten und Preise, die Organisation der Arbeitsabläufe, die Personalpolitik und die Werbung für die zu vermarktenden Produkte.

Die **Volkswirtschaft** umfasst alle Wirtschaftssubjekte eines Staats und deren wirtschaftliche Beziehungen, z. B. die Lohnzahlungen der Unternehmen an die privaten Haushalte, die Investitionen des Staats. Sie umfasst also die Gesamtheit der miteinander verflochtenen Einzelwirtschaften (die Unternehmen und die Haushalte). Die Betriebswirtschaftslehre beschäftigt sich mit betriebswirtschaftlichen Vorgängen, während die Volkswirtschaftslehre die volks- und weltwirtschaftlichen Aktivitäten untersucht.

Die **Weltwirtschaft** umfasst die globalen wirtschaftlichen Aktivitäten zwischen Staaten. Sie umfasst also die Gesamtheit der miteinander verflochtenen Volkswirtschaften. In diesem Zusammenhang interessieren z. B. der internationale Handel, Investitionen von Unternehmen im Ausland und das Nord-Süd-Gefälle zwischen den Industrie- und Entwicklungsländern.

Aufgaben

1. Angenommen, Ihr Ausbildungsbetrieb befindet sich 5 km von Ihrem Wohnort entfernt und lässt sich, wenn auch etwas umständlich, über öffentliche Verkehrsmittel erreichen. Sie haben monatlich 800 € zur Verfügung und stehen vor der Entscheidung, ob Sie die öffentlichen Verkehrsmittel benutzen (und bezahlen) oder sich ein „Fortbewegungsmittel" (z. B. ein neues Fahrrad, Moped, gebrauchtes Motorrad oder Auto) zulegen. Entscheiden Sie sich! Ist Ihre Entscheidung rein rational begründet oder haben andere Motive eine Rolle gespielt?
2. Entscheiden Sie sich in folgenden Fällen, ob das Minimal- oder das Maximalprinzip zu Grunde liegt:
   a) Eine Hausfrau versucht mit ihrem festen Haushaltsgeld ihre Familie möglichst zufrieden zu stellen.
   b) Ein Hersteller von PCs wählt unter den Anbietern von Zulieferteilen gleicher Qualität den günstigsten Lieferanten aus.
   c) Ein Sparer will 10.000 € zu möglichst hohen Zinsen anlegen.
3. Welche wirtschaftlichen Ziele verfolgen die privaten Haushalte, die privaten Unternehmen, die öffentlichen Unternehmen?
4. Analysieren Sie die Veränderungen im Familienleben. Welche Auswirkungen für die zukünftige Nachfrage an Gütern und Dienstleistungen sind wahrscheinlich?
5. Sie haben 200.000 € geerbt und möchten das Geld anlegen. Ein Wirtschaftsberater schlägt Ihnen die Gründung eines Unternehmens vor. Er rechnet, dass bei 40.000 € Kosten 75.000 € an Erlös anfallen. Ihr Anlageberater bei der Bank offeriert 7,5 % Zinsen. Was ist profitabler?
6. Welche kommunalen Tätigkeitsfelder würden Sie privatisieren und welche würden Sie auf keinen Fall privatisieren? Begründen Sie Ihre Entscheidung.
7. Nennen Sie Beispiele dafür, wie weltwirtschaftliche Entwicklungen das wirtschaftliche Handeln der Unternehmen und Haushalte beeinflussen.

2 Markt und Preis

Die Marktwirtschaft ist ein sehr komplexes System. Eine unüberschaubare Vielzahl von Menschen und Institutionen mit mannigfaltigen Aktivitäten und unterschiedlichen Interessen agiert in ihr. Wie kommt es zu einer Koordination der Aktivitäten? Wie kommt es zum Interessenausgleich? Was hält das System zusammen? Die Antwort lautet: Märkte und Marktpreise.

Alleinunterhalter mit Humor
und Witz hat noch Termine frei, auch wochentags.

BMW 320i „Coupé“ 2,0i, 110 KW, 67500 km, Klima, LM-Felgen, elektr. SSD, 2. Hd, unfallfrei......**11 900,–**

Höxter
Das gut erhaltene Wohnhaus in ruhiger Siedlungslage bietet auf ca. 120 qm Wohnfläche Platz für die ganze Familie. Die Terrasse verbindet den Wohnbereich mit dem südwestlich ausgerichteten Garten mit altem Baumbestand. Vollkeller, Garage und Ausbaureserven ergänzen das attraktive Angebot. Kaufpreis: 149 000 Euro.

Suche
Verkäufer/in
mit technischem Verständnis u. Interesse, im D2-Laden (Marsberg, Warburg od. Beverungen), für Handys, Telefone u. alles, was mit moderner Kommunikation zusammenhängt. Wünschenswert (nicht zwingend notwendig) ist eine kaufmännische od. techn. Ausbildung, gute Kenntnisse im Umgang mit Kunden, gepflegtes Erscheinungsbild und freundliches Auftreten. Bewerbungen erbeten an:

Baugeld f. Kauf, Ablösung v. Baudarlehen, Zins 5,70%, Ausz. 100%, 10 J. fest, eff. Jahr.-z. 5,88%, verm.

Junge Familie sucht kl. EFH oder Hof im Raum Wünnenberg, Salzkotten, Paderborn, bis EUR 90000,– für sofort, später oder viel später.

Suche Orientteppich, ab 80 Jahre, groß, beschädigt

Auszubildende
zur
Zahnarzthelferin
zu sofort gesucht

Kombikinderwagen, 5 Monate alt, 75,– EUR; Stubenwiege mit Matratze 50,– EUR.

2.1 Märkte

Vom Ursprung des Markts

Der Markt ist in vollem Gegensatz zu allen anderen Vergemeinschaftungen, die immer persönliche Verbrüderung und meist Blutsverwandtschaften voraussetzen, jeder Verbrüderung in der Wurzel fremd. Der freie Tausch findet zunächst nur außerhalb der Nachbargemeinschaft und aller persönlichen Verbände statt; der Markt ist eine formell friedliche Beziehung zwischen ihnen. Einen Handel mit der Absicht, Tauschgewinn zu erzielen, kann es ursprünglich zwischen Gemeinschaftsgenossen nicht geben, wie er ja auch unter ihnen, in Zeiten agrarischer Eigenwirtschaften, kein Bedürfnis ist. Eine der charakteristischen Formen unterentwikkelten Handelns: der stumme Tausch – Tausch unter Vermeidung persönlicher Berührung, bei dem das Angebot durch Niederlegung von Waren an üblicher Stelle, das Gegenangebot ebenso, das Feilschen durch Vermehrung der beiderseits angebotenen Objekte erfolgt, bis eine Partei entweder unbefriedigt abzieht oder befriedigt die Waren des Gegners mitnimmt – bringt den Gegensatz gegen die persönliche Verbrüderung drastisch zum Ausdruck. Die Garantie der Legalität des Tauschpartners beruht letztlich auf der beiderseits normalerweise mit Recht gemachten Voraussetzung, dass jeder von beiden an der Fortsetzung der Tauschbeziehungen, sei es mit diesem, sei es mit anderen Tauschpartnern, auch für die Zukunft ein Interesse habe, daher gegebene Zusagen halten und mindestens eklatante Verletzungen von Treu und Glauben unterlassen werde.

Quelle: Max Weber, Wirtschaft und Gesellschaft, Tübingen 1992, S. 365

Bedingt durch die Arbeitsteilung produzieren die Wirtschaftssubjekte von bestimmten Gütern mehr, als sie für den Eigenbedarf benötigen. Die Überproduktion muss gegen andere Güter eingetauscht werden, die nicht oder in zu geringer Anzahl selbst produziert werden. Die Abwicklung der Tauschprozesse vollzieht sich auf Märkten, im volkswirtschaftlichen Sinne abstrakten Gebilden, auf denen Angebot und Nachfrage aufeinander treffen. Die Anbieter und Nachfrager treffen Entscheidungen über Preise und Mengen von Gütern, die gekauft und verkauft werden. Auf den Märkten werden die Handlungen der Marktteilnehmer koordiniert. Märkte lassen sich nach den Produktionsfaktoren und nach Gütern einteilen. Jedes zu kaufende oder zu verkaufende Produkt hat seinen Markt. Ohne Markt (Nachfrage) ist es nutzlos, ein Ladenhüter.

Tauschprozesse

Frei von Regulierungen und Eingriffen des Staates hängt der Preis eines Gutes oder einer Dienstleistung von folgenden Faktoren ab:
- den Bestimmungsfaktoren der einzelwirtschaftlichen Nachfrage,
- den Bestimmungsfaktoren des güterwirtschaftlichen Angebotes und
- der Angebot/Nachfrage-Marktkonstellation.

Steht eine Vielzahl von Nachfragern nur einem Anbieter gegenüber (Angebotsmonopol), dann findet kein Wettbewerb statt. Der Monopolist diktiert den Preis. Anders ist die Situation, wenn eine Vielzahl von Mitanbietern um die Kaufkraft der Nachfrager wetteifert. Die Produkte werden in der Regel preisgünstiger zu erwerben sein.

Angebotsmonopol, vgl. 2.3.3 Marktformen

Bestimmungsfaktoren von Angebot und Nachfrage

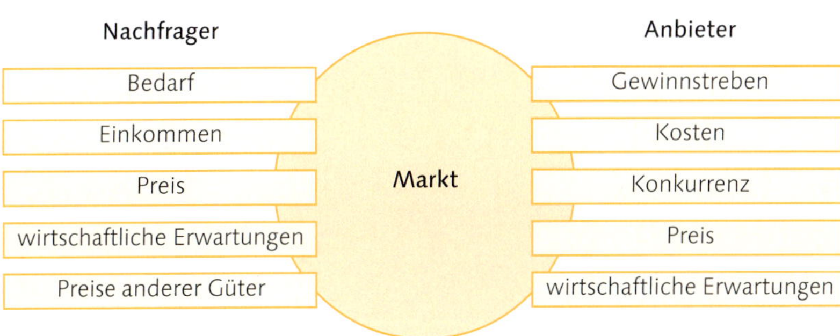

Märkte

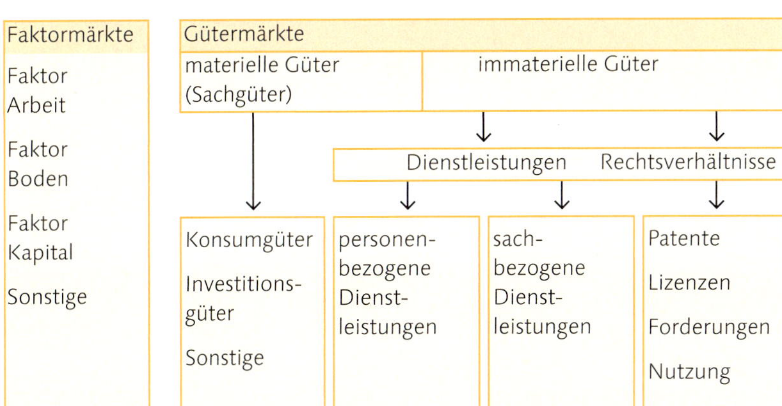

2.2 Preisbildung im Modell

Der Preis stellt den in Geld ausgedrückten Tauschwert einer Ware dar, zu dem Anbieter und Nachfrager bereit sind, den Tausch zu vollziehen. Jeder kennt sicherlich den Satz „Angebot und Nachfrage bestimmen den Preis". Aber Vorsicht: Jeder Markt ist ein äußerst komplexes Gebilde, wo viele Faktoren den Preis beeinflussen.

Markt =
ein Ort, wo Angebot und Nachfrage aufeinander treffen

Um eine Vorstellung von der komplexen ökonomischen Wirklichkeit zu erhalten, wird in den Wirtschaftswissenschaften häufig mit Modellen gearbeitet. Modelle sind vereinfachte Abbilder der Realität, die diese unter einer bestimmten Perspektive zur Erkenntnisgewinnung betrachten. Ein typisches Beispiel ist eine Landkarte, die ein bestimmtes Gebiet je nach Interessengruppe (Autofahrer, Radfahrer, Wanderer) sehr unterschiedlich abbildet.

Preisbildung im Modell

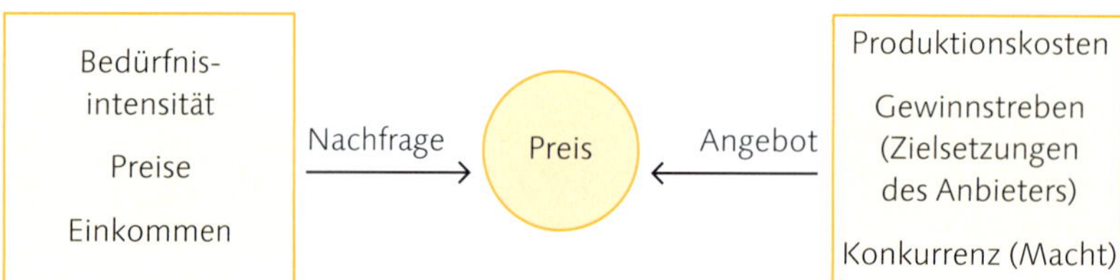

2.2.1 Bedingungen des vollkommenen Markts

Preisbildung im Marktmodell

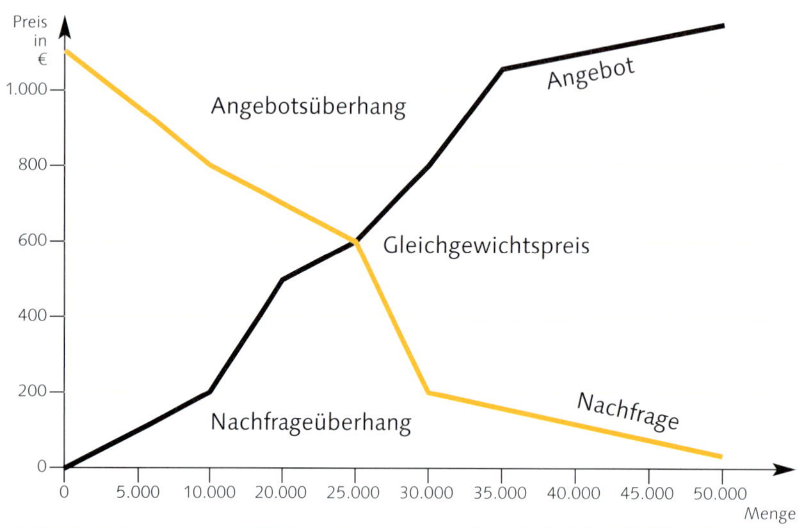

Angebotsüberhang:
Liegt der Preis über dem Gleichgewichtspreis, ist die angebotene Menge größer als die Nachfrage.

Nachfrageüberhang:
Liegt der Preis unter dem Gleichgewichtspreis, ist die angebotene Menge kleiner als die Nachfrage.

Wir wollen im folgenden den äußerst komplexen Prozess der Preisbildung anhand des Modells des vollkommenen Markts betrachten. Ein vollkommener Markt existiert nur in der Theorie und die Vereinfachung des Marktgeschehens erfolgt durch folgende **Annahmen**:

- **Atomische Marktstruktur:** Es gibt auf dem Markt sehr viele Anbieter und Nachfrager, der Marktanteil des Einzelnen ist sehr gering.
- **Güterhomogenität:** Die gehandelten Güter sind vollkommen gleichartig.
- **Markttransparenz:** Jeder Marktteilnehmer ist in der Lage, den ganzen Markt zu überschauen, d. h., Verkäufer und Käufer kennen die Preise an allen Marktorten.
- **Präferenzlosigkeit:** Der Käufer entscheidet unter rein sachlichen Gesichtspunkten, d. h. ohne irgendwelche Vorlieben.
- **Anpassungsfähigkeit:** Die Marktteilnehmer passen ihr Verhalten sofort an geänderte Marktverhältnisse an.

Annahmen des vollkommenen Markts

Nur wenn diese Annahmen erfüllt sind, bestimmen Angebot und Nachfrage den Preis. Die Reaktion von Anbieten und Nachfragen unter den Bedingungen des vollkommenen Markts geht aus dem nebenstehenden Preis-Mengen-Diagramm hervor.

Käufer haben ein Interesse an möglichst niedrigen Preisen, Verkäufer dem entgegengesetzt an möglichst hohen Preisen. Mit steigenden Preisen nimmt das Angebot zu, deshalb verläuft die Angebotskurve von links unten nach rechts oben.
Demgegenüber nimmt die Nachfrage mit fallenden Preisen zu, die Nachfragekurve verläuft von links oben nach rechts unten. Das Gesetz der Nachfrage heißt: Mit fallendem Preis wird mehr nachgefragt.

Der **Gleichgewichtspreis** ist jener Preis, bei dem sich Angebot und Nachfrage treffen. In unserer Grafik beträgt der Gleichgewichtspreis 600 € je Stück einer bestimmten Ware, z. B. einer HIFI-Anlage, von der 25.000 Stück verkauft werden. Angenommen, der Preis liegt bei 800 €. Für diesen Preis werden bei einem Angebot von 30.000 Stück nur 10.000 Stück nachgefragt, es verbleibt ein Überangebot von 20.000 Stück. In dieser Situation decken sich die Pläne der Wirtschaftssubjekte nicht: Die Anbieter bleiben auf einem Großteil der Ware sitzen, während die Nachfrager bei einem niedrigeren Preis gern mehr kaufen würden. Sofern die Bedingung der **vollkommenen Konkurrenz** erfüllt ist, wird ein Anbieter seinen Preis senken, um mehr zu verkaufen, was die Konkurrenz zur Nachahmung zwingt.

Der Gleichgewichtspreis sorgt für den Ausgleich von Angebot und Nachfrage.

Liegt kein Marktgleichgewicht vor, so gibt es entweder einen Angebots- oder einen Nachfrageüberhang.

Der Preismechanismus steuert aus sich heraus das wirtschaftliche Handeln, indem er belohnt und bestraft. Belohnt werden die Produzenten, die sich nach dem Bedarf der Konsumenten richten, mit niedrigen Produktionskosten das Produkt erstellen und somit preiswerter als die Mitanbieter auftreten können. Sie erwirtschaften Gewinne.
Wird am Bedarf vorbei oder mit zu hohen Kosten produziert, entstehen Verluste. Über den Kaufakt stimmen die Konsumenten ab. Sie entscheiden darüber, welche Produktion weitergeführt wird und welche nicht, und lenken damit die Produktionsfaktoren hin zur produktivsten Verwendung. Sie stimulieren technologische Erneuerungen, indem sie innovative Unternehmer besonders belohnen.
Wer zuerst neue und bessere Produkte zu akzeptablen Preisen anbietet, weckt das Kaufinteresse und fährt hohe Gewinne ein. Um nicht ins Hintertreffen zu geraten, müssen Mitanbieter ständig in Forschung und Entwicklung neuer Güter und Dienstleistungen investieren. Über die Kaufakte entscheiden die Konsumenten, was produziert wird; auf Dauer wird das billigere Verfahren das teurere verdrängen.

2.2.2 Elastizität von Angebot und Nachfrage

Die Elastizität von Angebot und Nachfrage gibt an, in welchem Maß Angebot und Nachfrage auf eine Preisänderung reagieren. Die Preiselastizität hängt sehr stark von der Art der Güter ab. Das Maß, mit dem sie Reaktion der Nachfrage auf eine Preisänderung gemessen werden kann ist die Preiselastizität der Nachfrage.

Preiselastizität der Nachfrage

$$\text{Preiselastizität der Nachfrage } (E_N) = \frac{\text{Änderung der Nachfrage in \%}}{\text{Änderung des Preises in \%}}$$

Die Nachfrage ist **elastisch**, wenn der Elastizitätskoeffizient größer 1 ist und unelastisch bei einem Wert kleiner 1. Erhöht ein Anbieter seinen Preis z. B. um 30 %, die nachgefragte Menge seines Gutes sinkt aber nur um 15 %, dann reagiert die Nachfrage kaum auf die veränderten Preise. Die Nachfrage ist **unelastisch**

$$E_N = \frac{15\,\%}{30\,\%} = 0{,}5$$

Reagieren die Nachfrager auf Preissenkungen oder Preissteigerungen dagegen mit Reaktionen, die über dem Prozentsatz der Preisänderung liegen, z. B. mit einem Nachfragerückgang von 20 % auf eine Preissteigerung von 10 %, so ist die Nachfrage elastisch.

$$E_N = \frac{20\,\%}{10\,\%} = 1{,}5$$

Sinkt oder steigt die Nachfrage um den gleichen Prozentsatz, wie die Preise sinken oder steigen, spricht man von einer **proportional-elastischen** Nachfrage ($E_N = 1$).

Mögliche Nachfragekurven

P = Preis
x = Menge
N = Nachfrage

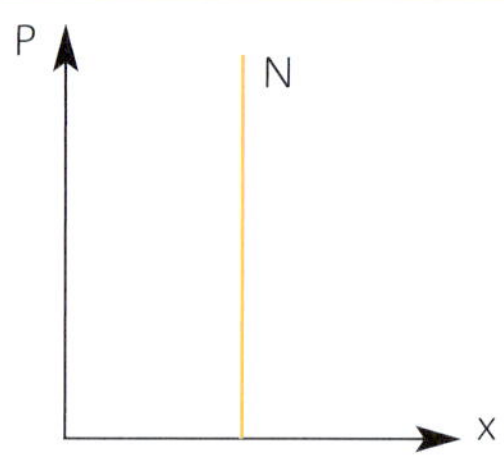

vollkommen unelastische Nachfrage (Grenzfall) $E_N = 0$

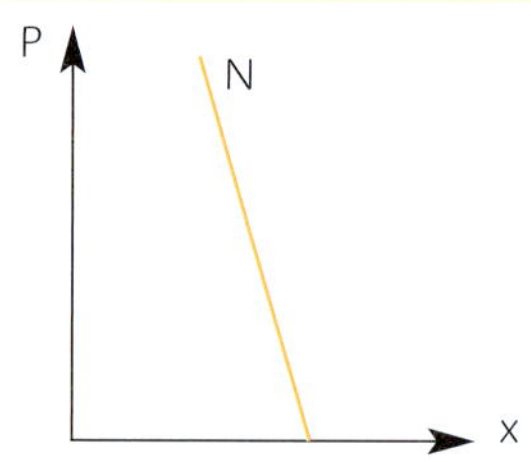

unelastische Nachfrage $E_N < 1$

lebensnotwendige Güter (z. B. Wasser, Lebensmittel)

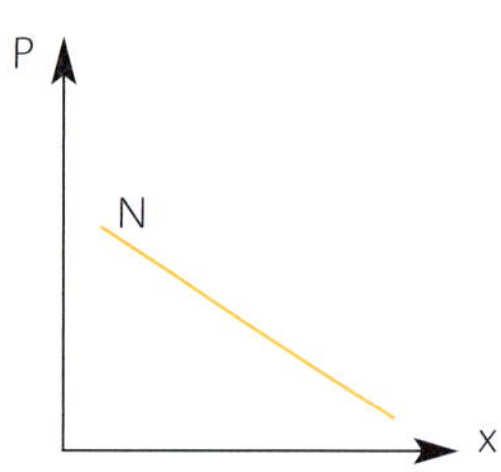

elastische Nachfrage $E_N > 1$

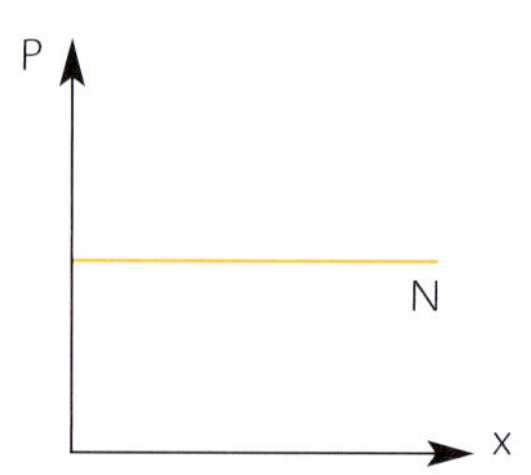

vollkommen elastische Nachfrage (Grenzfall) $E_N = \infty$

nicht lebensnotwendige Güter (z. B. Auto fahren, Segelschein)

Eine völlig starre Nachfrage liegt vor, wenn, egal wie sich die Preise eines Gutes ändern, immer die gleiche Menge nachgefragt wird.(Grenzfall). Muss z.B. jemand täglich eine lebensnotwendige Tablette einnehmen, dann ist der Tablettenpreis belanglos (EN = 0).

Wird jede zu einem bestimmten Preis erhältliche Menge eines Gutes gekauft, dann ist die Nachfrage nach diesem Gut **vollkommen elastisch** (Grenzfall) ($E_N = \infty$).

Auf die gleiche Weise lässt sich die Reaktion der Anbieter auf Preisänderungen mit Hilfe der Preiselastizität des Angebots beschreiben.

Mögliche Angebotskurven

P = Preis
x = Menge
A = Angebot

Elastizität des Angebots

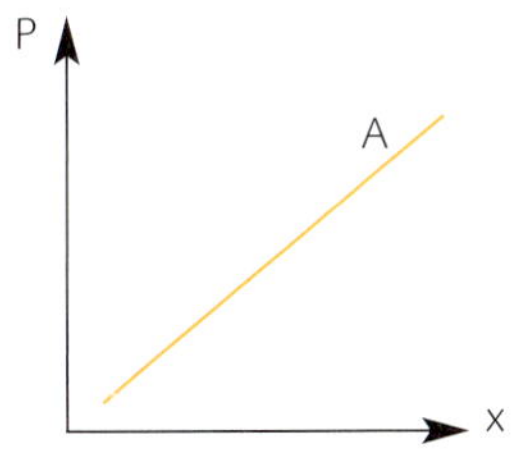

normales Angebot (preisreagibles Angebot)

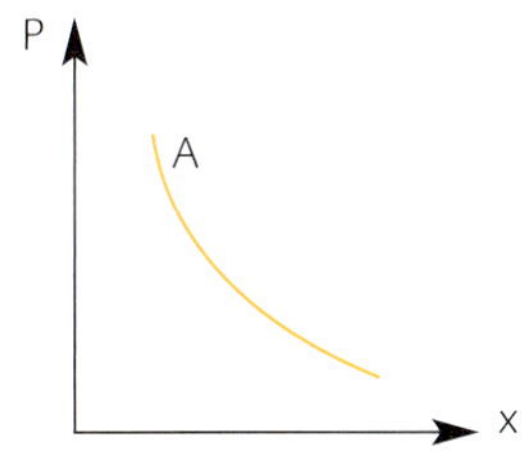

anomales Angebot

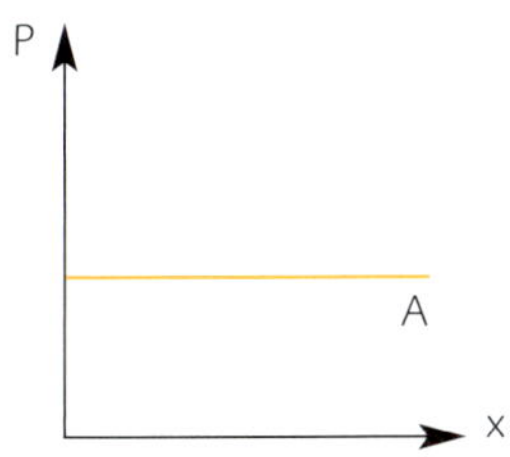

vollkommen preiselastisches Angebot

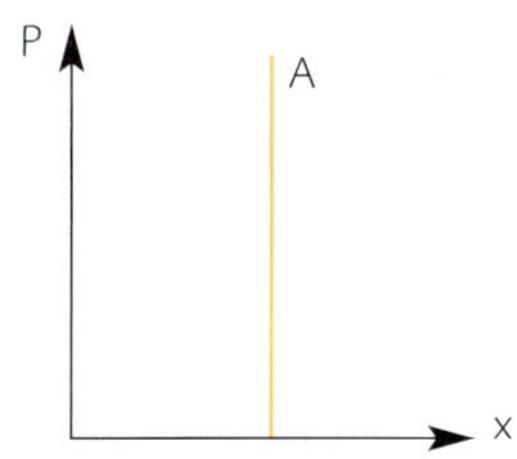

vollkommen preisunelastisches Angebot

2.3 Preisbildung in der Realität

Die Preisbildung im Modell des vollkommenen Markts wurde von einer Vielzahl von Bedingungen abhängig gemacht. Es liegt auf der Hand: Je mehr Annahmen erfüllt sein müssen, desto seltener sind entsprechende Fälle in der Praxis anzutreffen.

Der vollkommene Wettbewerb auf Märkten ist deshalb in der Praxis eher eine Ausnahme als die Regel. Das Marktmodell kann hilfreich sein, um reale Märkte im Hinblick darauf zu untersuchen, welche Auswirkungen Abweichungen von den Annahmen des Modells auf die Preisbildung haben.

2.3.1 Mangelnde Markttransparenz

Wir sind bei der Modellbetrachtung von Anbietern und Nachfragern ausgegangen, die den Markt überschauen können. In der Praxis ist es aber insbesondere für Nachfrager zu aufwändig, alle Angebote, und sei es nur in der eigenen Stadt, zu vergleichen.

Kauf eines Regenschirms

Ich brauchte seinerzeit einen neuen Regenschirm. Es war zu überlegen, wie ich in meiner Rolle als Arbeitnehmer die in der freien Marktwirtschaft mir obliegende Pflicht der Auswahl am besten treffen könnte. In Köln gibt es, so nahm ich an, etwa 50 Läden, in denen man einen Regenschirm kaufen kann. Diese müsste ich pflichtgemäß alle aufsuchen (…) Dann gibt es schätzungsweise 200 Sorten Regenschirme für Herren. Da es ein schwarzer Regenschirm mit gebogener Krücke sein sollte, mag sich die Sortenzahl auf 100 ermäßigen (…) Ich fand bald heraus, dass, allein um die Güte der Regenschirmstoffe auf Haltbarkeit und Wasserundurchlässigkeit zu prüfen, ein Kursus nötig sei, den ein Freund auf Wochen Dauer schätzte (…) Diese Überlegungen führten dahin, dass ich, um mich und meine Familie mit dem nötigen Hausrat und der nötigen Kleidung zu versehen, meinen Beruf aufgeben und dazu noch einen Assistenten anstellen müsste. Dies bedenkend, verzichtete ich auf jede Konkurrenzprüfung, ging in den nächsten Laden und kaufte unter den zehn vorgelegten Schirmen einen ohne lange Prüfung und zahlte dafür, was gefordert wurde.

Quelle: E. Schmalenbach: Der freien Wirtschaft zum Gedächtnis. Köln, Schmalenbach-Gesellschaft 1958, S. 58

2.3.2 Emotionales Käuferverhalten und Güterheterogenität

In der Realität wird das Nachfrageverhalten häufig von emotionalen Faktoren bestimmt. Wie z. B. die Mode zeigt, können die Preise für gleichwertige Jeans oder Pullover je nach Marke um mehr als 100 % schwanken, weil der Kunde nicht nur ein Kleidungsstück, sondern ein Stück Image oder Lebensgefühl kaufen will. Hinzu kommt, dass die Vergleichbarkeit der Produkte durch unterschiedliche Ausstattungsmerkmale eingeschränkt ist.

2.3.3 Marktformen

Polypol: Wenn die Bedingungen eines vollkommenen Marktes gelten, dann wird von einem **vollkommenen Polypol** gesprochen. Dazu gehört als wesentlicher Bestandteil, dass sich viele Anbieter und viele Nachfrager gegenüberstehen. In der Realität ist dies selten der Fall und vor allem wird es niemals einheitliche Angebotspreise geben. Es liegen daher **unvollkommene Polypole** vor.

Polypol		
	Annahmen	Wirkungen
vollkommenes Polypol	– viele Anbieter – Markttransparenz – keine Präferenzen – homogenes Gut	Gleichgewichtspreis
unvollkommenes Polypol	– viele Anbieter – heterogene Güter	– geringe Marktübersicht – unterschiedliche Preise

Oligopol: In einem **Angebotsoligopol** stehen wenige Anbieter vielen Nachfragern gegenüber. Sind dagegen wenige Anbieter und wenige Nachfrager auf dem Markt vorhanden, so wird von einem **zweiseitigen Oligopol** gesprochen.

Teilen sich z. B. in einem Vorort zwei Blumenhändler das Geschäft, wird durch die geringe Konkurrenz der Preis für die Nachfrager höher ausfallen. Die Käufer werden über den Preis gehen, den sie unter Bedingungen der vollständigen Konkurrenz zu zahlen bereit wären, weil sie z. B. größere Anfahrtswege in Kauf nehmen müssten.

Umgekehrt wäre auch eine Situation denkbar, in der in einem Vorort, z. B. durch einen Wochenmarkt, plötzlich viele Anbieter relativ wenigen Nachfragern gegenüberstehen (**Nachfrageoligopol**). Die Konkurrenz wächst und die Blumen erzielen nun Preise, die deutlich unter denen in der Stadt liegen.

Monopol: Beim Monopol fällt der Wettbewerb völlig aus, da es nur einen Anbieter oder einen Nachfrager gibt (Letzteres ist sehr selten). Der Anbieter oder Nachfrager diktiert dann den Preis.

Briefmonopol der Post wird eingeschränkt
Der Bundestag hat eine Änderung des Postgesetzes beschlossen. Exklusivlizenz nur noch für Briefe unter 100 Gramm

Berlin – Das Briefmonopol der Deutschen Post AG wird ab dem 1. Januar 2003 eingeschränkt. Der Bundestag beschloss am späten Donnerstagabend mit den Stimmen der Koalitionsfraktionen eine entsprechende Änderung des Postgesetzes.

Das frühere Staatsunternehmen wird danach nur noch für Briefe unter 100 Gramm eine Exklusivlizenz haben. Allerdings macht dieser Bereich den Löwenanteil bei der Briefbeförderung aus, so dass die Post nur mit begrenzten Einbußen wegen Wettbewerbs zu rechnen hat. Bisher gelten national 200 Gramm und EU-weit 350 Gramm als Monopolgrenze.

Mit der Änderung des Postgesetzes wird eine EU-Richtlinie zur Liberalisierung des Briefmarkts national umgesetzt. Ab 1. Januar 2006 wird die Gewichtsgrenze weiter auf 50 Gramm abgesenkt. Für die völlige Marktöffnung gibt es EU-weit noch keine Festlegung.
Quelle: Die Welt online vom 14. Juni 2002, www.welt.,de

Marktformen

	ein Anbieter	wenige Anbieter	viele Anbieter
ein Nachfrager	zweiseitiges Monopol	beschränktes Nachfragemonopol (Monopson)	Nachfragemonopol (Monopson)
wenige Nachfrager	beschränktes Angebotsmonopol	zweiseitiges Oligopol	Nachfrageoligopol
viele Nachfrager	Angebotsmonopol	Angebotsoligopol	Polypol

2.3.4 Marktversagen bei öffentlichen Gütern

Wirtschaftliche bzw. private Güter sind nur in begrenzter Menge vorhanden, deshalb besteht eine Rivalität zwischen den Konsumenten um den Konsum.

private, öffentliche, freie und wirtschaftliche Güter, vgl. 1.3 Güter

Die Rivalität wird über den Preis ausgetragen. Die Personen, die nicht oder nicht genug für den Eigentumserwerb zahlen wollen, werden vom Konsum ausgeschlossen (**Ausschlussprinzip**).

Dagegen ist die Bereitstellung öffentlicher Güter über den Markt äußerst problematisch. Da der Konsument nicht von dem Konsum ausgeschlossen werden kann, wird er nicht bereit sein, für diese Güter gesondert zu zahlen.

Soll z. B. eine Straße gebaut werden und ist deren Finanzierung zu klären, so wird der Einzelne kaum kundtun, wie stark er die Straße benutzen will, da er hofft, dass der Bau auch ohne seinen Beitrag zu Stande kommt. Durch das **Nichtausschlussprinzip** kann es also zu dem **Trittbrettfahrer-Effekt** kommen, d. h., auch nicht zahlende Personen können den neuen Verkehrsweg in Anspruch nehmen. Da es keine offizielle Nachfrage gibt, wird sich auch kaum ein privater Anbieter finden.

Das Wirtschaftssubjekt steckt bei öffentlichen Gütern wie der Umwelt in einem Dilemma, solange deren Belastung nichts kostet. Es kann zwar verschiedene Handlungsmöglichkeiten abwägen; bei der Stärke des gesellschaftlichen Koordinationsmechanismus Markt bzw. Preis liegt aber die Entscheidung nahe, den eigenen „Geldbeutel" zu schonen. Fazit: Solange die Umwelt nichts kostet, besteht für das einzelne Wirtschaftssubjekt kein unmittelbarer Anlass, sich umweltgerecht zu verhalten. Das führt in der Regel dazu, dass umweltschädliches Verhalten begünstigt wird. Das gegenwärtig in der Praxis zu beobachtende Verhaltensmuster der Wirtschaftssubjekte orientiert sich überwiegend an ökonomischen Rationalitäten.

Gefangenendilemma, vgl. Kapitel 3, 5.6 Diskrepanz zwischen Umweltbewusstsein und -verhalten

Private, öffentliche und freie Güter

Private Güter	**Öffentliche Güter**	**Freie Güter**
Konsumrivalität liegt vor Ge-/Verbrauch nach Bezahlung Marktnachfrage	Konsumrivalität liegt nicht vor Ge-/Verbrauch ohne Bezahlung Keine Marktnachfrage	Konsumrivalität liegt nicht vor Ge-/Verbrauch ohne Bezahlung Keine Marktnachfrage
↓	↓	↓
Marktpreis	Kein Marktpreis Marktversagen	Kein Marktpreis, da im Überfluss vorhanden
↑	↑	↑
Marktangebot verursacht Produktionskosten Eigentumsrechte Ausschlussprinzip anwendbar	Kein Marktangebot verursacht Produktionskosten keine Eigentumsrechte Ausschlussprinzip nicht anwendbar	Kein Marktangebot verursacht Produktionskosten Geltendmachen von Eigentumsrechten nicht möglich Ausschlussprinzip nicht anwendbar

Der einzelne Konsument leistet freiwillig kaum einen Beitrag zu mehr Umweltschutz, als ihm notwendig erscheint, wenn er für umweltverträglichere Güter und Dienstleistungen mehr bezahlen muss als für andere Produkte oder auf Bequemlichkeit verzichten muss.

Der einzelne Produzent leistet freiwillig kaum einen höheren Beitrag zum Umweltschutz als der Konkurrent, wenn er dadurch seine Kosten- und Wettbewerbssituation verschlechtert. Der Wettbewerbsdruck veranlasst ihn im Gegenteil dazu, die Umwelt kostenlos zu nutzen und die ökologischen Kosten bzw. die Beseitigung der ökologischen Schäden Dritten bzw. der Allgemeinheit aufzuerlegen. Gleichwohl wird nicht bestritten, dass sich umweltbewussteres Individualverhalten auch gegen die ökonomische Rationalität – z. B. aus ethischen Motiven – entwickeln kann. So motivierte Verhaltensweisen bilden aber eher die Ausnahme und laufen Gefahr, an den ökonomischen Realitäten zu scheitern.

Übersicht:

Markt	Zusammentreffen von Angebot und Nachfrage
Gleichgewichtspreis/-menge	Schnittpunkt von Angebots- und Nachfragekurve
Angebotsüberhang	– Angebot größer als Nachfrage – Käufermarkt
Nachfrageüberhang	– Nachfrage größer als Angebot – Verkäufermarkt
Annahmen des vollkommenen Marktes	– Atomische Marktstruktur – Güterhomogenität – Markttransparenz – Präferenzlosigkeit – Anpassungsfähigkeit
Polypol	– eigentliche Urform des Marktes – viele Anbieter, viele Nachfrager – Preis bildet sich auf dem Markt
Oligopol	– wenig Anbieter und/oder wenige Nachfrager – Marktteilnehmer voneinander abhängig – verschiedene Preisstrategien
Monopol	– nur ein Anbieter oder nur ein Nachfrager – Anbieter bzw. Nachfrager diktieren den Preis
Ausschlussprinzip	Wer einen bestimmten Preis nicht bezahlt, wird vom Markt ausgeschlossen.

Aufgaben

1. Erklären Sie den Begriff „Markt“.
2. Erläutern Sie die verschiedenen Einflussgrößen für das Anbieter- und Nachfragerverhalten.
3. Formulieren Sie das Angebotsgesetz, wenn der Preis des Gutes fällt, und das Nachfragegesetz, wenn der Preis des Gutes steigt.
4. Untersuchen Sie, inwieweit die folgenden Märkte den Modellannahmen entsprechen:
   a) Wohnungsmarkt
   b) Arbeitsmarkt

→

c) Aktienmarkt
d) Mineralölmarkt

5. „Zunächst einmal folgen Güter den Dollarstimmen, nicht den größeren Bedürfnissen. Die Katze eines reichen Mannes erhält vielleicht die Milch, die ein armes Kind braucht, um gesund zu bleiben."
(Samuel, Volkswirtschaftslehre, Bd. 1, S. 98)
Zeigen Sie, dass der Preis in einer Marktwirtschaft, obgleich er Härten mit sich bringt, eine nützliche Funktion hat. Diskutieren Sie, wie sich die Härten vermeiden lassen.

vgl. 6.3 Soziale Marktwirtschaft als realtypische Wirtschaftsordnung

6. Einem Warenmakler liegen folgende Kauf- und Verkaufsaufträge vor:
a) Zeichnen Sie in einem Preis-Mengen-Diagramm die Angebots- und Nachfragekurve ein.

Kaufaufträge	**Verkaufsaufträge**
(Menge mit jeweils akzeptierter Preis**ober**grenze)	(Menge mit jeweils akzeptierter Preis**unter**grenze)
25 t zu 120 €/t	25 t zu 180 €/t
15 t zu 150 €/t	22 t zu 160 €/t
10 t zu 160 €/t	15 t zu 140 €/t
6 t zu 180 €/t	10 t zu 120 €/t

b) Wie hoch ist der von dem Makler festgestellte Preis?
c) Warum wird dieser Preis „Gleichgewichtspreis" genannt?
d) Wie hoch wäre der Angebotsüberschuss bei einem Preis von 160 €/t?
e) Wie reagieren Marktteilnehmer auf einen Angebotsüberhang?
f) Wie reagieren Marktteilnehmer auf einen Nachfrageüberhang?

7. Wie verändert sich die Nachfrage nach Kaffee, wenn
a) der Preis für Kaffeefilter stark steigt,
b) Autos preiswerter werden,
c) der Preis für Tee fällt.

8. Erklären Sie, was unter einer elastischen und was unter einer unelastischen Nachfrage verstanden wird.

9. In einer Stadt werden in vielen Geschäften Herrenregenschirme der Marke „Senator" angeboten. Ein Preisvergleich ergab, dass die Preise zwischen 18 und 26 € lagen.
a) Um welche Marktform handelt es sich?
b) Welche Gründe gibt es für die Preisunterschiede?

3 Wirtschaftliches Handeln als Produktionsprozess

3.1 Produktion

Produzieren bedeutet Umwandeln und Bereitstellen von Gütern, wobei Produkttionsfaktoren kombiniert werden. Das Ergebnis der Produktion sind die Güter und Dienstleistungen (Outputs). Die produzierten Waren dienen entweder dem Konsum oder werden in der weiteren Produktion eingesetzt.

produzieren = Umwandeln und Bereitstellen von Gütern

Beispiel: Wenn Wurst produziert wird, sind Gewürze, Blut, Fleischreste, Wurstmaschinen und Arbeitszeit des Metzgers die Inputs. Diese werden in ein bestimmtes Verhältnis zueinander gebracht. Die leckere Blutwurst wäre dann der Output.

Wie viel produziert werden kann, hängt von den vorhandenen Produktionsfaktoren und deren optimaler Nutzung sowie dem technischen Standard ab: Mit einer modernen Wurstmaschine lassen sich mehr Würste produzieren als mit einer veralteten.
Eine effiziente Produktion setzt voraus, dass das Produktionspotenzial voll genutzt wird. Werden in einem Unternehmen mehrere Güter produziert, lässt sich die Produktion eines Gutes nur noch steigern, wenn die eines anderen Gutes eingeschränkt wird.

Beispiel: Der Metzger kann maximal 100 kg Wurst herstellen. Hat er bisher 40 kg Blutwurst und 60 kg Leberwurst produziert und möchte nun 30 kg Blutwurst mehr produzieren, dann geht das nur, wenn er entsprechend weniger Leberwurst herstellt. Produziert der Metzger nur 95 kg, obwohl er 100 kg produzieren könnte, ist die Produktion ineffizient, weil vorhandene Möglichkeiten nicht ausgenutzt werden.

3.2 Volkswirtschaftliche Produktionsfaktoren

Die klassische Einteilung der Produktionsfaktoren aus volkswirtschaftlicher Perspektive lautet: **Boden, Arbeit** und **Kapital**. Boden und Arbeit sind von Natur aus vorhanden und werden daher als ursprüngliche Produktionsfaktoren bezeichnet. Kapital entsteht durch das Zusammenwirken der originären (ursprünglichen) Faktoren und heißt deshalb abgeleiteter Produktionsfaktor.
Die Abgrenzung der Produktionsfaktoren untereinander ist problematisch, denn naturbelassene Böden gibt es praktisch nicht mehr. Gewerbeparks gehen hohe Investitionen in den Boden (Erschließungskosten) voraus. Ferner wird der Produktionsfaktor Boden heute eher durch den Begriff Umwelt oder Natur ersetzt. Ebenso kann die Arbeitsleistung als Kapital gesehen werden, dessen Leistungsvermögen sich durch Investitionen in die Ausbildung erhöht.

volkswirtschaftliche Produktionsfaktoren: Boden (Natur), Arbeit, Kapital

3.2.1 Arbeit

Durch menschliche Arbeit werden Güter und Dienstleistungen geschaffen. Zugleich erzielt der Mensch durch seine Arbeit Einkommen. In der volkswirtschaftlichen Gesamtrechnung (VGR) werden aber nur die Tätigkeiten erfasst, für die ein Entgelt gezahlt wird. Im wirtschaftlichen Sinne arbeiten zwar Lehrer, Schüler hingegen nicht. Reinigt eine Putzfrau die Böden, dann arbeitet sie. Wird die gleiche Tätigkeit von der Hausfrau ausgeübt, so liegt formal keine Arbeit vor.

VGR, vgl. 5.2 Volkswitschaftliche Gesamtrechnung nach dem Europäischen System Volkswirtschaftlicher Gesamtrechnungen

Der Produktionsfaktor lässt sich unterscheiden in **geistige** und **körperliche Arbeit** oder in **leitende Tätigkeit** (Geschäftsführer) und **ausführende Tätigkeit** (Sachbearbeiter im Büro).

Arbeit:
- geistige und körperliche Tätigkeit
- leitende Tätigkeit
- ausführende Tätigkeit

Wenn der Produktionsfaktor Arbeit im Verhältnis zu den anderen Produktionsfaktoren knapp ist, kann dieser Mangel das Wirtschaftswachstum bremsen. In den 60er-Jahren wurde deshalb durch die gezielte Anwerbung von Gastarbeitern die Zahl der Erwerbstätigen erhöht.

Das Maß für die Leistungsfähigkeit von Arbeit ist die **Arbeitsproduktivität:** Das mengenmäßige Produktionsergebnis wird durch die eingesetzte Arbeitszeit dividiert. Unterschiede in der Arbeitsproduktivität können durch folgende Faktoren bedingt sein:

- Leistungsfähigkeit der Mitarbeiter (Belastbarkeit, Ausbildung),
- Leistungsbereitschaft der Mitarbeiter (Motivation, Bezahlung),
- Leistungsfähigkeit der Maschinen (technische Ausstattung).

Arbeitsproduktivität = Maß für Leistungsfähigkeit von Arbeit

Beispiel: Die Sekretärin A schreibt in zwei Stunden 30 Seiten Text, ihre Kollegin in fünf Stunden 70 Seiten. Wer ist produktiver?
Die Antwort lautet: Die Sekretärin A. Sie produziert 15 Seiten pro Stunde, B nur 14. Die Sekretärin B mag durchaus besser ausgebildet, auch motivierter als ihre Kollegin sein, ist aber dennoch weniger produktiv, weil sie auf einer Schreibmaschine arbeiten muss, während ihrer Kollegin ein moderner PC zur Verfügung steht.

Vollbeschäftigung ist eines der wichtigsten Ziele jeder Volkswirtschaft. Vollbeschäftigung bedeutet nicht, dass jeder Arbeitswillige auch in einem Beschäftigungsverhältnis steht, denn in einer dynamischen Wirtschaft ist Arbeitslosigkeit aus verschiedenen Gründen unvermeidlich:

Vollbeschäftigung = fast alle Erwerbspersonen haben einen Arbeitsplatz, vgl. Kapitel 3, 4.2.2 Vollbeschäftigung

- **Konjunkturelle Arbeitslosigkeit**: Sie ist die Folge des Rückgangs der gesamtwirtschaftlichen Nachfrage. Die güterwirtschaftliche Anpassung führt zur Freisetzung von Arbeitskräften.

vgl. Kapitel 3, 7.4 Arbeitslosigkeit – Gefahr für den Sozialstaat

<table>
<tr><td colspan="4">Wohnbevölkerung</td></tr>
<tr><td colspan="2">Erwerbspersonen</td><td colspan="2">Nicht-Erwerbspersonen</td></tr>
<tr><td>in Arbeit</td><td>registrierte Arbeitslose</td><td>stille Reserve</td><td rowspan="2">Arbeits-unwillige, Arbeits-unfähige</td></tr>
<tr><td colspan="3">Erwerbspersonenpotenzial
x Arbeitsstunden
= potenzielles Arbeitsvolumen</td></tr>
<tr><td colspan="4">Erwerbsquote = Erwerbspersonen in % der Wohnbevölkerung
Arbeitslosenquote = Registrierte Arbeitslose in % der Erwerbspersonen</td></tr>
</table>

- **Strukturelle Arbeitslosigkeit**
  Es besteht ein Missverhältnis zwischen Angebot und Nachfrage von Arbeitskräften in einer Region oder Branche. Diese Form der Arbeitslosigkeit tritt auf, wenn Wirtschaftszweige oder Regionen nicht mehr konkurrenzfähig sind (z. B. Textil-, Stahlproduktion, Bergbau).
- **Friktionelle Arbeitslosigkeit**
  Hier liegt Arbeitslosigkeit vor, die entweder persönlich verursacht wurde oder als Folge von Betriebsschließungen oder Insolvenzen entsteht. Friktionelle Arbeitslosigkeit ist zumeist Sucharbeitslosigkeit, d. h., eine Stelle wurde gekündigt, eine neue noch nicht gefunden.
- **Saisonale Arbeitslosigkeit**
  Sie ergibt sich aus jahreszeitlich bedingten Beschäftigungsschwankungen und ist auf einzelne Branchen beschränkt (Baugewerbe, Landwirtschaft, Touristikleistungen).

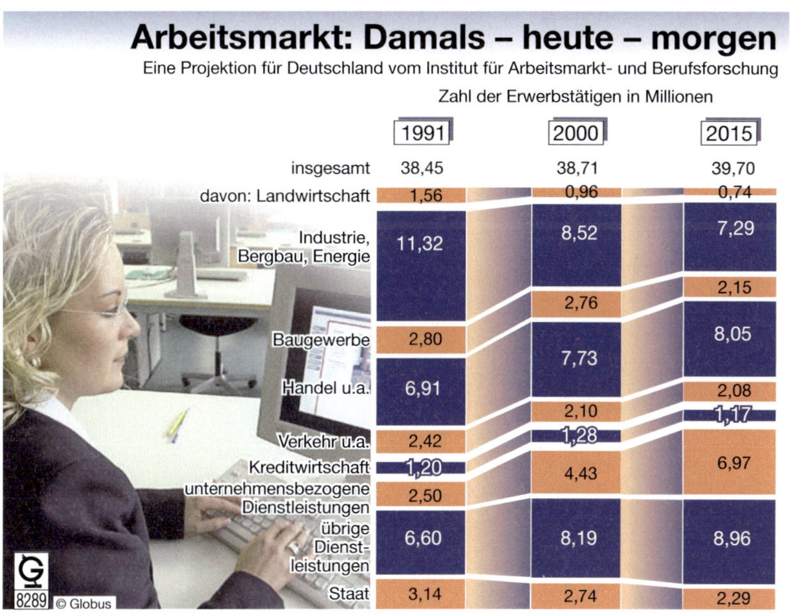

In den 50er-Jahren wurde das Ziel Vollbeschäftigung mit einer Arbeitslosenquote von 0,8 % definiert. In den folgenden Jahrzehnten wurde diese Zielgröße immer weiter nach oben korrigiert und schließlich ganz aufgegeben. Die Arbeitslosigkeit hat sich in den meisten westlichen Industriestaaten zu einem dauerhaften Problem entwickelt.

3.2.2 Natur

Der Produktionsfaktor Boden umfasst die ganze natürliche Umwelt, weshalb der Begriff Natur treffender ist. Die natürliche Umwelt ist ein äußerst komplexes System, bestehend aus Lebewesen, irdischer Atmosphäre, Wasser und Boden (einschließlich der Bodenschätze) und den vielfältigen Beziehungen zwischen den Elementen. Es handelt sich um ein geschlossenes System. Als außerirdisches Element kommt lediglich die Sonnenenergie hinzu, die für den Ablauf der biologischen Prozesse unentbehrlich ist. Die Natur als Produktionsfaktor hat folgende Funktionen:

- Sie liefert die natürlichen Ressourcen für die Produktion, wie z. B. Energie und Bodenschätze.
- Sie dient als Aufnahmemedium für energetische und stoffliche Rückstände, die bei Produktion und Konsum anfallen.
- Darüber hinaus liefert sie mit Atemluft, Wasser, tierischer und pflanzlicher Nahrung Güter zur Befriedigung menschlicher Existenzbedürfnisse.

Umweltgüter wie Luft, Wasser und Boden stellen einerseits Ge- und Verbrauchsgüter für Produktion und Konsum dar. Andererseits dienen sie als Aufnahmemedium für die Produktions- und Konsumrückstände. Die Natur ist durch die wirtschaftliche Nutzung vielfachen Belastungen ausgesetzt. In der Landwirtschaft z. B. ist die Arbeitsproduktivität ungemein angestiegen. Immer weniger Landwirte versorgen die Bevölkerung im Überfluss. Die Leistungssteigerung, bewirkt durch bessere Technik und vor allem durch Kunstdünger und Pflanzenschutzmittel, belastet die Natur und ihre Produkte mit Schadstoffen. Bei industrieller Produktion wird die

Das Verhältnis von Ökonomie und Ökologie

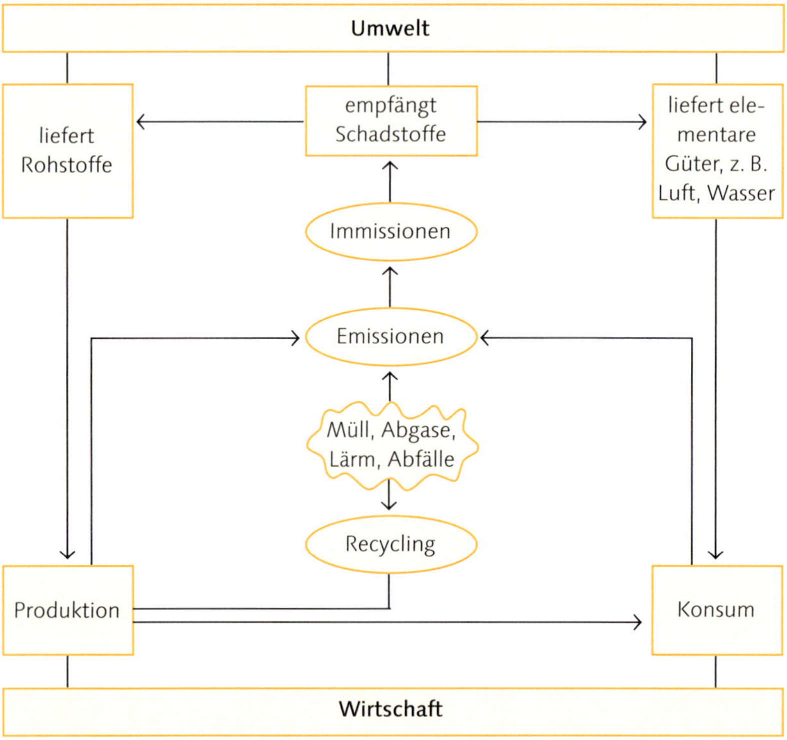

Natur vielfältig als Aufnahmemedium für Abfallstoffe benutzt: Abgase belasten die Luft, Abfälle landen auf Deponien oder werden auf den Weltmeeren „entsorgt".
Die Ressourcen der Erde und die Belastbarkeit der Umwelt durch Schadstoffe sind begrenzt. Je mehr Umwelt als Schadstoffempfänger genutzt wird, umso weniger spendet die Umwelt als Konsumgut einen Nutzen. Das grundsätzliche Problem wird verschärft durch die zunehmende Freizeit der Menschen und der damit verbundenen ansteigenden Nachfrage nach Erholung in „unberührter Natur". Der Mensch kann die vorhandenen Rohstoffe und Energievorkommen nicht vermehren, sondern nur in eine andere Zustandsform verwandeln. Die dabei anfallenden Abfallstoffe lassen sich nicht vollständig wieder verwerten. Die industrielle Produktion fußt auf nicht erneuerbaren Energieträgern (Kohle, Erdöl, Erdgas, Uran) und Metallen (Eisen, Kupfer usw.). Wie lange die bekannten Vorräte reichen, lässt sich nicht genau vorhersagen, denn das Wissen über Rohstoffvorkommen ist vom Stand der Technik und von Rohstoffpreisen abhängig.

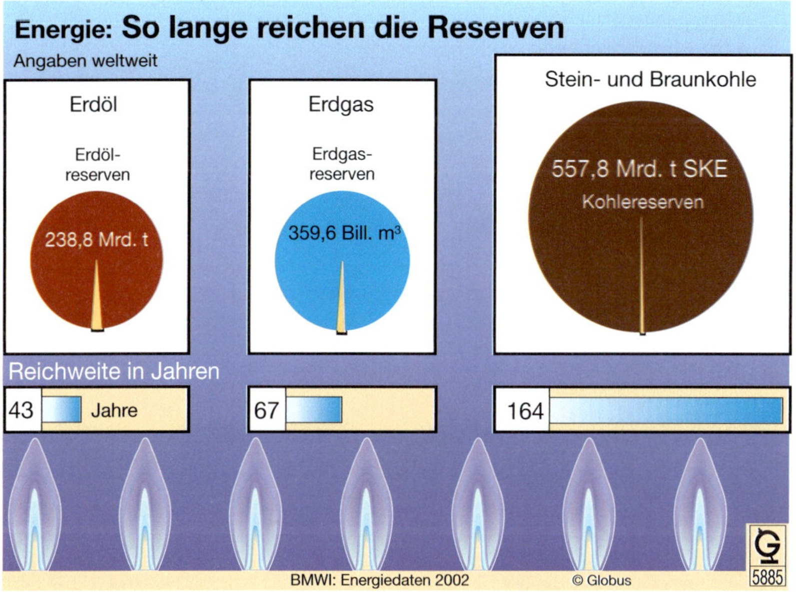

Mit fortschreitender Technik sind stets neue Lagerstätten entdeckt und bei entsprechenden Preisen verwertet worden. Steigen die Preise für Rohstoffe, dann werden Rohstofflagerstätten erschlossen, die bislang nicht lohnten. Zugleich wird der Zwang verstärkt, teure Rohstoffe zu ersetzen und zu recyceln.
Auf Grund der Umweltbelastungen benötigen wir eine neue Form des Wirtschaftens, die den schonenden Umgang mit den natürlichen Ressourcen zum Ziel hat.

3.2.3 Kapital

Wenn Kapital in monetärer Form vorliegt, dann spricht man von Geldkapital. Geld wird entweder gespart oder für Güter und Dienstleistungen ausgegeben. Das Realkapital umfasst die Produktionsmittel, Grundstücke,

Kapital = finanzielle oder sachliche Mittel, die zur Produktion eingesetzt werden

Gebäude und Maschinen und auch Lagerbestände. Die Produktionsmittel werden zur Produktion neuer Güter eingesetzt. Investitionen zum Ausgleich des damit verbundenen Verschleißes nennt man Ersatzinvestitionen. Die darüber hinausgehenden Investitionen, die eine Ausweitung der Produktion ermöglichen, werden Nettoinvestitionen genannt.

Investitionen, vgl. ausführlich Teilband *Industrielle Geschäftsprozesse*, Kapitel 6 Langfristige Investitions- und Finanzierungsprozesse

Realkapital hat eine Vorgeschichte. Diese lautet: Zuerst muss **Geldkapital** gespart werden, dann muss das gesparte Geld investiert werden.

Beispiel: Eine Büroangestellte legt einen Teil ihres Gehaltes auf einem Sparkonto an. Sie bildet damit Geldkapital. Wenn die Bank diese Mittel einem Unternehmer als Kredit zur Verfügung stellt und dieser z. B. Werkzeuge erwirbt, wird damit Realkapital gebildet.

Gleiches gilt, wenn Gewinne, die in einem Unternehmen erwirtschaftet werden, nicht auf die Anteilseigner verteilt, sondern für den Erwerb von Produktionsanlagen verwendet werden. Im ersten Fall spricht man von Fremdfinanzierung, im zweiten von Eigenfinanzierung.

Realkapital kann produktiven und sozialen Zwecken dienen. **Produktivkapital** dient der Produktion im Unternehmen. **Sozialkapital** sind Sachgegenstände, die der Allgemeinheit zugute kommen (z. B. Schulen, Krankenhäuser).

Die Schaffung von Realkapital zum Zwecke einer zukünftig höheren Produktionsleistung nennt man Umwegproduktion. Umweg deshalb, weil erst Güter hergestellt werden, die nicht direkt dem Konsum dienen.

Realkapitalbildung über Sparen im Haushalt

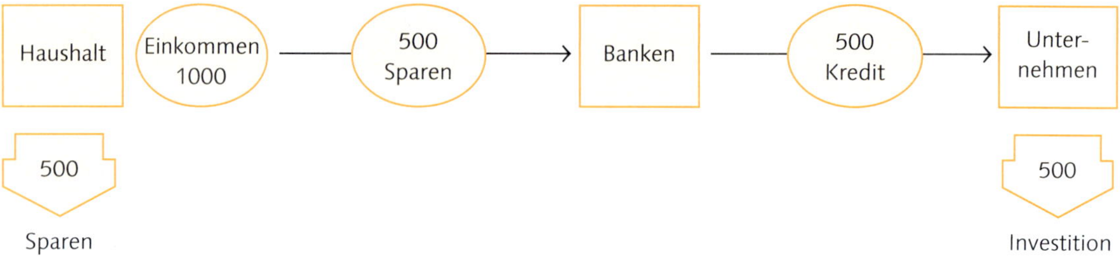

Der damit verbundene Verzicht auf gegenwärtigen Konsum, also Sparen, bedeutet, dass Ressourcen einer Verwendung zugeführt werden, die die zukünftigen Konsumwünsche in erhöhter Form verwirklichen. Konsumeinschränkung ist eine Option für ein besseres Leben in der Zukunft. Die Menschen müssen sich daher entscheiden. Entweder sie genießen ihr Leben unmittelbar, „verleben" gewissermaßen das, was durch vorausgegangenen Konsumverzicht entstanden ist, oder sie schränken sich zu Gunsten künftig höheren Wohlstands ein.

Aufgrund der Unsicherheit der Zukunft haben die Haushalte häufig eine Präferenz zu Gunsten des gegenwärtigen Konsums. Der Konsumverzicht wird durch die Zahlung eines Zinses auf den Sparbetrag honoriert. Der Zins bietet damit einen Anreiz zum Sparen. Allgemein wird jedoch angenommen, dass die Höhe der Spareinlagen nicht nur vom Zins, sondern auch vom laufenden Einkommen abhängt.

3.3 Betriebswirtschaftliche Produktionsfaktoren

betriebswirtschaftliche Produktionsfaktoren:
- dispositive Arbeit (Leitung, Planung, Organisation, Kontrolle)
- ausführende Arbeit
- Betriebsmittel
- Werkstoffe

Im Betrieb werden die Produktionsfaktoren mit dem Ziel kombiniert, Sachgüter und Dienstleistungen zu erstellen. Die Betriebswirtschaftslehre unterscheidet nicht wie die Volkswirtschaftslehre drei, sondern vier Produktionsfaktoren. Im Unterschied zum volkswirtschaftlichen System ist „Natur" nicht separat, sondern den Betriebsmitteln zugehörig. Demgegenüber sind „Werkstoffe" ein eigener Produktionsfaktor. In volkswirtschaftlicher Sicht wären sie Realkapital. Mit der Trennung des volkswirtschaftlichen Produktionsfaktors „Arbeit" in ausführende und dispositive Tätigkeiten wird die besondere Bedeutung unternehmerischen Denkens und Handelns für die betriebliche Existenz dokumentiert. **Dispositive Arbeiten** umfassen leitende, planende, organisatorische und kontrollierende Tätigkeiten im Verbund mit Führungsentscheidungen. Die unmittelbar zur Leistungserstellung ausgeübte Tätigkeit nennt sich **ausführende Arbeit**.

Betriebsmitttel, Werkstoffe, vgl. Teilband *Industrielle Geschäftsprozesse*, Kapitel 1 Marktorientierte Geschäftsprozesse eines Industriebetriebs

Betriebsmittel sind alle im Betrieb verwendeten Gegenstände, die nicht Bestandteil des Outputs werden (Grundstücke, Maschinen, Werkzeuge). **Werkstoffe** sind Inputstoffe, die über den Produktionsprozess ganz oder teilweise in den Output eingehen (Rohstoffe, Betriebsstoffe).

Dispositive Arbeit: Jürgen Schrempp, Vorstandsvorsitzender der DaimlerChrysler AG

Ausführende Arbeit: Arbeiterin bei der Montage von Miniaturlagern

Betriebsmittel: Schweißroboter in der Autoindustrie

Werkstoffe: Rohstofflager in der Textilindustrie

3.4 Faktorkombination

Wird zum Beispiel für das Büro ein PC erworben, muss auch jemand da sein, der mit dem Gerät umgehen kann. Wird der Fuhrpark um einen Lkw erweitert, bedarf es eines Fahrers. Vermehrter Input eines Produktionsfaktors ist mit der Zunahme eines anderen verbunden, wobei sich die Relation aus den technischen Gegebenheiten ergibt. Es ist ebenso unwirtschaftlich, für ein Fahrzeug keinen Fahrer einzustellen, wie einen Wagen, der täglich nur drei Stunden bewegt wird, mit zwei Fahrern zu besetzen.

Wirtschaftliche Faktorkombination bedeutet jedoch nicht automatisch, dass das technisch effizienteste Verfahren angewendet wird.

Beispiel: Wenn ein Schriftstück zu vervielfältigen ist, kann man es abschreiben, abtippen oder kopieren. Obwohl der Kopierer den anderen Verfahren überlegen ist, wird eine Anschaffung unterbleiben, wenn nur wenige Vervielfältigungen anfallen.

Grundstruktur der betrieblichen Produktion und Marktverflechtung

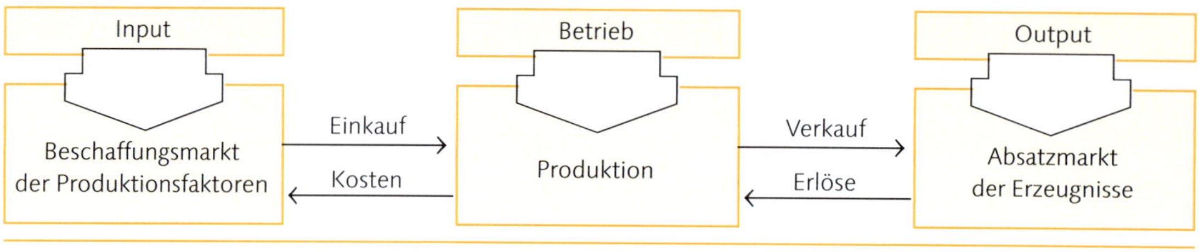

3.5 Faktorsubstitution

Wenn ein Produktionsfaktor durch einen anderen ersetzt wird, spricht man von Faktorsubstitution. Die fortschreitende technologische Entwicklung eröffnet insbesondere im Produktionsbereich einer Industrieunternehmung zahlreiche Substitutionsmöglichkeiten. In diesem Zusammenhang wird häufig von betrieblicher **Rationalisierung** gesprochen.
Größte wirtschaftliche und auch gesellschaftliche Bedeutung hat der Ersatz von Arbeit durch Kapital im Rahmen der zunehmenden Automatisierung in der Fertigung. Technisch immer aufwendigere Maschinen verdrängen Menschen vom Arbeitsplatz. Der betriebswirtschaftliche Produktionsfaktor „ausführende Arbeit" wird somit mehr und mehr durch den Produktionsfaktor Betriebsmittel ersetzt.

Fertigungsverfahren und Rationalisierung, vgl. ausführlich Teilband *Industrielle Geschäftsprozesse*, Kapitel 2 Leistungserstellungsprozesse planen und kontrollieren

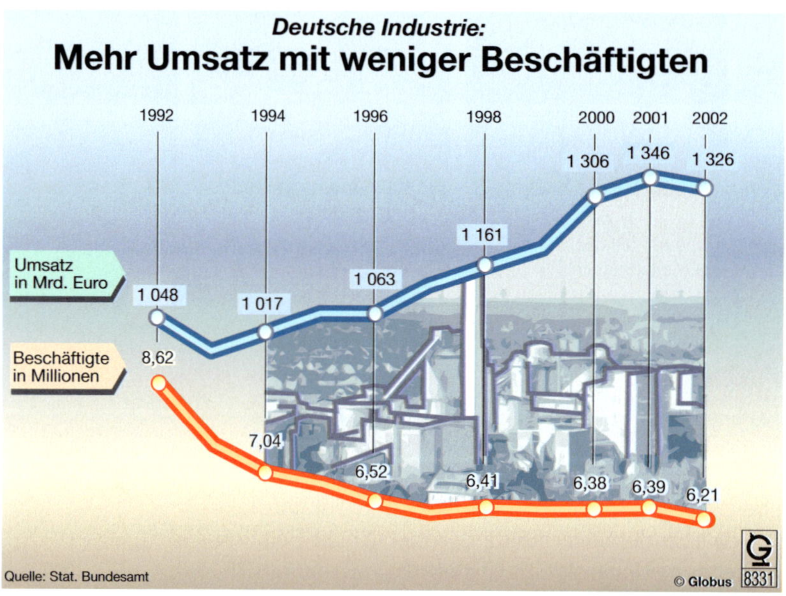

In der westdeutschen Zellstoff- und Papierindustrie verdreifachte sich z. B. allein zwischen 1960 und 1989 der Output an Papier, Karton und Pappe mit einer Beschäftigtenzahl, die im gleichen Zeitraum um ein Drittel gesunken ist. Die Faktorsubstitution erfolgt nach dem ökonomischen Prinzip: Der jeweils teurere Produktionsfaktor wird, wenn es die Produktionsverhältnisse zulassen, zu Gunsten des preiswerteren ersetzt. Ziel von Rationalisierungsmaßnahmen ist dabei aus unternehmerischer Sicht die Steigerung der Produktivität.

Rationalisierung
So steigt die Produktivität: Weniger Arbeitnehmer produzieren mehr Güter. Möglich wurde dies, weil die Betriebe rationalisiert haben. Sie setzen mehr Maschinen ein, optimieren die Arbeitsabläufe und lassen von modernen Robotern und computergestützten Anlagen fertigen.
Auch die einzelnen Mitarbeiter müssen mehr leisten. Sie bilden sich fort, erweitern ihr Aufgabenfeld, steuern und kontrollieren die komplexen Maschinen.
So erwirtschafteten im vergangenen Jahr 6,38 Millionen Industriemitarbeiter einen Umsatz von 1,3 Billionen €. Das waren 1,9 Millionen Beschäftigte weniger als 1992, aber ein Umsatzplus von 259 Milliarden € im gleichen Zeitraum.
Quelle: Globus

Übersicht:

Produktionsfaktoren in volkswirtschaftlicher Sichtweise	Arbeit	ursprünglich vorhandene (originäre) Produktionsfaktoren
	Natur	
	Kapital	über einen Produktionsumweg erzeugter (derivativer) Produktionsfaktor
Produktionsfaktoren in betriebswirtschaftlicher Sichtweise	ausführende Arbeit	Elementarfaktoren
	Betriebsmittel	
	Werkstoffe	
	dispositive Arbeit	dispositiver Faktor
Faktorkombination	ergänzen von Produktionsfaktoren z.B. Betriebsmittel und ausführende Arbeit (Lkw/ Fahrer)	
Faktorsubstitution	ersetzen von Produktionsfaktoren z.B. Arbeit durch Kapital (Montage durch Industrieroboter)	

Aufgaben

1. Berechnen Sie die Umsatzsteigerung pro Beschäftigten von 1992 bis 2002 in Euro und in Prozent (vgl. Schaubild S. 202).
2. Welche Produktionsfaktoren betrachtet man aus volkswirtschaftlicher Sicht als ursprüngliche Faktoren?
   a) Geldkapital
   b) Realkapital
   c) menschliche Arbeit
   d) mechanische Arbeit
   e) Natur (Boden)
3. Erklären Sie, was Ökonomen unter einer ineffizienten Produktion verstehen.
4. Nennen Sie zwei Bodenschätze, bei denen schon heute voraussehbar ist, dass die Vorräte in absehbarer Zeit nicht mehr reichen.
   Wofür werden diese Rohstoffe in der Produktion gebraucht? Nennen Sie Beispiele.
   Wie könnte man die Vorräte schonen?

5. Ein Unternehmen beabsichtigt, in einer Kleinstadt (30.000 Einwohner) auf der „grünen Wiese" einen Supermarkt zu errichten. Beschreiben Sie die ökonomischen Auswirkungen auf
   - städtischen Fachhandel und Lebensmittelgeschäfte,
   - städtische Arbeitsplätze,
   - Konsumenten,
   - Finanzen der Stadt.

   Welche ökologischen Auswirkungen hätte die Ansiedlung?
6. Im Monat September arbeiten in einem Büro fünf Sekretärinnen 37,5 Std./Woche, in denen sie 1.850 Blatt Papier beschriften. Zum 30. September wird eine Sekretärin entlassen. Die übrigen produzieren im Monat Oktober mit unveränderter persönlicher Arbeitszeit 1.720 Blatt. In welchem Monat ist die Arbeitsproduktivität höher? Nennen Sie Gründe für die Änderungen in der Arbeitsproduktivität.
7. Wer ist volkswirtschaftlich produktiv?
   Begründen Sie Ihre Entscheidung zu folgenden Beispielen:
   a) Eine Kauffrau erteilt gegen Kaffee und Kuchen Nachhilfeunterricht in Buchführung.
   b) Ein Einbrecher schleppt unter größten Anstrengungen einen Tresor.
   c) Ein Lkw-Fahrer macht eine Pause und schläft im Führerhaus ein.
   d) Die Hausfrau putzt Fenster.
   e) Sie selbst, indem Sie die Fragen beantworten.
   f) Der Torwart einer Profimannschaft lehnt sich gemütlich an den Torpfosten.
8. Im Folgenden werden Beispiele für die Freisetzung von Arbeitsplätzen gegeben.
   Überprüfen Sie, welche Art von Arbeitslosigkeit jeweils vorliegt.
   a) In den Monaten Dezember bis Februar kann ein Bauarbeiter nicht arbeiten.
   b) Infolge umfangreicher Rationalisierungsmaßnahmen verliert eine Bürokauffrau ihren Arbeitsplatz in der Buchhaltung.
   c) Durch zyklische Wirtschaftsschwankungen ist die Produktionsmenge eines Industriebetriebs während der letzten Monate ständig gesunken. Facharbeiter werden entlassen.
   d) Auf Grund eines Insolvenzverfahrens werden Arbeitskräfte entlassen.
9. „Die Arbeitslosenquote ist kein zuverlässiger Maßstab der Unterbeschäftigung."
   Diskutieren Sie diese Aussage.
10. Erklären Sie an einem Beispiel die Realkapitalbildung.
11. Am 1. Januar beträgt das Kapital eines Unternehmens 800.000 €. Während des Geschäftsjahres hat sich der Sachbestand um 10 % abgenutzt. Es wurden neue Maschinen angeschafft, sodass am 31. Dezember der Kapitalbestand 900.000 € ausmacht.
    Wie viel Euro machen die Ersatzinvestitionen, Nettoinvestitionen und die Bruttoinvestitionen aus?
12. Geben Sie einige Gründe an, die für das Sparen sprechen.
    Nennen Sie verschiedene Anlageformen für Ersparnisse.
13. Beschreiben Sie die Folgen unterlassener Investition für Unternehmen, Beschäftigte und Konsumenten.

3.6 Arbeitsteilung

Die Arbeitsteilung ist ein wesentliches Merkmal entwickelter Industriegesellschaften. Der Ökonom Adam Smith beschrieb in seinem berühmten Stecknadelbeispiel die **Vorteile** der Arbeitsteilung. Er behauptete, dass ein (ungelernter) Arbeiter täglich kaum mehr als 20 Stecknadeln herstellen kann, und berichtete von einer Fabrik, in der 10 Männer, die sich auf wenige Handgriffe spezialisiert hatten, täglich 48.000 Nadeln produzierten.

Adam Smith, vgl. 6.1 Modell der freien Marktwirtschaft

Für die ertragssteigernde Wirkung der Arbeitsteilung gibt es mehrere Erklärungen:

- Die Fähigkeiten und Geschicklichkeiten der Menschen sind verschieden. Durch **Spezialisierung** lässt sich der größtmögliche Vorteil aus ihren Anlagen ziehen.
- Wird Arbeit in Teilbereiche zerteilt, dann nimmt die **Komplexität** der Arbeitsverrichtung ab. Die Ausbildungszeit lässt sich verkürzen.
- Die Spezialisierung auf bestimmte Tätigkeiten führt zu einem Ansammeln von Erfahrungen und Fehlvermeidungsstrategien. Die **Arbeitsproduktivität** steigt.

Arbeitsteilung erhöht die Produktivität.

Der höhere Output arbeitsteiliger Produktion wird mit **Nachteilen** erkauft, die vor allem im sozialen Bereich liegen. Extreme Spezialisierung führt zu **Gesundheitsschäden** und macht die Arbeit **monoton** (Fließbandarbeit).

Fertigungsverfahren, vgl. Teilband *Industrielle Geschäftsprozesse*, Kapitel 2 Leistungserstellungsprozesse planen, steuern und kontrollieren

Fließfertigung: Montage von PCs

Durch die Entfremdung vom Ergebnis der Arbeit kann sich der Einzelne nicht mehr mit dem Endprodukt identifizieren. Die Effizienz der Produktion wird durch Qualitätsmängel, **geringe Arbeitsmotivation** und vermehrte Fehlzeiten eingeschränkt.

Zunehmende Arbeitsteilung erhöht die **gegenseitigen Abhängigkeiten**. Jede Störung im fein gewobenen Beziehungsgeflecht zieht weite Kreise und kann negative Auswirkungen mit sich bringen. Der Ausfall eines Lieferanten, Streiks oder verstopfte Autobahnen können die gesamte Produktion lahm legen.

Streik, vgl. Kapitel 1, 6.3 Tarifverhandlungen, Streik und Aussperrung

3.6.1 Innerbetriebliche Arbeitsteilung

Unter der innerbetrieblichen Arbeitsteilung, oftmals als technische Arbeitsteilung bezeichnet, versteht man die Aufteilung eines Arbeitsprozesses in mehrere Einzelschritte.

betriebliche Organisation, vgl. *Industrielle Geschäftsprozesse,* Kapitel 2 Leistungserstellungsprozesse planen, steuern und kontrollieren

In Betrieben erfolgt die Arbeitsteilung auf zwei Ebenen. Die mit der Produktion zusammenhängenden Arbeitsvorgänge werden auf **Abteilungen** aufgeschlüsselt (Einkauf, Verwaltung, Verkauf usw.). In den Abteilungen spezialisieren sich Personen oder Arbeitsgruppen innerhalb einzelner **Stellen**. Die Organisationsstruktur innerbetrieblicher Arbeitsteilung wird in so genannten **Organigrammen** veranschaulicht.

Beispiel: Organigramm

Funktionale Organisation eines Betriebs

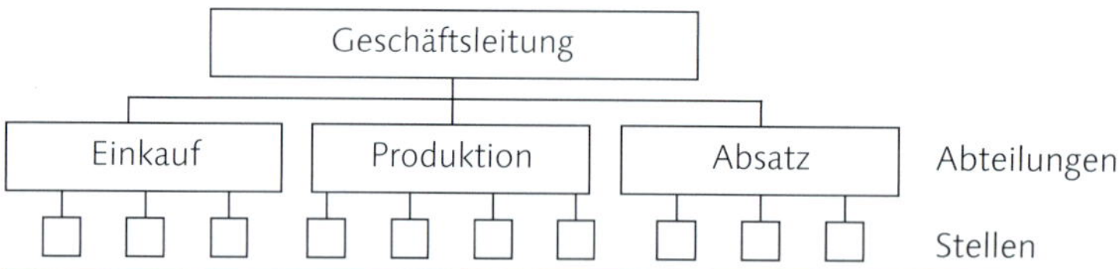

3.6.2 Volkswirtschaftliche Arbeitsteilung

Ein konsumreifes Gut durchläuft oft mehrere Wirtschaftsstufen. Milch z. B. wird in der Landwirtschaft erzeugt, in Molkereien „verarbeitet" und in Lebensmittelgeschäften zum Kauf angeboten. **Volkswirtschaftliche Arbeitsteilung** ist eine Teilung des Produktionsprozesses auf spezialisierte Betriebe, die in drei Produktionsbereiche zusammengefasst werden:

Im **primären Sektor** entsteht die Güterproduktion unmittelbar aus der Natur heraus. Zu diesem Sektor gehören z. B. Landwirtschaft, Forstwirtschaft, Fischerei, Jagd ebenso wie Bergbau oder Kiesgruben.

primärer Sektor = Urerzeugung

Im **sekundären Sektor** werden die Rohstoffe verarbeitet und Güter produziert. Industrie und Handwerk sind auf diese Aufgabe spezialisiert.

sekundärer Sektor = Weiterverarbeitung

Im **tertiären Sektor** werden die produzierten Güter verteilt oder immaterielle Güter erstellt, und zwar vom Handel (Außen-, Groß- und Einzelhandel), von Kreditinstituten, Versicherungen, Transportunternehmen usw.

tertiärer Sektor = Dienstleistungen, Handel

Primärsektor: Milchkühe in Brandenburg

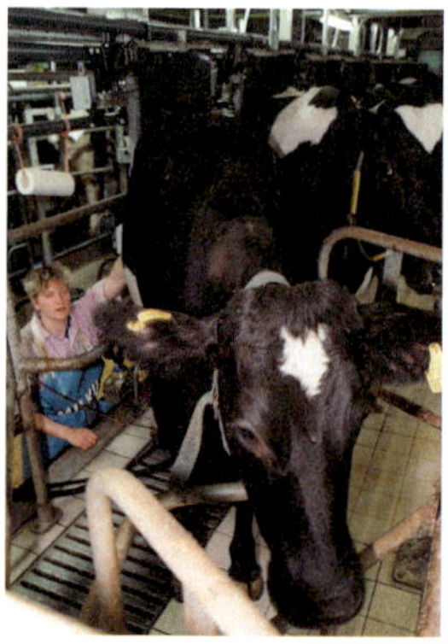

Sekundärsektor: Reifekammer einer Käserei

Tertiärsektor: Käseangebot im Einzelhandel

3.6.3 Wirtschaftssektoren im Wandel

In 100 Jahren hat sich die Produktionsstruktur der deutschen Volkswirtschaft grundlegend geändert. Die Urgroßeltern lebten noch in einer landwirtschaftlich organisierten Gesellschaft, die Großeltern und Eltern sind in einer Industriegesellschaft groß geworden. Die Kinder erblickten in einer Dienstleistungsgesellschaft (auch postindustrielle Gesellschaft genannt) das Licht der Welt.

Nach Schätzungen wird bis zum Jahre 2010 die Zahl der Beschäftigten im primären Sektor um die Hälfte abnehmen, im sekundären Sektor geht jeder sechste Arbeitsplatz verloren. Hingegen werden im Dienstleistungsbereich 8,7 Millionen Arbeitsplätze geschaffen, über ein Drittel mehr als im Jahre 1991. Dies hat mehrere Gründe. So werden z. B. die Menschen immer älter, und es ist abzusehen, dass besonders die Pflegeaufwendungen ansteigen.

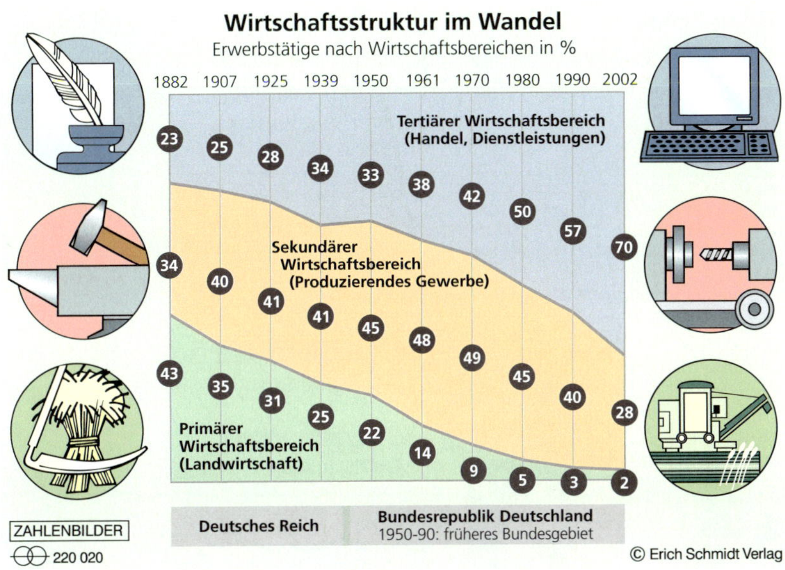

Servicesektor gewinnt weiter an Bedeutung

Dienstleistungen werden für die Wirtschaft immer wichtiger. Der Wandel zur Dienstleistungsgesellschaft bedeutet jedoch nicht, dass in Deutschland die Industrie an Bedeutung verlieren wird. Vielmehr ergänzten beide Sektoren einander und seien bereits zu einem Verbund verschmolzen, ergab die Studie „Preussag Dienstleistungsreport 2000", die das Institut der deutschen Wirtschaft in Köln (IW) zusammen mit dem Touristikunternehmen Preussag AG erstellt hat.

Der Grund: Industriegüter würden heute zunehmend zusammen mit den dazugehörenden Serviceleistungen verkauft, haben die Forscher herausgefunden. In Zukunft, so die Prognose des Reports, wird der Dienstleistungssektor weiter wachsen. Bis 2008 wird die Beschäftigung in diesem Bereich hier zu Lande um zehn Prozent wachsen, in den USA um 19 Prozent, erwarten die Wissenschaftler. Sieben von zehn Beschäftigten dürften dann im Service-Sektor arbeiten.

Quelle: Der Tagesspiegel, 12. Dezember 2000

3.6.4 Internationale Arbeitsteilung

Die internationale Arbeitsteilung trägt der Tatsache Rechnung, dass die Verflechtungen zwischen den Volkswirtschaften immer stärker werden. Die einzelnen Staaten spezialisieren sich auf die Produktion von Gütern, die sie günstiger als andere Güter herstellen können. Dafür gibt es verschiedene Gründe:

- höher entwickelte Produktionstechnik
- billigere Arbeitskräfte
- kürzere Transportwege
- bessere klimatische Bedingungen

Die Staaten können ihren Wohlstand mehren, wenn sie im internationalen Vergleich günstige Produkte für andere Staaten mitproduzieren und die Güter, die sie nicht zu Weltmarktpreisen herstellen können, importieren.

Die deutsche Wirtschaft ist eng mit der Weltwirtschaft verflochten. In vielen Branchen wird über die Hälfte des Umsatzes im Export erzielt. Insgesamt gilt es jedoch zu bedenken, dass die Arbeitsteilung im Hinblick auf die Umweltbelastung eine Reihe von Problemen schafft. So erhöht die Arbeitsteilung den Güterverkehr in erheblichem Maße mit negativen Auswirkungen.

vgl. 8 Außenwirtschaft

vgl. Kapitel 3, 5 Umweltpolitik

Grenzenlose Produktion

Das Zuliefersystem für die Ford-Escort-Produktion in Deutschland, Großbritannien und Spanien

Abb. nach: Spiegel special 1992, Europa ohne Grenzen

Übersicht:		
Arbeitsteilung	Zerlegung komplexer Arbeitsvorgänge in einzelne Tätigkeiten	
innerbetriebliche Arbeitsteilung	– Arbeitszerlegung (Analyse) – Spezialisierung innerhalb von Abteilungen und Stellen	
volkswirtschaftliche Arbeitsteilung	vertikale Arbeitsteilung	Primärer Sektor (Urproduktion), z. B. Landwirtschaft
		Sekundärer Sektor (Weiterverarbeitung), z. B. Industrie
		Tertiärer Sektor (Dienstleistungen), z. B. Handel
	horizontale Arbeitsteilung	z. B. Papierindustrie, chemische Industrie, Textilindustrie
internationale Arbeitsteilung	Außenwirtschafts-, insbesondere Handelsbeziehungen zwischen verschiedenen Ländern, „Globalisierung“	

Aufgaben

1. Ordnen Sie die Arten von Arbeitsteilung den Erscheinungsformen der Arbeitsteilung zu:
   a) Urproduktion – verarbeitendes Gewerbe – Handel und Dienstleistung
   b) Beschaffung – Produktion – Absatz
   c) Kontieren – Buchen – Ablegen
   d) holländische Tulpen – Schweizer Käse – französischer Wein
2. Beschreiben Sie die Arbeitsteilung in Ihrem Ausbildungsbetrieb.
3. Stellen Sie die Vor- und Nachteile der Arbeitsteilung gegenüber.
4. Erläutern Sie die Vor- und Nachteile einer Konkurrenz durch ausländische Unternehmen unter den folgenden Aspekten:
   - für die Beschäftigten,
   - für die Unternehmer,
   - für den technologischen Fortschritt,
   - für die Konsumenten in Deutschland.
5. Angenommen, Deutschland würde ein Importverbot erlassen. Auf welche Güter müssten Sie verzichten?

4 Erkundung des regionalen Wirtschaftsraums

Mit der Betrachtung der unmittelbaren Umgebung von Industrieunternehmen wenden wir uns nachfolgend dem Themenkomplex „regionaler Wirtschaftsraum" zu. Untersucht werden sollen dabei diejenigen Faktoren, die für die unternehmerische Tätigkeit in einer bestimmten Region von besonderer Bedeutung sind. Folgende Fragen stehen bei den nächsten Abschnitten im Vordergrund:

- Was macht einen Wirtschaftsraum zu einem attraktiven Standort für Unternehmen?
- Welche Aspekte bestimmen die Standortwahl bei der Neuansiedlung von Unternehmen?
- Welche Standortkriterien lassen sich unterscheiden?

Welche regionalen Unterschiede Unternehmen in Europa vorfinden und welche Aufgaben die EU-Regionalpolitik übernimmt, können Sie in Abschnitt 8.7.3 EU-Regionalpoltik nachlesen. Zunächst betrachten wir einen regionalen Wirtschaftsraum etwas näher, und zwar am Beispiel der Großstadt München.

4.1 Wirtschaftsraum München

Industriestadt München: München hat als Industriestadt eine vergleichsweise junge Geschichte. Erst nach dem Zweiten Weltkrieg hat sich die Industriestruktur zur heutigen Bedeutung entwickelt. Schlüsselindustrien waren dabei die Brauereien, der Schienenfahrzeugbau und Eisenguss sowie Produktion optischer Instrumente. Die Wirtschaft Münchens zeichnet sich durch eine hohe Qualität an Dienstleistungen und Produktionen aus.

Bevölkerung München (2001)	
Einwohner	1.260.597
und zwar Frauen	650.554
Männer	610.043
Ausländer (22,8 %)	287.107
darunter EU-Ausländer	90.674
Altersstruktur	
unter 6 Jahre (5,3 %)	66.734
6 bis unter 18 Jahre (9 %)	113.391
18 bis unter 46 Jahre (43,9 %)	553.341
46 bis unter 65 Jahre (25,7 %)	324.900
65 und älter (16,0 %)	202.231
Geburten	12.169
Sterbefälle	11.477
Eheschließungen	11.240
Ehescheidungen (Stand 1999)	4.536
Zuzüge	97.400
Wegzüge	85.370

Quelle: Landeshauptstadt München Direktorium; Statistisches Amt; München in Zahlen 2002

Zu den führenden Unternehmen zählen neben einer Vielzahl leistungsfähiger Mittel- und Kleinbetriebe BMW, MAN und Krauss-Maffei als Fahrzeugbauer; Siemens, Osram und Rodenstock. Schließlich gilt die bayerische Landeshauptstadt seit vielen Jahren als Deutschlands Hightech-Metropole Nummer 1. Fast alle namhaften Unternehmen aus der Informationstechnologie-Branche, die auf dem deutschen und europäischen Markt tätig sind, sind im Großraum München zumindest mit einer eigenen Niederlassung präsent. Das gilt gleichermaßen für Computerhersteller oder Software-Designer, Elektronikproduzenten und EDV-Vertrieb.

Nicht zuletzt auf Grund der Bedeutung Münchens wurde die Region Oberbayern in einem Regionenvergleich des empirica Instituts 1998 als attraktivste Wirtschaftsregion in Europa bezeichnet. Eine der Ursachen für die positive Entwicklung ist die gute Verkehrsanbindung. München ist für Personen und Güter ein Verkehrsdrehkreuz ersten Ranges auf der Straße, der Schiene und in der Luft. Allein sechs Autobahnen binden die Region in das deutsche Fernstraßennetz ein. Zusätzliche Verbesserungen der Infrastruktur brachten in den letzten Jahren die Fertigstellung des neuen Flughafens sowie des Rangier- und Containerbahnhofs. Letztlich ist es die Summe vieler positiver Standortfaktoren – einschließlich der Vorzüge im Erholungs-, Sport- und Einkaufsbereich, welche die Entwicklung der Industrie in München nachhaltig gefördert hat.

Infrastruktur bezeichnet die Grundausstattung eines Wirtschaftsraumes mit öffentlichen Einrichtungen. Dazu gehören Verkehrswege, Kommunikationswege, Energieversorgung, soziale Einrichtungen, Bildungseinrichtungen usw.

Im Vergleich zu anderen deutschen Großstädten weist München ein etwa doppelt so hohes Bruttoinlandsprodukt (nominal pro Kopf) wie der Bundesdurchschnitt auf. Die Arbeitslosenquote liegt um mehr als die Hälfte unter dem deutschen Mittelwert und die Kaufkraft der Münchener liegt 30 % über dem Bundesdurchschnitt, wie aus dem Münchener Jahreswirtschaftsbericht 2001 hervorgeht.

vgl. 5.2.1 Berechnung des Inlandsprodukts

Arbeitslosenquote, vgl. Kapitel 3, 7.4 Arbeitslosigkeit – Gefahr für den Sozialstaat

Nach Berlin, das mit großem Abstand die meisten sozialversicherungspflichtigen Beschäftigten aufweisen kann, ist München der zweitgrößte Beschäftigungsstandort Deutschlands.

München ist beliebteste Einkaufsmetropole
Kemper's analysiert die besten Einzelhandelslagen Deutschlands

Berlin – Die Münchener Innenstadt ist die Einkaufsmeile schlechthin. Rund 27.300 Menschen wurden an einem Samstag zwischen 12 und 13 Uhr in der Innenstadt gezählt. Damit liegt die Bayernmetropole nach Aussage der Frequenz-Analyse 2000/2001 des City-Maklers Kemper's bundesweit vorne. Die zuletzt 1995 veröffentlichte Studie gibt Auskunft über die besten Einzelhandelslagen von einhundert deutschen Innenstädten. „Abweichend von der bisherigen Methodik wurde an zwei Tagen statt wie bisher an einem Tag gezählt", ist Gerhard K. Kemper, geschäftsführender Gesellschafter, mit der verfeinerten Methodik zufrieden. Münchens Stellung als attraktivste deutsche Einkaufsstadt hat ihren Preis – das Mietniveau für Ladenlokale ist im bundesweiten Vergleich ebenfalls Spitze. Im Ranking der insgesamt 180 Städte folgt Köln mit vergleichsweise bescheidenen 6.900 Passanten an einem Donnerstag in der City und immerhin schon 15.795 Personen am beliebten Einkaufsbummel-Samstag.

Quelle: Die Welt online, 13. März 2000

Luftaufnahme von der Stadtmitte der bayerischen Landeshauptstadt München

Verteilung der sozialversicherungspflichtigen Beschäftigung in München

30. Juni 2001

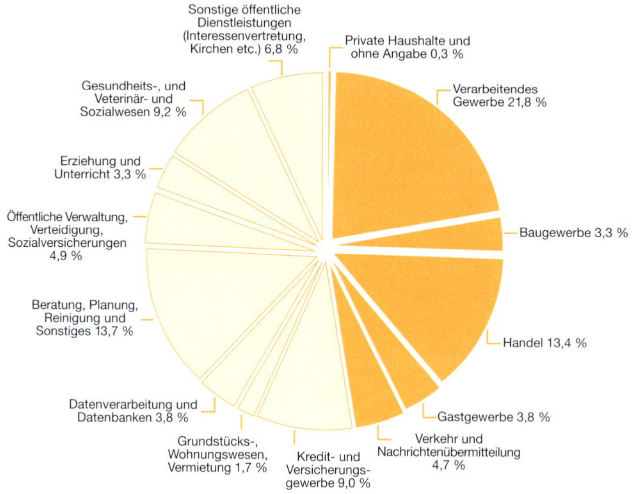

Quelle: Bundesanstalt für Arbeit

Wirtschaft (Jahr 2001 bzw. Jahresende 2001)

Betriebe im verarbeitenden Gewerbe	498
Handwerksbetriebe	15.412
Gemeldete Gewerbebetriebe	138.177
Umsätze der Münchner Wirtschaft in Mrd. Euro	
Produzierendes Gewerbe	116,50
Handel	38,96
Gastgewerbe, Verkehr	7,40

Messeplatz München:	
Messen und Ausstellungen	21
Gastveranstaltungen	302
Aussteller	32.713
Besucher in Mio.	2,3
Oktoberfest:	
Besucher in Mio.	5,5
Schausteller und gastronomische Betriebe	740
Beschäftigte	7.772
Bierausschank in hl	48.698

Quelle: Münchener Jahreswirtschaftsbericht 2000, www.wirtschaft.muenchen.de

Arbeitslosenquoten in deutschen Großstädten 2001

Arbeitsamtsbezirke – Jahresdurchschnitte; alle zivilen Erwerbspersonen

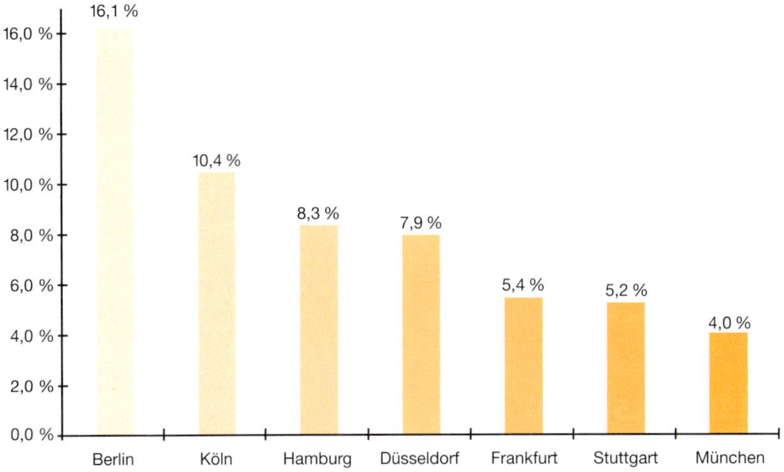

Quelle: Arbeitsamt München

Sozialversicherungspflichtige Beschäftigte in deutschen Großstädten 2001

Arbeitsamtsbezirke - Jahresdurchschnitte; vorläufige Zahlen

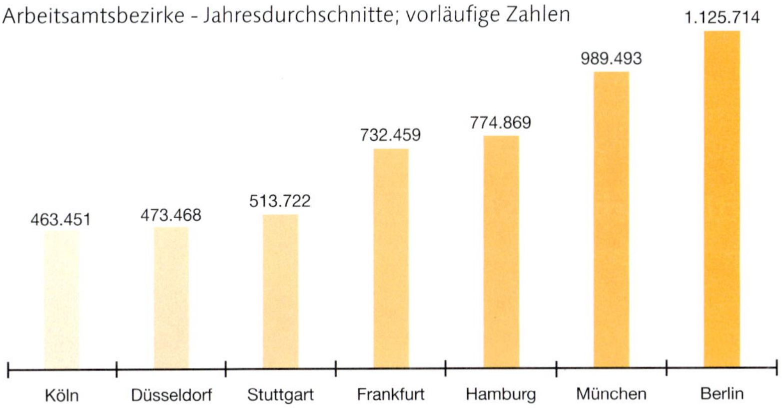

Quelle: Arbeitsamt München

Stadt der Dienstleistungen: Als Landeshauptstadt von Bayern ist München auch ein Zentrum der Verwaltung. So haben hier Parlament und Regierung von Bayern mit ihren Ministerien, die Bezirksregierung von Oberbayern und andere staatliche Behörden (Finanzämter, Gerichte, Baubehörden) ihren Sitz. Außerdem beherbergt München die verschiedensten Dienstleistungsunternehmen und Verwaltungseinrichtungen der Banken, der Versicherungen und großer Industriebetriebe.

An den beiden Universitäten Münchens und den Fachhochschulen studieren mehr als 100.000 Studenten. Es gibt Universitätskliniken und Bibliotheken. Große Industriebetriebe haben ihre Forschungseinrichtungen hier, sodass man München auch als ein Zentrum der Wissenschaft einstufen kann. Besonders darin zeigen sich die positiven Auswirkungen aus der Wechselwirkung bzw. der Zusammenarbeit zwischen Industrie und Forschung. Auch das Europäische Patentamt, das für die rechtliche Abwicklung der Nutzung aller Erfindungen in Europa zuständig ist, hat seinen Sitz in München.

In München gibt es mehr als 50 Theater. Eine Vielzahl bedeutender Museen und Film- und Fernsehstudios unterstreicht die Rolle Münchens als Zentrum für Kunst und Kultur.
Mehr als sieben Millionen Übernachtungen gibt es pro Jahr in München. Dies zeigt, welche Bedeutung der Fremdenverkehr, aber auch Messen und Kongresse für München haben.
Am Beispiel Münchens erkennt man, dass außer den klassischen Standortfaktoren weitere Faktoren für die Ansiedlung von Betrieben entscheidend sind. Dies sind z. B. hoher Wohnwert, hervorragendes Image als Bildungsstätte, gute Verkehrsanbindungen, hoher Freizeitwert sowie Arbeitskräftepotenzial vor allem im Umland. Wie viele andere Städte, so hat auch München das Problem, die Infrastruktur der Stadt dem raschen Bevölkerungswachstum anzupassen. Besonders der Ausbau der Verkehrswege und die Abfallbeseitigung bereiten der Stadt Schwierigkeiten.

4.2 Regionaler Wirtschaftsraum

Zu den Standortfaktoren für die Entstehung und die Entwicklung von Industrie- und Dienstleistungsgebieten zählt heute weniger das Vorhandensein von Rohstoffen, sondern vielmehr vorrangig Anzahl und Ausbildungsstand der Arbeitskräfte, Lohn- und Lohnnebenkosten, vorhandene Infrastruktur, politische und soziale Stabilität, Energiekosten sowie die zu beachtenden Gesetze und Verordnungen für den Umweltschutz und Arbeitszeitregelungen. Im nachfolgenden Abschnitt wird auf die wichtigsten Standortfaktoren ausführlich eingegagen.

vgl. 4.3 Standortfaktoren

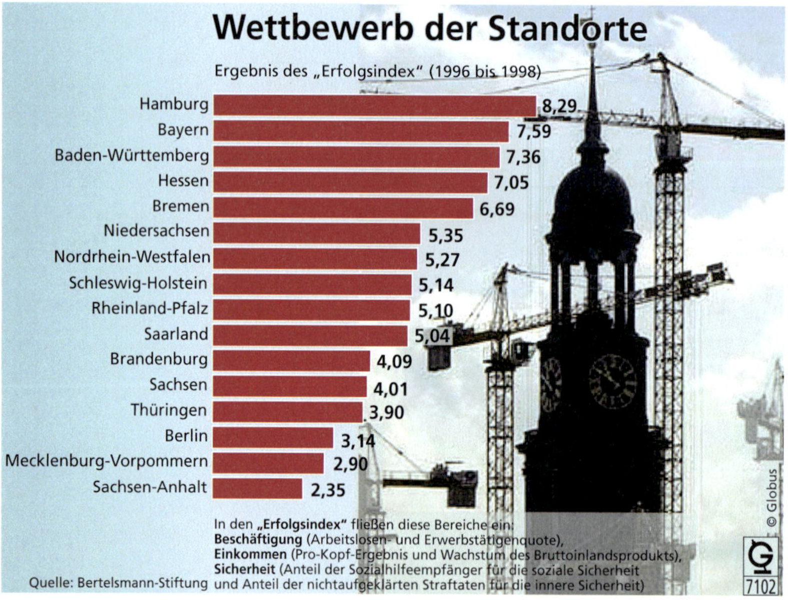

In der Bundesrepublik Deutschland werden 98 % des Bruttoinlandsprodukts von Betrieben des sekundären (verarbeitende Industrie) und des tertiären Sektors (Dienstleistungen) erwirtschaftet. Dabei steht von allen Bundesländern der Stadtstaat Hamburg an der Spitze. Auch nach dem „Erfolgsindex", den die Bertelsmann-Stiftung entwickelte, führt Hamburg, gefolgt von Bayern auf Platz zwei.

Bruttoinlandsprodukt, vgl. 5.2 Volkswirtschaftliche Gesamtrechnung nach dem Europäischen System Volkswirtschaftlicher Gesamtrechnungen

Übersicht:	
Bevölkerungsstruktur	– Bevölkerungsdichte – Bevölkerungsab- oder -zunahme
Beschäftigungsstruktur	– Beschäftigte im produzierenden Gewerbe – Beschäftigte in Handel und Verkehr – Beschäftigte in sonstigen Dienstleistungen – Einpendler – Auspendler
Arbeitsstättenstruktur	– Arbeitsstätten im produzierenden Gewerbe – Arbeitsstätten in Handel und Verkehr – Arbeitsstätten in sonstigen Dienstleistungen
Einkommensstruktur	– Lohn- und Gehaltssummen im produzierenden Gewerbe – Lohn- und Gehaltssummen in Handel und Verkehr – Lohn- und Gehaltssummen in sonstigen Dienstleistungen – Steuerkraft/Steuereinnahmen

Aufgaben

1. Würden Sie gerne in einer Großstadt wie München leben? Nennen Sie Vor- und Nachteile bei der Begründung für Ihre Entscheidung.
2. Setzen Sie die Daten zur „Bevölkerung" und zur „Wirtschaft" zeichnerisch oder mit Hilfe eines Computerprogramms in geeignete Grafiken ein.
3. Beschaffen Sie sich bei der Industrie- und Handelskammer, dem Arbeitsamt und der Stadt- bzw. Kreisverwaltung Unterlagen über die Wirtschafts- und Infrastruktur Ihrer Region. Benutzen Sie dazu die „Übersicht".
4. Fertigen Sie eine Wandzeitung an und stellen Sie darauf in Form von Schaubildern, Grafiken, Diagrammen, Zeitungsberichten usw. die wirtschaftliche Entwicklung und die gegenwärtige Situation Ihrer Stadt bzw. Region dar.
5. Vergleichen Sie die Daten der Wirtschaftsstruktur Ihrer Region mit den entsprechenden Daten von Bayern.
6. Nennen Sie Gründe dafür, warum Bayern in einigen Regionen in besonderer Weise mit Umweltproblemen zu kämpfen hat.
7. Tragen Sie Informationen über die Umweltprobleme Ihrer Stadt bzw. Region zusammen und werten Sie diese aus.
   Erkundigen Sie sich bei
   - Umweltbeauftragten der Stadt- bzw. Kreisverwaltung,
   - Umweltgruppen und Naturschutz- bzw. Heimatvereinen,
   - Wirtschaftsförderungsgesellschaften der Stadt/des Kreises,
   - Archiven der regionalen Tageszeitungen.

4.3 Standortfaktoren

Die Gründe, die zur Wahl eines Unternehmensstandorts führen, werden seit Jahrzehnten intensiv wissenschaftlich untersucht. Bereits 1909 stellte Alfred Weber sein Grundmodell der Standortentscheidung auf der Grundlage des Umfanges der Geltung und der räumlichen Wirkung dieser Faktoren vor. Wesentliches Ergebnis dieses Modells war die These, dass Standortentscheidungen vor allem durch Transportkosten beeinflusst werden. In dem Maße, wie die Wirtschaft sich verändert hat und die ökonomischen Verflechtungen im Zuge der Globalisierung bis heute immer komplexer geworden sind, haben immer mehr Wissenschaftler mit weiteren Modellen zu erklären versucht, nach welchen Kriterien Unternehmensstandorte bestimmt werden.

vgl. Kapitel 3, 8 Globalisierung

Unterschieden wird hierbei häufig nach der Orientierung an **betrieblichen Funktionsbereichen** (Absatz-, Beschaffungs-, Produktionsorientierung) oder nach **leistungsbezogenen** („harten") Standortfaktoren (z. B. steuerliche Abgaben, Arbeitslöhne, Höhe der Gebäudemieten) und **allgemeinen** (weichen) Standortfaktoren (z. B. Vorhandensein kultureller Einrichtungen, Möglichkeiten der Freizeitgestaltung). Die nachfolgende Tabelle gibt weitere Beispiele für Standortfaktoren nach dieser Einteilung.

weitere Beispiele für Standortfaktoren, vgl. Tabelle S. 218

Grundsätzlich sind sich die Fachleute darin einig, dass die Auswahl eines unternehmerischen Standortes als Ergebnis einer Vielzahl verschiedener Kriterien und Prioritäten gesehen werden muss, die je nach Unternehmen unterschiedlich ausfallen können. Im Folgenden wird die unternehmerische Standortwahl anhand von ausgewählten Aspekten ausführlicher betrachtet.

Die Standortwahl ist immer das Ergebnis einer Vielzahl verschiedener Kriterien.

1. Standortwahl als Ergebnis eines systematischen Auswahlverfahrens

Die Frage, ob ein Standort als ideal oder optimal bezeichnet werden kann, hängt wesentlich von der Art und der Gewichtung der Kriterien ab, nach denen dieser Standort untersucht wurde. So kann im Vorfeld festgelegt werden, dass bestimmten Produktionsfaktoren eine entscheidende Bedeutung bei der Standortwahl zukommt. Ebenso denkbar sind Prüflisten, die bei einem optimalen Standort vollständig abgehakt werden müssen oder Simulationsmodelle. Eine häufig gewählte Methode zur Bestimmung eines idealen Unternehmensstandortes stellt die Entscheidungsbewertungstabelle dar.

In vielen Bereichen des Lebens sind Probleme nicht eindeutig im Sinne eines „richtig" oder „falsch" zu entscheiden. Vor allem komplexe Probleme lassen oftmals auch mehrere alternative Lösungen zu. Bei der Lösung eines solchen Problems ist es daher wichtig, eine Methode zu haben, mit der man aus mehreren Lösungsalternativen die optimale Lösung herausfindet. Eine solche Methode ist die Arbeit mit einer Entscheidungsbewertungstabelle. Eine Entscheidungsbewertungstabelle ist eine Tabelle, in der Faktoren, die für die Lösung eines Problems von Bedeutung sind, nach ihrer Wichtigkeit bewertet werden. Die Alternative, die am Ende die höchste Punktzahl erhält, ist – wenn die Bewertung richtig vorgenommen wurde – die Beste. Insgesamt kommt es darauf an, dass darauf geachtet wird, dass alle Faktoren, die einen Einfluss auf ein gegebenes Problem haben, berücksichtigt werden und dass genügend Informationen vorliegen, mit denen eine Bewertung vorgenommen werden kann.

Einsatz einer Entscheidungsbewertungstabelle zur Standortwahl

Beispiel: Standortstudie der ABC GmbH

Standort München

Der Standort München verfügt über eine große Anzahl kultureller Einrichtungen. Im Bereich der Verkehrsinfrastruktur verfügt der Standort über hervorragende Anbindungen. Die Stromkosten sind als relativ hoch zu bezeichnen, Arbeitskräfte sind mit allen Qualifikationen verfügbar, das Telekommunikationsnetz gilt als vorbildlich. Am Standort München steht den Unternehmen eine große Anzahl an Güterverkehrsbetrieben zur Verfügung, die zu guten Konditionen Waren befördern. In München und Umgebung haben sich verschiedene ernsthafte Wettbewerber angesiedelt. Die Mieten und Grundstückspreise sind im Deutschlandvergleich ebenso wie die kommunalen Steuern und sonstigen Abgaben als hoch einzustufen. Die Wohnqualität in München belegt bundesweit einen Spitzenplatz. Auf Grund der hohen Dichte Münchens mit Telekommunikationseinrichtungen können potenzielle Kunden problemlos erreicht werden.

Standort Dresden

Dresden weist ein überdurchschnittliches kulturelles Angebot sowie im Bundesdurchschnitt niedrige kommunale Abgaben auf. Die Wohnqualität kann als gut angesehen werden. Verkehrsmäßig sind zahlreiche Projekte, die die derzeit noch durchschnittliche Ausstattung verbessern sollen, in der Realisierung. In wenigen Jahren werden die Infrastrukturbedingungen insgesamt im oberen Bereich des Bundesdurchschnitts liegen. Die Arbeitslöhne sind ebenso wie die Energiekosten und die Mieten und Grundstückspreise als niedrig einzustufen. Arbeitskräfte im gewünschten Bereich der ABC GmbH sind in großer Zahl mit einer hohen Motivation vorhanden. Die Telekommunikationsbedingungen können nach den enormen Investitionen der Telekom AG europaweit als vorbildlich bezeichnet werden. In der Umgebung von Dresden sind kaum Konkurrenten der ABC GmbH ansässig, die Beförderung von Gütern wirft derzeit aber noch einige Probleme auf. Ein Schwachpunkt ist derzeit außerdem die Erreichbarkeit der Kunden durch die Medien. Auch hier soll sich in den nächsten Jahren vieles bessern.

Standort Aachen

Der Standort Aachen weist unter anderem auf Grund der kulturellen Vielfalt eine relativ hohe Wohnqualität auf. Qualifizierte Arbeitskräfte sind zu mittleren Lohnkosten verfügbar. Die Preise für Grundstücke und Mieten haben ein leicht über dem deutschen Durchschnitt liegendes Niveau, die Stromkosten sind, ebenso wie die kommunalen Abgaben, als durchschnittlich zu bewerten. Verkehrsmäßig und auch von der Ausstattung mit Telekommunikationseinrichtungen her ist der Standort Aachen als relativ günstig einzustufen. In Aachen und Umgebung befinden sich keine Standorte von Konkurrenten der ABC GmbH. Zahlreiche Güterverkehrsunternehmen führen zu einem problemlosen Warenverkehr, die eingeschränkte Zahl an Medien führt dazu, dass nicht alle Kunden in kurzer Zeit erreicht werden können.

Standort Kiel

Der Standort Kiel verfügt über eine mittlere Wohnqualität und eine große Anzahl qualifizierter Arbeitskräfte. Das Telekommunikationsnetz ist gut ausgebaut, Mieten, Löhne und Grundstückspreise liegen im Mittelfeld, die Stromkosten können als relativ niedrig bezeichnet werden. An kulturellen Einrichtungen ist der Standort Kiel relativ gut ausgestattet, die Abgaben für Wirtschaftsunternehmen sind durchschnittlich hoch. Die Verkehrsinfrastruktur in Kiel und Umgebung ist durchschnittlich. Eine Autobahnanbindung ist vorhanden, ein leistungsfähiger Flughafen fehlt, an das IC-Netz der Deutschen Bundesbahn ist Kiel angeschlossen. Im Raum Kiel sind verschiedene ernste Konkurrenten der ABC GmbH vertreten. Die Warenbeförderung stellt auf Grund der nur mittleren Ausstattung mit Güterverkehrsbetrieben in einigen Bereichen ein Problem dar. Kunden sind durch die Medien erreichbar.

Beispiel: Entscheidungsbewertungstabelle der ABC GmbH

Standortfaktoren	I	Standort München		Standort Kiel		Standort Aachen		Standort Dresden	
		B	W	B	W	B	W	B	W
Allgemeine Faktoren									
Freizeiteinrichtungen	0	*	*	*	*	*	*	*	*
Allgemeine Wohnqualität	2	6	12	3	6	5	10	5	10
Kulturelle Angebote	2	6	12	4	8	5	10	6	12
Politische Situation	0	*	*	*	*	*	*	*	*
Klima	0	*	*	*	*	*	*	*	*
Leistungsbezogene Faktoren									
Steuerliche Abgaben	15	2	30	4	60	4	60	5	75
Grundstückspreise	10	1	10	3	30	3	30	5	50
Mieten, Pachten	10	1	10	3	30	3	30	5	50
Geeignete Arbeitskräfte	5	5	25	5	25	4	20	6	30
Stromkosten	10	2	20	5	50	4	40	5	50
Telekommunikationsmögl.	7	6	42	5	35	4	28	6	42
Verkehrsinfrastruktur	12	6	72	3	36	4	48	4	48
Kosten von Roh-, Hilfsstoffen …	2	*	*	*	*	*	*	*	*
Absatzbezogene Faktoren									
Absatzmärkte	0	*	*	*	*	*	*	*	*
Wettbewerbssituation	10	2	20	3	30	6	60	5	50
Güterverkehrsunternehmen	10	5	50	4	40	6	60	2	20
Erreichbarkeit pot. Kunden	5	6	30	4	20	4	20	2	10
Summen			333		370		416		447
Rang			**4.**		**3.**		**2.**		**1.**

I = Gewichtung der Faktoren; B = Bewertung; W = I·B; * = keine Angaben

Schritte bei der Arbeit mit einer Entscheidungsbewertungstabelle

1. Formulierung des Problems, welches mit der Tabelle gelöst werden soll
2. Auflistung aller Faktoren, die bei der Entscheidungsfindung eine Rolle spielen
3. Bildung von Faktorengruppen, die Teilentscheidungen ermöglichen
4. Festlegung der Gewichtung der gefundenen Faktoren (I)
5. Suche nach Informationen über die gefundenen Faktoren
6. Festlegung einer Bewertungsskala zur Bewertung (B) der einzelnen Informationen (nach umgekehrter Notenskala)
7. Multiplikation von Iund B zu einem Wert (W)
8. Addition der Werte, die für die einzelnen Faktoren ermittelt wurden
9. Festlegung des 1., 2., 3. usw. Ranges der Punktzahlen
10. Vorstellung der besten Alternative mit Herausstellung der Vor- und Nachteile

2. Stellung im Produktlebenszyklus

Produkte durchlaufen bestimmte Produktlebenszyklen, auf die auch die Suche eines Unternehmensstandortes Rücksicht nehmen muss. So könnte ein Produkt, das sich in der Einführungsphase befindet und dem für die Zukunft große Wachstumspotenziale eingeräumt werden, die Option von Erweiterungsflächen erfordern. Ebenso entscheidend könnte in diesem Zusammenhang die Frage sein, ob sich am geplanten Standort bereits Konkurrenten des entsprechenden Produkts befinden.

Produktlebenszyklus, vgl. ausführlich Teilband *Industrielle Geschäftsprozesse*, Kapitel 5 Absatzprozesse planen, steuern und kontrollieren

3. Realisierungsmöglichkeiten der betrieblichen Grundfunktionen

Betriebliche Grundfunktionen wie die Absatz-, Material- und Produktionswirtschaft können die Standortwahl beeinflussen. So sind im Bereich der Materialwirtschaft z. B. die Fragen zu klären, ob sich an einem Standort Einrichtungen (Arbeitsvermittlung, Wirtschaftsbehörden) oder Zulieferer befinden, die die Beschaffung positiv beeinflussen.

Im Bereich der Absatzwirtschaft könnte in diesem Zusammenhang geprüft werden, ob der angedachte Standort über entsprechende Absatzkontakte (Agenturen, Makler, Außenhandelsabteilungen) verfügt. Ebenso müsste geprüft werden, ob sich der geplante Standort auf Grund entsprechender Marktanalysen als geeignet erweist.

betriebliche Grundfunktionen, vgl. ausführlich Teilband *Industrielle Geschäftsprozesse*, Kapitel 1 Marktorientierte Geschäftsprozesse eines Industriebetriebs

4. Verfügbarkeit geeigneter Produktionsfaktoren

In bestimmten Fällen kann es sinnvoll sein, die Standortentscheidung im Wesentlichen auf der Grundlage der Verfügbarkeit der Produktionsfaktoren Arbeit, Boden und Kapital zu treffen.

Der Zugang zum Produktionsfaktor Arbeit kann ein ausschlaggebendes Kriterium sein, wenn besondere Qualifikationen der Mitarbeiter gefragt sind oder aber die Kosten des Faktors Arbeit im Vordergrund der unternehmerischen Entscheidung stehen, wie z. B. bei besonders arbeitsintensiven Fertigungsverfahren. Im Hinblick auf die Produktionsfaktoren Boden und Kapital sind ebenfalls zum einen die Kosten der Faktoren zu berücksichtigen (Grundstückspreise bzw. Zinsniveau) und zum anderen die jeweilige Bedeutung des Faktors für das Unternehmen.

Arbeit, Boden, Kapital vgl. 3.2 Volkswirtschaftliche Produktionsfaktoren

5. Gestaltung der kommunalen Wirtschaftsförderung

Die Gestaltung der kommunalen Wirtschaftsförderung ist heute in immer größerem Maße ausschlaggebend für die unternehmerische Standortentscheidung. Die Kommunen überbieten sich bei ihrem Wunsch, Unternehmen mit ihren Arbeitsplätzen dauerhaft zu binden, in vielen Fällen mit günstigen Konditionen bei der Erschließung von Gewerbegebieten, der Gewerbesteuer, des Angebotes von Grundstücken und anderem mehr.

6. Betriebliche Ziele

Auch die Festlegung der betrieblichen Ziele hat erheblichen Einfluss auf die Wahl des unternehmerischen Standorts. So kann die Wahl eines Standorts je nach Priorität der Ziele Gewinnmaximierung, Sicherung von Arbeitsplätzen, Umweltschutz usw. sehr unterschiedlich ausfallen.

Übersicht:	
Einteilung von Standortfaktoren	– nach der Orientierung an betrieblichen Geschäftsprozessen (Absatz, Produktion, Beschaffung; z. B. Wettbewerbssituation) – nach leistungsbezogenen Kriterien („harte" Standortfaktoren, z. B. Grundstückspreise) – nach allgemeinen Kriterien („weiche" Standortfaktoren, z. B. Lebensqualität)
Ausgewählte Aspekte der unternehmerischen Standortwahl	– Durchführung eines systematischen Auswahlverfahrens (z. B. Entscheidungsbewertungstabelle) – Berücksichtigung der Stellung der Produkte im Produktlebenszyklus – Realisierungsmöglichkeiten der betrieblichen Grundfunktionen (Absatz-, Beschaffungs-, Produktionsorientierung) – Verfügbarkeit geeigneter Produktionsfaktoren (Arbeit, Boden/Grundstücke, Kapital) – Gestaltung der kommunalen Wirtschaftsförderung – Realisierungsmöglichkeiten betrieblicher Ziele

Aufgaben

1. Nennen und erläutern Sie die Kriterien, nach denen Betriebe ihre Standorte allgemein auswählen.
2. Beschreiben Sie die Vorgehensweise bei einer Entscheidungsbewertung für den optimalen Standort eines Unternehmens.
3. Lesen Sie die nachfolgende Standortstudie zur Stadt Ludwigsburg und beurteilen Sie den Standort unter den folgenden Aspekten:
   a) Absatz-, Beschaffungs-, Produktionsorientierung
   b) Verfügbarkeit von Produktionsfaktoren
   c) kommunale Wirtschaftsförderung
   d) allgemeine („weiche") Standortfaktoren

Standortfaktoren Ludwigsburg

Allgemeines

- zentrale Lage in Europa, eingebunden in die wirtschaftsstarke Region Stuttgart
- enge Verknüpfung verschiedener Industrien, hohe Kaufkraft
- gute Verkehrsanbindung an Straße, Schiene und Wasser
- Flughafen Stuttgart in nur 30 Min.
- Zukunftsorientierung durch Ansiedlung von forschungs- und technologieintensiven Industriezweigen
- dynamische Entwicklung in den Bereichen Film und Medien sowie Softwareentwicklung
- hohe Anzahl hoch qualifizierter und innovativer Arbeitnehmer auf Grund erstklassiger Bildungsangebote

Lebensqualität

- umfangreiches Bildungsangebot, Hochschulstandort
- gute S-Bahn-Verbindung zur Uni Stuttgart
- zahlreiche kulturelle Einrichtungen
- multifunktionales Kultur- und Kongresszentrum für insgesamt 3.000 Personen
- zahlreiche vielfältig nutzbare Veranstaltungsräume, z. B. historische Musikhalle
- reizvolle und abwechslungsreiche Topografie, touristische Attraktionen (Schlösser, Gartenschau, Porzellanmanufaktur, historischer Marktplatz)

Verkehrsanbindung

Die hervorragende Infrastruktur in Ludwigsburg bietet den Unternehmen und den Einwohnern breit ausgebaute und moderne Verkehrsnetze unterschiedlichster Art. Über welche Transportwege und Verkehrsanbindungen Ludwigsburg im Einzelnen verfügt, sehen Sie hier im Überblick. Und zwar inklusive Fahrtzeit und Kilometerentfernung:

- Autobahn A 81 Stuttgart – Heilbronn, Ausfahrt Ludwigsburg-Süd und Ludwigsburg-Nord B 27 von Stuttgart kommend
- weitere örtliche Verbindungen über Landes- und Kreisstraßen
- IC- und ICE-Anschluss über Stuttgart, erreichbar mit der S-Bahn in ca. 20 Minuten
- D-Zug-Anschluss über den ortseigenen Bahnhof
- moderner Umschlagbahnhof für Gütertransport in 8 km Entfernung mit Inter-Cargo-Express-Anschluss; Verladekapazität von über 230.000 Einheiten pro Jahr
- zahlreiche Industrie-Gleis-Anschlüsse

Gewerbegebiet Mauserstraße West

Gewerbegebiet im Osten von Ludwigsburg (Stadtteil Oßweil)

- ausgewiesen im Bebauungsplan als eingeschränktes Gewerbegebiet. Vorhaben, die das Wohnen nicht wesentlich stören.
- Vergnügungsstätten, Groß- und Einzelhandelsbetriebe sind unzulässig. Der Verkauf von Waren ist nicht ganz ausgeschlossen, wenn ein nachweislicher Umsatzanteil von insgesamt weniger als 10 Prozent erzielt wird.
- Verkehrsanbindung: fünfzehn Minuten bis zur Autobahnausfahrt Ludwigsburg Süd (vierspurige Anbindung)

Gewerbegebiet Ludwigsburg Nord

Gewerbegebiet im Norden von Ludwigsburg

- Nach dem vom Gemeinderat beschlossenen Aufstellungsbeschluss für den Bebauungsplan sind großflächige Einzelhandelsbetriebe im Sinne des § 11 (3) BauNVO (d. h. mit in der Regel mehr als 1.200 qm Geschossfläche) unzulässig.
- Verkehrsanbindung: fünf Minuten bis zur Autobahnausfahrt Ludwigsburg-Nord, vier Minuten auf Bundesstraße 27 (vierspurig)

4. Lesen Sie den nachfolgenden Text und erläutern Sie, welche Standortfaktoren dazu geführt haben, dass Leipzig den Zuschlag für das neue BMW-Werk erhalten hat.

Standort des neuen BMW-Werks am Stadtrand von Leipzig an der A 14

BMW baut neues Werk in Leipzig
Der Ansiedlungsvertrag mit BMW für das neue Autowerk in Leipzig wird in der nächsten Woche unterzeichnet. Das teilte Oberbürgermeister Wolfgang Tiefensee (SPD) am Mittwochabend mit, nachdem sich Leipzig im Rennen um das Werk mit bis zu 10.000 neuen Arbeitsplätzen durchgesetzt hatte. Das künftige Werksgelände im Norden Leipzigs an der Autobahn A 14 Dresden-Halle soll dem Münchner Autohersteller nach Angaben von Tiefensee zum 1. April 2002 zur Bebauung übergeben werden. Bis dahin müssten noch Baustraßen und Bauwasserleitungen gelegt werden.
BMW hatte die Entscheidung für Leipzig nach einem monatelangen Auswahlprozess unter 250 Bewerbern bekannt gegeben.
Nach Investitionen von insgesamt bis zu zwei Milliarden Mark sollen früheren Angaben zufolge ab 2005 täglich rund 600 Fahrzeuge des 3er-Modells an dem neuen Standort vom Band laufen. BMW benötigt dieses Werk, da die für 2004 geplante Einführung der kleinen 1er-Reihe Kapazitäten im Regensburger Werk beansprucht. (...)
„Die Entscheidung zwischen den fünf letzten Bewerbern fiel sehr schwer", sagte ein BMW-Sprecher. Die Bewerbungen seien fast gleichwertig gewesen.
Der Betrag setze sich aus rund einer Milliarde Mark für den Bau der Werkshallen und einem ähnlich hohen Betrag für die Fertigungsanlagen selbst zusammen. Neben der sächsischen Region hatte BMW bis zuletzt noch Chancen dem tschechischen Kolin, Schwerin, Augsburg und Arras in Frankreich eingeräumt. Leipzig galt wegen seiner Nähe zu den bisherigen Standorten und der Qualifikation der potenziellen Mitarbeiter als Favorit unter den Bewerbern. Zudem waren auch in Aussicht gestellte Subventionen in Leipzig von bis zu 350 Millionen Mark als positiv hervorgehoben worden. Der BMW-Konkurrent Volkswagen beispielsweise kann einer am Mittwoch getroffenen Entscheidung der EU zufolge für sein neues Werk in Dresden mit Beihilfen von 145 Millionen Mark rechnen. (...)
Vor allem für die Menschen in den neuen Bundesländern sei dies ein guter Tag. Zugleich kündigte Schröder einen Ausbau der Verkehrswege in der Region sowie in Schwerin an, ohne jedoch genaue Investitionen zu benennen. „Deutschland ist international wettbewerbsfähig und Sachsen als ein starkes Stück Deutschland auch", sagte Sachsens Ministerpräsident Kurt Biedenkopf (CDU). Die gute Verkehrsanbindung und die Qualifikation der Arbeitskräfte seien ausschlaggebend gewesen. (...)
Auch Bayerns IG Metall zeigte sich enttäuscht, sprach aber von einem „Aufbruchsignal für alle Beschäftigten bei BMW und in Sachsen".
HypoVereinsbank-Analyst Albrecht Denninghoff sagte, es gelte als relativ sicher, dass BMW ohne Probleme Zugang zu den genannten staatlichen Fördermitteln erhalten werde. Die Wahl eines deutschen Standorts habe für den Autokonzern den Vorteil, dass man weiterhin von einem „Made-in-Germany-Image" profitieren könne. Auch sei mit einer relativ zügigen Errichtung des Werks zu rechnen, zumal BMW von dem Umstand profitiere, dass keine Sprachprobleme bei der Ausbildung von Mitarbeitern aufträten.

Quelle: Manager-Magazin-Online vom 19. Juli 2001

5 Wirtschaftskreislauf und Volkswirtschaftliche Gesamtrechnung

5.1 Wirtschaftskreislauf – die Vorgänge in einer Volkswirtschaft verstehen

Die wirtschaftlichen Abläufe in einer arbeitsteiligen Volkswirtschaft sind außerordentlich komplex und kompliziert. Millionen von Menschen stehen direkt oder indirekt mit allen anderen in Tauschbeziehungen; ein undurchschaubares, verwirrendes Geflecht. Jeder Mensch sitzt in diesem Netzwerk von Kontakten, keiner kann sich ihm entziehen. Um die wirtschaftliche Realität zu verstehen, müssen die grundlegenden Beziehungen sichtbar gemacht werden.

Im Folgenden soll das Modell des Wirtschaftskreislaufs eingesetzt werden, um die vielfältigen Beziehungen in einer Volkswirtschaft zu analysieren. Der Wirtschaftskreislauf wurde von Quesnay (1694–1774) entwickelt, dem Leibarzt der Marquise de Pompadour und ihres königlichen Gönners Ludwig XV. Die Grundidee des Wirtschaftskreislaufs war der Vergleich der wirtschaftlichen Tauschvorgänge mit dem gerade eben erst entdeckten Blutkreislauf.

Das **Modell des Wirtschaftskreislaufs**, das wir heute verwenden, geht auf John Maynard Keynes (1883–1946) zurück. Er versuchte die gesamtwirtschaftlichen Zusammenhänge und das Zusammenwirken der unterschiedlichen wirtschaftlichen Faktoren wie Einkommen, Ausgaben, Beschäftigung, Sparen, Staatshaushalt usw. aus der so genannten Vogelperspektive zu betrachten und daraus Erklärungsansätze für das wirtschaftliche Handeln zu entwickeln.

J. M. Keynes, vgl. Kapitel 3, 6.3.3 Fiskalpolitik des Staats

Der Wirtschaftskreislauf ist ein bildhaftes Modell, das die ökonomische Realität in mehrfacher Hinsicht vereinfacht. Es handelt sich also um ein typisches ökonomisches Denkmodell, mit dem sich nie die ganze Wirklichkeit erfassen lässt.

Die praktische Nutzenanwendung des Wirtschaftskreislaufs als Analyseinstrument zeigt sich in der **Volkswirtschaftlichen Gesamtrechung (VGR)**. Mit diesem Rechenwerk wird in der Volkswirtschaft versucht, für einen abgelaufenen Zeitraum im Nachhinein *(ex-post)* Rechenschaft darüber abzulegen, welche zahlenmäßigen Ergebnisse sich z. B. für ein Jahr aus dem Wirtschaftsprozess einer Volkswirtschaft ergeben.

Der Wirtschaftskreislauf dient zur Veranschaulichung der Aktivitäten in einer Volkswirtschaft.

Der Wirtschaftskreislauf vereinfacht die ökonomische Realität in mehrfacher Hinsicht:

– Jede Volkswirtschaft besteht aus den öffentlichen Haushalten (Staat), einer Vielzahl von privaten Haushalten und Unternehmen mit ausländischen Geschäftspartnern (übrige Welt), die in **Sektoren** eingeteilt werden (vereinfachte Gliederung, ist nicht identisch mit der Sektorengliederung des Europäischen Systems Volkswirtschaftlicher Gesamtrechnungen).

vgl. 5.2.2 Volkswirtschaftliche Gesamtrechnung und Bruttoinlandsprodukt

- **Mechanisierung**: Es werden bestimmte Tatbestände vorausgesetzt, z. B. das rationale Verhalten der Marktteilnehmer.
- **Isolierung**: Die Beziehungen zwischen den Akteuren werden vereinfacht. Deshalb beginnen wir im Folgenden mit einem Wirtschaftskreislauf, bestehend aus den Sektoren private Haushalte und Unternehmen. Der Wirtschaftskreislauf wird dann um weitere Größen erweitert.
- Jeder Wirtschaftskreislauf, unabhängig von der Sektorenanzahl, beruht auf der grundlegenden Tatsache, dass Wirtschaften zu zwei Wertströmen führt. Es gibt einen **Güterstrom** und einen **Geldstrom**. Der Güterstrom verläuft entgegen dem Geldstrom, weil Geld die Gegenleistung für die Güter bildet.

Wertesströme im Wirtschaftskreislauf

Und daher gilt, dass die Summe der in einen Sektor einfließenden Geldströme gleich der Summe der aus diesem Sektor ausfließenden Geldströme ist.

5.1.1 Wirtschaftskreislauf mit zwei Sektoren

Das nachfolgende Schaubild stellt eine schematische Gliederung der Volkswirtschaft dar. In diesem Modell hat die Volkswirtschaft zwei Entscheidungsträger: **Haushalte** und **Unternehmen**. Diese interagieren auf zweierlei Märkten. Auf den Gütermärkten treten die Haushalte als Käufer von Waren und Dienstleistungen, die Unternehmen als Verkäufer auf. Auf den Faktormärkten sind die Haushalte Verkäufer und die Unternehmen Käufer. Auf diesen Märkten stellen die Haushalte den Unternehmen die zur Produktion notwendigen Inputs wie Arbeit, Boden und Kapital zur Verfügung.

zwei Sektoren: private Haushalte und Unternehmen

Wirtschaftskreislauf mit zwei Sektoren

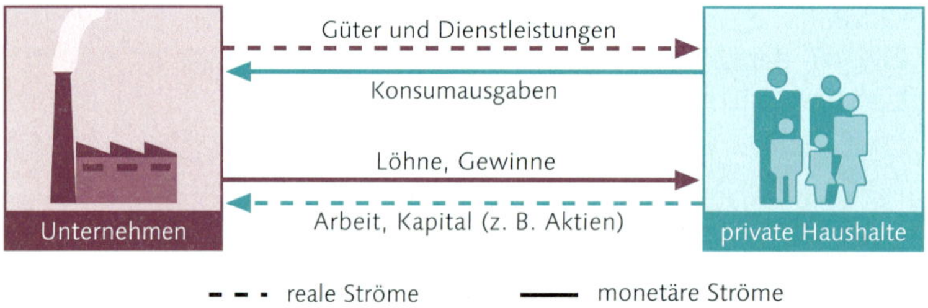

Wenn die Haushalte das gesamte Einkommen für den Kauf von Gütern ausgeben, ist der Kreislauf geschlossen. Die Menge der produzierten Güter und der Lebensstandard bleiben gleich, die Wirtschaft befindet sich in einem statischen Zustand. Für sie gilt die Gleichung:

geschlossene Volkswirtschaft

$Y = C$

Y = gesamtwirtschaftliches Einkommen (engl. yields)
C = Konsum (engl. consumption)

5.1.2 Wirtschaftskreislauf mit drei Sektoren

Das einfache Modell lässt sich im Baukastensystem erweitern. Mit der Einbeziehung der öffentlichen Haushalte, zusammengefasst zum **Sektor Staat**, erfolgt eine wichtige Ergänzung. Der Staat ist in den Volkswirtschaften aller Industrienationen ein wichtiger wirtschaftlicher Akteur.
Die privaten Haushalte und Unternehmen entrichten an den Staat Steuern, Gebühren und Abgaben. Mit den Einnahmen unterstützt der Staat bedürf-

drei Sektoren: private Haushalte, Unternehmen und Staat

tige Haushalte (Sozialhilfe usw.), sichert die Existenz erhaltenswerter Unternehmen durch Unterstützungszahlungen (Subventionen) und entlohnt seine Beschäftigten. Über die Investition in Kollektivgüter (Schulen, Autobahnen usw.) und deren Unterhaltung fließen den Unternehmen weitere Einnahmen zu. Berücksichtigt man im Kreislaufmodell auch die Rolle des Staates, so kann die Gleichung wie folgt ergänzt werden:

vgl. Kapitel 3, 7.4.4 Sozialhilfe

$Y = C_H + C_S$

C_H= Konsum der Haushalte
C_S = Konsum des Staats

Wirtschaftskreislauf mit drei Sektoren

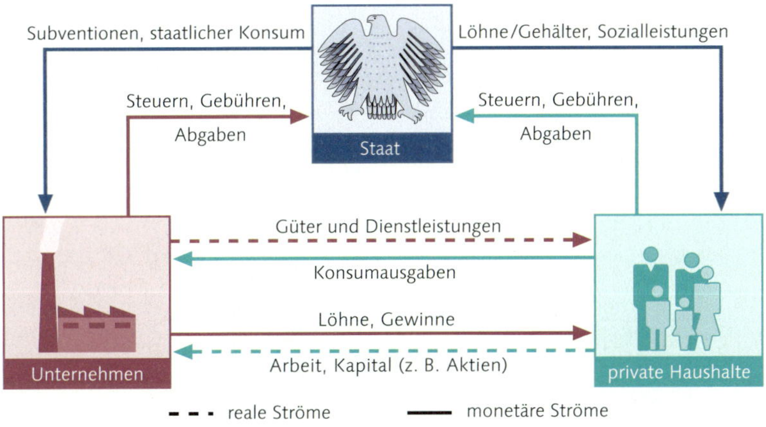

5.1.3 Wirtschaftskreislauf mit fünf Sektoren

Im Produktionsprozess nutzen sich Maschinen mit der Beanspruchung ab. Wie finanzieren die Unternehmen neue Maschinen? Auch geben Haushalte ihr Geld nicht komplett für den Konsum aus, sie **sparen**. Entsteht dann ein Überhang an Gütern? Das muss nicht sein. Neben den Haushalten fungieren Unternehmen als Nachfrager. Sie erwerben z. B. Maschinen (Realkapital), d. h., sie **investieren**. Das Geld erhalten sie von den Haushalten, indem diese auf Konsum verzichten. Die ausgefallene Konsumgüternachfrage wird durch die Investitionsgüternachfrage ausgeglichen. Der Kreislauf ist wieder geschlossen. Die Wirtschaft befindet sich wieder im Gleichgewicht, allerdings auf einem höheren Niveau, denn durch die Investitionen kann mehr produziert werden, das Einkommen der Haushalte und das Güterangebot sind gestiegen.

In den ersten beiden geschlossenen Modellfällen gibt es kein Wirtschaftswachstum. Es sind statische Wirtschaften. Im Wirtschaftskreislauf mit fünf Sektoren wird über Sparen und Investieren ein fortschreitender Wachstumsprozess initiiert. Er wird deshalb **dynamisches Wirtschaften** genannt. Im folgenden Modell sind zur besseren Übersicht nur die Geldströme (monetäre Ströme) eingetragen. Sparen und Investieren laufen über den fiktiven Sektor **„Vermögensänderungen"**. Man kann sich den Sektor auch als Bankenapparat denken. Sparer bringen Geld zur Bank, die die Investitionen der Unternehmer finanziert. Vermögensänderungen müssen nicht in jedem Fall mit Transaktionen der Banken deckungsgleich sein. Über den Sektor Vermögensänderungen wird erreicht, dass alle das Volksvermögen betreffenden Vorgänge sichtbar werden, unabhängig davon, ob Banken mitwirken oder nicht.

fünf Sektoren:
private Haushalte, Unternehmen, Staat, Vermögensänderungen und Ausland

Mit der Erweiterung des Modells um den Sektor **Ausland** wird der Kreislauf einer geschlossenen Volkswirtschaft verlassen. Die Volkswirtschaft wird „offen" genannt, wenn der Waren-, Kapital- und Dienstleistungsverkehr grenzüberschreitend ist. Binnenländisches Güterangebot und Geldmenge werden durch **Exporte** und **Importe** verändert. Übersteigen die Exporterlöse die Importaufwendungen spricht man von einem Außenhandelsüberschuß (positiver Außenbeitrag). Als Gegenleistung erhöht sich das inländische Vermögen in Höhe des Exportüberschusses.

vgl. 8 Außenwirtschaft

offene Volkswirtschaft

Die Differenz zwischen Exporten und Importen heißt Außenbeitrag.

Wirtschaftskreislauf mit fünf Sektoren

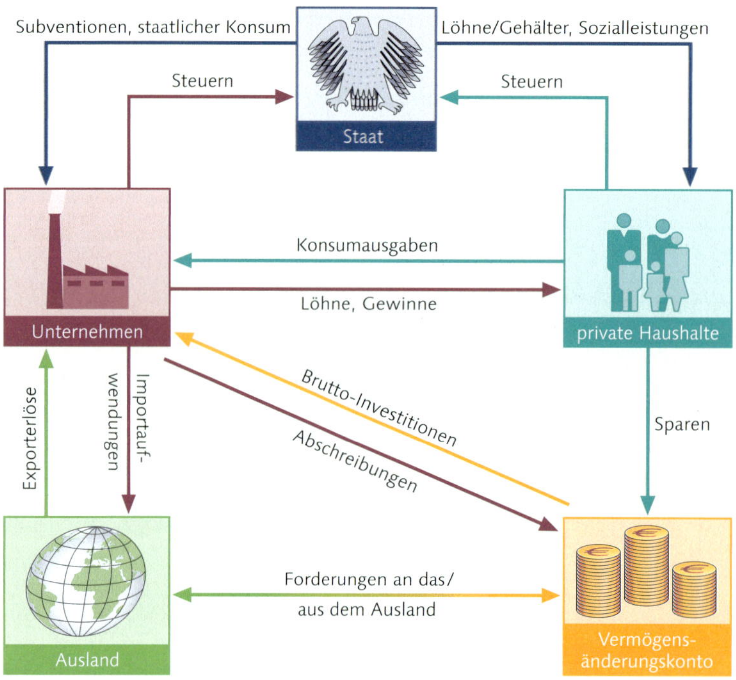

Die Ergänzung unseres Kreislaufmodells um die Sektoren „Vermögensänderungen" und „Ausland" ergibt folgende Gleichung:

$$Y + M = \underbrace{C_H + C_S}_{} + I_{br} + X$$

$$Y = C + I_{br} + (X - M)$$

I_{br} = Bruttoinvestitionen
M = Importe
X = Exporte

5.1.4 Wirtschaftskreislauf und Umwelt

Das Modell des Wirtschaftskreislaufs veranschaulicht,
- wer am Wirtschaftsprozess beteiligt ist,
- die Beziehungen zwischen den Beteiligten,
- staatliche Möglichkeiten, um in das Geschehen regulierend einzugreifen,
- dass die Wirtschaft ein komplex vernetztes System ist,
- dass ein Eingriff, der nur einen Teil des Systems betrifft, sich auf das ganze System auswirken kann.

Der Wirtschaftskreislauf basiert auf der Gegenüberstellung von Güter- und Geldströmen, d. h., es werden nur die bezahlten Leistungen berücksichtigt, unbezahlte Leistungen, z. B. die Arbeit der Hausfrauen, nicht. Ebenso verhält es sich mit den meisten Leistungen der Natur. Erweitert man den Wirtschaftskreislauf um den Faktor Umwelt, dann fällt auf, dass den zahlreichen Güterströmen vielfach keine entsprechenden Geldströme gegenüberstehen:

- Die Entnahme von nicht erneuerbaren Ressourcen, z. B. von Erdöl, wird nur mit den Förderungskosten berechnet. Die Abnahme der Rohstoffvorkommen wird nicht berücksichtigt.
- Die Nutzung der Umwelt als „Lagerhalde" für die Abfälle aus Produktion und Konsum wird nur dann erfasst, wenn für die Inanspruchnahme dieser Leistung bezahlt werden muss, z. B. eine CO_2-Steuer.
- Die Beseitigung der Umweltschäden hingegen kostet Geld; im Sinne des herkömmlichen Wirtschaftskreislaufs werden somit die produzierte Gütermenge und das Einkommen erhöht.

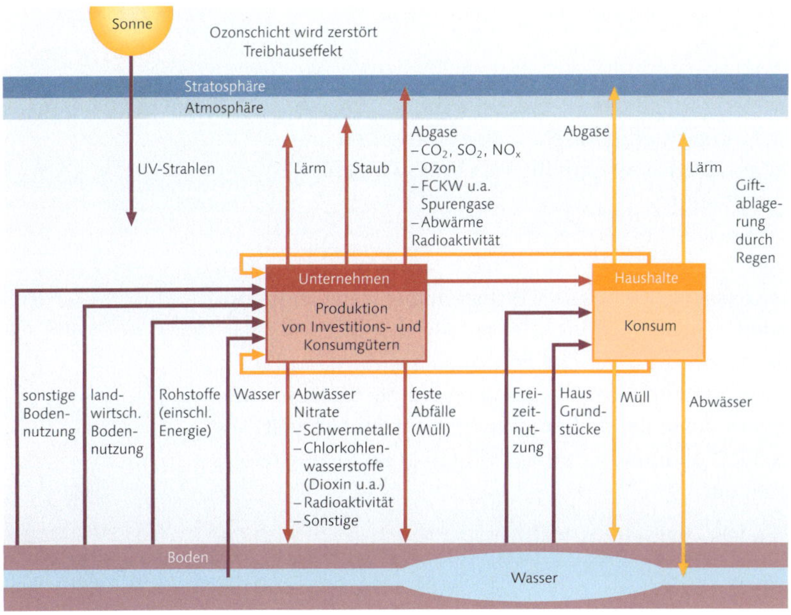

Dies ist besonders problematisch, weil der Wirtschaftskreislauf die Grundlage für die Volkswirtschaftliche Gesamtrechnung darstellt, also für die Berechnung des Bruttonationaleinkommen. In der ökonomischen Betrachtung wird somit übersehen, dass das **Wirtschaftswachstum zulasten der Umweltqualität** erkauft wird.

Als Ergänzung zur Volkswirtschaftlichen Gesamtrechnung wurde 1990 vom Statistischen Bundesamt das Konzept einer **Umweltökonomischen Gesamtrechnung** (UGR) vorgestellt, mit welchem die komplexen Wechselwirkungen zwischen Wirtschaftsgeschehen und Umwelt dargestellt werden sollen. Außerdem wird der Umweltzustand quantitativ und teilweise in monetärer Form erfasst. Z. B. werden die Ausgaben des Staats für den Umweltschutz und die hierfür getätigten laufenden Ausgaben des Produzierenden Gewerbes erfasst.

Ökologische Schadensbilanz

Seit der Konferenz der Vereinten Nationen zu Umwelt und Entwicklungsfragen 1992 in Rio bildet die UGR einen wichtigen Baustein im Konzept der „nachhaltigen Entwicklung".

vgl. Kapitel 3, 5.2 Leitbild der nachhaltigen Entwicklung

Übersicht:	
Wirtschaftskreislauf	– stellt gesamtwirtschaftliche Zusammenhänge vereinfacht dar, erfasst nie die ganze Wirklichkeit
geschlossene Volkswirtschaft	wirtschaftliche Aktivitäten innerhalb nationaler Grenzen
offene Volkswirtschaft	wirtschaftliche Aktivitäten grenzüberschreitend
statische Volkswirtschaft	kein Wirtschaftswachstum bzw. keine Schrumpfung der Wirtschaft
dynamische Volkswirtschaft	Wirtschaftswachstum bzw. Schrumpfung der Wirtschaft möglich
Faktor Umwelt im Wirtschaftskreislauf	zahlreiche Beziehungen zwischen ökologischen und ökonomischen Aktivitäten werden im Wirtschaftskreislauf nicht berücksichtigt

Aufgaben

1. Welchen Zweck erfüllen modellhafte Kreislaufbetrachtungen?
2. Worin bestehen die Unterschiede zwischen einer statischen und dynamischen, einer geschlossenen und offenen Volkswirtschaft?
3. In einer Volkswirtschaft wird
   a) mehr gespart,
   b) werden die Steuern erhöht.
   Analysieren Sie die wirtschaftlichen Auswirkungen über den Geldstrom im 5-Sektoren-Modell.
4. Nennen Sie ökonomische Vorgänge, die im Modell des Wirtschaftskreislaufs nicht oder nur unzureichend abgebildet werden. Problematisieren Sie insbesondere die fehlende Berücksichtigung der Umwelt.
5. Stellen Sie die folgenden ökonomischen Aktivitäten grafisch als Kreislauf mit fünf Sektoren dar:

Konsum der privaten Haushalte (C_H)	700 GE
Konsum des Staats (C_S)	250 GE
Einkommen aus unselbstständiger Arbeit der Staatsbediensteten (Y_H)	200 GE
Einkommen aus unselbstständiger Arbeit u. Einkommen aus Unternehmertätigkeit und Vermögen (Y_H)	1.000 GE
Sparen der privaten Haushalte (S)	200 GE
Steuern der privaten Haushalte (T_H)	300 GE
Steuern der Unternehmen (T_U)	150 GE
Bruttoinvestitionen (I_{br})	260 GE
Abschreibungen der Unternehmen (D)	100 GE
Importe der Unternehmen von Sachgütern, Dienstleistungen, Faktorleistungen (M)	310 GE
Exporte von Sachgütern, Dienstleistungen, Faktorleistungen (X)	350 GE

5.2 Volkswirtschaftliche Gesamtrechnung nach dem Europäischen System Volkswirtschaftlicher Gesamtrechnungen

5.2.1 Berechnung des Inlandsprodukts

Das bisher eigenständige deutsche System der **Volkswirtschaftlichen Gesamtrechnungen** (VGR) wurde 1999 auf das **Europäische System Volkswirtschaftlicher Gesamtrechnungen** (ESVG) umgestellt, um einen gesamteuropäischen Vergleich zu ermöglichen. Das **Bruttosozialprodukt** (BSP) hat seitdem in den amtlichen Statistiken keine Bedeutung mehr. Stattdessen wird vom **Bruttonationaleinkommen** (BNE) gesprochen.

Die wirtschaftlichen Aktivitäten (produzieren, verteilen, konsumieren, investieren, finanzieren) unserer Volkswirtschaft, insbesondere das Wirtschaftswachstum, wird in der offiziellen deutschen Statistik am **Bruttoinlandsprodukt** (BIP) gemessen. Wo aber liegt der Unterschied zwischen dem BNE und dem BIP?

BNE und BIP

Unter dem **BNE** versteht man die in Geld ausgedrückte Summe aller produzierten und nicht im Produktionsprozess wieder eingesetzten Güter und Dienstleistungen, die im Laufe eines Jahres von Inländern erbracht werden. Es ist hierbei egal, ob die Menschen dabei im Ausland oder in Deutschland gearbeitet haben, solange sie ihr Einkommen in Deutschland beziehen.

	Bruttoinlandsprodukt
+	Saldo der Primäreinkommen mit der übrigen Welt
=	Bruttonationaleinkommen
–	Abschreibungen
=	Nettonationaleinkommen (Primäreinkommen)

Das **BIP** misst nur die **im Inland** entstandenen wirtschaftlichen Leistungen, unabhängig davon, in welchem Umfang inländische oder ausländische Wirtschaftseinheiten dazu beigetragen haben. Rechnerisch besteht die Differenz zwischen dem BIP und dem BNE aus dem Saldo der Primäreinkommen mit der übrigen Welt (= von der übrigen Welt empfangene Primäreinkommen abzgl. der von der übrigen Welt geleisteten Primäreinkommen). Genauer gesagt: Bei der Berechnung des BIP werden die Einkünfte von Inländern im Ausland nicht berücksichtigt, diejenigen von Ausländern im Inland aber einbezogen. Das BNE beleuchtet somit stärker die Einkommensseite, das BIP dagegen die Produktionsseite.

Während sich das BIP zur Messung der Wirtschaftsleistung durchgesetzt hat, bildet das BNE die Grundlage von Einkommensrechnungen, da es an die Inländer gebunden ist. Beispielsweise erfolgt die Beitragsberechung der EU daher auf Grundlage des BNE.

Das BIP wird im Rahmen der **Volkswirtschaftlichen Gesamtrechnung** (VGR) ermittelt, die am Wirtschaftskreislauf ansetzt. Die Systematik der Kreislaufdarstellung ist eine Vorstufe der vom Statistischen Bundesamt durchgeführten VGR.

vgl. 5.1 Wirtschaftskreislauf – die Vorgänge in einer Volkswirtschaft verstehen

Beispiel: Der Wirtschaftskreislauf wird hier in der Form vereinfacht, dass nur die Sektoren Unternehmen (mit drei Einzelunternehmen) und private Haushalte übrig bleiben.

Dann benötigen wir noch einen Maßstab, mit dem das Bruttonationaleinkommen gemessen werden soll. Das ist der zu zahlende Preis, ausgedrückt in Geldeinheiten (GE).

Winzer (U1)

Weinhändler (U2)

Supermarkt (U3)

Bei den drei Unternehmen soll es sich einmal um einen **Winzer (U1)** handeln, der Weintrauben anbaut, zu Wein veredelt und in Flaschen abfüllt. Die Weinflaschen werden vom zweiten Unternehmen, einem **Weinhändler (U2)**, aufgekauft und an ein drittes Unternehmen weiterverkauft, einen **Supermarkt (U3)**.

Wir nehmen Folgendes an:
Der **Winzer** benötigt für die Herstellung und Abfüllung von einem Hektoliter Wein 500 GE. Er hat Löhne zu zahlen und will für seine Arbeit und den Kapitaleinsatz Gewinn erzielen. Weitere Vorleistungen von anderen Unternehmen benötigt er nicht. Die Summe aus Löhnen und Gewinnen, die Wertschöpfung, fließt an die Haushalte.

Vorleistungen = Wert aller Güter, die von inländischen Wirtschaftseinheiten von anderen in- oder ausländischen Wirtschaftseinheiten für den Produktionszweck bezogen und verbraucht wurden

Der **Weinhändler** verkauft den Wein für 900 GE. Der an den Winzer zu zahlende Preis von 500 GE stellt für ihn eine Vorleistung dar. Weitere Vorleistungen von anderen Unternehmen benötigt er nicht. Die Wertschöpfung des Weinhändlers beträgt somit 400 GE. Nachdem er von der Wertschöpfung die Arbeitnehmer entlohnt hat, bleibt ihm der Gewinn übrig. Die Wertschöpfung fließt ebenfalls an die Haushalte.

Die Weinflaschen werden schließlich vom Supermarkt erworben und dort an die Konsumenten verkauft. Der **Supermarkt** erlöst für den abgefüllten Hektoliter Wein 1.100 GE, die Wertschöpfung von 200 GE fließt wieder den Haushalten der Eigentümer und Beschäftigten zu.

Das BIP kann nun als Summe der Wertschöpfung der drei Unternehmen ermittelt werden:

	Wertschöpfung U 1	500 GE
+	Wertschöpfung U 2	400 GE
+	Wertschöpfung U 3	200 GE
=	BIP	1.100 GE

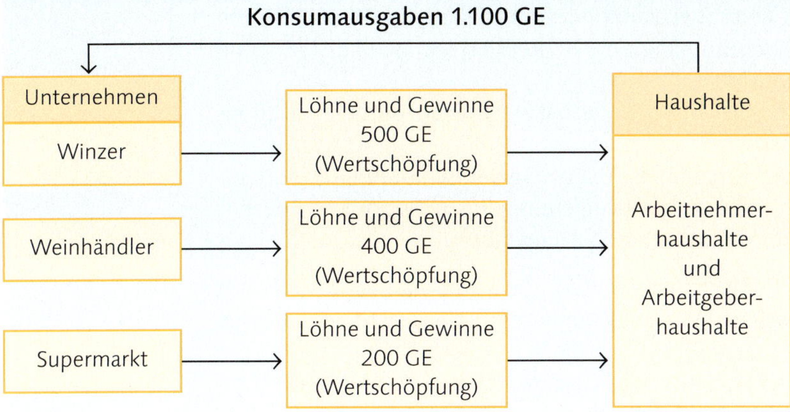

In der realen Volkswirtschaft wird das BIP über Hunderttausende von Unternehmen berechnet, wobei der dargestellte Grundgedanke erhalten bleibt. Man erhält so aber nur das **nominale** BIP, d. h. einen Wert, der den derzeitigen Preisen entspricht. Da das BIP zu den Preisen der jeweiligen Periode errechnet wird, kommt ein Wachstum auch durch Preissteigerungen zu Stande. Um das tatsächliche **(reale)** Wachstum der wirtschaftlichen Leistung zu messen, wird der Preis bereinigt, indem die Preise eines festgelegten Basisjahres zu Grunde gelegt werden. Auf diese Weise erhält man das reale Bruttoinlandsprodukt.

reales und nominales BIP

5.2.2 Volkswirtschaftliche Gesamtrechnung und Bruttoinlandsprodukt

Bei der **Volkswirtschaftlichen Gesamtrechnung** (VGR) werden die wirtschaftlich tätigen Personen und Einrichtungen im In- und Ausland zu Sektoren zusammengefasst. Die VGR Deutschlands orientiert sich dabei an einem von den Vereinten Nationen weltweit empfohlenen System, damit den Benutzern auch internationale Vergleiche ermöglicht werden. Das Statistische Bundesamt unterscheidet daher fünf Sektoren, um die Aktivitäten unserer Volkswirtschaft zu ermitteln.

1. **Nichtfinanzielle Kapitalgesellschaften** (non-financial corporations):
   Hierzu zählen alle Kapitalgesellschaften wie AG, GmbH sowie Personengesellschaften (OHG und KG) ohne die Banken und Versicherungen.
2. **Finanzielle Kapitalgesellschaften** (financal corporations):
   Sie umfassen Unternehmen, deren Hauptfunktion in der finanziellen Mittlertätigkeit liegen, also Unternehmen, die im Banken- und Versicherungsgewerbe tätig sind.
3. **Staat** (general government):
   Zu diesem Sektor gehören der Bund, die Länder und die Kommunen, d. h. die Gebietskörperschaften sowie die Sozialversicherungshaushalte (Rentenversicherungen der Angestellten und Arbeiter, Unfallversicherung, Arbeitslosenversicherung, Krankenversicherung). Ferner zählen zu diesem Sektor die öffentlich-rechtlichen Unternehmen, die weniger als die Hälfte ihrer Produktionskosten durch Verkäufe am Markt decken.
4. **Private Haushalte** (households):
   Diesen Sektor bilden Selbstständigenhaushalte, Arbeitnehmerhaushal-

te, Haushalte von Vermögenseinkommensempfängern, Haushalte von Renten- und Pensionsempfängern, Nichterwerbstätigenhaushalte und sonstige private Haushalte.

5. **Private Organisationen ohne Erwerbszweck** (non-profit institutions serving households):
   Hierzu gehören die Kirchen, Parteien, Gewerkschaften, Religionsgemeinschaften, kulturelle und soziale Vereinigungen, Sport- und Freizeitvereine, Hilfswerke, karitative Einrichtungen usw.

Die Gesamtheit der Wirtschaftseinheiten, die ihren ständigen Wohnsitz außerhalb des deutschen Wirtschaftsgebietes haben, wird als **„Übrige Welt"** bezeichnet.
Im Rahmen der Volkswirtschaftlichen Gesamtrechnung wird das BIP unter verschiedenen Perspektiven analysiert:

Wo entsteht das BIP?

Die **Entstehungsrechnung** ermittelt den Beitrag der einzelnen Wirtschaftsbereiche zum Gesamtergebnis der Volkswirtschaften. Als Hauptdatenquelle dienen hier die Produktionsstatistiken. Das BIP ergibt sich dann wie folgt:

	Entstehungsrechnung
	Produktionswert
=	Bruttowertschöpfung (unbereinigt)
=	**Bruttowertschöpfung (bereinigt)**
–	Gütersubventionen

Die Beiträge zur **Bruttowertschöpfung** kommen aus den folgenden Wirtschaftsbereichen:

Wirtschaftsbereiche	
Land- und Forstwirtschaft, Fischerei	
Produzierendes Gewerbe	Produzierendes Gewerbe ohne Bau
	Baugewerbe
Dienstleistungsgewerbe	Handel, Gastgewerbe und Verkehr
	Finanzierung, Vermietung und Unternehmensdienstleister (Dienstleister überwiegend für Unternehmen)
	Öffentliche und private Dienstleister

Unterstellte Bankgebühren sind Bankdienstleistungen, für die keine Gebühren erhoben werden. Ihre Höhe wird geschätzt.
Der **Produktionswert** ist der Wert der eigenen verkauften Waren und Dienstleistungen an andere in- und ausländische Wirtschaftseinheiten zuzüglich den Werten der Bestandsveränderung an Halb- und Fertigwaren aus eigener Produktion und den Wert der selbst erstellten Anlagen.

Zu den **Gütersteuern** zählen beispielsweise die Mineralölsteuer, Versicherungssteuer, nicht abziehbare Umsatzsteuer und Importabgaben wie Zölle. Diese Steuern ergeben sich pro Einheit einer gehandelten Ware bzw. Dienstleistung. Subventionen, die pro produzierte oder eingeführte Einheit geleistet werden, heißen **Gütersubventionen**. Der Saldo aus Gütersteuern und Gütersubventionen ergibt die **Nettogütersteuer**.

Wertschöpfung, Inlandsprodukt und Nationaleinkommen in Mrd. EUR

Gegenstand der Nachweisung	2000[1]	2001[1]	2002[1]
in jeweiligen Preisen			
Bruttowertschöpfung (unbereinigt)	1.885,32	1.925,06	1.958,89
– unterstellte Bankgebühr	61,80	58,98	58,22
= Bruttowertschöpfung (bereinigt)	1.823,52	1.866,08	1.900,67
+ Nettogütersteuern	206,48	207,62	209,73
= Bruttoinlandsprodukt	2.030,00	2.073,70	2.110,40
+ Saldo d. Primäreinkommen aus d. übrigen Welt	–9,71	–8,06	–1,57
= Bruttonationaleinkommen (Bruttosozialprodukt)	2.020,29	2.065,64	2.108,83
– Abschreibungen	302,36	311,13	317,72
= Nettonationaleinkommen (Primäreinkommen)	1.717,93	1.754,51	1.791,11
– Produktions- und Importabgaben	244,42	246,33	250,49
+ Subventionen	34,84	34,01	30,89
= Volkseinkommen	1.508,35	1.542,19	1.571,51
Arbeitnehmerentgelt	1.099,09	1.121,28	1.130,46
Unternehmens- und Vermögenseinkommen	409,26	420,91	441,05
in Preisen von 1995			
Bruttowertschöpfung (unbereinigt)	1.886,74	1.911,47	1.919,94
– unterstellte Bankgebühr	100,30	104,91	104,73
= Bruttowertschöpfung (bereinigt)	1.786,44	1.806,56	1.815,21
+ Nettogütersteuern	183,06	179,64	174,49
= Bruttoinlandsprodukt	1.969,50	1.986,20	1.989,70
+ Saldo d. Primäreinkommen aus d. übrigen Welt	–7,80	–6,64	–0,21
= Bruttonationaleinkommen (Bruttosozialprodukt)	1.961,70	1.979,56	1.989,49

[1]Vorläufiges Ergebnis — Quelle: Statistisches Bundesamt Deutschland, August 2003

Bei der **Verwendungsrechnung** wird die gesamtwirtschaftliche Endnachfrage differenziert, um zu sehen, wofür die Leistungen verbraucht worden sind. Es wird zwischen Konsumausgaben der privaten Haushalte, der privaten Organisationen ohne Erwerbszweck und des Staats unterschieden. Die privaten Konsumausgaben umfassen die Konsumausgaben der privaten Haushalte und die der privaten Organisationen ohne Erwerbszweck. Der volkswirtschaftliche Konsum kann sowohl nach dem **Ausgabekonzept** als auch nach dem **Verbrauchskonzept** gegliedert werden. Beide Konzepte sind nachfolgend dargestellt:

Wofür wird das BIP verwendet?

Ausgabenkonzept	
	Konsumausgaben der privaten Haushalte
+	Konsumausgaben der privaten Organisationen ohne Erwerbszweck
+	Konsumausgaben des Staats
=	**Konsum**

Verbrauchskonzept	
	Individualkonsum
+	Kollektivkonsum
=	**Konsum**

Zusammenhang zwischen dem Ausgabenkonzept und dem Verbrauchskonzept		
Individualkonsum		Konsumausgaben der privaten Haushalte
	+	Konsumausgaben der privaten Organisationen ohne Erwerbszweck
	+	soziale Sachleistungen des Staats
Kollektivkonsum		Konsumausgaben des Staats
	–	soziale Sachleistungen des Staats

Verwendungsrechnung	
	private Konsumausgaben
+	Konsumausgaben des Staats
+	Bruttoinvestitionen (Ausrüstungsinvestitionen, Bauinvestitionen, Sonstige Anlagen, Vorratsveränderungen)
+	Exporte von Waren und Dienstleistungen
–	Importe von Waren und Dienstleistungen
=	**Bruttoinlandsprodukt**

Die **Bruttoinvestitionen** setzen sich aus den Bruttoanlageinvestitionen sowie aus den Vorratsveränderungen und dem Nettozugang aus Wertsachen zusammen. Aus den Käufen neuer Anlagen (einschließlich aller eingeführten und selbst erstellten Anlagen) zuzüglich dem Saldo aus Käufen und Verkäufen von gebrauchten Anlagen und Ländereien ergibt sich die Bruttoanlageinvestition. Dabei kann die **Bruttoanlageinvestition** in Ausrüstungen (Maschinen, Geräte, Fahrzeuge), Bauten (Wohnbauten, Nichtwohnbauten) und sonstige Anlagen (u. a. Computersoftware, Urheberrechte, Nutztiere) untergliedert werden.

	Bruttoanlageinvestitionen
+	Vorratsveränderungen und Nettozugang an Wertsachen
=	Bruttoinvestitionen

Die **Vorratsveränderungen** werden anhand von Bestandsangaben für Vorräte berechnet. Der **Nettozugang an Wertsachen** ergibt sich aus den Käufen abzüglich den Verkäufen der privaten Haushalte von Goldbarren und nicht umlauffähigen Goldmünzen. In den amtlichen Statistiken werden Vorratsveränderungen und Nettozugang an Wertsachen zusammengefasst veröffentlicht. Der **Außenbeitrag** stellt den Anteil der Exportüberschüsse am BNE dar, also die Leistungen, die ins Ausland geflossen sind.

	Exporte von Waren und Dienstleistungen
–	Importe von Waren und Dienstleistungen
=	Außenbeitrag

Als Hauptdatenquellen der Verwendungsrechnung dienen die Umsatz-, Verbrauchs- und Außenhandelsstatistik.

Im Rahmen der **Verteilungsrechnung** wird ermittelt, welche Einkommen den Produktionsfaktoren zugeflossen sind, die bei der Erstellung des BNE eine Funktion übernommen haben. Man spricht in diesem Zusammenhang auch von der funktionellen Einkommensverteilung. Grundlage der Verteilungsrechnung ist aber nicht direkt das BNE.

Wie wird das Volkseinkommen verteilt?

Verteilungsrechnung	
	Nettonationaleinkommen zu Marktpreisen (Primäreinkommen)
–	Produktions- und Importabgaben an den Staat
+	Subventionen vom Staat
=	**Volkseinkommen**
–	Arbeitnehmerentgelt
=	Unternehmens- und Vermögenseinkommen

Im Europäischen System Volkswirtschaftlicher Gesamtrechnungen wird das Volkseinkommen nicht beschrieben. Allerdings wird diese Größe in Deutschland weiterhin ausgewiesen.

Wird das Bruttonationaleinkommen um die Abschreibungen bereinigt, erhält man das **Nettonationaleinkommen**, das auch als **Primäreinkommen** bezeichnet wird. Zu den **Produktions- und Importabgaben** zählen die Steuern und ähnliche Abgaben, die vor der Gewinnermittlung abziehbar sind, sowie Einkommen des Staats in Form von laufenden Transfers. Werden von den Produktions- und Importabgaben die Subventionen vom Staat abgezogen, ergibt sich die **Nettoproduktionsabgabe**.

	Produktions- und Importabgaben
–	Subventionen vom Staat
=	Nettoproduktionsabgabe

In der Verteilungsrechnung lässt sich auch das **verfügbare Einkommen** einer Volkswirtschaft berechnen.

Verfügbares Einkommen	
	Volkseinkommen
+	Produktions- und Importeinkommen
–	Subventionen
=	**Primäreinkommen**
+	empfangene laufende Transferzahlungen aus der übrigen Welt
–	geleistete laufende Transferzahlungen aus der übrigen Welt
=	**verfügbares Einkommen**

Der größte Teil des verfügbaren Einkommens der Gesamtwirtschaft wird konsumiert, der andere Teil wird gespart.

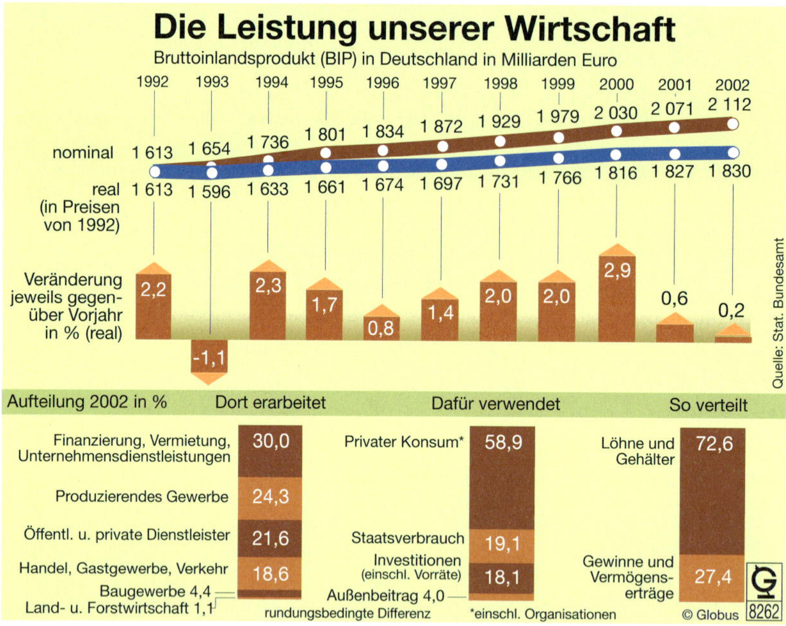

5.2.3 Bruttonationaleinkommen als Wohlstandsindikator

Da das Bruttonationaleinkommen nur die Werte der auf dem Markt gehandelten Leistungen erfasst, ist es als Wachstumsmaßstab mit Vorsicht zu genießen. So kommt es z. B. zu einem Wachstum des BNE, wenn die Hausfrau oder der Hausmann dazu übergehen, das bislang im eigenen Garten angebaute Gemüse im Supermarkt einzukaufen. Ferner werden alle unbezahlten Leistungen, wie z. B. die Hausfrauenarbeit, nicht erfasst.

Auch die mit finanziellen Aufwendungen verbundene Beseitigung negativer Wachstumsfolgen wirkt sich steigernd auf das BNE aus, wie z. B. das Aufkalken der vom sauren Regen geschädigten Wälder. Das Ziel Wirtschaftswachstum kollidiert außerdem häufig mit anderen Zielen.

Erstens wird wirtschaftliches Wachstum häufig mit Umweltschäden „erkauft". Zweitens kann es infolge der starken Nachfrage zu Preissteigerungen kommen. Wird das Wirtschaftswachstum durch eine Ausweitung der ausländischen Nachfrager verursacht, kann drittens das Ziel des außenwirtschaftlichen Gleichgewichts verletzt werden.

„Hurra, wieder 2,5% höher!" Karikatur von Haitzinger

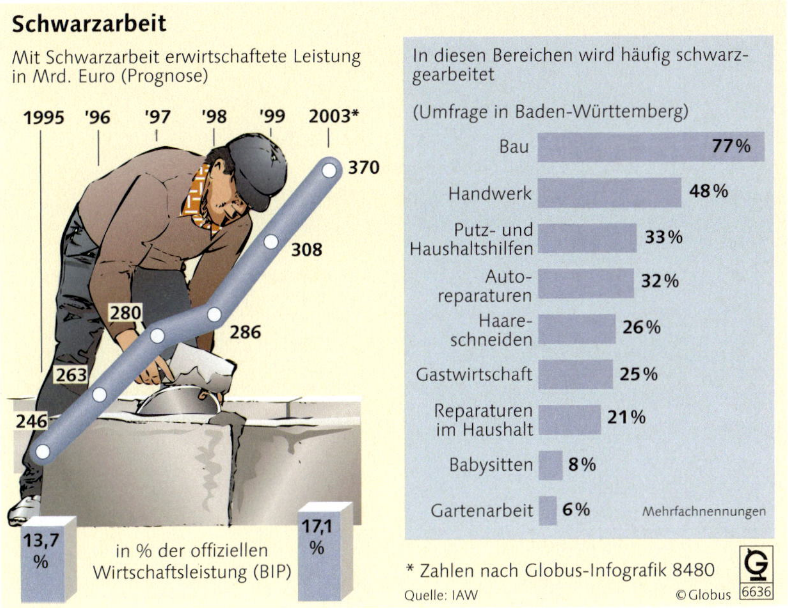

„Wohlstand"

Zwei Autos fahren auf der Landstraße friedlich aneinander vorbei, nichts passiert und sie tragen beide nur minimal zum Bruttosozialprodukt bei. Aber dann passiert es, der Lenker des einen Autos passt nicht auf, gerät auf die Gegenfahrbahn und verursacht mit einem inzwischen anrollenden dritten Auto einen schweren Verkehrsunfall. Da freut sich das Bruttosozialprodukt und klettert sprunghaft nach oben: Rettungshubschrauber, Ärzte, Krankenschwestern, Abschleppdienst, Autoreparatur oder Neukauf, Rechtsstreit, Verwandtenbesuche zu den Unfallopfern, Ausfallgeld, Versicherungsagenten, Zeitungsberichte, Alleebaumsanierung, all das sind beruflich erfasste Tätigkeiten, die bezahlt werden müssen. Auch wenn kein Beteiligter einen Gewinn an Lebensqualität und einige einen großen Verlust haben, so steigt doch der Wert unseres „Wohlstandes" (...).
Eine Mutter überlegt, ob sie ihr Neugeborenes stillen will. Sie hat einen Job als Kassiererin, nicht sonderlich befriedigend, aber leidlich bezahlt. So stillt sie so schnell wie möglich ab und das Kind wird auf Flasche umgewöhnt. Fortan heißt es Babynahrung kaufen, Fläschchen kochen und nachher sterilisieren. Nehmen wir als Idealfall an, dass der Mann das alles machen kann und will. Die eigentlichen Kosten kommen dennoch, z. B., das Kind wird wegen Mangel der mütterlichen Abwehrstoffe krankheitsanfälliger, hat häufig Bauchweh und raubt beiden Eltern den Schlaf. Laufende Arztbesuche folgen, vielleicht eine Kur. Und Tagesmutter oder Kinderkrippe müssen bezahlt werden. Dem Bruttosozialprodukt, das vom Bauchweh und den schlaflosen Nächten nichts merkt, hätte nichts Besseres passieren können als die Entscheidung der Mutter für den Beruf. (...)
Die genannten Beispiele beweisen, dass ein Weniger an Bruttosozialprodukt oder an Erwerbsarbeit mit einem Mehr an tatsächlichem Wohlergehen und Lebensbefriedigung verbunden sein kann. Kleinkindern und der Umwelt geht es dann am besten, wenn sie im Bruttosozialprodukt (fast) gar nicht in Erscheinung treten.

Quelle: Von Weizsäcker, E. U., Erdpolitik, 5. akt. Aufl., Darmstadt 1997, S. 247 f.

Bruttosozialprodukt = Bruttonationaleinkommen (seit der Umstellung auf das Europäische System Volkswirtschaftlicher Gesamtrechnungen 1999)

Übersicht:

Entstehungsrechnung	Verwendungsrechnung
Produktionswert	private Konsumausgaben
– Vorleistungen	+ Konsumausgaben des Staates
= Bruttowertschöpfung (unbereinigt)	+ Bruttoinvestitionen
– unterstellte Bankgebühren	+ Außenbeitrag
= Bruttowertschöpfung (bereinigt)	
+ Nettogütersteuern	

↓ ↓

Bruttoinlandsprodukt

+ Saldo der Primäreinkommen mit der übrigen Welt
= **Bruttonationaleinkommen**
– Abschreibungen

↓

Verteilungsrechnung

= Nettonationaleinkommen (Primäreinkommen)
– Produktions- und Importabgaben an den Staat
+ Subventionen vom Staat
= **Volkseinkommen**
– Arbeitnehmerentgelt
= Unternehmens- und Vermögenseinkommen

Aufgaben

1. Entwickeln Sie das Kreislaufbild einer kleinen Volkswirtschaft, die aus vier Unternehmen und den privaten Haushalten besteht. Es werden folgende Annahmen zu Grunde gelegt:
   Bei den Unternehmen handelt es sich um einen Landwirtschaftsbetrieb, eine Mühle, eine Bäckerei und einen Lebensmittelhandel.
   Ein Landwirt verkauft Weizen im Wert von 700 Geldeinheiten (GE) an eine Mühle. Von dem Erlös bezahlt er seinen Auszubildenden; der Rest ist Gewinn für seine Arbeit und Kapitaleinsatz.
   In der Mühle wird das Korn gemahlen und das Mehl ausgesiebt. Das Mehl wird für 1.400 GE an eine Großbäckerei verkauft. Die dort produzierten Brötchen werden für 2.300 GE von einem Lebensmittelhändler gekauft und von diesem für 2.900 GE an seine Kunden verkauft.
   a) Entwickeln Sie das Kreislaufbild.
   b) Berechnen Sie die Wertschöpfung auf den einzelnen Stufen.
   c) Wie hoch ist das BIP in der Volkswirtschaft?
2. Grenzen Sie voneinander ab: nominales BIP, reales BIP, Bruttoinlandsprodukt, Bruttonationaleinkommen, Nationaleinkommen, Volkseinkommen.
3. Es wird geschätzt, dass in der Bundesrepublik 1995 ca. zwei Millionen Verkehrsunfälle passierten, wobei nur solche Unfälle registriert wurden, bei denen der Schaden mehr als 3.000 DM (=1.533,88 €) betrug.
   a) Welchen Einfluss hat dies auf das BNE?
   b) Wie beurteilen Sie vor diesem Hintergrund das BIP als Wohlstandsindikator?

6 Wirtschaftsordnungen

Jede höher entwickelte Gesellschaft ist durch eine Vielzahl von wirtschaftlichen Aktivitäten zwischen den **privaten Haushalten**, **öffentlichen Haushalten** und den Unternehmen gekennzeichnet. Private Haushalte, öffentliche Haushalte und Unternehmen werden zusammenfassend **Wirtschaftssubjekte** genannt.

Je moderner die Gesllesschaft, desto höher die Arbeitsteilung.

Die privaten Haushalte unterhalten vielfältige ökonomische Beziehungen: als Verbraucher mit Handels- und Versicherungsunternehmen, als Sparer mit Banken und schließlich als Arbeitnehmer mit den Unternehmen oder öffentlichen Einrichtungen. Die Unternehmen untereinander unterhalten vielfältige Beziehungen in der Art, dass die Produkte des einen Unternehmens in einem anderen Unternehmen weiterverarbeitet oder weitergehandelt werden. Die öffentlichen Haushalte erhalten von den Unternehmen und privaten Haushalten Steuern und Sozialabgaben, zahlen Arbeitslosengeld, Sozialhilfe, Subventionen und stellen Güter zur Verfügung, die allen zugute kommen, wie z. B. Straßen, Krankenhäuser, innere und äußere Sicherheit. Da keine Volkswirtschaft unabhängig ist, kommen Beziehungen zu ausländischen Geschäftspartnern hinzu. Die vielfältigen wirtschaftlichen Verflechtungen werden häufig in Form eines Wirtschaftskreislaufes veranschaulicht.

vgl. 5.1 Wirtschaftskreislauf – die Vorgänge in einer Volkswirtschaft verstehen

Die Arbeitsteilung in einer Volkswirtschaft führt zu einer erhöhten Abhängigkeit zwischen den Wirtschaftssubjekten, da nahezu niemand mehr nur noch für sich selbst produziert. Die Komplexität der wirtschaftlichen Verflechtungen ist für den Einzelnen nicht mehr überschaubar. Er kann nicht mehr überblicken, welche Güter in welchen Mengen für welche Abnehmer produziert werden sollen. Die wirtschaftliche Entwicklung führt auch zu einer **Akkumulation** der Produktionsmittel. Die damit verbundene wirtschaftliche Macht muss kontrolliert und kanalisiert werden. Alle diese Faktoren machen einen wirtschaftlichen Ordnungsrahmen erforderlich, auch **Wirtschaftsordnung** genannt. Unter einer Wirtschaftsordnung kann das Regelwerk verstanden werden, das auf einer Wirtschaftsverfassung beruht und mit dem ein Rahmen geschaffen wird, um die ökonomischen Aktivitäten der Wirtschaftssubjekte in einer Volkswirtschaft zu koordinieren.

Akkumulation = Anhäufung, Vermehrung

Die Wirtschaftsordnung regelt folgende Punkte:

- **Verteilung der Entscheidungsbefugnisse**
  Es muss festgelegt werden, wer die Entscheidungen über Produktion und Konsum treffen darf. Da Eigentum Entscheidungsbefugnis bedeutet, geht es auch zugleich um die
- **Verteilung des Eigentums an den Produktionsmitteln**
  Es muss festgelegt werden, ob das Eigentum an Fabriken, Grundstücken und Rohstoffen in privater oder staatlicher Hand liegen soll.
- **Koordination von Konsum und Produktion**
  Die Wirtschaftssubjekte haben Einzelpläne darüber, welche Güter sie produzieren bzw. konsumieren wollen. Ein Koordinationssystem muss die Vielzahl von Einzelplänen aufeinander abstimmen, sodass die Unternehmen die nachgefragten Güter in der nachgefragten Menge mit den zur Verfügung stehenden Produktionsfaktoren produzieren.

– **Verteilung der produzierten Güter**
  Es muss festgelegt werden, wer die produzierten Güter erhält. Damit ist zugleich das Problem der Einkommensverteilung angesprochen.

Ordnungsformen und Ordnungselemente einer Wirtschaftsordnung

Für die Entwicklung eines Wirtschaftssystems haben folgende Ordnungsformen eine zentrale Bedeutung, von deren Umsetzung die reale Ausprägung einer Wirtschaftsordnung abhängt.

- **Planungs- und Lenkungssystem**: Es ist festzulegen, wie die Entscheidungen getroffen werden sollen, damit in einer arbeitsteilig organisierten Volkswirtschaft die Vielzahl wirtschaftlicher Aktivitäten aufeinander abgestimmt werden kann. Die Koordination einer Volkswirtschaft kann grundsätzlich zentral oder dezentral erfolgen.
- **Eigentumsformen**: Da Entscheidungsbefugnisse eng mit dem Eigentum an den Produktionsmitteln (z. B. Fabriken, Grundstücke, Rohstoffe) verbunden sind, geht es auch darum, zu regeln, ob Individuen, der Staat oder Genossenschaften über die Produktionsmittel verfügen dürfen.
- **Betriebliche Ergebnisrechnung**: Es ist festzulegen, ob in den Unternehmen die Produktion von Gütern entweder mit der Zielsetzung erfolgt, einen möglichst hohen Gewinn zu erzielen, oder ob zentral in einer Volkswirtschaft aufgestellte Pläne erfüllt werden sollen. Beide Formen des Wirtschaftens können durch spezielle Prämiensysteme unterstützt werden.

Ergebnistabelle, vgl. Teilband *Prozessorientiertes Rechnungswesen,* Kapitel 2 Wertschöpfungsprozesse analysieren und beurteilen

- **Preisbildungsformen**: Ein wesentliches Steuerungsinstrument für wirtschaftliche Aktivitäten stellen die Preise dar, zu denen die produzierten Güter verkauft werden können oder sollen. Es ist zu entscheiden, ob sich die Preise am Markt bilden, oder ob sie vom Staat festgelegt werden sollen.

vgl. 2.2 Preisbildung im Modell sowie 2.3 Presibildung in der Realität

Die Koordination wirtschaftlicher Aktivitäten steht mit den anderen Subsystemen der Gesellschaft (z. B. politische Ordnung, kulturelles System) in enger Verbindung. Eingriffe in ein Subsystem haben in der Regel Auswirkungen auf die anderen Teilsysteme.

Ordnungsformen

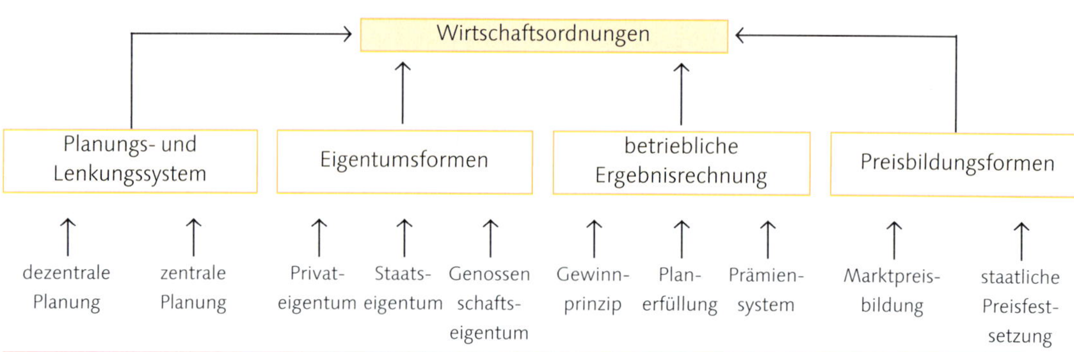

Eine **idealtypische Wirtschaftsordnung** ist ein theoretisches Modell, welches Aussagen darüber macht, wie der wirtschaftliche Ordnungsrahmen aussehen sollte. Wenn eine Volkswirtschaft nach den Forderungen der idealtypischen Wirtschaftsordnung gestaltet wird, spricht man von einer **realtypischen Wirtschaftsordnung**.

6.1 Modell der freien Marktwirtschaft

Das Modell der **freien Marktwirtschaft** wurde maßgeblich von dem englischen Nationalökonomen **Adam Smith** geprägt. In seinem Buch **„Wohlstand der Nationen"**, das 1776 erschien, suchte er nach den Ursachen für den wirtschaftlichen Erfolg einer Gesellschaft. Er betonte, dass die Arbeit die eigentliche Quelle des Wohlstands der Nation ist, denn durch die Arbeitsteilung kann die Produktivität erhöht werden. Einen anderen wichtigen Erfolgsfaktor sah er im Eigennutzstreben der Wirtschaftssubjekte:

vgl. 3.6 Arbeitsteilung

Adam Smith (1723–1790)

Jeder Mensch ist stets darauf bedacht, die ersprießlichste Anwendung allen Kapitals, über das er zu verfügen hat, ausfindig zu machen. Tatsächlich hat er nur seinen eigenen Vorteil und nicht den der Gesellschaft im Auge; aber natürlich, oder vielmehr notwendigerweise, führt ihn die Erwägung seines eigenen Vorteils gerade dahin, dass er diejenige Kapitalbenutzung vorzieht, die zugleich für die Gesellschaft höchst ersprießlich ist …

Allerdings strebt er in der Regel nicht danach, das allgemeine Wohl zu fördern, und weiß auch nicht, um wie viel er es fördert. Indem er die einheimische Erwerbstätigkeit der fremden vorzieht, hat er nur seine eigene Sicherheit im Auge, und indem er diese Erwerbstätigkeit so leitet, dass ihr Produkt den größten Wert erhalte, verfolgt er lediglich seinen eigenen Gewinn und wird in diesem wie in vielen anderen Fällen von einer unsichtbaren Hand geleitet, einen Zweck zu fördern, den er in keiner Weise beabsichtigt hatte. Auch ist es eben nicht ein Unglück für die Gesellschaft, dass dies nicht der Fall war. Verfolgt er sein eigenes Interesse, so fördert er das der Gesellschaft weit wirksamer, als wenn er dieses wirklich zu fördern beabsichtigt …

In welchem Zweig der heimischen Erwerbstätigkeit er sein Kapital anlegen kann und bei welchem das Erzeugnis den größten Wert zu haben verspricht, das kann offenbar jeder Einzelne je nach Ortsverhältnissen weit besser beurteilen, als es irgendein Staatsmann oder Gesetzgeber für ihn tun könnte. Ein Staatsmann, der sich's einfallen ließe, Privatleuten darüber Vorschriften zu geben, auf welche Weise sie ihre Kapitalien anlegen sollen, würde sich nicht allein eine unnötige Fürsorge aufladen, sondern sich auch eine Autorität anmaßen, die keinem Senate oder Staatsrate, geschweige denn einem einzelnen Mann überlassen werden könnte und die nirgends so gefährlich sein würde als in der Hand eines Mannes, der töricht und dünkelhaft genug wäre, sich für fähig zu halten, sie auszuüben.

Quelle: Adam Smith: Eine Untersuchung über Natur und Wesen des Volkswohlstandes, Jena 1924

Geistige Grundlage des marktwirtschaftlichen Modells ist der **Liberalismus** (lat. *liber* = frei). Diese gegen Ende des 18. Jahrhunderts aufgekommene geistige Strömung entwickelte sich als Reaktion auf die uneingeschränkte Herrschaft der Fürsten (**Absolutismus**) und den Merkantilismus. Der **Merkantilismus** hatte zum Ziel, die Finanzkraft des Staates, d. h. der absolutistisch regierenden Herrscher zu mehren, indem die Ausfuhr von Waren unterstützt und die Einfuhr weitgehend unterbunden wurde. Ein ausgeprägter Handelsprotektionismus war das zentrale wirtschaftspolitische Mittel. Die Annahme war, dass durch den Export von Waren Geld in Form von Gold und Silber ins Land zurückströmt.

Verteilung der Entscheidungsbefugnisse

Protektionismus = Schutz der einheimischen Produktion gegen die Konkurrenz des Auslandes durch Maßnahmen der Außenhandelspolitik

Der Liberalismus sieht den Menschen als ein freies, selbstständiges und verantwortungsvolles Individuum, das sein Schicksal selbst in die Hand nehmen kann und soll. Dies erfordert eine liberale Rechtsordnung, welche den Wirtschaftssubjekten einen großen Freiraum lässt:

Eigentum an Produktionsmitteln

- **Schutz des Privateigentums:** Das Eigentum an den Maschinen, Fabriken, Grundstücken und Rohstoffen liegt in den Händen der Bürger. Die Möglichkeit der Gewinnerzielung ist der stärkste Leistungsanreiz in der Marktwirtschaft.
- **Vertragsfreiheit:** Die vertraglichen Bedingungen können frei zwischen den beteiligten Parteien ausgehandelt werden. Somit können Verträge beliebiger Art und mit beliebigem Inhalt abgeschlossen werden (Vertragseingehungs- und -gestaltungsfreiheit).
- **Gewerbe- und Niederlassungsfreiheit:** Die Entscheidung über die Gründung eines Unternehmens, den Ansiedlungsort, den Tätigkeitsbereich oder die Schließung liegt bei den Eigentümern.
- **Freie Arbeitsplatzwahl:** Jeder Bürger hat das garantierte Recht auf die freie Wahl seines Arbeitsplatzes.
- **Produktions- und Konsumfreiheit:** Die Unternehmen entscheiden selbstständig über ihre Produktion, ebenso die Haushalte über ihren Konsum.
- **Wettbewerbsfreiheit:** Die Anbieter haben freien Zugang zu den Märkten und sie können um die Gunst der Kunden werben.

Auf Grund der passiven Rolle des Staates spricht man auch vom Nachtwächterstaat. Dem Staat werden die drei folgenden Aufgabenbereiche zugewiesen:

- Bereitstellung von Gütern für die Allgemeinheit, wie z. B. Schulen
- Gewährleistung der äußeren und inneren Sicherheit
- Gestaltung und Wahrung einer liberalen Rechtsordnung

Koordination von Produktion und Konsum

Die Entscheidungen über Produktion und Konsum werden dezentral von den Produzenten und Konsumenten getroffen. Auf dem Markt wird zwischen Angebot und Nachfrage der Ausgleich durch die freie **Preisbildung** erzielt. Wenn das Angebot die Nachfrage übersteigt, führt sie zu sinkenden Preisen und umgekehrt. Auf dem Gütermarkt werden die fertig hergestellten Produkte an die Konsumenten verkauft. Auf den Faktormärkten kaufen die Produzenten Vorleistungen wie Rohstoffe und Arbeit, die dann zu Konsumgütern veredelt werden. Auf den Märkten wird durch die Preisbildung der Ausgleich zwischen Angebot und Nachfrage erzielt.

vgl. 2.3 Preisbildung in der Realität

Die Koordination der wirtschaftlichen Aktivitäten erfolgt auf den Märkten.

Dezentrale Planung des Wirtschaftsprozesses

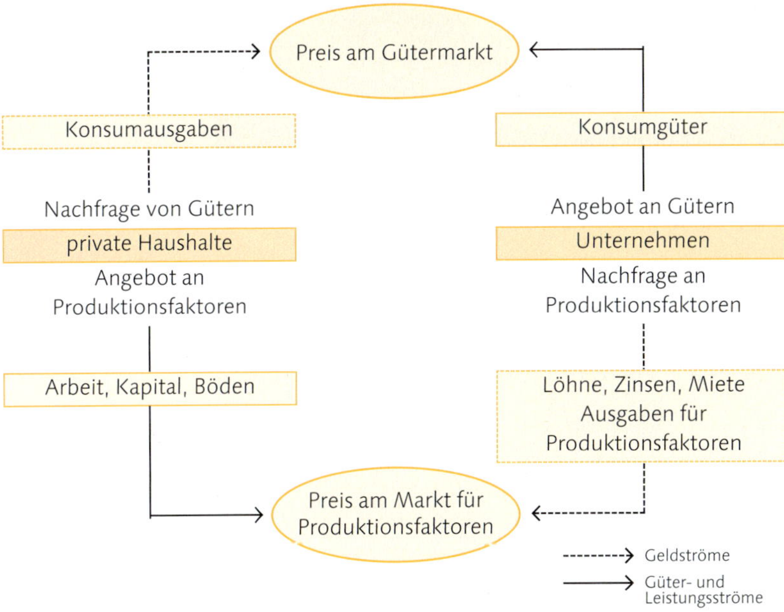

Das Einkommen des Einzelnen ist davon abhängig, welche Leistungen er in den Produktionsprozess einbringen kann (Arbeit, Kapital), und von dem Preis, den er dafür auf dem Markt erzielen kann.

Verteilung der produzierten Leistungen

Im 19. Jahrhundert wurden zahlreiche europäische Volkswirtschaften nach dem marktwirtschaftlichen Modell gestaltet, weshalb man auch häufig vom Zeitalter des **Laisser-faire-Kapitalismus** (frz: *laisser faire* = laufen lassen) spricht. Die Umgestaltung der Volkswirtschaften führte zu einem enormen wirtschaftlichen Schub, weil die freiheitliche Wirtschaftsordnung die Einführung neuer Technologien, wie z. B. die Dampfmaschine, und den internationalen Handel vereinfachte.

Umsetzung in der Praxis und Schwierigkeiten

Zugleich traten aber auch **Missstände** zu Tage, die schließlich zur Ablösung der rein marktwirtschaftlichen Ordnung führten:

- Der freie Wettbewerb wurde zunehmend durch **Kartelle** (= Absprachen zwischen den Unternehmen) und Unternehmenszusammenschlüsse ausgehöhlt. Wichtige Branchen, wie z. B. der Bergbau und die Eisenindustrie, wurden von wenigen Unternehmen beherrscht. Dadurch kam es zu einer Konzentration der wirtschaftlichen Macht und des Kapitals in wenigen Händen und einer sehr ungleichen Einkommensverteilung.

Kartelle, vgl. 7.4 Wie sich Unternehmen zusammenschließen

- Der Laisser-faire-Kapitalismus konnte die **sozialen Probleme** nicht lösen. Leid tragende waren vor allem die Arbeiter und deren Familien. Die Arbeitssituation war gekennzeichnet durch mangelhafte Sicherheitsvorkehrungen am Arbeitsplatz, 12–14 Stunden Arbeit pro Tag, Sonn- und Feiertagsarbeit sowie Kinderarbeit. In den Städten wohnten oftmals 10-köpfige Familien in einem Zimmer.
- Es kam immer wieder zu schweren **Wirtschaftskrisen**. Insbesondere die Krise in den 30er-Jahren des letzten Jahrhunderts zeigte, dass der sich selbst überlassene Markt nicht unbedingt zum Gleichgewicht findet.

Kinderarbeit in einem englischen Steinkohlebergwerk; Lithografie, koloriert, von 1844

Bestandteile des Arbeitereinkommens einer fünfköpfigen Familie in Leipzig, Mitte der 1880er-Jahre

Die Mittel, aus denen der Haushalt dieser Familie (eines Arbeiters mit Frau und drei Kindern (...) bestritten wird, werden von allen Mitgliedern derselben gemeinsam beschafft, trotzdem sind dieselben äußerst beschränkt. Der Mann ist in der Knochenstampfe in (einer) (...) Kunstdüngerfabrik beschäftigt und bekommt bei normaler Arbeitszeit 2 Mark 20 Pf. Lohn; die Frau sortiert die alten Knochen und erhält für den Tag 1 Mark 12 Pf. Die Kinder suchen durch kleine Gelegenheitsdienste auch schon Geld ins Haus zu schaffen oder führen dem Haushalt Naturalien zu. Die Wohnung ist im Hintergebäude einer Schankwirtschaft mit Kegelschub; dadurch hat der älteste Knabe Gelegenheit, an Sonntagen und an Abenden der Woche durch Kegelaufsetzen einige Pfennige oder ein paar Dreierbrote mit Wurst zu verdienen. Seine Schwester hilft ihm bisweilen bei der Arbeit auf der Kegelbahn. Die Eltern schätzen die jährliche Kegeleinnahme auf 4–5 Mark. In der Regel sammelt die Tochter in ihrer schulfreien Zeit im Sommer Kamillen (nur für den Haushalt), läuft Wege für die Schankwirtin im Vorderhause, geht Ähren lesen und Kartoffeln „stoppeln". Dieses Kartoffelstoppeln, das Hervorsuchen einzelner zurückgebliebener Kartoffeln auf dem abgeernteten Felde, und das Ährenlesen ist zwar verboten, es geschieht aber trotzdem. Bei der so geringen Einnahme der Arbeiterfamilie wird man darin kein schweres Unrecht erblicken, denn im Volksbewusstsein lebt offenbar noch der alte, noch nicht lange verdrängte Zustand, wo das Absuchen des Feldes nach der Ernte frei war. Diese Folgen der Armut bilden einen neuen Antrieb zur Bekämpfung derselben. (...)

Quelle: Flemming, J.; Saul, K.; Witt, P.-C. (Hrsg.): Quellen zur Alltagsgeschichte der Deutschen vom Mittelalter bis heute, Band 7: 1871–1914, Darmstadt 1997

6.2 Modell der Zentralverwaltungswirtschaft

Während in dem Modell der Marktwirtschaft die Koordination der wirtschaftlichen Prozesse dezentral bei den Konsumenten und Produzenten geschieht, liegt im Modell der Zentralverwaltungswirtschaft die wirtschaftliche Entscheidungsbefugnis zentral in staatlicher Hand. Realtypische Wirtschaftsordnungen auf zentralwirtschaftlicher Basis begegnen uns in vielfältigen Formen: Im Europa des 17. und 18. Jahrhunderts wurde das absolutistische Regierungsprinzip auf die Wirtschaft übertragen. Im Dritten Reich wurden große Teile der deutschen Wirtschaft zwecks Kriegsführung der staatlichen Führung unterstellt. Wenn aber gemeinhin (und in den folgenden Ausführungen) von der Zentralverwaltungswirtschaft gesprochen wird, so ist damit meistens die zentrale Planwirtschaft sozialistischer Ausprägung gemeint. Das (sozialistische) Modell der **Zentralverwaltungswirtschaft** wurde auf Grund der Missstände des Laisser-faire-Kapitalismus im 19. Jahrhundert entworfen. Herausragende Vertreter waren Karl Marx und Friedrich Engels; besondere Bedeutung erlangte das Werk **„Das Kapital"** von **Karl Marx**, dessen erster Band 1867 erschien. Die Bände II und III kamen nach seinem Tod heraus.

Marx nannte die auf dem marktwirtschaftlichen Modell beruhende Gesellschaftsform **Kapitalismus** und die auf dem Zentralverwaltungsmodell beruhende Gesellschaftsform **Kommunismus** (lat. *kommune* = gemeinsam). Er folgerte aus den sozialen Missständen und den zahlreichen Wirtschaftskrisen, die das soziale Problem noch vergrößerten, dass der Kapitalismus zum Untergang verurteilt sei und der Kommunismus an seine Stelle treten würde.

Karl Marx (1818–1883)

Friedrich Engels (1820–1895)

Mit der Besitzergreifung der Produktionsmittel durch die Gesellschaft ist die Warenproduktion beseitigt und damit die Herrschaft des Produkts über die Produzenten. Die Anarchie innerhalb der gesellschaftlichen Produktion wird ersetzt durch planmäßige, bewusste Organisation. Der Kampf ums Einzeldasein hört auf. Damit scheidet der Mensch, in gewis-

sem Sinn, endgültig aus dem Tierreich, tritt aus tierischen Daseinsbedingungen in wirklich menschliche …
Erst von da an werden die Menschen ihre Geschichte mit vollem Bewusstsein selbst machen, erst von da an werden die von ihnen in Bewegung gesetzten gesellschaftlichen Ursachen vorwiegend und in stets steigendem Maße auch die von ihnen gewollte Wirkung haben. Es ist der Sprung der Menschheit aus dem Reich der Notwendigkeit in das Reich der Freiheit.

Quelle: Karl Marx, Friedrich Engels: Das Kommunistische Manifest, in K. Diehl und P. Mompert (Hrsg.): Ausgewählte Lesestücke zum Studium der politischen Ökonomie, III. Band: Sozialismus, Kommunismus, Anarchismus, II. Abteilung, 1. Aufl. Jena 1920

Produktionsmittel: Maschinen und betriebliche Anlagen, aber auch die Grundstücke, auf denen die Fabrikgebäude stehen

Eine wesentliche Grundlage planwirtschaftlicher Wirtschaftsordnungen ist das **gesellschaftliche Eigentum an den Produktionsmitteln**, d. h., es gibt kein privates Eigentum an Unternehmen.

Eigentum an den Produktionsmitteln

In realtypischen Planwirtschaften existiert das gesellschaftliche Eigentum in zwei Grundformen: als gesamtgesellschaftliches Volkseigentum und als genossenschaftliches Eigentum werktätiger Kollektive. Kollektive sind ehemals private Unternehmen, die in genossenschaftliche Unternehmen zusammengefasst und der genossenschaftlichen Führung unterstellt wurden.

In dem Modell der zentralen Planwirtschaft treten die individuellen Bedürfnisse hinter die gemeinschaftlichen Bedürfnisse zurück. Folglich werden die wirtschaftlichen Entscheidungen zentral von staatlichen Stellen in Form von Jahres- und Mehrjahresplänen festgelegt, was die individuellen Entscheidungsmöglichkeiten stark einschränkt:

Verteilung der Entscheidungsbefugnisse

- **Keine Vertragsfreiheit:** Individuell ausgehandelte vertragliche Vereinbarungen werden durch die staatlichen Planvorgaben ersetzt.
- **Keine Gewerbe- und Niederlassungsfreiheit:** Die Entscheidung über die Gründung eines Unternehmens, den Ansiedlungsort, den Tätigkeitsbereich oder die Schließung liegt bei den Behörden.
- **Keine freie Arbeitsplatzwahl:** Den Arbeitskräften werden Ausbildungs- bzw. Arbeitsplätze in jenen Wirtschaftsbereichen zugewiesen, wo Bedarf herrscht.
- **Keine Konsumfreiheit:** Die Verbraucher bekommen die Güter entweder direkt zugewiesen oder werden durch politisch festgesetzte Preise in ihren Auswahlmöglichkeiten beschränkt. So werden z. B. Grundnahrungsmittel unter den Herstellungskosten verkauft, sog. Luxusgüter hingegen zu stark überhöhten Preisen.
- **Keine Wettbewerbsfreiheit:** Die Unternehmen produzieren nach Plan und brauchen sich nicht um den Absatz ihrer Produkte zu kümmern.

Koordination von Produktion und Konsum

Die Koordination der wirtschaftlichen Prozesse erfolgt zentral in staatlicher Hand. Die zentralen Planungsorgane verschaffen sich zunächst einen Überblick über die Produktionsmöglichkeiten der Unternehmen und den Bedarf der Konsumenten. Auf der Basis der Bedarfs- und möglichen Produktionsmengen erhalten die Betriebe die Planvorgaben für ihre Produktion. Da in jeder Volkswirtschaft die materiellen Bedürfnisse die mögliche Angebotsmenge überschreiten, müssen die Planungsbehörden bei der Festlegung der Produktionsmengen zugleich auch eine Auswahl über die zu erfüllenden Bedürfnisse treffen. In realtypischen Zentralverwaltungswirtschaften werden die Güterbilanzen in Form von Bedarfs- und Produktionsbilanzen erstellt. Mitte der 80er-Jahre wurde z. B. in der ehemaligen DDR, deren Wirtschaftsordnung nach dem Vorbild der „sozialistischen Planwirtschaft" der ehemaligen Sowjetunion organisiert war, mit ca. 4.500 Planbilanzen gearbeitet.

Die Abstimmung der Angebots- und Nachfragemengen sei an einem Beispiel erläutert: Die Planungsbehörden prognostizieren einen Bedarf von 110.000 Pullovern für das nächste Jahr. Dem Bedarf wird in der Bedarfsbilanz für Pullover der aktuelle Lagerbestand gegenübergestellt und so die Produktionsbilanz der Betriebe festgelegt. Da noch 10.000 Pullover im Lager liegen, ergibt sich ein Produktionsbedarf an Pullovern von 100.000. Für die Betriebe werden dann Bedarfsbilanzen für die zur Herstellung notwendigen Rohstoffe erstellt. Zur Produktion eines Pullovers werden 0,5 Arbeitsstunden und 1 kg Wolle benötigt. In der Bedarfsbilanz der Betriebe werden dann die benötigten Einsatzstoffe und die Möglichkeiten zur Bedarfsdeckung festgelegt.

Koordination von Produktion und Konsum in einer Planwirtschaft

Bedarfsbilanz Pullover

Bedarfsdeckung		Bedarf für	
Lager	10.000 St.	Konsum	110.000 St.
Produktion	100.000 St.		
	110.000 St.		110.000 St.

Bedarfsbilanz Wolle

Bedarfsdeckung		Bedarf für	
Lager	10.000 kg	Pullover	100.000 kg
Import	590.000 kg	Strümpfe	500.000 kg
	600.000 kg		600.000 kg

Bedarfsbilanz Pullover

Faktoreinsatz		Produktion	
Wolle	100.000 kg	Produktion	100.000 St.
Arbeit	50.000 St.		

Bedarfsbilanz Arbeit

Bedarfsdeckung		Bedarf für	
Haushalte	200.000 Std.	Pullover	50.000 Std.
		Strümpfe	150.000 Std.
	200.000 Std.		200.000 Std.

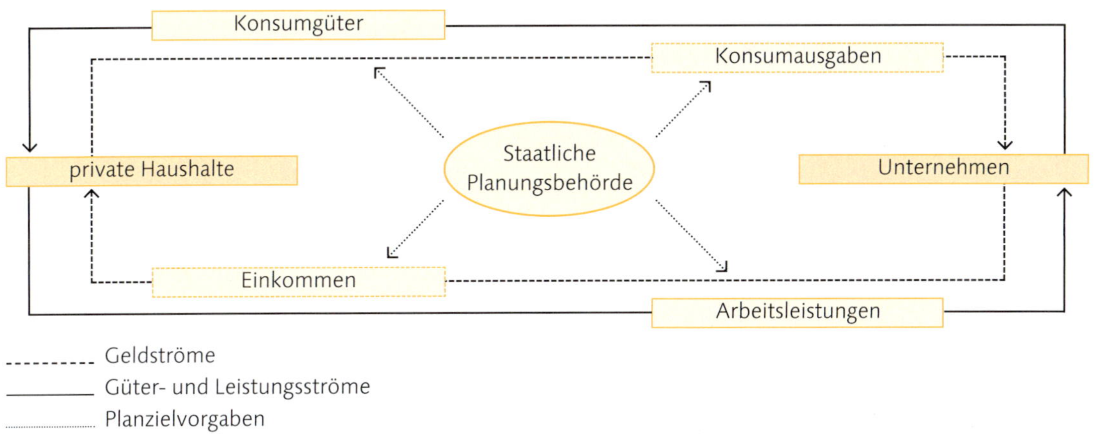

Verteilung der produzierten Leistungen

Die produzierten Leistungen werden weitgehend gleichmäßig an die Bevölkerung verteilt.

Umsetzung in der Praxis und Probleme

Nach der Machtergreifung der Kommunisten im Jahr 1917 wurde die sowjetische Volkswirtschaft planwirtschaftlich umgestaltet.
Nach dem Zweiten Weltkrieg kam es zu einer weiteren Ausdehnung des Kommunismus nach Osteuropa und Asien. Ende der 80er-Jahre brachen die Gesellschaftsordnungen zahlreicher kommunistischer Staaten zusammen. Die Gründe hierfür liegen nicht zuletzt in den **Funktionsmängeln der Planwirtschaft** begründet:

- Durch die Verstaatlichung der Produktionsmittel ging den sozialistischen Volkswirtschaften die unternehmerische Dynamik verloren. Die Betriebsleiter waren vor allem an der Planerfüllung interessiert, kaum aber an der Entwicklung neuer Produkte, neuer Produktionsverfahren oder der Erschließung neuer Märkte. Die sozialistischen Staaten konnten dem technischen Fortschritt der westlichen Staaten in vielen Fällen nicht folgen. Es kam zu Außenhandelsproblemen, weil die Produkte international nicht konkurrenzfähig waren.
- Die Abstimmung von Produktion und Konsum erwies sich für die Planungsbehörden als ein viel zu komplexes Problem. Als Folge kam es zu Misswirtschaft und Versorgungsengpässen. Die wirtschaftliche Ineffizienz verursachte zugleich enorme Umweltschäden, weil für die Produktion der Güter und Dienstleistungen zu viel Energie und Rohstoffe verbraucht wurden.
- Es war kein Preismechanismus vorhanden, der die Knappheit der Güter widergespiegelt hätte. Die Preise wurden vielmehr nach politischen Präferenzen festgesetzt, häufig in der Form, dass Konsumgüter unter Herstellungskosten und sog. Luxusgüter deutlich überteuert angeboten wurden. Als Folge wurde z. B. Brot an Vieh verfüttert, weil es billiger als Getreide war.

Übersicht:

Wirtschaftsordnung	– schafft einen Rahmen, um die vielfältigen Aktivitäten der Wirtschaftssubjekte zu koordinieren – Grundelemente sind: Planungs- und Lenkungssystem, Eigentumsformen, betriebliche Ergebnisrechnung, Preisbildungsformen

Ordnungsformen und Grundelemente von Wirtschaftsordnungen:

Merkmale	Marktwirtschaftliches Modell	Planwirtschaftliches Modell
Stellung des Menschen	Mensch freies Individuum	Mensch als Kollektivmitglied
Eigentum an Produktionsmitteln	in privaten Händen	in staatlicher Hand
Planung	dezentral bei den Wirtschaftssubjekten	zentral bei staatlichen Behörden
Koordination von Angebot und Nachfrage	auf dem Markt	mittels Planbilanzen
Preis- und Lohnfestsetzung	auf dem Markt	durch staatliche Behörden
Motiv der Unternehmen	Gewinnerzielung	Planerfüllung

Aufgaben

1. Begründen Sie, warum arbeitsteilige Gesellschaften ohne eine Wirtschaftsordnung nicht existieren können.
2. Welche Punkte sollen durch eine Wirtschaftsordnung geregelt werden?
3. Erläutern Sie die Grundelemente für die Entwicklung eines Wirtschaftssystems.
4. Lesen Sie den Quellentext auf Seite 241 von Adam Smith. Was versteht er unter der „unsichtbaren Hand"? Wieso kann das Gewinnziel des Einzelnen zur Wohlstandssteigerung der gesamten Gesellschaft führen?
5. Erläutern Sie die zentralen Merkmale des Modells der freien Marktwirtschaft.
6. Erläutern Sie die Prinzipien einer liberalen Rechtsordnung.
7. Erläutern Sie die Rolle des Staates im Modell der freien Marktwirtschaft.
8. Erläutern Sie Funktionsprobleme der freien Marktwirtschaft im 19. und zu Beginn des 20. Jahrhunderts.

9. Können Sie sich Situationen vorstellen, in denen die individuelle
10. Gewinnverfolgung von Nachteil für die Gesellschaft ist?
Stellen Sie sich vor, eine Bundesregierung würde sich zum Ziel setzen,
die Wirtschaft der Bundesrepublik nach den Vorstellungen von Adam
Smith umzugestalten. Welche Maßnahmen wären erforderlich?
11. Welche Resultate würden sich einstellen?
Lesen Sie den Text auf Seite 244 und diskutieren Sie in Gruppen:
Ist das „Kartoffelstoppeln" im 19. Jahrhundert moralisch gerecht-
12. fertigt?
Lesen Sie den Quellentext von Karl Marx. Wie interpretiert Marx den
13. Begriff Freiheit? Gibt es diesbezüglich Unterschiede zu Adam Smith?
Stellen Sie sich einmal vor, es wäre möglich, auf Grund eines neuen Supercomputers die Vielzahl von Produzenten- und Konsumentenentscheidungen optimal aufeinander abzustimmen. Welche Gründe würden dann für oder gegen die Einführung der zentralen Planwirtschaft sprechen?

6.3 Soziale Marktwirtschaft als realtypische Wirtschaftsordnung

Nach dem Zweiten Weltkrieg stellte sich die Frage, wie das befreite Deutschland politisch und wirtschaftlich zu organisieren sei.

Auf Grund der negativen Erfahrung mit dem Laisser-faire-Kapitalismus einerseits und den Erfahrungen mit der Kriegswirtschaft des Dritten Reiches andererseits bemühte man sich bei der Gründung der Bundesrepublik Deutschland, einen neuen Weg einzuschlagen, der das Individual- und das Kollektivprinzip in sinnvoller Weise miteinander kombiniert. Hierzu war es erforderlich, das Konzept der freien Marktwirtschaft mit regulierenden und sozialen Elementen anzureichern.

So entstand die **soziale Marktwirtschaft**, als deren Gründer der spätere Wirtschaftsminister und Bundeskanzler **Ludwig Erhard** und sein Staatsminister **Armin Müller-Armack** gelten. Die reale Wirtschaftsordnung „soziale Marktwirtschaft" wurde sehr stark vom deutschen Neoliberalismus in der Nachfolge des klassischen Liberalismus im 19. Jahrhundert geprägt.

Die Hauptvertreter **Walter Eucken** und **Wilhelm Röpke** gingen auf kritische Distanz zu einer staatlichen Wirtschaftslenkung, weil sie diese als unvereinbar mit einer freiheitlichen Wirtschafts- und Gesellschaftsordnung ansahen.

Zugleich teilten sie dem Staat einen wesentlich größeren Einfluss als in der freien Marktwirtschaft zu, um den Wettbewerb zu sichern und die sozialen Ungerechtigkeiten des Marktes zu korrigieren.

vgl. Kapitel 3, 7.1 Arbeits- und Sozialordnung

Weitere wichtige Impulse, insbesondere zur sozialen Ausgestaltung, kamen von dem christlichen Arbeitnehmerflügel der CDU, den Gewerkschaften und der SPD.

Soziale Marktwirtschaft – was ist das?

Ludwig Erhard (1897–1977)

Das Wesen dieser Marktwirtschaft besteht hauptsächlich darin, dass der Wirtschaftsprozess, d. h. Produktion, Güter- und Einkommensverteilung, nicht durch obrigkeitlichen Zwang gelenkt, sondern innerhalb eines wirtschaftspolitisch gesetzten Ordnungsrahmens durch die Funktion freier Preise und den Motor eines freien Leistungswettbewerbs selbstständig gesteuert wird. Freiheit, Selbstverantwortung und persönliche Initiative bei der Berufswahl, Erwerbstätigkeit und dem Konsum, die jedem als Produzenten und Verbraucher die Wahrnehmung der wirtschaftlichen Chancen eröffnen, sowie eine leistungsbedingte Einkommensverteilung sind die Antriebskräfte, die in der Marktwirtschaft zu einem Höchstmaß an Produktion und Steigerung des Wohlstandes der gesamten Bevölkerung führen. Die Marktwirtschaft ist damit diejenige Wirtschaftsordnung, die ein Maximum an Produktivität, Wohlstandsmehrung und persönlicher Freiheit verbindet.

Quelle: Ludwig Erhard, in: Deutsche Wirtschaftspolitik, Düsseldorf 1962

Eigentum an den Produktionsmitteln

Das Eigentum an den Maschinen, Fabriken, Grundstücken und Rohstoffen liegt in den Händen der Bürger. Teilweise betätigt sich aber auch der Staat als Eigentümer, insbesondere bei öffentlichen Gütern, die über den Markt nur unzureichend bereitgestellt werden können. Im **Grundgesetz** ist außerdem die Sozialpflicht des Eigentums verankert, d. h., privates Eigentum muss dem Wohl der ganzen Gesellschaft dienen. So müssen z. B. Wälder in Privatbesitz Spaziergängern zugänglich sein. Im Fall übergeordneter allgemeiner Interessen ist auch die Verstaatlichung von Privateigentum zulässig, z. B. Land für den Bau von Straßen.

Marktwirtschaft und sozialer Ausgleich

Alfred Müller-Armack (1901–1978)

Sozialer Ausgleich ist keinesfalls ein im Grunde nur systemfremdes Anhängsel; er ist vielmehr ein wesentliches konstitutives Element der sozialen Marktwirtschaft. Marktwirtschaftliche Effizienz und sozialer Ausgleich stehen dabei in einem engen, von Spannungen zwar nicht gänzlich freien, doch prinzipiell harmonischen Wechselverhältnis. Einerseits lassen sich ohne effizientes Wirtschaften die enormen Mittel kaum aufbringen, die erforderlich sind, um denen ein menschenwürdiges und sozial akzeptables Auskommen zu bieten, die unter Marktbedingungen dies temporär oder dauernd selbst nicht erwirtschaften können. Andererseits gründet sich die soziale Effizienz gerade auch auf die Akzeptanz einer Wirtschaftsordnung, die soziale Sicherheit, Abbau von sozialen Schranken und Verteilungsgerechtigkeit ebenso voraussetzt wie soziale Mitverantwortung.

Quelle: Auszug aus einem Vortrag, den Prof. Dr. Otto Schlecht, Staatssekretär a.D., in seiner Eigenschaft als Vorsitzender der Ludwig-Erhard-Stiftung, Bonn, im September 1991 vor der Sommerakademie der politischen Akademie der Konrad-Adenauer-Stiftung gehalten hat.
Abgedruckt in: Handelsblatt, Nr. 206 vom 25./26. Oktober 1991

Verteilung der Entscheidungsbefugnisse

Da der Staat auch als Eigentümer von Produktionsmitteln in der Wirtschaft agiert, kommen ihm ohnehin weiter reichende Kompetenzen als im Modell der freien Marktwirtschaft zu. Außerdem setzt der Staat der individuellen Freiheit Grenzen, um zu verhindern, dass durch individuelles Handeln die Rechte Dritter verletzt werden.

vgl. Kapitel 1, 6.2.2 Tarifautonomie

Vertragsfreiheit: Die Vertragsfreiheit ist ein wichtiges Element der sozialen Marktwirtschaft. Wichtigstes Beispiel ist die garantierte Tarifautonomie. Verträge sind aber nur insoweit frei aushandelbar, als sie nicht gegen bestehende Gesetze verstoßen. So sind z. B. Wucherzinsen auf Kredite verboten.

Gewerbe- und Niederlassungsfreiheit: Die Entscheidung über die Ansiedlung eines Unternehmens ist von der Erfüllung bestimmter Auflagen abhängig, z. B. der Abwasserklärung.

Produktions- und Konsumfreiheit: Die Produktionsfreiheit wird z. B. durch staatliche Sicherheitsvorschriften, die Konsumfreiheit durch Gesetze eingeschränkt, z. B. durch Drogenmissbrauchsgesetze.

Wettbewerbsfreiheit: Das Bundeskartellamt wacht darüber, dass sich die Unternehmen an die Wettbewerbsregeln halten. Bestimmte Bereiche der Wirtschaft sind aber von den Wettbewerbsregeln ausgenommen. So ist dies z. B. der Fall in der Energieversorgungsbranche, um zu verhindern, dass Kunden in profitablen Ballungszentren von mehreren Anbietern umworben werden, während die Kunden in weniger profitablen ländlichen Gebieten nicht an das Strom- und Wassernetz angeschlossen werden.

Koordination von Produktion und Konsum

Die Entscheidungen über Produktion und Konsum werden dezentral von den Produzenten und Konsumenten getroffen. Auf dem Markt wird zwischen Angebot und Nachfrage der Ausgleich erzielt.

Der Staat greift aber bei wirtschaftlichen Fehlentwicklungen korrigierend ein, indem er z. B. in einer Rezession seine Nachfrage erhöht, um so die fehlende private Nachfrage zu kompensieren. Ferner beeinflusst er das Angebot, indem er öffentliche Güter produziert und zur Verfügung stellt.

Funktionsprobleme

In der sozialen Marktwirtschaft treten auch die typischen marktwirtschaftlichen **Funktionsprobleme** auf:

- Wirtschaftskrisen
- Konzentrationstendenz
- Umweltprobleme
- soziale Ungerechtigkeit

vgl. Kapitel 3, 4 Wirtschaftspolitische Ziele und Zielkonflikte

Durch staatliche Eingriffe können diese Probleme aber gemindert werden, z. B. durch Finanzpolitik, Kartellrecht, Sozialpolitik, Umweltauflagen.

Die immer währende politische Diskussion dreht sich um das zentrale Abwägungsproblem: Wie viel Staat muss mindestens, wie viel Staat darf höchstens sein?

Nach dem Zweiten Weltkrieg entwickelten sich die beiden Staaten des geteilten Deutschlands unter dem Einfluss der jeweiligen Besatzungsmächte in verschiedene wirtschaftliche Richtungen. Während in der Bundesrepublik Deutschland eine marktwirtschaftliche Wirtschaftsordnung eingeführt wurde, wurde die Wirtschaft der DDR nach planwirtschaftlichen Prinzipien organisiert.

die deutsche Wiedervereinigung und die soziale Marktwirtschaft

Im Herbst 1989 kam es zur Öffnung der deutsch-deutschen Grenze, die zugleich das Ende der DDR bedeutete. Die erste frei gewählte Volkskammer der DDR entschied, die soziale Marktwirtschaft einzuführen und die DDR mit der Bundesrepublik zu vereinigen.

Als Grundlage für die ersten Schritte auf dem Weg zur deutschen Einheit wurde zwischen beiden deutschen Staaten ein **Staatsvertrag** abgeschlossen, der zu radikalen Veränderungen in allen Lebensbereichen der DDR führte.

Währungs-, Wirtschafts- und Sozialunion

Als wichtigste Maßnahme im Rahmen der Währungsunion wurde festgelegt, dass die Deutsche Mark als alleiniges gesetzliches Zahlungsmittel zum 1. Juli 1990 eingeführt werden sollte.
Im Rahmen der Wirtschaftsunion wurden die Rahmenbedingungen für die marktwirtschaftliche Umgestaltung der Zentralverwaltungswirtschaft festgelegt. Im Rahmen der Sozialunion wurden die Koalitionsfreiheit, Tarifautonomie, Betriebsverfassung, Unternehmensmitbestimmung von der Bundesrepublik übernommen und das westdeutsche Sozialsystem eingeführt.
Bei der Wiedervereinigung wurde davon ausgegangen, dass sich die deutsch-deutschen Lebensverhältnisse innerhalb eines Jahrzehnts aneinander angeglichen haben würden.
Bei aller Freude über die Wiedervereinigung muss aber festgestellt werden, dass sich dieser Angleichungsprozess länger hinziehen wird. Diese Fehleinschätzung beruhte zum Teil auf unzureichenden statistischen Daten. Hinzu kam, dass die Schwierigkeiten bei der Umstellung von der Zentralverwaltungswirtschaft zur sozialen Marktwirtschaft unterschätzt worden sind.

Viele Unternehmen der ehemaligen DDR waren unter marktwirtschaftlichen Bedingungen nicht wettbewerbsfähig und mussten modernisiert oder geschlossen werden. Hinzu kam, dass der ursprüngliche Exportmarkt der ostdeutschen Unternehmen, die Sowjetunion, zusammengebrochen war. Als Folge wurden viele Arbeitnehmer gekündigt oder bangten um ihren Arbeitsplatz.
Die Ende 1994 aufgelöste Treuhandanstalt, die für die Privatisierung und Sanierung verantwortlich war, geriet immer wieder unter starken Beschuss. Schließlich waren es ihre Entscheidungen, teilweise auch Fehlentscheidungen, durch die eine Vielzahl von Arbeitsplätzen verloren ging. Nach den ersten, äußerst schwierigen Jahren der Umstrukturierung hat die ostdeutsche Wirtschaft inzwischen in weiten Teilen wieder Tritt gefasst. Jedoch hat das zunehmende wirtschaftliche Wachstum noch nicht zu entsprechend neuen Arbeitsplätzen geführt.

Übersicht:	
Soziale Markwirtschaft	wurde in der Bundesrepublik Deutschland nach dem Zweiten Weltkrieg als „dritter Weg" zwischen dem marktwirtschaftlichen Kapitalismus des 19. Jahrhunderts und zentralen Verwaltungswirtschaften eingeführt.
Grundprinzipien	– Schutz des Privateigentums – Vertragsfreiheit – Gewerbe- und Niederlassungsfreiheit – Produktions- und Konsumfreiheit – Wettbewerbsfreiheit
Funktionsprobleme	– Wirtschaftskrisen – Konzentrationstendenz – Umweltprobleme – soziale Ungerechtigkeit
Wiedervereinigung	Die Transformation der Zentralverwaltungswirtschaft in marktwirtschaftliche Wirtschaftssysteme und -ordnungen bereitet noch viele Probleme und ist bis heute nicht abgeschlossen.

Aufgaben

1. Lesen Sie die Ausführungen von Ludwig Erhard und Prof. Schlecht auf Seite 250 und 251:
   a) Was sind nach Ludwig Erhards Auffassung die Antriebskräfte, die in der Marktwirtschaft den Wohlstand der gesamten Bevölkerung steigern?
   b) Worauf gründet sich nach Auffassung von Prof. Schlecht die marktwirtschaftliche Effizienz?
2. Grenzen Sie die soziale Marktwirtschaft vom Modell der freien Marktwirtschaft ab.
3. Warum gestaltete bzw. gestaltet sich der Prozess der Wiedervereinigung aus wirtschaftlicher Sicht so schwierig?
4. Sammeln Sie Zeitungsartikel zu der Frage, auf welchen Gebieten die neuen Länder Fortschritte machen und wo weiterhin Probleme bestehen.
5. Lesen Sie die angegebenen Rechtsquellen und benennen Sie die daraus resultierenden Freiheitsrechte mit ihren Einschränkungen sowie die Eingriffsmöglichkeiten des Staates. Das Grundgesetz (GG) finden Sie beispielsweise auf der folgenden Internetseite: http://www.rewi.hu-berlin.de/Datenschutz/Gesetze/gg.html

Gesetz gegen Wettbewerbsbeschränkungen (GWB): www.bundeskartellamt.de/GWB.pdf

Beispiel:

Rechtsquellen	Freiheitsrechte	Einschränkungen der Freiheitsrechte	Befugnisse des Staats
– GG Art. 2,1 – GWB §1 – BGB §§ 134, 135	Freie Entfaltung der Persönlichkeit, dazu gehört auch die Vertragsfreiheit.	Rechte anderer dürfen nicht verletzt werden und es darf nicht gegen die verfassungsmäßige Ordnung verstoßen werden	– Kartelle sind verboten – Scherzgeschäfte, strafbare, sittenwidrige Rechtsgeschäfte sind nichtig

a) Grundgesetz Artikel 9
b) Grundgesetz Artikel 12
Dem Artikel 12 des Grundgesetzes steht keine Rechtsquelle für den staatlichen Eingriff gegenüber, dennoch kann der Staat in das benannte Freiheitsrecht eingreifen. Denken Sie z. B. an das Arbeitslosengeld.
c) Grundgesetz Artikel 14

Bürgerliches Gesetzbuch (BGB): www.dejure.de

7 Wettbewerbspolitik

7.1 Die erste deutsche Welt AG

Als im Mai 1998 die ersten Gerüchte einer Fusion der Daimler-Benz AG mit dem amerikanischen Autohersteller Chrysler durchsickerten, war die Öffentlichkeit überrascht: Der größte Industriekonzern der Bundesrepublik wagt als Erster die Übernahme eines großen amerikanischen Unternehmens und wird damit zur ersten deutschen Welt AG. (...) Inzwischen haben die Daimler- und Chrysler-Aktionäre mit der überwältigenden Mehrheit von rund 97 Prozent der Fusion zugestimmt und hoffen auf Kasse. Denn Analysten rechnen nicht nur damit, dass sich die Aktie des weltweit drittgrößten Autobauers besser als der DAX entwickeln wird. Enorm scheinen die Synergieeffekte. So rechnet die SGZ-Bank allein für 1999 mit einem Kosteneinsparpotenzial von 2,7 Milliarden Mark. Im Jahr 2000 soll das Potenzial sogar auf 5,5 Milliarden Mark steigen.
Wie viele Mitarbeiter die neue Daimler Chrysler AG auf Grund von Synergien und gemeinsamer Strategien entlassen wird, ist noch nicht bekannt. Derzeit beschäftigt der Konzern 431.000 Mitarbeiter, davon 228.000 in Deutschland, 137.000 in den USA und weitere 66.000 in anderen Teilen der Welt. Beide Unternehmen wollen 4,4 Millionen Autos verkaufen und ein Umsatzvolumen von 260 Milliarden Mark erzielen.
Dass die Fusion neue Maßstäbe zumindest für Deutschland setzt, zeigen die Ertragsziele für die nächsten Jahre. So will DaimlerChrysler das Vorsteuerergebnis bis ins Jahr 2001 mehr als verdoppeln, der Gewinn der Aktie soll dann bei 16 Mark liegen. Neben dem attraktiven Kurs-Gewinn-Verhältnis von weniger als 10 wird viele Anleger auch die hohe Dividendenrendite reizen. In vielfältiger Hinsicht eine Fusion mit Signalwirkung.

Quelle: Wirtschaftswoche heute vom 27. November 1998, www.wiwo.de

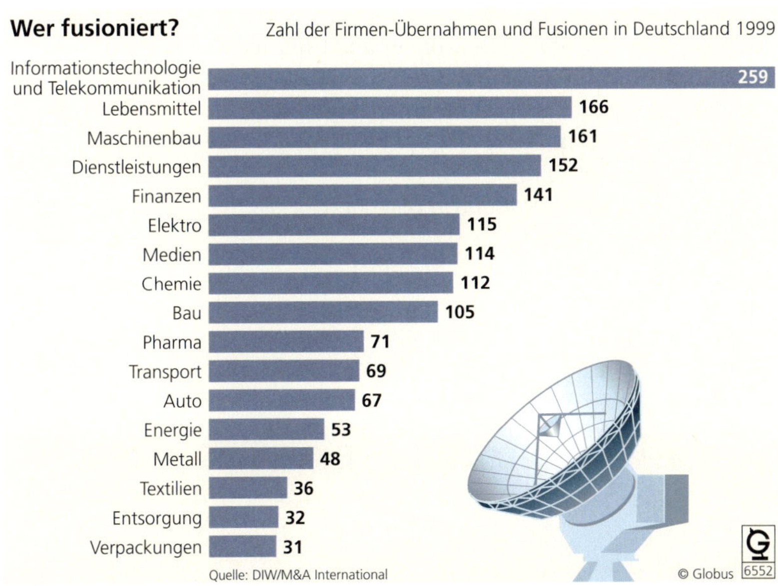

Die Sanierung von Chrysler wird Schrempps wichtigster Kampf
Daimler-Benz war alleine mehr wert als heute die „Welt AG“ von Jürgen Schrempp

Was mit einer Täuschung beginnt, endet selten erfolgreich. Die „Hochzeit im Himmel“ zwischen Daimler-Benz und Chrysler sollte eine „Fusion unter Gleichen“ werden. So hatten es vor zwei Jahren Daimler-Chef Jürgen Schrempp und sein Kompagnon, Chrysler-Chef Robert Eaton, verkündet. Heute ist Eaton weg und die Mär von der gleichberechtigten Partnerschaft hat sich verflüchtigt. Sie war ohnehin nichts anderes als Valium für die Amerikaner. Doch die beruhigende Wirkung für das Ego der US-Öffentlichkeit und der Chrysler-Beschäftigten hat auf einen Schlag nachgelassen. Denn Schrempp hat jüngst das laut gesagt, was viele längst ahnten: Es ging letztlich darum, Chrysler als eine Sparte des Stuttgarter Konzerns einzugliedern. Zweifellos kann in einem Konzern wie Daimler-Chrysler nur einer das Sagen haben. Und auch die drastischen Maßnahmen, die jetzt ergriffen werden, um Chrysler wieder auf die Erfolgsspur zu bringen, sind gerechtfertigt. Daran besteht auch in den USA kein Zweifel. Dass Schrempp Dieter Zetsche mit der heiklen Aufgabe der Chrysler-Sanierung beauftragt, hat einen Grund: Zetsche ist nicht nur kompetent und erfahren genug – er ist schlicht der einzige Kandidat. In den USA, dem stimmen auch Chrysler-Manager zu, sei keiner gewesen, der diese Aufgabe hätte übernehmen können. Nach zwei Jahren Daimler-Chrysler fällt die Bilanz ernüchternd aus. Fakt ist: Daimler-Benz war alleine mehr wert als heute die „Welt AG“ von Jürgen Schrempp. Während Mercedes-Benz nach wie vor der glänzende Stern des Konzerns ist, hat sich Chrysler bislang keinen Millimeter vorwärts bewegt. Neben der Rückwärtsfahrt in den USA dümpelt der US-Hersteller in Europa weiter bei einem Marktanteil von unter einem Prozent herum. Und in Asien spielt Chrysler keine Rolle. (…)

Quelle: „Die Welt“ vom 18. November 2000

Aufgaben

1. Welche Gründe für den Zusammenschluss von Daimler und Chrysler werden in dem einleitenden Zeitungstext aufgeführt?
2. Daimler und Chrysler sind weltweit tätige Unternehmen. Welche Ursachen könnten für kleine und nur national tätige Unternehmen ausschlaggebend sein zusammenzuarbeiten?
   Halten Sie Ihre Überlegungen schriftlich fest und vergleichen Sie sie mit den nachfolgenden Kapiteln.
3. Nennen Sie Probleme, die sich aus dem Zusammenschluss von Daimler und Chrysler ergeben haben.
4. Wie hat sich die Situation bei Daimler-Chrysler seit dem November 2000 entwickelt? Recherchieren Sie die Entwicklung im Internet in den Archiven überregionaler Tageszeitungen!
5. Interpretieren Sie das Schaubild „Wer fusioniert?“! Welche Wirtschaftszweige sind besonders von der Fusionswelle betroffen? Nennen Sie mögliche Ursachen.

7.2 Bedeutung des Wettbewerbs für die Marktwirtschaft

Im Abschnitt 6 Wirtschaftsordnungen wurde bereits aufgezeigt, dass die marktwirtschaftlichen Wirtschaftssysteme auf dem Wettbewerb von Privatunternehmen und der freien Preisbildung am Markt beruhen. Grundidee marktwirtschaftlicher Systeme ist, dass viele Anbieter vielen Nachfragern gegenüberstehen. Die Nachfrager können somit zwischen verschiedenen Angeboten auswählen. Die Anbieter sind deshalb permanent gezwungen, nach Möglichkeiten zu suchen, bessere bzw. günstigere Produkte als ihre Konkurrenten auf den Markt zu bringen.

vgl. 6 Wirtschaftsordnungen

vgl. 2.3 Preisbildung in der Realität

Aufgaben des Wettbewerbs

Wettbewerb hat zunächst eine **gesellschaftliche Aufgabe**. Er soll den Anbietern und Nachfragern möglichst viel Freiheit gewährleisten. Wettbewerb soll aber auch den Konsumenten und Produzenten eine gute Versorgung über den Markt garantieren (**ökonomische Aufgabe**).

Wettbewerb soll Handlungs- und Wahlfreiheiten derart garantieren, dass er
- den Unternehmern die individuelle Freiheit über ihre verfügbaren Ressourcen gewährleistet,
- den Verbrauchern die Wahl zwischen verschiedenen alternativen Angeboten gestattet,
- den Arbeitnehmern die Chance zum Wechsel ihres Arbeitsplatzes bietet.

Dem Wettbewerb kommen in einer Volkswirtschaft somit mehrere regulierende Funktionen zu:

– Steuerungsfunktion

Der Wettbewerb soll das Angebot an Sachgütern und Dienstleistungen so steuern, dass es den Wünschen der Konsumenten entspricht. Nach dem klassischen Marktmodell entscheidet der Konsument durch seine tatsächliche Nachfrage, was und wie viel produziert wird („Konsumentensouveränität").

– **Allokationsfunktion**
Bei vollständigem Wettbewerb werden die Produktionsfaktoren immer zum Ort ihrer höchsten Entlohnung hin „wandern“: Die Arbeit wird ihren höchsten Lohn suchen, Boden und Kapital ihren höchsten Zins.

– **Innovations- und Anpassungsfunktion**
Durch die Lenkung des Faktoreinsatzes nach der Produktivität erreicht die Wirtschaft immer wieder ein Höchstmaß, ein Optimum an gesamtwirtschaftlicher Effizienz. Sind die Anbieter gezwungen, die größtmögliche Produktivität zu erreichen und die Produktionsstruktur den sich verändernden Verbraucherwünschen anzupassen, lässt sich dies nur mit immer neuen Produkten und Produktionsmethoden, d.h. durch „Innovation“, verwirklichen.
Die Innovations- und Anpassungsfunktion des Wettbewerbs beinhaltet das „dynamische Element“ einer Volkswirtschaft, denn sie gibt die entscheidenden Impulse für die technische, wirtschaftliche und soziale Weiterentwicklung.

– **Verteilungsfunktion**
Diese Wettbewerbsfunktion bezieht sich auf den Arbeitsmarkt. Der Wettbewerb verteilt das Bruttonationaleinkommen nach dem Kriterium der Knappheit auf die Produktionsfaktoren. Steht z. B. der Produktionsfaktor Arbeit reichlich zur Verfügung, wird er geringer bewertet, als wenn er knapp wäre. Dies äußert sich z. B. im Verhandlungssystem der Bundesrepublik Deutschland darin, dass die Gewerkschaften in Zeiten der Arbeitslosigkeit weniger Verhandlungsmacht haben.

Verteilung des Bruttonationaleinkommens, vgl. 5.2.2 Volkswirtschaftliche Gesamtrechnung und Bruttoinlandsprodukt

– **Kontrollfunktion**
Schließlich soll der Wettbewerb gewährleisten, dass wirtschaftliche Macht begrenzt und kontrolliert wird. Bei funktionierendem Wettbewerb kann kein Anbieter oder Nachfrager seine Position zu einer marktbeherrschenden Stellung ausbauen.

Wettbewerb wird in der ökonomischen Theorie als Ergebnis funktionstüchtiger Märkte angesehen. Allerdings ist der Wettbewerb auch eine Eigenschaft, ohne die Märkte nicht funktionieren können. Markt und Wettbewerb sind idealerweise miteinander verbunden, denn die Marktwirtschaft fördert den Wettbewerb, aber ohne Wettbewerb keine Marktwirtschaft.

Einschränkungen des Wettbewerbs beschneiden nicht nur die individuelle Freiheit, sondern gefährden auch die marktwirtschaftliche Effizienz und den gesellschaftlichen Wohlstand. Deshalb ist die Wettbewerbspolitik im marktwirtschaftlichen System von großer Bedeutung.

Die Märkte sind aber nicht unbedingt durch viele Anbieter und Nachfrager gekennzeichnet. Insbesondere auf der Anbieterseite kommt es zu Abweichungen von der Modellannahme. Es lassen sich verschiedene Marktformen unterscheiden.
Viele ökonomische Theorien gingen in der Vergangenheit davon aus, dass nur polypolistische Märkte einen harten Wettbewerb garantieren. Moderne Theorien haben diese Annahme inzwischen zu Recht dahingehend eingeschränkt, dass gerade auf einem Markt mit eher wenigen Anbietern ein innovativer Wettbewerb herrscht, weil große Unternehmen leichter neue Produkte entwickeln und einführen können.

vgl. 2.3.3 Marktformen

Meinungen

Ein **Vorstandsvorsitzender** nach vollzogener Fusion: „Unsere Produktpaletten ergänzen sich hervorragend. Wir erwarten Synergiegewinne, weil durch die Zusammenlegung die Absatzkosten fallen."

Der **Manager** eines großen Konzerns: „Wir müssen so groß sein, weil wir sonst die Forschungsaufwendungen nicht finanzieren könnten. Die internationale Konkurrenz zwingt uns außerdem zur Produktion großer Mengen, weil dann die Stückkosten fallen."

Ein **Maschinenbauunternehmer** (90 Angestellte): „Wenn die Elefantenhochzeiten so weitergehen, haben wir demnächst nur noch Kartelle. Ich habe Angst, dass mein Unternehmen bald geschluckt wird. Das Bundeskartellamt hat einfach zu wenig Befugnisse."

Ein **Wettbewerbshüter**: „Der Wettbewerb soll den Treibstoff für eine dynamische Wirtschaft liefern. Er sorgt für neue Produkte und hilft, Kosten zu senken. Wenn aber die wirtschaftliche Verfügungsgewalt auf einige Dutzend Spitzenmanager konzentriert ist, kann eine starke Gegenmacht zum Staat entstehen. Durch die Ausschaltung von der Konkurrenz entsteht ein Fülle von unkontrollierter Herrschaftsgewalt in den Unternehmen."

7.3 Kooperation und Konzentration

Der **weltweite Wettbewerb** verschärft sich täglich. Durch die Verbreitung des Internets wird die Welt zu einem „globalen Dorf". Anbieter aus der ganzen Welt stehen plötzlich im Wettbewerb miteinander. Die Öffnung der Märkte erhöht den Druck auf viele kleine Unternehmen, die ihre gesteckten Ziele nicht mehr allein erreichen können. Aber auch große Unternehmen stehen durch die Zunahme der weltweiten Konkurrenz vor großen Problemen. Aus diesem Grund schließen sich immer häufiger Unternehmen mit anderen zusammen.

vgl. Kapitel 3, 8 Globalisierung

Die **Argumente**, mit denen die Unternehmen einen Zusammenschluss begründen, sind, unabhängig von der Wirtschaftsbranche, oft sehr ähnlich:
Sie schließen sich mit anderen Unternehmen zusammen, um

Gründe für Fusionen

- durch den gemeinsamen Bezug von Rohstoffen oder gemeinsamen Absatz von Waren, durch gemeinsame Werbung, Forschung und Entwicklung sowie durch Rationalisierung ihre **Wettbewerbsposition** zu verbessern,
- das **unternehmerische Risiko** durch Bildung größerer Unternehmenseinheiten und Stärkung der Finanzkraft zu mindern,
- vorhandene **Arbeitsplätze** durch Übernahme von Aufträgen aus anderen Unternehmen zu sichern.

Doch nicht alle Unternehmenshochzeiten bringen sofort den gewünschten Erfolg. Oftmals wird das neu geschaffene Unternehmen zu groß und damit zu unübersichtlich und zu träge, um schnell auf Marktveränderungen reagieren zu können.

Probleme bei Fusionen

Ein weiteres Problem wird von den Beteiligten oft unterschätzt: Gibt es überhaupt einen Unternehmenszusammenschluss unter Gleichen oder wird früher oder später doch ein Partner die **größere Macht** im Unternehmen haben? Bei einer Fusion von Unternehmen aus unterschiedlichen Ländern treffen zudem verschiedene Unternehmenskulturen aufeinander, was zu Verständnis- und Akzeptanzproblemen führen kann.

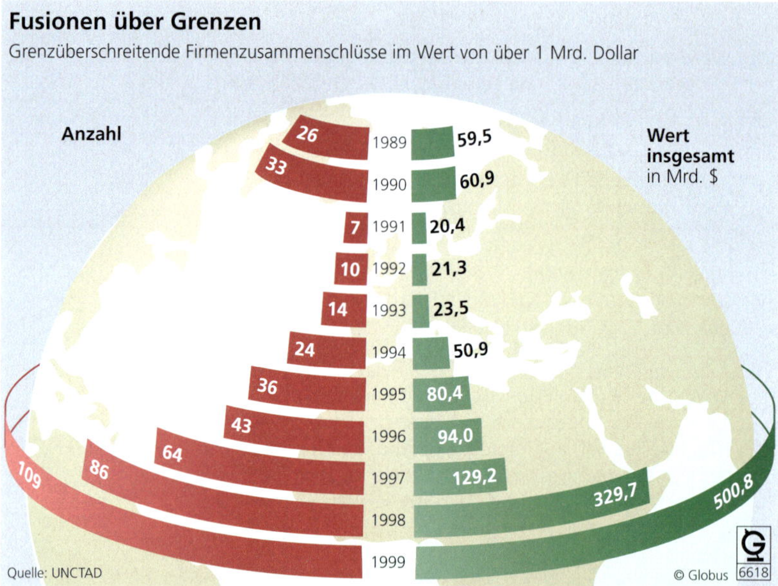

Ein scharfer Wettbewerb führt aber auch zu Änderungen der Marktstruktur, das heißt zu Veränderungen der Unternehmenszahl auf dem Markt und ihres Anteils am Umsatz der Branche. Unabhängig, in welcher Form sich Unternehmen zusammenschließen, führt ein Zusammenschluss zu einer Vergrößerung der wirtschaftlichen Macht und beeinflusst somit den Wettbewerb.

Formen von Zusammenschlüssen

Im Wesentlichen lassen sich zwei verschiedene Formen von Zusammenschlüssen unterscheiden. Je nachdem, ob es sich um einen losen oder aber einen engen Zusammenschluss von Unternehmen handelt, wird zwischen Kooperation und Konzentration unterschieden.

Kooperation

Man spricht von **Kooperation**, wenn Unternehmen sich durch Verträge zur Zusammenarbeit verpflichten, um die gemeinsame Wettbewerbsfähigkeit zu steigern. Dabei geben sie allerdings nur zu einem Teil ihre Selbstständigkeit auf.

Kooperationsformen sind beispielsweise:
- Arbeitsgemeinschaft
- Konsortium
- Kartell
- Interessengemeinschaft

Konzentration

Konzentration liegt vor, wenn Unternehmen ihre rechtliche und/oder wirtschaftliche Selbstständigkeit aufgeben, um sich unter eine zentrale Leitung zu stellen. Beispiele:

- Konzern
- Trust

Bei dieser Form des Zusammenschlusses vollzieht sich die Konzentration wirtschaftlicher Macht durch Zusammenschlüsse von Unternehmen (so genanntes unternehmensexternes Wachstum). Konzentration entsteht aber auch dadurch, dass ein oder mehrere Unternehmen schneller wachsen als andere (so genanntes unternehmensinternes Wachstum).

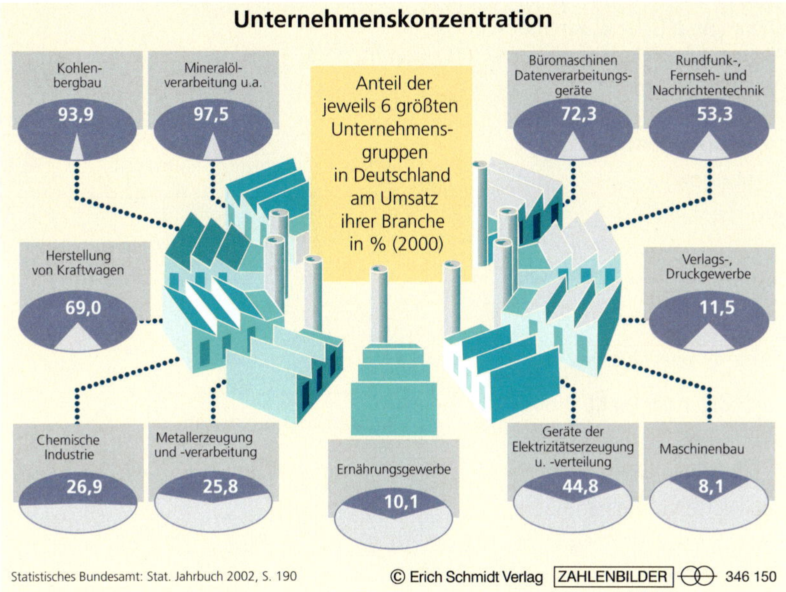

Formen des Zusammenschlusses

		Selbstständigkeit	
	Beispiel	wirtschaftlich	rechtlich
Kooperation	Arbeits-/ Interessengemeinschaft	bleibt bestehen	bleibt bestehen
	Konsortium	Einschränkung möglich	bleibt bestehen
	Kartell	wird eingeschränkt	bleibt bestehen
Konzentration	Konzern	geht verloren	bleibt bestehen
	Trust	geht verloren	geht verloren

Unternehmenszusammenschlüsse, unabhängig von der Form, in der sie sich vollziehen, führen zu Konzentration wirtschaftlicher Macht. Nach der **Produktionsstufe** lassen sich drei verschiedene Formen unterscheiden:

horizontale, vertikale und anorganische Zusammenschlüsse

Schließen sich Unternehmen der gleichen Produktionsstufe und denselben relevanten Markt zusammen, handelt es sich um einen **horizontalen** Zusammenschluss.
Ein **vertikaler** Zusammenschluss von Unternehmen bezeichnet den Konzentrationsprozess aufeinander folgender Produktionsstufen. Die Unternehmen stehen also in einem Käufer- bzw. Verkäuferverhältnis.

Schließen sich Unternehmen aus unterschiedlichen Wirtschaftsbranchen zusammen, d. h., die jeweiligen Erzeugnisse haben weder produktions- oder absatzmäßig miteinander zu tun, spricht man von **anorganischer** Konzentration.
Nachfolgendes Schaubild stellt die Erscheinungsformen der Zusammenschlüsse nach den Produktionsstufen dar:

Horizontale, vertikale und anorganische Zusammenschlüsse

Horizontaler Zusammenschluss

Unternehmen derselben Produktionsstufe (Branche) schließen sich zusammen.
Beispiel: Mehrere Ölkonzerne schließen sich zusammen

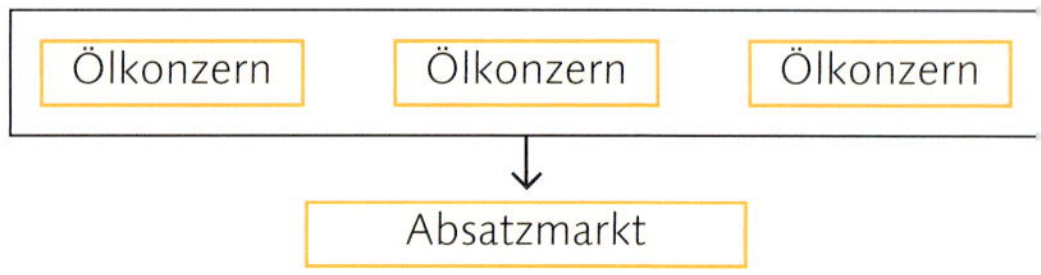

Vertikaler Zusammenschluss

Unternehmen aufeinander folgender Produktionsstufen schließen sich zusammen.
Beispiel: Ein Spanplattenhersteller, ein Küchenhersteller und eine Handelskette für Küchenmöbel schließen sich zusammen.

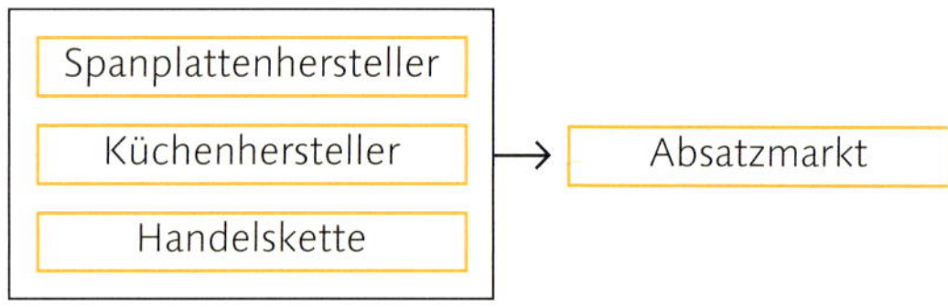

Anorganischer Zusammenschluss

Diverse Unternehmen unterschiedlicher Branchen schließen sich zusammen.
Beispiel: ein Nahrungsmittelhersteller, ein Versicherungsunternehmen und eine Schiffswerft schließen sich zusammen.

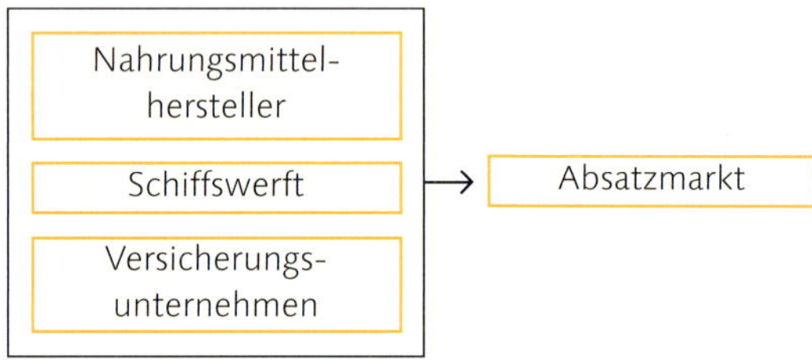

Übersicht:

Funktionen des Wettbewerbs	– Steuerungsfunktion – Allokationsfunktion – Innovations- und Anpassungsfunktion – Verteilungsfunktion – Kontrollfunktion	
Gründe für Fusionen	– Stärkung der Wettbewerbsposition – Minderung des unternehmerischen Risikos – Sicherung von Arbeitsplätzen	
Formen des Zusammenschlusses	Kooperation	– vertraglich geregelte Zusammenarbeit – rechtliche Selbstständigkeit bleibt bestehen – wirtschaftliche Selbstständigkeit kann eingeschränkt werden
	Konzentration	rechtliche und/oder wirtschaftliche Selbstständigkeit werden aufgegeben
Erscheinungsformen der Zusammenschlüsse nach den Produktionsstufen	horizontal	Unternehmen der gleichen Branche
	vertikal	Unternehmen, deren Produktionsstufen aufeinander folgen
	anorganisch	Unternehmen unterschiedlicher Branchen

Aufgaben

1. „Wenn auf den Märkten Wettbewerb herrscht, werden die Produktionsfaktoren dort eingesetzt, wo die höchste Rendite erwartet wird; Boden und Kapital werden dort genutzt, wo sie die höchsten Zinsen bringen. Die Beschäftigten werden dort arbeiten, wo sie den höchsten Lohn erwarten. Das führt dazu, dass unproduktiven Standorten quasi automatisch die Produktionsfaktoren entzogen werden."
   Welche Wettbewerbsfunktionen werden oben beschrieben?
2. Wie kann sich der Wettbewerb auf die Umwelt auswirken?
3. Begründen Sie, warum Unternehmen danach streben, sich mit anderen Unternehmen zusammenzuschließen bzw. miteinander zu kooperieren oder andere zu übernehmen.
4. Diskutieren Sie, welche Auswirkungen Konzentrationen für Unternehmen, Verbraucher und Arbeitnehmer haben können.
5. Bilden Sie Beispiele zu den drei verschiedenen Formen von Unternehmenszusammenschlüssen (horizontal, vertikal, anorganisch).
6. Erläutern Sie, welche Vor- und Nachteile durch die Unternehmenszusammenschlüsse für die Volkswirtschaft entstehen können.
7. Recherchieren Sie im Internet nach aktuellen Beispielen für nationale und internationale Unternehmenszusammenschlüsse.

7.4 Wie sich Unternehmen zusammenschließen

die einfache Kooperation – Arbeitsgemeinschaften

Die unverbindlichste Form der Zusammenarbeit zwischen den beteiligten Unternehmen besteht in der Bildung von **Arbeitsgemeinschaften**. Die rechtliche und wirtschaftliche Selbstständigkeit der Unternehmen bleibt bestehen.
Meist sind Arbeitsgemeinschaften zeitlich begrenzte lose Zusammenschlüsse zur gemeinsamen Durchführung eines Großprojekts, das häufig vertraglich geregelt wird. Die Kooperation kann zum Beispiel in der Erstellung eines großen Bauprojekts oder in gemeinsamer Forschungs- und Entwicklungsarbeit bestehen.

gemeinsame wirtschaftliche Ziele – Fachverbände und Interessengemeinschaften

Fachverbände stellen ebenfalls eine lockere Verbindung dar. Dabei schließen sich die Unternehmen zu einem gemeinsamen wirtschaftlichen Zweck zusammen, meist in der Form einer BGB-Gesellschaft (GbR). Durch gemeinsame öffentliche Maßnahmen streben sie danach, das Leistungsangebot einer Branche bekannt zu machen, Werbe- oder Öffentlichkeitsarbeit durchzuführen, Produktions- und Kommunikationseinrichtungen zu nutzen und Verwaltungsaufgaben gemeinsam durchzuführen. Gleichzeitig nehmen die Fachverbände auch eine Beratungsfunktion für ihre Mitglieder wahr. Fachverbände sind beispielsweise der Bundesverband der Baumaschinen-, Baugeräte- und Industriemaschinenfirmen, Fachverband deutscher Sanitärhersteller usw.

Hängt von den Aktivitäten der **Interessengemeinschaft** der Gewinn der Mitglieder maßgeblich ab, wird häufig ein Gewinnpool vereinbart. Aus diesem erhalten die Mitglieder ihrem Anteil entsprechend ihren Gewinn. Die vertraglichen Abmachungen dienen der Förderung der gemeinsamen Interessen. Die Abgrenzung der Interessengemeinschaft zum Kartell oder Konzern gestaltet sich zuweilen schwierig.

Eine besondere Form der Kooperation von Unternehmen stellt das **Konsortium** dar. Ähnlich wie Arbeitsgemeinschaften ist ein Konsortium ein loser Zusammenschluss von Unternehmen, bei denen die angeschlossenen Unternehmen sich jedoch einem Konsortialführer unterordnen. Dieser organisiert das Konsortium, wenn er sich bei der alleinigen Durchführung einer Aufgabe überfordert sieht. Die Aufteilung einer großen Aktienemission auf mehrere Kreditinstitute wird als Konsortium bezeichnet.

die Herde und ein Leitwolf – das Konsortium

Ein besonders hohes Gefahrenpotenzial bergen **Kartelle** in sich, weil diese den Wettbewerb ausschalten können, ohne dass den beteiligten Unternehmen wesentliche Beeinträchtigungen oder komplizierte Prozeduren entstehen: Bei Wahrung ihrer Souveränität schließen sie „lediglich" vertragliche Übereinkünfte.

immer am Rande der Legalität – das Kartell

Die Ziele dieses vertraglichen Zusammenschlusses von Unternehmen reichen von der

- **Steigerung der Leistungsfähigkeit** gegenüber Konkurrenten bis hin zum völligen
- **Ausschluss des Wettbewerbs** im Markt.

Deshalb verpflichten sich die Mitglieder, auf den Gebieten, auf denen Wettbewerb wirksam werden kann, gemeinsam zu handeln und bei Verstoß gegen Bestimmungen des Vertrages Strafen zu zahlen.

Es darf deshalb nicht verwundern, dass das **Bundeskartellamt** – mit Sitz in Bonn – ganz entschieden vermutete Kartellabsprachen verfolgt. Mit Hilfe seiner wettbewerbspolitischen Instrumente kann das Kartellamt gegen Verstöße vorgehen.

vgl. 7.6.1 Bundeskartellamt

Die wichtigsten Kartellarten:

Bezeichnung	Ziel	Gesetzliche Regelung
Preiskartell	Mit gemeinsam festgelegten Verkaufspreisen soll der Wettbewerb der Mitglieder ausgeschaltet werden.	verboten
Gebietskartell	Der Wettbewerb soll durch die Zuteilung eines fest begrenzten Verkaufsgebietes verhindert werden.	verboten
Quotenkartell (Mengenkartell)	Jedes Mitglied darf nur eine bestimmte Menge (Quote) produzieren.	verboten
Submissionskartell	Öffentliche Aufträge werden zu abgesprochenen überhöhten Preisen untereinander aufgeteilt.	verboten
Strukturkrisenkartell	Die Vereinbarung erfolgt, um gemeinsam die Produktionskapazitäten an die strukturell gesunkene Nachfrage anzupassen.	genehmigungspflichtig
Konditionenkartell	Absprachen über gemeinsame Lieferungs- und Zahlungsbedingungen, Serviceleistungen	anmeldepflichtig
Normen- und Typenkartell	Eine einheitliche Anwendung von Normen und Typen wird vereinbart.	anmeldepflichtig
Exportkartelle	Die Sicherung und Förderung des Absatzes erfolgt durch Absprachen.	anmeldepflichtig
„Frühstückskartell"	Es existieren keine offiziellen Absprachen oder gar Verträge. Es genügen kurze Besprechungen („beim Sektfrühstück") oder Telefonanrufe für abgestimmtes Verhalten.	–

Ein **Konzern** ist im Unterschied zum Kartell oder zum Fachverband ein Zusammenschluss von Unternehmen, der durch eine **kapitalmäßige Verflechtung** zu Stande kommt. Die angeschlossenen Unternehmen behalten ihre rechtliche Selbstständigkeit, werden aber voneinander wirtschaftlich abhängig und stehen unter einer einheitlichen Leitung.
Die **einheitliche Leitung** ermöglicht es, die wirtschaftlichen Interessen und Aufgaben der Konzernunternehmen aufeinander abzustimmen und somit die Marktsituation zu verbessern.

wenn das Geld verbindet – der Konzern

kapitalmäßige Verflechtung z.B. durch Aktientausch, Erwerb von Aktienmehrheiten

Beispiel: Konzernstruktur der Deutschen Lufthansa AG (Auszug)

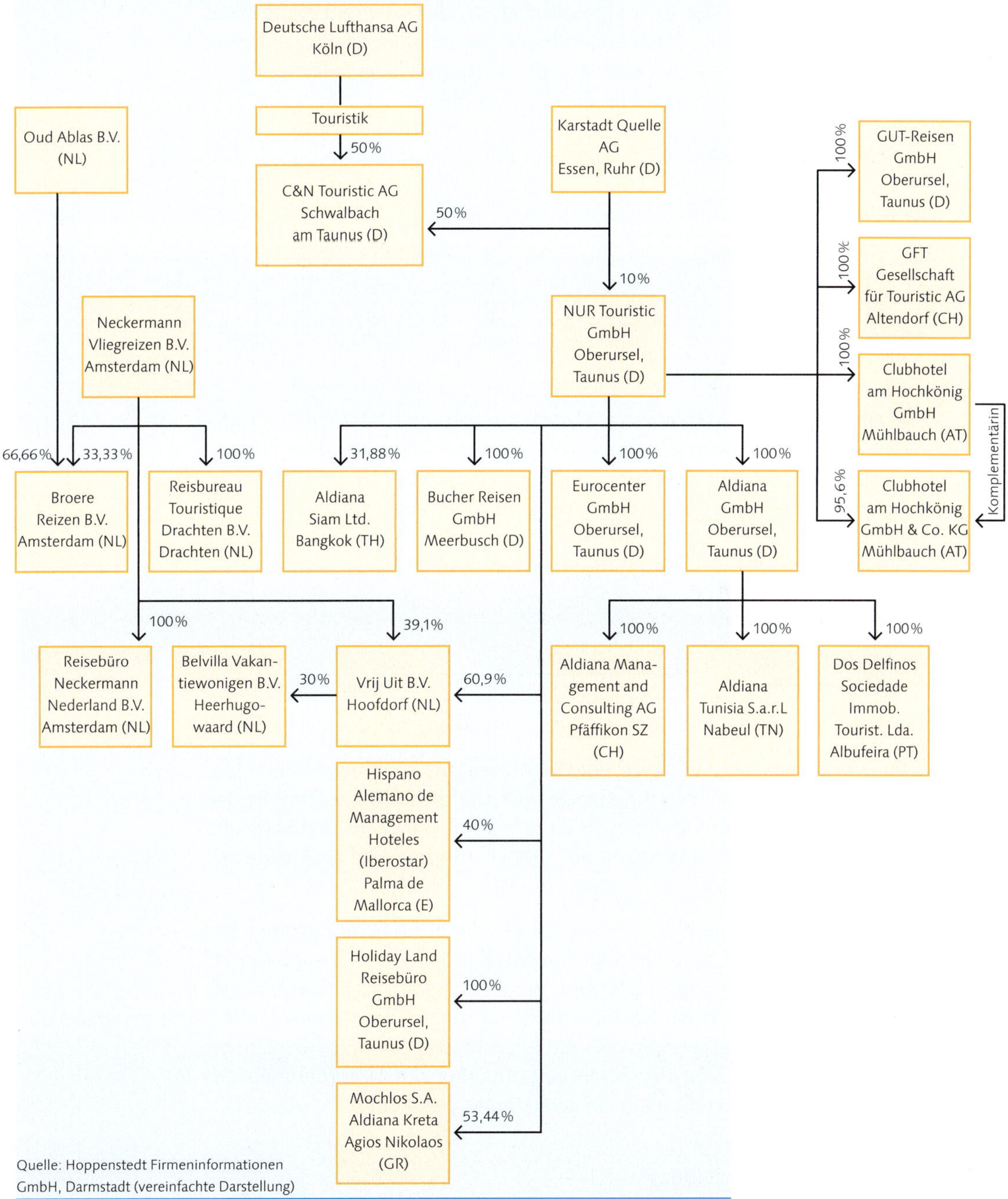

Quelle: Hoppenstedt Firmeninformationen GmbH, Darmstadt (vereinfachte Darstellung)

Im **Unterordnungskonzern** werden ein herrschendes und ein oder mehrere abhängige Unternehmen (so genannte **Tochterunternehmen**) durch die Leitung des herrschenden Unternehmens (so genannte **Konzernmutter**) zusammengefasst.

Unterordnungskonzern

Dies erfolgt entweder durch die Beteiligung einer **Obergesellschaft** an den abhängigen Unternehmen durch Erwerb von mehr als 50 % des Grund- oder Stammkapitals oder durch die Bildung einer **Holding**. Die beteiligten Unternehmen schließen darüber einen Vertrag, in dem die Übertragung aller oder nur eines Teils ihrer Kapitalanteile auf eine Dachgesellschaft (Holding-Gesellschaft) festgehalten wird. Die Holding-Gesellschaft verwaltet die Geschäftsanteile der Tochtergesellschaften, aber sie greift nicht in das operative Geschäft ein. Nach außen bleibt die rechtliche Selbständigkeit der Tochtergesellschaften bestehen, die wirtschaftliche Selbständigkeit geht weitgehend auf die Holding-Gesellschaft über.

Unterordnungskonzerne

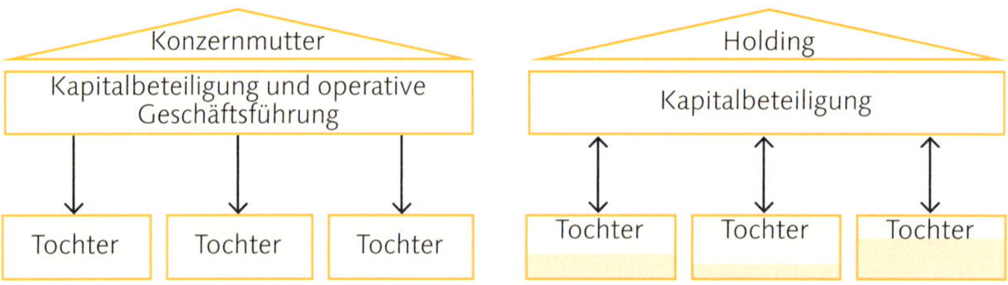

Bei **Gleichordnungskonzernen** tauschen Konzernunternehmen ihre Kapitalbeteiligungen in gleichem Umfang aus, ohne dass das eine Unternehmen von dem anderen abhängig wird. Die so genannten Schwestergesellschaften beeinflussen sich gegenseitig. Auf Grund der ausgewogenen Beteiligung entsteht ein Machtgleichgewicht. Eine einheitliche Willensbildung wird durch gegenseitige Abstimmung gewährleistet.

Gleichordnungskonzern

Gleichordnungskonzern

Der Zusammenschluss von zwei oder mehreren Unternehmen zu einer Einheit stellt die am weitesten gehende wirtschaftliche Konzentration dar. Durch die Verschmelzung geben die Unternehmen ihre wirtschaftliche und auch rechtliche Selbstständigkeit auf. Dieser Vorgang wird als **Fusion** bezeichnet.

Fusion

Wenn sich verschiedene Unternehmen derselben Branche mit dem Ziel zusammenschließen, eine überragende Marktstellung oder gar die Marktbeherrschung (Monopol) zu erlangen, bezeichnet man das neu entstandene Unternehmen als **Trust**. Nach der Fusion besteht nur noch ein rechtlich selbstständiges Unternehmen. Bei Aktiengesellschaften muss die Genehmigung der Fusion von der Hauptversammlung der Unternehmen beschlossen werden. Dieses kann auf zwei Wegen geschehen:

Monopol, vgl. 2.3.3 Marktformen

die Verschmelzung zu einer Einheit – der Trust

- Fusion durch Aufnahme
- Fusion durch Neubildung

Unternehmensübernahme

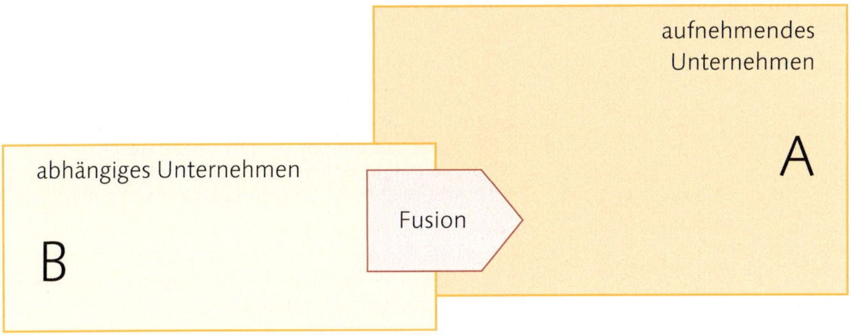

Unternehmensübernahme

Bei der **Unternehmensübernahme** (siehe obiges Schaubild) nimmt das aufnehmende Unternehmen (A) das abhängige Unternehmen (B) auf. Das abhängige Unternehmen geht mit allen Vermögens- und Schuldteilen in das aufnehmende Unternehmen über und erlischt. Voraussetzung für die Unternehmensübernahme ist ein Anteil von mindestens 75 % von Unternehmen A bei Unternehmen B.

Die fünf größten Unternehmensübernahmen

aufnehmendes Unternehmen	abhängiges Unternehmen	Branche	Jahr	Wert in Mrd. €
Vodafone Group (GB)	Mannesmann (D)	Telekommunikation	2000	189,7
AOL (USA)	Time Warner (USA)	Internet/ Medien	2000	169,6
MCI Worldcom (USA)	Sprint (USA)	Telekommunikation	1999	118,2
Pfizer (USA)	Warner-Lambert (USA)	Pharma	2000	86,7
Exxon (USA)	Mobil (USA)	Öl	1998	77,2

Quelle: FAZ/ nach iwd vom 20. April 2000; eigene Berechnung zu Kursen von 1,03 € je Dollar und 1,65 € je Pfund.

Unternehmensneugründung

Eine zweite Möglichkeit ist die **Unternehmensneugründung**: Beide beteiligten Unternehmen (A und B) übertragen ihre gesamten Vermögens- und Schuldteile auf ein neu gegründetes Unternehmen, in dem die alten Unternehmen aufgehen (siehe folgendes Schaubild).

Unternehmensneugründung

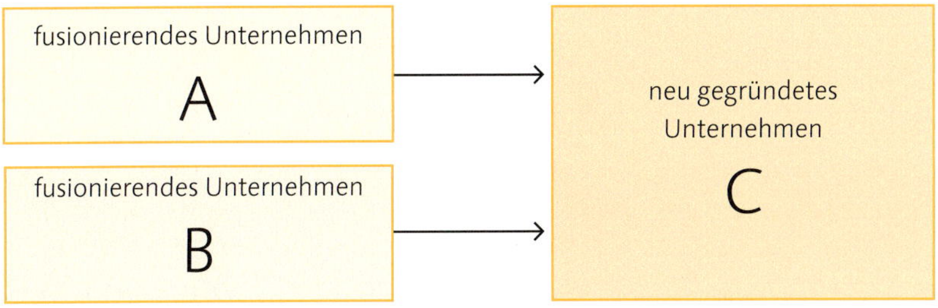

Nach Übertragung aller Vermögensteile gehen die alten Unternehmen unter.

Übersicht:		
Kooperationsformen	Arbeitsgemeinschaften	– unverbindlichste Form der Kooperation – Zusammenarbeit häufig nur für ein Projekt
	Fachverbände/ Interessengemeinschaften	– Zusammenschluss zu einem gemeinsamen wirtschaftlichen Zweck – Förderung der gemeinsamen Interessen
	Konsortium	– Zusammenschluss zu einem gemeinsamen wirtschaftlichen Zweck – Konsortialführer
	Kartell	– vertraglicher Zusammenschluss – grundsätzlich verboten – Ausnahmen beim Bundeskartellamt anmelden bzw. genehmigen lassen
Konzentrationsformen	Konzern	– kapitalmäßige Verflechtung der Unternehmen – rechtliche Selbstständigkeit – keine wirtschaftliche Selbstständigkeit – einheitliche Leitung
	Trust	– Unternehmen geben rechtliche und wirtschaftliche Selbstständigkeit auf – Einigungsvorgang wird Fusion genannt – Unternehmensübernahme oder Unternehmensneugründung möglich

Aufgaben

1. Bilden Sie Beispiele zu den verschiedenen Kartellarten (vgl. Seite 264).
2. Recherchieren Sie im Internet, um die aktuelle Kartellgesetzgebung zu veranschaulichen.
3. Welche Gründe können Unternehmen veranlassen zu fusionieren?
4. Beantworten Sie zur Konzernstruktur der Lufthansa AG auf Seite 265 folgende Fragen:
   a) Nennen Sie die Dachgesellschaft.
   b) Beschreiben Sie die Art des Konzerns und die Kapitalverflechtungen.
   c) Diskutieren Sie mögliche Gründe für einen Zusammenschluss so unterschiedlicher Unternehmen.
5. Ein deutsches und ein amerikanisches Automobilunternehmen schließen sich zusammen:
   a) Was versteht man unter einer Fusion und wodurch unterscheidet sie sich vom Kartell?
   b) Welche Form der Konzernbildung liegt im vorliegenden Fall Ihrer Meinung nach vor?
   c) Versuchen Sie anzugeben, wann sich positive, wann sich negative Auswirkungen für den Wettbewerb ergeben.
6. Was wird unter einem Unterordnungskonzern und einem Gleichordnungskonzern verstanden?

7.5 Zwei Seiten der Medaille – Chancen und Risiken von Zusammenschlüssen

Als das Huhn dem Schwein vorschlug, man möge doch kooperieren und gemeinsam „ham and eggs" produzieren, war das Borstenvieh zuerst begeistert. Dann wurde es nachdenklich. „Wenn du die Eier lieferst und ich den Schinken, geht das aber tödlich für mich aus", erwiderte das Schwein. „Nun ja", entgegnete das Huhn ungerührt, „so ist das eben bei Fusionen." Bei Fusionen ist immer Vorsicht geboten. Anfangs sind die Partner begeistert. Sie beschwören gigantische Synergieeffekte, es folgen Rückschläge und nicht selten Katzenjammer oder sogar die Scheidung. Meist heißt es dann, die Unternehmenskulturen seien halt doch zu unterschiedlich gewesen.

Quelle: Die Welt vom 15. April 2001

Mit Unternehmenszusammenschlüssen – ganz gleich, ob es sich nur um eine lose Kooperation oder um die Übernahme eines Konkurrenten handelt – verfolgen die beteiligten Firmen ganz bestimmte Ziele. Neben den Chancen, die eine Verbindung bietet, bergen Unternehmenszusammenschlüsse aber auch große Risiken.

Unternehmenszusammenschlüsse bieten die Möglichkeit,

Chancen von Zusammenschlüssen

- große und kostspielige **Forschungsvorhaben** durchzuführen (z. B. bei der Entwicklung neuer Motoren auf dem Automobilsektor.
- das unternehmerische **Risiko** durch den gemeinsamen Bezug von Rohstoffen oder Absatz von Waren, Werbung usw. zu **verringern**.
- **Kosten** im Bereich der Fertigung einzusparen. Durch den Einsatz moderner Verfahren können preiswerte Massengüter angeboten werden.
- die **Produktivität** zu erhöhen und somit die Verbraucher besser zu versorgen.
- neue und bessere Ideen durch das Zusammenarbeiten von zwei Unternehmen zu entwickeln, als das jedes Unternehmen für sich allein hätte erreichen können. Dieser Effekt wird als **Synergie** bezeichnet. (Synergieeffekte)
- die eigene **Marktmacht** zu stärken und somit **Arbeitsplätze** zu sichern.
- das unternehmerische **Risiko** zu **streuen** (vor allem bei anorganischen Zusammenschlüssen). Verluste in einer Geschäftssparte können durch Gewinne in einer anderen Sparte ausgeglichen werden; dies erhöht die Arbeitsplatzsicherheit. (Risikostreuung)
- **Zugang zu neuen Märkten** zu bekommen und dadurch die Wettbewerbsfähigkeit zu verbessern.
- den **Wert des Unternehmens** zu **steigern** und somit auch für das Wohl der Aktionäre zu sorgen (Shareholder-Value). Durch Beteiligungen und Übernahmen wollen die Unternehmen zur Steigerung ihrer Aktienkurse beitragen. (Shareholder-Value)

In dem Maße, wie die nationalen Grenzen für Güter und Kapital fallen, wächst der für die Unternehmen relevante Markt. Also müssen sie auch ihre Größe diesen strukturellen Änderungen anpassen, denn ein weltweiter Markt verlangt auch weltweit operierende Unternehmen – wie der Name schon sagt: Global Players.

vgl. Kapitel 3, 8.2 Akteure der Globalisierung – Global Players

Kritiker warnen allerdings vor der wachsenden Zahl von Unternehmenszusammenschlüssen. Sie argumentieren, dass

Risiken von Unternehmenszusammenschlüssen

- auf Grund fehlender Konkurrenz notwendige **Rationalisierungsmaßnahmen** nicht mehr durchgeführt werden.
- durch die Zusammenlegung und den Wegfall von Unternehmensteilen **Arbeitsplätze** in der Verwaltung und in der Fertigung verloren gehen.
- die Verbraucher **überhöhte Preise** als Folge von Preisabsprachen zahlen müssen.
- eine zu große Marktmacht auch dazu führen kann, dass die Unternehmen eine **künstliche Verknappung des Angebots** ermöglichen. (z. B. Mineralölkonzerne). Marktbeherrschende Unternehmen sind in der Lage, höhere Preise zu fordern als Unternehmen in wirksamem Wettbewerb mit anderen Anbietern.
- der Missbrauch wirtschaftlicher Macht zugleich auch die Entstehung **politischer Macht** (Lobby) bedeutet.

Gefahr der Marktbeherrschung: Ausschalten des Preiswettbewerbs

Lobbyismus

Unternehmenszusammenschlüsse müssen sehr differenziert beurteilt werden. Eine einseitige negative Beurteilung wäre genauso sachlich falsch wie eine unkritische positive Beurteilung.

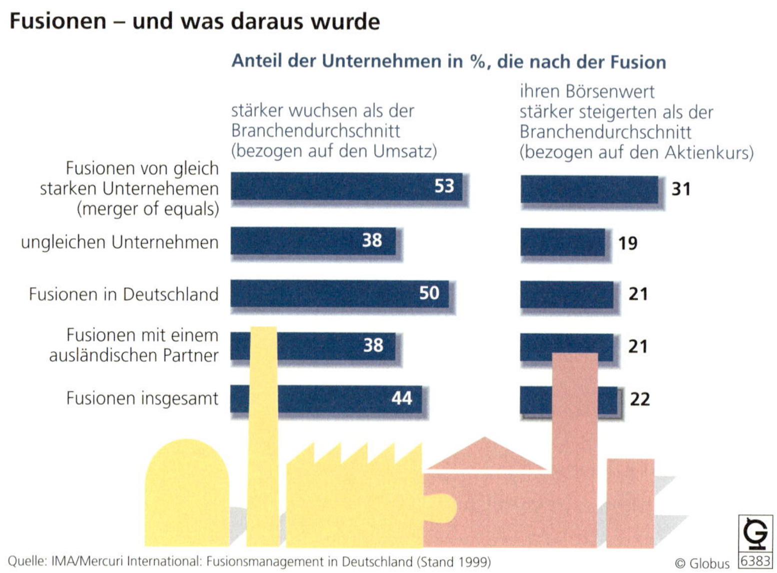

7.6 Hüter des Wettbewerbs

7.6.1 Bundeskartellamt

Der Wettbewerb ist Motor der Marktwirtschaft. Sein Schutz gehört zum Fundament der Wirtschaftsordnung in Deutschland. Zuständig für den Wettbewerbsschutz ist das zum Geschäftsbereich des Bundesministeriums für Wirtschaft und Technologie gehörende **Bundeskartellamt**. Grundlage seiner Tätigkeit ist das **Gesetz gegen Wettbewerbsbeschränkungen (GWB)**, das seit dem 1. Januar 1958 gilt und bisher sechsmal novelliert wurde. Daneben kann das Bundeskartellamt das europäische Wettbewerbsrecht anwenden, soweit die Europäische Kommission nicht selbst tätig wird. Die Zuständigkeit des Bundeskartellamtes erstreckt sich auf alle Wettbewerbsbeschränkungen, die sich in Deutschland auswirken.

www.bundeskartellamt.de

Die **Wettbewerbspolitik** verfolgt zwei Zielsetzungen:

Ziele der Wettbewerbspolitik

- Auf der einen Seite ist es ihre Aufgabe, einen **funktionsfähigen Wettbewerb** zu erhalten und den Konsumenten vor Wettbewerbsbeschränkungen zu schützen.
- Auf der anderen Seite ist Aufgabe der Wettbewerbspolitik, unlautere Wettbewerbspraktiken zu verhindern, d. h. für einen **fairen Wettbewerb** zu sorgen.

Der Wettbewerb ist funktionsfähig, wenn die Steuerungs-, Allokations-, Innovations-, Anpassungs-, Verteilungs- und Kontrollfunktionen gesichert sind und die „Erzielung von Machtgewinnen" vermieden werden kann.

Funktionen des Wettbewerbs, vgl. 5.2 Bedeutung des Wettbewerbs für die Marktwirtschaft

Strategien der Wettbewerbsbeschränkung	
Verhandlungsstrategien	– Kartelle – aufeinander abgestimmtes Verhalten – Preisbindung – Preisempfehlung
Behinderungsstrategien	– Preisdifferenzierung/Preisdiskriminierung – Boykott/Lieferverweigerung – Ausschließlichkeits-/Kopplungsverträge
Konzentrationsstrategien	– Zusammenschlüsse (horizontal, vertikal, anorganisch) – internes Unternehmenswachstum

7.6.2 EU-Kommission – europäisches Wettbewerbsrecht

EU-Wettbewerbskommissar Mario Monti

Der Wettbewerb ist tragendes Element des europäischen Binnenmarktes. Immer wieder beherrschen jedoch Nachrichten über neue Unternehmenszusammenschlüsse die Schlagzeilen der Wirtschaftspresse. Vielfach wird befürchtet, dass der Wettbewerb als tragende Säule einer freiheitlichen Gesellschaftsordnung ausgehöhlt wird und multinationale Konzerne auf ihren Märkten die Preise bestimmen können.

Ursächlich für die Fusionswelle der jüngsten Vergangenheit ist die **Globalisierung**, das Zusammenwachsen der weltweiten Wirtschaft. Weil Entfernungen und Informationsbeschaffung in einer computerisierten, vernetzten Welt immer schneller bewältigt werden können, schließen sich überall dort Unternehmen

vgl. Kapitel 3, 8 Globalisierung

zusammen, wo durch größere Unternehmenseinheiten Marktpositionen behauptet, Synergieeffekte ausgenutzt und damit Kosten reduziert werden können.

Die weltweite Öffnung der Märkte hat die **Wettbewerbspolitik** zu einer **internationalen Aufgabe** gemacht. Sie hat zu verhindern, dass durch Unternehmenszusammenschlüsse der marktwirtschaftliche Wettbewerb beeinträchtigt oder sogar aufgehoben wird. Ein Zusammenschluss – ganz gleich, ob es sich um national oder international tätige Unternehmen handelt – unterliegt neben der Aufsicht der nationalen Kartellbehörde auch der Aufsicht der **EU-Kommission** in Brüssel, sofern er über die nationalen Grenzen hinausgehende Bedeutung hat (mehr als ein Drittel des Umsatzes in anderen Mitgliedsländern).

Insbesondere Zusammenschlüsse von beteiligten Unternehmen mit einem Weltumsatz von mehr als 5 Milliarden € (wobei mindestens zwei Kandidaten einen EU-Umsatz von insgesamt mehr als 250 Millionen € aufweisen müssen) fallen unter die **europäische Wettbewerbskontrolle**. Dort wird geprüft, ob durch den Zusammenschluss eine markbeherrschende Stellung entsteht oder verstärkt wird; ein Indiz hierfür ist das Erreichen eines Marktanteils von 25 Prozent.

Fusion Volvo-Scania vor dem Aus
EU versagt offenbar Genehmigung – Zu hoher Marktanteil in Nordeuropa

Die geplante Fusion der beiden schwedischen Lkw-Hersteller Volvo und Scania droht zu scheitern. Der Wettbewerbskommissar der EU, Mario Monti, habe seine Entscheidung bereits getroffen. Angesichts der dominierenden Position von Volvo und Scania, vor allem in Nordeuropa, werde er die Übernahme nicht genehmigen. Der offizielle Beschluss der Kommission soll frühestens am 14. März verkündet werden. Der EU-Kommissar basiert sein Verdikt auf den Umstand, dass das fusionierte Unternehmen in Schweden bei schweren Lastwagen auf einen Marktanteil von 93 Prozent käme und in Nordeuropa auf mehr als 60 Prozent. Diese Argumentation wollen die Skandinavier mit Schwedens Ministerpräsident Göran Persson an der Spitze jedoch nicht gelten lassen. Sie fordern, den EU-Markt als Maßstab zu betrachten. Dort kommen die Schweden zusammen auf lediglich 30 Prozent Marktanteil. Die Stockholmer Wirtschaftszeitung „Dagens Industri" beschreibt die Brüsseler Denkweise als einen „schlechten Scherz". Es sei doch gerade der Grundgedanke des gemeinsamen Marktes, nationale Märkte durch eine europäische Perspektive zu ersetzen. Mit solch einer Auffassung werde es kleinen EU-Ländern unmöglich gemacht, Weltunternehmen aufzubauen, heißt es. Zudem wird darauf verwiesen, dass vor wenigen Jahren Daimler-Benz die Übernahme von Kässbohrer genehmigt worden war, womit das Unternehmen in Deutschland bei Omnibussen einen Marktanteil von mehr als 70 Prozent erhalten habe. Um die Bedenken der Kommission auszuräumen, soll sich Volvo-Chef Leif Johansson bereit erklärt haben, sich aus dem schwedischen Vertriebs- und Werkstattnetz zurückzuziehen. Ob er sich, wie es gerüchteweise heißt, auch von der Bus-Sparte trennen wolle, wird von Experten als fraglich bezeichnet, weil damit ein Großteil der Synergien verloren gehe. Ähnlich verhalte es sich mit der angeblichen Brüsseler Forderung, Scania als Markenzeichen abzutreten.

Lkw-Riesen: produzierte Lkw weltweit 1998

Rang	Unternehmen	Anzahl
1	Mercedes (D)	200.000
2	Volvo/Scania (S)	125.000
3	Paccar (USA)	93.000
4	Renault (F)	71.000
5	Navistar (USA)	55.000
6	MAN (D)	35.000
7	Iveco (I)	34.000
8	Mitsubishi (J)	9.000
9	Hino (J)	8.000
10	Nissan Diesel (J)	6.000

Sollte aus Brüssel eine Absage kommen, würden beide Unternehmen in eine prekäre Lage geraten. Scanias Börsenkurs ist auf Grund der Spekulationen bereits auf Talfahrt gegangen; er liegt jetzt mit rund 40 Punkten erheblich unter dem im August 1999 von Volvo gebotenen Übernahmekurs von 315 Kronen (36,61 €) je Aktie. Außerdem müsste sich Volvo von den bereits für 27,5 Mrd. Kronen erworbenen Scania-Papieren trennen und Investor, der größte Scania-Aktionär, seine Volvo-Aktien im Wert von 5 Mrd. Kronen verkaufen. In Stockholmer Finanzkreisen besteht kein Zweifel, „dass sich Volkswagen Scania wieder sehr eingehend anschauen wird“. VW hatte schon vor der Volvo-Offerte Interesse gezeigt.

Quelle: Die Welt vom 4. März 2000

Europäische Wettbewerbskontrolle: Entscheidungskriterien

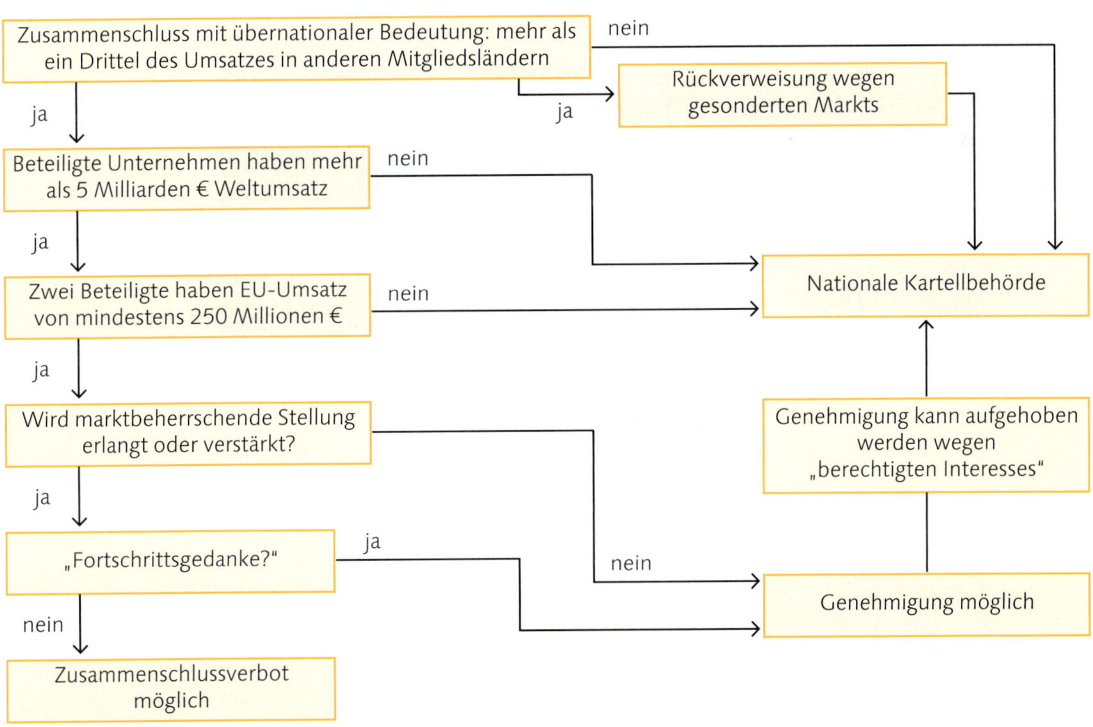

Die nationalen Kartellbehörden können jedoch EU-Genehmigungen rückgängig machen, um für den örtlichen Markt „berechtigte Interessen" wahrzunehmen; allerdings bedarf es hierbei in der Regel der Anerkennung durch die EU-Kommission (Art. 21). Ferner kann die EU-Kommission ihre Zuständigkeit ganz an die jeweilige nationale Behörde zurückverweisen, wenn durch den Zusammenschluss der Wettbewerb in einem EU-Land besonders behindert wird (Art. 9).

Dieses Vorgehen zwischen nationalem und europäischem Wettbewerbsrecht wird als **„Subsidiaritätsprinzip"** bezeichnet.

Subsidiaritätsprinzip

Die EU-Kommission als übergeordnete „Hüterin des Wettbewerbs" ist erst dann zuständig, wenn Konzentrationsvorgänge den gemeinsamen Wettbewerb beeinträchtigen.

7.6.3 Die „Bibel" der Wettbewerbspolitik – Gesetz gegen Wettbewerbsbeschränkungen (GWB)

Kartelle, wirtschaftliche Macht, Konzerne und Trusts mit marktbeherrschenden Anteilen können den Wettbewerb außer Kraft setzen.

Elefantenhochzeit, Karikatur von Hanel/CCC, www.c5.net

Gesetzliche Grundlage **staatlicher Wettbewerbspolitik** ist das Gesetz gegen Wettbewerbsbeschränkungen (GWB) von 1957 – auch **„Kartellgesetz"** genannt – mit späteren Änderungen. Wichtigste Inhalte dieses Gesetzes sind das Kartellverbot, die Missbrauchsaufsicht über marktbeherrschende Unternehmen und seit 1973 die Fusionskontrolle.

staatliche Wettbewerbspolitik nach GWB

Kartelle sind gem. § 1 GWB verboten. Dies gilt vor allem für Preis-, Produktions-, Gebiets- und Kalkulationskartelle. Legt man die gesetzlichen Bestimmungen zur Kartellbildung positiv aus, so versucht der Gesetzgeber durch das Kartellverbot den Wettbewerb zu schützen.

§ 1 GWB, vgl. S. 276

grundsätzlich: das Kartellverbot, aber …

Das Kartellgesetz wurde am 1. Januar 1999 neu geordnet und an das europäische Recht angeglichen. Das neue Gesetz spricht ein generelles Kartellverbot aus, das schon den Abschluss von Kartellverträgen und nicht erst deren tatsächliche Umsetzung untersagt.

Neuordnung des Kartellgesetzes am 1. Januar 1999

Jedoch sieht das Gesetz **Ausnahmen** in Form von **anmelde- und genehmigungspflichtigen Kartellen** vor. Kartelle, die den Wettbewerb quasi aufheben, sind grundsätzlich verboten. Kartelle, die den Wettbewerb nach Meinung des Gesetzgebers nur geringfügig beeinflussen, können nach Prüfung erlaubt werden. Kartelle schließlich, die den Wettbewerb positiv beeinflussen und insbesondere auch dem Verbraucher dienlich sind, müssen beim Staat nur angemeldet sein.

Ausnahmen vom Kartellverbot

Erlaubte Kartelle	
anmeldepflichtige Kartelle	– Anmeldung und Überwachung durch das Bundeskartellamt – Normen- und Typenkartelle und Exportkartelle ohne Inlandswirkung bedürfen lediglich einer Anmeldung beim Bundeskartellamt – Konditions-, Rabatt-, Spezialisierungs- und Kooperationskartelle für kleinere und mittlere Unternehmen erst nach dreimonatiger Widerspruchsfrist wirksam
genehmigungspflichtige Kartelle	– Anmeldung und Genehmigung z. B für Strukturkrisen-, Export-, Rationalisierungs- und Importkartelle beim Bundeskartellamt – Genehmigung gilt zunächst für drei Jahre

Besonders problematisch für die Wettbewerbshüter in Bonn und Brüssel gestalten sich die **Preisabsprachen**. Sie sind zwar verboten, doch es gibt Hintertürchen: Einige wenige Großanbieter gestalten ihre Preispolitik durch so genanntes **gleichgerichtetes Verhalten**, ohne dass eine offizielle Absprache besteht. Abwechselnd spielt einer den Preisvorreiter und die anderen ziehen nach – wir kennen das alle vom Benzinmarkt.

Preisabsprachen

„Da kann ich nichts machen. Das ist keine unzulässige Absprache; das ist ihre Art zu grüßen.“
Karikatur von Wolter

Das Gesetz gegen Wettbewerbsbeschränkungen (GWB) – Auszüge

§ 1 Kartellverbot
Vereinbarungen zwischen miteinander im Wettbewerb stehenden Unternehmen, Beschlüsse von Unternehmensvereinigungen und aufeinander abgestimmte Verhaltensweisen, die eine Verhinderung, Einschränkung oder Verfälschung des Wettbewerbs bezwecken oder bewirken, sind verboten.

§ 2 Normen- und Typenkartelle, Konditionenkartelle
(1) Vereinbarungen und Beschlüsse, die lediglich die einheitliche Anwendung von Normen oder Typen zum Gegenstand haben, können vom Verbot des § 1 freigestellt werden.
(2) Vereinbarungen und Beschlüsse, die die einheitliche Anwendung allgemeiner Geschäfts-, Lieferungs- und Zahlungsbedingungen einschließlich der Skonti zum Gegenstand haben, können vom Verbot des § 1 freigestellt werden, soweit die Regelungen sich nicht auf Preise oder Preisbestandteile beziehen.

Kartellarten, vgl. 7.4 Wie sich Unternehmen zusammenschließen

§ 5 Rationalisierungskartelle / § 6 Strukturkrisenkartelle
(...) können vom Verbot des § 1 freigestellt werden. (...)

§ 7 Sonstige Kartelle
(1) Vereinbarungen und Beschlüsse, die unter angemessener Beteiligung der Verbraucher an dem entstehenden Gewinn zu einer Verbesserung der Entwicklung, Erzeugung, Verteilung, Beschaffung, Rücknahme oder Entsorgung von Waren oder Dienstleistungen beitragen, können vom Verbot des § 1 freigestellt werden, wenn die Verbesserung von den beteiligten Unternehmen auf andere Weise nicht erreicht werden kann, in einem angemessenen Verhältnis zu der damit verbundenen Wettbewerbsbeschränkung steht und die Wettbewerbsbeschränkung nicht zur Entstehung oder Verstärkung einer marktbeherrschenden Stellung führt.

Freistellungsklausel für die in §§ 2–6 GWB nicht geregelten Kartellarten

§ 8 Ministererlaubnis (Sonderkartelle)
(1) Liegen die Voraussetzungen der §§ 2 bis 7 nicht vor, so kann der Bundesminister für Wirtschaft Vereinbarungen und Beschlüsse vom Verbot des § 1 freistellen, wenn ausnahmsweise die Beschränkung des Wettbewerbs (...) notwendig ist.

§ 9 Anmeldung von Kartellen, Widerspruchsverfahren
(1) Vereinbarungen und Beschlüsse der in den §§ 2 bis 4 Abs. 1 bezeichneten Art (...) bedürfen zur Freistellung vom Verbot des § 1 der Anmeldung bei der Kartellbehörde. (...)
(3) Vereinbarungen und Beschlüsse der in den §§ 2 bis 4 Abs. 1 bezeichneten Art sind vom Verbot des § 1 freigestellt und werden wirksam, wenn die Kartellbehörde innerhalb einer Frist von drei Monaten seit Eingang der Anmeldung nicht widerspricht. (...)

§ 10 Freistellungsantrag, Erteilung der Freistellung
(1) Vereinbarungen und Beschlüsse der in den §§ 5 bis 8 bezeichneten Art können auf Antrag durch Verfügung der Kartellbehörde vom Verbot des § 1 freigestellt werden. Sie werden mit Bestandskraft der Verfügung wirksam.
(2) Sind die Voraussetzungen für eine Freistellung (...) nicht erfüllt, lehnt die Kartellbehörde den (...) Antrag durch Verfügung ab.

Der Artikel 81 EGV schützt zunächst den Handel innerhalb der EU. Verboten und daher unwirksam sind danach z. B. Unternehmenszusammenschlüsse und Vereinbarungen zwischen Unternehmen, die den Wettbewerb zwischen den Mitgliedsländern beeinträchtigen oder einschränken.

wenn Unternehmen ihre Marktmacht zu sehr ausnutzen – die Missbrauchsaufsicht

EGV = EG-Vertrag, vgl. 8.7.2 Europäische Union

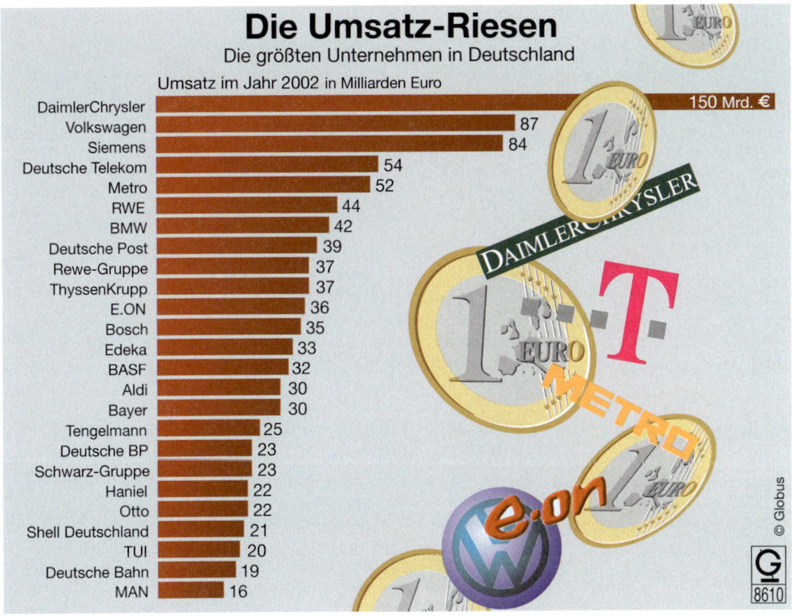

Nach dem Kartellgesetz gilt ein Unternehmen als **marktbeherrschend**, wenn es als Anbieter oder Nachfrager bestimmter Leistungen

Kriterien der Marktbeherrschung § 19 GWB

- ohne Wettbewerber oder keinem wesentlichen Wettbewerb ausgesetzt ist,
- eine überragende Marktstellung hat (z. B. Marktanteil, Finanzkraft, Zugang zu den Beschaffungs- oder Absatzmärkten, Verflechtungen).

Als marktbeherrschend gilt auch, wenn zwischen zwei oder mehreren Unternehmen derselben Branche kein wesentlicher Wettbewerb besteht. Nach dem GWB (§19 Abs. 3) wird vermutet, dass ein Unternehmen eine marktbeherrschende Stellung einnimmt, wenn:

Zahl der Unternehmen	Marktanteil
1	mind. 33 %
bis zu 3	mind. 50 %
bis zu 5	mind. 66 %

Verboten ist der **Missbrauch** einer marktbeherrschenden Stellung (Art. 82 EGV). Als Missbrauch wird erachtet

Missbrauchsverbot

- die Erzwingung unangemessener Geschäftsbedingungen,
- die Einschränkung der Erzeugung, des Absatzes oder der technischen Entwicklung zum Schaden der Verbraucher,
- die Anwendung unterschiedlicher Bedingungen bei gleichwertigen Leistungen gegenüber Handelspartnern,
- alle Formen der missbräuchlichen Ausnutzung einer beherrschenden Stellung im EU-Raum oder einem wesentlichen Teil davon, soweit sie zu einer Beeinträchtigung des zwischenstaatlichen Handels führen können.

In der Praxis erlässt das Bundeskartellamt kaum Missbrauchsverfügungen, da Missbrauch und Marktbeherrschung nur **schwer nachweisbar** sind.

Der Wettbewerb ist eine tragende Säule der sozialen Marktwirtschaft in der Bundesrepublik und wichtiges Element des europäischen Binnenmarkts. Diesem Zweck dient auch die **Fusionskontrolle** (Kontrolle von Unternehmenszusammenschlüssen), die 1973 in das Gesetz gegen Wettbewerbsbeschränkungen (GWB) aufgenommen wurde. bei Zusammenschlüssen – die Fusionskontrolle

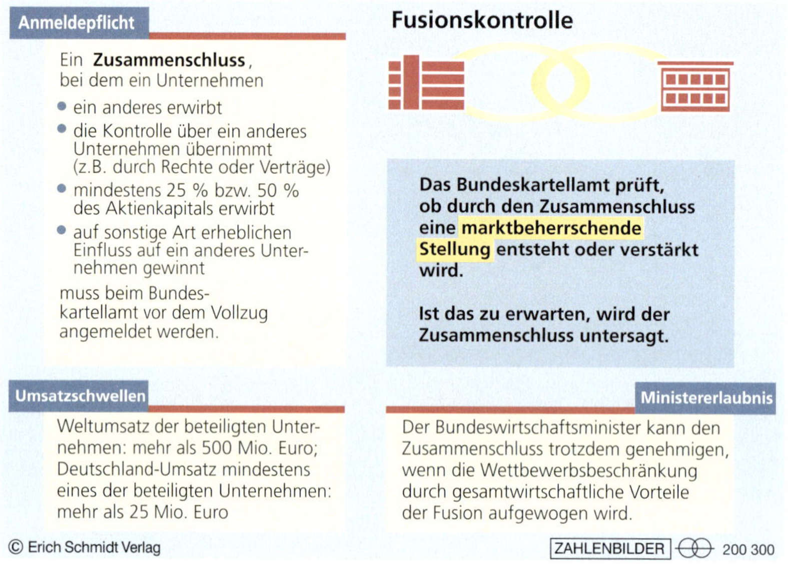

Die einschlägigen Gesetzesvorschriften wurden im Rahmen der Kartellrechtsreform zum 1. Januar 1999 überarbeitet und völlig neu formuliert. Die Fusionskontrolle nach deutschem Recht erstreckt sich auf Zusammenschlüsse von Unternehmen, wenn diese zusammen weltweit mehr als 500 Mio. € Umsatz erzielen und außerdem mindestens eines der beteiligten Unternehmen mehr als 25 Mio. € auf dem deutschen Markt umsetzt. Betrifft der Zusammenschluss aber nur einen „Bagatellmarkt" oder einen kleineren Fusionspartner mit weniger als 10 Mio. € Weltumsatz, bleibt er von der Kontrolle freigestellt. § 35 GWB

Als **Zusammenschluss** gilt,
- wenn ein Unternehmen ein anderes Unternehmen ganz oder zu wesentlichen Teilen erwirbt,
- wenn es allein oder zusammen mit anderen die Kontrolle über ein Unternehmen gewinnt (z. B. durch Rechte, Verträge usw.),
- wenn sein Anteil am Kapital oder an den Stimmrechten eines anderen Unternehmens auf 25 % bis 50 % steigt oder
- wenn auf sonstige Art ein bestimmender Einfluss auf ein anderes Unternehmen erlangt wird.

Beim Bundeskartellamt muss jeder derartige Zusammenschluss **angemeldet** werden, und zwar noch ehe er vollzogen worden ist. Dort wird geprüft, ob durch die geplante Fusion eine marktbeherrschende Stellung entsteht oder verstärkt wird.

Wenn ein Unternehmen als Anbieter oder Nachfrager einer bestimmten Art von Gütern keinem wesentlichen Wettbewerb mehr ausgesetzt ist oder

eine überragende Marktstellung gegenüber seinen Mitbewerbern hat, **untersagt** das Kartellamt die Fusion. Weisen die beteiligten Unternehmen ihrerseits jedoch nach, dass durch den Zusammenschluss auch Verbesserungen der Wettbewerbsbedingungen eintreten, die den Nachteil der Marktbeherrschung überwiegen, kann der Zusammenschluss erlaubt werden.
Zusätzlich hat der Bundeswirtschaftsminister die Möglichkeit, vom Bundeskartellamt untersagte Fusionen ausnahmsweise zu genehmigen, wenn dies durch übergeordnete, gesamtwirtschaftliche Vorteile gerechtfertigt ist (so genannte **Ministererlaubnis**).

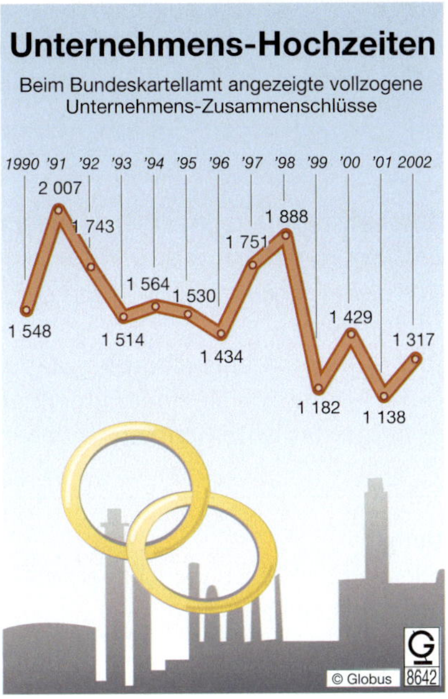

7.6.4 Bei wettbewerbswidrigem Verhalten – das Gesetz gegen den unlauteren Wettbewerb (UWG)

Zahlreiche Gesetze und Verordnungen sollen die Anbieter an einem wettbewerbswidrigen Verhalten hindern und die Stellung der Verbraucher auf dem Markt verbessern. Ein wichtiges Gesetz für den Verbraucherschutz ist das **Gesetz gegen den unlauteren Wettbewerb (UWG)**.

Gesetz gegen den unlauteren Wettbewerb (UWG)

Unlauterer Wettbewerb ist eine Verhaltensweise, durch die ein Anbieter für sich Vorteile gegenüber seinen Konkurrenten erreichen will, die nicht auf seiner Leistung, sondern auf unfairen Wettbewerbspraktiken beruhen. Deshalb verbietet das UWG u. a. irreführendes und sittenwidriges Verhalten. Verstöße werden mit Unterlassungsklagen, Schadenersatzansprüchen und unter Umständen mit strafrechtlicher Verfolgung geahndet.

Irreführendes Verhalten

irreführendes Verhalten
§ 3 UWG

§ 3 UWG Wer im geschäftlichen Verkehr zu Zwecken des Wettbewerbs über geschäftliche Verhältnisse, insbesondere über die Beschaffenheit, den Ursprung, die Herstellungsart oder die Preisbemessung einzelner Waren oder gewerblicher Leistungen oder des gesamten Angebots, über Preislisten, über die Art des Bezugs oder die Bezugsquelle von Waren, über den Besitz von Auszeichnungen, über den Anlass oder den Zweck des Verkaufs oder über die Menge der Vorräte irreführende Angaben macht, kann auf Unterlassung der Angaben in Anspruch genommen werden.

Beispiele:
- Ein Einzelwarenhändler wirbt in einer Werbeanzeige mit einem Sonderangebot für einen Computer, den er allerdings im Laden nicht vorrätig hat (Lockwerbung).
- Ein Lebensmittelhändler verschweigt seinen Kunden, dass er Rindfleisch aus einem BSE-Land bezieht.

Sittenwidriges Verhalten

sittenwidriges Verhalten

Belästigende Werbung, fällt unter sittenwidriges Verhalten, da es eine gründliche und objektive Prüfung des Angebots verhindert.

Beispiele:

- Telefonwerbung
- Bestechung von Geschäftspartnern durch Geschenke oder „Schmiergelder", um im Wettbewerb bevorzugt zu werden
- Behinderung des Mitbewerbers durch üble Nachrede
- Zuschicken unbestellter Ware
- Ausbeutung fremder Arbeitsergebnisse durch Imitation
- Benutzung einer E-Mail-Adresse oder eines Firmennamens, die bzw. der auf ein anderes bekanntes Unternehmen schließen lässt

Vergleichende Werbung

vergleichende Werbung

Grundsätzlich ist vergleichende Werbung nicht verboten, jedoch muss ein Katalog von Bedingungen erfüllt sein:

- Sie darf nicht irreführend sein,
- sie muss sich auf gleiche Waren oder Dienstleistungen für den gleichen Bedarf beziehen,
- sie muss die Waren oder Dienstleistungen objektiv und nachprüfbar vergleichen,
- sie darf zu keiner Herabsetzung oder Verunglimpfung der Konkurrenz führen.

Übersicht:

Vorteile von Zusammenschlüssen	– Kosteneinsparungen, Erzielung von Synergieeffekten, Risikostreuung, Steigerung des Shareholder-Values	
Nachteile von Zusammenschlüssen	– Verlust von Arbeitsplätzen, schwerfällige Reaktion auf Marktveränderungen, Ausübung wirtschaftlicher und politischer Macht	
Ziele der Wettbewerbspolitik	– funktionsfähiger Wettbewerb – fairer Wettbewerb	
zuständige Behörden	– Bundeskartellamt – EU-Kommission	
Gesetz gegen Wettbewerbsbeschränkungen (GWB)	– grundsätzliches Verbot von Kartellen – Ausnahmen möglich – anmeldepflichtige Kartelle – genehmigungspflichtige Kartelle	
Missbrauchsaufsicht	prüft, ob missbräuchliche Ausnutzung einer marktbeherrschenden Position vorliegt	
Fusionskontrolle	untersagt Fusionen, bei denen eine marktbeherrschende Stellung entsteht bzw. verstärkt wird	
Gesetz gegen den unlauteren Wettbewerb (UWG)	schützt Verbraucherinteressen	
	verbietet	– irreführendes Verhalten – sittenwidriges Verhalten – vergleichende Werbung
	bei Verstößen	– Unterlassungsklagen – Schadenersatzansprüche – strafrechtliche Verfolgung

Aufgaben

1. Welche Ziele verfolgt die nationale, welche die europäische Wettbewerbspolitik? Erläutern Sie in diesem Zusammenhang das Subsidiaritätprinzip.
2. Begründen Sie anhand des Artikels „Fusion Volvo-Scania vor dem Aus" auf den S. 272 und 273 die Position der Skandinavier zu dem Zusammenschluss der beiden Unternehmen. Welche Gründe für die Ablehnung der Fusion führt der EU-Wettbewerbskommissar Monti an?
3. Das Gesetz gegen Wettbewerbsbeschränkungen beinhaltet drei wichtige Instrumente, um für einen fairen Wettbewerb zu sorgen.
   a) Erläutern Sie das Kartellverbot. Gehen Sie dabei auch auf die Ausnahmen ein.
   b) Wann wird die Missbrauchsaufsicht gegenüber marktbeherrschenden Unternehmen tätig? Welche Voraussetzungen müssen für Verfügungen der Kartellbehörde gegeben sein?
   c) Welche Aufgaben hat die Fusionskontrolle? Wann wird ein Zusammenschluss untersagt? Was bedeutet die „Ministererlaubnis"?
4. Es seien folgende Anbieter gegeben: Möbelhändler, Drogeriemarkt, Autohändler, Großhändler für sanitäre Einrichtungen.
   Nennen Sie wettbewerbsbeschränkende Strategien, die diese Anbieter anwenden könnten, um Kunden von der Konkurrenz abzuziehen.
5. Recherchieren Sie im Internet über die Aufgaben und Tätigkeiten des Bundeskartellamtes. Welche Fusionen wurden in der letzten Zeit erlaubt, welche untersagt? Was waren die Gründe für die Erlaubnis bzw. Untersagung?
6. Suchen Sie in Zeitungen und im Internet nach Beispielen, bei denen Unternehmenszusammenschlüsse nicht die gewünschten Erfolge gebracht haben.
7. Stellen Sie die Aufgaben des GWB und des UWG vergleichend gegenüber.
8. Prüfen Sie, ob die folgenden Fälle jeweils gegen das Gesetz gegen den unlautern Wettbewerb verstoßen und begründen Sie Ihre Antwort.
   a) Ein Einzelhändler für Lederwaren zeichnet bestimmte hochwertige Waren im Schaufenster mit einem unglaublich niedrigen Preis aus. Wenn die Kunden nach der Auslage fragen, entschuldigt sich der Geschäftsmann für den versehentlichen Irrtum, räumt aber einen Rabatt ein.
   b) Ein Elektronikunternehmen preist einen Fernseher (16:9-Bildformat) für einen Preis an, der 50 % unter der unverbindlichen Preisempfehlung liegt, verschweigt dem Kunden aber, dass der Fernseher schon 2.000 Stunden als Vorführobjekt gedient hat.
   c) Ein Zahnpastahersteller verkauft seine Zahnpasta „Baumann's Power" mit dem Werbeslogan: „Nie wieder Karies".
   d) Eine Diskothek in Mönchengladbach wirbt mit dem Aufritt von „Miss Germany" als Hauptattraktion des Abends. Die Dame ist allerdings nie über Miss „Hückelhoven" hinausgekommen.
   e) Ein Sportgeschäft aus dem Rheinland wirbt mit dem Slogan: „Bei uns kriegen sie alles am billigsten".
   f) Ein Pizzabäcker erzählt seinen Kunden, dass seine italienische Konkurrenten mit der Mafia unter einer Decke stecken und es gefährliche sei, dort zu speisen.

→

g) Im Schaufenster eines Möbelgeschäftes wird mit dem Schild geworben „Wegen Geschäftsaufgabe vier Wochen auf alle Waren 40 % Rabatt". Nach sechs Wochen bemerkt ein Konkurrent, dass das Geschäft immer noch existiert und die Regale mit neuen Kollektionen gefüllt sind.
h) Ein Getränkegroßhandel schenkt jedem Kunden zu einer Kiste Bier drei hochwertige Biergläser.
i) Eine neu gegründete Mädchenpopgruppe nennt sich „No Angel 2", um an dem Erfolg der bekannten Popgruppe anzuknüpfen.

7.7 Netzwerk – Auswirkungen einer Fusion

Shell und DEA planen Elefantenhochzeit

Ein neuer Tankstellenriese entsteht in Deutschland. Die Nummer zwei und drei haben sich verbündet. DEA und Shell legen ihre Zapfsäulen in einem Gemeinschaftsunternehmen zusammen, an dem Shell 2004 die Mehrheit übernehmen soll.
Damit entsteht Deutschlands größter Tankstellenbetreiber mit rund 3.200 Tankstellen. Der jahrzehntelange Branchenprimus Aral wird auf den zweiten Platz verwiesen.
Schon seit Monaten wird darüber spekuliert, dass sich der Energieriese RWE auf das Geschäft mit Strom, Gas und Wasser konzentrieren will und deshalb einen Partner für das schwierige Mineralölgeschäft sucht. Bisher wurde allerdings eher über eine Allianz zwischen DEA und BP spekuliert. Doch nun geht BP leer aus und der britisch-niederländische Mineralölkonzern Royal Dutch/Shell geht als lachender Sieger und mit deutlich gestärkter Position aus dem Rennen hervor. Für Shell ein sehr wichtiger Sieg, denn in der letzten Fusionsrunde der internationalen Mineralölindustrie hatte das Unternehmen keinen Partner gefunden. Zum 1. Juli sollen nun Shell und DEA in ein Joint Venture eingebracht werden. Die beiden Partner sollen vorerst jeweils zur Hälfte am Gemeinschaftsunternehmen beteiligt sein. Unter dem Namen Shell & DEA Oil GmbH wird es am 1. Oktober seinen Geschäftsbetrieb aufnehmen. (...)

Joint Venture = Gemeinschaftsunternehmen

Quelle: Wirtschaftswoche heute vom 28. März 2001, www.wiwo.de

Netzwerke bieten die Möglichkeit, komplexe Zusammenhänge grafisch darzustellen. Die Grundvorstellung der Vernetztheit von Elementen bildet dabei der Kreis im Gegensatz zu einer Kette, bei der nur ein linearer Zusammenhang zwischen Variablen dargestellt werden kann. Mit Hilfe eines zielgerichteten Netzwerkes kann gezeigt werden, dass mit einer bestimmten Maßnahme eine ganze Reihe von positiven oder negativen Auswirkungen verbunden ist.

Aufgaben

Erstellen Sie ein Netzwerk zum Thema Konzentration am Markt für das Beispiel von Shell und DEA lesen Sie dazu den Text „Shell und DEA planen Elefantenhochzeit". Einen Ansatz für ein solches Netzwerk finden Sie im Beispiel auf Seite 283. Ergänzen Sie dieses Netzwerk und gehen Sie dabei folgendermaßen vor:

1. Bestimmen Sie weitere mögliche Auswirkungen (Vor- und Nachteile), die sich sowohl aus volkswirtschaftlicher als auch aus betriebswirtschaftlicher Sicht aus dem Zusammenschluss ergeben. Halten Sie Ihre Überlegungen schriftlich fest.
2. Legen Sie anschließend die Beziehungen zwischen den Auswirkungen von Unternehmenszusammenschlüssen fest.

Positive Beziehungen
zwischen den Auswirkungen kennzeichnen Sie mit einem Pfeil und einem „⊕". („Je mehr … desto mehr …" oder „je weniger … desto weniger …")
Beispiel: „Je mehr Arbeitsplätze bei einer Fusion verloren gehen, desto kostengünstiger kann das neue Unternehmen produzieren."

Negative Beziehungen
kennzeichnen Sie mit einem „⊖". („Je mehr … desto weniger …" oder „je weniger … desto mehr …").
Beispiel: „Je größer die wirtschaftliche Macht eines Unternehmens ist, desto geringer die Wettbewerbsfähigkeit anderer Marktteilnehmer."

3. Stellen Sie nun das gesamte Netzwerk in Form einer Wandzeitung dar und präsentieren Sie es Ihren Mitschülerinnen und Mitschülern.
4. Diskutieren Sie abschließend das erstellte Netzwerk innerhalb der Klasse.

Beispiel:

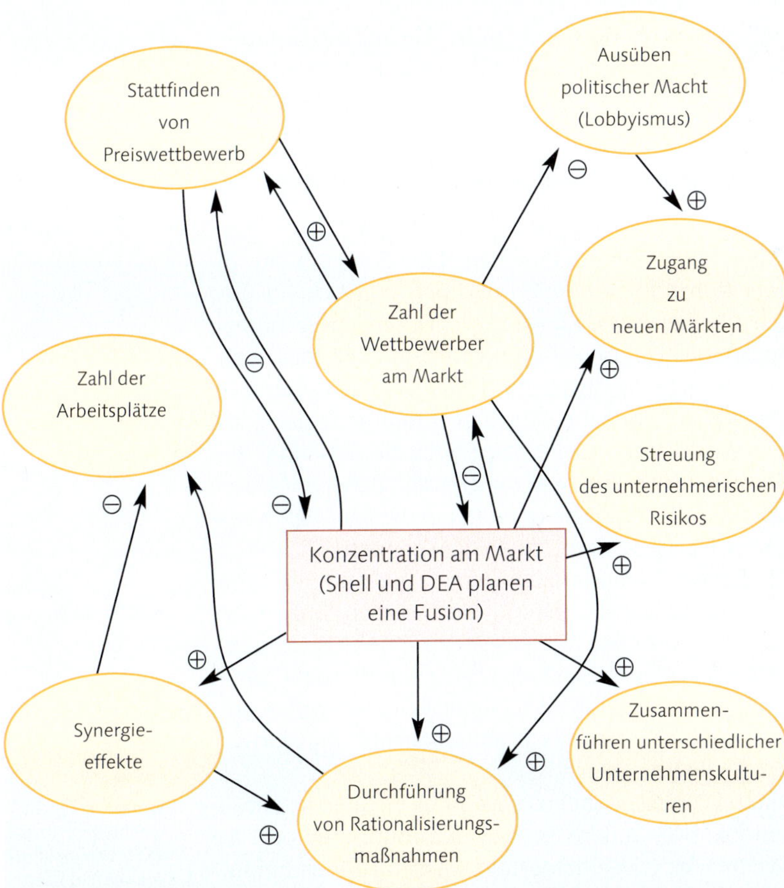

8 Außenwirtschaft

8.1 Gründe für den Außenhandel

Für eine Volkswirtschaft spielen Außenwirtschaftsbeziehungen eine große Rolle. Dies lässt sich allein schon an den vielen Handelsbeziehungen der Bundesrepublik mit anderen Staaten erkennen.

Frankreich und die USA zählen zu den größten Handelspartnern Deutschlands. Im Jahre 2001 exportierte Deutschland Waren im Wert von 70,7 Mrd. € nach Frankreich. Die deutschen Exporte in die USA beliefen sich auf 67 Mrd. €. Andersherum betrugen die französischen Importe nach Deutschland 51,7 Mrd. € und die amerikanischen 45,5 Mrd. €.

Allerdings sollten an dieser Stelle erst einmal zwei Begriffe abgegrenzt werden. Von **Außenwirtschaft** wird gesprochen, wenn alle denkbaren Beziehungen mit dem Ausland auf wirtschaftlichem Gebiet gemeint sind, also z. B. Geldbewegungen, Dienstleistungen, Warenbewegungen usw. Wenn es sich allerdings nur um Warenbewegungen, d. h. den Warenimport oder den Warenexport, handelt, dann spricht man vom **Außenhandel.**

Außenhandel= der gesamte grenzüberschreitende Verkehr von Waren und Dienstleistungen einer Volkswirtschaft

Im gesamten Jahr 2001 betrug der Wert der Ausfuhr in der Bundesrepublik Deutschland 637,3 Mrd. € und der Wert der Einfuhren 543,1 Mrd. €. Gegenüber 2000 erhöhten sich die Ausfuhren um 6,7 % und die Einfuhren lediglich um 0,9 %. Der Ausfuhrüberschuss (Ausfuhr minus Einfuhr = Außenbeitrag) wuchs von 59,1 auf 94,2 Mrd. €. Dieser Wert ist mit Abstand der höchste Wert in der Geschichte des bundesdeutschen Außenhandels.

Doch welche Gründe veranlassen eine Volkswirtschaft zu grenzüberschreitenden Geschäften?

Ursachen für den Außenhandel

Der ursprüngliche Grund für den internationalen Handel liegt in der ungleichen Verteilung der Rohstoffvorkommen und den unterschiedlichen land- und forstwirtschaftlichen Produktionsmöglichkeiten. Insbesondere Japan und die Bundesrepublik Deutschland sind auf Grund geringer Rohstoffvorkommen und begrenzter landwirtschaftlicher Möglichkeiten (z. B. bestimmte klimatische oder geologische Gegebenheiten) hochgradig importabhängig. Da die ausländischen Geschäftspartner die von ihnen gekauften Waren möglichst in ihrer Heimatwährung bezahlt haben möchten, resultiert aus der Import- eine Exportabhängigkeit, um die benötigten ausländischen Währungen (= Devisen) erwirtschaften zu können.
Ein weiterer Grund für den Außenhandel liegt darin, dass bestimmte Güter in einigen Ländern günstiger als in anderen produziert werden können. Die Erklärung des so genannten absoluten Vorteils geht auf den als Gründervater der modernen Wirtschaftswissenschaft angesehenen Adam Smith zurück. Für den absoluten Vorteil gibt es verschiedene Gründe: höher entwickelte Produktionstechnik, billigere Arbeitskräfte, kürzere Transportwege, bessere klimatische Bedingungen usw.

absoluter Kostenvorteil

Die Staaten können ihren Wohlstand mehren, wenn sie im internationalen Vergleich günstige Produkte für andere Staaten mitproduzieren und die Güter, die nicht zu Weltmarktpreisen hergestellt werden können, importieren. Dies ist ein wichtiges Argument für den internationalen Freihandel.

Freihandel, vgl. 8.7.1 Verschiedene Integrationsstufen für wirtschaftliche Zusammenschlüsse

8.2 Terms of Trade

Terms of Trade sind im Hinblick auf die Kosten- und Preisunterschiede in den jeweiligen Ländern von Bedeutung. Die Terms of Trade geben Auskunft über das **Austausch- bzw. Preisverhältnis** der Güter im Außenhandel. Ins Verhältnis gesetzt werden hier die durchschnittlichen Preise für exportierte Güter zu importierten Gütern.

$$\text{Terms of Trade} = \frac{\text{Exportpreise}}{\text{Importpreise}}$$

Terms of Trade geben Auskunft darüber, welche Importmenge man für den Erlös einer Exporteinheit bekommt. Für sich genommen ist der Wert der Terms of Trade weniger aussagekräftig als seine Veränderungen. Die Terms of Trade für Deutschland verbessern sich, wenn die Exportpreise steigen, da dann mit einer Einheit an Exportgütern mehr Importe als vorher erworben werden können. Umgekehrt verschlechtern sie sich bei steigenden Importpreisen, da Deutschland in diesem Fall mehr exportieren muss, um die gleiche Menge an ausländischen Produkten importieren zu können. Veränderungen der Terms of Trade zeigen damit auch die Vor- und Nachteile auf, die sich für ein Land aus dem Außenhandel ergeben. Ferner ist zu berücksichtigen, dass sich Veränderungen der Terms of Trade auch auf die binnenwirtschaftliche Wohlfahrt einer Volkswirtschaft auswirken.

Beispiel: Die beiden Länder Schlaraffenland und Leckerland unterhalten Außenhandelsbeziehungen. Schlaraffenland produziert Fleisch und Leckerland Kartoffeln. 1 kg Fleisch kostet 5 € und 1 kg Kartoffeln 0,50 €. Beim Tausch zwischen den beiden Ländern würde sich folgende Rechnung ergeben:

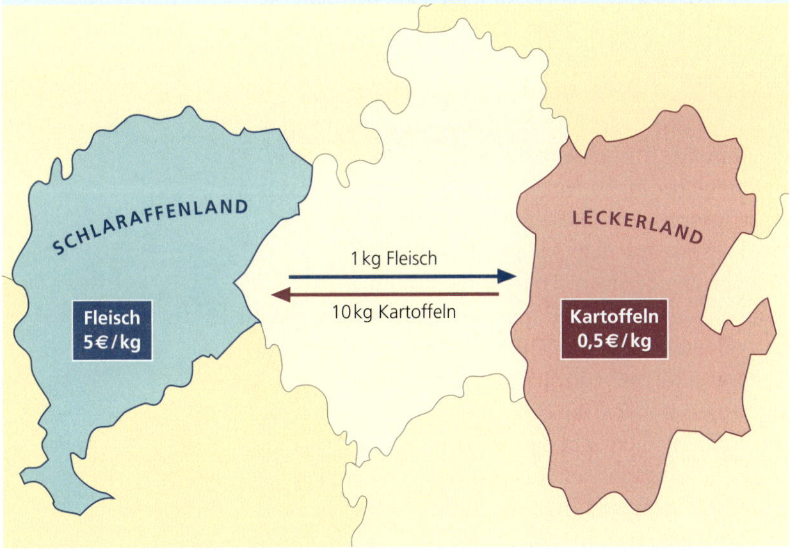

Fazit: Für 1 kg Fleisch erhält Schlaraffenland von Leckerland 10 kg Kartoffeln.
Angenommen, der Preis für 1 kg Fleisch steigt auf 6 € und der Preis für Kartoffeln bleibt gleich, so erhält Schlaraffenland für dieselbe Exportmenge 12 kg Kartoffeln anstatt zuvor 10 kg.

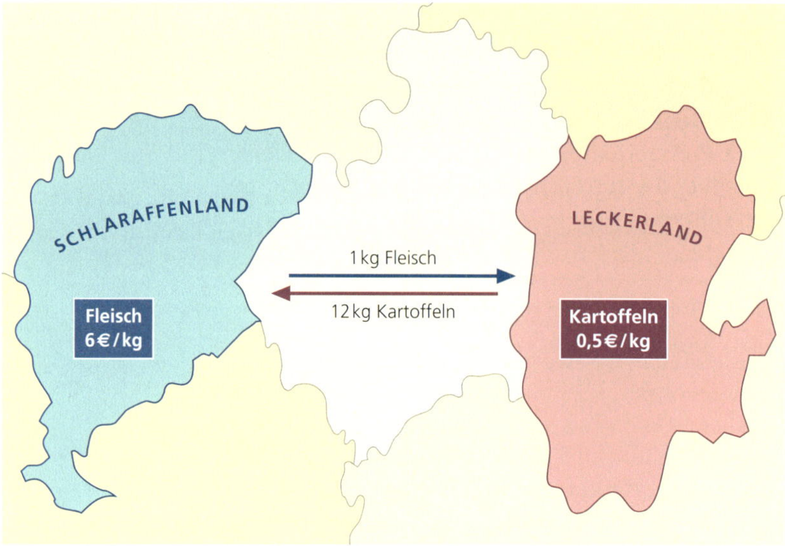

Die Außenhandelsposition von Schlaraffenland hat sich also verbessert, die von Leckerland hat sich allerdings verschlechtert, denn für 1 kg Fleisch muss es jetzt 12 kg Kartoffeln exportieren. Damit haben die Terms of Trade auch Auswirkungen auf die binnenwirtschaftliche Wohlfahrt eines Landes.

Terms of Trade – die problematische Größe

Kann das jemand verstehen? Da erreicht der Überschuss in der deutschen Handelsbilanz Rekordhöhen, macht die Exportindustrie Geschäfte wie nie und das Deutsche Institut für Wirtschaftsforschung (DIW) schreibt in seinem jüngsten Konjunkturbericht: „Die Gewinnsituation der Unternehmen hat sich durch den Terms-of-Trade-Effekt deutlich verschlechtert." Das muss wohl heißen, dass die deutsche Volkswirtschaft ärmer wird, wenn sie auf ausländischen Märkten besonders erfolgreich ist. www.diw.de

Terms of Trade – was ist das überhaupt? Am treffendsten übersetzt man den Begriff mit „internationales Tauschverhältnis", und dabei geht es nicht um allgemeine Handelsbedingungen, sondern um einen gewogenen Preisindex. Der setzt die Importpreise in Beziehung zu den Exportpreisen, gewichtet zudem die Preise mit dem Anteil, den die betreffenden Güter am Außenhandel haben. Die Terms of Trade zeigen somit an, wie viel Importe ein Land mit einer Einheit seiner Exportprodukte erwerben kann. Ihre Verschlechterung bedeutet, dass eine Volkswirtschaft für den Kauf der gleichen Menge Importgüter mehr an Exportgütern absetzen muss und dass außerdem die teuren Importe die Binnennachfrage durch einen Entzug an Kaufkraft schmälern. Genau in dieser Situation befand sich die deutsche Volkswirtschaft im vergangenen Jahr, in dem sich die Terms of Trade um über vier Prozent verschlechterten.

„Wir sind also ärmer geworden", resümierten die Konjunkturexperten der Commerzbank, und daran war hauptsächlich der Ölpreis schuld, der in wenigen Wochen enorm in die Höhe kletterte.

Um die gewaltig verteuerten Ölimporte zu finanzieren, musste die deutsche Wirtschaft erheblich mehr exportieren als bei dem noch vor Jahres-

frist berechneten Ölpreis. Dazu kam der lange Zeit schwache Euro, der die Importe weiter verteuerte, sodass noch mehr heimische Güter für die gleiche Menge an eingeführten Gütern hergegeben werden mussten.
Für ein wohlhabendes und exportstarkes Land wie die Bundesrepublik ist das kein Grund zur Panik. Der Verlust von Wohlstand macht sich konkret und auf kurze Sicht nicht bemerkbar. Er kann unter Umständen durch günstigere Tauschverhältnisse auf neu eroberten Märkten mit neuen Produkten kompensiert werden.
Für ein Land der Dritten Welt dagegen kann es ums ökonomische Überleben gehen. Denn im Grunde wird über die Veränderung des Tauschverhältnisses das Weltsozialprodukt umverteilt. Wer wie die Opec-Länder ein unentbehrliches (also preisunelastisches) Gut wie das Öl anzubieten hat, der kann die Preise weit hochtreiben und dank der dadurch verbesserten Terms of Trade ein größeres Stück vom weltweiten Reichtum an sich ziehen.
Die armen Länder haben keine Möglichkeit auszuweichen, wenn sie auf Öl als Energiequelle nicht verzichten können. Sie haben dem verteuerten Öl aber auch nichts entgegenzusetzen, weil ihre Exportkraft mangels konkurrenzfähiger Produkte zu schwach ist. Um der Verarmung zu entgehen, bleibt nur ein Ausweg: Verzicht auf Importe oder auf Nachfrage im eigenen Land, um mehr exportieren zu können – zwei reichlich unrealistische Möglichkeiten. Da wird der abstrakte Begriff der Terms of Trade schmerzlich.

Quelle: Die Zeit vom 25. Januar 2001, Autor: Klaus-Peter Schmid

8.3 Warum und wie sich Länder vor Außenhandel schützen

Staaten nehmen am internationalen Handel nur zu bestimmten Bedingungen teil.

Vorteile und damit auch die Wohlfahrtseffekte des Außenhandels können sich sehr unterschiedlich auf die beteiligten Länder verteilen. Daher nehmen verschiedene Länder nur unter bestimmten Bedingungen am internationalen Handel teil. In diesem Abschnitt sollen die Möglichkeiten dargestellt werden, die Länder haben, um Handelsbeziehungen nach ihren Vorstellungen zu gestalten. Wenn ein Land versucht, den freien Handel in einem gewissen Umfang zu unterbinden, geschieht dies z. B. mit der Zielsetzung, bestimmte Branchen und Nachfragegruppen vor ausländischer Konkurrenz zu schützen oder aber gezielt zu fördern. Eine solche Außenhandelspolitik bezeichnet man als **Protektionismus**.
Bevor die einzelnen Instrumente der Außenhandelspolitik aufgeführt werden, soll zuerst geklärt werden, mit welchen **Argumenten** Handelsbeschränkungen begründet werden.

Argumente für Handelsbeschränkungen

1. **Sicherheitsargument**
Die Gegner des Freihandels behaupten häufig, dass eine bestimmte Industrie für das Land lebensnotwendig sei, um die **nationale Sicherheit** zu gewährleisten, z. B. könnte die Stahlindustrie zur Sicherheit sehr wichtig sein, denn wenn ein Krieg ausbrechen würde, könnten nicht genügend Waffen zur Verteidigung hergestellt werden. Aber auch andere Industrien könnten im Kriegsfall wichtig werden.

Zu bedenken gilt hier allerdings, dass dieses Argument tatsächlich nur auf bestimmte Industriezweige anwendbar ist und sein Gewicht stark von der jeweiligen außenpolitischen Situation eines Landes abhängt.

2. **Beschäftigungsargument**
Eine häufig geäußerte Befürchtung ist, dass durch den internationalen Handel inländische Arbeitsplätze zerstört werden, weil sich die Wettbewerbsbedingungen für inländische Anbieter verschärfen. Denn wenn das Ausland ein Gut billiger anbieten kann, geraten die inländischen Produzenten unter Preisdruck, was letztlich auch Arbeitsplätze kosten kann.

Satirischer Brief des Frederic Bastiat gegen den zunehmenden Protektionismus in Frankreich im 19. Jahrhundert

Petition der Hersteller von Kerzen, Talglichtern, Lampen, Leuchtern, Straßenlaternen, Lichtputzscheren und Löschhütchen sowie der Fabrikanten von Talg, Öl, Harz, Alkohol und allem, was mit Beleuchtung zu tun hat

Sehr geehrte Damen und Herren, Sie machen sich viele Gedanken über das Schicksal der Hersteller. Sie möchten sie von jeder äußeren Konkurrenz befreien, mit einem Wort, Sie wollen den heimischen Markt allein für heimische Arbeit reservieren. (...) Wir müssen aber die unerträgliche Konkurrenz einer ausländischen Rivalin hinnehmen, die, wie es den Anschein hat, bei der Produktion von Licht von Bedingungen profitiert, die unsere bei weitem übersteigen, und so unseren heimischen Markt mit Licht zu absurd herabgesetzten Preisen geradezu überschwemmt; sobald sie auftaucht, hat es mit unserem Geschäft ein Ende. Alle Verbraucher wenden sich ihr zu und auf einmal stagniert eine ganze, weit verzweigte Branche der heimischen Industrie.
Diese Rivalin, die niemand anderes ist als die Sonne, führt einen so erbitterten Kampf gegen uns, dass man meinen möchte, unsere englischen Feinde hätten sie uns geschickt (...), zumal sie jener hochmütigen Insel eine Rücksicht entgegenbringt, auf die sie uns gegenüber vollkommen verzichtet.
Wir fordern höflichst die Einführung eines Gesetzes, das den Verschluss aller Fenster, Dachluken, Lichtöffnungen, Fensterläden, Vorhänge, Oberlichter und Rouleaus gebietet, mit einem Wort alle Öffnungen, Löcher, Spalten und Risse, durch die das Sonnenlicht in unsere Häuser einzudringen pflegt und damit den schönsten Industrien zum Nachteil gereicht, mit denen wir, ohne uns schmeicheln zu wollen, dieses Land ausgestattet haben, welches sich heute nicht so undankbar zeigen wird, uns in diesem ungleichen Kampf im Stich zu lassen. (...)

Quelle: Fourcans, A., Die Welt der Wirtschaft, Frankfurt/New York 1998, S.117f.

Dieses Argument kann allerdings widerlegt werden, wenn wir folgende Überlegung anstellen: Die Bewohner Deutschlands können im internationalen Handel Textilien aus China günstiger erwerben, als wenn sie sie im eigenen Land produzierten. Dies gefährdet Arbeitsplätze in der deutschen Textilindustrie. Allerdings werden China im Gegenzug Mittel zur Verfügung gestellt, mit denen man Güter aus Deutschland kaufen kann. Die Arbeitskräfte aus Deutschland werden nun zu der Industrie wechseln, bei der Deutschland einen komparativen Vorteil hat. Langfristig gesehen erhalten

Textilfabrik in China

die Bewohner Deutschlands damit die Gelegenheit, einen höheren Lebensstandard zu erlangen. Fazit: Im Freihandel werden zwar Arbeitsplätze zerstört, aber letztlich auch wieder neue Beschäftigungen geschaffen.

3. **Schutzargument**

Schon Friedrich List vertrat im 19. Jahrhundert in Deutschland das Konzept des **Schutzzolls**, ebenso wie Alexander Hamilton bereits Ende des 18. Jahrhunderts in den USA. Dieser Zoll sollte junge Unternehmen in der Aufbauphase gegenüber der Konkurrenz aus dem Ausland schützen, da ohne diesen Schutz die Industrie keine Erfolg versprechende Zukunftsaussicht habe. Nach einer bestimmten Zeit sind die Unternehmen konkurrenzfähig und der Schutz kann aufgehoben werden. Zuweilen argumentieren auch die „alten" Industrien ähnlich, um bei veränderten Marktbedingungen für eine gewisse Zeit geschützt zu werden.

Diese Protektionsforderung birgt ebenfalls Probleme, denn der Staat müsste die unternehmerischen Zukunftserfolge genau kennen und politische Maßnahmen müssten bei Notwendigkeit sofort wirksam werden (Problem der Zeitverzögerung).

Friedrich List (1789–1846)

Viele Ökonomen weisen auch darauf hin, dass eine Protektion gar nicht notwendig ist, da junge Unternehmen gerade in der Anfangsphase Verluste mit einkalkulieren und auf einen zukünftigen Gewinn hoffen. Diese Hoffnung wird auch häufig erfüllt. Als Beispiel kann hier die Biotechnologie genannt werden.

4. **Argument vom unfairen Wettbewerb**
Oft wird auch argumentiert, dass der internationale Handel unfair sei, da unterschiedliche Regierungen unterschiedliche Gesetze anwenden. Greifen wir das Beispiel der Stahlindustrie hier wieder auf: Die Stahlindustrie in Großbritannien wird z.B. subventioniert. Die Unternehmen aus Deutschland würden jetzt einen Schutz dagegen verlangen, da ihnen der Wettbewerb unfair erscheint.
Richtig ist, dass unterschiedliche gesetzliche Regelungen zu internationalen **Wettbewerbsverzerrungen** führen und damit auch handelshemmend wirken können. Im Sinne eines freieren Handels wäre es jedoch sinnvoller, derartige Handelshemmnisse abzubauen, anstatt ausgleichende Maßnahmen zu ergreifen. Im Rahmen internationaler Abkommen wird z. B. versucht, gleiche und damit auch fairere Bedingungen für Handelspartner zu schaffen.

vgl. Kapitel 3, 8.6 Internationale Organisationen und Abkommen

Stahlindustrie in Deutschland: das ThyssenKrupp-Werk in Duisburg

5. **Argument vom Verhandlungsvorteil**
Politiker, die eigentlich für den Freihandel sind, drohen bei Verhandlungen den Handelspartnern vielfach mit Handelsbeschränkungen. Die **Drohung** könnte dann z. B. so aussehen: „Wenn Deutschland die Einfuhrzölle für Stahl nicht abschafft, führt Großbritannien Zölle für Agrarprodukte ein."
Wirkt die Drohung, ist ein weiterer Schritt zum freien Handel gemacht, allerdings nicht auf freiwilliger Basis. Wirkt die Drohung nicht, dann steht das Land vor einer schwierigen Entscheidung: Bei Einführung des Ausgleichszolls muss möglicherweise ein Wohlfahrtsverslust hingenommen werden, bei Nichteinführung leiden vermutlich die Glaubwürdigkeit und das internationale Ansehen.

Nun aber zu den wichtigsten **Instrumenten**, die der Außenhandelspolitik zur Protektion zur Verfügung stehen. Im Rahmen des folgenden Abschnitts sollen die so genannten tarifären und nichttarifären Handelshemmnisse beschrieben werden. Unter tarifären Handelshemmnissen werden steuerliche handelspolitische Maßnahmen verstanden. Nichttarifäre Handelshemmnisse ergeben sich u. a. aus administrativen und technischen Vorschriften der Länder und sind eher versteckte Handelshemmnisse.

8.3.1 Tarifäre Handelshemmnisse

Zölle sind staatliche Abgaben. Diese Abgaben werden auf eingeführte, ausgeführte oder durchs Land geleitete Güter erhoben. Sie werden bei Überschreitung einer Zollgrenze fällig. Ziel der Zollerhebung ist einerseits die Erzielung von Einnahmen durch den Staat (**finanzpolitisches Ziel**). Andererseits dienen sie zum Schutz der inländischen Industrie (wirtschaftliches Ziel).

Ziele der Zollerhebung

Heute sind in der Regel nur noch Importzölle bedeutsam, die entweder mengenmäßig (**Mengenzoll**) oder wertmäßig (**Wertzoll**) erhoben werden. Mit der Erhebung von Einfuhrzöllen verteuern sich die importierten Güter und für die Konsumenten des Zoll erhebenden Landes bedeutet dies eine künstliche Verteuerung. Es kommt zu einer Verzerrung des internationalen Handels. Wie der Importzoll auf die Wohlfahrt wirkt, hängt maßgeblich von der Größe eines Landes, aber auch von der Marktstruktur und dem Marktverhalten ab.

Verzerrungs des internationalen Handels

Zollkontrolle auf der Autobahn

Es ergibt sich ein Wohlfahrtsverlust, wenn das Land klein ist und vollständige Konkurrenz herrscht. Durch die Verteuerung der importierten Güter wird die Inlandsproduktion erhöht, da Importe durch teure inländische Produkte ersetzt werden. Im Fall eines großen Landes kann die zollbedingte Verringerung der Einfuhrnachfrage den Weltmarktpreis des betreffenden Erzeugnisses mindern, sofern die Importnachfrage für den Weltmarkt ausreichend bedeutsam ist. Die Terms of Trade werden aus Sicht der Inländer verbessert.

vgl. 8.2 Terms of Trade

8.3.2 Nichttarifäre Handelshemmnisse

Nichttarifäre Handelshemmnisse können mengenmäßige Beschränkungen (**Kontingente**), aber auch **Subventionen**, **bürokratische** oder **technische Vorschriften** sein. Sie führen ebenfalls wie die tarifären Handelshemmnisse zur Verzerrung zwischen den Weltmarktpreisen und inländischen Güterpreisen.

Das **Kontingent** ist eines der klassischen handelspolitischen Instrumente. Unter einem Kontingent wird die **wert- oder mengenmäßige Begrenzung** für bestimmte Erzeugnisse verstanden. Kontingente können sowohl für Importe als auch für Exporte festgesetzt werden.

Kontingente

Üblicherweise werden aber Einfuhrkontingente verhängt. Es besteht die Möglichkeit, den Import für einen festgelegten Zeitraum auf eine Höchstmenge (so genanntes **Mengenkontingent**) oder auf einen Höchstwert (so genanntes **Wertkontingent**) zu beschränken. Den inländischen Produzenten wird so ein bestimmter Marktanteil bzw. ein bestimmter Marktwert freigehalten. Die Konsequenz eines Einfuhrkontingents ist, dass das Gut, welches betroffen ist, preislich über dem Weltmarktpreis liegt.

Es kann aber im internationalen Handel auch Ausfuhrkontingente geben. Die Länder legen sich selbst eine bestimmt Exportquote auf, damit sie vor verschärfenden Maßnahmen der Importländer geschützt sind. In den 80er- und 90er-Jahren begrenzte die japanische Automobilindustrie z. B. ihren Export in die EU.

Subventionen

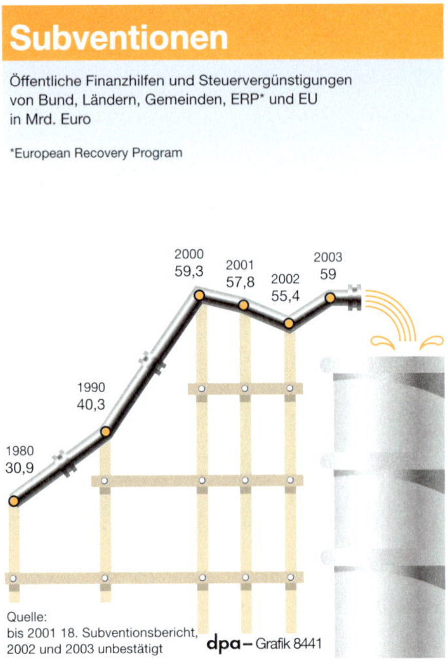

Unter **Subventionen** werden **staatliche Begünstigungen** verstanden. Sie können durch direkte Geldleistungen und steuerliche Ermäßigungen vom Staat an eine bestimmte Empfängergruppe geleistet werden. Hierzu können private Unternehmen, aber auch private Haushalte gehören. Subventionen verlangen keine Gegenleistungen. Mittels Subventionen wird der Außenhandel beeinflusst, da subventionierte Unternehmen eines Landes Güter auf dem Weltmarkt kostengünstiger anbieten können als andere Länder. Die Wettbewerbsposition der subventionierten Unternehmen verbessert sich dementsprechend. Als Transferzahlungen werden Subventionen an private Haushalte bezeichnet. Seit 1970 haben sich die Subventionen in Deutschland mehr als verdreifacht. Im Jahr 2001 wurden insgesamt 57,8 Mrd. € als Finanzhilfen und Steuervergünstigungen gezahlt.

ERP = Europäisches Wiederaufbauprogramm

Mit so genannten **Hermes-Bürgschaften** können deutsche Unternehmen ihre Exporte absichern. Praktisch liegt hier auch eine Form der staatlichen Subvention vor. Deutsche Exporteure werden mit dieser staatlichen Bürgschaft vor politischen und vor wirtschaftlichen Risiken geschützt. Die Vergabe dieser Bürgschaft erfolgt über die Euler Hermes-Kreditversicherungs-AG.

www.hermes-kredit.com

Handelshemmnisse, die auf unterschiedliche technische und bürokratische Vorschriften zurückzuführen sind, können den internationalen Handel genauso behindern wie geschlossene Grenzen. **Technische Vorschriften** können sich auf das Produkt selbst (Beschaffenheit, Normen), auf die Produktionsverfahren (Herstellung, Transport, Hygienevorschriften usw.) oder auf die Bewertung von Produkten (Prüfung, Zertifizierung, Zulassung) beziehen.

Bürokratische Regelungen (oder auch so genannte administrative Regelungen) können sich z. B. aus Vorschriften und internen Verwaltungsanweisungen ergeben, wie z. B. in der Zollverwaltung.

Wenn jedes Land unterschiedliche technische und bürokratische Vorschriften erlässt, wirkt sich dies auf den internationalen Handel aus. Es kommt zu einer Verzögerung und Verteuerung der Produktion und der Handel über die Grenzen wird erschwert.

Beispiele: Technische und bürokratische Vorschriften in Deutschland
In Deutschland besteht seit 1516 eine Vorschrift, nach der Bier nur aus Malz mit Hilfe von Hefe, Wasser und Hopfen gebraut werden darf (Reinheitsgebot). „Biere", die unter anderem mit Geschmacksmanipulatoren und Konservierungsmitteln versetzt sind, dürfen auf dem deutschen Markt nicht vertrieben werden.

Dem Unternehmen Rewe verweigerten die deutschen Behörden die Einfuhr des französischen Johannisbeerlikörs „Cassis de Dijon". Als Begründung gaben die Behörden an, „Cassis de Dijon" erreiche keinen Mindestalkoholanteil von 25 %. Aus Gründen des Verbraucherschutzes darf in Deutschland kein Fruchtsaftlikör unter 25 % Mindestalkoholanteil gehandelt werden.

Der deutsche Bäcker Oebel hatte gegen das deutsche Nachtbackverbot verstoßen und war deswegen bestraft worden. Gegen diese Bestrafung trägt er vor, dass ein deutsches Nachtbackverbot unzulässig sei: Da es in der EU ausschließlich dieses Verbot in Deutschland gibt, benachteilige es allein deutsche Unternehmen und verstoße gegen die Warenverkehrsfreiheit.

Übersicht:	
Gründe für den Außenhandel	– Verfügbarkeit bzw. Nichtverfügbarkeit von Rohstoffen, natürlichen Umweltbedingungen und Produktionsfaktoren – Kostenunterschiede bei Menge und Qualität vergleichbarer Produktionsfaktoren – Produktunterschiede auf Grund verschiedener Präferenzen und Strategien
Terms of Trade	– Austausch bzw. Preisverhältnis von Gütern – Terms of Trade = Exportpreise/Importpreise
Argumente für Handelsbeschränkungen	– Beschäftigungsargument – Sicherheitsargument – Schutzargument – Argument vom unfairen Wettbewerb – Argument vom Verhandlungsvorteil
Tarifäre Handelshemmnisse	Zölle
Nichttarifäre Handelshemmnisse	– Kontingente – Subventionen – bürokratische oder technische Vorschriften

Aufgaben

1. „Heute hängt unser aller Leben an der Weltwirtschaft: Wo ist das gewachsen, was Sie heute früh gegessen und getrunken haben, woher kommt das Öl, das Ihr Flugzeug oder Auto hierher getrieben hat. Also muss ich von Weltwirtschaft reden, wenn ich die ökonomischen Probleme mit Blick auf die Zukunft behandeln will." (C.F.v.Weizsäcker) Belegen Sie diese Aussage mit Beispielen aus gesammelten Zeitungsausschnitten.
2. Analysieren Sie die Importe und Exporte der Bundesrepublik und stellen Sie fest, welche Bereiche besonders abhängig vom Außenhandel sind. Wie stellt sich die Situation in Ihrem Ausbildungsbetrieb dar?
3. „Es ist höchst unwirtschaftlich, wenn eine Volkswirtschaft alle benötigten Güter und Dienstleistungen selbst produziert." Begründen Sie diese Aussage.
4. Erklären Sie die Terms of Trade.
5. Finden Sie jeweils ein Beispiel für die verschiedenen Argumente, die zur Begründung der Handelshemmnisse herangezogen werden.
6. Unterscheiden Sie tarifäre und nichttarifäre Handelshemmnisse. Welche Bedeutung haben sie für den internationalen Handel?
7. Lesen Sie den satirischen Brief des Frederic Bastiat auf Seite 288. Worum geht es in diesem Brief und was will Frederic Bastiat damit ausdrücken?

8.4 Zahlungsbilanz

Das Rechenwerk, aus dem die wichtigsten Zahleninformationen für die Außenwirtschaft stammen, ist die Zahlungsbilanz. Sie erfasst alle **wirtschaftlichen Transaktionen** (in Geld ausgedrückt) zwischen dem **Inland** und dem **Ausland** innerhalb einer Periode. Die Zahlungsbilanz erfasst im Gegensatz zu anderen Bilanzen keine auf einen bestimmten Zeitpunkt bezogenen Bestandsgrößen, sondern **Stromgrößen**.

Wenn ein deutsches Unternehmen eine Maschine nach Frankreich verkauft, wird dies in der Zahlungsbilanz festgehalten. Das geschieht ebenso, wenn aus Kuwait Öl importiert wird oder wenn Touristen in Italien Geld ausgeben oder ein Unternehmen in Österreich einen Kredit aufnimmt oder wenn ein Gastarbeiter Geld in seine Heimat überweist.

Die Zahlungsbilanz gibt Auskunft über die internationalen Verflechtungen einer Volkswirtschaft.

Die Zahlungsbilanz gibt infolgedessen über die **internationalen Verflechtungen einer Volkswirtschaft** Auskunft und liefert den Wirtschaftspolitikern Zahlenwerte für die Konjunkturpolitik. Die Zahlungsbilanz wird sowohl monatlich als auch jährlich von der Deutschen Bundesbank erstellt und veröffentlicht. Im Internet kann der jeweilige Monatsbericht unter www.bundesbank.de eingesehen werden.

Entsprechend zur nationalen Zahlungsbilanz wird von der Europäischen Zentralbank auch eine Zahlungsbilanz für den Euro-Währungsraum erstellt.

Die Zahlungsbilanz setzt sich aus Teilbilanzen zusammen.

Um in die Vielzahl der unterschiedlichen volkswirtschaftlichen Vorgänge eine systematische Ordnung zu bringen, wird die Zahlungsbilanz in so genannte **Teilbilanzen** unterteilt. Dies sind die Leistungsbilanz, Vermögensübertragungsbilanz, Kapitalbilanz und Devisenbilanz.

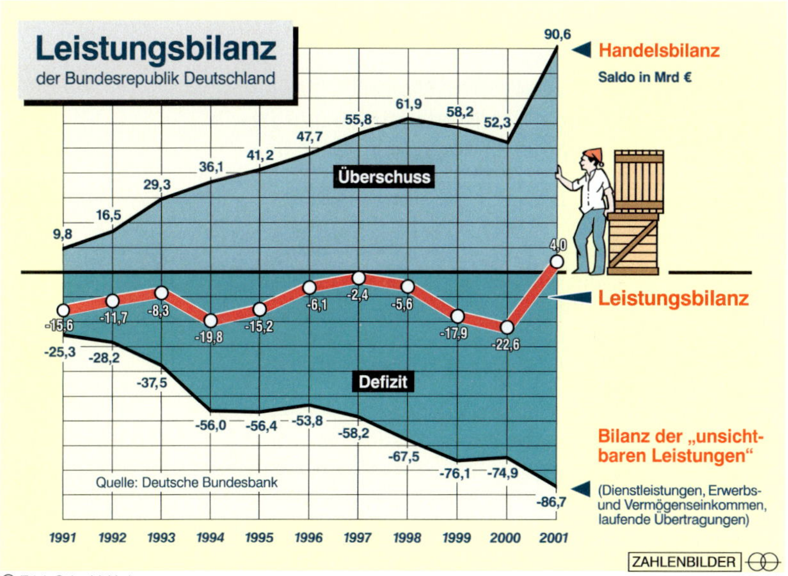

394 015

Leistungsbilanz

Die **Leistungsbilanz** setzt sich zusammen aus der **Handelsbilanz**, der **Dienstleistungsbilanz**, der **Erwerbs- und Vermögenseinkommensbilanz** und der **Übertragungsbilanz**. Die Differenz zwischen den Einnahmen und

Ausgaben für Warengeschäfte, Dienstleistungen und den laufenden Erwerbs- und Vermögenseinkommen nennt man **Außenbeitrag**. Dieser kann positiv, negativ oder gleich null sein. In Deutschland ist dieser Betrag schon seit einigen Jahren positiv, d. h., dass die Einnahmen die Ausgaben übersteigen.

Handelsbilanz

Handelsbilanz

Klassische Exportschlager Deutschlands sind Autos und Maschinen. Traditionell führt die Bundesrepublik schon seit Jahren mehr Güter in fremde Länder aus, als es aus dem Ausland importiert. Die Güterströme werden zahlenmäßig in der Handelsbilanz erfasst, die den **Wert aller Importe und Exporte** Deutschlands ausweist. Der Überschuss der Handelsbilanz von 2001 lag bei der Rekordmarke 89,3 Mrd. €.

Dienstleistungsbilanz

Dienstleistungsbilanz

Der gesamte Austausch von Dienstleistungen zwischen Inländern und Ausländern wird in der Dienstleistungsbilanz erfasst. Dazu gehören z. B. die Ausgaben der Deutschen im Reiseverkehr, aber auch die Einnahmen der Deutschen aus dem Reiseverkehr.

Erwerbs- und Vermögenseinkommensbilanz

Erwerbs- und Vermögenseinkommensbilanz

Die Einkommen aus **unselbstständiger Arbeit** und aus **Kapitalerträgen**, die aus dem Ausland kommen oder an das Ausland gehen, werden in der Erwerbs- und Vermögenseinkommensbilanz dargestellt. Hierzu zählen sowohl ausländische Einkünfte wie Lohn oder Gehalt als auch Erträge aus Kapitalanlagen im Ausland. Verständlicher wird diese Teilbilanz, wenn ein Beispiel betrachtet wird:

Beispiel:

Herr Raul wohnt in der Nähe der niederländischen Grenze. Da er keine Arbeit in Deutschland gefunden hat, fährt er jeden Tag in die Niederlande, um zu arbeiten. Jeden Monat bekommt er sein Gehalt von dort auf das Konto seiner deutschen Bank überwiesen. Es fließt also ein Erwerbseinkommen aus dem Ausland ins Inland. Bei Frau de Mol verhält sich das Ganze genau umgekehrt, denn sie wohnt in den Niederlanden und arbeitet bei einem Unternehmen in Deutschland. Hier fließt ein Erwerbseinkommen vom Inland ins Ausland.

Übertragungsbilanz

Übertragungsbilanz

In der Übertragungsbilanz werden alle **Vorgänge ohne wirtschaftliche Gegenleistung** festgehalten. Hierzu zählen unentgeltliche Importe bzw. Exporte von Gütern und Dienstleistungen sowie einseitige Zahlungen an und aus dem Ausland. Dies sind vor allem Zahlungen an internationale Einrichtungen (wie z. B. NATO, EU, Weltbank), Wiedergutmachungszahlungen auf Grund von Kriegen, Renten und Pensionen und Versicherungszahlungen in und aus dem Ausland, aber auch die Überweisungen ausländischer Arbeitnehmer in die Heimat. Sämtliche derartige Übertragungen mit **laufendem Charakter** finden ihren Niederschlag in der Übertragungsbilanz.

vgl. 8.6 Internationale Organisationen und Abkommen, vgl. auch 8.7 Wirtschaftsraum EU – Beispiel einer regionalen Interpretation

Vermögensübertragungsbilanz

Einmalige Vermögensübertragungen, wie z. B. Schenkungen, Erbschaften, der Erlass von Schulden, Vermögensmitnahmen von Auswanderern bzw. Einwanderern oder Zuschüsse der EU für Infrastrukturmaßnamen, werden in der **Vermögensübertragungsbilanz** ausgewiesen.

Die **Kapitalbewegungen** zwischen dem Inland und dem Ausland werden in der Kapitalbilanz festgehalten. Langfristig sind dies vor allem: Direktinvestitionen, Kauf und Verkauf von Kapitalmarktpapieren, Kauf und Verkauf von Grundstücken, Kredite mit einer Laufzeit von über einem Jahr. Kurzfristig sind dies u. a. Bewegungen von Devisen, Sorten und Gold, Kauf von Geldmarktpapieren, Anzahlungen, Kredite mit einer Laufzeit von unter einem Jahr.

Kapitalbilanz

Die **Devisenbilanz** ist eine Art Kapitalbilanz der Zentralbank, d. h., hier werden alle ihre Kapitalbewegungen festgehalten. Sie erfasst alle Devisenzu- und -abgänge sowie die Änderungen der Auslandspositionen Deutschlands und die Änderungen der Goldbestände.

Devisenbilanz

Da die Zahlungsbilanz nach dem **System der doppelten Buchführung** aufgebaut ist, muss sie stets ausgeglichen sein. Die Teilbilanzen hingegen sind in der Regel immer unausgeglichen, in diesen Fällen wird generell von einem Zahlungsbilanzdefizit oder einem -überschuss gesprochen.

Die Zahlungsbilanz ist immer ausgeglichen.

doppelte Buchführung, vgl. Teilband *Prozessorientiertes Rechnungswesen,* Kapitel 1 Werteströme und Werte erfassen und dokumentieren

Wenn im Zusammenhang des magischen Vierecks u. a. vom Ziel des „außenwirtschaftlichen Gleichgewichts" gesprochen wird, so ist die Ausgeglichenheit der Zahlungsbilanz im Sinne einer Ausgeglichenheit ihrer Teilbilanzen gemeint. Starke Ungleichgewichte in den Teilbilanzen sind schon allein deshalb zu vermeiden, weil ein hoher Überschuss in den Teilbilanzen des einen Landes automatisch Defizite in den Teilbilanzen anderer Länder bedeutet. Bezogen auf die Handelsbilanz bedeutet z. B. ein deutscher Exportüberschuss automatisch Importüberschüsse im Ausland, was dort wiederum zu Forderungen nach protektionistischen Maßnahmen führen kann und damit auch Rückwirkungen auf deutsche Exporteure hat.

magisches Viereck, vgl. Kapitel 3, 4 Wirtschaftspolitische Ziele und Zielkonflikte

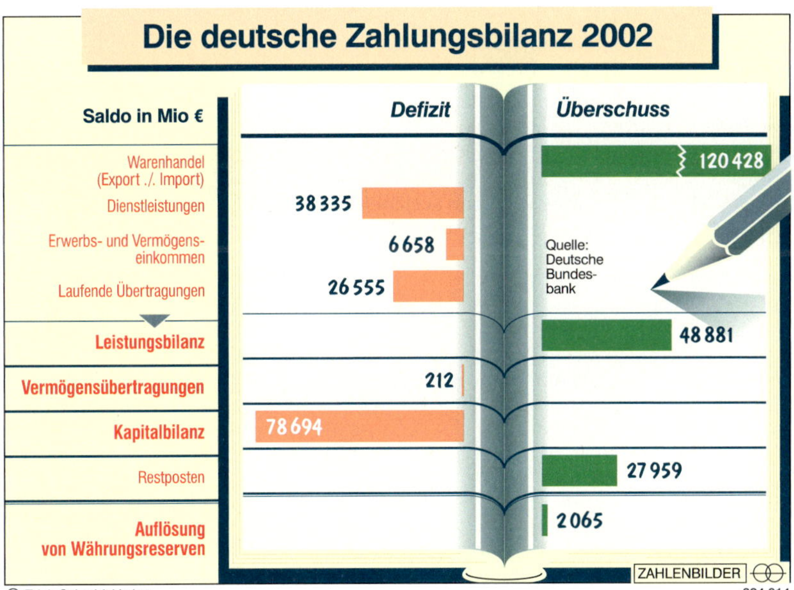

 394 014

Ein **Zahlungsbilanzdefizit** liegt vor bei
- einer passiven Handelsbilanz (Warenimporte > Warenexporte),
- einer passiven Dienstleistungsbilanz (Dienstleistungsimporte > Dienstleistungsexporte) oder

Zahlungsbilanzdefizit

- einer passiven Übertragungsbilanz
  (Leistungen an das Ausland > Leistungen an das Inland).

Zahlungsbilanzüberschuss

Ein **Zahlungsbilanzüberschuss** liegt vor bei
- einer aktiven Handelsbilanz
  (Warenimporte < Warenexporte),
- einer aktiven Dienstleistungsbilanz
  (Dienstleistungsimporte < Dienstleistungsexporte) oder
- einer aktiven Übertragungsbilanz
  (Leistungen an das Ausland < Leistungen an das Inland).

Nachfolgend wird die Zahlungsbilanz kontenmäßig dargestellt:

Zahlungsbilanz

Soll	Haben
A. Leistungsbilanz	
1. Handelsbilanz	
Warenexport	Warenimport
2. Dienstleistungsbilanz	
Dienstleistungsexporte (z. B. Urlaubsreisen, Geschäftsreisen von Ausländern ins Inland, Transporte für Ausländer usw.)	Dienstleistungsimporte (z. B. Urlaubsreisen ins Ausland, Transporte von Ausländern für das Inland usw.)
3. Erwerbs- und Vermögenseinkommensbilanz	
Einnahmen aus Erwerbs- und Vermögenseinkommen (z. B. Lohn- und Gehaltszahlungen an das Ausland)	Ausgaben aus Erwerbs- und Vermögenseinkommen (z. B. Lohn- und Gehaltszahlungen aus dem Ausland)
4. Übertragungsbilanz empfangene Übertragungen	geleistete Übertragungen (z. B. Entwicklungshilfe, Überweisungen ausländischer Arbeitskräfte an ihre Familien)
B. Vermögensübertragungsbilanz	
empfangene Vermögensübertragungen	geleistete Vermögensübertragungen
C. Kapitalbilanz	
Kapitalimporte (z. B. Abnahme von Forderungen, Zunahme von Verbindlichkeiten gegenüber dem Ausland)	Kapitalexporte (z. B. Zunahme von Forderungen, Abnahme von Verbindlichkeiten gegenüber dem Ausland)
D. Devisenbilanz	
Abgänge an Gold und Devisen	Zugänge an Gold und Devisen
E. Restposten	
Saldo der nicht erfassbaren Posten	

8.5 Außenwert des Geldes

Eine **Währung** stellt die staatlich bzw. überstaatlich festgelegte Ordnung des Geldwesens dar. Die Währung ist jedoch auch gleichzeitig die Bezeichnung für die gesetzlichen Zahlungsmittel der verschiedenen Länder oder Währungsunionen.

Euro-Referenzkurse der Europäischen Zentralbank

Land	Währung	1 Euro =
USA	USD	0,9236
Japan	JPY	99,47
Großbritannien	GBP	0,60948
Schweiz	CHF	1,5579
Kanada	CAD	1,3706
Schweden	SEK	8,4452
Norwegen	NOK	8,1129
Dänemark	DKK	7,4538
Türkei	TRL	547.816,00
Südkorea	KRW	1.043,50
Südafrika	ZAR	6,3899

Währungsbezeichnung nach ISO (*International Organisation for Standardization*)

Die **Währungsordnung** umfasst die Gesamtheit aller Gesetze und sonstigen Regelungen des Geldwesens, die notwendig sind, um den inländischen Geld- und Zahlungsverkehr und den Zahlungsverkehr mit dem Ausland aufrechtzuerhalten. Es gibt daher innerhalb der einzelnen Volkswirtschaften spezielle Währungs- bzw. Notenbankgesetze, aber auch internationale Abkommen, z. B. das Gesetz über den internationalen Währungsfonds (IWF) und das Europäische Währungsabkommen, welches durch den Vertrag von Maastricht geregelt wurde.

Weltwährungsordnung, vgl. 8.6 Internationale Organisationen und Abkommen

Durch die Wahl des **Währungssystems** kann die Geldmenge und dadurch auch der Wert des Geldes beeinflusst werden. Durch die entsprechenden Regelungen über die Ausgabe von Münzen und Banknoten kann sichergestellt werden, dass das Geld die verschiedenen Funktionen erfüllt.

Wahl des Währungssystems

Bei den **gebundenen Währungen** ist der Geldumlauf ganz oder zum Teil durch ein knappes Gut, z. B. Metalle oder Devisen, gedeckt. Die **Silberwährungen** sind die ältesten bekannten Währungen. Bei der **Goldumlaufwährung** kann das gesamte in Umlauf befindliche Geld (Scheidemünzen und Banknoten) jederzeit von der Zentralbank in Gold umgetauscht werden. Kurantmünzen sind in diesem Fall gesetzliche Zahlungsmittel. Bei der **Goldkernwährung** existieren als gesetzliches Zahlungsmittel lediglich Scheidemünzen und Banknoten. Ein Teil des im Umlauf befindlichen Geldes muss durch Gold gedeckt sein. Gold kann jederzeit bei der Notenbank gekauft oder verkauft werden. Bei der **Golddevisenwährung** kann der Geldumlauf entweder durch Gold oder durch Devisen gedeckt werden. Gold- und Devisenbestände müssen von der Zentralbank gehalten werden, eine Einlösungspflicht in Gold besteht aber nicht.

gebundene Währungen

Währungssysteme

	Reine Goldwährung	Gold-Devisen-Währung	Freie Währung
	19. Jahrhundert und bis zum Ersten Weltkrieg in Europa, USA, Japan	nach dem Ersten Weltkrieg bis zum Ende des Systems von Bretton Woods (1971)	seit 1973
innere Ordnung	Der Wert einer Währungseinheit ist in Gold definiert Goldmünzen sind gesetzliches Zahlungsmittel Vertrauen in Banknoten durch Zusage der Notenbank, sie jederzeit in Gold umzutauschen Geldumlauf ist durch Gold gedeckt	Der Wert einer Währungseinheit ist in Gold oder als Betrag einer Reservewährung (z.B. US-Dollar) definiert Keine Pflicht zur Einlösung der Banknoten in Gold Geldumlauf ist durch Gold oder Devisenreserven der Notenbank gedeckt	Keine Bindung der Währung an ein Währungsmetall Regulierung der Geldmenge durch die Notenbank sorgt für Geldwertstabilität: Die Geldmenge muss mit der Leistung der Volkswirtschaft (der produzierten Gütermenge) in Einklang stehen
international	Ausgleich der Zahlungsbilanz durch Export/Import von Gold Feste Wechselkurse zwischen den Währungen	Goldeinlösungspflicht der US-Notenbank für Dollarbestände anderer Notenbanken Ausgleich der Zahlungsbilanz durch Gold oder Devisen Feste Wechselkurse zwischen den Währungen	Währungsreserven (Gold, Devisen) dienen nur noch dem internationalen Zahlungsausgleich Flexible Wechselkurse zwischen den Währungen

 ZAHLENBILDER 445 107

Bei den **freien (manipulierbaren) Währungen** existiert keinerlei Bindung des umlaufenden Geldes an ein knappes Gut. Die Währung der Europäischen Wirtschafts- und Währungsunion, der Euro, ist eine freie Währung. Bei den freien Währungen besteht der Geldumlauf in der Regel aus stoffwertlosem Geld (Papiergeld), daher spricht man auch von einer **Papierwährung**. Die Geldmenge ist dabei nach konjunkturpolitischen Erfordernissen frei manipulierbar. Es besteht dabei jedoch die Gefahr, dass die Politiker die Geldmenge u. U. mehr an politischen Interessen orientieren. Innerhalb des Euro-Währungsgebietes wird die Geldmenge durch die Europäische Zentralbank gesteuert.

freie Währungen

vgl. Kapitel 3, 6.2 Geldpolitik

8.5.1 Was bedeutet „Außenwert"?

Der **Wechselkurs (Devisenkurs)** ist der Preis einer ausländischen Währungseinheit, ausgedrückt in inländischen Währungseinheiten. Der Wechselkurs stellt das Austauschverhältnis zweier Währungen dar. Durch die Wechselkurse wird gleichzeitig der **Außenwert** einer Währung festgelegt. Bei vielen Währungen wird der Wechselkurs für 100 ausländische Währungseinheiten angegeben. Es gibt aber auch Ausnahmen, denn Pfund (£) und Dollar ($) werden nur mit einer Einheit angegeben.

Wechselkurs = Preis für ausländische Währungseinheiten

Als **Devisen** werden allgemein alle ausländischen Zahlungsmittel bezeichnet, z. B. Guthaben bei ausländischen Banken oder auf ausländische Währungseinheiten ausgestellte Schecks. Ausländische Münzen und Banknoten werden **Sorten** genannt. Beim Ankauf von Devisen legen die Banken den **Geldkurs** zu Grunde, beim Verkauf den **Briefkurs**. Auf dem **Devisenmarkt** treffen Devisenangebot und -nachfrage aufeinander und bilden die Wechselkurse. Die Abrechnung zum **Kassakurs** erfolgt bei sofort ausgeführten Devisengeschäften. Erfolgt die Erfüllung des Devisengeschäftes zu einem späteren Zeitpunkt, gilt der **Terminkurs**.

Devisen

Sorten

Das **Devisenangebot** ergibt sich z. B. aus dem Export von Waren und Dienstleistungen, deren Rechnungen auf eine ausländische Währung lauten, aus der Reisetätigkeit und dem Kapitalimport von Ausländern. Umge-

Devisenangebot und Devisennachfrage

kehrt entsteht die **Devisennachfrage** z. B. aus dem Import von Waren und Dienstleistungen, deren Rechnungen auf eine ausländische Währung lauten, aus der Reisetätigkeit und dem Kapitalexport von Inländern.

Devisennachfrage und Devisenangebot

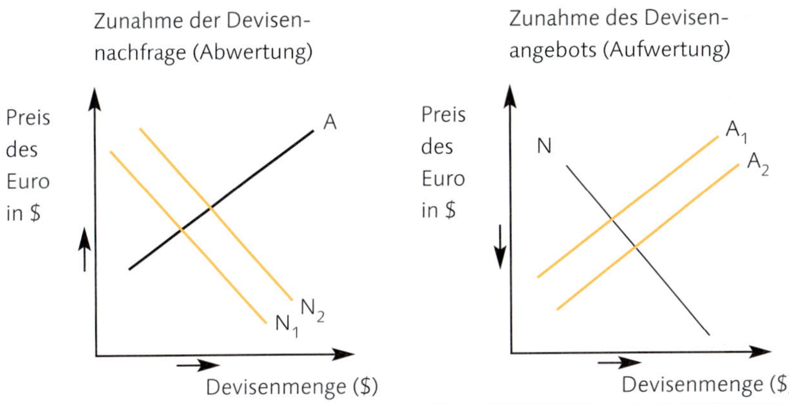

Mit **Konvertibilität** wird das Recht bezeichnet, jederzeit Währungsguthaben in andere Währungen umzutauschen. Konvertibilität bildet heutzutage die Grundlage jeder Außenwirtschaft.

8.5.2 Wie bilden sich die Wechselkurse?

Nach der Art der Bestimmung von Wechselkursen unterscheidet man verschiedene Wechselkurssysteme.

Die Wechselkurse in einem **System flexibler Wechselkurse** ergeben sich als Gleichgewichtspreis aus Angebot und Nachfrage am Devisenmarkt.

Die freie Bildung der Wechselkurse wird auch als *floating* bezeichnet (engl. *float* = treiben, schwimmen). Da weder der Staat noch die Europäische Zentralbank (EZB) bzw. die nationalen Zentralbanken verpflichtet sind, einen bestimmten Wechselkurs aufrechtzuhalten, sind die Wechselkurse in diesem System durch Angebot und Nachfrage ständigen Schwankungen ausgesetzt. Wird in die freie Kursbildung jedoch von außen korrigierend eingegriffen, wird von einem „verschmutzten Floating" (*dirty floating*) gesprochen.

vgl. Kapitel 3, 6.2.1 Währungshüter Europas – das Europäische System der Zentralbanken

Das Devisenangebot und die Devisennachfrage beeinflussen die Wechselkurse. Ein steigender Wechselkurs bedeutet eine **Abwertung** der inländischen Währung. Ein sinkender Wechselkurs hat dementsprechend eine **Aufwertung** der inländischen Währung zur Folge. Faktoren, die das Wechselkursniveau beeinflussen sind z. B. die Höhe der Importe und Exporte der verschiedenen Länder, Spekulationsgeschäfte, um Wechselkursschwankungen auszunutzen, unterschiedliche Preis- und Zinsniveaus der Länder oder die politische und wirtschaftliche Situation.

Abwertung und Aufwertung der heimischen Währung

Einflussfaktoren auf Devisenangebot und -nachfrage

Z. B. handelt es sich um eine Aufwertung des Euros, wenn sich der Wechselkurs wie folgt ändert: Für einen Dollar bekommt man 1,05 € anstatt zuvor 1,10 €. Durch die Aufwertung steigt der Außenwert des Geldes. Bei einer Abwertung sinkt dagegen der Außenwert.

Vor- und Nachteile freier Wechselkurse	
Vorteile freier Wechselkurse	– Möglichkeit der Bildung von Wechselkursen ohne Einfluss von außen – Wechselkursbildung als Resultat von Angebot und Nachfrage – Funktionen des Gleichgewichtspreises erfüllt – automatischer Ausgleich in der Zahlungsbilanz
Nachteile freier Wechselkurse	– relativ starke Kursschwankungen – Wechselkursrisiken – Währungsspekulationen – Unsicherheit im Welthandel

Wirkungen der Auf- und Abwertungen		
	Maßnahme	
Wirkung auf	Aufwertung	Abwertung
Konjunktur	wird gehemmt	wird gefördert
Wechselkurs (für fremde Währung)	sinkt	steigt
Import	steigt	sinkt
Export	sinkt	steigt
Preisniveau	sinkt	steigt
Anzahl der Arbeitsplätze	sinken	steigen

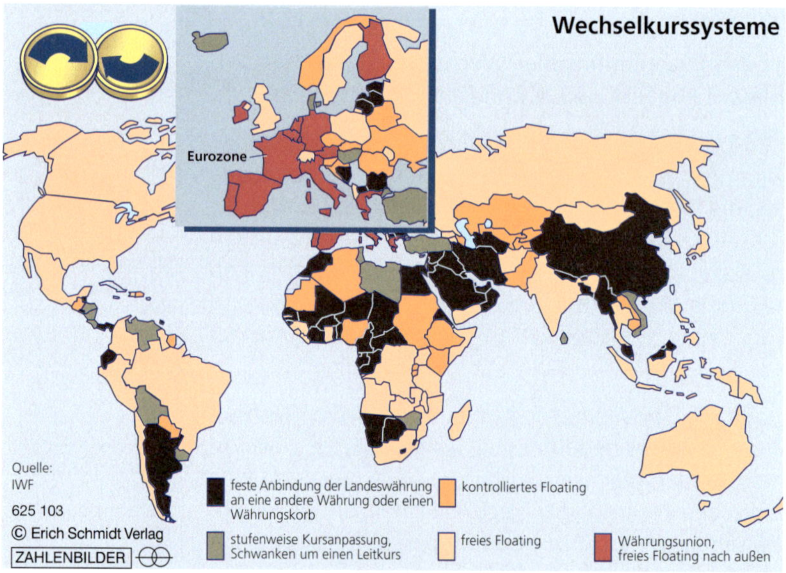

Im System **fester (gebundener, starrer, fixer) Wechselkurse** wird der Wechselkurs auf Dauer von außen festgelegt, d. h. die natürlichen Kräfte von Angebot und Nachfrage werden außer Kraft gesetzt. Da sich kein Gleichgewichtspreis durch das freie Spiel von Devisenangebot und -nachfrage bildet, ist der Staat oft gezwungen, eine Auf- oder Abwertung vorzu-

Feste Wechselkurse gelten seit dem 1.1.99 für die Teilnehmerstaaten der 3. Stufe der EWWU nehmen, weil die Notenbank im Grunde verpflichtet ist, jedes Angebot bzw. jede Nachfrage zu befriedigen. Man unterscheidet absolut feste Wechselkurse, bei denen keine Kursschwankungen zugelassen sind, und relativ feste Wechselkurse mit Kursschwankungen in gewissen Bandbreiten.

Das zuletzt genannte System gilt für die Länder der Europäischen Union, die nicht an der 3. Stufe der EWWU teilnehmen. Der Euro ist in diesem Fall Leitwährung.

Wechselkursmechanismus II (WKM II)

Maßnahmen zur Beeinflussung der Wechselkurse		
Maßnahmen der Regierung	bei festen Wechselkursen	Aufwertung: Kurs zu hoch; Importe steigen, Exporte sinken; Zahlungsbilanzüberschüsse werden verringert.
		Abwertung: Kurs zu niedrig; Importe sinken, Exporte steigen; Zahlungsbilanzdefizite werden verringert.
	Übergang zu freien Wechselkursen	„Natürlicher" Wechselkurs wird durch Marktmechanismen gefunden.
Maßnahmen der Zentralbank	bei festen Wechselkursen	Devisenkäufe: Inländischer Geldumlauf vermehrt, Zahlungsbilanzdefizit wird verringert.
		Devisenverkäufe: Inländischer Geldumlauf sinkt, Zahlungsbilanzüberschuss wird verringert.
	bei freien Wechselkursen	Zentralbank kann eingreifen, muss aber nicht. Devisenkäufe verhindern weitere Kurssenkungen, Devisenverkäufe verhindern weitere Kurssteigerungen.

Vor- und Nachteile fester Wechselkurse	
Vorteile fester Wechselkurse	– bessere Kalkulationsgrundlage, da keine Wechselkursrisiken vorliegen – keine Devisenspekulationen – Steuerung der Devisenmenge von außen – Devisenangebot und -nachfrage besser planbar
Nachteile fester Wechselkurse	– notwendige Intervertion von außen – Verzerrung der Wettbewerbsverhältnisse durch unterschiedliche Devisenbewirtschaftung – hohe Verwaltungskosten – mögliche negative Beeinflussung des Welthandels

Der Kurs des Euro: Je höher, desto besser?

Europas Währungspolitiker konnten noch vor Weihnachten aufatmen. Der freie Fall des Euro scheint gestoppt, der Kurs der Einheitswährung stieg im Dezember spürbar an. Zwar ist die Notierung an den Devisenbörsen noch weit von den 1,18 US-Dollar entfernt, mit der vor zwei Jahren der Euro startete. Nach Ansicht vieler Ökonomen aber ist der Wendepunkt überschritten. (...)
Tatsächlich gilt ein hoher Wechselkurs als Zeichen wirtschaftlichen Erfolgs. Er schmeichelt dem Selbstbewusstsein der Bürger (und der Regierenden). Doch ein zu hoher Wechselkurs kann Schaden stiften.

→

Exporte werden erschwert, weil die Güter im Ausland teurer werden. Gewinne werden geschmälert, wenn Exporteure, um wettbewerbsfähig zu bleiben, ihre Preise in Euro senken müssen. Ein zu starker Euro zwingt die Unternehmen, die in Länder außerhalb der Währungsunion exportieren, zu Kostensenkungen – zu zusätzlicher Rationalisierung und damit womöglich zum Abbau von Arbeitsplätzen. Gleichzeitig kann ein zu hoher Außenwert auch die Firmen unter Kostendruck bringen, die nur für den Euro-Raum produzieren. Denn die Importgüter der ausländischen Konkurrenz werden in diesem Fall billiger. Auch das kann am Ende Arbeitsplätze kosten.
Ebenso kann sich aber auch eine Unterbewertung der Währung schädlich auswirken. Ein schwacher Außenkurs fördert zwar kurzfristig den Export und stützt damit die inländische Konjunktur. Doch er setzt falsche Preissignale: So täuscht ein zu niedriger Wechselkurs Unternehmen und Politikern eine höhere internationale Wettbewerbsfähigkeit vor, als sie real existiert. Er verführt dazu, Innovationen und Reformen zu unterlassen. Steigt der Kurs dann an, sind Marktanteile und Arbeitsplätze bedroht. Hinzu kommt die Gefahr der importierten Inflation: Weil die Einfuhren teurer werden, zieht das Preisniveau an. (...)
Erstrebenswert ist deshalb weder ein zu niedriger noch ein zu hoher Außenwert, sondern der Gleichgewichtskurs, der Preisverzerrungen vermeidet. So wie sich eine Volkswirtschaft im Gleichgewicht befindet, wenn Vollbeschäftigung und stabile Preise erreicht sind, ist die Außenwirtschaft im Gleichgewicht, wenn der Wechselkurs für eine ausgewogene Leistungsbilanz sorgt: wenn sich Ein- und Ausfuhren bei Waren und auch bei Dienstleistungen die Waage halten. (...)

Quelle: Die Zeit vom 28. Dezember 2000, Autor: Wilfried Herz

<table>
<tr><th colspan="4">Übersicht:</th></tr>
<tr><td rowspan="5">Zahlungsbilanz</td><td colspan="3">erfasst alle wirtschaftlichen Transaktionen zwischen Inland und Ausland innerhalb einer Periode</td></tr>
<tr><td rowspan="4">Unterbilanzen</td><td>Leistungsbilanz</td><td>– Handelsbilanz
– Dienstleistungsbilanz
– Erwerbs- und Vermögensbilanz</td></tr>
<tr><td colspan="2">Vermögensübertragungsbilanz</td></tr>
<tr><td colspan="2">Kapitalbilanz</td></tr>
<tr><td colspan="2">Devisenbilanz</td></tr>
<tr><td>gebundene Währung</td><td colspan="3">Geldumlauf ganz oder zum Teil an ein knappes Gut gekoppelt</td></tr>
<tr><td>freie Währung</td><td colspan="3">keine Bindung des umlaufenden Geldes an ein knappes Gut</td></tr>
<tr><td rowspan="2">Wechselkurse</td><td>freie Wechselkurse</td><td colspan="2">Kursbildung auf dem freien Devisenmarkt, durch Angebot und Nachfrage</td></tr>
<tr><td>feste Wechselkurse</td><td>Kurs ist politisch festgelegt</td><td>– relativ feste Wechselkurse
– absolut feste Wechselkurse</td></tr>
</table>

Aufwertung	– Wechselkurs und Wert der Inlandswährung in Devisen steigen – Exporte verteuert und Importe verbilligt
Abwertung	– Wechselkurs steigt – Wert der Inlandswährung in Devisen sinkt – Exporte steigen und Importe sinken

Aufgaben

1. Die Zahlungsbilanz bildet eine wichtige Grundlage für wirtschaftspolitische Entscheidungen der Bundesregierung und der Bundesbank.
   a) Was wird in der Zahlungsbilanz erfasst?
   b) Welche Teilbilanzen der Zahlungsbilanz gibt es und welche Transaktionen erfassen sie?
   c) Erklären Sie den Ausdruck eines Zahlungsbilanzüberschusses und eines Zahlungsbilanzdefizits.
2. Wann ist der Außenbeitrag negativ und wann null?
3. Prüfen Sie die folgenden außenwirtschaftlichen Vorgänge. Welche Teilbilanz der Zahlungsbilanz betreffen sie?
   a) Italien importiert deutsche Maschinen.
   b) Ein deutsches Ingenieurbüro plant einen Staudamm in Ägypten.
   c) Herr Well kauft über seine Bank US-Aktien.
   d) Deutschland importiert Erdöl aus Saudi-Arabien.
   e) Ein arabischer Scheich beteiligt sich an einer deutschen Unternehmung.
   f) Die Bundesregierung zahlt Beiträge an die EU.
   g) Eine chinesische Reisegruppe macht Urlaub in Berlin.
   h) Ein türkischer Arbeitnehmer überweist einen Teil seines Gehaltes nach Istanbul zu seiner Familie.
4. Die Transaktionen zwischen Deutschland und dem Ausland lassen sich für Februar 2001 stark vereinfacht wie folgt darstellen:
   a) Warenexporte = 51,9 Mrd. €
   b) Warenimporte = 45,7 Mrd. €
   c) Dienstleistungsimporte = 7,4 Mrd. €
   d) Dienstleistungsexporte = 10,2 Mrd. €
   e) Erwerbs- und Vermögensbilanz = - 0,8 Mrd. €
   f) Laufende Zahlungen an das Ausland ohne Gegenleistung (EU-Beiträge, Renten, Heimatüberweisungen) = 3,0 Mrd. €
   g) Laufende Zahlungen aus dem Ausland an die Bundesrepublik = 1,0 Mrd. €
   h) Vermögensübertragungsbilanz (einmalige Übertragungen) = – 0,1 Mrd. €
   i) Direktinvestitionen der Deutschen im Ausland = 7,1 Mrd. €
   j) Direktinvestitionen des Auslands in Deutschland = 6,8 Mrd. €
   k) Deutsche kauften ausländische festverzinsliche Wertpapiere im Wert von 11,4 Mrd. €.
   l) Ausländer kauften deutsche Wertpapiere im Wert von 3,1 Mrd. €.
   m) Deutsche (Unternehmen, Privatpersonen, Staat, Bundesbank) erhalten Kredite aus dem Ausland in Höhe von 16,8 Mrd. €.
   n) Deutsche Kreditinstitute vergaben Kredite an das Ausland im Wert von 9,4 Mrd. €.

→

o) Devisenbilanz = 1,2 Mrd. €
Welche Werte ergeben sich für die Leistungsbilanz, die Kapitalbilanz und die Zahlungsbilanz?

5. Erläutern Sie, was unter der Währung eines Landes verstanden wird.
6. Nehmen Sie zu den Vor- und Nachteilen der einzelnen Währungssysteme kritisch Stellung.
7. Im System freier Wechselkurse bildet sich der Kurs nach den Gesetzen von Angebot und Nachfrage.
   a) Nennen Sie Gründe für ein steigendes Devisenangebot und analysieren Sie die Auswirkungen auf den Wechselkurs.
   b) Bewerten Sie das System freier Wechselkurse.
8. Wie wirkt sich ein Sinken der inländischen Importgüternachfrage infolge höherer Preise im Ausland auf das Devisenangebot und die Devisennachfrage aus?
9. Diskutieren Sie folgende Aussagen: Freie Wechselkurse ...
   a) erleichtern die Kalkulation der Ex- und Importeure.
   b) schalten Kursschwankungen aus.
   c) erschweren den Import von Inflation.
10. Erläutern Sie, wer die Gewinner und Verlierer der Euro-Schwäche sind.
11. Werten Sie die Aussagen des Zeitungsartikels „Der Kurs des Euro: Je höher, desto besser?“ auf Seite 303 und 304 unter folgenden Gesichtspunkten aus.
   a) Warum ist die Bundesregierung an einem starken Euro interessiert?
   b) Welche Vor- und Nachteile hat ein zu hoher Wechselkurs?
   c) Welche Vor- und Nachteile bringt ein zu niedriger Wechselkurs mit sich?
   d) Welche Wirtschaftsdaten sind für die Entwicklung der Wechselkurse entscheidend?
   e) Warum ist es so schwierig, verlässliche Währungsprognosen zu machen?

8.6 Internationale Organisationen und Abkommen

Bis ins 20. Jahrhundert war die internationale Außenhandelspolitik immer wieder von Phasen geprägt, in denen Protektionismus und isolationistische Tendenzen dominierten. Ungehinderte Außenhandelsbeziehungen fanden oft nur auf der Grundlage von Handelsabkommen zwischen den beteiligten Staaten statt. Erst nach Beendigung des Zweiten Weltkrieges erlebte das Freihandelsprinzip mit der Institutionalisierung einer Welthandelsordnung wieder einen starken Aufschwung.

isolationistisch = sich vom Ausland abschließend

Seit den 70er-Jahren verschmelzen immer mehr nationale und internationale Märkte zu Weltmärkten und immer größere, multinationale Unternehmen entstehen. Dieser Prozess wird allgemein als **Globalisierung** bezeichnet. Diese Entwicklung führt zu neuen Anforderungen an die weltweiten „Spielregeln“ für den Handel.

Neue Anforderungen an den internationalen Handel durch die Globalisierung, vgl. Kapitel 3, 8 Globalisierung

Die **Weltwirtschaftsordnung** regelt mit ihren Vorschriften den grenzüberschreitenden Handel von Gütern, Dienstleistungen und Kapital. Allerdings darf man sich nicht vorstellen, dass hiermit ein geschlossenes Regelwerk

Die Weltwirtschaftsordnung ist kein geschlossenes Regelwerk.

gemeint ist, vielmehr besteht die Weltwirtschaftsordnung aus vielen verschiedenen Organisationen und Abkommen, die die Handelsbeziehungen und die wirtschaftliche Zusammenarbeit zwischen den Mitgliedstaaten fördern. Die Weltwirtschaftsordnung kann in drei Bereiche unterteilt werden, und zwar in die **Welthandels-**, die **Welttransfer-** und die **Weltwährungsordnung**. Nachfolgend sollen die wichtigsten Organisationen und Abkommen vorgestellt werden.

Die **UNO** (Vereinte Nationen) hat die Entwicklung der Weltwirtschaft mit ihren Unterorganisationen entscheidend vorangetrieben. Diese internationale Organisation wurde 1945 gegründet und zurzeit gehören ihr 189 unabhängige Staaten an. Die UNO hat u. a. die Aufgabe, den Weltfrieden zu wahren, freundschaftliche Beziehungen zwischen den Nationen zu entwickeln, den Lebensstandard und die Menschenrechte zu fördern. Es entstand eine Reihe von internationalen Einrichtungen zur Förderung der Weltwirtschaft.

www.uno.de

Bis 1994 war das Allgemeine Zoll- und Handelsabkommen **GATT** (General Agreement on Tariffs and Trade) das maßgebliche Instrument zur Regulierung des Welthandels. 1995 wurde es durch die Welthandelsorganisation **WTO** (World Trade Organization) abgelöst. Das GATT wurde auf Drängen der UNO zur Schaffung einer weltweiten internationalen Handelsordnung im Sinne des Freihandelsideals 1947 in Genf geschlossen. Die Bundesrepublik trat diesem Abkommen 1951 bei. In der Anfangsphase war das Hauptziel der Abbau von internationalen Zollschranken. Später wurde der Abbau aller Handelshemmnisse zum Hauptziel, da der zunehmende Abbau von Zöllen von der Errichtung neuer, nichttarifärer Hemmnisse begleitet war.

Welthandelsordnung

Das GATT wurde 1995 durch die WTO abgelöst.

vgl. 8.3 Warum und wie sich Länder vor Außenhandel schützen

Von Zeit zu Zeit versuchte das GATT in umfangreichen Verhandlungen, den so genannten GATT-Runden, seine Ideen durchzusetzen. In der letzten Verhandlungsrunde, der „Uruguay-Runde" von 1986 bis 1994, wurde die Errichtung der **WTO** als Nachfolgeorganisation des GATT beschlossen.

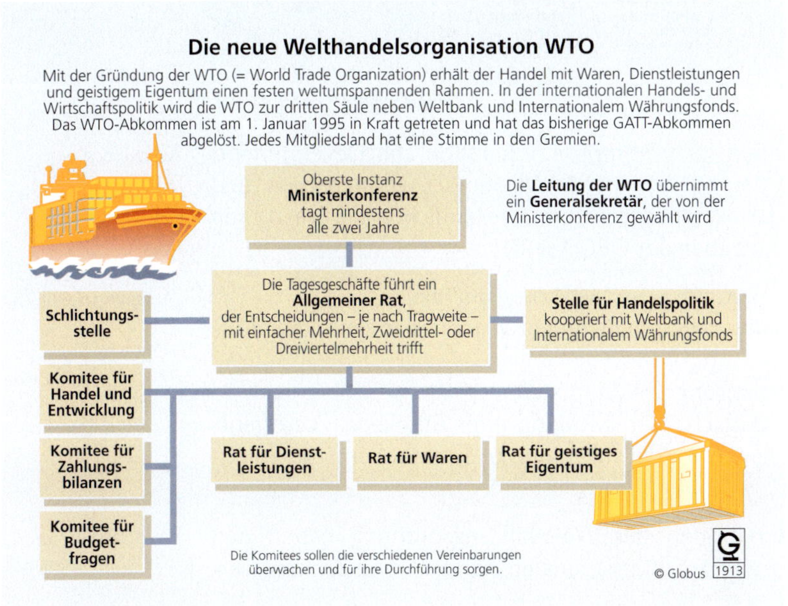

Die **WTO** kann im Gegensatz zum GATT die Handelspraktiken der Mitgliedstaaten überwachen, da sie über Entscheidungskompetenzen verfügt. Derzeit hat die WTO mehr als 130 Mitglieder und über 30 Länder haben einen Aufnahmeantrag gestellt. Zu den Aufgaben der WTO zählt die Überwachung der Einhaltung des Allgemeinen Zoll- und Handelsabkommens sowie der weiteren Ergebnisse der einzelnen GATT-Runden.

www.wto.org

Die **OPEC** (Organization of Petroleum Exporting Countries), die Organisation Erdöl exportierender Länder (z. B. Irak, Iran, Kuwait, Saudi-Arabien, Venezuela), mit Sitz in Wien wurde 1960 gegründet. Ziel der OPEC ist eine gemeinsame Preis- und Mengenpolitik zur Steigerung der Exporterlöse. Zunächst waren die Bedingungen für den Erfolg der OPEC als Rohstoffkartell günstig. 1973/1974 führten die Preiserhöhungen der OPEC zu einer weltweiten Wirtschaftskrise.

www.opec.org

Allerdings hat seit Anfang der 1980er-Jahre der Einfluss der OPEC auf den Ölpreis stark abgenommen, da die Industriestaaten ihre Ölabhängigkeit zwischenzeitlich vermindern konnten und das Angebot aus Nicht-OPEC-Staaten zunahm.

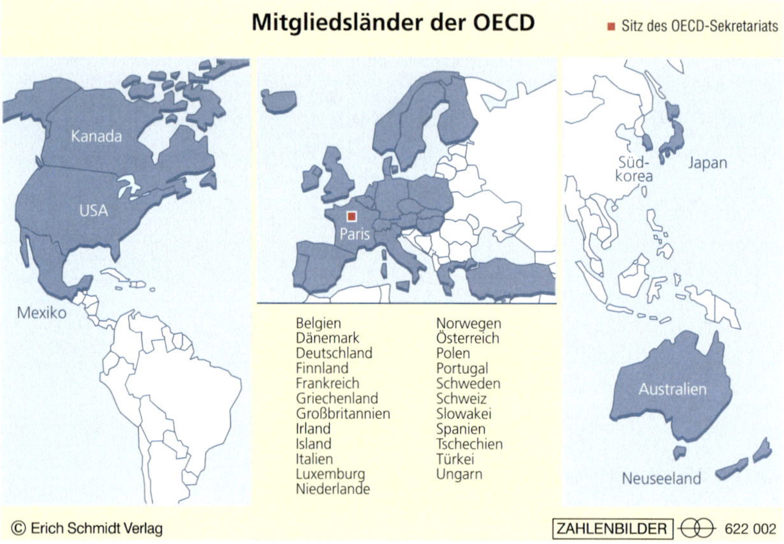

Die **OECD** (Organization for Economic Cooperation and Development) wurde 1961 zur Förderung der wirtschaftlichen Zusammenarbeit und Entwicklung gegründet. Mitglieder sind im Wesentlichen die westlichen Industrieländer. Die Aufgaben der OECD sind:

www.oecd.org

Aufgaben der OECD

- Koordination der Konjunktur- und Währungspolitik
- Koordination der Entwicklungshilfe für Entwicklungsländer und bedürftige OECD-Länder
- Förderung und Ausweitung des Welthandels
- Beobachtung der Wirtschaftsentwicklung ihrer Mitglieder, Veröffentlichung von umfangreichen Statistiken und ökonomischen Empfehlungen

Weltwährungsordnung – das internationale Währungsgefüge

Internationale Organisationen der Weltwährungsordnung haben den Schutz und die Förderung des internationalen Handels- und Zahlungsverkehrs zum Ziel.

In Bretton Woods (New Hampshire, USA) wurden 1944 die Verträge zur Gründung des **Internationalen Währungsfonds (IWF)** und der **Weltbank** beschlossen und von 44 Staaten unterzeichnet.

IWF = Internationaler Währungsfonds (International Monetary Fund, IMF)

Das Bretton-Woods-Abkommen ordnete die internationalen Währungsverhältnisse in einem System fester Wechselkurse. Grundlage war die Vereinbarung, dass sich der Dollar in einem festen Verhältnis an der Unze Gold orientierte. Damit stand der Dollar auch in einem festen Verhältnis zu allen anderen Währungen. Diese Anordnung entsprach einem System fester, stabiler Wechselkurse. Der Dollar wurde Leitwährung. Deutschland trat dem IWF 1952 bei.

feste Wechselkurse, vgl. 8.5.2 Wie bilden sich die Wechselkurse?

www.imf.org

Bis 1973 war die wichtigste Aufgabe, die Organisation des stabilen Wechselkurssystems zu gewährleisten. Nach einer massiven Dollarabwertung 1971 löste sich das System mehr und mehr auf und das Vertrauen in die Stabilität des Dollars ging verloren. Die Austauschbarkeit des Dollars gegen Gold war nicht mehr gewiss.

Der amerikanische Präsident Richard Nixon setzte dieses System 1973 endgültig außer Kraft. Die Mitgliedsländer des IWF konnten sich jetzt an eine Leitwährung wie z. B. den Dollar binden oder ein flexibles Wechselkurssystem wählen.

Das System fester Wechselkurse wurde 1973 außer Kraft gesetzt.

Die beteiligten Länder des IWF haben sich u. a. dazu verpflichtet,

Pflichten der Mitgliedsländer

- mit dem IWF und den anderen Mitgliedsländern zusammenzuarbeiten, damit geordnete Wechselkursregelungen gewährleistet sind und somit ein stabiles Wechselkurssystem gefördert werden kann;
- enger zusammenzuarbeiten in Fragen der internationalen Währungspolitik und des zwischenstaatlichen Zahlungsverkehrs (z. B. Beseitigung von Devisenverkehrsbeschränkungen);
- Hilfe bei Zahlungsbilanzdefiziten eines Mitgliedstaates zu leisten. Jedes Mitgliedsland hat bestimmte Zahlungsverpflichtungen gegenüber dem IWF und aus diesem Fonds werden Kredite an Länder mit Zahlungsbilanzdefiziten geleistet.

Jedes Mitglied bekommt auf Grund seiner wirtschaftlichen und finanziellen Lage eine Einzahlungsquote zugewiesen. Nach ihr bemisst sich das Stimmrecht in den IWF-Organen und die Zuteilung der Sonderziehungsrechte. Benötigt ein Land Devisen, um ein Zahlungsbilanzdefizit zu decken, hat es auf Grund des Sonderziehungsrechtes das Recht, Devisen gegen eigene Währung zu erwerben.
Sonderziehungsrechte können so als Kunstwährung des IWF bezeichnet werden. Die vom IWF gewährten Devisenkredite müssen vom Mitgliedsland verzinst und zurückgezahlt werden.

Einzahlungsquote
Stimmrecht
Sonderziehungsrecht

Die internationalen Wirtschaftsorganisationen der Welttransferordnung führen Verhandlungen über reale und monetäre Transfers.

Welttransferordnung

Die **Weltbank** (Internationale Bank für Wiederaufbau und Entwicklung) nahm 1946 in Washington ihre Geschäftstätigkeit auf. Die Zugehörigkeit von Staaten zur Weltbank ist an die Mitgliedschaft im **IWF** gekoppelt.
Ursprünglich setzte die Weltbank ihre finanziellen Mittel nach dem Zweiten Weltkrieg für den Wiederaufbau Europas ein. Ab 1950 wandte sie sich ihrer zweiten Aufgabe, der **Kreditgewährung** für die Entwicklungsländer, zu, was inzwischen zu ihrer Hauptaufgabe geworden ist.
Zur Weltbankgruppe gehören außerdem noch zwei Tochterorganisationen, die **Internationale Entwicklungsorganisation (IDA)** und die **Internationale Finanz-Corporation (IFC)**. Das gemeinsame Ziel dieser Organisationen ist die wirtschaftliche und soziale Entwicklung weniger entwickelter Mitgliedsländer durch finanzielle Hilfen, durch Beratung und technische Unterstützung.
Jede dieser Institutionen hat eine eigene Rechtspersönlichkeit. Verbunden sind sie jedoch durch bürokratische Verflechtungen und durch einen gemeinsamen Präsidenten. 1956 wurde die IFC errichtet und fördert (im Gegensatz zur Weltbank) auch Kredite für privatwirtschaftliche Projekte in Entwicklungsländern. Die IDA wurde 1960 gegründet und gewährt Kredite zinslos oder zu sehr günstigen Konditionen an die ärmsten Entwicklungsländer.

www.worldbank.org

Die Kreditgewährung für Entwicklungsländer ist zur Hauptaufgabe der Weltbank geworden.

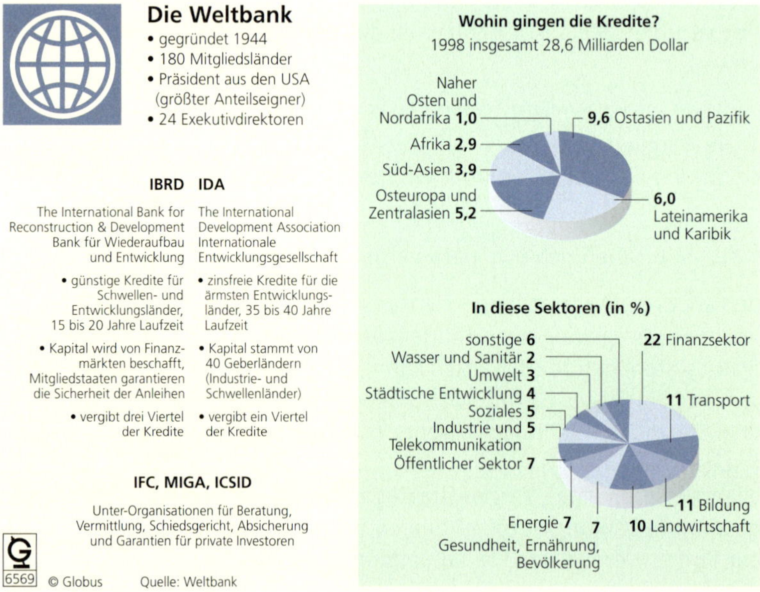

UNCTAD (United Nations Conference on Trade and Development) wurde 1964 als ständiges Organ der UNO mit Sitz in Genf gebildet. Die Gründung der UNCTAD entsprach vor allem den Wünschen der Entwicklungsländer, die ihre Interessen in den bestehenden internationalen Institutionen nicht genügend berücksichtigt sahen und ein spezielles Forum für den Nord-Süd-Dialog verlangten. Ziel der UNCTAD ist die Förderung der Umstrukturierung des Welthandels zu Gunsten der Entwicklungsländer und die Förderung des Handels zwischen den Entwicklungsländern.

Weltwirtschaftsordnung		
↓	↓	↓
Welthandelsordnung	Weltwährungsordnung	Welttransferordnung
– GATT + WTO – OPEC – OECD – regionale Abkommen, z. B. EFTA, EU, FTAA	– Weltbank – Zentralbank – IWF – EWS	– Weltbank – UNCTAD

8.7 Wirtschaftsraum EU – Beispiel einer regionalen Integration

8.7.1 Verschiedene Integrationsstufen für wirtschaftliche Zusammenschlüsse

Freihandelszone
Die Freihandelszone ist die schwächste Integrationsform eines wirtschaftlichen Zusammenschlusses zwischen verschiedenen Staaten. Schrittweise sollen zwischen den beteiligten Ländern alle Zölle und Kontingente abgebaut werden. Jedes Mitgliedsland behält aber seine volle Autonomie bei der Gestaltung der eigenen Handelspolitik gegenüber Drittländern.

Freihandelszone

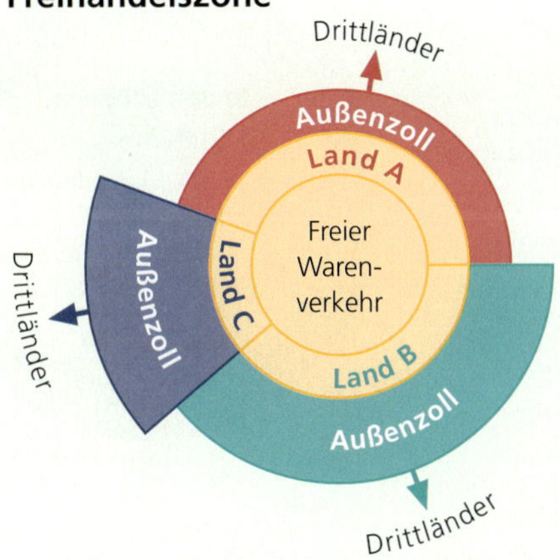

Die **EFTA** (European Free Trade Association), die 1960 von Dänemark, Großbritannien, Norwegen, Österreich, Irland, Schweiz und Portugal gegründet wurde, ist ein Beispiel für eine Freihandelszone. Die Mitglieder sind in ihrer Außenzollpolitik autonom, d. h., sie können ihre Zölle gegenüber Nichtmitgliedstaaten eigenständig festsetzen. Zwischen den Partnerländern existieren aber keine Zölle oder Mengenbeschränkungen. Damit Importe aus Drittländern nicht den Umweg über dasjenige Mitgliedsland nehmen, welches den geringsten Zoll für das jeweilige Gut erhebt, wird die

Vorlage von so genannten Ursprungszeugnissen verlangt. Nur auf Güter, die innerhalb der Freihandelszone hergestellt wurden, wird Zollfreiheit gewährt. Auch wenn das Produkt bestimmten Verarbeitungsprozessen unterworfen war oder Bestandteile aus Drittländern enthält, deren Wert weniger als 50 % des Gesamtwertes ausmacht, wird Zollfreiheit gewährt. Die Gründungsländer Dänemark, Großbritannien, Irland und Portugal sind mittlerweile der EU beigetreten.

Zollunion

Die Zollunion als nächsthöhere Integrationsform ist ein typisches Konzept zur regionalen Handelsliberalisierung. Ein einheitliches Zollgebiet entsteht, wenn mehrere Staaten sich zusammenschließen und schrittweise alle Zölle und sonstige Handelsbeschränkungen beseitigen. Länder, die der Zollunion nicht angehören, müssen einen einheitlichen Außenzoll zahlen. Die Errichtung einer Zollunion ist in der Regel die Vorstufe zur Gründung eines gemeinsamen Marktes oder einer Wirtschaftsunion. Die Mitgliedstaaten der EU erreichten das Stadium der Zollunion bereits 1968.

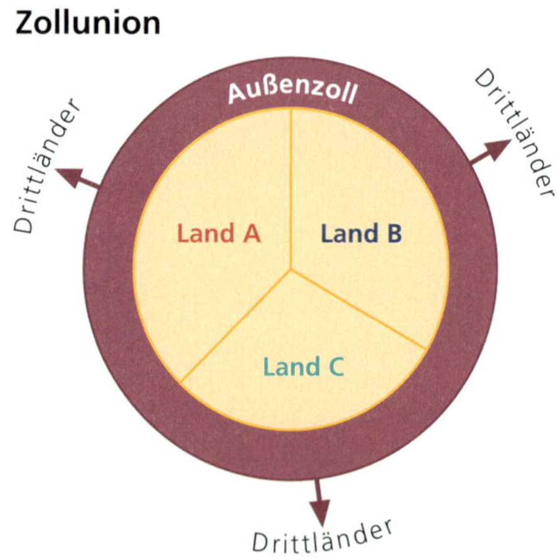

Gemeinsamer Markt

Durch das Integrationskonzept des gemeinsamen Marktes verschmelzen mehrere Volkswirtschaften. Auf dem gemeinsamen Markt sollen binnenmarktähnliche Verhältnisse mit einheitlichen Wettbewerbsregeln geschaffen werden. Voraussetzung für einen Binnenmarkt sind die so genannten vier Grundfreiheiten:

- **Freier Personenverkehr:** Wegfall von Grenzkontrollen, Annäherung der Gesetze, Niederlassungs- und Beschäftigungsfreiheit
- **Freier Dienstleistungsverkehr:** Liberalisierungder Finanzdienste, Öffnung der Transport- und Telekommunikationsmärkte
- **Freier Warenverkehr:** Wegfall von Grenzkontrollen, Harmonisierung und gegenseitige Anerkennung von Normen und Vorschriften
- **Freier Kapitalverkehr:** mehr Freizügigkeit für Geld- und Kapitalbewegungen, Schritte zu einem gemeinsamen Markt für Finanzdienstleistungen, Liberalisierung des Wertpapierverkehrs

Beim gemeinsamen Markt wird gegenüber Drittländern, wie bei der Zollunion, ein einheitlicher Außenzoll festgelegt. Seit 1993 hat die EU das Ziel des gemeinsamen Markt offiziell erreicht.

Wirtschaftsunion

Die Idee der Wirtschaftsunion ist die Schaffung eines gemeinsamen Wirtschaftsgebiets, d. h., dass eine gemeinsame Wirtschaftspolitik aller Mitgliedstaaten angestrebt werden soll. Die gemeinsame Wirtschaftspolitik umfasst die Koordination der nationalen Wirtschaftspolitiken mit verbindlichen Regeln für die Haushaltspolitik, gemeinsame Maßnahmen zu Strukturanpassungen und Regionalentwicklungen und eine gemeinsame Wettbewerbspolitik. Letztendlich ist es das Ziel der Wirtschaftsunion, eine Währungsunion zu schaffen. Auch hier ist die EU in gewissen Teilbereichen wieder beispielhaft.

gemeinsame Wirtschaftspolitik der Mitgliedstaaten

Die **vollständige** wirtschaftliche, politische und institutionelle **Integration** verschiedener Volkswirtschaften wäre die letzte Integrationsstufe. Hier sollen alle wirtschaftlichen und politischen Größen miteinander verknüpft werden. Diese Idee schwebte auch den Gründern der EU vor.

EU = Idee von der vollständigen wirtschaftlichen, politischen und institutionellen Integration

Wenn man den Integrationsprozess insgesamt betrachtet, so sind es vor allem **vier Motive**, die als Schubkräfte für die Bemühungen um die europäische Einigung und die Realisierung der EU angesehen werden können:

vier Motive der Integration

1. die Sicherung des Friedens
2. die wirtschaftliche Einigung und damit die Verbesserung des Lebensstandards
3. das Streben nach politischer Einigung
4. der soziale Zusammenhalt in der Gemeinschaft

8.7.2 Europäische Union

Nach der Vollendung der Zollunion und des einheitlichen Binnenmarktes ist die **Europäische Union (EU)** eine Integrationsstufe auf dem Weg zu „einer immer engeren Union der Völker Europas" (Art. A EU-Vertrag).

www.europa.eu.int

Die EU ist durch den Vertrag von Maastricht im Jahr 1993 aus den **Europäischen Gemeinschaften (EG)** hervorgegangen. Die EG setzt sich aus folgenden Gemeinschaften zusammen:

- der Europäischen Gemeinschaft für Kohle und Stahl (auch Montanunion bzw. **EGKS** genannt), die 1952 gegründet wurde,
- der Europäischen Wirtschaftsgemeinschaft (**EWG**), die durch die „Römischen Verträge" 1957 geschaffen wurde und
- dem ebenfalls 1957 geschaffenen **Euratom** (Gemeinsame Atomenergie-Behörde).

Im Vertrag der Europäischen Union steht, dass die bisherigen Gemeinschaftsverträge (EGKS-, EWG- und Euratom-Vertrag) um das Ziel einer **Wirtschafts- und Währungsunion** (WWU) erweitert werden sollen. Zur Realisierung der Währungsunion wurde, ein Dreistufenplan aufgestellt.

Die **erste Stufe** begann bereits 1990. Sämtliche Zahlungsverkehrskontrollen wurden aufgehoben und die rechtlichen Voraussetzungen für den Europäischen Binnenmarkt getroffen.

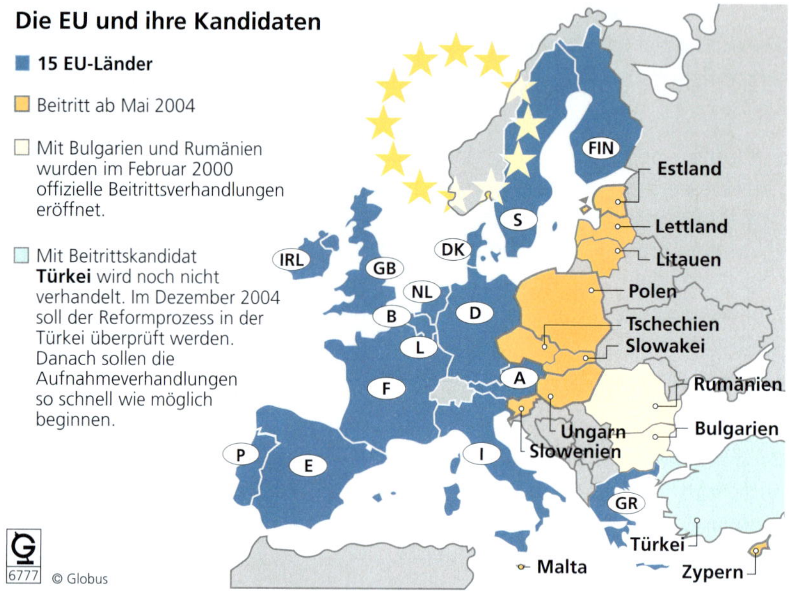

Auf der **zweiten Stufe**, die 1994 anlief, sollte die wirtschaftliche Zusammenarbeit weiter vertrieft werden. Die Einrichtung des Europäischen Währungsinstitutes, der Vorläufer der Europäischen Zentralbank, war ein wesentliches Element.

Die **dritte Stufe**, die Währungsunion, setzte 1999 ein. Die Mitgliedstaaten mussten dazu aber die strengen Konvergenzkriterien erfüllen. Auf Grund dieser Kriterien bzw. der Vorbehalte von Großbritannien, Schweden und Dänemark gehörten der Euro-Zone anfangs nur 11 Länder an. Mittlerweile hat jedoch auch Griechenland die Konvergenzkriterien erfüllt, sodass insgesamt 12 EU-Staaten zur **Europäischen Währungsunion (EWU)** zählen.
Die EU wird voraussichtlich kräftig Zuwachs bekommen, denn sie führt bereits mit 12 Kandidaten Beitrittsverhandlungen. Mit sechs EU-Kandidaten sind diese Verhandlungen schon weit fortgeschritten. Durch diese so genannte Osterweiterung können die Beitrittskandidaten auch zu Beitrittskandidaten der EWU werden.

Konvergenzkriterien

Gesunde Staatsfinanzen
Haushaltsdefizit höchstens 3 %, Gesamtschuld höchstens 60 % des BIP

Stabile Wechselkurse
Teilnahme am EWS-Wechselkursverbund seit zwei Jahren ohne Kursschwankungen

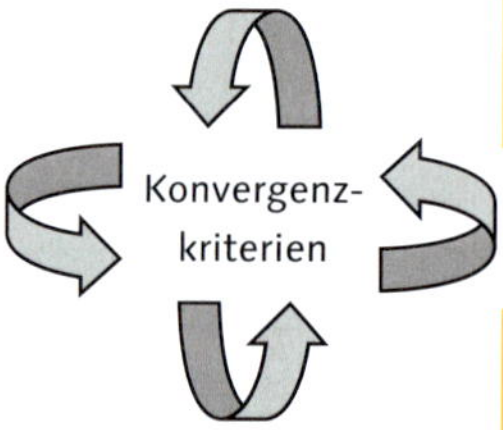

Wirtschaftliche Konvergenz
Langfristige Zinsen höchst. 2 %-Punkte über dem Durchschnitt der drei stabilsten Länder

Stabiles Preisniveau
Inflationsrate höchstens 1,5 %-Punkte über dem Durchschnitt der drei stabilsten Länder

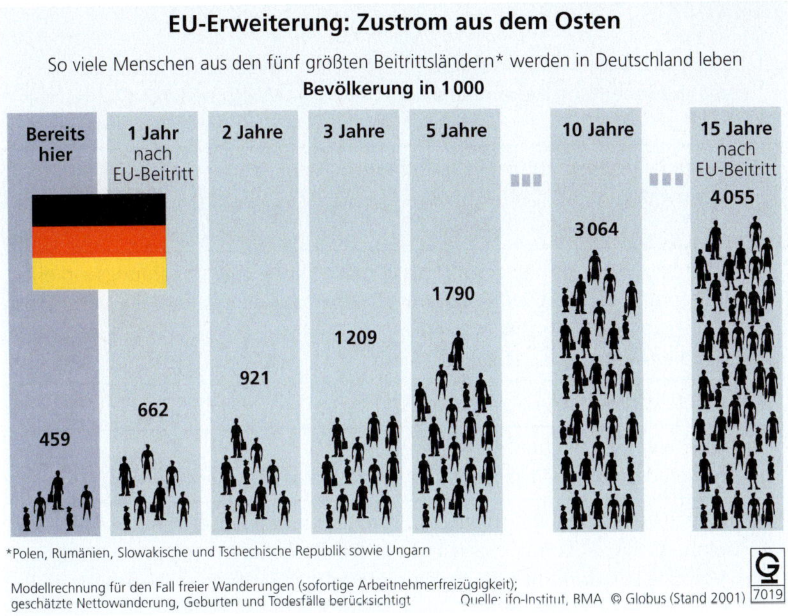

EU-Osterweiterung droht zu scheitern: Finanzminister mahnen Kandidaten ab – Sechs Millionen Zuwanderer?

Durch die Osterweiterung kommen auf die EU finanzielle und soziale Lasten von bisher unbekanntem Ausmaß zu. Die EU-Finanzminister zeigten den Beitrittskandidaten deshalb auf dem EU-Gipfel in Malmö die gelbe Karte. Die Minister pochen darauf, dass die 1993 verabschiedeten Beitrittskriterien strikt eingehalten werden. Schaffen die Aspiranten dies nicht, drohen Verzögerungen bei der von 2004 an geplanten Osterweiterung. Bundesfinanzminister Hans Eichel wandte sich vehement gegen eine mögliche Aufweichung der Beitrittskriterien.
Sorgen bereitet die geplante EU-Osterweiterung nicht nur den Finanzministern. Nach neuesten Berechnungen von Bevölkerungsexperten wird die Verschiebung der EU-Grenzen gen Osten eine gewaltige Einwanderungswelle auslösen, unter der besonders Deutschland zu leiden haben wird.

Quelle: Die Welt vom 23. April 2001

Angst vor zu viel Nähe
Den EU-Kandidaten droht eine Finanzkrise.

So bleibt die Währungsunion weiter westlich. Besorgte Wessis wie Bundesbankpräsident Ernst Welteke grübeln zwar schon, ob nicht zusätzliche Beitrittskriterien den Euro vor den armen Nachbarn schützen sollten. Der Deutsche bangt um den Ruf der Währung, gerade bei seinen Landsleuten. Aber solche Tricks lässt der EU-Vertrag ohnehin nicht zu. Rein theoretisch wäre sogar das Gegenteil denkbar: Ein schneller Beitritt der Osteuropäer würde die Inflation anheizen und tendenziell höhere Zinsen erfordern – die wiederum könnten den Euro gegenüber dem Dollar stärken …

Quelle: Die Zeit vom 19. April 2001

Übersicht:

Weltwirtschaftsordnung	besteht aus vielen verschiedenen Organisationen und Abkommen		– Welthandelsordnung – Welttransferordnung – Weltwährungsordnung
Aufgaben der WTO (Welthandels-organisation)	– Abbau von internationalen Zollschranken und nichttarifären Handelshemmnissen – Überwachung der GATT-Runden		
Ziele des IWF (Internationaler Währungsfonds)	– Schutz und Förderung des internationalen Handels- und Zahlungsverkehrs – Förderung der weltweiten Zusammenarbeit auf dem Gebiet der Währungspolitik – Sicherung der Währungsstabilität – Kreditgewährung für Mitgliedsländer		
Weltbank	Kreditgewährung für Entwicklungsländer		
Freihandelszone	– Abbau von Zöllen und Kontingente – Mitgliedsland behält seine volle Autonomie bei der Gestaltung der Handelspolitik		
Zollunion	– Abbau von Zöllen und sonstigen Handelsbeschränkungen – einheitlicher Außenzoll von Ländern, die der Zollunion nicht angehören – Vorstufe zur Gründung eines gemeinsamen Marktes oder einer Wirtschaftunion		
gemeinsamer Markt	– binnenmarktähnliche Verhältnisses, mit einheitlichen Wettbewerbsregeln – Voraussetzung sind die vier Grundfreiheiten (freier Personenverkehr, freier Dienst-leistungsverkehr, freier Warenverkehr und freier Kapitalverkehr)		
Wirtschaftsunion	Schaffung eines gemeinsamen Wirtschaftsgebietes (gemeinsame Wirtschaftspolitik)		
Währungsunion	gemeinsame Währung		
Motive für den Integrationsprozess	– Sicherung des Friedens – wirtschaftliche Einigung/ Verbesserung des Lebensstandards – Streben nach politischer Einigung – soziale Zusammenarbeit		
EU	Wirtschafts- und Währungsunion	setzt sich zusammen aus:	– EGKS – EWG – Euratom

Aufgaben

1. Nennen Sie die wichtigsten Aufgaben von
   a) WTO
   b) OECD
   c) IWF
   d) Weltbank
2. Erklären Sie die Unterschiede zwischen einer Freihandelszone, einer Zollunion, einem gemeinsamen Markt und einer Wirtschaftsunion.
3. Welche Konvergenzkriterien gibt es für die Europäische Währungsunion und was soll damit sichergestellt werden?
4. Welche Ängste gibt es in Europa auf Grund der EU-Osterweiterung? Lesen Sie hierzu auch die Artikel auf Seite 315.
5. Sammeln Sie Zeitungsartikel über die EU-Osterweiterung und stellen Sie die Pro- und Kontra-Argumente zusammen.
6. Informieren Sie sich über Integrationskonzepte außerhalb der EU. Nehmen Sie die folgenden Texte „Asiatisch-pazifische Zusammenarbeit – APEC“ und „Gewalttätige Proteste während des Amerika-Gipfels“ zu Hilfe und suchen Sie im Internet.

www.apecsec.org.sg
www. ftaa-alca.org

Asiatisch-pazifische Zusammenarbeit – APEC

Ende 1989 legten die Außen- und Wirtschaftsminister aus zwölf Pazifik-Anrainerstaaten in Canberra auf Initiative Australiens den Grundstein zu einem gemeinsamen Forum, der Asiatic Pacific Economic Cooperation (APEC). Heute umfasst die APEC 20 Mitgliedstaaten mit zusammen weit mehr als 2 Mrd. Menschen und einem Anteil von über 56 % an der Weltproduktion. Verbindendes Motiv für die Mitwirkung an diesem Bündnis war und ist das gemeinsame Interesse an der Aufrechterhaltung des raschen Wirtschaftswachstums in den Ländern Ostasiens und an der Liberalisierung des Handels in der Pazifikregion. Die Ziele der künftigen Entwicklung wurden Ende 1994 in der Erklärung von Bogor formuliert. Danach soll im Pazifikraum bis zum Jahr 2020 eine Freihandelszone geschaffen werden. Die hoch entwickelten Mitgliedstaaten sollen sogar schon bis 2010 alle Handels- und Investitionsbarrieren abgebaut haben. Da die Zusammenarbeit in der APEC auf dem Konsensprinzip beruht, hängt die Verwirklichung dieser Vision aber von den freiwilligen Liberalisierungsschritten der einzelnen Staaten ab.

Quelle: Kaiser, F.-J., ABWL, Bürokaufleute, Berlin 2000, S. 521

Gewalttätige Proteste während des Amerika-Gipfels
Demonstranten bewerfen Polizisten mit Steinen und Flaschen – 6.000 Beamte sichern den Tagungsort Quebec

Der Auftakt des Amerika-Gipfels in Quebec ist von gewaltsamen Protesten überschattet worden. Globalisierungsgegner und Polizei lieferten sich Straßenschlachten. Wegen der Krawalle musste die Eröffnungsfeier um rund 90 Minuten verschoben werden. Die Polizei setzte Tränengas gegen die rund 1.000 Demonstranten ein, die versuchten, den Absperrungszaun um das Konferenzgebäude im Stadtzentrum zu durchbrechen. (...)
An dem Gipfel nehmen Staats- und Regierungschefs aus 34 amerikanischen Staaten teil. Die Proteste richten sich gegen die Pläne der Gipfel-Teilnehmer, bis zum Jahr 2005 die Amerikanische Freihandelszone (FTAA) einzurichten. Zunächst hatten rund 2.000 Globalisierungsgegner vor dem Absperrzaun in nur rund 800 Metern Entfernung vom Tagungsort größtenteils noch friedlich demonstriert. Etwa 100 schwarz gekleideten und vermummten Demonstranten gelang es später jedoch, einen Teil des Sicherungszauns niederzureißen. Sie bewarfen die Polizei mit Steinen, Flaschen und Eishockey-Pucks, andere schleuderten brennende Toilettenpapierrollen über den Zaun. Die Polizei setzte gegen die Krawallmacher Schlagstöcke und Tränengas ein. Bei den Auseinandersetzungen wurden mindestens fünf Polizisten verletzt. (...) Die Freihandelszone FTAA soll von Kanada im Norden bis nach Feuerland im Süden Chiles reichen. In dem Gebiet leben 800 Millionen Menschen, rund 15 Prozent der Weltbevölkerung. Sie soll Handelsbeschränkungen in Nord-und Südamerika abbauen und mehr als elf Billionen Dollar (...) an Gütern und Dienstleistungen erwirtschaften. Die Globalisierungsgegner befürchten, dass von der Freihandelszone nur die großen Konzerne profitieren werden und die Spanne zwischen Armen und Reichen nur noch größer wird. Zudem warnen sie vor negativen Folgen der Industrieansiedlungen für die Umwelt.

Quelle: Die Welt online vom 21. April 2001, www.welt.de

8.7.3 EU-Regionalpolitik

Autobahnen, Airports und Arbeitsplätze

Spanien ist ein ziemlich trockenes Land, jedenfalls was Trinkwasser anbelangt. Dafür regnen die EU-Gelder in dieser heißen Region so reichlich vom Himmel wie sonst nirgendwo. Doch zu viele Geschenke verwöhnen offenbar. Allein der Gedanke an die kostspielige EU-Erweiterung Richtung Osten, die das Kuchenstück für Spanien vom Jahr 2007 an verkleinern wird, bereitet dem spanischen Regierungschef Jose Maria Aznar heftiges Bauchgrimmen. Knapp acht Milliarden Euro überweist Brüssel den Spaniern jedes Jahr aus den nun zur Diskussion stehenden Kohäsions- und Strukturfonds. Das kommt immerhin gut sechs Prozent des spanischen Staatshaushaltes gleich. (…) Der Geldregen geht sogar über Regionen nieder, denen es eigentlich schon ganz gut geht – wie etwa Mallorca. „Der Bau dieses Terminals wird von der EU kofinanziert", konnten hunderttausende Mallorca-Urlauber staunend auf dem Flughafen Son Sant Juan vor den Toren Palmas lesen. Der Son Sant Juan, zweitgrößter Flughafen Spaniens, gilt nun als einer der modernsten Airports Europas. (...) Die Baleareninsel Mallorca ist heute eine der reichsten Regionen Spaniens. (…) Aber der Wohlstand auf den vier Baleareninseln Mallorca, Menorca, Ibiza und Formentera ist halt sehr ungleich verteilt. Dem Tourismusgewerbe geht es relativ gut, den Bauern und der Industrie ziemlich schlecht.
Ein Pappenstiel, verglichen mit den 7,84 Milliarden Euro, mit denen Andalusien, Spaniens ärmste, aber auch spanischste Region, in den kommenden sechs Jahren aufgepäppelt wird. Andalusien ist Ziel-1-Förderregion, dazu zählen alle EU-Gebiete, in denen das Pro-Kopf-Einkommen weniger als 75 Prozent des EU-Mittels beträgt. Das größte Problem dieses Territoriums um die Regionalhauptstadt Sevilla herum ist denn auch die hohe Arbeitslosigkeit: Sie beträgt rund 23 Prozent nach der per Umfrage von Spanien ermittelten Zahl, die in die EU-Statistik einfließt. Aber erstaunlicherweise nur fast die Hälfte, nämlich 12,5 Prozent, wenn man die beim andalusischen Arbeitsamt Gemeldeten berücksichtigt. Dieser Widerspruch zwischen den beiden Quoten lässt zuweilen den Verdacht aufkommen, dass manche Regionen ihre Arbeitslosenquoten für die EU aufblähen – denn viele statistische Arbeitslose bedeuten auch viel Brüsseler Geld. So sind mehr als 2,1 Milliarden Euro der Andalusienhilfe allein der Aus- und Fortbildung von Arbeitskräften und der Verbesserung der Wettbewerbsfähigkeit zugedacht. (…)

Quelle: Der Tagesspiegel online vom 8. Juli 2001, Autor: Ralph Schulze

Aufgaben

1. Stellen Sie dar, wie Spanien durch die Fördermaßnahmen der EU zu wirtschaftlichem Wohlstand gelangte.
2. Suchen Sie Gründe, warum Spanien seit Gründung der EU viele Jahre in besonderer Weise gefördert wurde.
3. Benennen Sie die Probleme, die sich aus der Förderung für Spanien und die EU insgesamt ergeben.

318

8.7.3.1 Regionale Unterschiede in der EU

Unter der Regionalpolitik der EU wird eine regionale Wirtschaftspolitik mit einem weit reichenden Anspruch zur **Regionalentwicklung**, z. B. Verbesserung der Infrastruktur, des Arbeitsmarktes, der sozialen Verhältnisse usw., verstanden. Daher werden in diesem Zusammenhang auch die Begriffe „regionale Strukturpolitik" oder einfach nur „Strukturpolitik" verwendet.

Allein in Deutschland gibt es sehr unterschiedliche Regionen im Hinblick auf deren jeweilige Wirtschaftsleistung. Es wird z. B. vom „Nord-Süd-Gefälle" gesprochen und seit der Wiedervereinigung wird der Begriff des „Ost-West-Gefälles" häufig verwendet.

Auch in den Regionen der EU gibt es entsprechende Regionalgefälle. Die Regional- und Strukturpolitik stellte 2001 mit knapp 33 Milliarden € den größten Anteil des EU-Gesamthaushaltes dar. Kein Wunder, denn die **wirtschaftlichen und sozialen Unterschiede** innerhalb der EU sind erheblich.

Für diese regionalen Ungleichheiten gibt es mehrere Gründe. Es existieren z. B. beträchtliche **Einkommensunterschiede**, und große **Beschäftigungsprobleme**, verbunden mit einem teilweise enorm unterschiedlichen **Leistungsniveau** der nationalen Volkswirtschaften. Vor allem die Unterschiede in den jeweiligen **Sozialsystemen** der EU-Mitgliedsstaaten sind erheblich.

„Grüne Insel" macht Karriere
Die Spanne zwischen den reichsten und den ärmsten EU-Mitgliedern ist groß. Luxemburg ist das wohlhabendste Mitglied der Gemeinschaft der 15 Mitgliedstaaten. Die Wirtschaftsleistung je Einwohner ist dort nach einer Schätzung der EU-Kommission mehr als doppelt so hoch wie im EU-Durchschnitt. Auf dem zweiten Platz liegt Dänemark. Es folgt Irland, das eine beispiellose Karriere hinter sich hat: Noch vor wenigen Jahren zählte die „grüne Insel" zu den Armenhäusern Europas; heute beherbergt Irland viele Hightech-Unternehmen und bringt es auf eine Pro-Kopf-Wirtschaftsleistung, die 27 Prozent über dem EU-Durchschnitt liegt. Das sichert den Iren Rang drei auf der EU-Wohlstandsskala.
Quelle: Globus; statistische Angaben: EU-Kommission

8.7.3.2 Harmonisierung oder Wettbewerb?

Wie aber soll in einer Wirtschaftsunion mit derart unterschiedlichen Leistungs- und Wohlstandsniveaus umgegangen werden?

Setzt eine gemeinsame europäische Wirtschafts- und Währungspolitik nicht voraus, dass die wirtschaftlichen und sozialen Rahmenbedingungen der EU-Mitgliedsstaaten vergleichbar sind? Sollten daher nicht alle Mitgliedstaaten eine langfristige Angleichung anstreben?

Europäische Wirtschafts- und Währungsunion, vgl. 8.7.2 Europäische Union

Oder bedeutet dies den Verlust einzelstaatlicher Errungenschaften in den so unterschiedlichen Wirtschafts- und Sozialsystemen?

Mit Blick auf die angesprochenen Fragen lassen sich zunächst zwei konkurrierende idealtypische Konzepte unterscheiden, die im Rahmen der Gestaltung der Europäischen Wirtschaftsunion auch die EU-Regionalpolitik betreffen. Unterschieden werden hier das **Harmonisierungskonzept** und das **Wettbewerbskonzept**.

Harmonisierungskonzept und Wettbewerbskonzept als idealtypische Konzepte

Vertreter des so genannten **Harmonisierungskonzepts** fordern eine **Angleichung** der verschiedenen Sozialsysteme innerhalb der EU, da diese auf Grund struktureller und historischer Gegebenheiten sehr unterschiedlich aufgebaut sind. Die Anpassung soll einen **einheitlichen Rechtsrahmen** innerhalb der EU schaffen, damit die unterschiedlichen Lebensbedingungen der Mitgliedstaaten über Verordnungen oder Richtlinien angeglichen werden.

Als Vorteile und Nachteile des Harmonisierungskonzepts gelten:

Vorteile und Nachteile des Harmonisierungskonzeptes

Vorteile	Nachteile
Sozialdumping würde unmöglich und ein „Sozialtourismus" sowohl der Arbeitnehmer als auch der Unternehmer verlöre seine Attraktivität.	Eine vollständige Harmonisierung des Sozialsystems ist angesichts der bestehenden Systemunterschiede nur **schwer erreichbar** und ist eine Aufgabe, die weit ins 21. Jahrhundert hineinreichen würde.
Einmal erreichte soziale Standards würden aller Wahrscheinlichkeit nach auf einem relativ **hohen Niveau** für alle gleichermaßen festgeschrieben.	Eine kurz- bzw. mittelfristige Angleichung würde nach Schätzungen des Europäischen Parlaments jährlich **Mehrkosten** von ca. 500 Mrd. € verursachen.
Eine **Wettbewerbsverzerrung** bei den Personalkosten wäre durch unterschiedliche Abgabenquoten nicht gegeben.	Eine derartige Angleichung könnte die **Wettbewerbsfähigkeit** der schwächer entwickelten Mitgliedstaaten gefährden.
Die **Mobilitätsbereitschaft** der Arbeitnehmer könnte wachsen.	

Bei der Problematik um die Gestaltung der Europäischen Wirtschaftsunion tritt neben das Harmonisierungskonzept ein weiteres Konzept, das **Wettbewerbskonzept**.
Die Vertreter dieses Konzeptes fordern den **freien Wettbewerb** auch für die sozialen Systeme in der EU. Allerdings sollen gewisse **Mindeststandards**, z. B. für die Gesundheit und den Arbeitsschutz, garantiert werden. Alle anderen Vereinbarungen sollen dezentral von den Tarifparteien ausgehandelt werden. Auch dieses Konzept hat sowohl Vorteile als auch Nachteile:

Vorteile	Nachteile
Die nationale **Einheit** und **Besonderheit** in der Organisation der sozialen Systeme bleibt erhalten.	Die **unterschiedliche Teilhabe** der abhängig Beschäftigten in der EU am sozialen Fortschritt ist nicht mit Art. 117, Abs. 1 EWGV vereinbar. Er lautet: „Die Mitgliedstaaten sind sich über die Notwendigkeit einig, auf eine Verbesserung der Lebens- und Arbeitsbedingungen hinzuwirken und dadurch auf dem Weg des Fortschritts ihre Angleichung zu ermöglichen."
Die Gestaltungsfreiheit der **Tarifparteien** fördert soziale Neuerungen und Verbesserungen.	
Die ärmeren EU-Staaten können ihre geringeren Sozialstandards als komparative **Wettbewerbsvorteile** nutzen.	Mögliche Wettbewerbsverzerrungen zwischen den Mitgliedsstaaten bergen die Gefahr eines **Deregulierungsdruckes** und **Sozialabbaus** in den höher entwickelten Ländern in sich.

Vorteile und Nachteile des Wettbewerbskonzepts

Die aufgezeigten Nachteile beider Konzepte machen deutlich, dass sowohl das Harmonisierungs- als auch das Wettbewerbsprinzip in ihrer **reinen Form** keine tragfähigen Lösungen bringen, sondern erhebliche Gefahren für den wirtschaftlichen und sozialen Zusammenhalt in der Gemeinschaft in sich bergen.

Obwohl sich in vielen Bereichen der EU-Politik das Wettbewerbsprinzip durchgesetzt hat, wurde gerade in Fragen der Regionalentwicklung eine Reihe von Maßnahmen ergriffen, um durch **gezielte Förderung** das Ziel der Angleichung der Lebensbedingungen in den Regionen Europas zu erreichen. Denn damit das „Unternehmen EU" gelingt, ist es wichtig, dass alle Regionen vom Binnenmarkt profitieren. Die EU unterstützt daher mit Hilfe von wohlhabenderen Mitgliedstaaten die minder entwickelten Regionen, damit das Wohlstandsgefälle abgeschwächt wird und alle Bürger der EU von den Vorteilen des Binnenmarktes und der Wirtschafts- und Währungsunion profitieren können.

8.7.3.3 Fördermaßnahmen

Mit Mitteln aus vier so genannten **Strukturfonds** sollen die Regionen mit wirtschaftlichen Schwierigkeiten und sozialen Strukturproblemen unterstützt werden, sodass das Wohlstandsgefälle abgeschwächt wird. Zu den Strukturfonds zählen:

1. Der Europäische Fonds für regionale Entwicklung EFRE
2. Der Europäische Sozialfonds ESF
3. Der Europäische Ausrichtungs- und Garantiefonds für die Landwirtschaft (Agrarfonds) EAGFL
4. Das Finanzinstrument für die Ausrichtung der Fischerei (FIAF)

Der **EFRE** wurde 1975 gegründet und ist der wichtigste Strukturfonds zur Förderung des wirtschaftlichen und sozialen Zusammenhalts in der EU. Die finanziellen Mittel dienen hauptsächlich der Unterstützung von kleinen und mittleren Unternehmen, der Förderung von Anlageinvestitionen, der Verbesserung der Infrastruktur und der Förderung der lokalen Entwicklung Das Hauptziel ist letztlich die Schaffung von Arbeitsplätzen.

Der **Sozialfonds (ESF)** ist das Hauptinstrument der EU-Sozialpolitik und wurde bereits 1960 geschaffen. Er stellt Finanzhilfen für Projekte in den Bereichen Bildungs-, Ausbildungs- und Beschäftigungsmaßnahmen zur Verfügung.

Der **Agrarfonds (EAGFL)** fördert die ländliche Entwicklung und unterstützt Landwirte in Regionen, die gegenüber anderen EU-Mitgliedstaaten zurückliegen.

Mit Hilfe der **Fischereiförderung (FIAF)** soll ein Gleichgewicht zwischen den Fischbeständen und ihren Nutzern hergestellt werden.

Neben den vier Strukturfonds gibt es noch den **Kohäsionsfonds**, der den vier am wenigsten entwickelten EU-Mitgliedstaaten (Portugal, Spanien, Griechenland und Irland) zusätzlich Unterstützung bietet. Ein Anspruch auf zusätzliche Förderung besteht dann, wenn das Pro-Kopf-BIP weniger als 90 % des Gemeinschaftsdurchschnitts beträgt. Gefördert werden Großprojekte aus den Bereichen Umweltschutz und Verkehr.

Arm und Reich

Hamburg, die Metropole des Nordens, ist eine Stadt der Gegensätze. Sie ist eine der reichsten Regionen Europas mit 35 Millionären pro 10.000 Einwohnern. Gleichzeitig liegt die Arbeitslosigkeit in der Stadt bei über 13 Prozent. Das Beispiel Hamburg zeigt, dass in Zeiten, wo Arbeit knapp und Kapital beweglich ist, privater Reichtum öffentliche Armut keineswegs ausschließt.

In Hamburg sind etwa 94.000 Menschen arbeitslos. Mehr als die Hälfte der so genannten „Neu-Erwerbslosen" sind junge Menschen, die noch nie in ihrem Leben die Chance für einen regulären Einstieg ins Berufsleben bekommen haben. Hamburg als städtisches Ballungszentrum ist von den Verschiebungen in der weltweiten Produktionsstruktur im Zuge der Globalisierung der Märkte besonders betroffen.

vgl. Kapitel 3, 8 Globalisierung

Der schnelle Strukturwandel der letzten Jahrzehnte hat den traditionellen Arbeitsmarkt verändert. Heute gibt es in Hamburg in Industrie und Baugewerbe, in Handel und Verkehr weniger Beschäftigte als noch vor 20 Jahren. Doch trotz dieser Einbrüche bietet die Stadt vor allem im Dienstleistungsbereich Chancen und Möglichkeiten.

Strukturwandel, vgl. 3.6.3 Wirtschaftssektoren im Wandel

Wer davon profitieren will, muss allerdings gut ausgebildet und fit für Veränderungen sein.

Um dies möglichst vielen Menschen zu ermöglichen, entstand im Juni 1996 das „Hamburger Bündnis für Arbeit", zu dem sich unter Leitung des Ersten Bürgermeisters Vertreter der Arbeitgeber, der Arbeitnehmer, der Handels- und Handwerkskammern, der Arbeitsverwaltung und des Senates zusammengeschlossen haben. Gefördert wird dieser Beschäftigungspakt durch den Europäischen Sozialfonds, in dessen Rahmen eine aktive Arbeitsmarktpolitik durch die Unterstützung von Qualifizierungsmaßnahmen, von Ausbildungseinrichtungen, Kursen und Beratungen eine immer wichtigere Rolle spielt. (...) Im Herbst 1997 hat die Europäische Kommission das Hamburger Bündnis für Arbeit als eins von 89 europäischen und 9 deutschen Beschäftigungsbündnissen als Modellprojekt anerkannt (...).

europäische und internationale Initiativen zur Beschäftigungsförderung, vgl. Kapitel 3, 7.4.3 Maßnahmen gegen Arbeitslosigkeit

Ein Schwerpunkt des Hamburger Aktionsprogramms ist die Bekämpfung der Jugendarbeitslosigkeit. Mit einem Sonderprogramm sollen Schulabgänger gezielt auf den Berufseinstieg vorbereitet und bereits arbeitslose Jugendliche weiterqualifiziert werden. Gefördert wird auch der Sprung in die Selbstständigkeit. Besonders Frauen wagen immer häufiger diesen Schritt. Mit Beratung und Überbrückungsgeld wird ihnen dabei geholfen, neue Beschäftigungsfelder zu erschließen, zum Beispiel durch Dienstleistungen in der häuslichen Pflege, damit die Gründung einer eigenen Existenz auch Bestand hat.(...)
Das Hamburger Bündnis für Arbeit setzt auf Kooperation, auf die Verknüpfung von Qualifizierung und Ausbildung, von Umwelttechnik und Innovation, von Existenzgründung und Arbeitsmarktpolitik, nicht zuletzt, um der drohenden gesellschaftlichen Desintegration und sozialen Spaltung der Stadt entgegenzuwirken.

Quelle: http://europa.eu.int, Stand 3. Juli 2002

Förderschwerpunkte für Unternehmen und Beschäftigte

Für die konkreten Fördermaßnahmen, die im Rahmen der EU-Strukturfonds eingesetzt werden, setzt die EU folgende Förderschwerpunkte:

1. Förderung der wirtschaftsnahen Infrastruktur
2. Unterstützung produktiver Investitionen
3. Maßnahmen zur Erschließung des Humankapitals
4. Bekämpfung der Langzeitarbeitslosigkeit
5. Erleichterung der beruflichen Eingliederung von Jugendlichen
6. Maßnahmen zur Entwicklung der Landwirtschaft, Forstwirtschaft und der Fischerei sowie zur Umstrukturierung der Lebensmittelindustrie
7. Verbesserung der Lebens- und Arbeitsbedingungen in ländlichen Gebieten einschließlich Dorferneuerung und ländliche Infrastruktur
8. Landwirtschaft und Umwelt

Schwerpunkt 1 fördert die wirtschaftsnahe Infrastruktur und schafft insbesondere Anreize für Unternehmensniederlassungen in strukturschwachen Regionen.

Ziel der Förderung im **Schwerpunkt 2** ist die Unterstützung produktiver Investitionen, d. h., Unternehmen bekommen Finanzhilfen, um vor allem Arbeitsplätze zu sichern oder neue zu schaffen. Gefördert werden besonders kleine und mittelständische Unternehmen, aber auch Großprojekte.

Förderobjekt nach dem **Schwerpunkt 3** sind u. a. Neu- und Umbauten von Ausbildungs- und Umschulungseinrichtungen sowie die Bereitstellung von Lernmitteln. Damit soll speziell die Ausbildungssituation in mittelständischen Unternehmen verbessert werden.

Die **Schwerpunkte 4 und 5** dienen hautsächlich dazu, das immer größer werdende Problem der Langzeit- und Jugendarbeitslosigkeit zu verringern.

Agenda 2000

Am 26. März 1999 haben die 15 EU Länder auf dem Europäischen Rat in Berlin eine politische Einigung über die **Agenda 2000** erzielt. Die Agenda 2000 ist ein Aktionsprogramm, welches die Gemeinschaftspolitik der EU in den verschiedenen Bereichen nachhaltig gestaltet und einen neuen Finanzrahmen für den Zeitraum 2000–2006 festlegt.

Die EU hat für den Zeitraum 2000–2006 Finanzmittel in Höhe von 213 Mrd. Euro für die Strukturfonds bereitgestellt. Dabei konzentrieren sich die Finanzhilfen auf drei Ziele.

Ziel 1: Entwicklung und strukturelle Anpassung der Regionen mit Entwicklungsrückstand. Gefördert werden:
- Regionen, deren Pro-Kopf-BIP weniger als 75 % des Gemeinschaftsdurchschnitts beträgt,
- sehr dünn besiedelte schwedische und finnische Regionen,
- Regionen in äußerster Randlage, wie z. B. die Kanarischen Inseln, die Azoren und Madeira.

Unter die Ziel-1-Förderung fallen z. B. unterentwickelte Regionen in Griechenland, Spanien, Frankreich, Italien, Österreich, Portugal, Finnland, Schweden, Großbritannien und Deutschland. In Deutschland gehören hier Brandenburg, Mecklenburg-Vorpommern, Sachsen, Sachsen-Anhalt und Thüringen dazu. Zwischen 1989 und 1999 konnte das Wachstum in den Ziel-1-Regionen um durchschnittlich einen halben Prozentpunkt jährlich gestärkt werden.

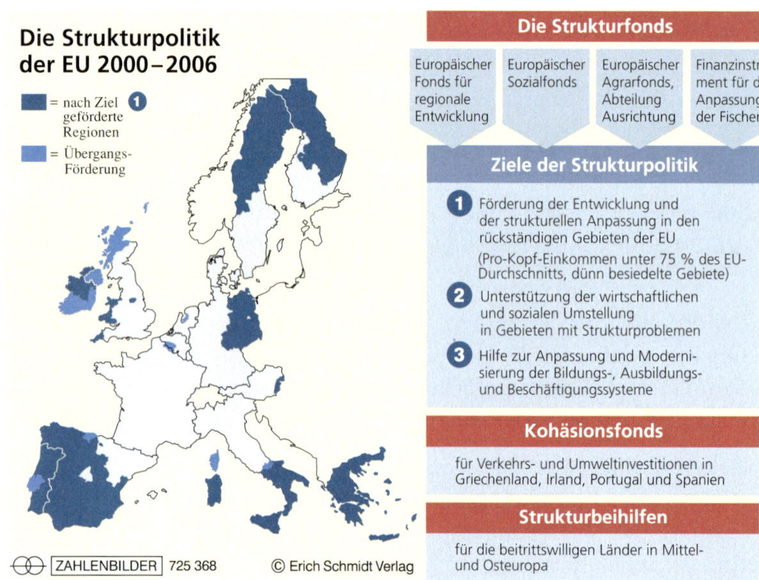

Ziel 2: Wirtschaftliche und soziale Umstellung der Gebiete mit Strukturproblemen. Gefördert werden Industriegebiete, ländliche Gebiete, städtische Gebiete und Regionen, die auf Fischfang ausgerichtet sind. Für die vier Gebietskategorien gelten allerdings strenge Kriterien.

Ziel 3: Entwicklung der Humanressourcen. Die Förderungsziele sind die Anpassung und die Modernisierung der einzelstaatlichen Bildungs-, Ausbildungs- und Beschäftigungspolitiksysteme.

Übersicht:		
Regionalgefälle	regionale Unterschiede in der EU hinsichtlich z. B. – wirtschaftlicher Leistungsfähigkeit – Wohlstand – Beschäftigung – Sozialsysteme	
Fördermaßnahmen	Strukturfonds	– EFRE (Fonds für regionale Entwicklung) – ESF (Sozialfonds) – EAGFL (Agrarfonds) – FIAF (Fischereifonds)
	Kohäsionsfonds (zusätzliche Mittel für die am wenigsten entwickelten Mitgliedstaaten)	
Schwerpunkte und Ziele	Als Förderschwerpunkte gelten z. B. – wirtschaftsnahe Infrastruktur – Finanzhilfen für produktive Investitionen von Unternehmen – Unterstützung von Ausbildungsgängen – Bekämpfung von Langzeit- und Jugendarbeitslosigkeit Für 2000–2006 werden folgende Ziele verfolgt: – Förderung von Regionen mit Entwicklungsrückständen („Ziel-1-Regionen") – Unterstützung von Regionen bei erforderlicher struktureller Anpassung – Entwicklung von Humanressourcen	

Aufgaben

1. Diskutieren Sie die Vor- und Nachteile des Harmonisierungskonzeptes und des Wettbewerbskonzeptes.
2. Nennen Sie die Hauptziele der vier Strukturfonds und des Kohäsionsfonds.
3. Nennen Sie Gründe, warum die Länder Irland, Spanien, Portugal, Finnland, Schweden, Griechenland und Ost-Deutschland durch die Strukturfonds besonders gefördert werden.
4. Stellen Sie anhand der Wirtschaftskarte im Atlas die Gebiete Deutschlands zusammen, die als besonders strukturschwach ausgewiesen sind, und diskutieren Sie die Probleme, mit denen diese Regionen zu kämpfen haben.
5. Informieren Sie sich auf der Internetseite http://europa.eu.int/comm/regional _policy/index_de.htm über Projekte und Programme, die vom Europäischen Fonds für regionale Entwicklung (EFRE) und dem Kohäsionsfonds unterstützt werden.

9 Wissens-Check

1. Ein Industriebetrieb kann 1000 Mengeneinheiten eines Gutes mit verschiedenen Kombinationen der Produktionsfaktoren Arbeit und Kapital herstellen. Der Preis für eine Einheit des Produktionsfaktors Arbeit beträgt 100 €, der Preis für eine Einheit des Produktionsfaktors Kapital beträgt 150 €.

   Welche der möglichen Faktorkombinationen a) bis c) ist die kostengünstigste?

Faktorkombination	Arbeit (in Einheiten)	Kapital (in Einheiten)
a)	8	3
b)	6	4
c)	4	6

2. Fünf Unternehmen der Kunststoff verarbeitenden Industrie haben sich auf die Herstellung von Kinderspielzeug spezialisiert. Im Rahmen einer Benchmarking-Studie wurde ermittelt, dass die Unternehmen für die Herstellung eines vergleichbaren Produktes die Produktionsfaktoren zu unterschiedlichen Kosten unterschiedlich kombinieren. In welchem Unternehmen wird am kostengünstigsten produziert?

Benchmarking, vgl. ausführlich Teilband *Industrielle Geschäftsprozesse*

Unternehmen	Materialkosten in €	Arbeitsstunden	Kosten/Stunde in €
a)	50	3	40
b)	70	3	30
c)	80	1	30
d)	95	4	20
e)	112	0,2	40

3. Welche der Nutzungsmöglichkeiten 1 bis 3 des Produktionsfaktors Boden liegen in den folgenden Beispielen überwiegend vor? Ordnen Sie zu.

   ① Abbauboden
   ② Standortboden
   ③ Anbauboden

   a) Getreidefelder eines landwirtschaftlichen Betriebs
   b) Grube eines Kohlebergwerks
   c) Zwischenlager eines Industriebetriebs
   d) Bürogebäude einer Bank
   e) Betriebskindergarten einer Versicherungsgesellschaft

4. Welcher der folgenden Produktionsfaktoren zählt zu den Betriebsmitteln eines Unternehmens der Fahrradindustrie?

   a) Aluminium zur Herstellung der Fahrradrahmen
   b) Fahrradklingeln, Reflektoren und Griffe für den Lenker (Fremdbauteile)
   c) Aufstellung eines Werbeplans
   d) innerbetriebliches Transportsystem
   e) Fahrradrahmen und -gabel (halbfertige Erzeugnisse)
   f) Rohstofflager

5. Welches Beispiel enthält ausschließlich Werkstoffe einer Textilfabrik?

a) Nähmaschinen – Fuhrpark – Lagerhalle
b) Baumwolle – Färbemittel – Garn
c) Versandcontainer – Spitze – Knöpfe
d) Transportband – Bürogebäude – Bleichmittel
e) Verpackungsmaterial – Scheren – Kühlwasser

6. Bei welchem der folgenden Beispiele aus einem Speditionsunternehmen handelt es sich um Betriebsmittel, Werkstoffe, dispositive Arbeit?

a) Tätigkeit der Sekretärin
b) Tätigkeit des Geschäftsführers
c) Treibstoff für die Lkw
d) Ausstellen einer Rechnung
e) Bürogebäude

7. Zu welchem der Sektoren 1 bis 3 zählen die folgenden Betriebe? Ordnen Sie zu.

① Primärsektor
② Sekundärsektor
③ Tertiärsektor

a) Einzelhandelsbetrieb
b) Büromöbelfabrik
c) Unternehmensberatung
d) Versicherungsunternehmen
e) Molkerei
f) Winzer

8. Zu welchem der Wirtschaftsbereiche 1 bis 4 gehören die folgenden Unternehmen? Ordnen Sie zu.

① Rohstoffgewinnung
② Investitionsgüterindustrie
③ Konsumgüterindustrie
④ Güterverteilung

a) Kohlebergwerk
b) Maschinenbaufabrik
c) Buchhandlung
d) Bauunternehmen
e) Supermarkt
f) Schokoladenfabrik

9. Ordnen Sie die Güterarten 1 bis 4 den folgenden Beispielen zu.

① Konsum-/Gebrauchsgut
② Konsum-/Verbrauchsgut
③ Produktions-/Gebrauchsgut
④ Produktions-/Verbrauchsgut

a) Urlaubsreise
b) Familienauto
c) Firmenauto →

d) Treibstoffvorräte eines Speditionsunternehmens
e) Schmieröl für die Fertigungsmaschinen eines Industriebetriebs
f) Fernseher der Familie Meyer
g) Fernseher eines TV-Produktionsunternehmens

10. Bei welchen der folgenden Güterbeziehungen handelt es sich um (1) substituierbare oder (2) komplementäre Güter? Ordnen Sie die jeweilige Ziffer zu.

a) Lokomotive und Anhänger
b) Plastikflasche und Glasflasche
c) Auto und Benzin
d) Füllfederhalter und Tintenpatrone
e) Elektrogerät und Strom
f) Butter und Margarine
g) Ölheizung und Kohleofen
h) Pfeife und Tabak
i) Sonnenöl und Sonnenmilch
j) Grill und Holzkohle
k) Brief und E-Mail
l) Fahrrad und Klingel

11. In welchem Fall liegt eine Substitution von Produktionsfaktoren vor?

a) Um den Umsatz zu steigern, wird ein höherer Werbeetat angesetzt.
b) Um den Marktanteil um 5 % zu erhöhen, werden Qualitätsmängel reduziert.
c) Um die Personalkosten zu senken, werden in der Schweißerei Arbeitsplätze durch einen Schweißroboter ersetzt.
d) Um die Qualifizierung der Mitarbeiter zu erhöhen, wird ein EDV-Kurs angeboten.
e) Um die Konkurrenzfähigkeit im internationalen Wettbewerb zu stärken, werden Unternehmen der Stahlindustrie mit staatlichen Subventionen unterstützt.

12. Das ökonomische Prinzip unterscheidet zwei Varianten: das (1) Minimalprinzip und das (2) Maximalprinzip. Überprüfen Sie die folgenden Aussagen und geben Sie an, um welche Variante es sich handelt.

a) Ein Industriebetrieb hat trotz eines nur noch begrenzten Rohstoffvorrats zusätzliche Aufträge angenommen. Aus diesem Vorrat sollen möglichst viele Produkte gefertigt werden.
b) Der Disponent eines Speditionsunternehmens soll mit dem bestehenden Fuhrpark möglichst viele Tarifkilometer tourenmäßig abdecken.
c) Ein Industriebetrieb plant die Anschaffung einer neuen EDV-Anlage und holt verschiedene Angebote für vergleichbare Systeme ein. Das preisgünstigste soll gekauft werden.
d) Ein Tischler will sich selbstständig machen. Mit dem ihm zur Verfügung stehenden Kapital will er sich eine Werkstatt einrichten, die so umfangreich wie möglich ausgestattet sein soll.
e) Frau Klein hat jeden Monat 500 € Haushaltsgeld. Sie versucht damit, möglichst viele Bedürfnissen ihrer Familie zu befriedigen.

13. Sie arbeiten in der Auftragsbearbeitung eines Unternehmens, das Fahrräder fertigt. Ein Kunde bestellt bei Ihnen 100 Mountainbikes zum Preis von 30.000 Euro. Welche Handlungsweise entspricht dem Minimalprinzip?

a) Wenn mit einem möglichst geringen Einsatz an Produktionsfaktoren möglichst viele Mountainbikes hergestellt werden.
b) Wenn mit einer möglichst hohen Maschinenauslastung möglichst viele Fahrräder hergestellt werden.
c) Wenn sich bei der Herstellung der Fahrräder die Ausschussquote um 10 % erhöht.
d) Wenn aus einer Tonne Aluminium möglichst viele Mountainbikes hergestellt werden.
e) Wenn zur Fertigung der 100 Mountainbikes ein möglichst geringer Einsatz an Produktionsfaktoren benötigt wird.

14. In welchem Fall liegt das Maximalprinzip vor?

a) Ein Maschinenbauunternehmen will mit möglichst geringen Personalkosten sein Umsatzziel erreichen.
b) Ein Handelsunternehmen wählt aus drei Angeboten das günstigste aus, um Kosten zu sparen.
c) Ein Verkaufsleiter legt den niedrigstmöglichen Preis fest, um möglichst viele Wettbewerber auszuschalten.
d) Eine Werkzeugfabrik will mit ihrem Bestand an Rohstoffen möglichst viele Produkte fertigen.
e) Die Werbeabteilung will mit einem möglichst hohen Budget möglichst viele Neukunden gewinnen.

15. Lesen Sie den folgenden Text und beantworten Sie die anschließenden Fragen.

Kollege Roboter

Weil hiesige Arbeiter besonders gut mit komplizierten Maschinen klarkommen, investierte der US-Konzern Motorola in den Standort Deutschland.

(...) Seit Anfang Februar (1999) laufen in dem Neubau, den der US-Konzern Motorola am Stadtrand errichtet hat, täglich tausende von Handys vom Band. Über 2.000 Arbeitsplätze haben die Amerikaner insgesamt geschaffen – in Flensburg statt in einem Billiglohnland. (...) Motorola, nach dem finnischen Hersteller Nokia die Nummer zwei auf dem Handy-Weltmarkt, ist jetzt der größte industrielle Arbeitgeber in der 85.000-Einwohner-Stadt.

(...) Der amerikanische Konzern hätte genauso gut eine seiner beiden Werke in den Vereinigten Staaten, die schottische Dependance oder auch die chinesische ausbauen können. Doch im konzerninternen Vergleich der Standorte schnitten die Deutschen besonders gut ab. Norbert Quinkert, Vorsitzender der Geschäftsführung bei der deutschen Motorola GmbH: „Deutschland bietet durchaus Vorteile, etwa die gut ausgebildeten Arbeitskräfte und die hohe Produktivität.“ (...) Nicht nur die Chinesen mit ihren niedrigen Löhnen haben die Flensburger bei der Standortwahl aus dem Feld geschlagen, sondern auch die Schotten - die den Investor, wie Oberbürgermeister Dielewicz stolz anmerkt, mit wesentlich höheren Subventionen locken wollten. Doch auch die Deutschen ließen sich nicht lumpen. Mit über 50 Millionen Mark (25,6 Millionen Euro) halfen sie der Entscheidung nach. Denn die Arbeitslosigkeit in Flensburg, die 1993 bei 10,6 Prozent lag, ist seit dem Abzug der Marine hochgeschnellt; derzeit beträgt sie 16 Prozent. Deshalb habe das Land Schleswig-Holstein einen deutlichen Schwerpunkt gesetzt und die höchstmögliche Förderung aus den Töpfen der Gemeinschaftsaufgabe zur Förderung der regionalen Wirtschaftsstruktur (GA) lockergemacht (...).

60 Prozent der über 2.000 Motorola-Mitarbeiter sind auf Anlern-Arbeitsplätzen beschäftigt. Das ist in der Handy-Branche noch eine relativ niedrige Quote; der Ausbildungsstand in Flensburg ist vergleichsweise hoch. Natürlich stehen in allen Motorola-Werken weltweit die gleichen Maschinen. Die Frage sei nur, so Werksleiter Andersen, wie kompetent die komplexen Anlagen bedient werden: „Wir haben hier ein weit besseres Qualitätsgefüge als in anderen Ländern, die Fehlerquote ist viel niedriger. Das macht die kürzeren Arbeitszeiten im angeblichen Freizeitpark Deutschland durchaus wett.“ Inzwischen hat das auch Konkurrent Nokia erkannt: Die Finnen eifern nun Motorola nach und investieren 300 Millionen Mark (153,4 Millionen Euro) in ihr Bochumer Werk; mit 1.700 neuen Stellen wird die Belegschaft dort verdoppelt. Dass sich die Deutschen im konzerninternen Vergleich der Handy-Hersteller durchsetzen können, liegt auch an den Besonderheiten der Branche. Der Lohnanteil beträgt bei den Herstellungskosten nur 4 bis 6 Prozent, wie Motorola-Werksleiter Andersen verrät: „Im klassischen Maschinenbau beispielsweise würde die Rechnung anders ausfallen. Da machen die Löhne bis zu 50 Prozent der Kosten aus.“ Umso wichtiger ist es angesichts der hohen Materialkosten, dass die Belegschaft nicht zu viel Ausschuss produziert. Der Schlüssel dazu liegt in der sorgfältigen Auswahl der Mitarbeiter. (...)

Dass die immer geschickteren Roboter demnächst die Zahl der Arbeitsplätze wieder schrumpfen lassen, hält Werksleiter Andersen für ausgeschlossen. Die steigende Automation münde allein in höhere Produktionszahlen: „Wir bauen dann halt mehr Geräte. Wir haben genug zu tun – der Markt boomt ohne Ende.“ (...)

Marktprognosen legen nahe, dass sich in den kommenden drei Jahren der Handy-Absatz weltweit verdoppeln wird. Schon 1998 verkaufte Motorola 42,5 Prozent mehr Geräte als im Jahr zuvor. Der Umsatz allerdings stieg nur um 14 Prozent – Folge des rapiden Preisverfalls, wie Motorolas Deutschland-Chef Quinkert betont. Umso wichtiger ist die Kosten sparende Produktion. Mit dem neuen Werk in Flensburg habe man die Produktivität nochmals um 10 Prozent steigern können, sagt Quinkert. Es biete die modernste Handy-Fertigung in ganz Europa – und somit Jobs mit Zukunft.

Quelle: Die Zeit 12/1999; Autorin: Ulrike Meyer-Timpe

a) Nennen Sie die Faktoren, die bei Motorolas Entscheidungsfindung für den Standort Flensburg ausschlaggebend waren. Berücksichtigen Sie die im Artikel genannten Besonderheiten bei der Handyproduktion.

b) Welche Faktoren sind Ihnen bekannt, die die Unternehmen allgemein bei der Standortwahl berücksichtigen? Erläutern Sie, welche Faktoren mehr und welche weniger stark bei Motorola ins Gewicht fielen.

c) Was versteht man allgemein unter Faktorsubstitution im Rahmen betrieblicher Rationalisierungsmaßnahmen?
Welche gesamtwirtschaftlichen Auswirkungen sind häufig damit verbunden? Berücksichtigen Sie hierbei auch das Schaubild auf S. 202
Wie wird bei Motorola im obigen Text die Aussage begründet, dass die zunehmende Automation in Flensburg nicht zum Stellenabbau führen wird?

16. In der folgenden Abbildung ist der Wirtschaftskreislauf vereinfacht dargestellt. Ordnen Sie die Geld- und Güterströme den jeweiligen Vorgängen zu.

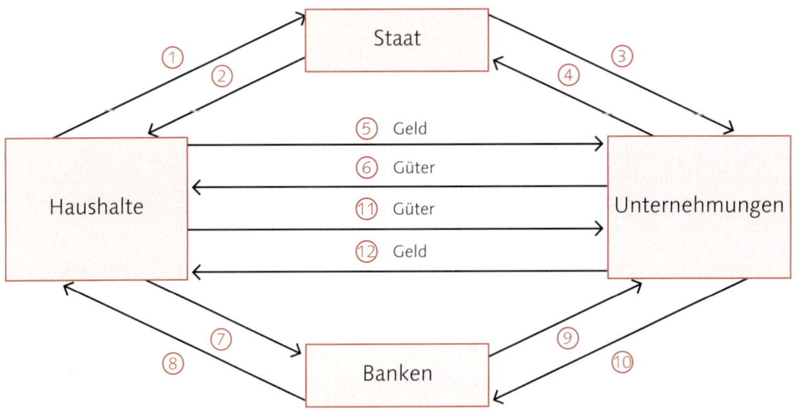

a) Ausgaben für den Kauf von Gartenmöbeln
b) Zinserträge für Sparguthaben eines Arbeitnehmers
c) Zahlung von Sozialhilfe
d) Gewerbesteuern werden gezahlt
e) Investitionskredit wird aufgenommen
f) Lohn-/Gehaltszahlung an einen Arbeitnehmer der Industrie
g) Arbeitnehmer zahlt auf sein Konto ein
h) Privatperson vermietet ein Ladenlokal

17. Ordnen Sie den drei Darstellungen die richtigen Überschriften zu.

a) Entstehung des Bruttonationaleinkommens
b) Verwendung des Bruttonationaleinkommens
c) Verteilung des Bruttonationaleinkommens

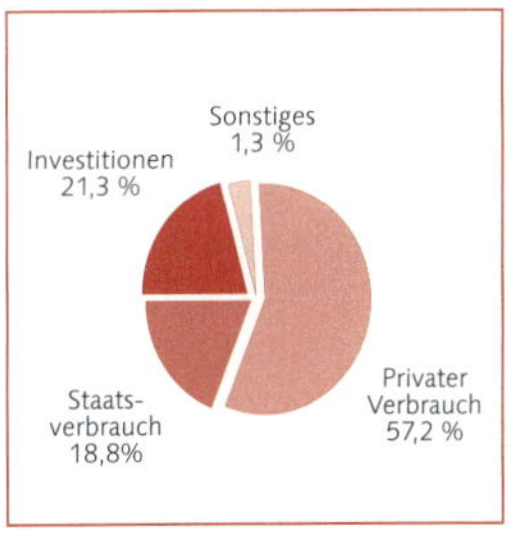

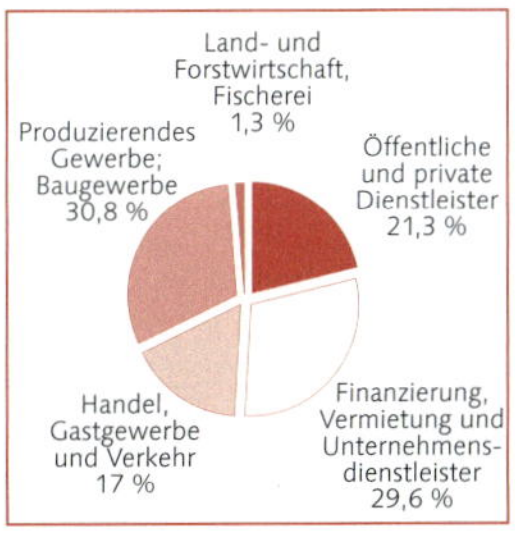

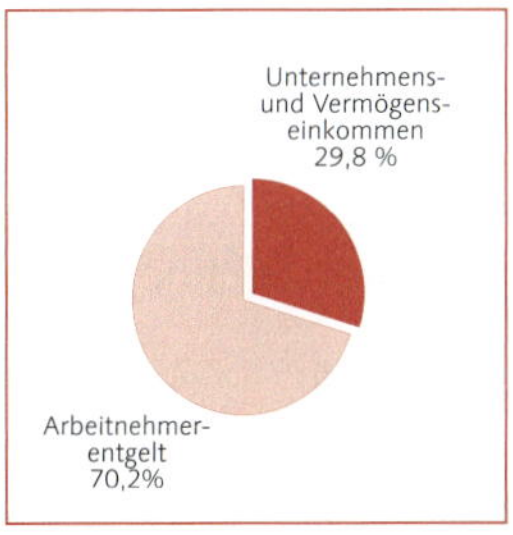

18. Welche der folgenden gesamtwirtschaftlichen Größen geht nicht in die volkswirtschaftliche Verwendungsrechnung des Bruttonationaleinkommens ein?

a) Konsumausgaben der privaten Hauhalte und der privaten Organisationen ohne Erwerbszweck
b) Arbeitnehmerentgelt
c) Exporte
d) Importe
e) Bruttoanlageinvestitionen
f) Vorratsveränderungen und Nettozugang an Wertsachen

19. Wodurch unterscheiden sich Bruttonationaleinkommen und Bruttoinlandprodukt?

a) durch die Vorleistungen
b) durch die Nettogütersteuern
c) durch die Abschreibungen
d) durch die Subventionen vom Staat
e) durch den Saldo der Primäreinkommen mit der übrigen Welt

20. Eine Wirtschaftsordnung unterliegt verschiedenen Ordnungsfunktionen. Eine falsche hat sich eingeschlichen. Welche?

a) Planungs- und Lenkungsfunktion
b) Eigentumsform
c) betriebliche Ereignisrechung
d) Marketingformen
e) Preisbildungsformen

21. Die soziale Marktwirtschaft und die freie Marktwirtschaft unterscheiden sich durch

a) die Reisefreiheit,
b) die Gewerbefreiheit,
c) die wirtschaftspolitischen Eingriffe des Staats,
d) die Preisbildung am Markt,
e) die Wettbewerbsfreiheit,
f) die Maßnahmen für den Umweltschutz.

22. Welche Maßnahmen des Staats widersprechen den Regeln der sozialen Marktwirtschaft?

a) Für private Bauherren werden die steuerlichen Abschreibungsmöglichkeiten verbessert.
b) Das Kindergeld wird gesenkt.
c) Einkommensschwache Familien erhalten Wohngeld.
d) Ein Umtausch der inländischen Währung in US-$ wird untersagt.
e) In einem Abschwung wird die Konjunktur durch zusätzliche Staatsaufträge belebt.

23. Durch welches Merkmale wird die Wirtschaftsordnung der Bundesrepublik Deutschland gekennzeichnet?

a) Preisfestsetzung durch den Staat und Vollbeschäftigungsgarantie
b) Kollektives Eigentum an Produktionsmitteln, dagegen Privateigentum an Konsumgütern

c) Lohnfestsetzung durch den Staat, aber Tarifautonomie der Sozialpartner
d) Privateigentum an den Produktionsmitteln und Sozialbindung des Eigentums
e) Planung erfolgt zentral und Daten für die Leistungserstellung werden vorgegeben

24. Welcher Fall erfüllt eine der Bedingungen für einen vollkommenden Markt?

a) Alle angebotenen Güter sind in Qualität und Ausstattung unterschiedlich.
b) Ein Anbieter mit einer starken Marktstellung kann den Preis zu seinen Gunsten beeinflussen.
c) Alle angebotenen Güter sind von gleicher Art und Güte.
d) Anbieter mit einer zuvorkommenden fachlichen Beratung werden vom Nachfrager bevorzugt.
e) Den Nachfragern ist es auf Grund des stark gegliederten Marktes nicht möglich, alle Angebot der Anbieter zu kennen.

25. Häufig ändert sich der Preis für Benzin. In welchem nachfolgenden Fall findet eine Preisänderung statt, die nicht marktkonform ist?

a) Preissenkung, da die Konkurrenz die Preise senkt
b) Preissenkung, da die Nachfrage rückgängig ist
c) Preiserhöhung, da der Staat Mindestpreise festlegt
d) Preiserhöhung, da die Urlaubssaison beginnt
e) Preiserhöhung, da die Nachfrage gestiegen ist

26. Eine Heizölfirma stellt fest, dass die Gesamtnachfrage und das Gesamtanbot nach Heizöl sich entsprechend der nachfolgenden Tabelle geändert hat. Berechnen sie den Gleichgewichtspreis in Euro.

Preis für jeweils gleiche Abgabenmenge in €	Gesamtangebot in Liter	Gesamtnachfrage in Liter
0,40	10.000	16.000
0,41	11.000	15.000
0,42	12.000	14.000
0,43	13.000	13.000
0,44	14.000	12.000
0,45	15.000	11.000

27. Fünf große Unternehmen der Unterhaltungselektronik beschließen eine gemeinsame Forschung und Entwicklung für DVD-Player. Um welchen Zusammenschluss handelt es sich hier?

a) Quotenkartell
b) Rationalisierungskartell
c) Typenkartell
d) Konzern
e) Gebietskartell

28. Ordnen Sie die Bestandteile den Ziffern in der folgenden Grafik zu.
a) Angebotskurve
b) Nachfragekurve
c) Gleichgewichtsmenge
d) Gleichgewichtspreis
e) Angebotsüberhang
f) Nachfrageüberhang

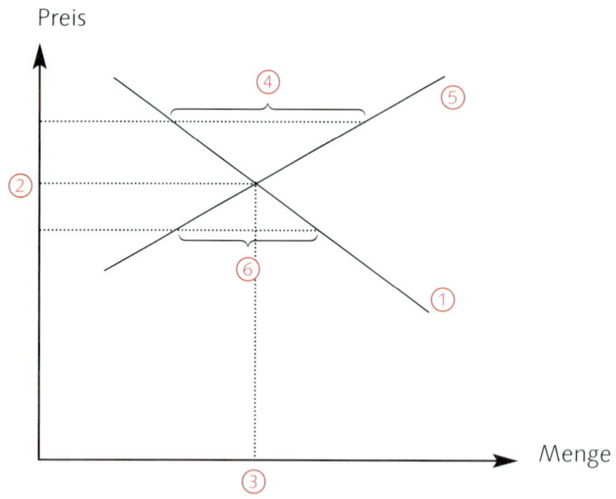

29. Wie wirkt eine Linksverschiebung der Nachfragekurve auf die Marktsituation aus Aufgabe 28?

a) Die Gleichgewichtsmenge sinkt, der Gleichgewichtspreis sinkt.
b) Die Gleichgewichtsmenge bleibt unverändert, der Gleichgewichtspreis sinkt.
c) Die Gleichgewichtsmenge steigt, der Gleichgewichtspreis sinkt.
d) Die Gleichgewichtsmenge steigt, der Gleichgewichtspreis steigt.
e) Die Gleichgewichtsmenge sinkt, der Gleichgewichtspreis steigt.
f) Die Gleichgewichtsmenge und der Gleichgewichtspreis ändern sich nicht.

30. In der Zeitung lesen Sie die Schlagzeile: „Absprachen der Hersteller führen zu Preiserhöhungen". Wie wird eine derartige Preisabsprache gesetzlich bewertet?

a) Preisabsprachen müssen vorher durch die Kartellbehörde genehmigt werden.
b) Nach dem Kartellgesetz sind alle Preisabsprachen verboten.
c) Nach dem Kartellgesetz sind alle Preiserhöhungen verboten.
d) Preisabsprachen müssen nachträglich durch die Kartellbehörde genehmigt werden.
e) Preisabsprachen dürfen nur im Zusammenhang mit einer Steuererhöhung erfolgen.

31. In welchem Fall ist die rechtliche und wirtschaftliche Selbstständigkeit von Unternehmen, die sich zu einem Kartell zusammenschließen, richtig dargestellt?

a) Rechtliche Selbstständigkeit bleibt erhalten, wirtschaftliche Selbstständigkeit wird teilweise aufgegeben.

b) Rechtliche Selbstständigkeit bleibt erhalten, wirtschaftliche Selbstständigkeit wird vollständig aufgegeben.
c) Rechtliche Selbstständigkeit wird aufgegeben, wirtschaftliche Selbstständigkeit bleibt vollständig erhalten.
d) Rechtliche Selbstständigkeit wird aufgegeben, wirtschaftliche Selbstständigkeit wird teilweise aufgegeben.
e) Rechtliche Selbstständigkeit wird aufgegeben, wirtschaftliche Selbstständigkeit wird vollständig aufgegeben.

32. Ordnen Sie die Unternehmenszusammenschlüsse den richtigen Merkmalen zu. Eine Zuordnung ist nicht immer möglich.

① Kartell
② Konzern

a) Für einen Autobahnbau treffen sechs Tiefbauunternehmen eine Preisabsprache.
b) Für einen Autobahnbau schließen sich sechs Tiefbauunternehmen zu einer bürgerlich-rechtlichen Gesellschaft zusammen.
c) Ein Versandhandelsunternehmen erwirbt 80 % des Aktienkapitals einer Kaufhauskette. Rechtlich bleiben beide Gesellschaften selbstständig, allerdings stehen sie unter einheitlicher Leitung.
d) Zwei kleine Gesellschaften der Papierbranche schließen sich zu einer neuen Gesellschaft zusammen. Die alten Gesellschaften erlöschen.
e) Um Aktien beim Publikum unterzubringen, schließen sich zeitlich befristet Banken zu einer BGB-Gesellschaft zusammen.
f) Die Hersteller von DVDs einigen sich auf ein einheitliches Format von DVDs.

33. Welche Aussage zur Zahlungsbilanz ist richtig?

a) Alle wirtschaftlichen Transaktionen zwischen dem Inland und dem Ausland werden in der Zahlungsbilanz dargestellt.
b) Die Transaktionen von Gold- und Devisenbeständen zwischen dem Inland und dem Ausland werden in der Zahlungsbilanz dargestellt.
c) Die Entwicklung des Kapitalverkehrs zwischen dem Inland und dem Ausland wird in der Zahlungsbilanz dargestellt.
d) Die Güterbewegungen und Dienstleistungen zwischen dem Inland und dem Ausland werden in der Zahlungsbilanz dargestellt.
e) Die Güterbewegungen zwischen dem Inland und dem Ausland werden in der Zahlungsbilanz dargestellt.

34. Welche Teilbilanzen werden berührt? Ordnen Sie zu.

① Handelsbilanz
② Dienstleistungsbilanz
③ Übertragungsbilanz
④ Kapitalbilanz

a) Ausländische Arbeitnehmer überweisen Geld für Familienmitglieder in ihre Heimatländer.
b) Die EU erhält Zahlungen von der Bundesrepublik Deutschland.
c) Deutsche Unternehmen kaufen Beteiligungen im Ausland.
d) Deutsche Unternehmen verkaufen Patente ins Ausland.
e) Aus Südafrika wird Wein in die Bundesrepublik Deutschland importiert.

35. Europa wächst zusammen. Die Außenwirtschaftsbeziehungen werden einfacher.
Welche Länder gehören nicht zur EU?

a) Großbritannien
b) Finnland
c) Norwegen
d) Luxemburg
e) Schweiz
f) Italien

36. Die nachfolgende Tabelle zeigt Werte der deutschen Handels- und Leistungsbilanz. In welchem Monat ist die Differenz zwischen Exporten und Importen von Waren am größten?

a) Februar 2001
b) März 2001
c) Mai 2001
d) August 2001
e) November 2001
f) Januar 2002
g) März 2002
h) Dezember 2001

Außenhandel			
		Exporte in Mill. €	Importe in Mill. €
Jahr	Monat		
2001	Jan	51.705,4	46.208,5
	Feb	51.964,6	44.905,2
	Mär	55.911,8	46.416,1
	Apr	52.730,6	46.689,1
	Mai	54.510,9	46.457,0
	Jun	53.463,8	45.967,2
	Jul	55.318,7	45.949,3
	Aug	51.626,7	42.800,2
	Sep	49.628,5	42.576,8
	Okt	57.225,3	47.591,1
	Nov	54.873,9	47.535,8
	Dez	48.371,5	40.038,9
2002	Jan	50.115,8	40.040,0
	Feb	51.574,0	41.565,7
	Mär	54.662,0	42.221,0

Quelle: Statistisches Bundesamt

37. Welche Aussage über den Wirtschaftskreislauf ist richtig?

a) Sowohl die Geldströme, als auch die Güterströme fließen in die gleiche Richtung.
b) Der Staat hat keinen Einfluss auf den Geld- und auf den Güterkreislauf.
c) Bestandteil des Wirtschaftskreislaufs ist der Produktionsfaktor Arbeit.
d) Staat, Gebietskörperschaften und Unternehmen sind Sektoren des Wirtschaftskreislaufs.
e) Wenn Unternehmen Erzeugnisse verkaufen, dann fließen ihnen die Gewinne über den Güterkreislauf zu.

38. Der Staat kann in den Preismechanismus eingreifen. Welcher der folgenden Eingriffe setzt den Preismechanismus außer Kraft?

a) Der Staat erhöht die Steuern, um einen inflationären Preisanstieg zu bekämpfen.
b) Der Staat verbietet Preisabsprachen, um den Wettbewerb zu sichern.
c) Der Staat gibt Bezugsscheine für den Kauf von Heizöl aus, um den Ölverbrauch zu verringern.
d) Der Staat vergibt mehr öffentliche Aufträge, um die Wirtschaft zu beleben.
e) Der Staat ermöglicht Unternehmen Sonderabschreibungen, um die Investitionsbereitschaft zu fördern.

39. Wo hat sich in der nachfolgenden Berechnung des verfügbaren Einkommens ein Fehler eingeschlichen?

	Volkseinkommen
+	Produktions- und Importeinkommen
–	Subventionen
–	Abschreibungen
=	Primäreinkommen
+	empfangende laufende Transferzahlungen aus der übrigen Welt
–	geleistete laufende Transferzahlungen aus der übrigen Welt
=	verfügbares Einkommen

40. Bei der Verwendungsrechnung des BIP wird der volkswirtschaftliche Konsum nach zwei Konzepten gegliedert. Welche Konsumausgaben gehören zu welchem Konzept? Ordnen Sie zu.

① Ausgabenkonzept
② Verbrauchskonzept

a) Individualkonsum
b) Konsumausgaben des Staates
c) Konsumausgaben der privaten Haushalte
d) Kollektivkonsum
e) Konsumausgaben der privaten Organisationen ohne Erwerbszweck

3 Unternehmensstrategien und -projekte

1 Projektmanagement

Beispiel: Die Wohnungsbaugenossenschaft „Stadtwohnen“ plant, ein Mehrfamilienhaus mit vier Wohnungseinheiten als Hofbebauung zu errichten. Ziel ist es, für eine Bausumme von insgesamt 1,1 Mio. € das Gebäude innerhalb eines Geschäftsjahres bezugsfertig zu errichten. Nach erfolgter Ausschreibung erhält das Ingenieurbüro Heinrich & Partner den Zuschlag für die Planung und Überwachung des Bauablaufs. Da das Büro bereits gute Erfahrungen mit zahlreichen Baustoffzulieferern und kleineren Bauunternehmen gemacht hat, erfolgt die Arbeitsvorbereitung aus Kosten- und Zeitzwängen sehr großschrittig.

Bereits nach vier Wochen gerät der Zeitplan ins Rutschen. Der Projektleiter beruft eine Krisensitzung mit allen am Bauvorhaben beteiligten Verantwortlichen ein. Die bisherigen Störungen des Bauablaufs werden protokolliert:

- Zeitverzug beim Aushub der Baugrube, da plötzlich eindringendes Grundwasser abgeleitet werden musste. Eine vorherige Baugrunduntersuchung fand nicht statt.
- Beim Zulieferer von Bewehrungsmatten wurden falsche Größen bestellt. Folge: Verspätetete Fertigstellung der Fundamentplatte.
- Beim Herstellen der Kellerdecke wurde versäumt, Aussparungen für die Rohre der Hausinstallation vorzusehen. Folge: Nachträgliches Aufstemmen der Decke.
- Der Bauleiter informierte den Projektleiter verspätet über Verzögerungen. Er hatte bisher nur kleinere Bauvorhaben, z. B. Einfamilienhäuser, betreut.
- Abschlagszahlungen für die Maurerarbeiten konnten nicht fristgerecht erfolgen, da die Kosten für Erd- und Stemmarbeiten überschritten waren. Es mussten Sonderkredite aufgenommen werden.
- Die Elemente der Filigrandecke für das Erdgeschoss wurden zwei Wochen zu früh geliefert, mussten bezahlt und auf einer angemieteten Fläche gelagert werden.

Nach Auflistung der eingetretenen Fehler und Versäumnisse wurde ein Ablaufmuster des Projektes erstellt und die Verantwortlichkeiten neu definiert.

Zwei angehende Bauingenieure (Praktikanten) erhalten den Auftrag, Grundlagen für ein Projektmanagement eines Ingenieurbüros zusammenzutragen.

Egal, ob eine Messe geplant, ein Flughafen errichtet, ein neues Produkt auf den Markt gebracht wird: Viele Vorhaben in Wirtschaft und Verwaltung werden heutzutage in Form von Projekten verwirklicht. Die **DIN 69 901** definiert den **Projektbegriff** wie folgt: Ein Projekt ist „ein Vorhaben, das im Wesentlichen durch die Einmaligkeit der Bedingungen in ihrer Gesamtheit gekennzeichnet ist". Ein Projekt hat folgende Merkmale:

Projektbegriff nach DIN 69901

Merkmale	Erläuterung
Einmaligkeit der Bedingungen in ihrer Gesamtheit	Ein Projekt ist ein Einzelvorhaben und erfordert somit ein besonderes Ergebnis.
Zielvorgaben	klar definierte Ziele
Zeitliche, personelle und finanzielle Begrenzung	bestimmten Termine, Anzahl an Personen und finanzielle Mittel stehen bereit.
Abgrenzung gegenüber anderen Vorhaben	Jedes Projekt unterscheidet sich von einem anderen und hat ein anderes Ergebnis.
projektspezifische Organisation	bestehende Organisationsform ist i.d.R. zur Durchführung eines Projekts nicht geeignet.
Komplexität	viele wechselseitige Verflechtungen und vernetzte Abhängigkeiten
Schwierigkeitsgrad	Probleme, wie z.B. Interessenausgleich der Beteiligten, bestimmen die Aussicht der Zielerreichung.
Risiko	Die Gefahr, dass ein Schaden eintritt bzw. das Projektziel verfehlt wird, bestimmt die Höhe des Risikos.
Interdisziplinärer Charakter	Mehrere Fachbereiche arbeiten an einem Projekt zusammen.

Projekte z. B. in den Bereichen:
- Produktentwicklung
- Produktplanung
- Anlagenbau
- Hoch- und Tiefbau
- Organisationsgestaltung
- Marketing

komplex ≠ kompliziert

Für die zunehmende **Projektorientierung** in Unternehmen werden mehrere Einflussfaktoren angeführt:

- Zunahme komplexer Aufgabenstellungen erfordern eine intensive fächerübergreifende Zusammenarbeit und eine flexible Organisation.
- Unternehmen müssen sich auf eine sich ständig verändernde Umwelt (z.B. Wettbewerbssituation) einstellen.
- Lösung komplexer Probleme erfordern ein hohes Maß an Planung

Erfolgsentscheidend im Projektmanagement ist aber immer der Faktor Mensch. Von ihm hängt ab, ob die gewünschten Ziele durchgesetzt werden. Die Steuerung von Projekten übernimmt das **Projektmanagement**. Auch für diesen Begriff findet sich eine Definition des DIN; in der **DIN 69 901** heißt es: Projektmanagement ist „die Gesamtheit von Führungsaufgaben, Führungsorganisation, Führungstechniken und Führungsmitteln für die Abwicklung eines Projekts".

Projektbegriff nach DIN 69901

Um Projekte zielgerichtet durchführen zu können, teilt man Projekte in Teilschritte, so genannte **Projektphasen**, ein. Hierzu zählen die
- Definitionsphase,
- Planungsphase,
- Durchführungsphase und
- Abschlussphase.

Projektbegleitend werden Steuerungsprozesse, Dokumentationsprozesse und Controllingprozesse eingesetzt.

Projektmanagement

1.1 Phase: Projektdefinition

Zu Beginn eines Projekts ist es erforderlich, dass man das **Projekt** genau **definiert**. Dabei sind u. a. die folgenden Fragen zu klären:

- **Grundproblem:** Wie sieht die zu Grunde liegende Problemstellung aus und welche internen und externen Faktoren sind dafür verantwortlich?
- **Ziel:** Will man zur Zielereichung ein Projekt durchführen? Was ist Ziel und Inhalt des Projekts? Was muss erledigt werden?
- **Organisation:** Welche Mitarbeiter stehen zur Verfügung? Welche externen Personen müssen hinzugezogen werden? Wie sieht die projektspezifische Organisation aus? Welche Ressourcen werden benötigt?
- **Zeit:** Bis wann soll das Projekt beendet werden? Wann muss spätestens mit dem Projekt begonnen werden?
- **Budget:** Welche finanziellen Mittel werden benötigt? Steht nur ein bestimmter Betrag zur Verfügung? Ist das Projektbudget an spätere Entwicklungen angepasst?

Projektdefinition

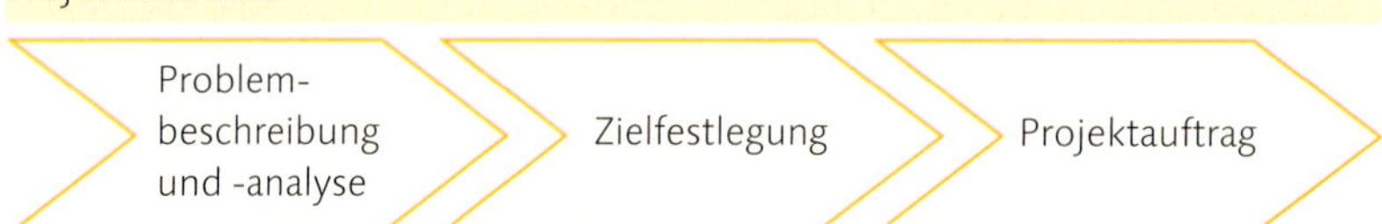

1.1.1 Problembeschreibung und -analyse

Bevor ein Projekt überhaupt gestartet wird, bedarf es eines konkreten Anlasses dafür, und dieser konkrete Anlass ist das Vorliegen eines Problems. Unter einem **Problem** versteht man die erhebliche Abweichung eines

tatsächlichen Ist-Zustandes von einem gewünschten Soll-Zustand.
Aus dem bisher Gesagten wird deutlich, dass sich ein Problem immer durch folgende Komponenten „auszeichnet“:

- Ist-Zustand
- Subjektivität
- Abweichung zwischen Ist-Zustand und gewünschtem Soll-Zustand

Beispiele: Die Auftragslage eines Maler-Handwerksbetriebs ist derzeit schlecht und der Meister befürchtet, die beiden Junggesellen nicht weiter beschäftigen zu können.
Der Betriebsleiter eines mittleren Bauunternehmens kauft eine Software zur kundenorientierten Angebotserstellung mit einer umfangreichen Baustoffdatenbank, ausführlichen Massenberechnung, exakten Vertragsgestaltung und Abrechnung.

Das Feststellen des Problems ist allerdings nur der erste Schritt; es folgen die Problembeschreibung und die Problemanalyse. Im Rahmen der **Problembeschreibung** geht es darum, das Problem näher zu erläutern, damit alle Projektbeteiligten den Kern der Aufgabe erfassen. Folgende Fragen sind dabei zu klären:

- **Zustand:** Um was geht es? Wo liegt die Schwachstelle? Wo tritt das Problem auf? Gibt es Schnittstellen zu anderen Abteilungen, Produkten oder Projekten? Sei wann tritt das Problem auf? Wie lässt sich das Problem beschreiben? Wie groß ist die Differenz zwischen dem Soll-Zustand und dem Ist-Zustand?
- **Folgen:** Welche Auswirkungen hat das Problem auf das Unternehmen und auf die Umwelt? Gibt es finanzielle oder sonstige Einbußen?

Nachdem geklärt worden ist, wann das Problem auftritt, muss anschließend untersucht werden, auf welche Ursachen das Problem zurückzuführen ist, d. h., es ist eine **Problemanalyse** vorzunehmen. In diesem Zusammenhang geht es um diverse Fragestellungen, wie z. B.: Problemanalyse

- **Gründe:** Gibt es bestimmte Gründe für das Auftreten des Problems? Spielen persönliche Interessen ein Rolle? Ist das Problem technischer, persönlicher oder wirtschaftlicher Natur? Liegen die Ursachen für das Problem am Umfeld des Unternehmens oder im Unternehmen selbst? Wurden Hinweise bezüglich des Problems, z. B. von Mitarbeitern, nicht beachtet? Wurde die Abweichung vom Soll nicht als groß genug beurteilt? Wurden bestimmte Vorgänge nicht als fehlerhaft erkannt?

Zur Ermittlung der Problemursachen wird häufig auf die Ergebnisse einer INI-Analyse (= Ist-Nicht-Analyse) zurückgegriffen. INI-Analyse

Wenn die Ergebnisse der Problembeschreibung und der Problemanalyse vorliegen, müssen die zuständigen Personen/Institutionen entscheiden, ob die Problemlösung durch ein Projekt erfolgen soll. Warum ist diese Entscheidung so wichtig? Die Durchführung eines Projektes bindet erhebliche zeitliche, finanzielle und personelle Ressourcen. Entscheidungskriterien für die **Projektentscheidung** sind vor allem: Projektentscheidung

- Machbarkeit: Das Projekt muss z. B. hinsichtlich Aufgabenstellung, Zeit und Kosten realisierbar sein.

- Projektrisiko: Das Projekt muss sich trotz technischer, finanzieller und sonstiger Risiken „wirtschaftlich lohnen".
- Wirtschaftlichkeit: Die Kosten des Projekts sollen den Nutzen nicht übersteigen.

Beispiel: In einem Industrieunternehmen treten in den letzten Wochen verstärkt Qualitätsmängel auf. Im Rahmen einer INI-Analyse werden folgende Merkmale ermittelt:

Merkmal	Frage	Ist-Nicht	Ist
Objekt	Was?	Produktgruppe A, B, C, D	Produktgruppe E
Prozess	Wie	alle Nichtfertigungsprozesse	Fertigungsprozess
Ort	Wo?	Halle 1, 2 sowie 4 bis 9	Halle 3
Zeit	Wann?	1. und 3. Schicht	2. Schicht
Beginn	Seit wann?	1. Quartal 2002	2. Quartal 2002
Ausmaß	Wie viel?	0 % – 4 % Ausschuss	38 % Ausschuss
Sachmittel	Welche?	Maschine AX321 und AX323	Maschine AX322
Mitarbeiter	Wer?	alle anderen Mitarbeiter	Herr XY

Die Problemursache kann nun recht einfach ermittelt werden; die Ergebnisse sind unbedingt schriftlich festzuhalten!

1.1.2 Zielfestlegung

Zielfestlegung

Damit ein Projekt zum Erfolg führt, muss das Projektmanagement drei Zielvorgaben beachten:

- Das **Sachziel** beantwortet die Frage: „Was soll geplant und erreicht werden?" (z. B. die Errichtung einer Lagerhalle in Köln-Porz für das Unternehmen Schmitz)
- Das **Kostenziel** beantwortet die Frage: „Welches Budget ist für das Projekt vorgesehen, d.h., was darf das gesamte Projekt kosten?" (z. B.: Für den Bau eines Mehrfamilienhauses sind 1,7 Mio. € vorgesehen).
- Das **Terminziel** beantwortet die Frage: „Bis wann muss das Projekt abgeschlossen sein?" (z. B.: Eine Maschinenhalle muss zum 1. Juli 2002 bezugsfertig sein).

„Magisches Dreieck" der Projektziele

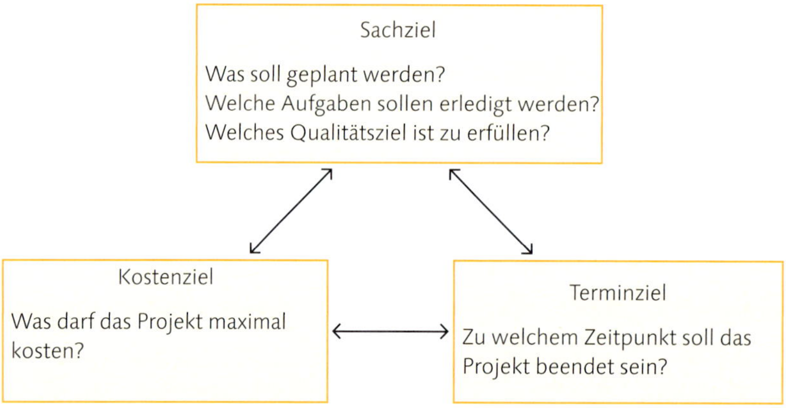

Diese drei Zielgrößen beeinflussen sich wechselseitig und konkurrieren miteinander. Wenn beispielsweise die Anforderungen an die Qualität des Produkts steigen, so verlängern sich üblicherweise die Bearbeitungszeiten und damit erhöhen sich die Kosten, sodass in diesem Fall weder Terminziel noch Kostenziel eingehalten werden können, also ergibt sich ein **Zielkonflikt**. Es zeigt sich, dass eine getrennte Betrachtung der einzelnen Zielgrößen nicht sinnvoll ist, sondern alle Größen in ihrem Zusammenhang erfasst werden müssen. Dieses ist aber oft sehr schwierig, und daher steht je nach Art des Projekts eines der o. g. Ziele im Vordergrund.

Meilenstein

Denken Sie nur einmal an die Expo 2000: Oberste Zielsetzung war hier die fristgerechte Eröffnung. Wichtige Teilziele eines Projekts bezeichnet man als Meilenstein. Sie werden häufig mit einem Terminziel verbunden.

Mit einem Projekt sollen bestimmte Ziele erreicht werden. Auch wenn der Eindruck entsteht, dass Sie die Ziele bereits klar definiert haben und sofort mit der Arbeit beginnen wollen, sollten Sie sich Gedanken darüber machen, was mit einem Projekt genau erreicht werden soll. Bei der Zielfestlegung müssen Sie darauf achten, dass die Ziele

- widerspruchsfrei,
- messbar und
- realisierbar sind.

Kreativitätstechniken:
- Brainstorming
- Brainwriting
- Mindmapping

Damit alle Projektteilnehmer die gleiche Vorstellung vom Projekt haben, müssen die definierten Ziele schriftlich fixiert werden. Dazu wird für das geplante Projekt ein Brainstorming, Brainwriting oder Mindmapping durchgeführt.

1.1.2.1 Mindmapping

Beim Mindmapping werden sowohl die Fähigkeiten der linken (analytisches Denken) als auch der rechten Gehirnhälfte (bildliche Vorstellungskraft) genutzt. So wird das Potenzial des Gehirns optimal ausgeschöpft.

Mindmap = gedankliche Landkarte

Das Ergebnis eines Mindmappings ist eine **bildhafte Darstellung der Gedanken**: eine so genannte gedankliche Landkarte (Mindmap), an die jederzeit etwas an- bzw. eingefügt werden kann. Hierbei werden aber nicht bloß die Gedanken festgehalten, sondern es werden auch die Beziehungen zueinander geknüpft und deren Wichtigkeit dargestellt. Im Zentrum des Mindmappings steht das Thema, von dem sich die Gedanken und Ideen in jede Richtung verzweigen können. Durch verschiedene Farben entsteht eine Landkarte, die geordnet und übersichtlich ein Ganzes wiedergibt, das sich als Bild einprägt, bei dem nicht alle Details behalten werden müssen.

Das Mindmapping ist ein sehr gutes Mittel zur Visualisierung von bestimmten Sachverhalten. Das prinzipielle Vorgehen beim Mindmapping lässt sich in fünf Phasen gliedern:

Phasenverlauf beim Mindmapping

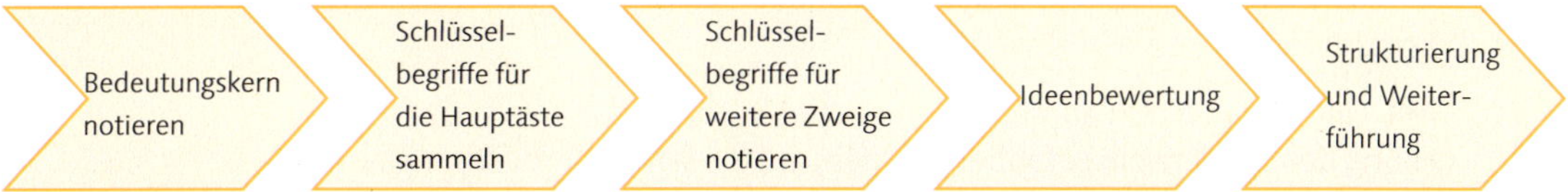

Als Erstes wird das Thema bzw. das Problem auf einem großen Blatt Papier (mindestens DIN A3), an der Tafel oder am besten auf einem Flipchart in die Mitte geschrieben und eingekreist. Dabei sollte es sich um ein Schlüsselwort, allerhöchstens um eine knappe Formulierung des Themas handeln.

1. Phase: Bedeutungskern notieren

Es ist von Vorteil, das Wort bzw. die Wörter in großen Blockbuchstaben und in einer auffallenden Farbe zu schreiben. Generell sollte beim Mindmapping die Blockschrift gewählt werden, da sie für eine bessere Übersichtlichkeit sorgt.

Danach werden Schlüsselbegriffe, die zum Hauptthema eine enge Verbindung haben, gesammelt. Sie werden um das zentrale Thema an abzweigenden Linien beliebig angeordnet; hierbei kann zur besseren Sichtbarmachung mit verschiedenen Farben gearbeitet werden. Dabei sollten die folgenden Gestaltungsprinzipien Beachtung finden:

2. Phase: Schlüsselbegriffe für die Hauptäste sammeln

- Die Schrift sollte möglichst waagerecht ausgerichtet sein.
- Die Schlüsselbegriffe sollten so angeordnet werden, dass für weitere Verzweigungen genügend Platz vorhanden ist.
- Es sollten Schlüsselbegriffe statt satzartiger Formulierungen gewählt werden.
- Es können auch Bildzeichen statt Wörter genutzt werden.

In der nächsten Phase werden spontane Gedanken und Ideen notiert. Dabei kann sich ein Hauptast in weitere Neben- und Unteräste verzweigen. Gehört eine Idee nicht zu einem bereits vorhandenen Hauptast, entsteht ein neuer Hauptast. In dieser Phase geht es nicht um Vollständigkeit oder Trennschärfe.

3. Phase: Schlüsselbegriffe für weitere Zweige notieren

In der Ideenbewertungsphase wird über die Wichtigkeit der einzelnen Äste entschieden. Während unwichtige Äste gestrichen werden, können bedeutsame Äste farblich unterlegt werden. Den Gestaltungsmöglichkeiten sind hierbei keine Grenzen gesetzt.

4. Phase: Ideenbewertung

In der letzte Phase besteht die Möglichkeit, eventuell noch Verbindungen zwischen den einzelnen Zweigen herzustellen. Ein Mindmapping ist nie fertig, weil auch im Nachhinein noch neue Ideen und Gedanken erfasst werden können.

5. Phase: Strukturierung und Weiterführung

Für ein Mindmapping kann sogar der Computer genutzt werden. Es gibt allerdings zur Zeit nur einige wenige und sehr teure Programme (z. B. Mind Manager, Creative MindMap, MyMap2000 usw.). Unter der Internetadresse www.mindjet.de kann eine Testversion des Mind Managers heruntergeladen werden.

Mindmapping am Computer

Bei der Nutzung eines Computerprogramms sollte man sich aber darüber im Klaren sein, dass der Computer die Kreativität einschränkt. Oft geht es schneller und einfacher, seine Gedanken und Ideen auf einem Blatt Papier festzuhalten.

Im Abschnitt 9.3.1 finden Sie ein Mindmapping zum Thema Globalisierung. Es kann beliebig erweitert werden.

Mit Hilfe von Mindmappings können unterschiedliche Wege zur Erreichung der Projektziele gefunden werden, auf die sich die Projektmitglieder dann einigen müssen.

1.1.2.2 Machbarkeitsstudien

Wenn die Ziele definiert sind, muss die vorläufige Strategie zur Zielerreichung geprüft werden. Die Prüfung der Machbarkeit, vor allem bezüglich Aufgabenstellung, Projektmitarbeiter, Zeit und Kosten, ist vorzunehmen. Folgende Machbarkeitsstudien sind für Wirtschaftsprojekte bekannt:

Machbarkeitsstudien:
- Marktstudie
- Pilottest
- Computersimulation

Marktstudie
Bei Projekten, die ein neues Produkt auf den Markt bringen wollen, muss das Marktpotenzial erforscht werden. Dazu werden Kunden nach ihren gegenwärtigen oder potenziell wahrgenommenen Bedürfnissen befragt, um diese nach Übereinstimmungen mit dem Produkt zu untersuchen. Rückschlüsse auf das geplante Produkt lassen sich auch treffen, wenn bereits ein ähnliches Produkt auf dem Markt ist und dieses durchleuchtet wird.

Pilottest
Pilottests sind klein angelegte Probeläufe eines Projekts. Dabei werden Projekte unter realistischen Bedingungen im Hinblick auf ihre Leistungen beobachtet. Beispielsweise kann es sich bei einem Pilottest um einen beschränkten Markttest eines Produkts oder um das Modell eines Bauprojekts handeln.

Computersimulation
Die Computersimulation bildet einen Ausschnitt der realen Welt nach, mit dem Ziel, die optimale Gestaltung von Produkten zu finden. Das Marktpotenzial eines Produkts kann zum Beispiel auf Grund der Analyse demografischer Informationen über die Zielgruppe sowie gewisser Annahmen über gegenwärtige und potenzielle Bedürfnisse prognostiziert werden.

1.1.3 Projektauftrag

Projektauftrag

Wird die Durchführung des ausgewählten Projekts nach der Machbarkeitsstudie als sinnvoll eingestuft, dann sollten

- der Projektname,
- der Name des Projektleiters,
- eine Kurzbeschreibung des Projekts,
- die Zielformulierung bzw. die Zielformulierungen,
- die Qualitätskriterien,
- die Projektkosten,
- die Projekttermine,
- die Form der Projektorganisation und
- Meilensteine

in einem Projektauftrag, der von allen Beteiligten unterschrieben wird, festgehalten werden.

Der **Projektauftrag** ist die formaljuristische Legitimationsbasis für die Durchführung eines Projekts. Mit Hilfe des Projektauftrags wird ein Vertrag zwischen Auftraggeber und Auftragnehmer geschlossen, der für alle Beteiligten verbindlich ist und zum konkreten Handeln auffordert. Um spätere Missverständnisse zu vermeiden, muss er eindeutig formuliert sein und sämtliche Unklarheiten im Vorhinein ausschließen.

Beispiel: Projektauftrag

PROJEKTAUFTRAG:	
KURZE BESCHREIBUNG DES PROJEKTS:	
PROJEKTZIELE:	
RISIKEN UND KRITISCHE ERFOLGS-FAKTOREN:	NUTZEN:
PROJEKTBUDGET:	
PROJEKTSTART:	PROJEKTENDE:
MEILENSTEINE:	
PROJEKTAUFTRAGGEBER:	
PROJEKTLEITER:	
PROJEKTTEAM:	
DATUM:	UNTERSCHRIFTEN:

1.2 Phase: Projektplanung

Ohne eine solide **Projektplanung** kann es schnell zu Termin- und Kostenüberschreitungen, zu Qualitätsmängeln und zu großer Eile bei der Projektdurchführung kommen. Der Erfolg eines Projektes ist daher von einer guten Projektplanung abhängig. Je gründlicher die Projektplanung, desto weniger Probleme sind in der Projektdurchführungsphase zu erwarten bzw. desto schneller lassen sich die auftretenden Schwierigkeiten ausgleichen. Die Projektplanung sollte aber nicht als einmaliger Vorgang verstanden werden, denn während der Projektdurchführung muss immer wieder eine Anpassung erfolgen, z. B. auf Grund nicht vorhergesehener Änderungen und geänderter Anforderungen.

Schritte der Projektplanung

Diese starre und lineare Abfolge der Planungsprozesse darf nicht darüber hinwegtäuschen, dass Planungen dynamisch sind: Sobald sich neue Fakten ergeben, Zielsetzungen sich verändern oder Abweichungen von den Plandaten auftreten, müssen Pläne an die veränderten Gegebenheiten angepasst werden. Dies bedeutet beispielsweise, Ergebnisse der Terminplanung zu überarbeiten, wenn nicht genügend Ressourcen verfügbar sind, um die Arbeiten termingerecht durchführen zu können. Bei allen Stufen der Projektplanung ist darüber hinaus zu beachten, dass sie bestimmten **Qualitätskriterien** genügen muss.

Beispiel: Ein Kunde fordert, dass ein neues Warenwirtschaftssystem mit möglichst wenig Schulungsaufwand verbunden ist. Was bedeuten diese Anforderungen für das Projektteam, das ein Warenwirtschaftssystem entwickelt?

Wichtig ist also, dass man sich genaue Gedanken über die **fachlichen Schwerpunkte** macht. Häufig stellt sich in der Praxis die Frage: Soll die Projektplanung manuell durchgeführt werden oder soll man sich der Hilfe einer darauf spezialisierten Software bedienen? Die Beantwortung dieser Fragen hängt u. a. von folgenden Faktoren ab:

- Fordert der Auftraggeber den Einsatz?
- Werden öffentlichkeitswirksame Unterlagen benötigt?
- Gibt es bereits eingeführte EDV-Systeme im Unternehmen?
- Kennt sich jemand mit dem gewählten Programm aus?
- Lohnt sich der Einsatz (Projektlaufzeit, Komplexität, Anzahl der Parallelaufgaben)?

Basis für alle weiteren Planungsprozesse ist die Ermittlung aller erforderlichen Aktivitäten (Aktivitätenliste). Diese werden anschließend zu Arbeitspaketen zusammengefasst.

1.2.1 Arbeitspakete

vgl. 1.2.2 Projektstrukturplan

Arbeitspakete sind die kleinsten Planungseinheiten in einem Projektstrukturplan. Nach der **DIN 69 901** werden Arbeitspakete wie folgt definiert: „Teil des Projekts, der im Projektstrukturplan nicht weiter aufgegliedert ist und auf einer beliebigen Gliederungsebene liegen kann." Arbeitspakete werden gebildet, um ein Projekt in überschaubare und sinnvolle Abschnitte einzuteilen. In einer **Projektsitzung** werden in einem ersten Schritt die einzelne Abschnitte des Projekts benannt. Danach werden die Leistungen, die hintereinander und zusammenhängend ausgeführt werden, den einzelnen Arbeitspaketen zugeordnet.
Ein Arbeitspaket muss sauber von den anderen abgegrenzt werden, es sollte schlüssig und kontrollierbar sein und möglichst einer Organisationseinheit (z. B. Abteilung, Person) zugeordnet werden.

Beispiel: Das Projekt „Neubau Mehrfamilienhaus" umfasst u. a. die folgenden Arbeitspakete:

- Baustelle einrichten
- Fundamentplatte
- Maurerarbeiten Kellergeschoss
- Decke Erdgeschoss
- Estrich Erdgeschoss
- Trockenbauwände Dachgeschoss
- Baustellenberäumung

Alle Arbeitspakete im Projektstrukturplan bilden die Basis für die Projektablaufplanung, die Terminplanung, die Kapazitätsplanung sowie die Kostenplanung. Daher ist eine präzise Definition der Arbeitspakete unerlässlich. Die nachfolgenden Regeln sollten daher bei der Aufstellung von Arbeitspaketen beachtet werden.
- Die Arbeitspakete dürfen weder zu groß noch zu klein sein.
- Die Arbeitspakete müssen den tatsächlichen Abläufen im Projekt entsprechen.
- Die Arbeitspakete sollten so verständlich und einfach sein, dass jeder Projektbeteiligte sie versteht.
- Jede Arbeit sollte eindeutig einem Arbeitspaket zugeordnet sein.

Eine wichtige Frage wurde noch nicht geklärt: Welchen Zeitraum umfassen die einzelnen Vorgänge? Da niemand in die Zukunft blicken kann, sind hier nur **Zeitschätzungen** möglich; diese können auf folgende Arten ermittelt werden: Zeitschätzung
- Zeitschätzung nach dem Analogieverfahren: Der Aufwand für ein neues Projekt entspricht dem Aufwand für ein altes Projekt.
- Schätzungen für Teilaufgaben auf Grund von Erfahrungswerten: Basis sind hier eigene Erfahrungen, die von Kollegen oder Vorgesetzten.
- Durchführung von Zeitkalkulationen auf der Basis von speziellen Werten, die durch Nachkalkulationen ermittelt wurden
- Lieferzeitangaben oder Terminzusagen von Subunternehmern

Die Zeitschätzung kann naturgemäß nie in einer „Punktlandung" enden; **Probleme**, die bei der Zeitschätzung auftreten, sind u.a.:
- Unterschätzen des Zeitbedarfs bei unbekannten Vorgängen
- Nichtberücksichtigung von „Reibungsverlusten" infolge von Kommunikations- und Abstimmungsaktivitäten
- Nichtberücksichtigung des Zeitbedarfs für das Projektmanagement
- die Vorgangsdauern sind auch von den eingesetzten Ressourcen (und umgekehrt) abhängig

1.2.2 Projektstrukturplan

Projektstrukturplan

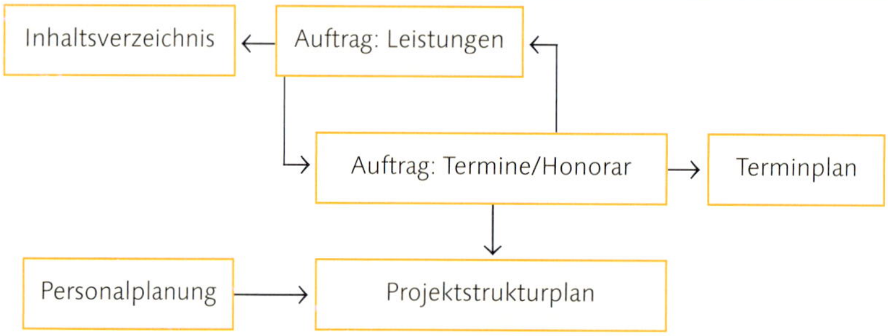

Die übersichtliche und hierarchische Ordnung der Arbeitspakete übernimmt der **Projektstrukturplan**. Er stellt die Verknüpfung zwischen Bearbeiter, Arbeitspaket und Zeitbedarf dar und ist demzufolge ein zentrales Dokument für das Projektmanagement und eine direkte Handlungsanleitung für die Projektdurchführung.

Über die Verteilung von Arbeitspaketen muss sichergestellt sein, dass die einzelnen Bearbeiter kontinuierlich ausgelastet sind. Der Projektstrukturplan dient als Basis für die fachliche Projektgliederung, Verteilung der Verantwortlichkeiten, Risikoanalysen sowie Ablauf- und Terminplanung. Die ermittelten Arbeitspakete werden hierbei zweckmäßigen Oberbegriffen, d. h. Teilprojekten, zugeordnet.

Aufbau des Projektstrukturplans

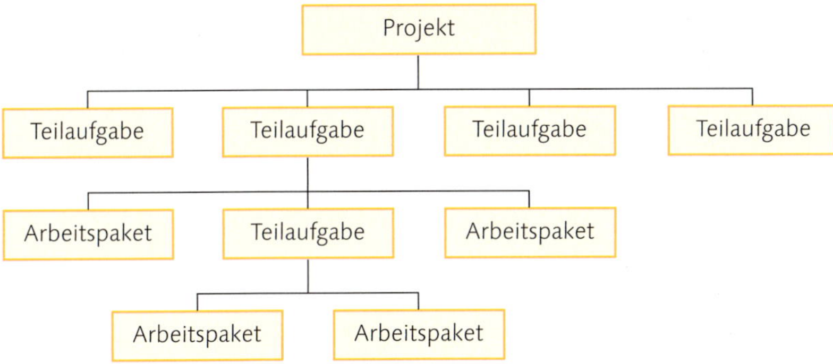

1.2.3 Projektablauf- und Terminplan

Projektablauf-/Terminplan

Nachdem die einzelnen Arbeitspakete festgelegt wurden, müssen sie in eine logische Reihenfolge gebracht und im **Projektablaufplan** fixiert werden. Im Ablaufplan werden die Abhängigkeiten der einzelnen Arbeitspakete voneinander dargestellt.
Der Projektablaufplan dient als Grundlage für die **Terminplanung** der einzelnen Vorgänge. Bei der Terminplanung geht es im einzelnen um:
- jede einzelne Vorgangsdauer
- die zeitlich frühesten bzw. spätesten Anfangs- bzw. Endtermine
- die Gesamtdauer des Projekts
- die Bestimmung des Start- und Endtermins für das Projekt
- die Zeitreserven für jedes Arbeitspaket

Beispiel: Projektablaufplan für den Bau eines Mehrfamilienhauses (KG)

KG = Kellergeschoss

Vorgangs-Nr.	Vorgangsbezeichnung	Dauer	Anmerkungen
1	Fundamentplatten gießen	3 Tage	Fundament ist eingeschalt
2	Kellermauerwerk 1. Bauabschnitt	2 Tage	danach 5 Tage ruhen, wird im weiteren Beispiel zur Vereinfachung nicht beachtet
3	Kellermauerwerk 2. Bauabschnitt	3 Tage	
4	nicht tragende Innenwände KG	1 Tag	
5	Fenster KG einbauen	2 Tage	
6	Einstrich KG	1 Tag	
7	Innenputz KG	4 Tage	

Am Ende dieser beiden Schritte lässt sich eine **Vorgangsliste** erstellen. Sie ist die Ausgangsbasis für die Aufstellung eines verbindlichen Projektablauf-

und Terminplans. Ablaufplan und Terminplan werden als tabellarische Liste, **Balkendiagramm** oder **Netzplan** dargestellt. In einer tabellarischen Liste werden die Arbeitspakete in der Reihenfolge der Abarbeitung mit Terminen und Beteiligten ausgeführt.

Terminplanungstechniken: Balkendiagramm und Netzplantechnik

1.2.3.1 Balkendiagramm und Netzplantechnik

Balkendiagramm und Netzplan liefern folgende wichtige Informationen, die im Rahmen der Zeitplanung benötigt werden:

Vorwärtskalkulation

- frühestmöglicher End- bzw. Fertigstellungstermin
- spätestmöglicher Starttermin
- Puffer
- kritischer Weg

Rückwärtskalkulation

Aus der folgenden Aufstellung lassen sich die **Einsatzbedingungen** für die unterschiedlichen Terminpläne entnehmen:

Rabattstaffel	Terminliste	Balkendiagrammplan	Netzplan/EDV
Anzahl Vorgänge	beliebig	15-20	beliebig
technische Voraussetzungen	gering	mittel	hoch
Darstellung von Abhängigkeiten	nein	schlecht	gut
Übersichtlichkeit	gering	gut	sehr gut
Aufwand für die Erstellung	gering	mittel	hoch
Änderungsmöglichkeiten	einfach	mittel	einfach

Beispiel: Balkendiagramm für den Bau eines Mehrfamilienhauses (KG)

Nr.	Vorgangsbezeichnung	Dauer (Tage)
1	Fundamentplatten	3
2	Kellermauerwerk I	2
3	Kellermauerwerk II	3
4	nicht tragende Wände KG	1
5	Fenster einbauen KG	2
6	Estrich KG	1
7	Innenputz KG	4

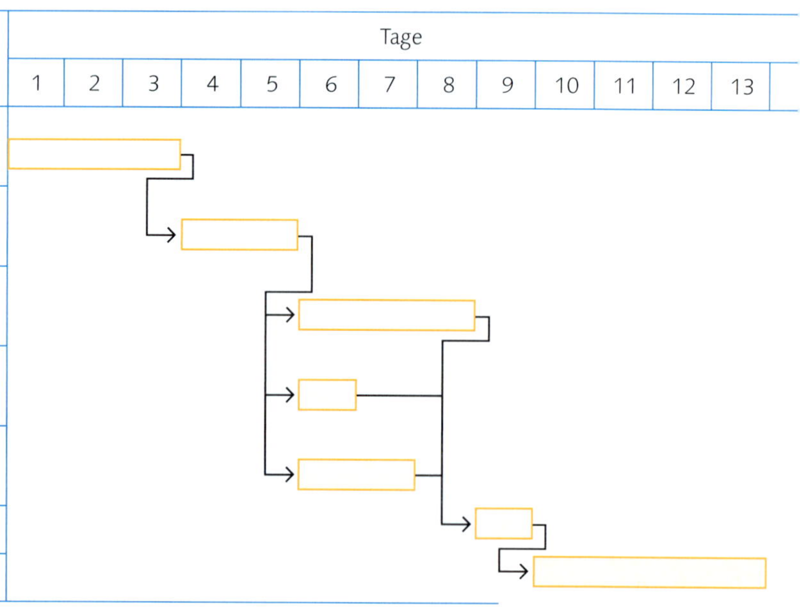

Die Abhängigkeiten der verschiedenen Vorgänge lassen sich allerdings in einem Balkendiagramm nur bedingt darstellen. Beispielsweise kann nicht abgelesen werden, welche Auswirkung eine **Zeitverzögerung** auf einen nachfolgenden Vorgang hat. Auch die notwendigen Ressourcen bleiben bei dieser Darstellungsform unberücksichtigt.

Die Netzplantechnik erweist sich besonders bei umfangreichen und komplexen Projekten als hilfreiches Instrument. Laut DIN 69 900 bezeichnet der Begriff der Netzplantechnik „alle Verfahren zur Analyse, Beschreibung, Planung, Steuerung und Überwachung von Abläufen auf der Grundlage der Graphentheorie, wobei Zeit, Kosten, Ressourcen und weitere Einflussgrößen berücksichtigt werden können".

Es gibt drei Gruppen von Netzplantechniken, die sich besonders durch ihre Darstellung unterscheiden.

Bei der Darstellung eines Projekts in Netzplanform benötigt man so genannte funktionale (Vorgang, Ereignis, Anordnungsbeziehungen) und so genannte formale Elemente (Knoten, Pfeile). Durch die Zuordnung der funktionalen zu den formalen Elementen erhält man die **drei** folgenden **Netzplan-Verfahren**:

- Vorgangspfeilnetz
- Vorgangsknotennetz
- Ereignisknotennetz

Hier soll nur das Vorgangsknotennetz vorgestellt werde, da dieses üblicherweise in der Praxis angewendet wird.

Vorgangsknotennetz

Beim **Vorgangsknotennetz** werden die Vorgänge durch Knoten dargestellt, während die Pfeile zur Darstellung der Anordnungsbeziehung dienen. Es gibt bei diesem Verfahren die folgenden vier möglichen Anordnungsbeziehungen:

Anordnungsbeziehungen beim Vorgangsknotennetz

einfache Beziehung (ohne Verzweigung)

Und-Verzweigung

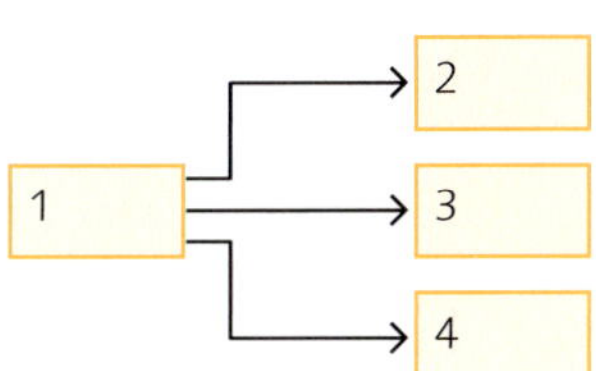

Und-Zusammenführung

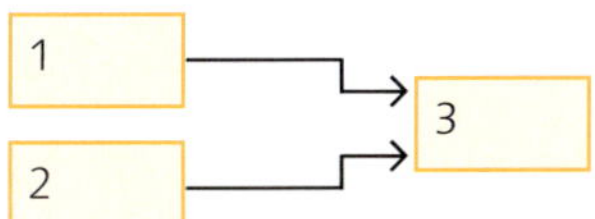

Parallelvorgänge

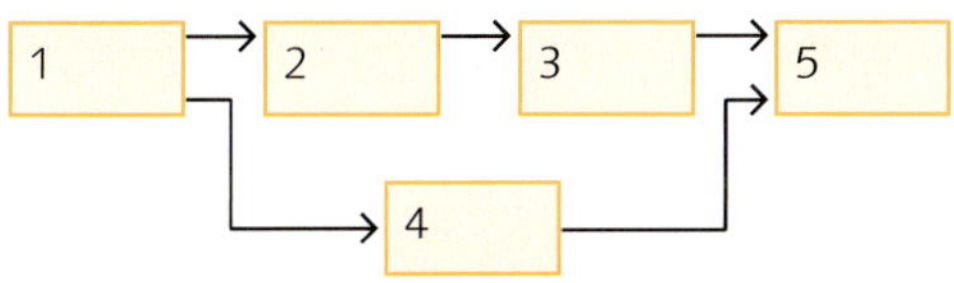

Jeder Knoten im Vorgangsknotennetz enthält eine Vorgangsnummer zur genauen Identifikation des Vorgangs. Außerdem können alle anderen wichtigen Informationen in einem Knoten erfasst werden, wie beispielsweise

- die Vorgangsbezeichnung,
- die Vorgangsdauer (D (i)),
- der früheste Anfangszeitpunkt (FAZ),
- der früheste Endzeitpunkt (FEZ),
- der späteste Anfangszeitpunkt (SAZ),
- der späteste Endzeitpunkt (SEZ).

Informationen eines Vorgangsknotennetzes		
Vorgangsnummer:		
Vorgangsbezeichnung:		
FAZ	D (i)	FEZ
SAZ		SEZ

Vorwärtsrechnung

Rückwärtsrechnung

Die Errechnung der verschiedenen Zeitpunkte (FAZ, FEZ, SAZ, SEZ) erfolgt zunächst durch Vorwärts- und dann durch Rückwärtsrechnung. Bei der **Vorwärtsrechnung** geht man vom geplanten frühesten Startzeitpunkt eines Projekts aus, wobei nacheinander die ermittelten Vorgangszeiten für alle zukünftigen Vorgänge vorausgerechnet werden. Dadurch ergeben sich die frühesten Anfangs- und Endzeitpunkte. Bei der Anwendung der **Rückwärtsrechnung** geht man genau umgekehrt vor; vom Zeitpunkt des geplanten Projektendes wird nun in Richtung der Gegenwart gerechnet. Es ergeben sich die spätesten Anfangs- und Endzeitpunkte der einzelnen Vorgänge.

Pufferzeiten und kritischer Weg

Außerdem zeigt ein Netzplan die **Pufferzeiten** und den **kritischen Weg**. Letzterer ist der Weg, bei dem sich eine Verschiebung oder Verzögerung auf das Projektende auswirken würde. Die Pufferzeit ist die Zeitspanne, um die die Lage eines Vorgangs verändert werden kann, ohne dass sich dies auf die gesamte Projektdauer auswirkt.

Beispiel: Netzplan für den Bau eines Mehrfamilienhauses (KG)

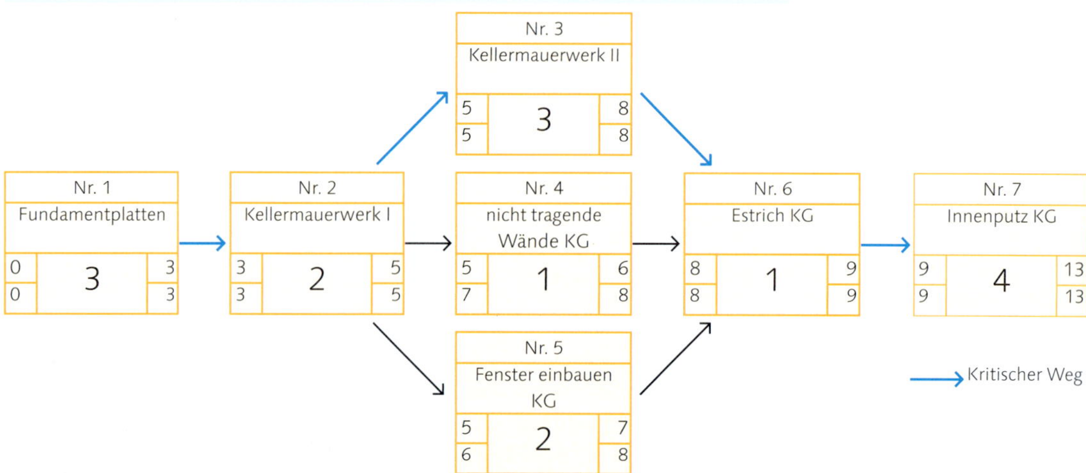

1.2.3.2 Meilensteintechnik

Eine weitere einfache Terminplanungstechnik ist die Fixierung von **Meilensteinen**, d. h. „Ereignissen besonderer Bedeutung". Meilensteine untergliedern das Projekt in Phasen und machen es so überschaubarer. Aus der folgenden Auflistung lassen sich die wichtigsten Eigenschaften von Meilensteinen ablesen:

Meilensteintechnik

- Merkmale: an leicht überprüfbare Ereignisse geknüpft, eindeutig (Phase muss zu 100 % abgeschlossen sein, Gliederung in Projektabschnitte, fixierter Plantermin)
- Zweck: Instrument zur Projektfortschrittsmessung, Strukturierung des Arbeitsablaufs, Dokumentation von Resultaten, Selbstkontrolle
- zu beachten: Meilensteine müssen realistisch geplant sein, es sollten überschaubare Phasen gewählt werden, zum Plantermin muss die komplette Leistung vorliegen.

Beispiel: Meilensteinliste für den Bau eines Mehrfamilienhauses (KG)

Meilenstein-Nr.:	Meilensteinbezeichnung:	Soll-Termin:
M1	Fundament fertig gestellt	5. August 2002
M2	Kellermauerwerk fertig gestellt	10. August 2002

1.2.4 Kapazitätsplanung

Die im Rahmen der Terminplanung errechneten Vorgangsdauern sowie der Endtermin lassen sich nur realisieren, wenn den Vorgängen entsprechende Ressourcen (z. B. Personaleinsatz, Projektbudget, Materialeinsatz, Betriebsstoffe, sonstige Leistungen) zugewiesen werden. Ein Ziel dieser Planung ist es, eine möglichst große Auslastung der einzelnen Ressourcen zu gewährleisten. Folgende Vorgenesweise ist dabei typisch:
- Schritt 1: Bedarfsermittlung (z. B. Wie viel Personal ist notwendig?)
- Schritt 2: Ermittlung der verfügbaren Kapazitäten (z. B. Wie viel Personal steht zur Verfügung?)
- Schritt 3: Soll-Ist-Vergleich (Gegenüberstellung der Bedarfsermittlung und der verfügbaren Kapazitäten)
- Schritt 4: Kapazitätsausgleich (Abstimmung der benötigten mit den verfügbaren Kapazitäten)

Um die Kapazitäten auszugleichen stehen grundsätzlich vier Möglichkeiten zur Verfügung:
- Ausgleich durch Pufferzeiten
- Einsatz von Substituten
- Kapazitätserweiterung
- Projektverlängerung

1.2.5 Kostenplanung

Die Ergebnisse der Termin- und Kapazitätsplanung müssen dahingehend überprüft werden, mit welchen Kosten sie verbunden sind. Die **Kostenplanung** dient drei Zielen und Zwecken:

Kostenplanung

- Preisermittlung orientiert sich an den betrieblichen Kosten: Die Kosten werden frühzeitig ermittelt; sind Basis für die Vorkalkulation und für die Entscheidung, ob ein Projekt durchgeführt werden soll.
- Planung im Hinblick auf die Wirtschaftlichkeit des Leistungsprozesses wird unterstützt: Alternativen werden bedacht, Wirtschaftlichkeitsvergleiche vorgenommen, wirklichkeitsnahe Projektkosten vorgeschlagen.
- In der Projektdurchführung wird die Wirtschaftlichkeit überwacht: Kosten für einen Vorgang sind vorgegeben, Abweichungen sind frühzeitig zu erkennen und Gegenmaßnahmen können ergriffen werden.

1.3 Phase: Projektdurchführung

Die in der Projektplanung ermittelten Abläufe und Ereignisse treten im Verlauf der Projektdurchführung leider nicht immer so ein, wie es ursprünglich festgelegt wurde. Es kommt zu Abweichungen zwischen dem realen Projektablauf, dem Ist, und dem geplanten Projektablauf, dem Soll. Aufgabe des Projektmanagements im Rahmen der Projektdurchführung ist es, Maßnahmen zu ergreifen, die dafür sorgen, dass das Projekt im Rahmen der Plandaten abgewickelt werden kann und die Daten der Projektplanung an die tatsächlichen Daten angepasst werden. Betrachten wir einige „Stördaten", die im Projektverlauf (z. B. einem IT-Projekt) auftreten können:

Beispiele: Ein Programmierer, der für die gesamte Projektdauer zur Verfügung stehen sollte, teilt dem Projektleiter mit, dass er im nächsten Monat seinen sechswöchigen Jahresurlaub antreten möchte.
Die Geschäftsleitung kürzt das Projektbudget um 10 %.
Die Projektdauer soll sich um 20 % verkürzen.

Diese und ähnliche Vorgänge erfordern, dass schon im Rahmen der Projektplanung **Alternativpläne** aufgestellt worden sind, die bei Bedarf „einfach aus der Schublade zu ziehen sind". Es liegt aber in der Natur der Sache, dass nicht für alle Eventualitäten vorgesorgt werden kann. Im Rahmen der Projektdurchführung sind folgende Punkte abzuklären:

- Zusammenspiel von Projektsteuerung, -controlling und -dokumentation
- operative Maßnahmen der Projektsteuerung
- Projektcontrolling
- Projektdokumentation

Projektdurchführung

Projektdurchführung

Projektsteuerung
- Informationsmanagement
- Konfliktmanagement

Projektdokumentation
- Prozessdokumentation
- Produktdokumentation
- Projekthandbuch

Projektcontrolling
- Termin-/Ablaufcontrolling
- Kostencontrolling
- Leistungs- / Ergebniscontrolling

Während der gesamten Projektlaufzeit stellt die **Projektsteuerung**, insbesondere in der Durchführungsphase, eine kontinuierliche Aufgabe dar. Die Aufgaben der Projektsteuerung sind die Organisation, Koordinierung, Überwachung, Steuerung und Dokumentation. Die anfängliche Planung soll mit dem tatsächlichen Projektverlauf in Übereinstimmung gebracht werden. Der Projektmanager hat daher den Auftrag, das Projekt aktiv zu beeinflussen und somit zu steuern.

Projektsteuerung

Zur Projektsteuerung müssen Projektdaten, Ist-Soll-Vergleiche und Abweichungsanalysen ermittelt werden. Diese Probleme werden mit Hilfe des **Projektcontrollings** gelöst. Projektcontrolling kann „im Vorhinein", also in der Definitions- und Planungsphase, stattfinden. Mit Controlling „während des Projekts" ist die Unterstützung in der Durchführungsphase gemeint. Findet Controlling „im Nachhinein" statt, ist die Erfolgsprüfung für das abgelaufene Projekt gemeint.

Projektcontrolling

Oft vergessen, aber eminent wichtig ist die **Projektdokumentation**. Ihr obliegt die Aufgabe, alle relevanten Informationen zusammenzutragen und bei Bedarf dem Projektteam, der Projektleitung oder dem Auftraggeber zur Verfügung zu stellen. Die Projektleitung muss während des gesamten Projektes Kontakt zum Auftraggeber halten.

Projektdokumentation

1.3.1 Projektsteuerung

Gerade in der Phase der Projektsteuerung ist ein effektives **Informationsmanagement** vonnöten. Das heißt, der Projektleiter hat dafür zu sorgen, dass jeder die für ihn wichtigen Informationen (z.B. mündliche Informationen, Unterlagen, Aktennotizen) umgehend erhält. Der Nutzen eines guten Informationsmanagements ist u.a. auf folgende Faktoren zurückzuführen: Zeitersparnis, da kein Leerlauf entsteht; Aktualität, da Wichtiges sofort weitergeleitet wird; Übersichtlichkeit, da nicht jeder alles bekommt; Schnittstellenklarheit, da es keine Informationsdefizite gibt; gutes Verhältnis zum Auftraggeber, da Missverständnisse vermieden werden.

Informationsmanagement

Häufig ist während der Projektdurchführung auch ein effektives **Konfliktmanagement** vonnöten. Um den Einfluss der unerwarteten Probleme auf den Erfolg des Projekts abschätzen zu können, müssen diverse Fragen beantwortet werden:
- Worauf ist das Problem zurückzuführen?
- Ist eine Lösung des Problems möglich?
- Welche Auswirkungen hat das gegenwärtige Problem auf andere Aktivitäten?
- Sind Projektsteuerungsmaßnahmen möglich?
- Kann das aufgetretene Problem in der Zukunft vermieden werden?

Planabweichungen „kommen in den besten Familien vor". Für derartige Abweichungen lässt sich eine Fülle von Gründen finden: Fehlplanung, Verzögerung bei der Durchführung einzelner Arbeitspakete, nachgeschobene Änderungswünsche des Auftraggebers des Projekts, Auftreten unvorhergesehener Ereignisse, ständige Informationsverbesserung über den Projektfortschritt im Laufe des Projekts. Grundsätzlich führen Planabweichungen entweder zu einer Korrektur des ursprünglichen Projektplans oder zu einer Anpassung der Arbeitspakete; in der Praxis finden sich auch Mischformen. Maßgebend für den Projekterfolg sind jedoch immer motivierte Mitarbeiter.

1.3.2 Projektcontrolling

Das **Projektcontrolling** basiert auf folgenden Bausteinen: Termin- und Ablaufcontrolling, Kostencontrolling und Ergebniscontrolling.

Ergebniscontrolling = Qualitätssicherung

Das **Termin- und Ablaufcontrolling** untersucht und analysiert projektbegleitend, ob der Projektablaufplan eingehalten wurde. Es werden primär die Soll- und Ist-Zustände der Arbeitspakete sowie der Meilensteine verglichen.

Termin- und Ablaufcontrolling

Mit Hilfe eines **Projektstatus**- oder **Projektfortschrittsberichts** können die Fortschritte an einem Projekt festgehalten werden. Dabei ist ein Formular, welches eine einheitliche Bearbeitung während des ganzen Projekts gewährleistet, von Nutzen. Die Projektgruppe bestimmt, wie häufig berichtet werden soll, beispielsweise täglich, wöchentlich oder monatlich.

Beispiel: Projektstatusberichts-Formular

Projekt

Projektstand am: ....
Projektnummer: ....
Projektname: ....
Bearbeiter: ....
Arbeitspaket: ....

Termine

Start (laut Plan): ....
Ende (laut Plan): ....

Verzögerung: ja ☐ nein ☐

Begründung: ....
....

Verzögert sich bis: ....
Gegenmaßnahmen: ....

Ist-Stand

Erfüllungsgrad (%): ....
Kosten (%): ....
Abgeschlossene
Arbeitsschritte: ....
....

Probleme

Entscheidungsbedarf: ....
Lösungsvorschlag: ....

Datum: .... Unterschrift: ....

Die **Terminüberwachung** kann mit Balkendiagrammen, Netzplänen und einem Meilenstein-Chart unterstützt werden. Für jeden Vorgang bzw. Meilenstein werden die Ist-Termine erfasst und schließlich mit den Soll-Vorgaben verglichen. Danach erfolgt die Planung von steuernden und korrigierenden Maßnahmen. In der nachfolgenden Abbildung ist ein Beispiel für ein Meilenstein-Chart dargestellt:

Beispiel: Meilenstein-Chart für ein Mehrfamilienhaus (KG)

Meilenstein-Nr.:	Meilensteinbezeichnung:	Soll-Termin:	Ist-Termin:
M 1	Fundament fertig gestellt	5.8.2002	2.8.2002
M 2	Kellermauerwerk außen fertig gestellt	10.8.2002	10.8.2002
M 4	Kellerdecke	20.8.2002	
M 5	Innenputz	25.8.2002	
M 6	Estrich KG	25.8.2002	
M 6	Kellerinnenräume	22.9.2002	

Eine besondere Form des Soll-Ist-Vergleichs ist die Meilenstein-Trend-Analyse. Diese stellt in einer Grafik die ursprünglich geplanten Meilensteine sowie deren spätere zeitliche Verschiebung im Projektablauf dar.

Kostencontrolling

Ausgangsbasis des **Kostencontrollings** ist die Erfassung der Kosten für die einzelnen Arbeitspakete. Warum ist die Kostenanalyse so wichtig? Bei Auftragserteilung hat der Auftragnehmer mit einer bestimmten Projektrendite gerechnet. Wird diese unterschritten bzw. wird Verlust gemacht, so wird das Eigenkapital – und damit die Haftungsmasse – gemindert. Auch wird der Auftraggeber in diesen Fällen nicht selten die Planungskompetenz des Auftragnehmers anzweifeln, und was dies für Folgeaufträge bedeutet, ist leicht vorauszusehen. Die geplanten Kosten der Arbeitspakete müssen mit den tatsächlich angefallenen Kosten verglichen und bei Abweichungen näher analysiert werden.

Die Darstellung des Kostenvergleichs kann z. B. mit einem Budgetkontroll-Chart erfolgen. Dabei werden die Soll-Kosten den Ist-Kosten gegenübergestellt. Für diese Darstellungsform eignen sich entweder Balken oder Linien.

Beispiel: Budgetkontroll-Chart als Liniendiagramm

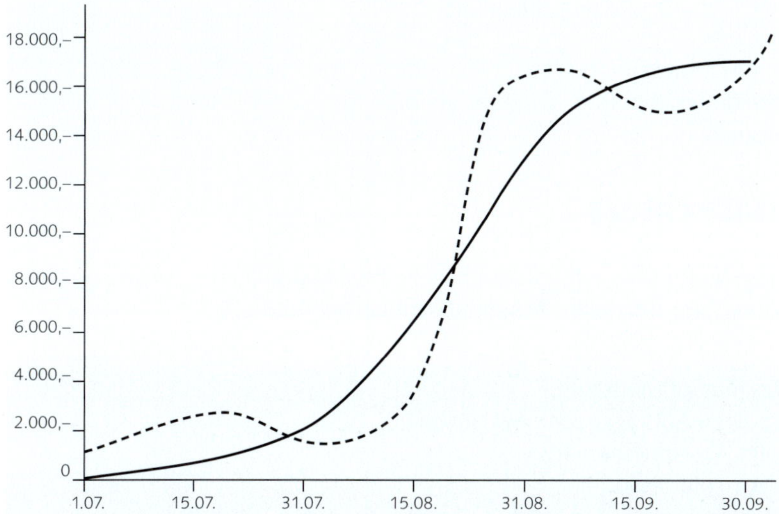

Ergebnisse können erst dann abschließend hinsichtlich ihrer Effektivität beurteilt werden, wenn festgestellt werden kann, ob die beabsichtigten Leistungen auch erbracht wurden. Das **Leistungs- und Ergebniscontrolling** untersucht dabei insbesondere, ob die vorgegebenen Qualitätsziele erreicht wurden. Die Ergebnisse dieser Analyse lassen nicht nur Rückschlüsse auf das laufende Projekt zu, sondern lassen sich auch Gewinn bringend für weitere Projekte verwenden, im Sinne eines Lernens aus Erfahrungen für die Zukunft.

Leistungs- und Ergebniscontrolling

Entscheidend ist, dass das Leistungs- und Ergebniscontrolling nicht erst abschließend erfolgt, sondern während **jeder Projektphase**, um etwaige Minderleistungen und Qualitätsmängel rechtzeitig zu beheben.

1.3.3 Projektdokumentation

Die **Projektdokumentation** ist die Informations-Schaltstelle für alle während der Projektdauer angefallenen Projektinformationen. In ihr sind alle bedeutsamen Rahmen-, Planungs-, Beschluss- und Ergebnisdaten nachvollziehbar erfasst. Für eine gut strukturierte und übersichtliche Aktenordnung sprechen ferner aktuelle Belege zum Stand der Arbeiten, permanente Nachvollziehbarkeit von Entscheidungen, umfassende Informationsgrundlage für Bearbeiter, schneller Zugriff auf benötigte Unterlagen.

Projektdokumentation

Die **Prozessdokumentation** dient dazu, das Projektgeschehen in seiner Entstehung und Entwicklung nachvollziehbar zu machen. Diese Zielsetzug wird unterstützt durch Unterlagen wie z.B. Protokolle, Gesprächsnotizen oder Berichte.

Prozessdokumentation

Ein **Projekthandbuch** enthält alle wesentlichen Informationen eines Projektes. Es soll alle für das Zusammenspiel der Projektmitarbeiter sinnvollen und nötigen organisatorischen Informationen und Regelungen wiedergeben. Es enthält v. a. Hinweise und Anweisungen, die ein Projektmitarbeiter für seine tägliche Arbeit ständig benötigt.
Das Projekthandbuch enthält z.B. folgende Informationen über das Projekt:

Projekthandbuch

- Kontrollliste über die Planung und den Ablauf des Projekts
- Sitzungsprotokolle
- Zielformulierungen des Projekts
- Arbeits- und Entscheidungsabläufe
- Projektorganisationsplan

1.4 Phase: Projektabschluss

Nach der Durchführung des Projekts erfolgt der offizielle Projektabschluss und die Projektreflexion. Zum **offiziellen Projektabschluss** gehören z. B. folgende Tätigkeiten:

offizieller Projektabschluss

– Erstellung einer Abschlusspräsentation
– Ergebnisübergabe an den Auftraggeber bzw. Nutzer
– Erstellung des Projekt-Abschlussberichts
– Organisation einer Abschlussfeier

Für die Erstellung einer **Abschlusspräsentation** gibt es verschiedene Gründe:

Ablusspräsentation

- Wissen, Fertigkeiten und Kenntnisse sollen weitergeben werden
- Darstellung des Projekts, da durch Visualisierung die Behaltensleistung auf 50 % steigt
- Informationen über das Projekt sollen an verschiedene Gruppen (z. B. Auftraggeber, Unternehmensleitung, Projektteam, sonstige Interessierte) weitergeben werden

Eine Präsentation muss sehr gut geplant sein, da sie ein Höhepunkt des Projekts ist und die Arbeit von Wochen oder Monaten darstellt. Bei der Vorbereitung und Organisation einer Präsentation sollten folgende Schritte beachten werden:

Erstellen einer Präsentation vgl. ausführlich Teilband *Industrielle Geschäftsprozesse*, Kapitel 1 Marktorientierte Geschäftsprozesse eines Industriebetriebs

- Ziele festlegen (Was soll präsentiert werden?)
- Zielgruppe analysieren (Welche Erwartungen und Fragen hat die Zielgruppe?)
- Inhalte organisieren (1. Phase: Materialien sammeln, 2. Phase: Aufbau gliedern, 3. Phase: Material vorbereiten und gestalten)

Nach der Präsentation wird das Projektergebnis dem Auftraggeber übergeben. Wenn das Projektergebnis nicht abgenommen wird, kommmt es zu erheblichen Mehrkosten des Projekts, z. B. durch Nachbesserungen. Nimmt der Auftraggeber das Projektergebnis ab, muss das Projektteam einen Projekt-Abschlussbericht erstellen.

Der **Projekt-Abschlussbericht** wird erstellt, wenn alle projektspezifischen Tätigkeiten abgeschlossen sind, er ist das Ergebnis des Projekts. Er enthält nach **DIN 69901** die „zusammenfassende, abschließende Darstellung von Aufgaben und erzielten Ergebnissen, von Zeit-, Kosten- und Personalaufwand sowie gegebenenfalls von Hinweisen auf mögliche Anschlussprojekte."

Projekt-Abschlussbericht

In einem ersten Teil des Abschlussberichts erfolgt ein Soll-Ist-Vergleich der Kosten (Nachkalkulation), danach eine ursachenorientierte Abweichungsanalyse und schließlich eine abschließende Bewertung. Zusätzlich könnte der Abschlussbericht auch die eigene Dokumentation der Projekterfahrungen, die so genannten *Lessons Learned* enthalten. Hierbei werden die einzelnen Erfahrungen dokumentiert und unabhängig vom Projekt dem Unternehmen zur Verfügung gestellt. Die Projekterfahrungen werden in der Projektreflexion gewonnen.

Die **Projektreflexion**, die beispielsweise in einer Projektabschlusssitzung stattfinden kann, beschäftigt sich mit Fragen wie beispielsweise:

Projektreflexion

- Was war gut? Was war nicht gut?
- Wie hat die Teamarbeit funktioniert?
- Gab es Kommunikationsprobleme?
- Welche Ziele wurden erreicht/nicht erreicht?

Vor der Projektreflexion ist es sinnvoll, die Projektunterlagen zu archivieren und das Projekt fachlich und betriebswirtschaftlich auszuwerten. Letztlich dient die Projektreflexion zur Verstärkung positiver Erfahrungen und zur Verbesserung zukünftiger Projekte.

Übersicht:	
Projekt	Vorhaben, das im Wesentlichen durch die Einmaligkeit der Bedingungen in ihrer Gesamtheit gekennzeichnet ist (z.B. Errichtung eines neuen Lagergebäudes, Programmierung eines Warenwirtschaftssystems)
Projektmanagement	Gesamtheit von Führungsaufgaben, Führungsorganisation, Führungstechniken und Führungsmitteln für die Abwicklung eines Projektes
Projektphasen	– Projektdefinition – Projektplanung – Projektsteuerung – Projektabschluss
Projektdefinition	Ausgehend von Problembeschreibung und Ursachenanalyse werden die Projektziele festgelegt. Aufbauend auf dem Projektauftrag wird die Projektorganisation festgelegt, das Projektteam (inkl. -leitung) bestimmt und die Projektinfrastruktur bereitgestellt.
Projektplanung	Auf der Basis der Identifikation der Arbeitspakete wird ein Projektstrukturplan erstellt. Kernpunkte dieser Phase sind Ablauf- und Terminplanung, Kapazitätsplanung, Kostenplanung und Qualitätsplanung.
Projektsteuerung	Sie dient dazu, unverhofft auftretende Störungen im Projektablauf durch Gegensteuerungsmaßnahmen zu „entschärfen". Dazu dienen vor allem operative Maßnahmen wie Besprechungen, Motivationsmaßnahmen oder Projektcontrolling.
Projektabschluss	Hier werden folgende Maßnahmen durchgeführt: Abschlusspräsentation, Projektabnahme, Einweisung, Abschlussbesprechung.

Aufgaben

1. Handelt es sich bei folgenden Vorhaben um ein Projekt?
   a) Bau einer Transrapidstrecke zwischen Dortmund und Düsseldorf
   b) Planung und Bau des Messestandes auf der jährlich besuchten Bildungsmesse in Köln
   c) Auswertung einer Statistik
   d) Bau eines Staudamms
2. Erläutern Sie anhand des Beispiels „Expo 2000" Arten, Zusammenhang und Konflikte zwischen Projektzielen.
3. Ihre Berufsschule plant die Erstellung einer Homepage für das Internet. Welche Punkte sind im Projektauftrag aufzuführen?
4. Erläutern Sie anhand des Beispiels „Bau eines Mehrfamilienhauses" die verschiedenen Stufen eines Projektstrukturplans.
5. Welche Formen der Terminplanung kennen Sie und worin unterscheiden sie sich voneinander?
6. Welche Grundformen des Projektcontrollings lassen sich unterscheiden?
7. Erstellen Sie eine Übersicht über mögliche Soll-Ist-Abweichungen, die im Rahmen der Projektdurchführung auftreten können.
8. Die Dokumentation spielt eine wichtige Rolle für den Erfolg eines Projekts. Welche Dokumente sind in einem Projektordner zu erfassen?
9. Sie haben die Aufgabe, eine PowerPoint-Präsentation zu folgendem Thema vorzubereiten: „Erfolgsfaktoren, die für die Zusammensetzung eines Projektteams verantwortlich sind".

Sie wollen Ihrer Präsentation die folgenden Informationen zu Grunde legen:

Auswahlkriterien	Erläuterung
Problembezug	Im Hinblick auf die Transparenz und spätere Akzeptanz der Ergebnisse können Mitglieder aus den vom Projekt betroffenen Organisationseinheiten beteiligt werden. Eventuell sind externe Experten hinzuzuziehen (Gründe: Vermeiden von Betriebsblindheit, fehlendes fachliches Problemlösungs-Know-how in den Fachabteilungen).
fachliche Qualifikation	Es sind die Mitglieder auszuwählen, die in fachlicher Hinsicht den Anforderungen gerecht werden können und spezielle betriebswirtschaftliche und/oder informatikbezogene Kenntnisse einbringen können.
persönliche Anforderungen	Bestimmte Projektaufgaben sind von Mitarbeitern zu erledigen, die über langjährige Erfahrung verfügen und Eigenschaften wie Motivation, Leistungsbereitschaft und Teamfähigkeit besitzen. Wichtige Faktoren sind auch Sozialkompetenz und Teamfähigkeit.
Verfügbarkeit	Bei der Besetzung der Projektgruppe ist zu klären, ob ein Mitarbeiter aus seiner bestehenden Arbeitsumgebung überhaupt ausgegliedert werden kann. Die Freistellung bzw. Vertretung ist zu klären.
Unabhängigkeit	Es sind Mitarbeiter auszuwählen, die unabhängig von ihrem jetzigen Aufgabenbereich, ihren sozialen Beziehungen oder bestehenden Weisungs- und Entscheidungsstrukturen das Projekt ausführen können. Diese Forderung ist in der Praxis nichtimmer leicht umzusetzen.
Aufwand	Bei der Auswahl der Projektmitglieder sind die Kosten zu berücksichtigen, da sie das Budget belasten (z. B. bei Beauftragung von externen Firmen oder Mitarbeitern).

Für jedes Auswahlkriterium sehen Sie eine eigene Folie vor. Der gesamten Präsentation soll eine Inhaltsfolie vorangestellt werden. Am Schluss der Präsentation wollen Sie eine Folie einbauen, die zu Fragen seitens der Zuhörer auffordert. Speichern Sie das fertige Ergebnis unter dem Dateinamen Projektgruppe.ppt ab.

2 Szenario – Umweltorientierte Unternehmensführung

Was sind Szenarien?

Szenarien sind Entwürfe für die Zukunft.

Mit Hilfe von Szenarien werden wahrscheinliche und mögliche Entwicklungen in der Zukunft behandelt. Der Vorteil der Szenario-Methode liegt darin, dass nicht nur ein einziges Zukunftsbild entworfen wird, sondern dass alternative Vorstellungen von der Zukunft entwickelt werden. So erhält man unterschiedliche Bilder von der Zukunft, jeweils abhängig davon, ob die Entwicklung günstig oder ungünstig verläuft.

Szenarien sind Bilder, wie sich die Zukunft entwickeln könnte.

Unternehmensporträt

Die Möbel Trend-2000 AG ist ein auf der Grundlage einer erfolgsorientierten Unternehmensstrategie rasch expandierendes Unternehmen der Holz verarbeitenden Industrie, das für die nächsten fünf Jahre das ehrgeizige Ziel der Umsatzmilliarde anpeilt. Das Unternehmen ist in mehrere Tochter- und Beteiligungsfirmen untergliedert und beschäftigt insgesamt 3.200 Mitarbeiter. Im Hauptwerk fertigt man überwiegend hochwertige Möbel für den Konsumgüterbereich sowie komplette fertige Inneneinrichtungen für Verwaltungsgebäude von Industrie-, Handels- und Dienstleistungsbetrieben (Banken, Versicherungen, Hotelbetriebe usw.).
Als wichtige Säule zur Rohstoffbeschaffung erwarb das Unternehmen 100 %ige Beteiligungen an einem großen Sperrholz- und Spanplattenhersteller und an der international operierenden Holzimpex GmbH, die sich den afrikanischen und südostasiatischen Holzmarkt zusammen mit weiteren Unternehmen aus den Industrienationen aufteilt.
Produkte im Klein- und Billigmöbelbereich – ein zusätzliches Standbein – importiert die Möbel Trend-2000 AG aus verschiedenen osteuropäischen Ländern oder lässt sie dort nach weniger strengen Produktionsauflagen und Umweltschutzbestimmungen fertigen.

Einige Details zum Hauptwerk

Das Hauptwerk, in dem 1.900 Mitarbeiter beschäftigt sind, liegt auf Grund der Nähe der großen Nord-Süd- und Ost-West-Achsen der Autobahnen und Zugverbindungen sehr verkehrsgünstig. Zur Distribution werden bundesweit ausschließlich Lkws mit werbewirksamem Firmenlogo eingesetzt.
Der Betrieb ist an das Stromnetz eines Großunternehmens der Energieversorgung angeschlossen. Für die Klärung der Abwässer besitzt das Werk noch eine Betriebsgenehmigung für eine hauseigene Klärung älteren Baujahres. Bei der Abgasreinigung bewegt man sich innerhalb der gesetzlichen Normen oder ist bemüht, fristgerecht die Nachrüstungen zur Erfüllung der Grenzwerte vorzunehmen.

Problematik

Seit einiger Zeit bläst dem erfolgsgewohnten Unternehmen ein härterer Wind ins Gesicht. Die Möbel Trend-2000 AG sieht sich einer existenzgefährdenden Kampagne (Zitat der Geschäftsleitung) ausgesetzt, die sich vor allem gegen Art und Herkunft des eingesetzten Rohstoffes Holz richtet. Ein Mitglied der Stabsabteilung „Strategische Unternehmensplanung" zeigt den aktuellen Diskussionsstand, den die Umweltschutzinitiativen zur Möbelindustrie herstellen:

Aktueller Diskussionsstand

Die anhaltende Umweltschutzdiskussion hinsichtlich der Verarbeitung von PVC, Lösemitteln, Lacken und Klebern sowie der durch die Produktion verursachten Schadstoffemissionen hat die Situation noch verschärft. Weder rein auf die Abwehr gerichtete PR-Maßnahmen noch der Versuch, eine inhaltliche Diskussion zur Tropenholzproblematik sachgerecht in Fachzeitschriften und Vorträgen zu führen, konnten das ehemals sehr gute, z. Z. aber „angekratzte" Firmenimage wiederherstellen.

Das Unternehmen verwendet Tropenholz für folgende Produkte:

Möbel
Furniere
Parkett
Holzvertäfelungen
Holzdecken
Intarsien
Spanplatten

Quelle: Modellversuch LUKAS, Umweltorientierte Unternehmensführung – Leitstrategie der Zukunft von Michael Sprey, Detmold 1993

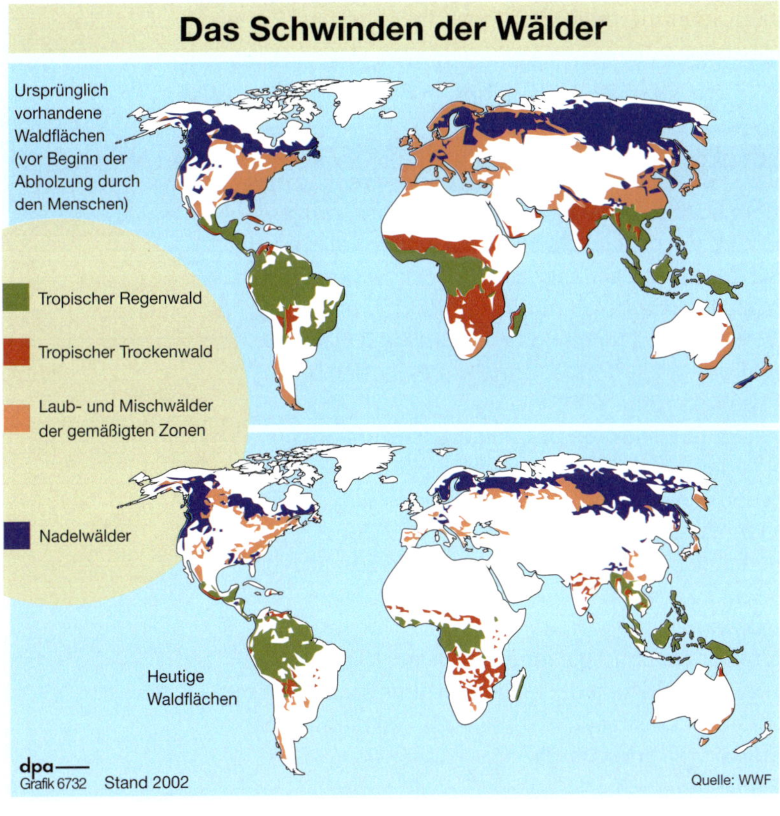

Ökologischer Kollaps
Wälder sind nicht nur schön grün – sie versorgen die Erde mit Sauerstoff, sie bieten einer Vielfalt von Tier- und Pflanzenarten Lebensraum und wirken stabilisierend auf das Weltklima.
Seit Beginn der Abholzung durch den Menschen sind bereits riesige Waldflächen verloren gegangen; besonders hohe Verluste gibt es bei den Laub- und Mischwäldern der gemäßigten Zonen, den Tropischen Regenwäldern in Südamerika und Afrika sowie den tropischen Trockenwäldern in Afrika und Indien.
Und die Entwaldung des Planeten schreitet fort: Jedes Jahr werden fast 140.000 Quadratkilometer Wald (das entspricht ungefähr der Fläche Griechenlands) vernichtet. Nach Meinung des WWF (World Wildlife Fund) kann nur der Übergang zu einer ökologisch nachhaltigen Wirtschaft die Erde vor einem Kollaps bewahren.
Quelle: Globus, Statistische Angaben: WWF

Aufgaben

1. Nach Ansicht der Stabsabteilung „Strategische Unternehmensplanung" kann nur eine grundsätzliche und langfristige Lösung der Krise das Überleben der Möbel Trend-2000 AG sichern. Um auch in der Zukunft die Stellung des Unternehmens auf dem Markt und in der Gesellschaft zu gewährleisten, schlägt die Stabsabteilung deshalb vor, das bisherige Unternehmensleitbild zu überprüfen und ggf. zu revidieren. Doch wie sieht dieses Leitbild aus?
   a) Welche allgemeinen Ziele lassen sich dem Unternehmensporträt für die Möbel Trend-2000 AG entnehmen?
   b) Nennen Sie die klassischen Ziele eines Unternehmens, das – wie die Möbel Trend-2000 AG – nach dem erwerbswirtschaftlichen Prinzip handelt.
   c) Welchen Stellenwert hat bisher der Umweltschutz bei der AG?
2. Auf Grund der Analyse gelangt der Vorstand zu der Ansicht, dass das Unternehmen mit dem bisherigen Leitbild den Herausforderungen der Zukunft bis hinein ins nächste Jahrtausend auf keinen Fall mehr gewachsen ist. Er erteilt der Stabsabteilung „Strategische Unternehmensplanung" den Auftrag, ein zukunftsorientiertes Leitbild zu entwerfen, das auch dem Umweltschutzgedanken den erforderlichen Stellenwert beimisst. Zur Vorbereitung sind Informationen zu beschaffen und folgende Fragen zu beantworten:
   a) Welche vielfältigen Einflussfaktoren bestimmen den zukünftigen Unternehmenserfolg oder wirken zumindest auf ihn ein?
   b) Zu welchen übergeordneten Einflussbereichen lassen sich die Einflussfaktoren zusammenfassen?
   c) Welche Einflussbereiche bestimmen am aktivsten die Zukunft der Möbel Trend-2000 AG?
   Bilden Sie eine Rangordnung.
3. Als nächsten Schritt bildet die Strategiekommission zwei Arbeitsgruppen, die die zukünftige Entwicklung der einzelnen Einflussfaktoren mit Hilfe von Experteninformationen einschätzen sollen, um damit unternehmerische Entscheidungen vorzubereiten.

Als geeigneter Zeitraum für die Beschreibung der Szenarien wird eine Spanne von zehn Jahren festgelegt.

Arbeitsauftrag Gruppe A:
Offensive Umweltschutzstrategie. Entwerfen Sie ein Extremszenario für das Jahr 2012.
Annahmen:
Der Ökologietrend hat sich in allen Einflussbereichen durchgesetzt und wird zu einem dominierenden Faktor im Wirtschaftsleben. Nur Unternehmen, die sich offensiv den ökologischen Herausforderungen stellen und umweltorientiert handeln, können überleben.
Formulieren Sie zu jedem Einflussbereich klare Zukunftsaussagen für die einzelnen Einflussfaktoren.
Beispiel:
Einflussbereich Gesetzgebung/Politik
Einflussfaktor Umweltgesetze
„Die Bundesrepublik besitzt das schärfste Umweltgesetz der Welt. Auch die Europäische Union (EU) macht mit …"

Arbeitsauftrag Gruppe B:
Defensive Umweltschutzstrategie. Entwerfen Sie ein Extremszenario für das Jahr 2012.
Annahmen:
Die ökonomischen Realitäten sind stärker als ökologische Fakten. Nur Unternehmen, die den ökologischen Trend nicht überbewertet und ökonomische Überlegungen bei ihren Entscheidungen in den Vordergrund gestellt haben, können überleben.
Formulieren Sie zu jedem Einflussbereich klare Zukunftsaussagen für die einzelnen Einflussfaktoren.
Beispiel:
Einflussbereich Gesetzgebung/Politik
Einflussfaktor Umweltgesetze
„Schärfere Umweltschutzgesetze konnten in der Bundesrepublik gegen den Widerstand der Wirtschaft nicht durchgesetzt werden. Auch in der Europäischen Union (EU) gibt es Umweltschutzregelungen nur auf dem kleinsten gemeinsamen Nenner."

4. Diskutieren Sie die Aussagen der Extremszenarien A und B hinsichtlich ihrer Realitätsnähe für die Zukunft und entwerfen Sie ein Trendszenario.
5. Nach sorgfältiger Abwägung der beiden Szenarien entschließt sich der Vorstand für die offensive Strategie, da er diese für erfolgversprechender hält. Umweltschutz wird somit zur Chefsache deklariert.
   a) Nennen Sie Beispiele, welche Funktionsbereiche innerhalb des Unternehmens und welche Ebenen der betrieblichen Hierarchie von dieser Zielvorgabe betroffen sind.
   Wie wirkt sich diese Zielsetzung auf die Außenbeziehungen der Möbel Trend-2000 AG aus?
   b) Entwerfen Sie auf Grund Ihrer Ergebnisse ein neues, ökologieorientiertes Unternehmensleitbild für das Unternehmen.

Hilfen zur Festlegung der Einflussbereiche und Einflussfaktoren

A Gesetzgebung/Politik
- Umweltschutzgesetze (national/international)
- Besteuerung
- Produktionsverbote, Stilllegungen, Kontrollen
- Import-/Exportverbote

B Gesellschaft/Nachfrager
- Konsum als Wertorientierung
- Umweltschutzverbände/-initiativen, Verbraucherschützer
- kritische Öffentlichkeit
- Mode- und Geschmackswandel

C Technologie/Substitution
- Einsatzfaktoren (Roh-, Hilfs-, Betriebsstoffe), Ersatzprodukte
- Fertigungsverfahren
- Energietechnik
- Umweltschutztechnik

D Konkurrenz
- Produkte
- Produktions- und Umweltschutztechnik
- Preise
- Umweltschutzmarketing und -image

E Wirtschaft
- Kaufkraft, Lebensstandard, Arbeitslosigkeit
- Konsumklima
- Entwicklung der Absatzmärkte (Inland, Osteuropa, EU ...)
- Infrastruktur

Denkmodell zur Darstellung von Szenarien

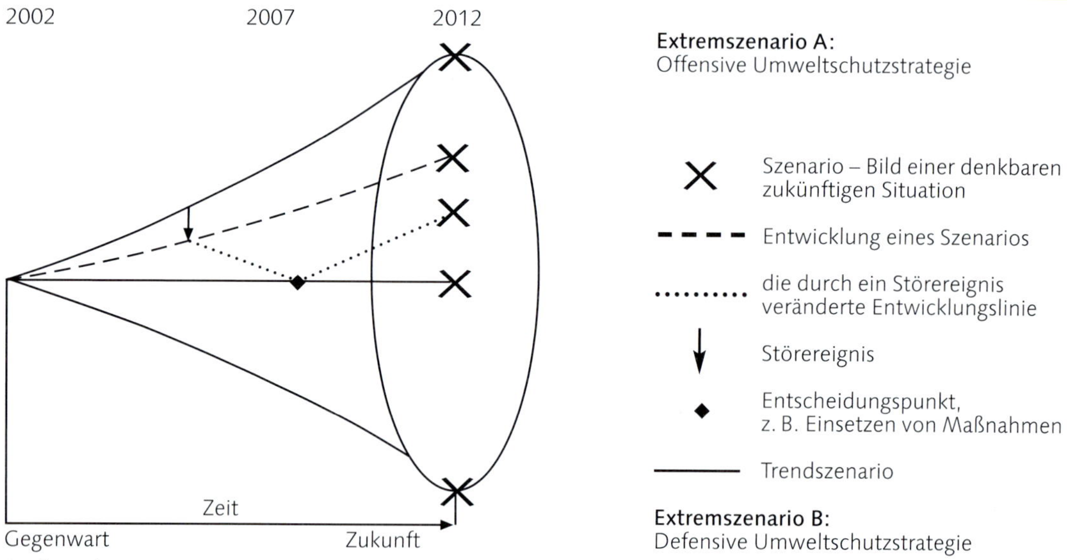

Quelle: Reibnitz 1987, S. 30

Umweltorientierte Unternehmensführung – Leitstrategie der Zukunft

Eine umweltorientierte Unternehmenspolitik ist ein Beitrag zur Sicherung der Zukunft von Umwelt und Unternehmen. Sie nutzt die Marktchancen eines wachsenden Umweltbewusstseins.

vgl. von Reibnitz, Umweltorientierte Unternehmensführung 1987

Umweltschutz

1. ist den vorrangigen Unternehmenszielen zuzuordnen
2. ist wichtige Aufgabe der Unternehmensführung, also Chefsache
3. ist auf allen Ebenen der Betriebshierarchie zu berücksichtigen
4. betrifft alle Unternehmensbereiche, vor allem Beschaffung, Produktion und Absatz
5. ist Bestandteil der Forschung und Entwicklung, der Fertigungsplanung, Fertigungssteuerung und Fertigungskontrolle
6. muss im Rechnungswesen der Unternehmung erfasst werden, um Schwachstellen zu erkennen und zu beseitigen
7. bezieht alle Mitarbeiter ein
8. ist ein Maßstab für die Zusammenarbeit mit Marktpartnern, Kunden und Lieferanten

Klassisches Unternehmensleitbild

Mit der bisherigen Leitstrategie verfolgt die Unternehmensführung die klassischen Unternehmensziele:

Hauptziele

- Gewinnmaximierung nach dem erwerbswirtschaftlichen Prinzip
- Sicherung der langfristigen Existenz des Unternehmens

Unterziele

- Umsatzsteigerung
- Erweiterung der Marktanteile
- Steigerung der Rentabilität, Wirtschaftlichkeit und Produktivität
- Kostensenkung und Rationalisierung

Die gleichrangige Verfolgung des Unternehmensziels „Umweltschutz" stellt aus Sicht der Unternehmensleitung einen Zielkonflikt dar. Gerade staatliche Auflagen für den Umweltschutz werden als Gefährdung der wirtschaftlichen Expansion und Gewinnmaximierung des Unternehmens angesehen.

Aufgaben

1. Notieren Sie Arbeits- und Funktionsbereiche im Unternehmen, in denen ein umweltorientiertes Unternehmensleitbild und ökologisch verantwortliches Handeln realisiert werden können.
2. Bilden Sie zu den verschiedenen Einflussbereichen je zwei Beispiele für praktische Maßnahmen, die ein solches Unternehmen durchführen könnte.

Umwelt
Das Worldwatch-Institut (Washington/USA) wies 1995 auf die negativen Auswirkungen von Umweltschäden (z. B. Überfischung der Meere, Abholzen der Wälder, Wasserknappheit) auf die weltweite Wirtschaftsleistung hin. Das Institut schlug eine weltweite Umweltsteuer vor und verlangte von der UNO finanzielles Engagement beim Umweltschutz. Deutsche Politiker aus allen Parteien und Künstler hatten 1993 ein Programm zum Wiederaufbau der zerstörten Umwelt erarbeitet, den sog. ökonomischen Marshallplan. 1995 forderten die Initiatoren des Plans Umweltpolitiker der Industriestaaten auf, sich auf eine verbindliche Kohlendioxid-Reduktion von 20 % bis 2005 zu einigen, erneuerbare Energien stärker zu fördern und eine Flugzeugbenzinsteuer einzuführen …

Quelle: Harenberg Lexikon der Gegenwart, Aktuell 1996, 1995, S. 425/426

Staatsziel Umweltschutz
Seit dem 27. Oktober 1994 ist der Schutz der natürlichen Lebensgrundlagen (Umweltschutz) als Staatsziel in das Grundgesetz der Bundesrepublik Deutschland (Verfassung) eingefügt (Art. 20 a GG). Danach obliegt dem Staat auch in Verantwortung für die künftigen Generationen der Schutz der natürlichen Lebensgrundlagen im Rahmen der verfassungsmäßigen Ordnung durch die Gesetzgebung und nach Maßgabe von Gesetz und Recht durch die vollziehende Gewalt und die Rechtsprechung.

Quelle: BMU (Hrsg.), Klimaschutz in Deutschland, 1997.

Die Ökologische Steuerreform – der Einstieg und ihre Fortführung –
Ziel der Bundesregierung ist es, durch die Ökologische Steuerreform zum Energiesparen anzuregen, erneuerbare Energien zu fördern – beides ganz zentral für den globalen Klimaschutz –, sowie Arbeitsplätze zu schaffen. Nach dem Einstieg in die Ökologische Steuerreform im Jahr 1999 ist daher die Fortführung bis mindestens zum Jahr 2003 beschlossen worden.

Quelle: www.bmu.de, Stand Januar 2001

Gutachten umweltorientierte Reform des Steuersystems
… Die Studien für das BMU bzw. das BMWi kommen im Wesentlichen zu gleichen Ergebnissen. Demnach sind nennenswerte umweltpolitisch kontraproduktive Regelungen insbesondere in folgenden Bereichen (Landwirtschaft, Verkehr, Energie) gegeben …

Verkehr
… Abschaffung der Befreiung des Flugbenzins von der Mineralölsteuer. (Diese Befreiung wurde zur Förderung des Luftverkehrs eingeführt und ist inzwischen in der EG-Richtlinie zur Harmonisierung der Strukturen der Verbrauchsteuern auf Mineralöle festgeschrieben. Hier ist also nur ein EU-weites Vorgehen möglich.) …

Quelle: Umwelt, Eine Information des Bundesumweltministeriums, Nr. 1/1995, S. 10

B Gesellschaft/Nachfrager

Fröhliches Fest unter märkischer Kiefer
Weihnachtsbäume aus einheimischen Forsten sind ein Beitrag zur Waldpflege und entlasten zudem die Familienkasse. (...) Die noblen Blau-, Silber- und Nordmanntannen haben zur Weihnachtszeit seit einigen Jahren einen starken Konkurrenten bekommen. Immer mehr Familien in Berlin und Brandenburg feiern das Fest unter märkischer Kiefer (...) Der Vorteil: Kiefern behalten länger als andere Weihnachtsbäume ihre Nadeln und sind im Vergleich zu dem über Hunderte Kilometer transportierten Festtagsgrün wesentlich billiger (...) „Keiner braucht ein schlechtes Gewissen zu haben", versichert Oberförster Christian Naffin vom Landesforstamt in Königs Wusterhausen. „Die Bäume stammen aus Weihnachtsbaumplantagen, die zumeist unter Hochspannungsmasten angelegt werden, weil dort eine andere forstliche Nutzung nicht möglich ist."

Quelle: Berliner Zeitung, 04. Dezember 1995, S. 34

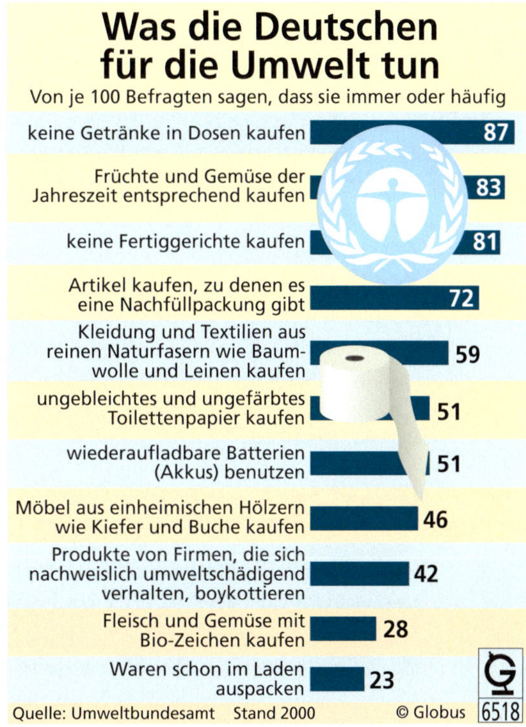

C Technologie/Subvention

Der Regenwald wird abgeholzt, damit westliche Konsumwünsche erfüllt werden können.

Quelle: Tügel, H.: Hände weg vom Tropenholz, in: natur, das Umweltmagazin, Heft Nr. 7, S. 91

Tropenholz

	Abachi	Afzelia	Basralocus	Bankirai	Bilinga	Bongossi	Brasilkiefer	Cerejeira	Framire	Greenheart	Iroko	Red Lauan	Limba	Makore	Padouk	Pockholz	Ramin	Sapelli	Sipo	Teak	Wenge	Okoume
Wände/Decken	●	●					●	●	●		●	●	●	●			●		●		●	
Treppen		●	●		●		●	●	●		●	●		●				●	●	●	●	
Fußböden/Parkett		●	●		●		●	●		●	●			●	●			●	●	●	●	
Möbel	●	●					●	●	●		●		●	●	●		●		●	●	●	
Möbelfurniere	●							●	●	●			●	●	●		●	●	●	●	●	●

Einheimische Arten

	Ahorn	Birke	Birne	Rotbuche	Hainbuche	Douglasie	Eiche	Roteiche	Erle	Esche	Fichte	Edelkastanie	Rosskastanie	Kiefer	Lärche	Kirsche	Linde	Pappel	Pflaume	Robinie	Rüster (Ulme)	Nussbaum	Weymouthskief.	Eibe
W./Deck.	●	●	●	●		●	●		●	●	●			●	●	●			●	●	●			●
Treppen				●	●	●	●	●		●	●			●	●	●				●	●			
Fb./Park.	●	●	●	●	●	●	●	●		●	●			●	●	●			●	●	●			
Möbel	●	●	●	●		●	●	●	●	●	●	●	●	●	●	●	●	●	●	●	●	●	●	●
M.furn.	●	●		●		●	●	●	●	●	●	●	●	●	●	●	●	●	●	●	●	●		●

D Konkurrenz

Ökologische Neuordnung der Betriebswirtschaft
Umweltfragen nehmen einen immer größeren Einfluss auf die Strategien der Unternehmensführung. Es hat sich bei einem Großunternehmen der chemischen Industrie gezeigt, dass sich „Umweltunfall“, der u. a. durch das Fischsterben erhebliches Aufsehen erregt hat, zunächst eine erhebliche Mehrbelastung des Unternehmens durch strengere Auflagen des Gesetzgebers mit sich brachte. Diese strengen Auflagen wurden kurze Zeit später zum allgemein gültigen Gesetz für sämtliche Unternehmen der chemischen Industrie erklärt. Hierdurch ergaben sich natürlich im Nachhinein für das betroffene Unternehmen Wettbewerbs- und Know-how-Vorteile, sodass der anfängliche betriebswirtschaftliche „Verlust“ mehr als wettgemacht wurde (…)

Quelle: Umwelthaftung und Umweltmanagement, Hrsg. Prof. Dr. Josef Kwiatkowski, München 1994, S. 125

E Wirtschaft

Umweltschutz gefährdet den Wirtschaftsstandort Deutschland. Aufgrund strenger Umweltvorschriften verlagern deutsche Unternehmen ihre Produktion ins Ausland. Gleichzeitig hohe Löhne, hohe Steuern zu zahlen und Vorreiter im Umweltschutz zu sein, das kann auf Dauer nicht gut gehen. Dadurch leidet die Wettbewerbsfähigkeit vor allem der mit Umweltschutzkosten überdurchschnittlich betroffenen Wirtschaftszweige (…) Die Behauptung, dass die in Deutschland vergleichsweise strengen und weit gehenden Umweltvorschriften die Unternehmen zu Standortverlagerungen ins Ausland veranlassen, ist unglaubwürdig (…) Denn der Umweltschutz stellt nicht nur eine Kostenbelastung für umweltintensive Produktionszweige dar, sondern auch einen überdurchschnittlich wachsenden Absatzmarkt (…)
Bei der Belastung der Unternehmen durch Umweltschutzkosten bleibt meist unerwähnt, dass diesen auch Entlastungen durch eine Vielzahl von Förderprogrammen gegenüberstehen. Unerwähnt bleibt auch, dass Umweltschutzkosten nur in dem Umfang Standortnachteile bedeuten, in dem sie über die Standards in Konkurrenzländern hinausgehen (…) Schließlich setzen sich die Kritiker überhaupt nicht mit dem Argument auseinander, dass sich innerhalb der EU nach und nach eine Angleichung des Umweltrechts vollzieht (…)

Quelle: Broschüre des Umweltbundesamtes: Umweltschutz ein Wirtschaftsfaktor, 1993, S. 30–34

Kosten senken durch Umweltschutz
Mit einem Förderprogramm können Unternehmen „viel Wissen“ ein-kaufen

Kann man eine Produktion so ändern, dass keine Schadstoffe mehr entstehen und Kosten sinken? Was sich wie die Quadratur des Kreises anhört, wird mit Hilfe moderner Technik längst Realität. Dahinter steckt der „produktionsintegrierte Umweltschutz“. Damit es den kleinen und mittleren Unternehmen in Bremen leichter fällt, diese Möglichkeiten auszuschöpfen, gibt es das Förderprogramm „PIUS“.

Gespeist wird es aus Mitteln des Wirtschaftspolitischen Aktionsprogramms (WAP), getragen von Institutionen wie der Handelskammer, der Handwerkskammer und wissenschaftlichen Einrichtungen. Die zentrale Anlaufstelle ist aber die Beratungsstelle für Unternehmen, das RKW.

In der Großindustrie wird das Prinzip längst praktiziert, wie Martin Schulze, Berater vom RKW, erklärt. Autofabriken zum Beispiel haben auf wasserlösliche Farben in den Lackierereien umgestellt. Dadurch entfallen auch die Entsorgungskosten für die Lösemittel. Großunternehmen können sich aber eigene Stabsabteilungen leisten. Wie kommen die kleineren Firmen an das Know-how? Schulze erklärt, wie das Programm abläuft: Die erste Beratung ist kostenlos. Als Berater sieht er sich das Unternehmen an und stellt in zwei bis drei Stunden fest, wo Ansatzpunkte liegen. „Ich schaue, wie man den Betrieb modernisieren kann, aber durch die ökologische Brille", meint Schulze. (...) Ist Umweltschutz nicht eher ein Kostenfaktor für Unternehmen? „Nein", entgegnet Schulze, „wenn Sie die Umweltaspekte mit in die Betrachtungsweise hineinnehmen, sind die Einsparpotenziale größer. Wenn es zum Beispiel in einem Unternehmen gelingt, durch Investitionen die Gefährdungsmöglichkeiten zu senken, senkt man auch die Umweltauflagen und damit die langfristigen Kosten." (...)

Quelle: Die Welt online, 29. Mai 2000, Autor: Florian Hanauer

Aufgaben

1. Finden Sie Argumente pro und kontra Tropenholzverwendung
   a) aus der Sicht des Möbelherstellers,
   b) aus der Sicht des Konsumenten als Mitglied der Gesellschaft.
   Verwenden Sie auch die bereits erarbeiteten Informationen.
2. Beschreiben Sie mögliche Zielkonflikte zwischen den klassischen Unternehmenszielen und den nach einem umweltorientierten Unternehmensleitbild angestrebten Unternehmenszielen. Erläutern Sie mögliche Zielharmonien zwischen klassischen und umweltorientierten Unternehmenszielen.
3. Der richtige Umgang mit dem knappen Gut Energie ist eine der herausragenden Zukunftsaufgaben unserer Gesellschaft. Die Entscheidung für die zukünftigen Primärenergieträger, die Formen der Energiegewinnung und damit die richtungweisende Festlegung der Energiepolitik ist nach Meinung vieler Experten eine Überlebensfrage.
   a) Nennen Sie Beispiele für konventionelle (herkömmliche) Energien und für alternative Energien.
   b) Skizzieren Sie einen Szenariotrichter mit den Extremszenarien A: konventionelle Energiepolitik und B: alternative Energiepolitik. Zeichnen Sie ein Trendszenario ein.
   c) Welche möglichen Störereignisse könnten Ihrer Meinung nach diesen Trend verändern? Welche Ausprägung nimmt der Trend nun ein?
   d) Wie müsste Ihrer Meinung nach die Energiepolitik bzw. Energiewirtschaft auf diese Störereignisse reagieren?

3 Umweltberichterstattung

Verbraucher achten in zunehmendem Maße darauf, ob Waren unter ökologischen Gesichtspunkten hergestellt worden sind. Außerdem haben die Waren, die mit dem Hinweis auf ihre Herstellung unter Umweltschutzgesichtspunkten angeboten werden, zunehmende Umsätze zu verzeichnen. Unternehmen achten deshalb verstärkt darauf, dass die Öffentlichkeit über ökologische Auswirkungen ihrer Produkte (bzw. Produktion) und über ihre betrieblichen Aktivitäten zum Umweltschutz informiert werden.

Durch entsprechende Informationen könnte entweder das Unternehmen als Ganzes (u. a. mit Umwelt-Audits, Öko-Controlling, Ökobilanzen) abgebildet oder die Produkte über verschiedene Entwicklungsstufen, also von der Rohstoffgewinnung über die Verarbeitung bis hin zur Entsorgung (evtl. Recycling), miteinander verglichen werden.

Gründe für die Informationsbereitschaft der Unternehmen

1. Antizipation (Vorwegnahme) von Veränderungen und Verschärfungen staatlicher Rahmenbedingungen, z. B. verschärfte Gesetze, Verordnungen und Auflagen	2. Beschaffung von umweltrelevanten Informationen, z. B. Umweltbelastungen eines Produktes, Informationen aus einzelnen Gefahrenbereichen wie Produktion
3. Sicherung des Unternehmens und der Arbeitsplätze, z. B. wegen des gesellschaftlichen Wertewandels oder der Berichterstattung der Medien	4. Steigerung der Motivation und Identifikation der Beschäftigten mit dem Unternehmen, z. B. Erhöhung der Aktivitäten des Unternehmens zum Umweltschutz

Ziele der Umweltberichterstattung von Unternehmen

Die Einführung von Umweltinformationssystemen und die damit verbundene Umweltberichterstattung soll folgende **Ziele** erfüllen:
- interne Ziele: Erleichterung der umweltorientierten Planung, Steuerung und Kontrolle (Kostensenkung)
- externe Ziele: Information der Kunden, Lieferanten, Versicherungen, Behörden, Investoren und der Öffentlichkeit sowie die Erzielung eines absatzfördernden, positiven Images

3.1 Rechtliche Rahmenbedingungen

Wird das betriebliche Abfallwirtschaftskonzept nicht vorgelegt, lässt die zuständige Abfallwirtschaftsbehörde auf Kosten des Unternehmens ein fachtechnisches Gutachten erstellen.

Seit Anfang der 90er-Jahre sind eine Reihe von Umweltverordnungen und Umweltgesetze in Kraft getreten, die es für Unternehmen immer notwendiger machen, betriebliche Umweltinformationssysteme einzuführen. In Nordrhein-Westfalen z. B. haben die Unternehmen nach dem seit Januar 1992 geltenden **Landesabfallgesetz** jährlich Abfallbilanzen der Öffentlichkeit zugänglich zu machen.

Kreislaufwirtschafts- und Abfallgesetz

Seit 1996 sind Abfallbilanzen nach dem Gesetz zur Vermeidung von Rückständen, Verwertung von Sekundärrohstoffen und Entsorgung von Abfällen **(Kreislaufwirtschafts- und Abfallgesetz)** für alle Unternehmen bundesweit vorgeschrieben. In der Europäischen Gemeinschaft ist seit dem 13. Juli 1993 das **Öko-Audit-System** in Kraft getreten, welches die an einem Standort auftretenden Umweltwirkungen systematisch, objektiv und regelmäßig untersucht und bewertet.

Öko-Audit-System

Das **Umwelthaftungsgesetz** von 1990 verlangt eine Deckungsvorsorge für Umweltschäden im Bereich von Boden, Wasser und Luft. Werden mögliche Schäden durch eine Haftpflichtversicherung abgesichert, müssen die Versicherungen die Produktionsanlagen auf ihre Umweltverträglichkeit überprüfen und die Wahrscheinlichkeit eines Schadenseintritts abschätzen. Dazu sind betriebliche Umweltinformationssysteme notwendig.

Umwelthaftungsgesetz

3.2 Umweltinformationssysteme

In der Praxis existieren folgende Verfahren:

<table>
<tr><th></th><th>Ökobilanzen</th><th>Öko-Controlling</th><th colspan="2">Umwelt-Audit</th></tr>
<tr><td>erfasste Informationen</td><td>Stoff- und Energieaustauschbeziehungen</td><td>Planung, Steuerung und Kontrolle betrieblicher Aktivitäten im Verhältnis zur Umwelt</td><td colspan="2">Soll-Ist-Vergleich der Umweltschutzmaßnahmen innerhalb des Unternehmens</td></tr>
<tr><td rowspan="3">Art der Erfassung</td><td rowspan="3">Betriebs-, Prozess-, Produktbilanz, Substanzbetrachtung oder Standortbilanz</td><td rowspan="3">Erfassung und Beurteilung der Umweltbelastungen von Einsatzstoffen, Energien, Emissionen, Produkten und Produktionsprozessen mit Hilfe des Ökobilanzkonzepts</td><td>Produkt-Audit</td><td>Überprüfung der Wirksamkeit des Umweltschutzsystems bei der Produktherstellung</td></tr>
<tr><td>Verfahrens-Audit</td><td>Überprüfung der Umweltstandards bei den Herstellungsprozessen</td></tr>
<tr><td>System-Audit</td><td>Beurteilung der Wirksamkeit eines Umweltschutzsystems</td></tr>
<tr><td>Art der Bewertung</td><td>A-B-C-Analyse</td><td>A-B-C-Analyse</td><td colspan="2">Umwelt-Check-Ups, Einsatz der Szenario-Technik</td></tr>
<tr><td>Durchführung des Informationssystems</td><td>Forschungsinstitute, innerbetriebliche Arbeitsgruppen, Umweltschutzbeauftragter</td><td>Forschungsinstitute, innerbetriebliche Arbeitsgruppen aus Vertretern des Unternehmens und des Betriebsrates, Umweltschutzbeauftragter</td><td colspan="2">Auditoren-Team, Umweltschutzbeauftragter</td></tr>
<tr><td>Zielsetzung</td><td>– Frühwarnfunktion bei Erkennung ökologischer Anforderungen
– Erkennen von Schwachstellen der betrieblichen Leistungserstellung
– Sichtbarmachen von Optimierungspotenzialen</td><td>– Definition eines ökologischen Unternehmensziels
– Darstellung der ökologischen Problemfelder
– Beseitigung oder Reduzierung aufgezeigter Schwachstellen
– Erfolgskontrolle technischer und strategischer Maßnahmen</td><td colspan="2">– effektive Entwicklung eines Umwelt-Managementsystems
– Einhaltung gesetzlicher Umweltschutzbestimmungen
– Identifikation organisatorischer und technischer Schwachstellen des betrieblichen Umweltschutzes</td></tr>
</table>

Ökobilanzen können zur weiteren Analyse in Abfallbilanzen, Produktbilanzen und Produktlinienbilanzen erweitert werden.

Arten von Ökobilanzen

	Abfallbilanzen	Produktbilanzen	Produktlinienbilanzen
Erfasste Informationen	Angaben über Art, Menge und Verbleib der Abfälle, Darstellung von Abfallvermeidungs- und Abfallverwertungsmaßnahmen	Umweltrelevante Wirkungen eines Produktes über seinen gesamten Lebensweg	Ökologische, soziale und wirtschaftliche Auswirkungen eines Produkts über seinen gesamten Lebenszyklus
Art der Erfassung	Erfassung von Roh-, Hilfs- und Betriebsstoffen; Ermittlung des Verbrauchs dieser Stoffe, bezogen auf einzelne Produktionsanlagen und Betriebsteile; betriebliche Verwertung von Abfällen	vertikale Betrachtung des gesamten Produktlebenszyklus und horizontale Betrachtung der damit verbundenen Umweltbelastungen (Wirkungsbilanz), Definition der Umweltschutzziele	Zielfestlegung (Phase 1), Ist-Analyse (Phase 2) mit Hilfe der Produktlinienmatrix, Überprüfung ausgewählter Matrixfelder, Erstellung eines Produktprofils, Identifikation von Umsetzungsmöglichkeiten (Phase 3)
Art der Bewertung	qualitative und quantitative Bewertung durch Bilanzierung von Abfallarten, Stoffstromdiagramme	qualitative und quantitative Bewertung	qualitative Bewertung, Produktprofile
Zielsetzung	– Identifikation von Schwachstellen in der betrieblichen Abfallentsorgung – Einflussnahme auf die Produktgestaltung	– Aufklärung über die Umweltwirkungen von Produkten – Herstellung oder Einkauf von ökologisch verträglichen Produkten – Auswirkungen auf die Produktgestaltung und -innovation	– Aufklärung über ökologische, soziale und wirtschaftliche Folgen bestimmter Produkte – Schwachstellenanalyse bei der Produktherstellung – Suche nach Produktinnovations- und Produktsubstitutionsmaßnahmen

Die Umweltprobleme lassen sich mit Hilfe eines ABC-Klassifizierungsschemas bewerten:

A = besonders wichtiges ökologisches Problem bzw. großer Handlungsbedarf
B = ökologisches Problem bzw. Handlungsbedarf
C = nach vorliegendem Kenntnisstand keine Umweltwirkungen zu erwarten

ABC-Analyse, vgl. Teilband *Industrielle Geschäftsprozesse*, Kapitel 3 Beschaffungsprozesse planen, steuern und kontrollieren

Das Schema bietet die Möglichkeit zur Transparenz, Verdichtung und Absonderung von wesentlichen und unwesentlichen Umweltproblemen. Als Entscheidungsraster dienen:

- die umweltrechtlichen/-politischen Anforderungen
- die gesellschaftliche Akzeptanz
- das Gefährdungs-/Störfallpotenzial
- die internalisierten Umweltkosten
- die negativen externen Effekte
- die Erschöpfung regenerativer/nicht regenerativer Ressourcen

3.3 Ökobilanz und Auswirkung auf die Erfolgsrechnung

Mit der ökologischen Erfolgsrechnung soll der Zusammenhang zwischen den Umweltbeeinträchtigungen und der gütermäßigen Leistungserstellung dargestellt werden.

- Zu den Umweltaspekten zählen dabei die Werkstoffe, die Energieträger, die stofflichen und energetischen Emissionen, die Anlagen und die Produkte.
- Zu den Zielen einer ökologischen Erfolgsrechnung gehören der Schutz der Umwelt, die Senkung der Kosten und die absatzfördernde Wirkung der ergriffenen Maßnahmen.

Beispiel: Input-Output-Bilanz der Sox AG

Input			Output		
	2002	2003		2002	2003
1. Umlaufgüter (kg)	12.530.749	13.966.024	**1. Produkte (kg)**	8.884.242	8.523.480
1.1 Rohstoffe	3.854.584	4.371.740	1.1 Beinkleidung	5.304.233	5.071.868
1.2 Halb- und Fertigwaren	2.219.558	2.524.269	1.2 Oberbekleidung	166.966	115.485
			1.3 Garne	118.622	288.005
1.3 Hilfsstoffe	4.859.858	5.356.363	1.4 Verpackung	3.294.421	3.048.122
1.4 Betriebsstoffe	1.596.749	1.713.652			
2. Anlagegüter*			**2. Abfälle (kg)**	2.522.877	2.752.345
2.1 Gebäude			2.1 Sonderabfälle	25.848	25.451
2.2 Maschinen			2.2 Wertstoffe	1.389.029	1.690.402
2.3 Fuhrpark			2.3 Restmüll	1.108.000	1.036.492
2.4 EDV-Anlagen					
3. Energie	157.874.854	164.211.424	**3. Energieabgabe***		
3.1 Gas (kWh)	10.148.282	14.790.205	3.1 nutzbare E.		
3.2 Strom (kWh)	47.998.542	50.603.569	3.2 ungenutzte E.		
3.3 Öl (kWh-Hu)	86.432.590	85.374.970	3.3 Lärm		
3.4 Treibstoff (kWh-Hu)	13.259.440	13.442.680			
4. Wasser (m^2)	538.000	596.947	**4. Abwässer (m^2)**		
4.1 Stadtwasser	421.500	457.666	4.1 Menge (m^2)	403.460	418.025
4.2 Rohwasser	125.000	139.281	4.2 Belastung	403.460	418.025
5. Luft*			**5. Abluft***		
			5.1 Menge		
			5.2 Belastung		
6. Boden	706.059	706.059	**6. Bodenbelastung***		
6.1 versiegelt	64.342	64.342			
6.2 grün	509.489	509.489			
6.3 überbaut	132.228	132.228			
6.4 Nutzfläche	186.100	186.100			

*keine Daten verfügbar

Beispiel: Input-Output-Bilanz der Sox AG

Seit 1990 versucht die Sox AG, ein Unternehmen der Textilindustrie, anhand einer Input-Output-Bilanz die ökologische Situation des Unternehmens zu analysieren, Schwachstellen zu beseitigen und ein Öko-Controlling einzuführen. Dabei werden mit einem computergestützten Umwelt-Controlling-System Ökodaten des Gesamt- und Teilkonzerns, einzelner Werksteile oder einzelner Bilanzpositionen zusammengetragen. Ziel ist die Reduktion der Betriebskosten und die Sicherung des Betriebs in der Zukunft.

vgl. Input-Output-Bilanz der Sox AG auf S. 375

Mit Hilfe der Ökobilanzierung konnte festgestellt werden, dass die Modefarbe Schwarz, die in zwei Dritteln der Fälle den gesamten Farbeinsatz bei der Strumpffärbung ausmacht, die Abwässer stark mit Chrom belastet. Mittlerweile wird im gesamten Konzern zu 90 % chromfrei gefärbt.

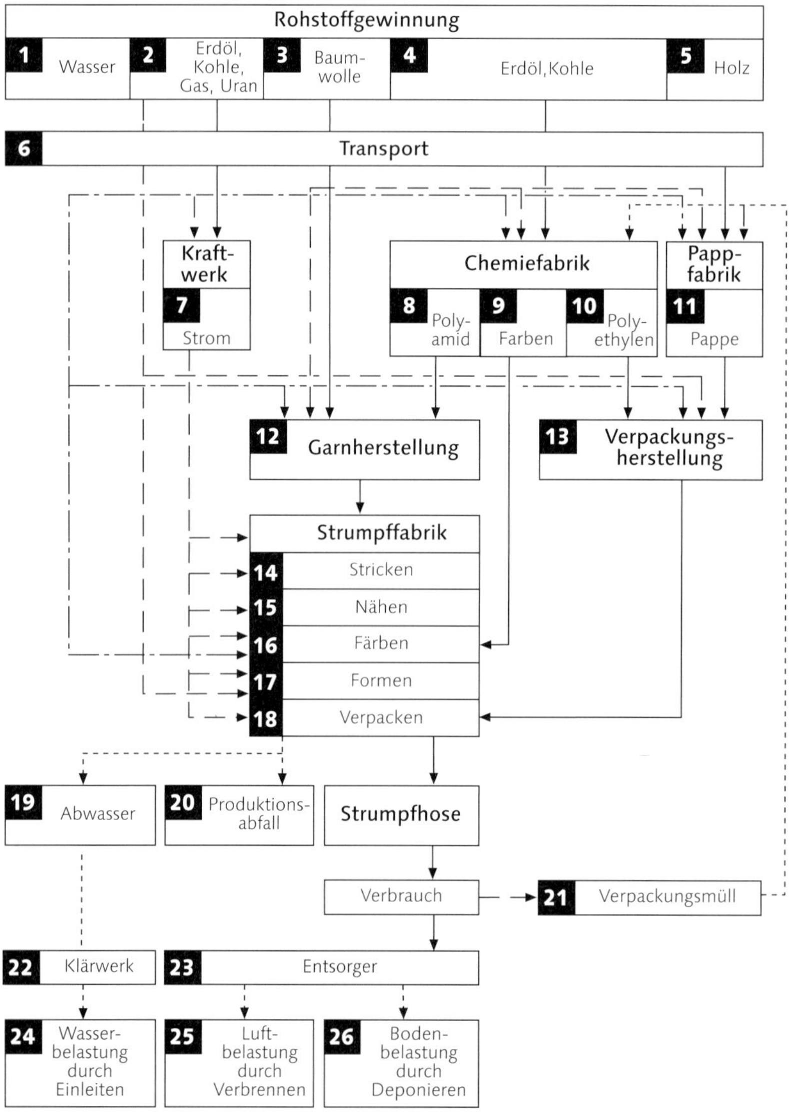

3.4 Betriebliche Umweltkennzahlen

Betriebliche Umweltkennzahlen verdichten umfangreiche Umweltdaten zu aussagekräftigen und vergleichbaren Schlüsselinformationen. Erst durch sie werden die umweltbezogenen Leistungen messbar und nachvollziehbar. Umweltkennzahlen ermöglichen die Formulierung quantifizierter Umweltziele, mit deren Hilfe der Erfolg oder der Misserfolg bei der Umsetzung von Umweltschutzmaßnahmen messbar gemacht wird.

Umweltkennzahlen dienen als wichtiges Instrument für die kontinuierliche Verringerung der nachteiligen Umwelteinwirkungen und als Argumentationsgrundlage für die Auseinandersetzung mit Kunden, Konkurrenten und weiteren Interessengruppen. Die ermittelten Umweltkennzahlen werden dann in einem Zeitvergleich (mit den Kennzahlen der Vorperiode) oder/ und einem Betriebs- bzw. Branchenvergleich (mit den Kennzahlen anderer Unternehmen der gleichen Branche bzw. der gesamten Branche) unterzogen, um den Grad der erreichten Ziele bzw. Stärken und Schwächen aufzuzeigen.

Umweltkennzahlen lassen sich in drei unterschiedliche Klassen einteilen.

Betriebliche Umweltkennzahlen

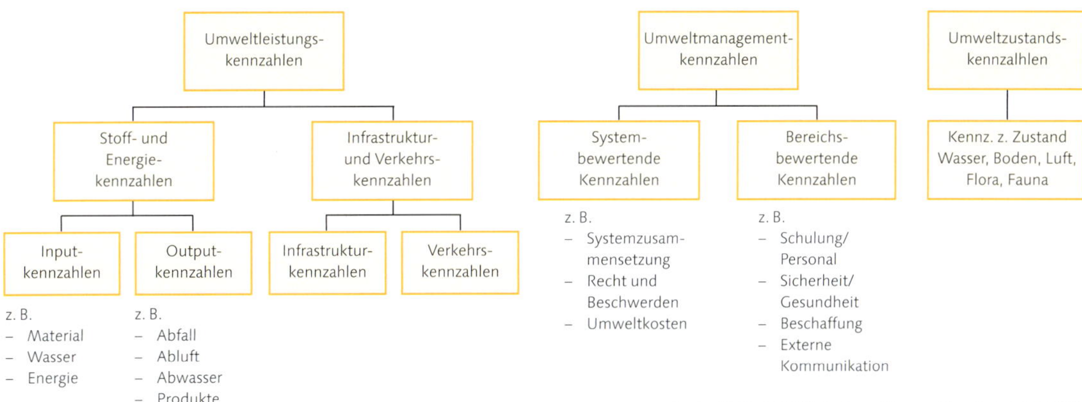

Quelle: BMU, Betriebliche Umweltkennzahlen, Bonn/Berlin 1997

Umweltleistungskennzahlen	Umweltmanagementkennzahlen	Umweltzustandskennzahlen
beschreiben die Einwirkungen des Unternehmens auf die Umwelt (Umweltleistung)	beschreiben die Aktivitäten des Umweltmanagements	beschreiben den organisations-externen Zustand der Umwelt
Ziel: Planung, Steuerung und Kontrolle der Umweltauswirkungen	Ziel: Minimierung der Umweltauswirkungen des Unternehmens durch organisatorische Aktivitäten	Ziel: Orientierung des Unternehmens durch Beschreibung der Qualität der Umwelt in der Umgebung des Unternehmens (Ist-Zustand)
Beispiele: – absoluter Energieverbrauch – Abfallaufkommen pro Produktionseinheit – Anzahl umweltrelevanter Anlagen – Gesamtverkehrsaufkommen des Betriebs	Beispiele: – Anzahl und Ergebnisse durchgeführter Umweltbetriebsprüfungen – Mitarbeiterschulungen – Lieferantengespräche	Beispiele: – Wassergüte – regionale Luftqualität – Fluglärm

Umweltkennzahlen		
Produktionsmenge (= PM) in Stück, kg usw.	Produktionsmenge (= PM)	Kennziffer
Rohstoffverbrauch	kg	kg/PM
Energieverbrauch	kWh	kWh/PM
Wasserverbrauch	m^3	m^3/PM
Abfallmenge	kg	kg/PM
Verwertungsquote	-	%
Abwassermenge	m^3	m^3/PM
Luftemission (z. B. CO_2, Staub usw.)	kg	kg/PM

Um eine hohe Effektivität zu erreichen, müssen folgende Grundsätze bei den ermittelten Kennzahlen berücksichtigt werden:

Umweltkennzahlen	
Grundsätze	Erklärung
Vergleichbarkeit	Die Kennzahlen müssen einen Vergleich ermöglichen und Veränderungen der Umwelteinwirkungen widerspiegeln.
Zielorientierung	Die Kennzahlen müssen auf Verbesserungsziele hinweisen, die von den Unternehmen beeinflussbar sind.
Ausgewogenheit	Die Kennzahlen müssen die Umweltleistung möglichst repräsentativ wiedergeben und Problembereiche ebenso wie Umweltchancen darstellen.
Kontinuität	Um vergleichende Aussagen zu ermöglichen, müssen die Kennzahlen in jeder Periode nach den gleichen Kriterien erfasst werden, sich auf vergleichbare Zeiträume beziehen und in vergleichbaren Einheiten gemessen werden.
Aktualität	Die Kennzahlen müssen häufig genug ermittelt werden (z. B. monatlich, vierteljährlich, jährlich), um rechtzeitig Einfluss auf Zielgrößen nehmen zu können.
Verständlichkeit	Die dargestellten Kennzahlen müssen für den Anwender klar und verständlich und deshalb übersichtlich und konzentriert sein.

Beispiel:

Jahr	2002	2003	Ergebnis (Zeitvergleich)
Produktionsmenge	10.000 Stück	12.500 Stück	+ 2.500 Stück
Energieverbrauch	2.000 kWh	2.125 kWh	+ 125 kw/h
Energieverbrauch je Stück	0,20 kWh/Stück	0,17 kWh/Stück	15,0 % Reduktion
Zielwert	Senkung des Energieverbrauchs je Stück um mindestens 10 %		
Ergebnis	15,0 % Reduktion		
Fazit	Zielgröße erreicht		
Analyse	Fertigungsverfahren umgestellt, Effektivität ist aber noch nicht ausgeschöpft		

Übersicht:		
Umweltinformationssysteme	– dienen der umweltorientierten Planung, Steuerung und Kontrolle betrieblicher Abläufe (interne Ziele) – dienen der Information der Öffentlichkeit und der Vermittlung eines absatzfördernden Images (externe Ziele)	
Rechtliche Grundlagen	– Landesabfallgesetze – Kreislaufwirtschafts- und Abfallgesetz – Öko-Audit-System – Umwelthaftungsgetz	
Verfahren	Ökobilanz	Stoff-/ Energieaustauschbeziehungen – Abfallbilanzen – Produktbilanzen – Produktlinienbilanzen
	Öko-Controlling	zukunftsorientierte Planung, Steuerung und Kontrolle betrieblicher Aktivitäten im Verhältnis zur Umwelt
	Umwelt-Audit	Soll-Ist-Vergleich von Umweltschutzmaßnahmen – Produkt-Audit – Verfahrens-Audit – System-Audit
Umweltkennzahlen	– Umweltleistungskennzahlen – Umweltmanagementkennzahlen – Umweltzustandskennzahlen	

Aufgaben

1. Unterscheiden Sie die Bilanz nach HGB und Ökobilanz.
2. Erläutern Sie die Ziele von Umweltinformationssystemen.
3. Erkundigen Sie sich in Ihrem Betrieb, mit welchem Instrumentarium den ökologischen Problemen begegnet wird.
4. Welche Daten werden mit der Ökobilanz erfasst?
5. Welche internen und externen Ziele verfolgen die Unternehmen mit Ökobilanzen?
6. Ein Unternehmen bezieht 1.000 kg eines Rohstoffs zum Preis von 30 € je kg. Aus Gründen des Umweltschutzes wird ein anderer Rohstoff eingesetzt, welcher allerdings 40 € je kg kostet. Der Verbrauch für die gleiche Anzahl an Produkten sinkt auf Grund geringerer Maße auf 800 kg. Nach einer Werbemaßnahme, welche Werbungskosten in Höhe von 25.000 € verursachte, kann der Absatz für das fertige Produkt um 50 % gesteigert werden. Der Preis des Endprodukts musste aus Kostengründen bei 200 € gehalten werden. Ermitteln Sie den Erfolg dieser Maßnahmen.
7. Ermitteln Sie für einen Textilhersteller (siehe Input – Output - Bilanz auf Seite 375) folgende Umweltkennzahlen und stellen Sie fest, ob die angegebenen Zielgrößen erreicht wurden.
   a) Energieverbrauch (gesamt) je kg Produkt (gesamt) für die Geschäftsjahre 2002 und 2003. Zielgröße: Senkung des Energieverbrauchs je kg Produkt um 5 %
   b) Sonderabfälle je kg Produkt (gesamt) für die Geschäftsjahre 2002 und 2001. Zielgröße: Halten des Ergebnisses von Geschäftsjahr 2002

8. Ein Industrieunternehmen hat eine Analyse bezüglich der Kosten für Umweltschutzmaßnahmen durchgeführt und folgende Zahlen ermittelt:

Sorte	Stoffeinsatz in €	Kosten für Umweltschutz in €
1. Feinpapier	2.800.000	35.000
2. Kopierpapier und Folien	3.200.000	19.200
3. Büropapier	2.000.000	10.000
Summe	8.000.000	64.200

Ermitteln Sie die Kosten des Umweltschutzes für jeweils 100 Euro Stoffeinsatz. Welche Sorte des Sortiments verursacht die relativ höchsten Kosten für den Umweltschutz?

9. Ermitteln Sie folgende Umweltkennziffern für zwei aufeinander folgende Geschäftsjahre (Zeitvergleich) und stellen Sie fest, ob die Ziele des Unternehmens erreicht wurden:

	2002	2003	Ziel:	
Produktionsmenge	34.200 Stück	32.000 Stück	Bezugsgröße	
a) Materialverbrauch	513.000 kg	448.000 kg	Reduktion:	5 %
b) Energieverbrauch	85.500 kWh	76.800 kWh	Reduktion:	10 %
c) Abfallmenge	25.650 kg	20.160 kg	Reduktion:	5 %
d) Verwertungsquote	10 %	12 %	Steigerung:	10 %
e) Abwassermenge	5.130 m^3	4.960 m^3	Halten	

4 Wirtschaftspolitische Ziele und Zielkonflikte

Entscheidung vertagt

Es besteht dringender Reformbedarf für den Wirtschaftsstandort Deutschland: Steigende Arbeitslosigkeit, schwaches Wachstum und die anhaltende Investitionsschwäche belegen es. Seit Jahren listen Wirtschaftsforscher die unumgänglichen Reformschritte auf, von der nachhaltigen Absenkung der Steuer- und Abgabenquote bis zu mehr Flexibilität in den Arbeitsbeziehungen („betriebsnähere Tarifpolitik"). An Ideen mangelt es nicht. Aber es mangelt an der zügigen, beherzten und konsequenten Umsetzung. Eine Minireform wie beim Ladenschluss dauert ein Jahrzehnt. Wir können uns nicht entscheiden, allenfalls halbherzig, mühsam und zu langsam. Warum diese Unfähigkeit zum Entscheiden? Es liegt an dem hier zu Lande außerordentlich weit getriebenen Pluralismus. An gesellschaftlichen Entscheidungsprozessen ist jeder zu beteiligen. Die Ebenen von Konflikt und Mitwirkung sind tief gegliedert. In der größeren Regierungspartei fängt die Kontroverse um die Ausgestaltung der Reform an. Während man sich dort zu einer Entscheidung durchringt, muss die Abstimmung mit dem Koalitionspartner gesucht werden. Die mit Brüssel hat hoffentlich schon vorher stattgefunden. Gibt es dann eine Regierungsvorlage, stemmt sich die Opposition im Bundestag dagegen. Eine Entscheidung des Bundestages kann häufig durch den Bundesrat aufgehalten werden. Der Entscheidungsprozess wird überlagert, abgebremst, emotionalisiert durch das Begleitkonzert der Gewerkschaften, Arbeitgeberverbände, Wirtschaftsverbände, Kirchen und der Vertreter sozialer Gruppen. Ist endlich ein Kompromiss gefunden, wird er noch lange nicht umgesetzt. Jetzt reagieren die „betroffenen" Bürger. Sie nehmen Anhörungs- und Einspruchsrechte in Planfeststellungsverfahren wahr (und schlagen bei Ablehnung den Rechtsweg ein). Wer solche Rechte nicht hat, kann immer noch eine Bürgerinitiative gründen, die – wenn sie lautstark genug ist – Gehör findet. Und Umweltschützer und Denkmalpfleger fühlen sich ohnehin meist zum Einspruch aufgerufen. Eines steht fest: Vorschnell werden Entscheidungen für den Standort Deutschland nicht getroffen. Es gibt gute historische Gründe, dass sich Deutschland nach dem schrecklichen Zentralismus des Naziregimes eine ausgeprägt dezentrale Verfassung gegeben hat. Pluralistisch und demokratisch muss es bleiben. Und doch müssen wir uns heute ernsthaft fragen, wie wir die Entscheidungsprozesse effizient machen können. Denn die Reform des Standortes Deutschland muss umfassend sein; (...). Statt an Entscheidungen möglichst viele zu beteiligen, muss Entscheidungsfähigkeit zurückgewonnen werden, indem die Verantwortung für Entscheidungen wieder konzentriert wird. Es sind nicht nur die Unternehmen, die im internationalen Wettbewerb stehen und sich dort bewähren müssen. Auch die Gesellschaften stehen in Hinblick auf ihre Reformierbarkeit in einem zunehmenden internationalen Wettbewerb. Entscheiden wir uns für die Reform!

Quelle: Beilage der Süddeutschen Zeitung vom 21. August 1996, „Wirtschaftsstandort Deutschland", Autor: R. Pohl

Pluralismus = Vielfältigkeit, hier: Vielzahl an Akteuren bei politischen Entscheidungen

Aufgaben

1. Begründen Sie, warum es schwierig ist, dringende wirtschaftliche Reformen durchzusetzen.
2. Stellen Sie zusammen, wer in der Demokratie auf Entscheidungsprozesse Einfluss nehmen kann.
3. Begründen Sie, warum trotz aller Schwierigkeiten Entscheidungsprozesse demokratisch bleiben müssen.

4.1 Wer ist für die Wirtschaftspolitik verantwortlich?

Unter Wirtschaftspolitik werden alle Maßnahmen verstanden, die das Ziel haben, den Wirtschaftsablauf in eine bestimmte Richtung zu lenken.

Die Ausführungen zur sozialen Marktwirtschaft haben bereits verdeutlicht, dass der Staat ein ganz wesentlicher Träger der Wirtschaftspolitik ist. Die **Bundesregierung** hat u. a. zum Ziel, durch ihre Entscheidungen eine stabile wirtschaftliche Entwicklung mit Wachstum, stabilen Preisen, Vollbeschäftigung und außenwirtschaftlichem Gleichgewicht zu bewirken. Dabei benötigt sie die Zustimmung des Bundestages und des Bundesrats. Der Handlungsspielraum der Bundesregierung wird auch durch die außenwirtschaftlichen Verflechtungen der Bundesrepublik eingeschränkt.

vgl. Kapitel 2, 6.3 Soziale Marktwirtschaft als realtypische Wirtschaftsordnung

Institutionen, die Einfluss auf die Wirtschaftspolitik nehmen:
- Bundesregierung
- Europäischer Rat
- Landesregierungen
- Bundesbank
- Europäische Zentralbank
- Tarifpartner
- Interessenvertretungen

So müssen z. B. die vom **Europäischen Rat** erlassenen Verordnungen beachtet und in deutsches Recht umgesetzt werden. Wirtschaftspolitik wird aber nicht nur auf Bundes-, sondern auch auf **Landes-** und **kommunaler Ebene** betrieben. Die Landesregierungen und -parlamente sind vor allem dann gefordert, wenn es um die Ansiedlung von Industriebetrieben, den Ausbau des Straßennetzes oder andere infrastrukturelle Maßnahmen geht.

Auch die Bundesbehörden verfügen über ein nicht unbeträchtliches Einflusspotenzial. Besondere Bedeutung kommt der **Bundesbank** zu. Sie ist im Zusammenwirken mit der **Europäischen Zentralbank** verantwortlich für die Geldversorgung der Wirtschaft und sorgt für die Abwicklung des Zahlungsverkehrs im Inland und mit dem Ausland. Für die Geldwertstabilität in der EU zeichnet die Europäische Zentralbank verantwortlich, in zweiter Linie unterstützt sie auch die wirtschaftspolitischen Interessen der nationalen Regierungen.

vgl. 6.2 Geldpolitik

Wichtige wirtschaftspolitische Entscheidungsträger sind auch die **Tarifpartner**. Die Vertreter der Arbeitgeber und Arbeitnehmer setzen wirtschaftspolitische Daten hinsichtlich der Einkommensentwicklung und Einkommensverteilung, da sie rechtlich verbindliche Tarifverträge abschließen und damit die Gewinnerwartungen der Unternehmen beeinflussen.

vgl. Kapitel 1, 6.1 Tarifvertrag

Schließlich gibt es noch eine Fülle von Entscheidungsträgern ohne eigene Entscheidungskompetenz, die politische Entscheidungen jedoch indirekt beeinflussen können. Hierzu zählen z. B. zahlreiche **Interessengruppen**.

Auf der Anbieterseite gibt es z. B. die Interessenvertretungen der Verpackungsindustrie oder auf der Nachfrageseite die Verbraucherverbände, wie z. B. den Mieterbund. Nicht zu unterschätzen ist auch der Einfluss der

Umweltschutzgruppen, z. B. Greenpeace. Der **Einfluss der Interessengruppen** auf die Politiker wird skeptisch beurteilt. Auf der einen Seite sind die politischen Gremien bei der Entwicklung von Gesetzesentwürfen auf das Fachwissen der Interessenverbände angewiesen, auf der anderen Seite besteht die Gefahr, dass die Politiker in ihren Entscheidungen zu stark bzw. zu einseitig beeinflusst werden. Hinzu kommt der Einfluss auf die öffentliche Meinung. So konnte z. B. Greenpeace 1995 mit einer geschickten Pressekampagne die Versenkung einer Bohrinsel in der Nordsee verhindern, weil die Autofahrer die Tankstellen des Konzerns boykottierten.

www.greenpeace.de

Erwähnenswerten Einfluss haben auch die **Selbstverwaltungsorgane** der Wirtschaft, vor allem die Kammern. Zum einen üben sie als öffentliche Einrichtungen hoheitliche Gewalt aus. Ein ebenso wesentlicher Teil ihrer Arbeit besteht in der Einflussnahme auf politische Entscheidungsträger und der Beeinflussung der öffentlichen Meinungsbildung. In dieser Funktion üben sie die Tätigkeit von Interessenverbänden aus.

Träger der Wirtschaftspolitik		
supranationaler Bereich	– Europäische Union – Europäische Zentralbank – Internationaler Währungsfonds – Bank für internationalen Zahlungsausgleich	
staatlicher Bereich	Bund	– Bundestag – Bundesrat – Bundesregierung (Bundeskanzleramt, Bundesministerien und wissenschaftliche Beiräte) – Bundesgericht
	Länder	– Ländertag – Landesregierung – Gerichte (insbesondere Arbeits- und Sozialgerichte)
	Kommunen	– Kommunalparlamente – Kommunalbehörde
sonstiger öffentlicher Bereich	– Bundesanstalten (z. B. Bundesversicherungsanstalt für Angestellte) – Sozialversicherungsträger – Bundeskartellamt – Deutsche Bundesbank – Bundesämter (z. B. Bundesamt für Umwelt) – Bundesaufsichtsämter (z. B. für Kreditwesen) – Kammern, Räte und Kommissionen (z. B. Sachverständigenrat zur Begutachtung der gesamtwirtschaftlichen Entwicklung, Monopolkommission)	
privater Bereich	– Arbeitgeberverbände – Gewerkschaften – Verbraucherverbände – Interessengruppen	

Zahl der in den Lobbylisten 1974–1996 registrierten Interessengruppen		
Jahr	Zahl	Entwicklungsindex
1974	635	100,0
1975	712	112,1
1976	769	121,1
1977	831	130,9
1978	889	140,0
1979	942	148,3
1980	996	156,9
1981	1.036	163,1
1982	1.104	173,9
1983	1.161	182,8
1984	1.192	187,7
1985	1.230	193,7
1986	1.287	202,7
1987	1.330	209,4
1988	1.376	216,7
1989	1.442	227,1
1990	1.501	236,4
1991	1.578	248,5
1992	1.481	233,2
1993	1.530	240,9
1994	1.572	247,6
1995	1.538	242,2
1996	1.614	254,2

Quelle: Sebaldt, M., Verbände und Demokratie. Funktionen bundesdeutscher Interessengruppen in Theorie und Praxis, in: Aus Politik und Zeitgeschichte (1997), B. 36–37.

Karikatur von Mohr

Adressaten und Methoden von Verbandseinfluss

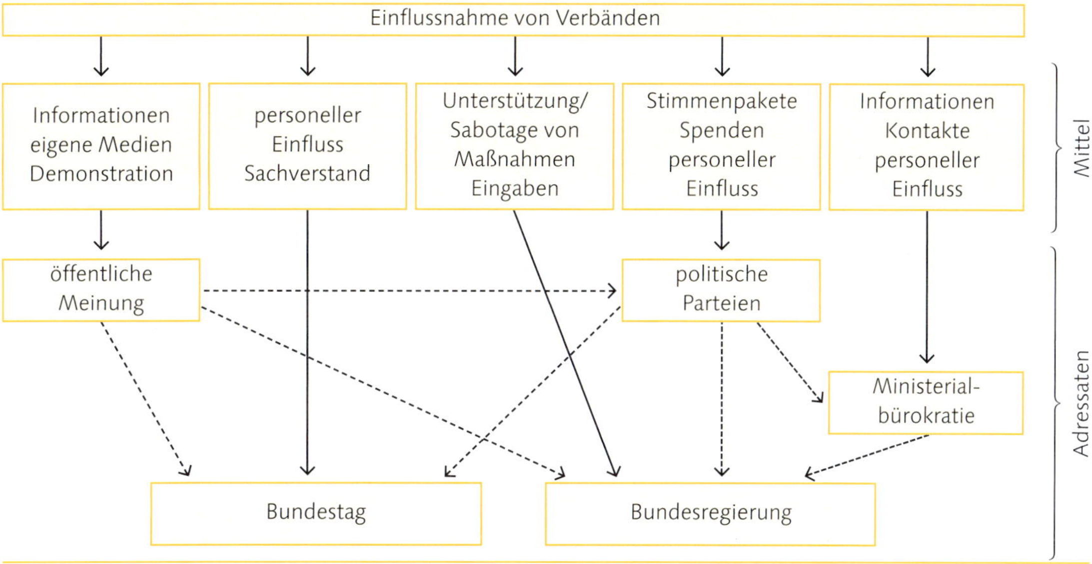

→ direkter Einfluss
⇢ indirekter Einfluss

Hearing zum Ladenschluss

Noch klammert sich eine breite Koalition aus Einzelhandel, Parteipolitikern, Gewerkschaftlern an den Ladenschluss. Der Ausschuss für Arbeit und Sozialordnung des Bundestages hat ein Hearing dazu veranstaltet, um sich ein Bild zu machen, denn die Regierung will ein klein wenig Liberalisierung wagen. Aber die Fronten stehen, wie sich gezeigt hat.
Der Ladenschluss als fester Wert: Um 18:30 Uhr schließen die Geschäfte. Sonntags Brötchen nur an der Tankstelle. So lautet streng die deutsche Regel. (…) 1956 trat das Ladenschlussgesetz in Kraft. (…)
Reihum treten sie auf, gediegen, selbstbewusst: der Deutsche Industrie- und Handelstag wie die Gewerkschaft Nahrung-Genuss-Gaststätten, die Bun-desarbeitsgemeinschaft der Mittel- und Großbetriebe des Einzelhandels und der Verband Evangelischer Arbeitnehmerorganisationen, der Zentralverband des Deutschen Handwerks wie der Deutsche Fleischerverband, der Deutsche Städte- und Gemeindetag und die Deutsche Angestelltengewerkschaft. Verband. Nehmer. Geber. Deutsch. Deutscher. (…) Irgendwann verknäult sich diese Endlosliste vorm inneren Auge. (…) 80.000 Einzelhändler sitzen da sozusagen. 25.000 „fleischerhandwerkliche Unternehmen“, 40.000 Bäckereifilialen, 3,5 Millionen Beschäftigte im Einzelhandel. (…) Da unten, in der Wasserwerksrunde, sitzen die Teilsysteme, die Apothekerinnung, der Verband deutscher Großbäckereien, die Selbstbedienungswarenhäuser und so weiter, die in sich durchaus logisch argumentieren und die sich auch wieder zu einem großen Gesamtsystem fügen. In dieser Form aber erscheinen sie dann wie der leibhaftige Status quo. (…)
Wie reformiert sich eine Gesellschaft selbst? Ganz schön schwer, noch dazu, wenn der Gegenstand dieser Reform zum Symbol für das Ganze geworden ist, über seine wahre Bedeutung hinaus. Jeder bringt seine Interessen ein, offen oder verschleiert. Das ist legitim.

Quelle: Die Zeit vom 24. Mai 1996, Autor: G. Hofmann

Wasserwerksrunde = 1986–1992 tagte der Deutsche Bundestag im Ersatzplenarsaal des stillgelegten Wasserwerks in Bonn.

Übersicht:	
Akteure der Wirtschaftspolitik	– Bundesregierung – Bundesbank – Europäischer Rat – Europäische Zentralbank – Landes- und Kommunalregierungen – Tarifpartner – Interessengruppen
gesellschaftliche Grundwerte	– Freiheit – Gerechtigkeit – Sicherheit – Fortschritt

Aufgaben

1. In der Übersicht „Träger der Wirtschaftspolitik" auf Seite 383 wird eine Vielzahl von Institutionen verschiedenen Bereichen zugeordnet. Informieren Sie sich über die Ziele und Aufgaben von zwei Institutionen je Bereich.
2. Erläutern Sie anhand der Abbildung auf Seite 385 „Adressaten und Methoden von Verbandseinfluss", in welcher Weise die Verbände in der Bundesrepublik Einfluss auf die Wirtschaftspolitik und auf wirtschaftspolitische Entscheidungen nehmen können.
3. Stellen Sie die in dem Quellentext „Hearing zum Ladenschluss" auf Seite 385 genannten Gruppen zusammen, die während des Hearings Stellungnahmen einbringen.
   Erörtern Sie die Interessen, die von den jeweiligen Gruppen verfolgt werden.

4.2 Welche Ziele soll die Wirtschaftspolitik erreichen?

Wirtschaftspolitik wird nicht um ihrer selbst willen betrieben, sondern dient zur Erreichung bestimmter Ziele. Dabei muss bedacht werden, dass die Wirtschaft nur ein Teilbereich der Gesellschaft und somit nicht unabhängig ist. Die Wirtschaftspolitik kann sich deshalb ihre Ziele letztendlich nicht selbst setzen, sondern muss sich an übergeordneten **gesellschaftlichen Grundwerten** orientieren. Diese sind:

gesellschaftliche Grundwerte:
- Freiheit
- Gerechtigkeit
- Sicherheit
- Fortschritt

Freiheit: Freiheit schafft die Voraussetzung für die freie Entfaltung der eigenen Persönlichkeit. Die Wirtschaftspolitik muss sicherstellen, dass die persönliche Freiheit des Einzelnen auch bei seinen wirtschaftlichen Entscheidungen sichergestellt ist und nicht z. B. durch die wirtschaftliche Macht eines Monopolisten eingeschränkt wird.

Gerechtigkeit: Alle Bürger eines Staates haben die gleichen Rechte. Niemand darf auf Grund seiner Herkunft, seines Glaubens, seines Geschlechts usw. bevorzugt oder benachteiligt werden. Auf wirtschaftlichem Gebiet zielt die Forderung nach Gerechtigkeit insbesondere auf die Verteilungsgerechtigkeit, d. h., Einkommen und Vermögen sollten möglichst gerecht verteilt sein.

vgl. 7.3.4 Was ist Gerechtigkeit?

Sicherheit: In der Gesellschaft dürfen Krankheit, Behinderung, Alter oder sonstige Umstände, die die Leistungsfähigkeit verringern, nicht zu sozialer Verelendung führen. Die Gesellschaft muss deshalb die soziale Sicherheit als solidarische Aufgabe aller Bürger begreifen.

Fortschritt: Fortschritt ist kein Wert an sich, sondern als immer neue Annäherung an vorgegebene gesellschaftspolitische Ziele zu interpretieren. Wirtschaftliches Wachstum kann nur dann Fortschritt bringen, wenn das Wachstum nicht nur ökonomischen, sondern auch sozialen, umweltpolitischen und humanen Aspekten gerecht wird, also das Gemeinwohl vermehrt und die Lebensqualität verbessert.

Gesellschaftliche Grundwerte und wirtschaftspolitische Ziele

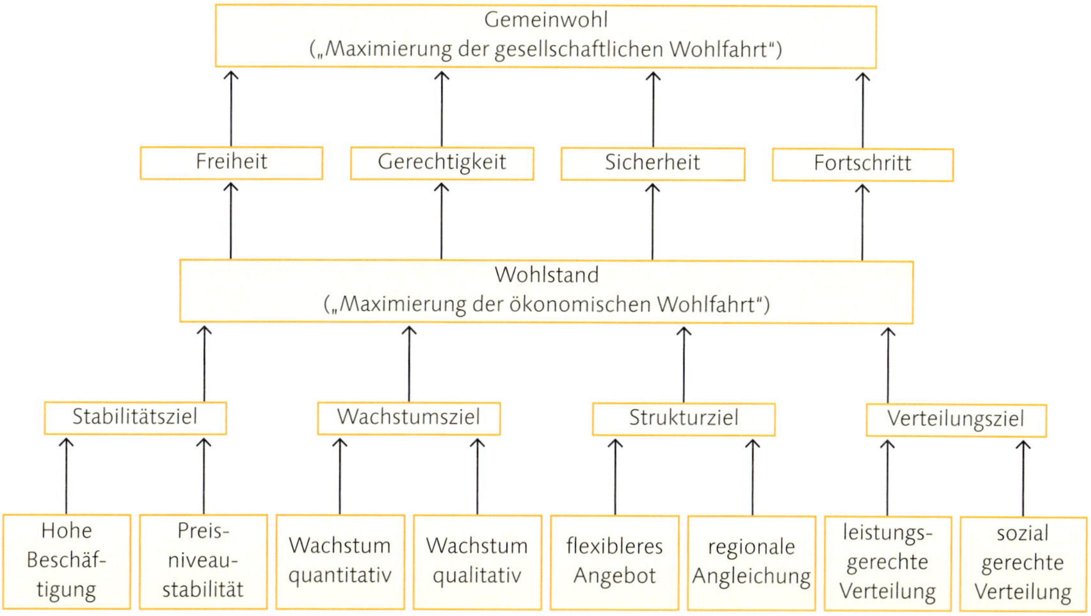

Unter Berücksichtigung der gesellschaftlichen Grundwerte stellt sich die Frage, welche wirtschaftspolitischen Ziele erstrebenswert sind und verfolgt werden sollen. Wichtige wirtschaftspolitische Ziele sind im **Stabilitäts- und Wachstumsgesetz (StWG)** von 1967 vorgegeben und dienen einer konstanten und ausgewogenen wirtschaftlichen Entwicklung:

wirtschaftspolitische Ziele gem. StWG

4.2.1 Wirtschaftliches Wachstum

Von wirtschaftlichem Wachstum wird gesprochen, wenn in einer Volkswirtschaft mehr Waren und Dienstleistungen als in einem vergleichbaren Zeitraum produziert wurden. Gemessen wird wirtschaftliches Wachstum in prozentualen Veränderungen des **Bruttoinlandsprodukts (BIP)** gegenüber dem Vergleichszeitraum. Wirtschaftswachstum wird aus verschiedenen Gründen als wirtschaftspolitisches Ziel angesehen: Es ermöglicht den Gewerkschaften höhere Lohnabschlüsse, den Unternehmen höhere Rendite und den öffentlichen Haushalten höhere Einnahmen.

Bruttoinlandsprodukt, vgl. Kapitel 2, 5.2.1 Berechnung des Bruttoinlandsprodukts

4.2.2 Vollbeschäftigung

Das Ziel Vollbeschäftigung bezieht sich auf die Auslastung des Produktionsfaktors Arbeit. Vollbeschäftigung ist ein wichtiges wirtschaftliches und gesellschaftliches Ziel. Jeder Arbeitslose bedeutet unter wirtschaftlichen Gesichtspunkten einen Verzicht auf die Nutzung volkswirtschaftlicher Ressourcen, der darüber hinaus auch die öffentlichen Haushalte belastet. **Arbeitslosigkeit** stellt zugleich für die Betroffenen und deren Familienangehörigen ein schweres persönliches Schicksal dar, welches mit finanziellen Einbußen und persönlichen Problemen wie dem Verlust des Selbstwertgefühls einhergeht.

Produktionsfaktor Arbeit, vgl. Kapitel 1, 3.2.1 Arbeit

vgl. 7.4 Arbeitslosigkeit – Gefahr für den Sozialstaat

Die Aussicht für einen Arbeitslosen auf Beschäftigung wird außerdem mit der Zeit immer schlechter, weil er sein berufliches Wissen vergisst oder seine Qualifikationen vom technischen Fortschritt entwertet werden. Hinzu kommt, dass ab einer gewissen Größenordnung Arbeitslosigkeit den sozialen Frieden gefährdet und im Extremfall die politische Situation destabilisieren kann, wie die Geschichte uns immer wieder zeigt.

Ein wichtiger Indikator zur Messung der Arbeitslosigkeit ist die **Arbeitslosenquote**, der Anteil der registrierten Arbeitslosen an den Beschäftigten. Die Aussagefähigkeit ist aber begrenzt, weil nur die offene Arbeitslosigkeit erfasst wird. Die „stille Reserve" bleibt unberücksichtigt, also Arbeitslose, die dem Arbeitsmarkt durch Arbeitsbeschaffungsmaßnahmen, Vorruhestandsregelungen oder Umschulung entzogen wurden. Auch die Kurzarbeit ist eine Form der verdeckten Arbeitslosigkeit.

Arbeitslosenquote = Anteil der Arbeitslosen an den Beschäftigten

Das Ziel Vollbeschäftigung bedeutet nicht, dass es keine Arbeitslosigkeit gibt. In marktwirtschaftlichen Wirtschaftsordnungen ist die friktionale und saisonale Arbeitslosigkeit unvermeidbar. Hinzu kommt die strukturelle Arbeitslosigkeit, weil sich die wirtschaftliche Struktur auf Grund von technologischen Entwicklungen und Nachfrageverschiebungen verändert.

Mehr Beschäftigung: nicht nur ein deutsches, sondern ein europäisches Ziel

Hauptziel der Bundesregierung ist und bleibt der Abbau der viel zu hohen Arbeitslosigkeit. Deutschland teilt das Problem fehlender Arbeitsplätze mit vielen anderen europäischen Ländern. In der EU sind über 15 Mio. Menschen arbeitslos. Die durchschnittliche Arbeitslosenquote in der EU liegt bei 9,0 %. Hinzu kommen etwa 15 Mio. Menschen, die einen Arbeitsplatz suchen, ohne arbeitslos gemeldet zu sein (sog. stille Reserve). Damit fehlen in der EU über 30 Mio. Arbeitsplätze. War die Arbeitslosigkeit in Deutschland vor der Vereinigung im internationalen Vergleich eher niedriger, so ist die Arbeitslosigkeit seither fast auf den Durchschnitt der europäischen OECD-Länder angestiegen.
Seit Mitte der 70er-Jahre ist die Arbeitslosigkeit in Deutschland während jeder Rezession schubartig angestiegen. Auf diese Weise ist die registrierte Arbeitslosigkeit bis Ende 1998 auf einem Bestand von fast 4,3 Mio. Arbeitslosen gestiegen. Sie konnte im letzten Jahr reduziert werden und liegt derzeit um 4 Mio.

Quelle: Bundesministerium der Finanzen (Hrsg.): Jahreswirtschaftsbericht 2000 der Bundesregierung

Im Jahre 1967, bei der Verabschiedung des StWG, wurde das Ziel Vollbeschäftigung mit einer Arbeitslosenquote von 0,7 % definiert. Dieser Prozentsatz wurde in den folgenden Jahren immer weiter nach oben korrigiert. Seit den 80er-Jahren wird auf eine Zielangabe verzichtet. Die Arbeitslosigkeit hat sich in den letzten Jahrzehnten zu einem ernsthaften Problem in fast allen westlichen Industriestaaten entwickelt. In der Bundesrepublik wird deshalb die Wirtschaftspolitik durch Arbeitsförderungsmaßnahmen ergänzt.

Da Vollbeschäftigung im Allgemeinen über eine wachstumsorientierte Wirtschaftspolitik angestrebt wird, kann es zu Konflikten mit anderen Zielen kommen, wie z. B. dem Umweltschutz oder der Preisniveaustabilität auf Grund von Nachfrageüberhängen auf den Märkten.

vgl. 4.3 Zielbeziehungen und -konflikte

4.2.3 Preisniveaustabilität

4.2.3.1 Binnenwert des Geldes

Am 1. Juli 2002 verlor die D-Mark ihre Gültigkeit. Diese Währung zählte jahrelang zu den stärksten und begehrtesten Währungen der Welt. Die Preissteigerungen waren in der Bundesrepublik Deutschland wesentlich geringer als in anderen Ländern.

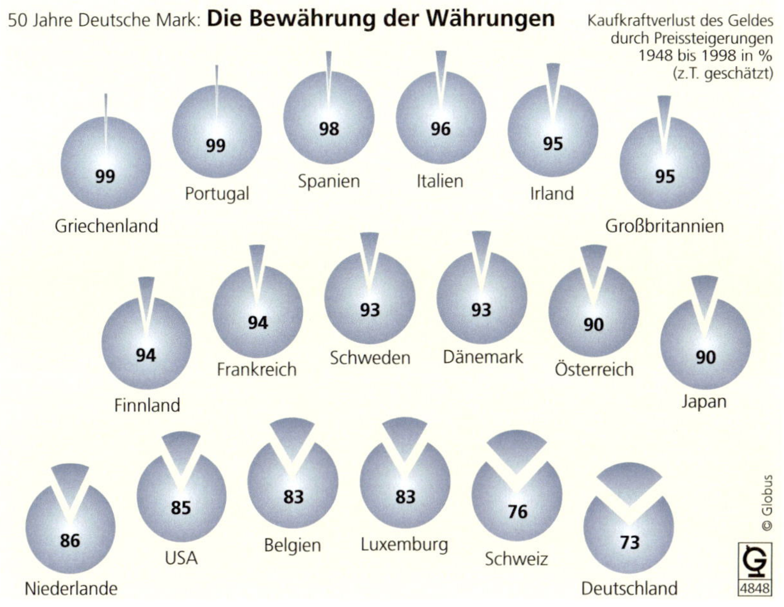

Der so genannte **Nennwert** einer Währung ist der auf den Münzen geprägte bzw. auf den Banknoten gedruckte Betrag. Der Nennwert bleibt im Laufe der Zeit konstant. Durch zunehmende Geldentwertung kann man mit dem gleichen Nennwert daher immer weniger Güter erwerben.

Die **Kaufkraft** des Geldes dagegen zeigt an, welchen Tauschwert das Geld besitzt. Sie gibt an, welche Gütermenge man tatsächlich mit einer Geldmenge erwerben kann. Die Kaufkraft ist abhängig von der allgemeinen Preisentwicklung. Preissteigerungen führen zu einer Verringerung des realen, tatsächlichen Wert des Geldes.

Der **Binnenwert** des Geldes zeigt an, welche Kaufkraft eine Währung in dem Gebiet, in dem sie offiziell anerkannt ist, besitzt. Der **Außenwert** einer Währung gibt an, welche Kaufkraft inländisches Geld unter Berücksichtigung des Wechselkurses in anderen Währungsgebieten besitzt.

Binnenwert und Außenwert

Preisniveau- oder auch **Geldwertstabilität** ist ein Ziel, welches im Stabilitätsgesetz verankert ist und auch eine der Voraussetzungen zur Aufnahme in die Europäische Währungsunion darstellt. Man spricht von Preisniveaustabilität, wenn die Kaufkraft des Geldes erhalten bleibt.

vgl. Kapitel 2, 8.5 Außenwelt des Geldes

4.2.3.2 Wie wird das Preisniveau bestimmt?

Das Preisniveau kennzeichnet den Durchschnitt der Preise aller für die Haushalte wichtigen Güter. Wenn man die Veränderungen des Preisniveaus messen will, müsste man laufend die Preise aller Güter ermitteln. Da dieses Verfahren nicht praktikabel ist, wird das Preisniveau durch Indexzahlen angegeben, die dabei entweder auf ein Basisjahr oder auf das jeweilige Vorjahr bezogen sind (so genannte Preisindizes).

Preisniveau

Preisindex

Preisniveauveränderungen werden vom Statistischen Bundesamt in Wiesbaden anhand eines **Warenkorbs** für alle privaten Haushalte ermittelt. Eine Unterscheidung in einzelne Haushaltstypen wurde 2003 eingestellt, da eine solche Abgrenzung immer mehr an Repräsentativität verloren hat.

Warenkorb = statistisch ermitteltes Einkaufssortiment bestimmter Haushaltsgruppen

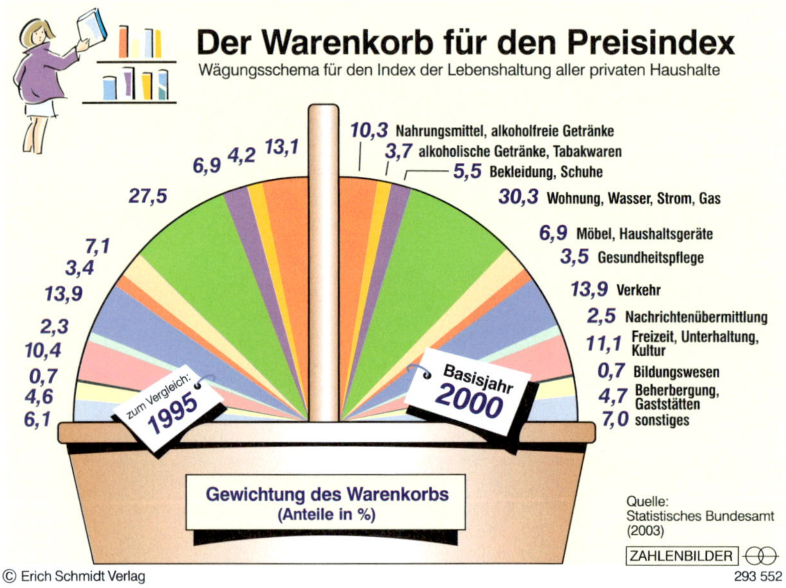

Der Warenkorb enthält die Güter, die den Verbrauchsgewohnheiten der privaten Haushalte entsprechen. Die Zusammensetzung des Warenkorbs wird regelmäßig angepasst. 2003 wurde vom Statistischen Bundesamt ein neuer Warenkorb mit etwa 750 Waren und Dienstleistungen gebildet.

Die Erfassung der Preisniveauänderungen mittels Warenkörben ist nicht unumstritten. So werden qualitative Verbesserungen von Gütern nicht oder erst bei der Aktualisierung des Warenkorbs erfasst. Ferner wird auch erst bei einer Aktualisierung die Gewichtung im Korb neu festgelegt. Im neuen Warenkorb beispielsweise wurde der Besuch im Fitness-Studio neu aufgenommen und die Bedeutung von CD-Rohlingen oder Farbdruck-Patronen höher bewertet als noch vor fünf Jahren. Da die private Nutzung des Internets deutlich zugenommen hat, stieg auch das Gewicht der Position „Nachrichtenübermittlung". Produkte wie der Diaprojektor oder die elektrische Schreibmaschine hingegen werden kaum noch nachgefragt – folglich werden sie im neuen Warenkorb weniger stark gewichtet.

Um die Preisindizes zu ermitteln, müsste man neben Preisänderungen auch Mengenänderungen berücksichtigen. Üblicherweise werden die Preisindizes jedoch so ermittelt, dass man gleich bleibende Verbrauchsmengen unterstellt und diese mit den aktuellen Preisen und mit den Preisen des jeweiligen Basisjahres multipliziert, d. h. gewichtet. Die Summe der Preise im aktuellen Jahr, dem Berichtsjahr, wird zu den Preisen im Basisjahr ins Verhältnis gesetzt.

2003 wird ein neuer Preisindex, bezogen auf das Basisjahr 2000, veröffentlicht.

Nominal- und Realeinkommen

Preisniveauveränderungen führen dazu, dass die Einkommen der Bevölkerung an Kaufkraft verlieren. Unter Nominaleinkommen versteht man dabei das überwiesene Einkommen ohne Berücksichtigung von Kaufkraftänderungen. Das Realeinkommen dagegen berücksichtigt die Preisniveauveränderungen. Steigende Preise führen zu einem sinkenden Realeinkommen und müssen durch entsprechende Zuwächse beim Nominaleinkommen ausgeglichen werden.

Preisindizes in der EU

Heute geben Eurostaat, das Statistische Amt der Europäischen Union sowie die Statistischen Ämter der Mitgliedstaaten für den jeweiligen Berichtsmonat **harmonisierte Verbraucherpreisindizes (HVPI)** für die 15 Mitgliedstaaten der EU sowie für Norwegen und Island bekannt. Die HVPI wurden entwickelt, um vergleichbare Inflationsraten zu berechnen und das Maastricht-Kriterium „Preisniveaustabilität" für die einzelnen EU-Staaten überprüfen zu können.

In der Europäischen Union wurden für die Berechnung der HVPI einheitliche Mindestnormen festgelegt. Diese sorgen zum Beispiel dafür, dass neue Produkte zeitnah erfasst werden, sobald sie eine gewisse Verbrauchsbedeutung aufweisen. Ferner wurde vereinbart, bei Qualitätsänderungen von Produkten einheitlich zu verfahren.

Verbraucherpreise im Juli 2003: + 0,9% zum Vorjahr

Nach endgültigen Berechnungen des Statistischen Bundesamtes ist der Verbraucherpreisindex für Deutschland im Juli 2003 gegenüber Juli 2002 um 0,9% gestiegen. Im Vergleich zum Juni 2003 erhöhte sich der Index um 0,2%. (...)
Kraftstoffe haben sich im Vorjahresvergleich um 2,8% verteuert, leichtes Heizöl verbilligte sich dagegen um 1,0%. Im Vormonatsvergleich wäre der Gesamtindex ohne Heizöl und Kraftstoffe ebenfalls um 0,2% gestiegen.
Die Preise für Nahrungsmittel haben sich gegenüber Juli 2002 leicht erhöht (+ 0,4%). Preistreibend wirkten dabei in erster Linie Bienenhonig (+ 25,7%) und Vollmilchschokolade (+ 7,2%) sowie verschiedene Obstsorten (Grapefruit + 10,2%, Kiwi + 9,1%). Günstiger als im Vorjahresmonat waren dagegen Fleisch und Fleischwaren (– 1,2%) sowie Gemüse (– 0,2%). Der Rückgang der Nahrungsmittelpreise von

Juni auf Juli 2003 (– 0,7%) ist vorrangig auf die saisonbedingte Verbilligung bei Gemüse –7,1%) zurück zu führen. Verteuert haben sich gegenüber Juli 2002 unter anderem verschiedene Dienstleistungen des sozialen Bereiches, wie Kinderkrippen (+5,8%), Pflege in Altenwohnheimen (+5,7%) und mobile Pflegedienste für gesetzlich Krankenversicherte (+11,7%). Die Preisrückgänge bei technischen Geräten halten an. Deutlich preiswerter waren nicht nur PCs (– 28,0%), sondern auch Zubehör wie Tintenstrahl-Farbdrucker (– 25,4%), Monitore (– 21,0%) und Scanner (– 17,2%). Daneben waren tragbare CD-Spieler (– 5,0%), S-VHS-Videorecorder (– 5,0%) und Farbfernseher (– 4,3%) billiger als im Vorjahr.
Der für europäische Zwecke berechnete harmonisierte Verbraucherpreisindex für Deutschland hat sich im Juli 2003 gegenüber Juli 2002 um 0,8% erhöht. Im Vergleich zum Vormonat stieg der Index um 0,3%.

Quelle: www.statistisches.bundesamt.de

4.2.3.3 Inflation

Im Sommer 1923 druckten 50 Großdruckereien in Tag- und Nachtschichten Geld. Der Nennwert der Banknoten stieg ständig. Millionen-Mark-Geldscheine wurden schon bald durch Banknoten in Milliarden- und Billionenhöhe abgelöst. Oft wurden Geldscheine (z.B. 1.000 Mark) einfach mit einem höheren Wert (z.B. 1 Milliarde Mark) überdruckt. Im November 1923 erreichte der Bargeldumlauf die fantastische Höhe von

400.338.326.350.700.000.000 Mark,

eine Trillionenzahl. Doch die Druckmaschinen spuckten nur Papier, kein Brot aus. Reichten Lohn oder Rente in der einen Woche gerade noch aus, um die Miete zu bezahlen, so bekam man in der nächsten Woche noch ein paar Brötchen dafür. Die Zeitungen veröffentlichten täglich die aktuellen Preise, die oft am Abend schon überholt waren. Der Berliner Lokalanzeiger vom 4. November 1923 meldete beispielsweise, dass die Post die Gebühren für ein Ortsgespräch am nächsten Tag von 1,5 auf 7,5 Milliarden Mark erhöhen werde. Für einen Liter Milch mussten am gleichen Tag 20 Milliarden Mark gezahlt werden. (…)
Wenn die Lohngelder ausgezahlt wurden, traten Arbeiter und Angestellte mit Waschkörben an. Viele Betriebe schlossen nach der Lohnzahlung für einige Stunden, um den Mitarbeitern Gelegenheit zu geben, das Geld auszugeben. Wer begehrte Ware hatte, nahm ohnehin kein Geld mehr an. Kinos nahmen Briketts, Theater Eier und Butter als Eintrittsgeld.

Quelle: Die Zeit vom 5. Oktober 1979, Autor: Michael Jungblut

Inflation ist eine Situation, in der die Preise ständig ansteigen und dadurch die Kaufkraft des Geldes sinkt.

Es lassen sich verschiedene Arten der Inflation nach ihrer Erkennbarkeit sowie nach ihrem Umfang und ihrer Geschwindigkeit unterscheiden:

Arten der Inflation

Eine **offene Inflation** liegt vor, wenn die Preissteigerungen wahrgenommen werden können und der Kaufkraftverlust des Geldes erkennbar ist. Man spricht von **verdeckter (zurückgestauter) Inflation**, wenn die Preise durch staatliche Einflüsse künstlich konstant gehalten werden. Solche Möglichkeiten sind z.B. die Festsetzung von Höchstpreisen oder eine Rationierung. Die sich eigentlich ergebende Inflation wird zurückgehalten und ist nicht erkennbar.

Nach der Geschwindigkeit der Preisänderungen innerhalb einer Periode unterscheidet man zwischen der schleichenden, trabenden und galoppierenden Inflation. Die **schleichende Inflation** ist durch einen geringen Anstieg des Preisniveaus gekennzeichnet. Man zählt hierzu einen jährlichen Preisanstieg von unter 5 %. **Trabende Inflation** liegt vor, wenn der Preisniveauanstieg im Jahr zwischen 5 % und 50 % liegt. Von **galoppierender Inflation (Hyperinflation)** spricht man, wenn das jährliche Wachstum der Preise über 50 % liegt. Selbst heutzutage gibt es noch Länder, z. B. in Südamerika, mit Inflationsraten über 1000 %. Da das Geld kaum noch einen Wert hat, wird es zur Bezahlung nicht mehr angenommen, sondern es wird auf Schwarzmärkten wieder mit Warengeld bezahlt. Ein Beispiel hierfür ist die Zigarrettenwährung nach dem Zweiten Weltkrieg. Die **Stagflation** kennzeichnet eine Situation in einer Volkswirtschaft, in der sowohl Inflation vorliegt als auch Stagnation, d. h. ein ausbleibendes Wachstum und Arbeitslosigkeit. Dieses Phänomen tritt eher selten auf.

1923: Aufwertung eines 20-Millionen-Mark-Scheins auf 2 Milliarden

Ursachen der Inflation

Inflatorische Entwicklungen können eine Vielzahl unterschiedlicher **Ursachen** haben. Es existieren verschiedene Theorien, die jeweils bestimmte Gründe für den Preisanstieg betonen. Dabei wird vor allem zwischen Ursachen des Angebots und der Nachfrage unterschieden.

Nachfrageinflation

Formen der Nachfrageinflation: Steigt in einer Volkswirtschaft die gesamtwirtschaftliche Nachfrage (private Haushalte, Staat, Ausland), so entsteht bei gleich bleibendem Angebot ein Nachfrageüberhang, ein Nachfragesog. Dieses bietet den Unternehmern die Möglichkeit, die Preise zu erhöhen, sofern das Angebot nicht auch erhöht wird.

Eine **Konsuminflation** bedeutet, dass die Gesamtnachfrage gegenüber dem Gesamtangebot erhöht wird. Dieses kann durch das Auflösen von Ersparnissen, den Abbau von Vermögen oder durch zusätzliche Kreditaufnahmen geschehen. Bei der **Investitionsinflation** erhöhen die Unternehmen ihre Nachfrage nach Investitionsgütern durch die zusätzliche Aufnahme von Krediten. Von **Fiskal- bzw. Staatsinflation** spricht man, wenn die Gesamtnachfrage vor allem vom Staat beeinflusst wird.

Importierte Inflation entsteht durch die Außenhandelsbeziehungen. Steigt die Nachfrage aus dem Ausland, so entsteht ein Exportüberschuss. Durch die Zahlungen aus dem Ausland steigt die inländische Geldmenge. Dieses Phänomen tritt vor allem dann auf, wenn die ausländische Inflationsrate höher liegt als die inländische.

Karikatur von Rauschenbach

Angebotsinflation

Formen der Angebotsinflation: Steigen die Kosten für die Unternehmen, so werden sie versuchen, die Preise entsprechend anzugleichen, um ihre bisherige Gewinnspanne beizubehalten. Die Möglichkeiten sind allerdings von der Situation auf dem Markt abhängig, je nachdem, wie viele Anbieter vorhanden sind, z. B. im Angebotsmonopol oder -oligopol.

Angebotsmonopol, -oligopol, vgl. Kapitel 2, 2.3.3 Marktformen

Insbesondere die Kosten für Rohstoffe und Löhne sowie die Zinskosten bei Kreditaufnahmen spielen eine Rolle, sodass man auch von **Rohstoffkosteninflation**, **Lohnkosteninflation** oder **Zinskosteninflation** spricht, wenn die Kosten hierfür stark ansteigen.

Steigen die Löhne und Gehälter sowie die Lohnnebenkosten stärker als der Produktivitätszuwachs, so führt dieses dazu, dass die Unternehmen ihre gestiegenen Kosten auf die Preise abwälzen. Die gestiegenen Preise wiederum führen zu neuen Lohn- und Gehaltsforderungen seitens der Gewerkschaften in den Tarifverhandlungen. In diesem Zusammenhang spricht man auch von der **„Lohn-Preis-Spirale“**.

Lohn-Preis-Spirale

Auf Märkten, in denen die Anbieter über eine gewisse Marktmacht verfügen, werden diese ihre Preise anheben, um dadurch gleichzeitig ihre Gewinne zu erhöhen. Dieses Verhalten führt dann zu einer **Gewinndruckinflation**.

monetäre Inflationstheorie

Monetäre Inflationstheorie: Die monetäre Inflationstheorie erklärt den Kaufkraftverlust durch eine übermäßige Geldmengenausweitung. Wenn z. B. die Produktionsmenge um 2 % steigt, die Geldmenge aber um 5 %, so führt dies zu einer Inflationsrate von 3 %.

Die **Verkehrsgleichung des Geldes** ist ein theoretischer Ansatz, um die Beziehungen zwischen der Geldmenge und der Gütermenge zu beschreiben. Sie wurde von Irving Fisher, einem amerikanischen Volkswirt, entwickelt.

Verkehrsgleichung des Geldes

Beispiel:

Angebotsseite = Nachfrageseite
(Güterstrom) = (Geldstrom)

Handelsvolumen (H) · Preisniveau (P) = Geldmenge (M) · Umlaufgeschwindigkeit (U)

Das **Handesvolumen** beinhaltet alle in einer Periode umgesetzten Güter und Dienstleistungen in einer Volkswirtschaft.
Das **Preisniveau** stellte den Durchschnitt aller Preise für die Waren und Dienstleistungen, die in dem Handelsvolumen erfasst werden, dar. Die Geldmenge umfasst das Bar- und Buchgeld, welches zur Bezahlung der Güter und Dienstleistungen aufgewendet wird.
Die **Umlaufgeschwindigkeit** gibt die Häufigkeit an, wie oft das Geld in einer Periode seinen Besitzer gewechselt hat.

Zusammenhang zwischen Güter- und Geldmenge

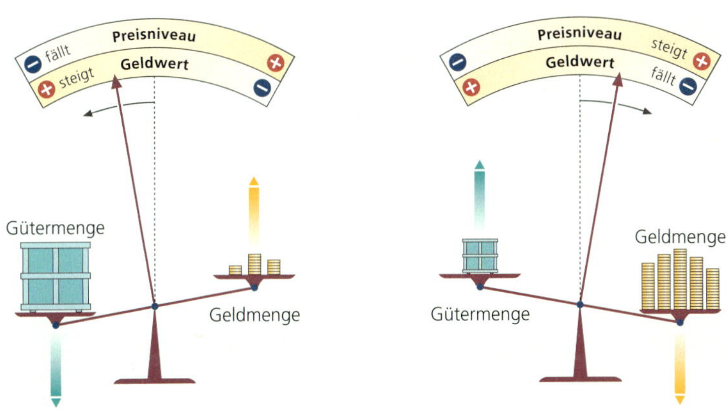

Die Verletzung der Preisniveaustabilität gefährdet die betroffene Volkswirtschaft aus folgenden Gründen:

Folgen der Inflation

- Durch die Inflation verliert das Geld seine Wertaufbewahrungsfunktion. Die Eigentümer von Geldvermögen flüchten aus Angst um den Vermögensverfall in Sachwerte, wie z. B. Grundstücke, Häuser oder Edelmetalle, anstatt ihr Geld in Wertpapieren, z. B. Aktien, anzulegen. Dadurch werden knappe Produktionsfaktoren in die falsche Richtung gelenkt.

Flucht in Sachwerte

- Hohe Inflationsraten bedeuten auch Verluste für die Gläubiger, weil ihr Geld zum Tilgungszeitpunkt eine geringere Kaufkraft aufweist. Die Schuldner hingegen profitieren von der Inflation, weil sie ihre Raten einfacher aufbringen können.

Schuldner profitieren, Gläubiger verlieren.

- Die Bezieher von Renten, Pensionen oder Sozialhilfe zählen ebenfalls zu den Verlierern der Inflation. Ihre Bezüge werden zwar jährlich an die Kaufkraftentwicklung angepasst, sie erleiden aber Verluste durch die Zeitverzögerung.

Bezieher von Renten und Transferleistungen verlieren.

– Der Staat gewinnt kurzfristig durch eine hohe Inflation, weil die Einkünfte der Steuerzahler in der Progressionszone steigen und somit mit einem höheren Steuersatz belegt werden. Andererseits steigen aber die öffentlichen Ausgaben. Außerdem muss bedacht werden, dass mittelfristig die wirtschaftliche Situation leidet, was die öffentlichen Einnahmen schmälert.

„kalte Progression"

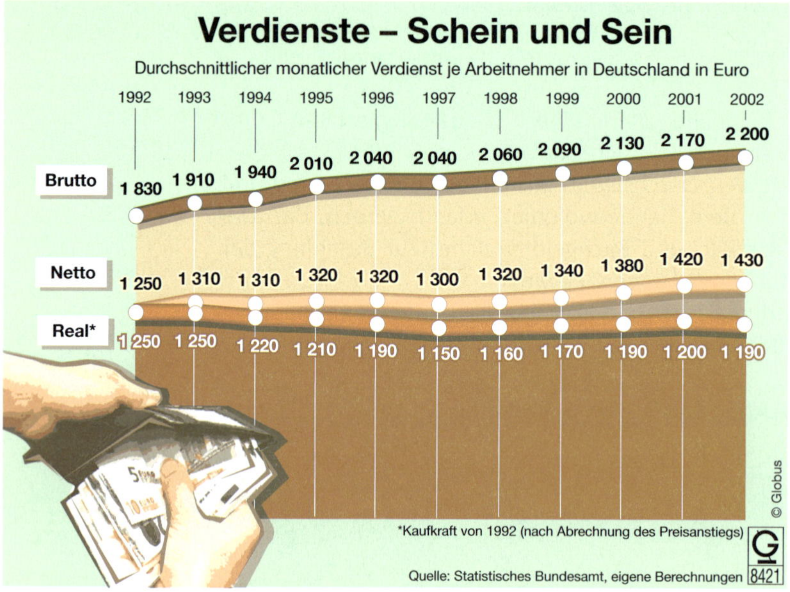

Der Tag, als der Regen kam

Nie werde ich den Tag vergessen, als der Regen kam. Er begann ungewöhnlich klar und ruhig und ich legte meinen Kopf zurück, um den Zauber dieses Tages in mich aufzunehmen. Als ich nach oben blickte, war ich entsetzt: Mit Ausnahme eines schmalen Spaltes am Horizont war der ganze Himmel mit einer unheilvollen grünen Wolke bedeckt. Und schon begann es zu regnen, aber es war kein feuchter Regen, es war Geld! Frische, neue, grüne Geldscheine, und lauter große Noten. Ich scharrte so viele Scheine zusammen, als ich fassen konnte. Kisten und Kästen füllte ich mit herrlichen Papieren.
Selbstverständlich verzichtete ich an diesem Tag darauf, zur Arbeit zu gehen. Ich hatte ja Geld genug. Ich wollte dem Chef das sagen, aber er hatte den Betrieb längst geschlossen, denn auch er hatte ja Geld genug auf der Straße gefunden. Am nächsten Tag wollte ich an die Riviera fahren, aber leider war die Tankstelle geschlossen; dort hatte man ebenfalls Geld genug und brauchte kein Benzin mehr zu verkaufen. Nun wollte ich den Zug benutzen, aber auch die Züge fuhren nicht. Die Eisenbahner hatten es ja auch nicht mehr nötig zu arbeiten, denn sie brauchten ja kein Geld mehr. Da wollte ich mir etwas Schönes zu essen kaufen, aber die Geschäfte waren zu und die Gasthäuser geschlossen. Auch die Bauern auf dem Lande dachten gar nicht daran, Feldfrüchte oder Kartoffeln oder Milch und Fleisch zu verkaufen, sie hatten ja genügend Geld. Schon wankten Abertausende müde und verhungernd über die Felder, um wenigstens ein paar

Futterrüben auszugraben, die im vergangenen Herbst vergessen worden waren. Ich ging nach Hause – der Kohlenmann hatte auch keine Kohlen gebracht und es war bitter kalt.
Ich nahm ein dickes Bündel Banknoten heraus, um wenigstens damit einzuheizen. Und dann kamen mir ganz eigentümliche Gedanken: Die riesigen Mengen Geld waren wertlos, waren nicht einmal das Papier wert, auf dem sie gedruckt waren. Auf das Geld kommt es also offenbar sicher nicht an.

(Aus einer amerikanischen Werkszeitschrift)
Quelle: Wiltscheff, W., Wirtschaft durch die Blume, Wien 1966, S. 49

4.2.3.4 Deflation

Die Deflation ist durch **fallende Preise** gekennzeichnet, weil dem Güterangebot eine zu kleine Geldmenge gegenübersteht. Die Ursachen können in einer abnehmenden Nachfrage, einer Ausdehnung des Güterangebots oder in einer Einschränkung der Geldmenge auf Grund einer restriktiven Zentralbankpolitik liegen.

Geldmenge, vgl. 6.3.3 Geldmenge und Geldschöpfungsprozess

Wie bei der Inflation werden auch bei der Deflation verschiedene Arten unterschieden. **Offene Deflation** liegt vor, wenn die Preissenkungen sichtbar sind. Man spricht von **verdeckter Deflation**, wenn zwar die Preise gleich bleiben, sich aber die Qualität der Produkte verbessert. Eine Einteilung der Deflationen nach ihrer Geschwindigkeit wäre ebenfalls denkbar.

Formen der Deflation

Auch eine Deflation kann verschiedene Ursachen haben. Bei einer **nachfragebedingten Deflation** lässt die Gesamtnachfrage durch die privaten Haushalte, den Staat und das Ausland nach. Dies kann ausgelöst werden durch eine stark nachlassende Investitionstätigkeit des Staates oder eine negative Erwartung der privaten Haushalte bezüglich ihrer zukünftigen finanziellen Situation.

Ursachen der Deflation

Angebotsbedingte Deflation kann dadurch zu Stande kommen, dass das Angebot auf den Gütermärkten gestiegen ist. Gründe hierfür können nicht ausgelastete Kapazitäten oder Marktsättigungen sein.
Geldmengebedingte Deflation liegt vor, wenn die vorhandene Geldmenge niedriger als das Handelsvolumen ist. Nach der Verkehrsgleichung kann dieses foldende Ursachen haben: eine Verringerung der Umlaufgeschwindigkeit des Geldes oder auch eine Verringerung der Geldmenge durch die EZB oder die Deutsche Bundesbank.

Fallende Preise, ein auf den ersten Blick geradezu konsumentenfreundlicher Zustand, wirken aber genauso verheerend wie eine Inflation, wie die Erfahrungen der Weltwirtschaftskrise in den 30er-Jahren gezeigt haben. Die Konsumenten verzichteten damals auf Grund pessimistischer Zukunftserwartungen auf Konsumausgaben, die Unternehmen auf Investitionen. Das Geld wurde gehortet und so dem Wirtschaftskreislauf entzogen. Die Folge war ein Überangebot auf den Gütermärkten und daraus resultierend fallende Preise. Die Unternehmen konnten ihre Produkte nicht oder nur unter den Herstellungskosten absetzen. Der **Preisverfall** führte damals zur Produktionsdrosselung und schließlich zur **Vernichtung zahlreicher Unternehmen** und zur **Massenarbeitslosigkeit**. Eine Deflation wirkt sich negativ für langfristige Schuldner und den Staat aus. Gewinner sind Bezieher fester Einkommen, Gläubiger und Geldanleger.

Folgen der Deflation

4.2.4 Außenwirtschaftliches Gleichgewicht

Kein Industriestaat ist autark, d. h. kann ohne wirtschaftliche Beziehungen zu anderen Volkswirtschaften existieren. Dies zeigt sich insbesondere an der wichtigen Bedeutung des **Außenhandels** für eine Volkswirtschaft. Die Bundesrepublik z. B. importiert zahlreiche Rohstoffe, wie Rohöl und Erze, veredelt diese und exportiert sie wieder ins Ausland. Da die Importe meist mit **Devisen** bezahlt werden, müssen ihnen Exporte in mindestens gleiche Höhe gegenüberstehen. Andernfalls droht der Bundesrepublik die Zahlungsunfähigkeit. Alle wirtschaftlichen Transaktionen mit dem Ausland werden in der Zahlungsbilanz erfasst, die von der Deutschen Bundesbank erstellt und veröffentlicht wird.

vgl. Kapitel 2, 8 Außenwirtschaft

Devisen = ausländische Zahlungsmittel

vgl. Kapitel 2, 8.4 Zahlungsbilanz

Da die Bundesrepublik außerdem noch Zahlungen an internationale Organisationen zu leisten hat und die deutschen Touristen Devisen für ihre Auslandsaufenthalte benötigen, ist ein Exportüberschuss sehr wichtig. Die Exportbilanz war mit Ausnahme von 1950, 1979 und 1980 stets positiv.

Der benötigte Exportüberschuss sollte heutzutage ca. 2,5–3 % vom Bruttonationaleinkommen (BNE) betragen. Das Verhältnis vom Exportüberschuss zum Bruttonationaleinkommen (BNE) wird auch **Außenbeitrag** genannt. Ein höherer Außenbeitrag ist nicht empfehlenswert. Es muss insbesondere bedacht werden, dass der Exportüberschuss einer Volkswirtschaft für die Volkswirtschaft eines anderen Landes einen Importüberschuss bedeutet und dort Probleme verursacht.

Bruttonationaleinkommen, vgl. Kapitel 2, 5.2 Volkswirtschaftliche Gesamtrechnung nach dem Europäischen System Volkswirtschaftlicher Gesamtrechnung

Die Verfolgung des Ziels „außenwirtschaftliches Gleichgewicht" kann zu Konflikten mit anderen Zielen führen. Wenn z. B. die Regierung auf Grund von Importüberschüssen Exportgüter subventioniert, können infolge der zusätzlichen ausländischen Nachfrage und des damit verbundenen Devisenzustroms inflationäre Tendenzen auftreten.

vgl. 4.3 Zielbeziehungen und -konflikte

Neben diesen vier Zielen spielen noch zwei weitere Ziele eine bedeutende Rolle:

4.2.5 Gerechte Einkommensverteilung

Das Ziel einer gerechten Einkommensverteilung ist gesellschaftlich und wirtschaftlich von großer Bedeutung. Nur wenn die bestehenden Einkommensverhältnisse von der Bevölkerung akzeptiert werden, kann der soziale Frieden in einer Gesellschaft gewahrt werden. Wenn große Teile der Bevölkerung vom gesellschaftlichen Wohlstand ausgeschlossen werden, wie im **Laisser-Faire-Kapitalismus** des 19. Jahrhunderts geschehen, führt dies zu ernsthaften gesellschaftlichen Problemen. Bei zu großen gesellschaftlichen Unterschieden muss der Staat in die soziale Marktwirtschaft eingreifen, damit ihr dauerhafter Bestand gesichert wird.

gerechte Einkommensverteilung, vgl. 7.3.4 Was ist Gerechtigkeit?

Die Forderung nach einer gerechten Einkommensverteilung begegnet uns bei den alljährlichen Tarifverhandlungen, wenn die Gewerkschaften höhere Löhne fordern. Da die Löhne für die Arbeitgeber Kosten darstellen und deren Gewinne schmälern, trifft die gewerkschaftliche Forderung auf Widerstand. Die Verhandlungen zwischen den Arbeitgeber- und Arbeitnehmervertretern werden teilweise von Streiks und Aussperrungen begleitet, um die Ernsthaftigkeit der jeweiligen Forderung zu unterstreichen.

Die Verweise auf eine gerechte Einkommensverteilung sind auch häufig in der politischen Diskussion zu hören, wenn es darum geht, welche Sozialleistungen gezahlt werden sollen und wie die Einkünfte von den Unternehmen und Arbeitnehmern besteuert werden sollen. Während die einen fordern, die so genannten „besser Verdienenden" (ein sehr dehnbarer Begriff) stärker in die Pflicht zu nehmen, entgegnen andere, dass es nicht gerecht sein kann, wenn man hart arbeitenden Menschen das Einkommen „wegversteuert".

vgl. 7.2 Sozialpolitische Maßnahmen

Demonstration in Halle für die Angleichung der Ost-Tarife im öffentlichen Dienst

In der Bundesrepublik Deutschland herrscht über das Ziel „gerechte Einkommensverteilung" insoweit Einigkeit, dass der Staat Umverteilungsmaßnahmen vornehmen muss. Ein Konsens über den Umfang solcher Maßnahmen ist naturgemäß nicht zu erreichen, da jeder Mensch in Abhängigkeit von seinen persönlichen Wertvorstellungen und seiner materiellen Situation eine andere Vorstellung von einer gerechten Einkommensverteilung hat.

Darüber hinaus können einkommenspolitische Maßnahmen mit anderen wirtschaftspolitischen Zielen in Konflikt geraten. Wenn entsprechende Maßnahmen durch Steuererhöhungen finanziert werden, können die Ziele Wirtschaftswachstum, Vollbeschäftigung, Preisniveaustabilität und außenwirtschaftliches Gleichgewicht verletzt werden, weil die inländischen Produkte teurer werden und die internationale Konkurrenzfähigkeit leidet, was rückläufige Gewinne der Unternehmen nach sich zieht. Wenn die Regierung ihre verteilungspolitischen Möglichkeiten durch eine wachstumsorientierte Politik vergrößern will, weil wirtschaftliches Wachstum mit einem höheren Steueraufkommen verbunden ist, kann das Ziel Umweltschutz verletzt werden.

vgl. 4.3 Zielbeziehungen und -konflikte

4.2.6 Umweltschutz

Die durch das Wirtschaften bedingten ökologischen Schäden haben zugleich ökonomische Einbußen zur Folge, die sich allerdings nur schwierig in Zahlen fassen lassen. Wie teuer sind z. B. die psychischen Schäden, die durch Straßenlärm verursacht werden?

vgl. 5 Umweltpolitik

Eine finanzielle Bilanzierung der ökologischen Schäden ist stets mit einem großen Interpretationsspielraum behaftet.

Umweltschutz hat zum Ziel, Umweltschäden infolge von wirtschaftlichen Aktivitäten zu minimieren und entstandene Umweltschäden zu beseitigen, sodass auch noch künftige Generationen in einer lebenswerten Umwelt leben und wirtschaften können. Die umweltpolitischen Ziele stehen aber oftmals im Konflikt mit dem Wachstums- und Vollbeschäftigungsziel. vgl. 4.3 Zielbeziehungen und -konflikte
Im Zusammenhang mit diesen Zielen wird auch häufig vom **magischen Viereck** (angemessenes Wirtschaftswachstum, Vollbeschäftigung, Preisniveaustabilität und außenwirtschaftliches Gleichgewicht) bzw. **magischen Sechseck** gesprochen. Damit ist die Schwierigkeit gemeint, alle Ziele gleichzeitig zu erfüllen.

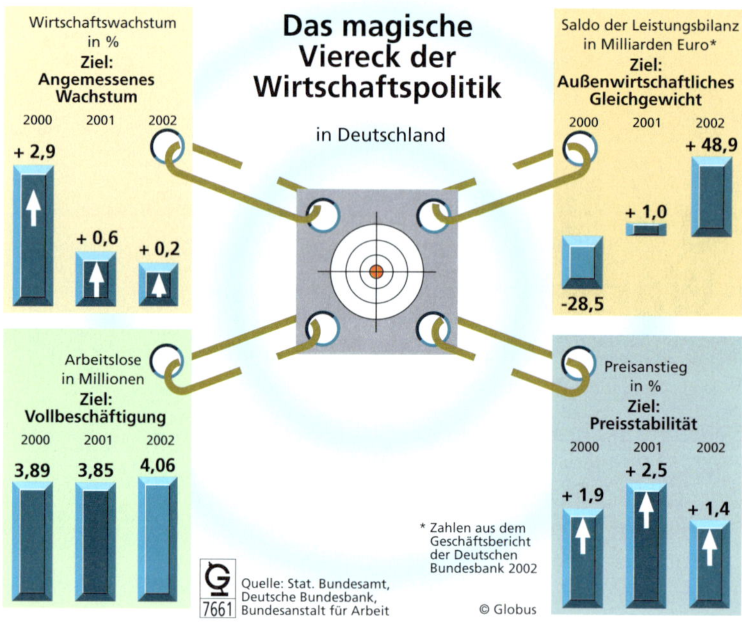

4.3 Zielbeziehungen und -konflikte

Magisches Sechseck

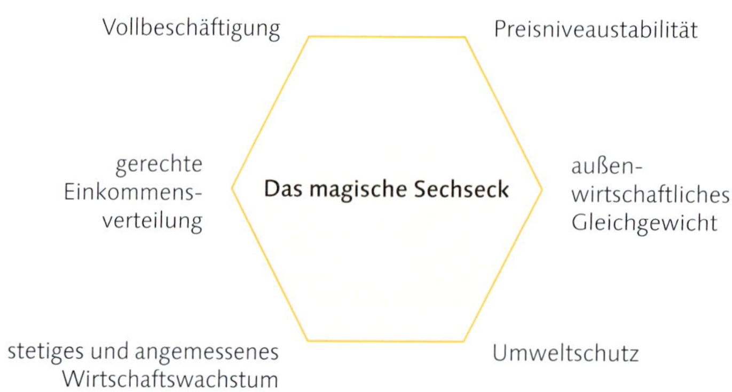

Betrachtet man die vier bzw. sechs wirtschaftspolitischen Globalziele genauer, so wird einem rasch auffallen, dass sie nicht unabhängig voneinander sind, sondern alle in einer Beziehung zueinander stehen. Folgende Zielbeziehungen sind denkbar:

Identität
Die Ziele unterscheiden sich nicht.

Komplementarität
Die Ziele ergänzen sich, die Verfolgung eines Ziels begünstigt zugleich andere Ziele.

Neutralität
Die Ziele beeinflussen einander nicht, ihre jeweilige Verfolgung wirkt sich nicht auf die anderen Ziele aus.

Konflikt
Die Verfolgung eines Zieles beeinträchtigt eines oder mehrere andere Ziele.

Antinomie
Die Verfolgung eine Zieles macht die Erreichung anderer Ziele unmöglich, sie stehen im Widerspruch zueinander.

Nicht selten kommt es im Hinblick auf die Realisierung der wirtschaftspolitischen Globalziele zu Spannungen. Obwohl jedes der vier bzw. sechs wirtschaftspolitischen Ziele für sich genommen erstrebenswert ist, stehen die Ziele häufig in einem Konfliktverhältnis zueinander. Es ist z. B. leicht verständlich, dass das Ziel „wirtschaftliches Wachstum" mit dem Ziel einer lebenswerten Umwelt in Konflikt stehen kann. Vor dem Hintergrund des magischen Sechsecks erweist sich auch die Bekämpfung der Inflation als nicht unproblematisch. Wenn z. B. die öffentlichen Haushalte zur Bekämpfung der Nachfrageinflation die eigene Nachfrage senken, werden unter Umständen die Ziele Wirtschaftswachstum und Vollbeschäftigung verletzt. Ebenfalls kann es zu Konflikten zwischen dem Ziel der „Vollbeschäftigung", die im Allgemeinen über eine wachstumsorientierte Wirtschaftspolitik angestrebt wird, mit anderen Zielen kommen. Das gilt z. B. im Hinblick auf den Umweltschutz oder die Preisniveaustabilität.

vgl. 5.1 Verhältnis von Ökonomie und Ökologie

Auch die Verfolgung des Ziels „außenwirtschaftliches Gleichgewicht" kann zu Konflikten mit anderen Zielen führen. Wenn z. B. die Regierung auf Grund von Importüberschüssen Exportgüter subventioniert, können infolge der zusätzlichen ausländischen Nachfrage und des damit verbundenen Devisenzustroms inflationäre Tendenzen auftreten. Darüber hinaus können einkommenspolitische Maßnahmen mit anderen wirtschaftspolitischen Zielen in Konflikt geraten. Wenn entsprechende Maßnahmen durch Steuererhöhungen finanziert werden, können die Ziele Wirtschaftswachstum, Vollbeschäftigung, Preisniveaustabilität und außenwirtschaftliches Gleichgewicht verletzt werden. Werden z. B. durch Steuererhöhungen die inländischen Produkte teurer, leidet die internationale Konkurrenzfähigkeit, was rückläufige Gewinne der Unternehmen nach sich zieht.

Wenn die Regierung durch eine wachstumsorientierte Politik ihre verteilungspolitischen Möglichkeiten vergrößern will, weil wirtschaftliches Wachstum mit einem höheren Steueraufkommen verbunden ist, kann auch das Ziel Umweltschutz mit dem Ziel Wirtschaftswachstum in Konflikt geraten.

Zielkonflikte können überall dort auftreten, wo sich unterschiedliche Interessen begegnen, berühren oder überschneiden. Besonders akut werden die unterschiedlichen Erwartungen von einzelnen Gruppen der Wirtschaft und der Gesellschaft, wenn weit reichende Entscheidungen anstehen. Aber letztlich gilt es, die Konflikte in der Wirtschaftspolitik zu akzeptieren und zu bewältigen.

Übersicht:

wirtschaftspolitische Ziele gemäß StWG	magisches Viereck	– wirtschaftliches Wachstum – Vollbeschäftigung – Preisniveaustabilität – außenwirtschaftliches Gleichgewicht
magisches Sechseck	magisches Viereck + Gerechte Einkommensverteilung + Umweltschutz	
Nennwert des Geldes	festgesetzter Wert eines Zahlungsmittels	
Kaufkraft des Geldes	Tauschwert des Geldes, bzw. realer Wert des Geldes	
Binnenwert des Geldes	realer Wert einer Währung in einem bestimmten Gebiet	
Preisniveau	– kennzeichnet den Durchschnitt der Preise aller für die Haushalte wichtigen Güter einer Volkswirtschaft – wird über den Warenkorb ermittelt	
Nominaleinkommen	in Geld ausgedrücktes Einkommen	
Realeinkommen	Nominaleinkommen unter Berücksichtigung der Kaufkraft	
Inflation	Prozess dauernder Geldentwertung (Verringerung der Kaufkraft)	
	nach Erkennbarkeit	– offene Inflation – verdeckte Inflation
	nach Geschwindigkeit	– galoppierende Inflation – trabende Inflation – schleichende Inflation
	Ursachen	– auf der Angebotsseite zu hohe Kosten oder Gewinnansprüche – auf der Nachfrageseite zu hohe Binnennachfrage oder Außennachfrage
Stagflation	Anstieg des Preisniveaus, gleichzeitig Wirtschaftsstillstand	
Deflation	anhaltende Senkung der Preise	

Aufgaben

1. Erläutern Sie den Zusammenhang zwischen den gesellschaftlichen Grundwerten und den Zielen der Wirtschaftspolitik.
2. Welche Ziele beinhaltet das magische Viereck? Nennen und erläutern Sie diese.
3. Wie würde sich Ihrer Meinung nach ein Verzicht auf wirtschaftliches Wachstum auf den sozialen Frieden auswirken?
4. Informieren Sie sich beim zuständigen Arbeitsamt über die Entwicklung der Arbeitslosigkeit in Ihrer Region in den letzten fünf Jahren.
5. Suchen Sie Beispiele für Güter und Dienstleistungen, die in den vergangenen Jahren zu Veränderungen im Warenkorb geführt haben.

6. Vergleichen Sie die Wägungsschemata für den Index der Lebenshaltung aller privaten Haushalte der Warenkörbe von 1991 und 1995 im Hinblick auf die Veränderung anhand der Grafik „Neuer Warenkorb für den Preisindex" auf Seite 390.
   Welche Gründe könnten für die Veränderung in den einzelnen Bereichen angeführt werden?
7. Diskutieren Sie die folgende Aussage zur Geldentwertung:
   „Von einer importierten Inflation spricht man, wenn durch starke Auslandsnachfrage aus Ländern mit schneller wachsendem Preisniveau im Inland die Nachfrage überhitzt ist."
8. Erläutern Sie anhand der Verkehrsgleichung die Auswirkungen auf das Preisniveau und die Kaufkraft, wenn sich die Geldmenge verdoppelt.
   Gehen Sie dabei von folgenden Daten aus:
   Geldmenge: 150 Mrd. GE
   Umlaufgeschwindigkeit: 2,5
   Handelsmenge: 50 Mrd. GE
   Preisniveau: ?
9. Welchen Zustand beschreibt der Text „Der Tag, als der Regen kam" auf Seite 396 f.?
10. Ist eine Deflation eher positiv oder eher negativ für eine Volkswirtschaft? Begründen Sie Ihre Meinung.
11. Stellen Sie fest, ob die unten stehenden Schaubilder jeweils im Zeitraum von Z_1 bis Z_2 unter sonst gleichen Bedingungen in der Entwicklung eine Deflation, eine Inflation bzw. weder eine Inflation noch eine Deflation darstellen.

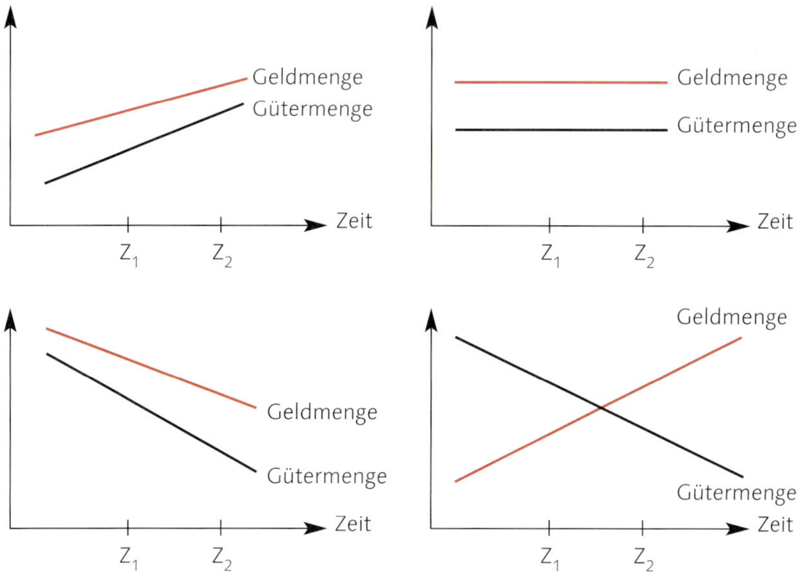

12. Nennen Sie typische Import- und Exportgüter aus deutscher Sicht.
13. Erleichtert die starke außenwirtschaftliche Verflechtung Deutschlands die Erreichung des gesamtwirtschaftlichen Gleichgewichts?
14. Diskutieren Sie die folgende Aussage: „Das Ziel einer gerechten Einkommensverteilung lässt sich niemals erreichen."
15. Wie sollte Ihrer Meinung nach eine gerechte Einkommensverteilung aussehen?

16. Diskutieren Sie: Welche sozialen Zustände finden Sie in unserem Staat gerecht bzw. ungerecht?
17. Ein Braunkohlekraftwerk konnte seinen Gewinn durch die erhöhte Stromproduktion steigern. Die zusätzlichen Schadstoffemissionen zwingen die Forstbesitzer zum vermehrten Aufkalken der Wälder und führen zu vermehrten Atembeschwerden der Anwohner. Auf den Protest der Betroffenen regiert das Kraftwerk mit dem Einbau einer neuen Filteranlage. Beschreiben Sie die Folgen für das Bruttonationaleinkommen.
18. Stellen Sie sich vor, die Bundesrepublik würde aus umweltpolitischen Gründen die Automobilproduktion einstellen. Wie würden die anderen Ziele des magischen Sechsecks beeinflusst?
19. Nehmen Sie Stellung zu der Aussage: „Das Ziel Umweltschutz steht mit den Zielen Vollbeschäftigung und Wirtschaftswachstum in einem dauerhaften Konflikt."
20. Nennen Sie zwei Ziele des magischen Sechsecks, die gleichzeitig
    - gut zu erreichen sind,
    - schwer zu erreichen sind.
21. In welchem der folgenden Fälle liegt ein wirtschaftspolitischer Zielkonflikt vor?
    a) Wenn die Beschäftigung steigt, dann erhöht sich das Preisniveau.
    b) Wenn die Preise stabil sind, dann steigt die Kaufkraft des Geldes.
    c) Wenn die Arbeitslosigkeit rückläufig ist, dann bleiben die Gehälter stabil.
    d) Wenn die Gehälter sinken, dann sinkt auch das Preisniveau.
    e) Wenn die Beschäftigung steigt, dann erhöht sich das Wirtschaftswachstum.
22. Im „Gesetz zur Förderung der Stabilität und des Wachstums der Wirtschaft" werden die vier Ziele des magischen Vierecks formuliert. Im Verlauf der wirtschaftlichen Entwicklung hat sich allerdings herausgestellt, dass eine Erweiterung der Ziele notwendig war.
    Um welche Ziele wurde das magische Viereck erweitert?
    a) Bedürfnisbefriedigung muss gefördert werden
    b) gerechte Einkommensverteilung
    c) Auslandsreisen müssen erleichtert werden
    d) Kapitalexporte müssen eingeschränkt werden
    e) Verbesserung der Umweltbedingungen
    f) Abschaffung der Zahlungsbilanz

5 Umweltpolitik

Friedlicher Protest von 7.000 Brummis

Schröder äußert Verständnis für Unmut

Friedlich und ohne das befürchtete Verkehrschaos haben gestern in Berlin tausende Vertreter des Transportgewerbes gegen hohe Spritpreise und Wettbewerbsverzerrungen in Europa demonstriert. Fast 7.000 Lkws, Busse und Traktoren, weit mehr als erwartet, wurden auf festgelegten Routen in die Nähe des Brandenburger Tors und des Tiergartens geleitet.

Ein von der Bundesregierung angebotenes Kreditprogramm für mittelständische Unternehmer lehnten die Verbände umgehend ab. Bundeskanzler Gerhard Schröder (SPD) hat unterdessen Verständnis für die Proteste der Lastwagenfahrer gezeigt, einseitige Zugeständnisse der Bundesregierung für das Transportgewerbe aber abgelehnt. Schröder erklärte zu den Protesten in Berlin, eine ernsthafte Existenzbedrohung für viele deutsche Unternehmen entstehe durch Wettbewerbsverzerrungen auf dem europäischen Markt, nicht aber durch die Ökosteuer. Allein auf europäischer Ebene liege ein Ansatzpunkt, um Benachteiligungen zu beenden. Otto Flimm, ADAC-Präsident, lehnte gegenüber unserer Zeitung Streiks gegen die Benzinpreise ab: „Argumente sollten überzeugen."

Quelle: Neue Westfälische vom 27. September 2000

Protestfahrt nach Berlin – Falsche Adresse

Fein für die Ölmultis: Die Protestfahrt der 7.000 Brummis nach Berlin dürfte ein erkleckliches Sümmchen in die Kassen der Konzerne gespült haben. Die wären eigentlich eine richtige Adresse für die Sternfahrt der erbosten Trucker gewesen, denn das Kartell aus Ölscheichs und Ölverkäufern versucht die Spritpreise hoch zu halten. Zähneknirschend haben die Konzerne jetzt immerhin die Preise leicht gesenkt, nachdem Rohöl deutlich billiger wurde. Ob die Spritpreise wohl stärker fallen würden, wenn Bürger, Bauern und Brummi-Lenker vereint vor den Raffinerien und Tankstellen protestierten? Das aber ist offenbar kein Thema. Viel einfacher lässt sich eben gegen „die da oben" zu Felde ziehen, auch wenn es die falsche Adresse ist. Sollte der Bierpreis demnächst noch einmal steigen, dann könnte die Devise der Gerstensaftfreunde ebenfalls lauten: Auf nach Berlin!

Im Ernst: Wo kommen wir hin, wenn die Regierung für externe Preissteigerungen verantwortlich gemacht und von ihr laufend Hilfsmaßnahmen verlangt werden? Berlin ist allerdings gefordert, Wettbewerbsverzerrungen zu beseitigen. Das soll geschehen. Unabhängig davon gilt es, die Auto-Besteuerung aus einem Guss zu finden. Sprich, Mineral-, Öko- und Kfz-Steuer zu verschmelzen. Aber das darf nicht übers Knie gebrochen werden. Billiger wird's kaum, aber einfacher und vielleicht gerechter.

Quelle: Neue Westfälische vom 27. September 2000, Autor: Hans-J. Block

„Besuch in Berlin“, Karikatur von Haitzinger

Aufgaben

Der Protest der „Brummi-Fahrer“ richtet sich gegen die Ökosteuer der Bundesregierung. Das Verhältnis von Ökonomie und Ökologie ist durch viele Konflikte gekennzeichnet. Zwar ist heute kaum noch jemand gegen Umweltschutz, allerdings sind im konkreten Fall nicht selten nur wenige Menschen bereit, die Kosten des Umweltschutzes zu tragen.
Analysieren Sie die obigen Materialien:

1. Welchen wirtschaftlichen Hintergrund hat der Protest der „Brummi-Fahrer“?
2. Informieren Sie sich, z.B. über das Internet, über umweltpolitische Positionen der insgesamt betroffenen Institutionen.
3. Simulieren Sie, nachdem Sie diesen Themenbereich durchgearbeitet haben, eine Podiumsdiskussion zur Fragestellung: Wie berechtigt ist der Protest der „Brummi-Fahrer“? Jede betroffene Institution sollte ihre Position deutlich machen.

www.bundesregierung.de
www.bmu.de
www.adac.de
www.spd.de
www.cdu.de
www.gruene.de
u. a. m.

5.1 Verhältnis von Ökonomie und Ökologie

Belastung der Lebensgrundlagen

Die Umwelt gehört keinem Menschen speziell, wird aber von jedem genutzt und wirkt sich auf jeden Einzelnen aus. Luft, Wasser, Boden und Klima ermöglichen es, dass Menschen, Tiere und Pflanzen auf der Erde leben können. Auf Grund unserer Lebensweise und der gegenwärtigen Art zu wirtschaften belasten wir jedoch die Umwelt in einem Ausmaß, dass ein Überleben gefährdet erscheint.

Die meisten Menschen dürften sich bewusst sein, dass die Umwelt tagtäglich benutzt und belastet wird. Grundsätzlich ist wohl auch fast jeder für den Schutz der Umwelt. Nur das konkrete Handeln sieht meist anders aus: Auf alte Gewohnheiten will man nicht verzichten und die finanziellen Opfer will man auch nicht auf sich nehmen.

Der **Umweltbegriff** umfasst die Gesamtheit der Faktoren, die die Existenz des Menschen bestimmen, wobei Mensch und Umwelt in einem Wechselverhältnis zueinander stehen. In ökologischer Hinsicht soll der Zustand der Umweltmedien Luft, Wasser, Boden und Klima ein Überleben von Mensch, Tier und Pflanzen sichern. In ökonomischer Hinsicht sind die wirtschaftlichen Rahmenbedingungen so zu gestalten, dass Ressourcenverbrauch (z. B. Rohstoffe, Energie) und Folgen des Wirtschaftens (z. B. Schadstoffe und Abfälle) die ökologische Funktion der Umwelt nicht gefährden.

Umweltbegriff

Als **Umweltprobleme** werden solche Ereignisse oder Entwicklungen in der Natur bezeichnet, die hinsichtlich der Bedrohung bzw. Zerstörung der Lebensgrundlagen **menschliche Ursachen** haben. Umweltprobleme haben eine lokale (z. B. Wegwerfen von Abfällen auf der Straße), nationale (z. B. staatliche Umweltpolitik) und internationale Dimension (z. B. globale Klimaerwärmung).

Was sind Umweltprobleme?

Globale Erwärmung dramatischer als angenommen
UN-Bericht führender Klimaforscher: Starker Anstieg des Meeresspiegels – Neue Energietechnologien nötig

Abweichung der Temperatur an der Erdoberfläche

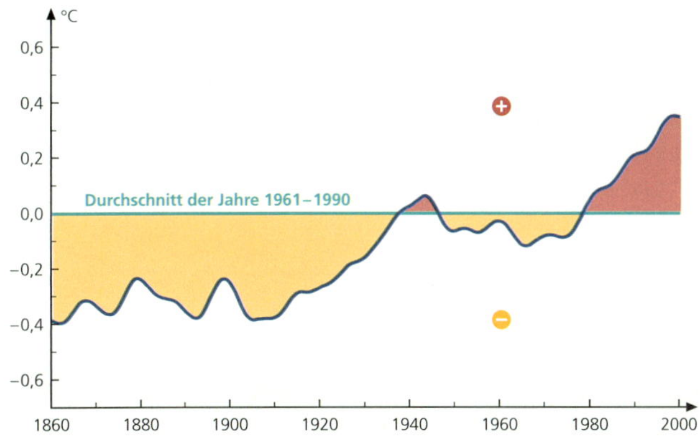

Quelle: IPCC, Genf 2001

Das Weltklima erwärmt sich nach jüngsten UN-Daten weit dramatischer als bislang angenommen. Auch gebe es mehr und bessere Beweise als je zuvor, dass der Mensch weitgehend daran schuld ist, heißt es in einem UN-Bericht des zwischenstaatlichen Gremiums für Klimaveränderungen (IPCC). Die Untersuchung von 123 führenden Forschern wurde gestern in Schanghai veröffentlicht. Die Wissenschaftler erwarten eine schnellere und „potenziell katastrophale globale Erwärmung" von 1,4 bis 5,6 Grad in diesem Jahrhundert, so der Bericht, hinter dem das UN-Umweltprogramm (UNEP) und die meteorologische Weltorganisation stehen. Bislang war nur mit 1 bis 3,5 Grad (von 1990 bis 2100) gerechnet worden. Der Bericht „sollte in jeder Hauptstadt und jeder lokalen Gemeinde die Alarmglocken klingeln lassen", meinte der UNEP-Direktor Klaus Töpfer. „Wir sollten kühn mit sauberen Energietechnologien voranschreiten." Töpfer warnte auch, die Welt müsse sich auf einen höheren Meeresspiegel einstellen, der bis 2100 schätzungsweise um neun bis 88 Zentimeter steigen werde. (…)

Quelle: Nordwest-Zeitung vom 23. Januar 2001

Die Abenteuer des Wikingers Hägar

Ökonomie und Ökologie: unversöhnlich

REFORMLUST - REFORMFRUST: Die Bereitschaft zu mehr Umweltschutz endet da, wo der Bürger den Preis spürt

Bonn – In kaum einem Bereich werden Reformen so vehement von einer breiten Öffentlichkeit gefordert und befördert, wie gerade im Umweltschutz. Wenn es um den Schutz der Meere und der Wale, der Schmetterlinge und des Regenwaldes geht, dann finden auch die abstrusesten Forderungen bei vielen Bürgern Verständnis, Unterstützung und Spenden. (…) Umweltschutz und Sozialstaat sind ohnehin scharfe Gegensätze. Der Beweis dafür, dass dies international längst stillschweigend akzeptiert wird, sind die ständigen Sondervereinbarungen für Entwicklungsländer im internationalen Umweltschutz. Die ärmeren Länder, aber auch die so genannten „Schwellenstaaten" müssen sich aus Kostengründen nicht an die festgesetzten Grenzwerte der Klimaschutz- und sonstigen Konferenzen halten. Umweltschutz ist nämlich hauptsächlich etwas für diejenigen, die es sich leisten können.

Es kann übrigens gar keinen Zweifel daran geben, dass Reformprojekte wie Klimaschutz, Bodenschutz oder Gewässerschutz objektiv nötig sind. Die Frage ist, in welchem Umfang sie nötig sind und was wir bereit sind, dafür auszugeben. Alle Umfragedaten zeigen dabei: Mehr als 70 Prozent der Deutschen tritt für Umweltschutz ein, rund 30 Prozent sind bereit, für umweltfreundliche Produkte mehr Geld zu bezahlen und knapp 20 Prozent würden höhere Müllgebühren akzeptieren. (…)

Der Reformfrust beim europäischen Umweltschutz wäre weitaus geringer, wenn wirklich global gehandelt würde. Weltweite Minimalstandards für alle helfen dabei viel mehr als Maximalstandards für einen winzigen Bruchteil der Erdbevölkerung.

Quelle: Autor: M. S. Lambeck, Die Welt online, www.welt.de, 5. Dezember 1997

Die vielfältigen **Beziehungen** zwischen Ökonomie und Ökologie können im Rahmen einer modellhaften Betrachtungsweise folgendermaßen dargestellt werden:

drei ökonomische Funktionen der Umwelt

- Die Umwelt dient dem ökonomischen System als **Lieferant** von regenerierbaren und nicht (oder nur in sehr langen Zeiträumen) wiederherstellbaren **Ressourcen** (Energie und Rohstoffe). Sie gehen als Input in die Produktion ein und werden im Rahmen dieses Prozesses in Güter umgewandelt.

- Im Rahmen von Produktions- und Konsumprozessen können **Emissionen**, d. h. Abfälle und Schadstoffe (Müll, Abgase, Abwässer, Lärm usw.) anfallen, die z.T. nicht oder nur auf lange Sicht ökologisch abbaubar sind. Sie werden von den Umweltmedien Luft, Wasser und Boden als **Immissionen** aufgenommen, wenn sie nicht über Recyclingverfahren in den Wirtschaftsprozess zurückgelangen. Diese Schadstoffe können sich auf der Grundlage biochemischer Prozesse möglicherweise zu neuen Schadstoffen umwandeln.
- Die Umwelt stellt **elementare Leistungen** für die menschliche Existenz und das menschliche Wohlbefinden zur Verfügung, wie beispielsweise Schönheit der Landschaft, Erholung am Meer, Wandern in den Bergen usw.

Die Funktionen der Umwelt werden durch die zunehmenden ökologischen Schädigungen gegenwärtig immer mehr beeinträchtigt, sodass ein **Nutzungskonflikt** entstanden ist.

Grundsätzlich ist davon auszugehen, dass der Konflikt zwischen Ökonomie und Ökologie im Kern **nicht** zu lösen ist:

- Einerseits ist menschliches Wirtschaften immer mit Eingriffen in die Natur verbunden und sind Umweltschädigungen in letzter Konsequenz nicht zu vermeiden.
- Andererseits können wir auf wirtschaftliches Handeln nicht verzichten, weil wir nur auf dieser Basis unsere Existenz sichern.

Karikatur von Haitzinger

Der Konflikt kann nur entschärft werden, wenn vielfältige Anstrengungen unternommen werden, die Produktion und den Konsum von Gütern so umweltfreundlich wie möglich zu gestalten, um **Umweltschäden** zu **verringern**, wenn nicht sogar zu **vermeiden**. Beispielsweise können technische Neuerungen (z. B. Bezin sparende Motoren, Sonnenkollektoren zur Stromerzeugung) einen geringeren Verbrauch von Rohstoffen und Energie zur Folge haben.

5.2 Leitbild der nachhaltigen Entwicklung

Im Rahmen der Konferenz für Umwelt und Entwicklung der Vereinten Nationen (UNCED) in Rio de Janeiro 1992 hat sich die internationale Staatengemeinschaft auf das Leitbild der **nachhaltigen Entwicklung** („sustainable development") verständigt. Es wurde der gemeinsame Wille zum

Über 170 Staaten haben sich auf ein neues Leitbild für die weltweite Entwicklung von Gesellschaft, Wirtschaft und Umwelt verpflichtet.

Ausdruck gebracht, die Ressourcen der Erde in Zukunft so behutsam zu nutzen, dass alle Menschen auf der Erde gegenwärtig und in Zukunft gerechte Entwicklungschancen erhalten.

Was ist nachhaltige Entwicklung? Das Bundesministerium für Umwelt, Reaktorsicherheit und Naturschutz bestimmt das Prinzip der Nachhaltigkeit wie folgt.

> Nachhaltig ist eine Entwicklung, die wirtschaftliche Leistungsfähigkeit und soziale Sicherheit mit der langfristigen Erhaltung der natürlichen Lebensgrundlagen in Einklang bringt. Das Leitbild der nachhaltigen Entwicklung findet seine Grundlage in der Verantwortung von Staat und Gesellschaft für die Mitmenschen einschließlich künftiger Generationen und in der Verantwortung für die natürliche Umwelt.
>
> Das Prinzip der Nachhaltigkeit stammt ursprünglich aus der Forstwirtschaft. Danach darf in einem bestimmten Zeitraum nur so viel Holz geschlagen werden, wie nachwachsen kann. Auf volkswirtschaftlich gleiche Linie liegt das betriebswirtschaftlich-unternehmerische Ziel, von den Zinsen zu leben, aber nicht vom Kapital.
>
> Quelle: www.bmu.de

Nachhaltigkeit = Einheit von ökonomischer, sozialer und ökologischer Entwicklung

Der Rat von Sachverständigen für Umweltfragen (Umweltrat) wurde im August 1990 vom Bundesminister für Umwelt, Naturschutz und Reaktorsicherheit eingesetzt, um die Umweltsituation und die Umweltbedingungen in Deutschland zu begutachten. Außerdem soll das Beratungsgremium der Bundesregierung umweltpolitische Fehlentwicklungen und Möglichkeiten zu deren Vermeidung bzw. Beseitigung aufzeigen. Ferner übersetzt er den Begriff „sustainable development" mit der Umschreibung „**dauerhaft-umweltgerechte Entwicklung**".

Rat von Sachverständigen für Umweltfragen (Umweltrat)

www.umweltrat.de

Die **Agenda 21**, das Aktionsprogramm für das 21. Jahrhundert, enthält Handlungsempfehlungen zur nachhaltigen Bewirtschaftung der Ressourcen. Prinzipien einer nachhaltigen Entwicklung sind folgende „Managementregeln":

Agenda 21

- **Regeneration:** Erneuerbare Naturgüter (z. B. Holz, Fischbestände) dürfen nur in dem Maße genutzt bzw. abgenutzt werden, wie sie sich von menschlichen Eingriffen erholen können, sodass ihr Fortbestand nicht gefährdet ist.
- **Substitution:** Nicht erneuerbare Naturgüter (z. B. Öl, Gas) dürfen nur in dem Umfang genutzt bzw. abgebaut werden, in dem ein gleichwertiger Ersatz geschaffen werden kann.
- **Anpassungsfähigkeit:** Schadstoffe (z. B. Abgase, Müll) dürfen nur in dem Umfang freigesetzt werden, in dem das Ökosystem sie ohne dauerhafte Schädigungen verkraften kann.
- **Vermeidung unvertretbarer Risiken:** Technische Großrisiken (z. B. Atomkraftwerke) mit möglicherweise katastrophalen Auswirkungen auf die Umwelt sind zu vermeiden.

Das Kapitel 8 der Agenda 21 enthält den Auftrag, nationale Nachhaltigkeitsstrategien zu entwickeln.

Nachhaltige Entwicklung heißt, mit Visionen, Fantasie und Kreativität die Zukunft zu gestalten und dabei auch Neues zu wagen und unbekannte Wege zu erkunden. Es geht um einen schöpferischen Dialog darüber, wie wir in Zukunft leben wollen, wie wir auf die Herausforderungen der globalisierten Welt in Wirtschaft und Gesellschaft antworten wollen. Die Bundesregierung hat im April 2002 unter der Überschrift „Perspektiven für Deutschland" die nationale Strategie für eine nachhaltige Entwicklung beschlossen. (…) Die Strategie wird Grundlage für weitere politische Reformen wie auch für ein verändertes Verhalten von Unternehmen und Verbrauchern sein.

Quelle: www.bmu.de

www.dialog-nachhaltigkeit.de

Quelle: Forum Umwelt & Entwicklung: Wir steuern mit! Comic zur lokalen Agenda 21. Bonn o. J.

Umwelt- und Entwicklungsprobleme treten besonders deutlich in Städten und Gemeinden zu Tage, da sich hier Bevölkerungswachstum, Energieverbrauch, Güternutzung, Stoffumsätze und Abfälle, Flächenverbrauch und Verkehrsvorgänge konzentrieren. Die Mitwirkung der Kommunen ist ein entscheidender Faktor für die Umsetzung der Agenda 21.

Ziel des **Lokalen Agenda-21-Prozesses** ist es, die ökologischen, ökonomischen und sozialen Aktivitäten in einer Kommune unter dem politischen Leitbild der Nachhaltigkeit zusammenzuführen. Unter dem Schirm der Lokalen Agenda sollen die verschiedenen kommunalen Ansätze und Aktivitäten (z. B. Energie-, Verkehrs-, Wirtschafts-, Umweltpolitik) gebündelt und systematisch auf die Anforderungen einer nachhaltigen Entwicklung ausgerichtet werden.

Im Rahmen einer Lokalen Agenda 21 wird der Versuch unternommen, zunächst ein **regionales Leitbild** zu entwickeln, das den neuen Anforderungen einer dauerhaften und zukunftsbeständigen Entwicklung von Gesellschaft, Wirtschaft und Umwelt gerecht wird.

Ein Leitbild enthält ein visionäres Idealbild der zukünftigen Entwicklung einer Stadt, einer Gemeinde oder eines Kreises, auf das zugearbeitet wird.

Im Anschluss an die Leitbildentwicklung wird versucht, diese Leitvorstellung mit vorhandenen regionalen Strukturen in Einklang zu bringen und die kommunalpolitische Praxis entsprechend weiterzuentwickeln.

Hinsichtlich des Stands des Lokalen Agenda-21-Prozesses stellt das Bundesministerium für Umwelt, Naturschutz und Reaktorsicherheit fest:

> Nach einer Recherche der Agenda-Transferstelle Nordrhein-Westfalen gab es im September 2000 in Deutschland rund 1.650 Kommunen mit Beschlüssen zur Erarbeitung einer Lokalen Agenda 21, wobei die Städte mit großer Einwohnerzahl überwiegend vertreten sind. Insbesondere in den letzten drei Jahren stieg die Zahl der Agenda-Kommunen deutlich an. Das gegenwärtige Bild des Lokalen Agenda-21-Prozesses in Deutschland ist dabei vielschichtig. Die Kommunen wählen jeweils unterschiedliche Ansätze und Schwerpunkte, auch befinden sie sich in unterschiedlichen Phasen der Erarbeitung und Umsetzung. Nicht immer sind es die Kommunalverwaltungen, sondern vielfach auch andere Akteure, wie z. B. Kirchen, die Volkshochschulen oder Entwicklungshilfegruppen, die den Agenda-Prozess anstoßen.
>
> Quelle: www.bmu.de

5.3 Ursachen und Kosten der Umweltschäden

5.3.1 Entwicklungsbedingte Ursachen der Umweltprobleme

Ein besonders umweltbelastender Faktor ist die ständig wachsende Weltbevölkerung. 1820 bewohnten ca. 1 Mrd. Menschen die Erde. Momentan sind es ca. 6 Mrd. Da sich die Entwicklung immer weiter beschleunigt, werden für das Jahr 2020 ca. 8 Mrd. Menschen erwartet. Wichtig ist in diesem Zusammenhang, dass sich die Bevölkerung regional unterschiedlich vermehrt und der größte Zuwachs in den Entwicklungsländern zu verzeichnen ist. Die **Bevölkerungsexplosion** führt zu massiven Umweltproblemen:

- Die Nahrungsmittelproduktion muss intensiviert werden. Der verstärkte Einsatz chemischer Dünger und Pestizide, kombiniert mit Monokulturen, birgt die Gefahr von Bodenerosionen und Schadstoffbelastungen im Grundwasser in sich. Außerdem wird durch die „Gewinnung" neuer Anbauflächen das ökologische Gleichgewicht empfindlich gestört, z. B. durch die Brandrodung der tropischen Regenwälder.
- Zur ausreichenden materiellen Versorgung der wachsenden Bevölkerung ist eine zunehmende industrielle Produktion erforderlich.
- Von der zunehmenden Weltbevölkerung werden auch mehr Abfälle produziert, die oftmals nur unzureichend entsorgt werden.
- Da in den ländlichen Gebieten nicht genug Arbeit für die wachsende Bevölkerung vorhanden ist, kommt es zur Abwanderung in die Städte mit den damit verbundenen Umweltproblemen (Verkehr, Abwasser).

Fast sechs Milliarden Menschen bevölkern heute die Erde. Alle zwanzig Minuten kommen 3.500 Neugeborene dazu, gleichzeitig verschwindet mindestens eine Tier- oder Pflanzenart für immer von diesem Planeten. Trotz allmählich sinkender Geburtenraten nimmt die Weltbevölkerung jährlich um 78 Millionen Köpfe zu. Zweimal so rasch, wie die Bevölkerung wächst, steigt der Verbrauch an Wasser. Seit 1950 hat sich der Ausstoß von Treibhausgasen in die Atmosphäre vervierfacht und bedroht das Weltklima. In den letzten fünfzig Jahren ist eine Bodenfläche von der Größe Chinas und Indiens zusammen wegen Übernutzung verwüstet worden.

Quelle: „tagesanzeiger", 9. Februar 1999

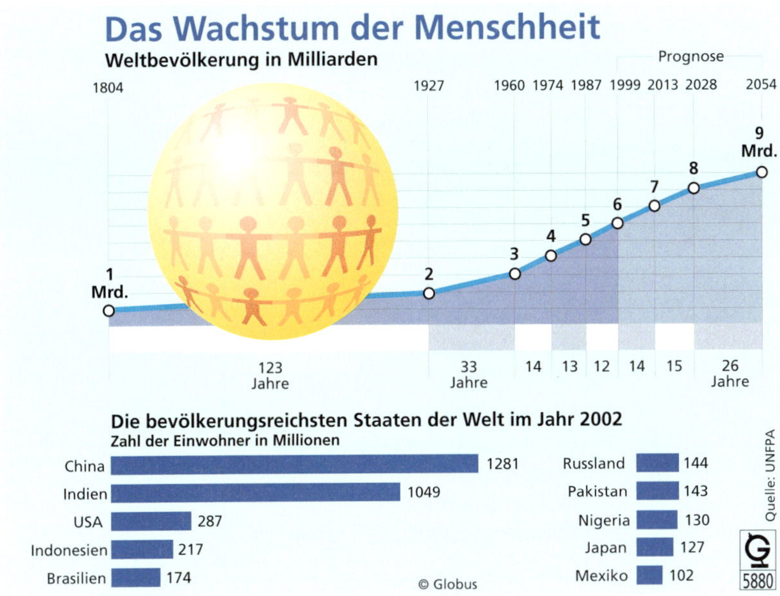

Das **Wirtschaftswachstum** muss nicht „zwangsläufig" zu Umweltschäden führen. Allerdings kann das wirtschaftliche Wachstum faktisch zu erheblichen Umweltbelastungen beitragen. Für Produktions- und Konsumprozesse jeglicher Art sind Umweltleistungen als „Produktionsfaktoren" erforderlich. Insofern ist in der Regel mit einem Wirtschaftswachstum eine steigende Umweltbeanspruchung verbunden.

vgl. 4.2.6 Umweltschutz

5.3.2 Sozio-ökonomische Ursachen

Die Entstehung von externen Kosten

Die Güterproduktion ist für Umweltprobleme mitverantwortlich. Ein Gut, das auch selbst wieder zur Produktion vieler anderer Güter verwendet wird, ist Strom (Energie).

Beispiel: Ein Stromversorgungsunternehmen produziert Strom. Indem es das tut, produziert es auch Einwirkungen (Effekte) auf die Natur, auf Menschen, auf Gebäude usw. Bei der Stromproduktion entsteht unter anderem Schwefeldioxidgas, das als Emission/Immission auf die Umwelt einwirkt und sie schädigt. Diese Schäden und Qualitätsverminderungen bezeichnet man als externe Effekte.

Interne Effekte für das Kraftwerk sind Aufwendungen für die Stromproduktion, d. h. der Einsatz von Arbeitskräften und der Hilfsmittel. Diese internen Effekte werden durch das Unternehmen sehr genau über die Kosten erfasst. Das Kraftwerk bezahlt z. B. den Rohstoff Erdöl oder Kohle und die Arbeitskräfte. Die Stromabnehmer bezahlen Anteile dieser Kosten über den Strompreis. Sowohl für Produzenten als auch für Konsumenten sind diese internen Kosten in ihren Wirtschaftsrechnungen sehr genau erfasst.

Hilfsmittel: Maschinen, Gebäude, Leitungen usw.

Der wahre Strompreis

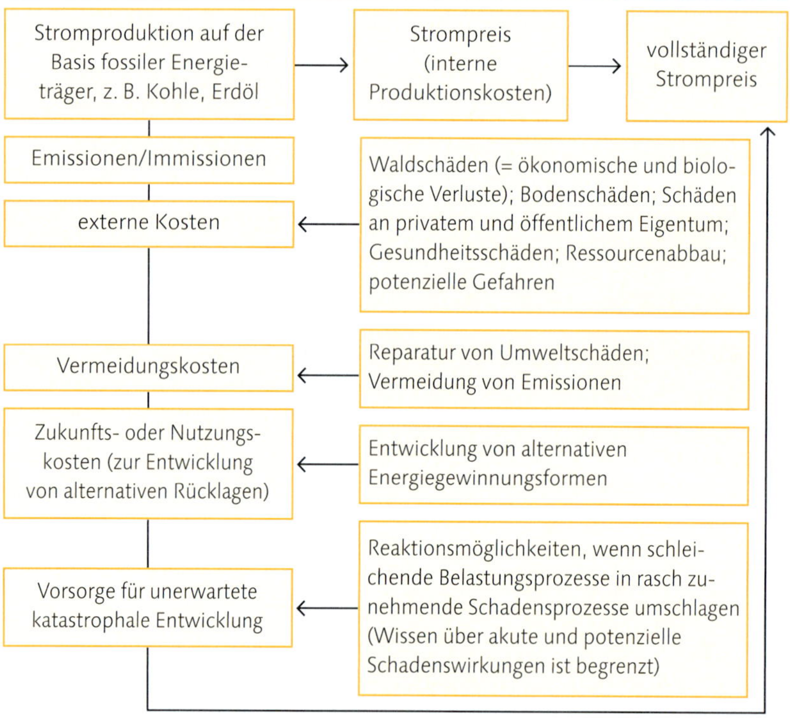

Wie sieht es nun bei den externen Effekten aus?

Sie tauchen als Kosten in keiner innerbetrieblichen Kostenrechnung auf. Diese ökologisch externen Kosten tauchen höchstens in der Kostenrechnung anderer (Dritter) auf, weil es notwendig ist, gesundheitliche Schäden zu heilen, Material- und Bauschäden zu reparieren oder das Waldsterben einzudämmen.

Externe Kosten können bei privaten Wirtschaftseinheiten oder bei der Allgemeinheit (dem Staat) entstehen, ohne dass diese selbst die Verursacher sind.

Die Umwelt als freies Gut. Warum entstehen solche externen Effekte bzw. externen Kosten? Der Grund dafür ist im ökonomischen Charakter der Umwelt zu sehen: Die Umwelt und viele Umweltleistungen (z. B. Erholungsfunktionen, saubere Luft) sind freie oder öffentliche Güter.

Greifen wir noch einmal auf das Beispiel der Stromproduktion zurück. Dort haben wir festgestellt, dass alle Produktionsfaktoren (Rohstoffe, Arbeitskräfte, Maschinen, Anlagen) und letztlich auch das produzierte Gut Strom einen Preis haben. Mit dem Preis, der für das Gut Strom bezahlt wird, bezahlt z. B. der Endabnehmer den Teil der Herstellungskosten des Stroms, den er „verbraucht". (Wir wissen, dass das physikalisch nicht stimmt.) Das Strom produzierende Unternehmen setzt die Produktionsfaktoren so kostensparend wie möglich ein und die Endabnehmer verschwenden das Gut nicht. Niemand kommt auf die Idee, seine Wohnung mit dem Elektroherd zu heizen. Güter, auf die die beschriebenen Merkmale des Strombeispiels zutreffen, nennt man private Güter.

Bei den externen Effekten und Kosten kann zwischen positiven und negativen unterschieden werden. Im Zusammenhang mit der Umweltproblematik sind vor allem die negativen externen Effekte und Kosten in der Diskussion. Es gibt aber auch positive externe Effekte, die beispielsweise Kosten von Dritten oder der Allgemeinheit abwenden. Beispiele dafür sind die Landschaftspflege durch Landschaftsgestaltung bei bäuerlichen Betrieben oder die Beiträge von Unternehmen zur Kulturförderung sowie die Entwicklung von Technologien, die auf neue, reichlich vorhandene umweltfreundliche Ressourcen zurückgreifen. Auch die Bienen des Imkers, die die Obstbäume eines Obstbauern befruchten, üben einen positiven externen Effekt aus.

Wer den Preis für diese Güter nicht bezahlen will oder kann, wird von der Nutzung dieser Güter ausgeschlossen (**Ausschlussprinzip**).

Ausschlussprinzip, vgl. Kapitel 2, 1.3.2 Private und öffentliche Güter

Ein Gut, das bei der Stromproduktion ebenfalls in Anspruch genommen wird, ist die Luft. Sie dient als Aufnahmemedium beispielsweise für die Schwefeldioxidemissionen. Wenn man will, ist sie, betriebswirtschaftlich gesehen, die Lagerstätte für Abfallprodukte der Stromproduktion. Aber anders als beispielsweise beim Brennstofflager des Unternehmens, das Kosten verursacht, entstehen zunächst bei der Inanspruchnahme der Luft keine Kosten. Die Luft ist ein freies Gut. Solche Güter haben im Gegensatz zu den privaten Gütern folgende Merkmale: Sie können nicht aufgeteilt und nicht verkauft werden (sie haben keinen Preis) und es gilt nicht das Ausschlussprinzip.

So ist auch niemand freiwillig bereit, sich die Kosten für die Inanspruchnahme und/oder die Wiederherstellung des freien Gutes Umwelt aufzubürden. Bleiben wir weiterhin beim Beispiel des Strom produzierenden Unternehmens, dann lassen sich folgende Überlegungen anstellen: Wenn ein Unternehmen Maßnahmen zur Emissionsverminderung durchführen würde (z. B. Einbau von Filteranlagen) und alle anderen Unternehmen nicht, würde der Beitrag zur Luftverbesserung insgesamt nicht sehr groß sein und das Unternehmen hätte Kosten auf sich genommen, die die anderen Unternehmen nicht haben.

In marktwirtschaftlichen Wirtschaftssystemen werden Umweltprobleme durch das individuelle Gewinnstreben der Akteure verursacht. Jedes

Unternehmen versucht bei einem bestimmten Preis für ein Produkt den Gewinn zu erhöhen, indem es die Herstellungskosten möglichst gering hält. Eine Möglichkeit zur Kostenminimierung ist die, die Umwelt als kostenloses oder billiges Aufnahmemedium aller Art zu benutzen.

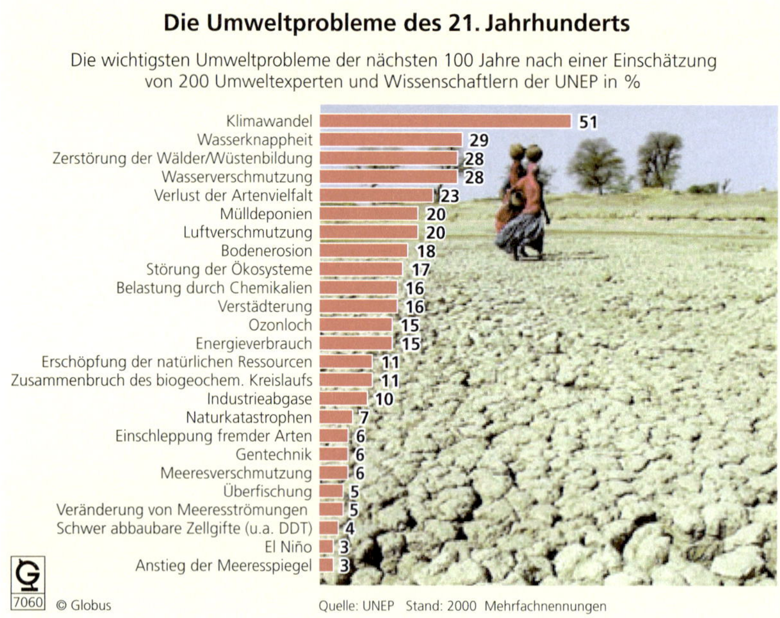

Schließlich ist sowohl in unterentwickelten Ländern als auch in Staaten mit einem hohen materiellen Lebensstandard ein **umweltfeindliches Verhalten** der Menschen zu beobachten. In den unterentwickelten Staaten der Dritten Welt können häufig die elementaren Lebensbedürfnisse nicht in ausreichendem Maße befriedigt werden (z. B. ausreichende Nahrung, angemessener Wohnraum). Nicht selten werden Umweltverschmutzungen bewusst in Kauf genommen, um die Lebensbedürfnisse zu befriedigen. In Staaten mit hohem materiellem Lebensstandard hat sich häufig eine hohe Anspruchsmentalität durchgesetzt. Sie bewirkt, dass die Bürger im Allgemeinen nicht bereit sind, auf ihren materiellen Wohlstand zu Gunsten einer verbesserten Umweltqualität zu verzichten.

umweltfeindliches menschliches Verhalten

Die Kosten der Umweltschäden sind schwierig zu erfassen und zu bewerten. In seiner gegenwärtigen Form ist das Bruttonationaleinkommen kein **umweltbezogener Wohlstandsindikator**. Es werden nur monetär bewertete Stromgrößen (z. B. Geldzahlungen) und keine Bestandsgrößen (z. B. wie viele Rohstoffe noch zur Verfügung stehen) erfasst. Die Kosten der Umweltnutzung, d. h. Umweltschäden und der Verbrauch nicht erneuerbarer Rohstoffe, bleiben weitgehend unberücksichtigt. Demgegenüber gehen die Kosten der Beseitigung von Umweltschäden sogar wachstumssteigernd in die Berechnung ein. Zwar werden inzwischen Vorschläge zur Veränderung der volkswirtschaftlichen Gesamtrechnung und der Entwicklung einer umweltbezogenen Gesamtrechnung diskutiert. Es bestehen aber noch erhebliche methodische Probleme, wie ein **Ökosozialprodukt**, in dem die Kosten des Umweltverbrauchs erfasst und ausgewiesen werden, erstellt werden kann. Gleichwohl existieren erste vorsichtige Berechnungen der Umweltschäden.

vgl. Kapitel 2, 5.2.3 Bruttonationaleinkommen als Wohlstandsindikator

vgl. Kapitel 2, 5.2.2 Volkswirtschaftliche Gesamtrechnung und Bruttoinlandsprodukt

Für 1992 bezifferte Wicke die in Geld bewerteten Umweltschäden in der Bundesrepublik Deutschland auf 103 Milliarden €.

Die ökologische Schadensbilanz der Bundesrepublik Deutschland in Mrd. Euro		
Schadenspositionen	Schadenskosten	
Luftverschmutzung div. Einzelpositionen:		über 18,90
– Gesundheitsschäden	über 4,1	
– Materialschäden	über 2,15	
– Waldschäden	über 4,24	
Gewässerverschmutzung		über 11,50
Bodenbelastung		über 44,50
Lärm		ca. 17,60
Kosten unterlassenen Naturschutzes		ca. 2,61
Vermeidungskosten globaler und länderübergreifender Umweltschäden, davon:		ca. 8,69
Kosten CO-Minderung/-Reduzierung	über 7,5	
West-Ost-Umkooperation	ca. 0,5	
Beitrag Tropenwaldrettung	ca. 0,5	
Gesamtschadenskosten		ca. 103,80

Quelle: Wicke, L., Umweltökonomie, 4. Auflage, München 1993, S. 113.

Lutz Wicke veröffentlichte 1992 eine **ökologische Schadensbilanz**, in der eine systematische Schätzung aller Umweltschäden für die Bundesrepublik Deutschland vorgenommen worden ist. Danach beliefen sich die rechenbaren Schäden der Umweltverschmutzung – im Rahmen einer vorsichtigen Einschätzung – auf mindestens 103 Milliarden € pro Jahr. Dies entsprach ca. 6,8 Prozent des Bruttonationaleinkommens von 1992, das eine Höhe von etwa 1,5 Billionen € aufwies.

Übersicht:

Umweltbegriff	Gesamtheit der Faktoren, die die Existenz der Menschen bestimmen	
Umweltproblem	Zerstörung der Lebensgrundlage durch den Menschen	
ökonomische Funktionen der Umwelt	– Lieferant von Ressourcen – Aufnahme von Immissionen – Bereitstellung von elementaren Leistungen	
nachhaltige Entwicklung	ökonomische, soziale und ökologische Entwicklung als Einheit sehen	
Agenda 21	Zielsetzungen für ein ökologisch weltweit tragbares Wirtschaftssystem	
Ursachen von Umweltschäden	entwicklungsbedingte Ursachen	– exponentielles Bevölkerungswachstum – Verstädterung – Wirtschaftswachstum
	sozio-ökonomische Ursachen	– externe Effekte – Umwelt als öffentliches Gut – umweltfeindliches menschliches Verhalten

Aufgaben

1. Wie sind Umweltprobleme definiert?
   Erläutern Sie die Umweltproblematik an Beispielen.
2. Welches sind die Ursachen der Klimaerwärmung?

3. Welche langfristigen Gefährdungen beinhaltet die Klimaerwärmung?
4. Erläutern Sie das Verhältnis von Ökonomie und Ökologie an Beispielen.
5. Diskutieren Sie in Gruppen: Inwiefern spiegelt das „Abenteuer des Wikingers Hägar" das öffentliche Umweltverhalten wider?
6. Erläutern Sie die politische Zielbestimmung *sustainable development*.
7. Inwiefern reichen die Zielsetzungen der Agenda 21 über die staatliche Umweltpolitik im engeren Sinne hinaus?
8. Erkundigen Sie sich in Ihrer Stadt bzw. Gemeinde, inwiefern eine Lokale Agenda 21 diskutiert und umgesetzt wird.
9. Wo sehen Sie Möglichkeiten, die Prinzipien nachhaltigen Wirtschaftens in Ihrer Stadt bzw. Gemeinde umzusetzen?
10. Diskutieren Sie in Gruppen: Nach welchen Kriterien kann entschieden werden, wie viele Naturressourcen wir verbrauchen können und wie viele Ressourcen für zukünftige Generationen zu erhalten sind?
11. Welche ökonomischen Ursachen hat die Umweltproblematik?
12. Was bedeutet exponentielles Wachstum der Bevölkerung? Stellen Sie den Verlauf grafisch dar.
13. Warum ist das Bruttonationaleinkommen in seiner gegenwärtigen Form kein umweltbezogener Wohlstandsindikator?
14. Erläutern Sie die Kosten der Umweltschäden.
15. Diskutieren Sie in Gruppen: Welche methodischen Probleme sind für die Erfassung und Bewertung der Kosten der Umweltschäden zu berücksichtigen?

5.4 Ziele und Prinzipien staatlicher Umweltpolitik

Umweltschutz als Staatsziel

> „Der Staat schützt auch in Verantwortung für die künftigen Generationen die natürlichen Lebensgrundlagen im Rahmen der verfassungsmäßigen Ordnung durch die Gesetzgebung und nach Maßgabe von Gesetz und Recht durch die vollziehende Gewalt und die Rechtsprechung."
> Art. 20 a GG

Ziele staatlicher Umweltpolitik

In Art. 20 a des Grundgesetzes der Bundesrepublik Deutschland ist der **Umweltschutz** als **Staatsziel** verankert. Die Erhaltung der natürlichen Lebensgrundlagen ist nicht nur eine Sache der Umweltpolitik, sondern eine Querschnittsaufgabe aller staatlichen Politikbereiche.

Mit dem Umweltprogramm von 1971 hat die Bundesregierung die Umweltpolitik zur eigenständigen öffentlichen Aufgabe erklärt. Sie hat dem Schutz der Natur den gleichen Rang wie anderen öffentlichen Aufgaben zugewiesen.

Die **Ziele der Umweltpolitik** wurden wie folgt gefasst:

Umweltpolitik ist die Gesamtheit der Maßnahmen, die erforderlich ist, um
- dem Menschen eine Umwelt zu sichern, wie sie für seine Gesundheit und ein menschenwürdiges Dasein erforderlich ist,
- Boden, Luft, Wasser, Pflanzen und Tierwelt weitgehend vor nachteiligen Wirkungen menschlicher Tätigkeiten zu schützen,
- Schäden und Folgen menschlicher Eingriffe in die Umwelt zu beseitigen.

Gegenwärtig werden von der Bundesregierung folgende umweltpolitischen Schwerpunkte verfolgt:

www.bundesregierung.de

- Atomausstieg und Energiewende
- Maßnahmen zum Klimaschutz
- Luftreinhaltung und Lärmbekämpfung
- Verbesserungen im Naturschutz
- Neuregelungen zur Abfall- und Kreislaufwirtschaft und zum Gewässerschutz
- Durchsetzung einer nationalen Nachhaltigkeitsstrategie
- Sicherung von Umwelt und Gesundheit
- Zusammenfassung des Umweltrechts in einem eigenen Umweltgesetzbuch

Karikatur von Haitzinger

Folgende **Prinzipien** sind handlungsleitend für die Ausgestaltung der Umweltpolitik der Bundesregierung:

Prinzipien der staatlichen Umweltpolitik

- **Vorsorgeprinzip:** Nach dem Vorsorgeprinzip sind bereits im Vorfeld konkreter Gefahren Maßnahmen zur Abwendung von Risiken zu treffen. Ausdruck der Politik der Vorsorge ist die Verminderung schädlicher Emissionen (Stoffe, Strahlen, Lärm) entsprechend dem Stand der Technik. Eine besondere Bedeutung gewinnt die Umweltvorsorge durch die Integration des Umweltschutzes in alle Bereiche des Lebens und Wirtschaftens.

- **Verursacherprinzip:** Nach dem Verursacherprinzip muss derjenige den Aufwand und die Kosten der Vermeidung oder Beseitigung einer Umweltbelastung tragen, der für ihre Entstehung verantwortlich ist. Die Allgemeinheit wird nur in solchen Fällen herangezogen, bei denen der Verursacher nicht greifbar ist.

- **Kooperationsprinzip:** Das Kooperationsprinzip zielt darauf ab, den Umweltschutz als gemeinsame Aufgabe von Staat, Bürgern und Unternehmen zu verankern. Umweltbildung und Umweltinformation, Selbstverpflichtungserklärungen der Wirtschaft und anderer Akteure sowie die Einbindung der gesellschaftlichen Gruppen in die Weiterentwicklung der Umweltpolitik sind Ausdruck des Kooperationsprinzips.

- In vielen Fällen ersetzt oder ergänzt das **Gemeinlastprinzip** das Verursacherprinzip. Nach diesem Prinzip wird der Staat mit öffentlichen Mitteln tätig, um Umweltbeeinträchtigungen zu beseitigen oder zu vermindern. Die breite Anwendung dieses Prinzips ist jedoch abzulehnen.

Schwierigkeiten der Durchsetzung umweltpolitischer Prinzipien

Die Durchsetzung der Prinzipien der staatlichen Umweltpolitik ist mit vielen **Schwierigkeiten** verbunden:

- **Vorsorgeprinzip:** In der Praxis ist es häufig nicht möglich, vorausschauend dafür Sorge zu tragen, dass Umweltschäden vermieden werden. Werden beispielsweise im Rahmen einer so genannten Ökobilanz sämtliche Inputs und Outputs erfasst, die bei Herstellung, Gebrauch und Außerbetriebnahme eines Autos anfallen, und in die Kostenrechnung internalisiert, müsste ein Mittelklassewagen ca. 125.000 € kosten.

- **Verursacherprinzip:** Häufig sind Verursacher von Umweltbelastungen – z. B. bei Verursacherketten – nicht eindeutig zu ermitteln. Wurden Umweltschäden in der Vergangenheit verursacht, so sind ihre Verursacher mitunter kaum noch feststellbar. Beispielsweise lassen sich hinsichtlich des Waldsterbens einzelne Verursacher schwerlich ausmachen und in die Pflicht nehmen.

- **Kooperationsprinzip:** In der Praxis sind die Entscheidungsträger in Politik und Verwaltung auf Informationen angewiesen, über die häufig nur Verursacher von Umweltschäden verfügen. Mächtige Industrieunternehmen, die in einer Kommune der größte Arbeitgeber sind, können beispielsweise wirtschaftliche Interessen gegen die Forderung nach mehr Umweltschutz durchsetzen.

Im Sinne des Vorsorge- und Vermeidungsprinzips sollte die Umweltpolitik an einer präventiven, d. h. vorausschauenden Berichterstattung orientiert werden.

Präventive Umweltpolitik beschränkt sich nicht auf eine Berichterstattung über den Zustand der Umweltmedien Luft, Wasser oder Boden. Sie befasst sich mit der **ökologisch verträglichen Weiterentwicklung** wirtschaftlicher, technischer und gesellschaftlicher Strukturen. Eine präventive Umweltberichterstattung enthält Informationen, die sich z. B. auf technische Neuerungen zur Vermeidung von Schadstoffen in Produktionsprozessen oder die Entwicklung umweltentlastender Konsum- und Lebensformen (z. B. Verzicht auf Urlaubsflugreisen) beziehen.

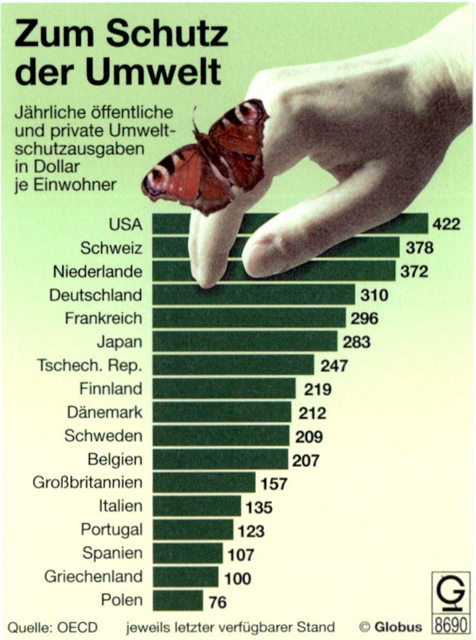

Allerdings ist es bisher noch nicht gelungen, eine präventive Umweltberichterstattung umfassend theoretisch zu fundieren und sie in der Praxis durchzuführen. Es besteht gegenwärtig ein Übergewicht an medienspezifischen und schadensnahen Berichten über den Zustand der Umwelt. Eine medienübergreifende und ursachennahe Umweltberichterstattung ist erst ansatzweise vorhanden.

5.5 Umweltpolitische Instrumente des Staats

Für die Realisierung umweltpolitischer Zielsetzungen existiert eine Vielzahl von umweltpolitischen Instrumenten, wie beispielsweise:

- Kooperationslösungen (z. B. Branchenabkommen, Verbandslösungen)
- freiwillige Vereinbarungen (z. B. Verzicht auf FCKW, Selbstverpflichtung der Bundesregierung im Zuge der Rio-Konferenz)
- umweltplanerische Instrumente (z. B. Umweltverträglichkeitsprüfung)
- direkter öffentlicher Umweltschutz mit Gebühren- und Beitragsfinanzierung
- umweltbewusste staatliche Beschaffungspolitik
- Förderung des öffentlichen Umweltbewusstseins (z. B. Informationsmaterialien zur Abfallvermeidung)

Umweltpolitische Instrumente

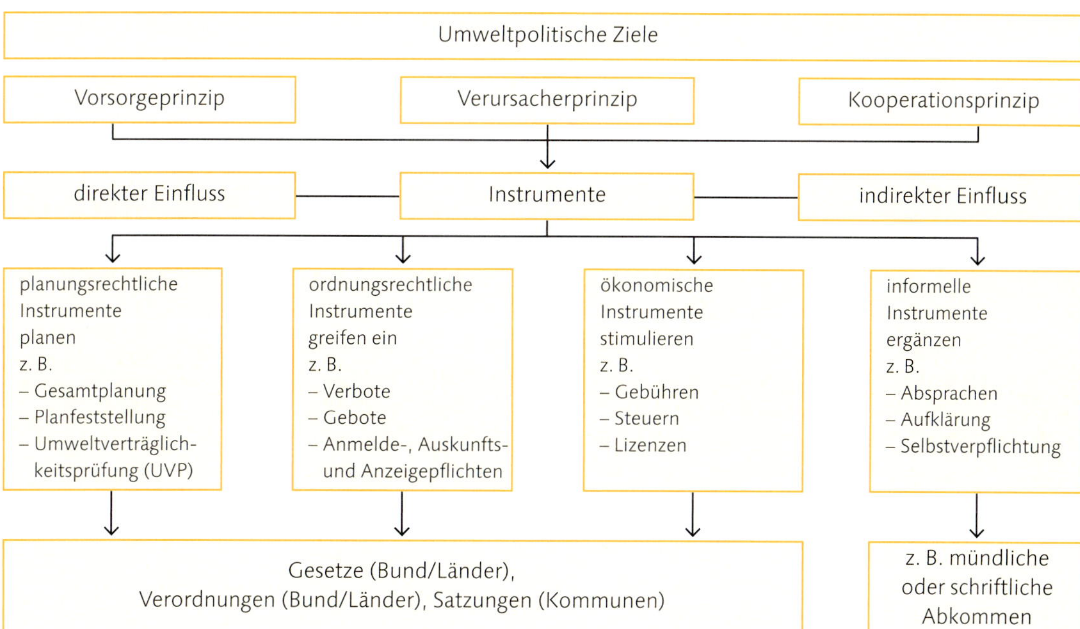

Auf der Rio-Konferenz wurde darauf hingewiesen, dass marktorientierte umweltpolitische Instrumente ordnungsrechtlichen Ansätzen überlegen sind:

ordnungsrechtliche und ökonomische Instrumente der Umweltpolitik

1. Mit Hilfe von **ordnungsrechtlichen Instrumenten** muss umweltgerechtes Handeln gegen andere Handlungsmotivationen durchgesetzt werden.

2. Mit Hilfe von **ökonomischen Instrumenten** wird umweltverträgliches Handeln ökonomisch „belohnt" und umweltschädliches Handeln „bestraft".

5.5.1 Ordnungsrechtliche Instrumente

Im Rahmen einer **Auflagenpolitik** stehen Ge- und Verbote im Mittelpunkt der Umweltpolitik. Verbote können Umweltschäden völlig unterbinden (z. B. Produktionsstilllegungen). Gebote lassen weiterhin ein begrenztes Maß an Umweltbelastungen zu (z. B. Grenzwerte). Auflagen sind beispielsweise Grenzwerte für die Höhe der Abgabe von Schadstoffen (z. B. Technische Anweisung „Luft").

Entsprechend der Vorgaben der „Technische Anweisung-Luft" ist die Abgabe von Luftschadstoffen im Rahmen von Produktionsprozessen zu verringern. Gleichzeitig gehen die Kosten für die entsprechenden Maßnahmen zum Umweltschutz – hinsichtlich der Einhaltung der Emissionsgrenzwerte – in die Wirtschaftsrechnung des Verursachers ein.

Auflagen dominieren bisher in der praktischen Umweltpolitik der Bundesrepublik Deutschland; es gibt über 7.000 gesetzliche Ge- und Verbote (z. B. Wasserhaushaltsgesetz).

Bewertungskriterien

Bewertungskriterien umweltpolitischer Instrumente

- ökologische Effizienz
- dynamische Anreizwirkung
- ökonomische Treffsicherheit

Bewertung der Auflagenpolitik

Auf längere Sicht ist eine Umweltpolitik als Auflagenpolitik allerdings mit erheblichen **Nachteilen** verbunden:

Unter dem Gesichtspunkt wirtschaftlicher Effizienz ist der erreichbare Umweltschutz zu teuer.

– Eine Auflagenpolitik, die für alle Schadstoffemittenten die gleichen Gebote vorschreibt, ist ökonomisch kaum sinnvoll. In der Regel werden die Emissionsvermeidungskosten der einzelnen Betriebe unterschiedlich hoch sein. Mit Hilfe von Auflagen ist es kaum möglich, **unterschiedlich hohe Kosten** der Betriebe für die Vermeidung von Schadstoffen zu berücksichtigen. Mit stärker marktwirtschaftlich orientierten Instrumenten lässt sich ein höherer Umwelteffekt erzielen.

Bei Einhaltung der Grenzwerte kann die Umwelt weiterhin zum Nulltarif genutzt werden.

– Hinsichtlich der dynamischen Anreizwirkung fehlen diesem Instrument **Anreize** für weitere Umweltverbesserungen. Die Kräfte des Marktsystems werden auf den Kopf gestellt. Die Rolle des Motors des technischen Fortschritts wird dem Staat zugeschrieben. Die Betriebe sind tendenziell in einer Position, dass sie technische Entwicklungen verzögern, da die Auflagen umso höher ausfallen, je fortgeschrittener der Stand der Technik ist.

Auflagen erfüllen ein hohes Maß an ökologischer Treffsicherheit.

– Auflagen formulieren absolute Emissionshöchstgrenzen. Sie sind ein geeignetes Instrument, um **unmittelbare Gefahren** in krisenhaften Umweltsituationen und bei hochgiftigen Schadstoffen abzuwehren.

5.5.2 Marktorientierte Instrumente

Im Rahmen einer Auflagenpolitik kann die Umwelt weiterhin prinzipiell zum Nulltarif genutzt werden. Mit Hilfe von **Umweltabgaben** wird die Inanspruchnahme von Umweltleistungen selbst mit Preisen belegt. Mit Hilfe der jeweils zu zahlenden Abgabe sollen die Anreize zur Inanspruchnahme und Übernutzung von Umweltleistungen verringert werden. Als entsprechende Instrumente werden in der Literatur Umweltsteuern, -gebühren, -beiträge, reine Emissionsabgaben, kombinierte Abgaben-/Auflagensysteme und Abgaben auf Produkte angeführt.

Protest gegen die Ökosteuer in Berlin

Im Rahmen einer Abgabenpolitik wird vom Grundsatz ausgegangen: Wer die Umwelt als Produktionsfaktor nutzt, muss dafür einen entsprechenden Preis entrichten. Es wird angestrebt, dass die **Verursacher** von Umweltschäden die ökologischen Kosten entsprechend der Höhe der Abgabe in ihre Wirtschaftlichkeitsrechnung einbeziehen.

Die Ökosteuer

Am 1. Januar 2002 ist die vierte - und damit die vorletzte - Stufe der ökologischen Steuerreform in Kraft getreten. Die Mineralölsteuer auf Benzin- und Dieselkraftstoffe wird damit um 3,07 Cent je Liter angehoben (dies entspricht den jeweils 6 Pfennig der ersten drei Stufen). Die Stromsteuer erhöht sich um 0,26 Cent (0,5 Pfennig) je Kilowattstunden. (...)

Die Einnahmen aus der ökologischen Steuerreform fließen fast vollständig in die Rentenkasse. Ohne die Einnahmen aus der Ökosteuer wäre der Beitragssatz in der gesetzlichen Rentenversicherung im Jahr 2002 um 1,5 Prozentpunkte höher. Mit den Einnahmen aus der Ökosteuer wird also die Rentenkasse entlastet. Das hilft, Arbeitsplätze zu sichern.

Zudem wird mit weit über einer halben Milliarde Euro aus dem Ökosteueraufkommen bis 2003 die Nutzung erneuerbarer Energien gefördert. Gefördert wird auch der öffentliche Verkehr – durch steuerliche Anreize. Auf diese Weise entstehen zukunftsorientierte Arbeitsplätze, nach einem Gutachten des Deutschen Instituts für Wirtschaftsforschung in Berlin bis zu 250.000 neue Stellen.

Die Ökosteuer schafft Anreize, Energie zu sparen und Schadstoffe dauerhaft zu reduzieren, zum Beispiel das für den Klimawandel verantwortliche Kohlendioxid.

Quelle: www.bundesregierung.de; Stand: 4. Juli 2002

Vorteile von Umweltabgaben im Hinblick auf ihre ökonomische Effizienz:

- Umweltabgaben gewährleisten einen **kostengünstigen Schutz** der Umwelt. Jeder einzelne Konsument und jeder Betrieb kann genau zwischen zu zahlender Abgabe und den Vermeidungskosten unterscheiden.

Jeder kann ein Kostenminimum bestimmen.

- Von Abgaben gehen **ökonomische Anreize** aus, Innovationen einzuführen, um die Kosten des Umweltschutzes zu senken. Diese Anreize beschränken sich jedoch nicht darauf, einen bestimmten Grenzwert einzuhalten. Im Betrieb muss beispielsweise ständig überlegt werden, wie Emissionen gesenkt werden können, um Kosten einzusparen. Jede Emission, die durch verbesserte Umwelttechnik vermieden werden kann, verringert die Abgabenhöhe.

Abgaben beinhalten ein hohes Maß an dynamischer Effizienz.

- Umweltabgaben **begrenzen** die Durchführung umweltbelastender Aktivitäten jedoch **nicht direkt**. Sie verteuern diese – über den entsprechenden Preis für Emissionen – für den Verursacher.

Die ökologische Treffsicherheit kann allerdings nicht vorausgesagt werden.

Umweltlizenzen

Mit Hilfe von **Emissionslizenzen** wird die Preisbildung für bestimmte Umweltnutzungen nicht dem Staat überlassen, sondern dem Markt übertragen. Im Hinblick auf gewünschte Umweltqualitätsziele werden für bestimmte Schadstoffe vom Staat Grenzwerte festgelegt. Entsprechend stellt der Staat eine danach zu bestimmende Menge von gestückelten Emissionslizenzen zur Verfügung.

Ein Unternehmen, das an **Verschmutzungsrechten** interessiert ist, muss Emissionslizenzen kaufen. Der entsprechende **Preis** wird nicht politisch festgelegt, sondern bildet sich am Markt und ergibt sich auf Grund der Nachfrage aller an Verschmutzungsrechten interessierten Unternehmen. Darüber hinaus kann der Staat den Bestand von Lizenzen – beispielsweise durch Rückkauf oder ihre jährliche Abwertung – verknappen und dadurch zusätzliche Anreize für umweltschützende Innovationen schaffen.

Der Preis für Emissionslizenzen bildet sich am Markt.

Emissionshandel für den Klimaschutz nutzen

Auf dem Weltklimagipfel in Kyoto hat sich Deutschland verpflichtet, sechs Treibhausgase in der Zeit von 2008 bis 2012 um 21 Prozent zu verringern.

„Das Kyoto-Protokoll erlaubt den Industrieländern, untereinander mit Emissionsrechten zu handeln. Voraussetzung dafür ist allerdings die Ratifizierung und das Inkrafttreten des Protokolls. Unabhängig davon kann jedes Land einen innerstaatlichen Emissionshandel einrichten, der von den Unternehmen getragen wird." (...) „Der Emissionshandel kann sowohl auf nationaler wie internationaler Ebene einen wirksamen Beitrag zum Klimaschutz leisten. Dafür müssen wir aber absolute Obergrenzen für den Ausstoß von Treibhausgasen festlegen." Die Bonner Klimakonferenz hatte sich darauf geeinigt, dass die Industrieländer einen „signifikanten Anteil" ihrer Emissionsreduktionen im eigenen Land erbringen müssen, der Rest kann im Ausland erbracht werden.

Quelle: www.bundesregierung.de

Emissionslizenzen **vereinigen** die **Vorteile** von Auflagen und Umweltabgaben, ohne die Nachteile dieser Instrumente zu übernehmen:

Bewertung von Umweltlizenzen

- Jeder Verursacher von Umweltbelastungen kann auf der Grundlage seiner eigenen betrieblichen Kosten-Nutzen-Rechnung vergleichen, in

hohes Maß an ökonomischer Effizienz

welcher Höhe ihm Kosten für die Vermeidung je Schadstoffeinheit oder für entsprechend zu bezahlende Lizenzgebühren entstehen.
- Die Kosten für Umweltzertifikate werden umso geringer, je weiter Emissionen z. B. durch umwelttechnischen Fortschritt vermindert werden können.
- Die Anzahl der ausgegebenen Zertifikate ist hinsichtlich eines insgesamt einzuhaltenden Emissionszielwertes begrenzt, sodass dieser (auf legalem Weg) nicht überschritten werden kann.

hohes Maß an dynamischer Anreizwirkung

hohe ökologische Treffsicherheit

Marktwirtschaftliche Instrumente können das Ordnungsrecht nicht ersetzen, aber staatliche Aufgaben an geeigneten Stellen ergänzen.

zusammenfassende Bewertung der umweltpolitischen Instrumente

Bewertung umweltpolitischer Instrumente

	Umweltauflagen	Umweltabgaben	Umweltlizenzen
ökonomische Effizienz	gering	hoch	hoch
dynamische Anreizwirkung	gering	hoch	hoch
ökologische Treffsicherheit	hoch	gering	hoch

Eine Veränderung des **Umwelthaftungsrechts** gilt als weiterer Ansatzpunkt, um die Anreiz- und Steuerungsfunktion des Marktes dahingehend zu stärken, dass Umweltschäden vermieden bzw. verringert werden. Werden die Hersteller für die Umweltschäden ihrer Produkte haftbar gemacht, so werden sie in der Regel umweltfreundlichere Produkte herstellen.

Umwelthaftung

5.5.3 Der Staat als umweltpolitischer Problemlöser und Problemerzeuger

Der Staat ist bisher stärker als „Motor" der industriellen Entwicklung und des Wirtschaftswachstums zu sehen, als dass er als ein neutraler „Anwalt" der Umwelt bezeichnet werden kann. Die Qualität der Umwelt wird viel entscheidender in den klassischen Ressorts staatlicher Politik geprägt, als durch die Maßnahmen des Umweltministeriums. Was z. B. in den Ressorts Landwirtschafts-, Verkehrs-, Bau-, Finanz- oder Energiepolitik beschlossen wird, bleibt dem Zugriff des Umweltministeriums weitgehend entzogen. Deshalb ist darauf hinzuwirken, dass die **Umweltpolitik** als **„Querschnittsaufgabe"** in allen Politikfeldern Berücksichtigung findet, damit sich politische Entscheidungen in den verschiedenen Ressorts nicht zu Lasten der Umwelt widersprechen. Darüber hinaus ist zu berücksichtigen, dass der Staat in die Gesellschaft eingebunden und allein mit dem Schutz der Umwelt überfordert ist. Neben staatlichen umweltpolitischen Maßnahmen müssen beispielsweise Produzenten das Risiko tragen, umweltverträglichere Produkte herzustellen, und Konsumenten bereit sein, dafür auch einen höheren Preis zu zahlen.

Staatliche Umweltpolitik erfüllt als Ressortpolitik gegenüber anderen Politikbereichen in vielerlei Hinsicht nur eine ausgleichende Funktion.

gesamtgesellschaftliche Betrachtungsweise

Staat und Gesellschaft bilden ein vernetztes Gesamtsystem.

Die Umweltproblematik erfordert als **globales Problem** in zunehmendem Maße **supranationale Lösungen**, um auf internationaler Ebene Maßnahmen zum Umweltschutz durchzusetzen. In dieser Hinsicht sind in besonderem Maße eine effektive europäische Umweltpolitik und weltweite Aktivitäten zur Koordinierung umweltpolitischer Aktivitäten erforderlich.

Übersicht:			
Ziele der Umweltpolitik	– Sicherung der Umwelt für den Menschen – Schutz des Bodens, der Luft, des Wassers, der Pflanzen und Tiere – Schäden und Folgen menschlicher Eingriffe in die Umwelt beseitigen		
Prinzipien der staatlichen Umweltpolitik	– Vorsorgeprinzip – Verursacherprinzip – Kooperationsprinzip – Gemeinlastprinzip		
umweltpolitische Instrumente	– ordnungsrechtliche Instrumente	Auflagenpolitik (Ge- und Verbote)	– relativ genaue Erreichung umweltpolitischer Zielsetzungen – darüber hinaus keinen Anreiz zum Schutz der Umwelt – Umweltnutzung weiterhin zum Nulltarif
	– ökonomische Instrumente	Umweltabgaben	– Umweltleistungen mit Preisen belegt – dynamische Effizienz – ökonomische Treffsicherheit nicht voraussagbar
		Umweltlizenzen	– Verschmutzungsrechte können am Markt gehandelt werden – ökonomische Effizienz – dynamische Anreizwirkung – ökologische Treffsicherheit

Aufgaben

1. Informieren Sie sich im Internet über gegenwärtige Schwerpunkte der Umweltpolitik der Bundesregierung.
   www.bundesregierung.de
   www.bmu.de
2. Wie beurteilen Sie die Durchsetzungschancen der Prinzipien der Umweltpolitik?
3. Was ist unter präventiver Umweltpolitik zu verstehen?
4. Diskutieren Sie in Gruppen: Wie könnte eine präventive Umweltpolitik realisiert werden?
5. Erläutern Sie Vorteile und Nachteile einer Auflagenpolitik des Staates.
6. Erläutern Sie Vorteile und Nachteile von Umweltabgaben.
7. Erläutern Sie Vorteile und Nachteile von Emissionslizenzen.
8. Drei Unternehmen emittieren Schadstoffe in die Luft. Der Staat will die Gesamtemission auf 24 t begrenzen.
   a) Auflagenpolitik: Der Staat begrenzt die Emissionen für jedes Unternehmen auf 8 t. Wie hoch sind die Gesamtkosten für die Unternehmen?

	Ist-Emission	Soll-Emission	Vermeidungskosten pro t
Unternehmen 1	4 t	8 t	10 Mio. €
Unternehmen 2	10 t	8 t	6 Mio. €
Unternehmen 3	10 t	8 t	8 Mio. €

b) Lizenzen: Der Staat stellt Emissionslizenzen für jedes Unternehmen über 8 t aus. Die Lizenzen sind frei handelbar, der Preis pendelt sich bei 8 Millionen € pro t ein. Wie hoch sind die Gesamtkosten für die Unternehmen?

	Ist-Emission	Soll-Emission	Kauf von Lizenzen
Unternehmen 1	4 t	8 t	– 4 t
Unternehmen 2	10 t	8 t	+ 2 t
Unternehmen 3	10 t	8 t	+ 2 t

9. Diskutieren Sie in Gruppen: Wie kann die Rolle des Staates verändert werden, damit er nicht umweltpolitischer Problemlöser und Problemerzeuger zugleich ist?

5.6 Diskrepanz zwischen Umweltbewusstsein und -verhalten

Diskrepanz zwischen Umweltbewusstsein und -verhalten

Alle Überlegungen, den Umweltschutz in das Handeln der Wirtschaftssubjekte (Konsumenten und Produzenten) zu integrieren, haben sich mit dem **„Egoismus" des Einzelnen** auseinander zu setzen. Menschen sind in der Regel auf den eigenen Vorteil bedacht. Ein egoistisches Verhalten führt nicht selten dazu, dass trotz ausgeprägten Umweltbewusstseins kein entsprechendes Handeln zum Schutz der Umwelt erfolgt.

Soll ein **Umweltverhalten auf breiter Basis** gefördert werden, so sind zwei „Säulen" umweltgerechten Handelns der Wirtschaftssubjekte zu berücksichtigen:

homo oeconomicus, vgl. Kapitel 2, 1.4.1 Ökonomisches Prinzip

– In Bezug auf das **Menschenbild** ist davon auszugehen, dass Menschen **eigennützig** und **rational** handeln. Im Rahmen dieser Auffassung ist das menschliche Verhalten dadurch motiviert, einen individuellen Vorteil zu erlangen. Dieses Streben nach Verbesserung der eigenen Situation ist keinesfalls auf materielle Werte (z. B. Geld, Güter, Einkommen) beschränkt. Es umfasst auch immaterielle Werte (z. B. soziales Ansehen, Status, Macht, Mühen, Bequemlichkeit). Ferner wird Individuen rationales Verhalten unterstellt, d. h., gemäß der ökonomischen Rationalität bestimmen Kosten-Nutzen-Überlegungen das Handeln.

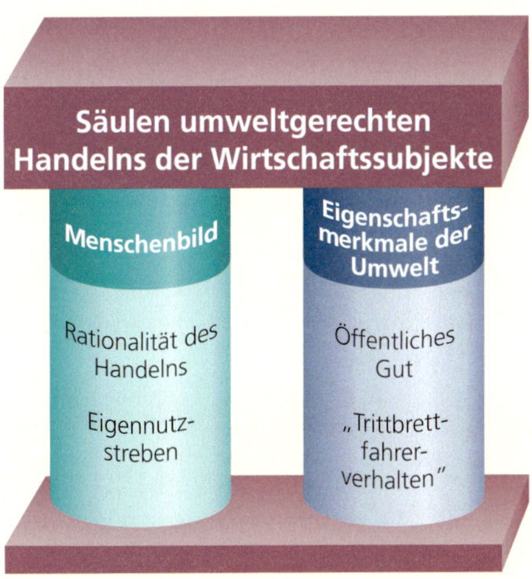

– Die zweite Säule bezieht sich auf **Eigenschaftsmerkmale der Umwelt**. Es wird davon ausgegangen, dass die Umwelt den Charakter eines öffentlichen Gutes bzw. eines Kollektivgutes hat. Für öffentliche Güter gilt, dass das Ausschlussprinzip nicht zur Anwendung kommt. Auch derjenige, der sich nicht an der Bereitstellung eines **öffentlichen Gutes** beteiligt, kann in den Genuss dieses Gutes gelangen („**Trittbrettfahrerverhalten**").

ankommende Mülltransportfahrzeuge auf einer Mülldeponie

Weiterhin ist bei öffentlichen Gütern der individuelle Beitrag zur Bereitstellung oder Erhaltung des öffentlichen Gutes kaum spürbar.

Unter den gegenwärtigen ökonomischen Rahmenbedingungen bestehen für das einzelne Wirtschaftssubjekt **keine** marktwirtschaftlichen **Verhaltensanreize**, die Umwelt zu schützen. Es überwiegen Anreize, die Umwelt zu schädigen, da umweltschädigende Güter in der Regel kostengünstiger als ökologisch verträglichere Produkte sind. Hierbei wird grundsätzlich nicht bestritten, dass sich ein umweltbewusstes Verhalten z. B. aus ethischen Motiven entwickeln kann. Diese Art motivierter Verhaltensweisen bildet aber eher die Ausnahme und läuft Gefahr, an den ökonomischen Realitäten zu scheitern.

zentrale Annahmen dieses Modells: Die Umwelt stellt ein öffentliches Gut dar und Verhandlungen zwischen den Beteiligten sind auf Grund hoher Transaktionskosten ausgeschlossen.

Zum umweltbewussten Konsumverhalten

Umweltbewusstes Konsumverhalten zeigt danach die große Mehrheit der Deutschen beim Getränkekauf, beim Einkaufen von Früchten und Gemüse der Jahreszeit entsprechend und durch den Verzicht auf Fertiggerichte. Vergleichsweise wenig Wert legen die Konsumenten auf frische Biowaren.

Quelle: Globus; Umweltbundesamt

Für die Analyse der Schwierigkeiten, individuelles umweltbewusstes Verhalten zu realisieren, kann das Modell des so genannten **Gefangenendilemmas** zu Grunde gelegt werden. Der Einzelne steht, wenn er sich umweltgerecht verhalten will, vor folgendem Dilemma:

Er hat einen „Kostenvorteil" (wobei der Kostenbegriff nicht nur auf Geldeinheiten beschränkt ist), wenn er sich weiterhin umweltschädlich verhält und beispielsweise nicht mehr Geld zum Schutz der Umwelt ausgibt. Damit verknüpft ist die Hoffnung, die anderen werden schon für den Erhalt der Umwelt sorgen bzw. dafür bezahlen und ihn nicht von der Nutzung ausschließen.

Beispiel: Die Kosten für umweltverträgliches Verhalten betragen für den Einzelnen 10 Einheiten (EH). Die durch alle anderen bewirkten Umweltverbesserungen schlagen mit 30 Einheiten (EH) zu Buche.

		Verhalten der anderen Konsumenten/Produzenten	
		umweltverträglich	nicht umweltverträglich
Verhalten des einzelnen Konsumenten/Produzenten	umweltverträglich	Nutzen 30 EH I – Kosten 10 EH Nettonutzen + 20 EH	Nutzen 0 EH III – Kosten 10 EH Nettonutzen –10 EH
	nicht umweltverträglich	Nutzen 30 EH II – Kosten 0 EH Nettonutzen + 30 EH	Nutzen 0 EH IV – Kosten 0 EH Nettonutzen 0 EH

Es ergibt sich das gegenwärtig vorherrschende umweltschädigende Verhaltensmuster. Für jeden Einzelnen besteht ein Anreiz, Feld II und nicht Feld I anzustreben:

- Wenn der Einzelne und alle anderen sich umweltgerecht verhalten, kann der Einzelne seine Situation um 20 Einheiten verbessern und es kommt eine verbesserte Umweltqualität zu Stande (Feld I).
- Da die Umwelt den Charakter eines öffentlichen Gutes hat, kann der Einzelne seinen Vorteil jedoch wie folgt erhöhen (auf 30 Einheiten): Er verweigert seinen Kostenbeitrag und hofft, die anderen werden sich umweltgerecht verhalten und die entsprechenden Kosten tragen (Feld II).
- Wenn der Umweltschützer sich allein umweltfreundlich verhält und alle anderen dies nicht tun, hat er einen Verlust von 10 Einheiten zu tragen (Feld III).

Im Rahmen der Modellvorstellung ist das Trittbrettfahrerverhalten (Feld II) des Einzelnen die Folge, solange der Verbrauch der Umwelt – als öffentlichen Gutes – quasi „kostenlos" erfolgen kann. Unter den gegenwärtigen ökonomischen Rahmenbedingungen besteht für den Einzelnen kein unmittelbarer Anreiz, sich umweltgerecht zu verhalten.

Kaum Geld für „Bio"

Experte sieht Öko-Kost nicht auf Vormarsch

Verbraucher greifen nach Expertenmeinung auch nach der BSE-Krise nicht verstärkt zu Bio-Kost. „Die Verbraucher sind nicht bereit, für qualitativ höherwertige Lebensmittel mehr auszugeben – und das trotz BSE und anderer Lebensmittelskandale", sagt Sven-David Müller, Experte beim Deutschen Institut für Ernährungsmedizin und Diätetik. „Der Bevölkerung ist nicht klar, dass Lebensmittel Mittel zum Leben sind und diese nicht immer die billigsten sein können." Er forderte ein Umdenken bei der Verteilung der Einnahmen eines Haushalts. „Es wird mehr für Urlaub und Kosmetik ausgegeben als für Lebensmittel." Bio-Kost-Produkte seien zwischen zehn und 30 Prozent teurer als herkömmliche Nahrungsmittel. „Rational ist dem Verbraucher begreiflich, dass Bio-Produkte besser sind. Das aber führt zu keiner Kaufentscheidung." Auch der Fleischkonsum sei nach dem Einbruch durch die BSE-Krise wieder auf altem Niveau.

Quelle: Nordwest-Zeitung vom 12. Oktober 2001

Im realen Wirtschaftsleben haben inzwischen viele Betriebe Umweltschutz auf ihre „Fahne" geschrieben und legen Konsumenten ein „umweltfreundliches" Verhalten nahe. Allerdings sind Produzenten und Konsumenten hinsichtlich ihres realisierten Umweltverhaltens häufig inkonsistent. Sie verhalten sich in manchen Bereichen durchaus umweltgerecht, in anderen wiederum nicht. Ergebnisse empirischer Forschungen legen die Auffassung nahe, dass Personen mit umweltbewussten Einstellungen diese nicht in allen Bereichen in entsprechendes Verhalten umsetzen. Sie tun es in der Regel eher dort, wo für sie persönlich **keine** einschneidenden **Änderungen von Verhaltensgewohnheiten** oder Verzichtleistungen erforderlich werden.

Hinsichtlich der Realisierung von Umweltverhalten kann von folgender Tendenz ausgegangen werden:

- In so genannten **Low-cost-Situationen**, in denen ein umweltgerechtes Verhalten ohne größere persönliche Nachteile oder Kosten erfolgen kann, wird es leichter realisiert (z. B. Papierrecycling).
- In so genannten **High-cost-Situationen**, in denen eine entsprechende Verhaltensweise zu hohen Verhaltenskosten führen würde, unterbleibt es in stärkerem Maße (z. B. Verzicht auf das Autofahren).

Zudem ist zu berücksichtigen, dass inzwischen fast jeder Mensch **punktuell** nachweisen kann, dass er sich in wenigstens einem Lebensbereich umweltgerecht verhält. Allerdings wird nicht selten dieser Bereich zum Maßstab für die Beurteilung des gesamten persönlichen Umweltverhaltens gemacht. Andere umweltschädigende Verhaltensweisen werden dann gerne ignoriert.

Karikatur von Plaßmann

Umweltbewusstes Verhalten stellt kein einheitliches Verhaltensmuster dar, sondern ist sehr vielschichtig ausgeprägt.

Übersicht:

Säulen umweltgerechten Handelns	– Menschenbild	Menschen handeln eigennützig und rational
	– Eigenschaftsmerkmale der Umwelt	Umwelt ist ein öffentliches Gut
Tendenzen bei der Realisierung von Umweltverhalten	– Low-cost-Situation	umweltgerechtes Verhalten leichter, wenn keine größeren persönliche Nachteile bzw. Kosten anfallen
	– High-cost-Situation	umweltgerechtes Verhalten schwieriger, wenn größere persönliche Nachteile bzw. Kosten anfallen

5.7 Grenzen des wirtschaftlichen Wachstums?

Das Ziel „angemessenes und stetiges Wirtschaftswachstum" ist ein **Ziel der Wirtschaftspolitik** in der Bundesrepublik Deutschland, ebenso wie „Umweltschutz" und weitere Zielsetzungen. Wirtschaftswachstum und materieller Lebensstandard bedingen sich – bei wachsender Bevölkerung – gegenseitig. Ohne Wirtschaftswachstum und entsprechend steigende Steuereinnahmen des Staats wird es beispielsweise kaum möglich sein,

vgl. 4.2 Welche Ziele soll die Wirtschaftspolitik erreichen?

- den erreichten materiellen Lebensstandard zu sichern, geschweige denn ihn zu erhöhen,
- das Arbeitsplatzangebot zu sichern und zu erhöhen,
- Einkommen und Vermögen gerechter zu verteilen und
- soziale Ungerechtigkeiten zu vermindern.

Bedeutung wirtschaftlichen Wachstums für den Wohlstand

Im Gegenteil, es ist zu befürchten, dass sich ohne Wachstum die sozialen Spannungen in der Gesellschaft erhöhen werden (z. B. Probleme der Arbeitslosigkeit, Höhe von Krankenkassen- und Rentenversicherungsbeiträgen).

Spätestens seit der 1972 veröffentlichten Studie des Club of Rome über die „Grenzen des Wachstums" ist das Wirtschaftswachstum keineswegs mehr ein unumstrittenes Ziel der Wirtschaftspolitik. In der Umweltökonomie werden grundlegend im Hinblick auf eine **Konfliktverminderung** zwischen den Zielen **Umweltschutz** und **Wirtschaftswachstum** folgende Wachstumsmodelle diskutiert:

1. theoretisch exponentielles Wachstum
2. quantitatives Wachstum
3. Wachstumstrend bei der gegenwärtigen Umweltpolitik
4. „Nullwachstum"
5. qualitatives Wachstum
6. theoretisches Wachstum bei einer „rein" ökologischen Politik

Modellvorstellungen zum wirtschaftlichen Wachstum

1. **Theoretisch exponentielles Wachstum:** Das Wachstum einer Volkswirtschaft wird in der Regel als Zunahme des realen Bruttonationaleinkommens (Volkseinkommen) eines Landes bezeichnet. Eine jährlich gleich bleibende Wachstumsrate von beispielsweise sieben Prozent, wie sie Ende der 60er- und Anfang der 70er-Jahre des 20. Jahrhunderts bestand, führt zu einer Verdoppelung des Bruttonationaleinkommens in nur zehn Jahren, d. h., die Wirtschaft wächst exponentiell, das Wachstum beschleunigt sich immer mehr.

Ein exponentielles Wachstum liegt beispielsweise vor, wenn sich der Energieverbrauch alle zehn Jahre verdoppelt.

Die Studie des Club of Rome von 1992 mit dem Titel „Die neuen Grenzen des Wachstums" verdeutlicht mit Hilfe eines Computermodells, dass die Menschheit Gefahr läuft, bei exponentiellem Wachstum ihre **Wachstumsgrenzen zu überziehen**.

Die Grenzen des Wachstums sind physikalischer und biologischer Art und bestehen aus

- kultivierter Landfläche,
- erzielbarem Ertrag pro Flächeneinheit bebauten Landes,
- nicht regenerierbaren Ressourcen und
- der Absorptionsfähigkeit der Umwelt für Schadstoffe.

Variablen des Modells:
- Nahrungsmittelproduktion
- Ausbeutung von Rohstoffen
- Umweltverschmutzung
- Bevölkerung
- Industrialisierung

Unter der Annahme, dass sich die Variablen des zu Grunde liegenden Modells unbeeinflusst weiterentwickeln wie seit dem Jahre 1990, wird die Ertragskapazität der Umwelt überschritten und das System bricht zusammen.

Mögliche Wachstumsverläufe und ihre Auswirkungen auf den Umweltverbrauch

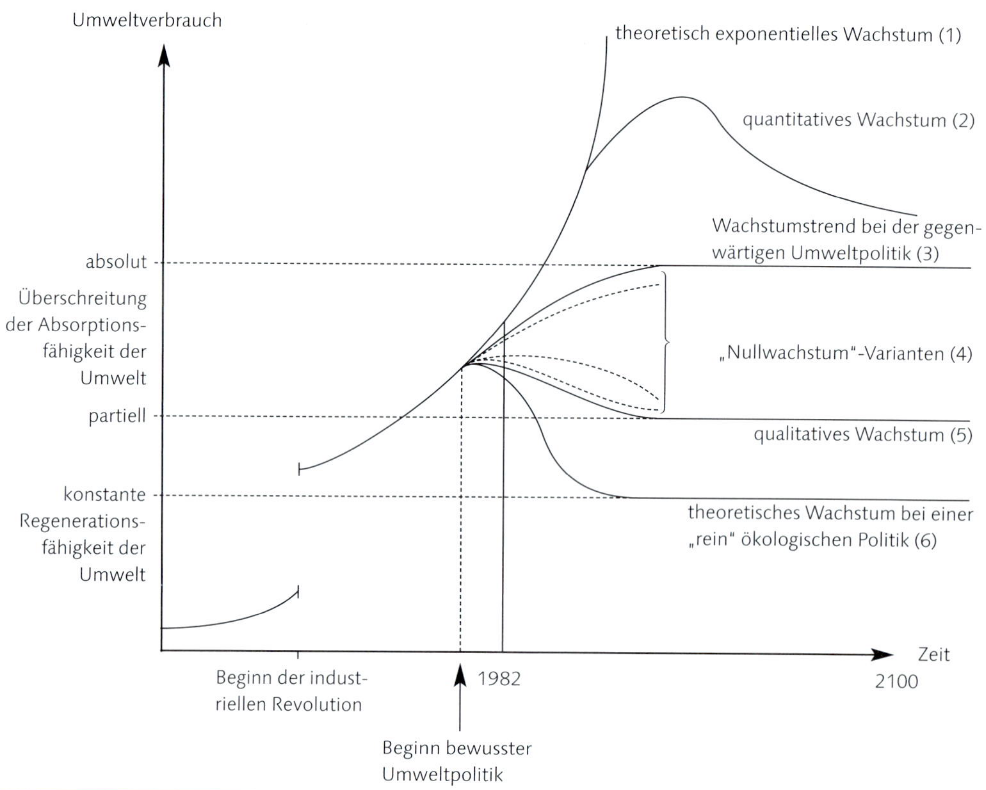

2. **Quantitatives Wachstum:** Im Jahr 1972, als der erste Bericht des Club of Rome erschien, gab es in den hoch entwickelten Volkswirtschaften **kein reines quantitatives Wachstum** mehr. Es waren beispielsweise erste Ansätze einer Umweltpolitik zur Begrenzung der Umweltschäden vorhanden. Die zunehmende Kenntnis über mögliche Umweltgefahren, beispielsweise auf Grund von Chemikalien (z. B. Schwermetalle, Fluorchlorkohlenwasserstoff), sowie der weiter steigende Verbrauch von Rohstoffen wiesen auf die Gefahr hin, dass das vorhandene Wirtschaftswachstum möglicherweise die Grenzen der Aufnahmekapazität der Umwelt übersteigt.

Quantitatives Wirtschaftswachstum verläuft gleichmäßig und nicht exponentiell.

3. **Gegenwärtiger Wachstumstrend:** In der Realität ist der quantitative Wachstumstrend, der von vielen Kritikern der gegenwärtigen Umweltpolitik unterstellt wird, nicht mehr gegeben. Tatsächlich wird in den meisten hoch entwickelten Staaten eine mehr oder minder zielstrebige, mehr oder minder erfolgreiche Umweltpolitik betrieben.

gegenwärtiger Wachstumstrend

4. **„Nullwachstum":** Von Menschen, die sich für die Umwelt engagieren, wird häufig die Forderung nach einem „Nullwachstum" der Wirtschaft zur Lösung der gegenwärtigen und zukünftigen Umweltprobleme erhoben. Dies würde bedeuten, dass entweder eine gleich bleibende **Produktion von Gütern** bestehen bleibt. Oder es müsste ein Ausgleich erfolgen, wenn

Im Rahmen eines „Nullwachstums" wird die Höhe des Bruttonationaleinkommens auf dem gegenwärtigen Stand festgeschrieben.

die Wirtschaft in einigen Bereichen wächst, indem die Produktion in anderen verringert wird. Der Vorteil eines „Nullwachstums" wird darin gesehen, dass sich der Umweltverbrauch nicht weiter erhöhen und die Grenze der Aufnahmefähigkeit der Natur für Schadstoffe nicht weiter überschritten würde.

Es ist zu berücksichtigen, dass ein gemäßigtes Wirtschaftswachstum positive Effekte für die Umwelt bewirken kann, wenn beispielsweise umweltschonende Technologien eingesetzt werden. Möglich erscheinen sogar Entwicklungen, die trotz des „Nullwachstums" zu einem steigenden Umweltverbrauch führen. „Nullwachstum" beinhaltet kaum eine Lösung des Umweltproblems, wenn beispielsweise die Tendenz zu umweltschädlichen Wirtschaftsstrukturen verstärkt oder eine neue Vermeidungstechnologie nicht eingeführt wird. Im Gegenteil, die bestehenden umweltschädlichen Wirtschaftsweisen bleiben dann weiter bestehen.

5. **Qualitatives Wachstum** bedeutet nach Lutz Wicke, dass – unter spezieller Berücksichtigung der Wohlstandskomponente intakte Umwelt – pro Kopf der Bevölkerung eine möglichst gleich verteilte und möglichst hohe **Zunahme der materiellen Bedürfnisbefriedigung** erreicht wird, wobei die **Umweltqualität dauerhaft gleich bleibt oder sogar ansteigt**.

Qualitatives Wachstum beinhaltet eine Möglichkeit, den Konflikt zwischen Wirtschaftswachstum und Umweltschutz zu vermindern.

Es wird ein Wirtschaftswachstum angestrebt, für das immer weniger Rohstoffe benötigt werden und welches mit der Abgabe von immer weniger Schadstoffen verbunden ist.

„Wachstum schadet"

Was ist gutes Leben? Weniger Wachstum? Gerhard Scherhorn (70) ist Leiter der Arbeitsgruppe Neue Wohlstandsmodelle beim Wuppertaler Institut für Klima, Umwelt, Energie. Die Wissenschaftler forschen dort am Begriff „gutes Leben": Hebt der enorm hohe Stoffeinsatz bei Wirtschaftsleistung, Mobilität und Güterreichtum die Lebensqualität? (…)

Die Wirtschaft wächst langsamer als erwartet, ist das aus ökologischer Sicht nicht zu begrüßen?

Grundsätzlich kann man das nicht sagen. Sicher ist aber, dass die Art und Weise des Wachstums, das wir haben, umweltschädlich ist. Durch die wachsende Nachfrage werden die Erfolge der Umweltschutzpolitik wieder zunichte gemacht. Beispiel Katalysator: Autos stoßen jetzt weniger Stickstoff aus, aber es fahren immer mehr Autos immer schneller und häufiger.

Wo ist der Ausweg?

Produktion und Produkte müssen wesentlich umweltschonender werden. Aber selbst wenn man sich vorstellt, dass Autos nicht mehr mit Benzin fahren und kein CO_2 mehr ausstoßen würden, wäre es auch nicht gleichgültig, wie viele davon hergestellt werden, allein wegen der Material- und Energiekosten. Selbst bei einem umweltschonenderen Wachstum müssten die Wachstumsraten niedriger werden.

Also auch die Massenproduktion etwa von Brennstoffzellenautos würde das Problem nicht lösen?

Nein, das Problem ist nur durch Qualitätsverbesserungen, die dann natürlich zu höheren Preisen führen, lösbar. Aber man kann sich ja auch ein Wachstum vorstellen, das aus wertvolleren Produkten resultiert. Genau das kann man erwarten, wenn die Wirtschaft nach und nach auf eine Kreislaufwirtschaft mit geringeren Emissionen und einem geringeren Rohstoffverbrauch zusteuert. Trotzdem könnte es, monetär gesehen, ein Wachstum geben, wenn die Menschen diese Produkte als so wertvoll erachten würden, dass sie dafür auch steigende Preise in Kauf nehmen.

Die Umweltbewegung hat lange Zeit Null- und sogar Minuswachstum gefordert. Wäre das ein Ausweg?

Das ist missverständlich. Gemeint war Nullwachstum von umweltschädlichen Produktionen und Emissionen. (...)

Wachstum ist auch ein allgemeiner Wirtschaftsindikator. Gäbe es dazu eine Alternative?

Ich bin sicher, dass man sich mit gutem Willen auf ein oder zwei Indikatoren, etwa den Beschäftigungsgrad und die Qualitätsfortschritte oder Indikatoren für die Umwelt, festlegen könnte. Es gibt Indikatoren für die Erwartungen der Bevölkerung, für die Zufriedenheit mit den Lebensumständen. Das sind Möglichkeiten, für die sich nur ein Politiker einsetzen müsste.

Sowohl Umweltschäden als auch deren Beseitigung schlagen in der jetzigen Rechnung positiv zu Buche. Müsste man diese Berechnung nicht ändern?

Allerdings. Es gibt einen Indikator für die Steigerung des Nettowohlstandes. Der zeigt, dass das Bruttonationaleinkommen zwar stetig gestiegen ist, der Nettowohlstand aber seit den Siebzigerjahren gleich geblieben und in den USA sogar gesunken ist. (...)

Bruttosozialprodukt
= Bruttonationaleinkommen
(seit 1999)

Quelle: die tageszeitung vom 14. April 2001, Interview: Bernhard Pötter

Umwelt stärker geschont

Beim umweltschonenden Wirtschaftswachstum befindet sich Deutschland auf einem guten Weg. Der Umwelt- und Materialverbrauch hat sich in den vergangenen Jahrzehnten von der ökonomischen Entwicklung abgekoppelt. Um 1.000 DM (511 €) reales Bruttoinlandsprodukt zu erzeugen, benötigt die deutsche Wirtschaft heute nur noch 447 Kilogramm Rohstoffe und Energieträger. 1960 waren es laut dem Institut der deutschen Wirtschaft (IW) mit 840 Kilogramm noch fast doppelt so viel. Das ressourcenschonendere Wachstum macht sich auch beim Endenergieverbrauch bemerkbar. Dieser sank je 1.000 DM (511 €) reales BIP von 145,6 Kilogramm Steinkohleeinheiten (SKE) im Jahr 1960 auf 96,5 Kilogramm SKE 1999. Im internationalen Vergleich der Industrieländer belegt die Bundesrepublik inzwischen allerdings nur einen Mittelplatz. Mit einem Primärenergieverbrauch von 226 Kilogramm Öleinheiten je 1.000 Dollar reales BIP 1998 liegt Deutschland deutlich hinter dem Spitzenreiter Italien mit nur 160 Kilogramm.

Quelle: Nordwest-Zeitung vom 6. September 2000

Zur Erreichung eines qualitativen Wachstums ist von Bedeutung, in welcher Weise es gelingt, durch Strukturwandel, Umweltschutzinvestitionen, technischen Fortschritt oder neue Produkte die wirtschaftliche Entwicklung von der Umwelt- und Ressourcennutzung zu entkoppeln.

Die **Entkoppelung** von **Wirtschaftsentwicklung** und **Umweltverbrauch** ist jedoch keine einfach zu bewerkstelligende Aufgabe:

Entkoppelung von Wirtschaftswachstum und Umweltverbrauch

- Aus ökologischen Gründen ist ein Strukturwandel zu Gunsten des **Dienstleistungssektors** zu befürworten. Dienstleistungen sind in der Regel mit einer geringeren Umweltinanspruchnahme verbunden als industrielle Prozesse. Jedoch verläuft dieser Strukturwandel nicht „zwangsläufig". Die Annahme, Dienstleistungen führen quasi automatisch zu einer Entlastung der Umwelt, vernachlässigt wichtige Details (z. B. umweltintensive Tätigkeiten im Rahmen von Verkehr oder Tourismus).

Ausbau des Dienstleistungsbereichs

Strukturwandel, vgl. Kapitel 2, 3.6.3 Wirtschaftssektoren im Wandel

- Umweltverträglicher technischer Fortschritt ermöglicht die Entwicklung Energie, Umwelt und Ressourcen sparender Technologien. Ihr Einsatz kann eine beträchtliche Verringerung der Umweltverschmutzung und einen sparsameren Ressourcen- und Energieverbrauch zur Folge haben. Allerdings benötigen **neue Technologien** weiterhin gewisse Mengen erneuerbarer und nicht erneuerbarer Ressourcen, die kaum jemals vollständig recycelt werden können. Insofern ist vor einer Überschätzung des technischen Fortschritts zu warnen.

technischer Fortschritt

- Es können **neue Produkte** hergestellt werden, die die Umwelt stärker schonen als bisherige Güter (z. B. Benzin sparendes Auto). Es ist allerdings zu berücksichtigen, dass sich qualitative Verbesserungen wachstumssteigernd auswirken und so wiederum zu einer höheren Umweltbelastung führen können. Zum einen werden weiterhin Ressourcen für die Herstellung benötigt, zum anderen können die Vorteile beispielsweise Benzin sparender Automotoren insofern aufgehoben werden, als die Menschen dafür öfter mit dem Auto und längere Strecken fahren. Dies war in der Vergangenheit nicht selten der Fall.

Produktinnovationen

- Umweltschutzmaßnahmen können sowohl positive als auch negative **Auswirkungen auf die Beschäftigung** haben. Die so genannte „Job-Killer-These", dass Unternehmen, die Umweltschutzinvestitionen tätigen, im internationalen Wettbewerb nicht mehr wettbewerbsfähig wären, wird zumeist in Diskussionen dramatisch überzeichnet. Insgesamt hatten Umweltschutzmaßnahmen positive Netto-Beschäftigungseffekte, d. h., es wurden mehr Menschen eingestellt als entlassen. Nach Jörn Altmann gehen entsprechende Untersuchungen davon aus, dass in Deutschland im Bereich des Umweltschutzes und der Umweltindustrie 1988 rund 320.000 Beschäftigte tätig waren. 1994 lag die Zahl bei rund 550.000 und für das Jahr 2000 wird von rund 60.000 bis 700.000 Arbeitskräften ausgegangen.

Beschäftigungswirkungen

- Die **Umweltschutzindustrie** stellt gegenwärtig eine Wachstumsbranche dar. Über Vorleistungsverflechtungen wirken sich Umweltschutzinvestitionen auf andere Bereiche der Volkswirtschaft aus, sodass sie dort Produktion, Kapazitätsauslastung und Beschäftigung erhöhen. Umweltschutzinvestitionen sind mit Wachstumssteigerungen verbunden, wenn sie zu Produktivitätssteigerungen führen. Sie können sich umweltschädlich auswirken, wenn anfallende Abfallprodukte nicht wieder in den Produktionsprozess integriert werden (z. B. durch Recycling).

Umweltschutzinvestitionen

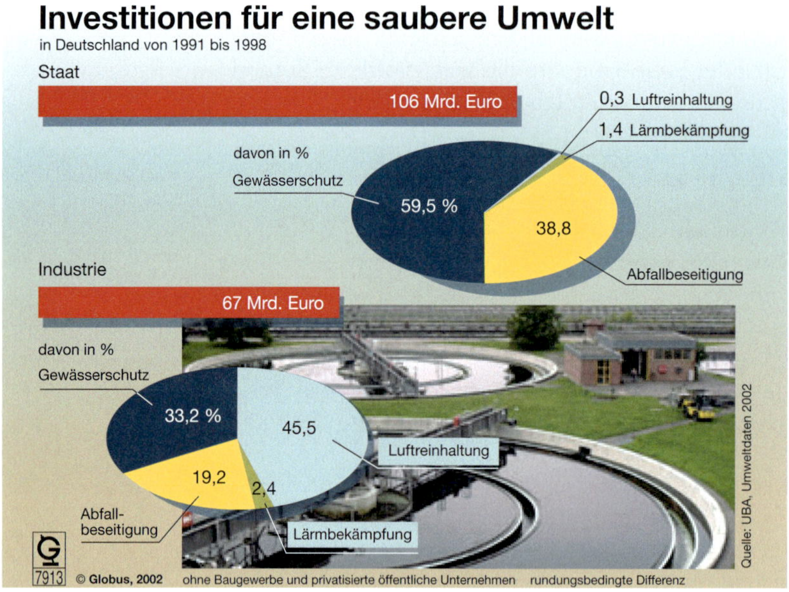

6. Denkbar ist auch eine „reine" **ökologische Wirtschaftspolitik**. Sie bestünde z. B. in einer völligen Ablehnung der Verwendung künstlicher Düngemittel, dem weitgehenden Verzicht auf großtechnische Produktionsanlagen, der drastischen Reduzierung individueller Verkehrsmittel oder der Vermeidung des weiteren Ausbaus der Energieversorgung. Mit einer solchen Politik wäre aller Wahrscheinlichkeit nach ein gravierender Rückgang der Produktion und des materiellen Wohlstands verbunden. Die gesellschaftliche Ungleichverteilung von Lebenschancen würde weiter festgeschrieben. Insofern dürfte dieser Ansatz politisch kaum durchsetzbar sein.

ökologische Wirtschaftspolitik

Letztlich ist davon auszugehen, dass der Wirtschaft durch die Umwelt **keine starren Wachstumsgrenzen** gesetzt sind. Ein so genanntes Nullwachstum führt nicht unmittelbar zu einer Entlastung der Umwelt, d. h., es werden nicht weniger Ressourcen verbraucht oder Schadstoffe in die Natur abgegeben. Außerdem ist das Nullwachstum mit erheblichen Beschäftigungs- und Verteilungsproblemen verbunden. Eine politische Realisierung scheint weder erstrebenswert noch möglich zu sein.

keine starren Wachstumsgrenzen

Ein qualitatives Wachstum bietet die bessere Alternative, um die Umwelt zu entlasten; insbesondere, wenn damit eine Verbesserung der Lebensqualität verbunden ist. Der Durchsetzung des qualitativen Wachstums steht allerdings noch eine Vielzahl von Hemmnissen im Wege. Der entsprechende Strukturwandel der Wirtschaft hat allenfalls erst begonnen.

Übersicht:

Wachstumsmodelle zur Verminderung des Konflikts zwischen Umweltschutz und Wirtschaftswachstum	– theoretisch exponentielles Wachstum – quantitatives Wachstum – Wachstumstrend bei der gegenwärtigen Umweltpolitik – „Nullwachstum" – qualitatives Wachstum – theoretisches Wachstum bei einer „rein" ökologischen Politik

Aufgaben

1. Warum ist die Annahme eines exponentiellen Wachstums der Wirtschaft eine Modellbetrachtung und entspricht nicht der wirtschaftlichen Realität?
   Erläutern Sie dies am Beispiel der Studie des Club of Rome.
2. Inwiefern entspricht die Annahme eines quantitativen Wachstums der wirtschaftlichen Realität?
3. Erläutern Sie den Begriff Nullwachstum. Welche Problematik für die Umwelt enthält dieser Ansatz?
4. Erläutern Sie die Vorteile qualitativen Wachstums für die Umwelt. Wo sehen Sie Ansatzpunkte eines qualitativen Wachstums in der wirtschaftlichen Realität?
5. Diskutieren Sie in Gruppen:
   Inwiefern können wir auf Wirtschaftswachstum verzichten?
   Bedenken Sie hierbei den internationalen Wettbewerb!
6. Warum überwiegen unter den gegenwärtigen ökonomischen Rahmenbedingungen die Anreize, sich umweltschädlich zu verhalten?
7. Was ist unter einem so genannten Trittbrettfahrerverhalten zu verstehen?
8. Erläutern Sie das so genannte Trittbrettfahrerverhalten im Umweltbereich am Beispiel des Gefangenendilemmas.
9. Wodurch unterscheiden sich so genannte Low-cost und High-cost-Situationen hinsichtlich umweltgerechten Verhaltens.

6 Konjunkturpolitik

Henry und Ginger müssen sparen

Amerika rutscht in die Rezession. Oder doch nicht? Das hängt jetzt von den Verbrauchern ab.
Die beiden sehen das vermutlich anders. Aber das Wohl der Welt hängt in diesen Tagen tatsächlich auch davon ab, ob Henry und Ginger sich demnächst ein neues Auto kaufen. Anfang 40 sind sie jetzt und nicht mehr ganz so frisch verheiratet. Henry arbeitet bei einer Bank, sie kümmert sich um die beiden Kinder, doch das ist nicht so wichtig. Wichtig ist: Henry und Ginger sind Amerikaner, Durchschnittsamerikaner. In den vergangenen paar Jahren ging es ihnen ziemlich gut, sie sind oft verreist und teuer essen gewesen. Damit ist es jetzt vorbei. Die Kurse ihrer Aktien sind kräftig gefallen und Henrys Gehaltsbonus auch. Nun müssen sie aufs Geld schauen, „die Küche kann auch nächstes Jahr renoviert werden und mein Auto wird noch ein, zwei Jährchen halten", sagte Ginger. „Größere Ausgaben werden wir erst einmal verschieben." Und deshalb hat die Welt jetzt ein Problem.
Der Boom ist vorüber. Im vergangenen Jahr erzeugte die US-Ökonomie mehr als ein Drittel des weltweiten Wirtschaftswachstums. Ob Autos, Computer oder Kühlschränke – die Waren wurden entweder in Amerika produziert oder dorthin geliefert. Jetzt steht das Land am Rande einer Rezession. Die Nachbarn Mexiko und Kanada fürchten, mitgerissen zu werden, und auch Asien und Europa müssen um Arbeitsplätze bangen. Schon hat der Internationale Währungsfonds (IWF) seine Wachstumsprognose für die Weltwirtschaft von 4,2 auf 3,5 Prozent korrigiert. Um das Schlimmste zu verhindern, hat der amerikanische Zentralbankchef die Zinsen gesenkt, der amerikanische Präsident Steuersenkungen angekündigt. Können Alan Greenspan und George W. Bush den Abschwung stoppen? Das fragen die Experten und übersehen dabei, dass es jetzt auf andere ankommt. Auf Henry, auf Ginger und auf die übrigen 276 Millionen Amerikaner. Auf diejenigen nämlich, die das Ziel allen Wirtschaftens sind, auch wenn sie womöglich gar nicht wissen, was ein Zentralbankpräsident eigentlich macht: die Konsumenten, die Endverbraucher. (...)

IWF, vgl. Kapitel 2, 8.6 Internationale Organisationen und Abkommen

In den vergangenen Jahren haben sie die gefunden. „Shop till you drop", lautete das Motto in Amerika: „Einkaufen bis zum Umfallen". Die Konsumenten kauften Autos, Computer, Anzüge, Waschmaschinen. Die Unternehmen produzierten, was die Konsumenten kaufen wollten, die Konsumenten kauften noch mehr und die Unternehmen produzierten noch mehr. Dafür brauchten sie neue Arbeiter und Angestellte. Die Arbeitslosenquote fiel und fiel, die ehemals Arbeitslosen hatten plötzlich Geld, die Löhne stiegen, die Konsumenten kauften. Und die Wirtschaft wuchs und wuchs. An der New Economy lag das weniger. Nach Angaben der US-Regierung war das Wirtschaftswachstum der vergangenen beiden Jahre zu rund 85 Prozent das Resultat des privaten Kaufrauschs.

New Economy, vgl. 8.3 Antriebskräfte der Globalisierung

Die Sparquote fiel von 7,8 Prozent Anfang der Neunziger auf den Rekordtiefstand von minus 0,8 Prozent Ende vergangenen Jahres. Sprich, die Verbraucher gaben mehr Geld aus, als sie hatten. Sie nahmen Kredite

auf, um noch mehr Autos, Häuser, Computer kaufen zu können. Den Banken und Finanzhäusern war das ganz recht. Sie überhäuften die Haushalte mit ständig neuen Umschuldungs- und Refinanzierungsangeboten. (...) Der Kauf- und Verschuldungsboom kam nicht von ungefähr. In erster Linie war er die Folge des Aktienrauschs. (...) Mit den Aktienkursen stieg auch der Konsum. Man könnte das auch als den „Psychologieeffekt" bezeichnen. Denn es war ja vor allem der Herdentrieb, der Glaube an nie da gewesene Gewinne, der die Kurse der Technologieunternehmen in bis dahin unerreichte Höhen jagte. Der griff dann auf die reale Wirtschaft über und vermittelte den Konsumenten den Eindruck, ihre Schulden und Hypotheken seien kein Problem. Sie müssten nur ihre Wertpapiere verkaufen, dann könnten sie alle Verbindlichkeiten begleichen. Sie irrten. Doch da war das Geld schon ausgegeben. Die Aktienkurse fielen, der Ölpreis stieg, die Zahl der Entlassungen auch. (...)
Die amerikanische Wirtschaftsvereinigung Conference Board fragt jeden Monat 5.000 amerikanische Familien, wie sie ihre künftige Kaufkraft und die Wirtschaftslage einschätzen. Der so ermittelte Index des Verbrauchervertrauens fiel innerhalb von vier Wochen so stark wie seit elf Jahren nicht mehr. Das deutet auf eine Rezession hin, sicher ist sie damit noch nicht. Sicher ist nur: Wenn die Amerikaner ihre Ausgaben auf das gewohnte Niveau zurückschrauben, ist eine Rezession unvermeidlich.
Sicher ist aber auch:
Wenn sie es nicht tun, steigen die Schulden noch mehr, und der folgende Einbruch wäre noch viel größer. „Auch wenn das zynisch klingt", sagt Ullrich Heilemann, Amerika-Experte und Vizepräsident des Rheinisch-Westfälischen Instituts für Wirtschaftsforschung, „eine Rezession hätte eine heilsame Wirkung."

Quelle: Die Zeit vom 8. Februar 2001, Autor: Wolfgang Uchatius, Mitarbeit Beatrice Uerlings

Aufgaben

Lesen Sie den Text „Henry und Ginger müssen sparen". Diskutieren Sie danach die Aussagen des Textes in Gruppen und beantworten Sie Henry und Ginger folgende Fragen:

1. Warum hängt das „Wohl der Welt" möglicherweise vom Verhalten des amerikanischen Ehepaares ab?
2. Inwiefern haben die beiden durch ihr Verbraucherverhalten in den vergangenen Jahren das hohe Wirtschaftswachstum und damit den wirtschaftlichen Boom in den USA mit verursacht?
3. Warum trägt das derzeitige Verbraucherverhalten von Henry und Ginger mit dazu bei, dass die verarbeitende Industrie in der Krise steckt?
4. Welche Begründungen lassen sich dafür geben, dass die amerikanische Zentralbank die Zinsen gesenkt hat?
5. Was sind die Beweggründe, die den amerikanischen Präsidenten bewogen haben, Steuersenkungen anzukündigen?
   Welche Hoffnungen sind damit im Hinblick auf die wirtschaftliche Entwicklung verbunden?
6. Welche Auswirkungen hatte der Aktienrausch der letzten Jahre auf das Verhalten der Durchschnittsamerikaner?
7. Nennen Sie Gründe für die Aussage des Amerika-Experten Ullrich Heilemann, „eine Rezession hätte eine heilsame Wirkung"?

6.1 Konjunkturzyklus

Während die **Ordnungspolitik** die allgemeinen rechtlichen, sozialen und wirtschaftlichen Rahmenbedingungen für wirtschaftliches Handeln gestaltet, wie z. B. die Wettbewerbsordnung, die Sozialordnung und den Umweltschutz, und damit eher langfristig angelegt ist, zielt die **Prozesspolitik** auf die Stabilisierung der gesamtwirtschaftlichen Entwicklung (Konjunktur) im Rahmen dieser Wirtschaftsordnung ab.

Ordnungspolitik

Prozesspolitik

Die **Konjunkturpolitik** im weitesten Sinne umfasst alle Maßnahmen der staatlichen Wirtschaftspolitik, die einen hohen Auslastungsgrad der Produktionskapazitäten (Kapazitätsauslastung), ein stabiles Preisniveau und eine ausgeglichene Handelsbilanz erreichen sollen. Im engeren Sinne bezeichnet sie nur die Maßnahmen, die konjunkturelle Schwankungen der gesamtwirtschaftlichen Nachfrage vermindern sollen.

Konjunkturpolitik

Damit ist die Konjunkturpolitik Teil der Prozesspolitik, die auf den Wirtschaftsablauf Einfluss nehmen soll, eher kurzfristig angelegt ist und vorrangig auf die Stabilisierung von makroökonomischen Größen abzielt.

makroökonomische Größen:
- BIP
- private Konsumausgaben
- Investitionen

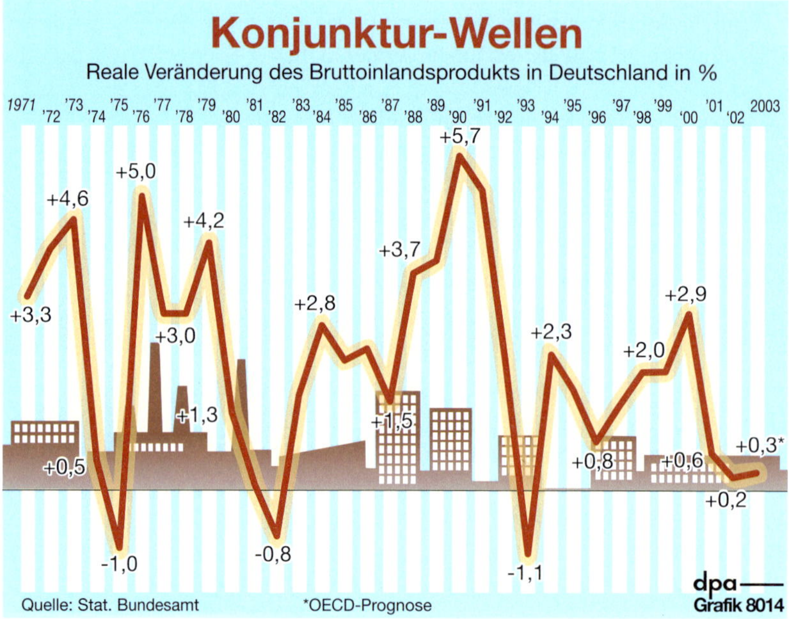

Der **Wachstumspfad** bildet einen längerfristigen Trend ab, die **konjunkturellen Schwankungen** zeigen eher kurzfristige Veränderungen des BIP an. Das mehr oder weniger regelmäßige Auf und Ab der wirtschaftlichen Aktivitäten wird als Konjunktur bezeichnet. Der Konjunkturzyklus setzt sich aus vier Phasen zusammen:

Einen vollständigen Bewegungsablauf von Aufschwung über Abschwung bis zum nächsten Aufschwung nennt man einen Konjunkturzyklus.

1. Die **Aufschwungphase**
   wird als Erholung oder Expansionsphase bezeichnet und ist durch eine verbesserte Kapazitätsauslastung gekennzeichnet. Die Wirtschaftssubjekte bekommen mehr Vertrauen in die Zukunft und erhöhen ihren Konsum. Auch private Investitionen, Lohnsumme und Volkseinkommen steigen.

Volkseinkommen, vgl. Kapitel 2, 5.2.2 Volkswirtschaftliche Gesamtrechnung und Bruttoinlandsprodukt

2. Die Erholung geht in den **Boom (Hochkonjunktur)** über,
sobald die Produktionsfaktoren voll ausgelastet sind. Da die Nachfrage die Produktionsmöglichkeiten übersteigt, kommt es zu Engpässen. Die Unternehmen versuchen durch Investitionen ihre Kapazitäten zu erhöhen. Auf Grund der hohen Arbeitsnachfrage können die Gewerkschaften hohe Lohnsteigerungen aushandeln. Dadurch steigen die Kosten der Unternehmen. Diese Kostensteigerung werden sie auf die Preise umzulegen versuchen. Folglich kommt es zu starken Preissteigerungen und möglichen Störungen auf dem Geld- und Kapitalmarkt.

3. Der **Abschwung (Rezession)**
ist durch nachlassende Nachfrage gekennzeichnet. Die in der Boomphase bei überhöhtem Zinsniveau durchgeführten Investitionen erweisen sich jetzt als unrentabel. Gewinne und Lohnsumme sinken, zahlreiche Unternehmen geraten in Schwierigkeiten und müssen Arbeiter und Angestellte entlassen. Die Arbeitslosenquote steigt. Die Arbeitslosen haben weniger Geld zur Verfügung, kaufen nicht mehr so viele Güter, den Unternehmen fehlt die Nachfrage.

die vier Phasen des Konjunkturzyklus:
- Aufschwung
- Boom
- Abschwung (Rezession)
- Depression

4. Die **Depression**
bezeichnet den Tiefstand im Konjunkturzyklus. Die Wirtschaft befindet sich somit in einer Krise. Da die Wirtschaftssubjekte pessimistische Zukunftserwartungen haben, konsumieren die Verbraucher weniger, die gesamtwirtschaftliche Nachfrage sinkt mehr und mehr. Dadurch verzeichnen die Unternehmen zusätzliche Umsatzeinbußen. Die Krise ist gekennzeichnet durch geringe Kapazitätsauslastung, hohe Arbeitslosigkeit und hohe Bankenliquidität. Inflationsrate und Zinsniveau sind niedrig.

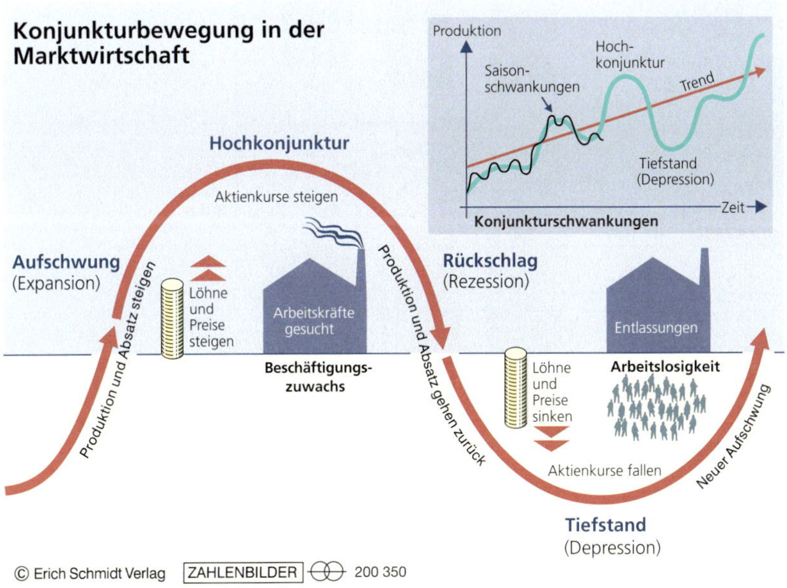

Echte Konjunkturzyklen haben sich erst in einer ausgebildeten Marktwirtschaft mit umfangreicher Arbeitsteilung eingestellt. Die Zyklendauer verringerte sich im Zeitablauf: Waren es bis in die Mitte des 20. Jahrhunderts noch zwischen 6 und 10 Jahren, so hat es die Konjunkturpolitik heute geschafft, die Schwankungen auf etwa 4 bis 5 Jahre zu verkürzen.

Neben den Konjunkturschwankungen werden noch **saisonale Schwankungen** und „lange Wellen" unterschieden. Saisonale Schwankungen sind auf die unterschiedlichen Witterungen der Jahreszeiten zurückzuführen. So werden z. B. Heizungs-, Bekleidungs- und Getränkeindustrie beeinflusst, in Bau-, Land- und Forstwirtschaft entsteht eine kurzfristige Arbeitslosigkeit, die jedoch für die Wirtschaft nicht weiter bedrohlich ist.

saisonale Schwankungen als Folge der verschiedenen Jahreszeiten

Darüber hinaus gibt es **Wellenbewegungen sehr langfristiger Natur**, die 1926 von N. D. Kondratieff festgestellt wurden und daher Kondratieff-Schwankungen heißen. Sie dauern ca. 50 bis 60 Jahre und können auf technische Neuerungen wie z. B. die Erfindung der Dampfmaschine, des Flugzeugs und der Raumfahrt zurückgeführt werden. Zurzeit könnte durch die Revolutionen in der Mikroelektronik gerade eine neue Welle entstehen. Die digitale Technologie – eine Kurzformel für einen ganzen Schwall von Innovationen der Kommunikationstechnik – hat die Grundbedingungen des Wirtschaftens ohne Zweifel verändert. Trotzdem haben die Konjunkturzyklen weiterhin Bestand.

langfristige Wellen durch technische Neuerungen

Die These, dass die „New Economy" neue ökonomische Gesetze hervorbringe, hat sich zwar nicht bestätigt, aber die elektronischen Märkte und unternehmensübergreifenden Netzwerke werden die Weltwirtschaft verändern.

New Economy, vgl. 8.3 Antriebskräfte der Globalisierung

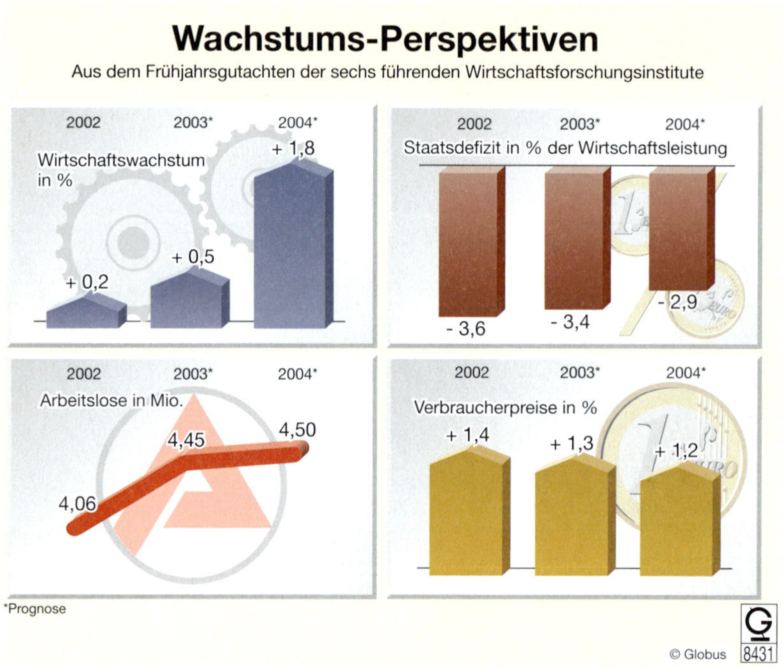

Die gegenwärtige Situation im Konjunkturverlauf (**Diagnose**) bzw. zukünftige (Fehl-)Entwicklungen (**Prognose**) können durch Indikatoren ausgemacht werden. Indikatoren sind ökonomische Zeitreihen und aus ihnen abgeleitete Messgrößen, mit denen der Konjunkturverlauf angezeigt werden kann.

Die Wirtschaftsentwicklung wird durch Konjunkturindikatoren angezeigt.

Allgemein werden drei verschiedene Arten unterschieden:
- Frühindikatoren
- gleichlaufende Indikatoren
- Spätindikatoren

Konjunkturindikatoren		
Frühindikatoren	Wendepunkte liegen zeitlich vor denen des Zyklus	z. B. – Auftragseingänge – Lagerbestände
Gleichlaufende Indikatoren	fallen mit dem Zyklus zusammen	z. B. – industrielle Produktion – Einzelhandelsumsätze
Spätindikatoren	folgen dem Zyklus mit zeitlicher Verzögerung	z. B. – Beschäftigung – Preise – Arbeitslosenzahlen – Tariflöhne – Gewinne

Da jedoch eine fundierte Erklärung für Konjunkturumschwünge fehlt, ist es problematisch, Konjunkturindikatoren zur Prognose heranzuziehen. Das zeigen auch die häufigen Korrekturen der Wachstumsprognosen durch die sechs führenden Wirtschaftsinstitute.

Daten für die Konjunkturindikatoren finden Sie auf den Internetseiten:
- www.arbeitsamt.de
- www.bundesbank.de
- www.destatos.de

Die sechs führenden Wirtschaftsforschungsinstitute erwarten laut dem so genannten „Herbstgutachten 2002" erste für das Jahr 2003 eine allmähliche Erholung der Konjunktur. Für 2002 wird ein Wachstum von 0,4 % prognostiziert, für 2003 werden 1,4 % erwartet. Gründe für die schlechten Wachstumsraten sind z. B. die Unsicherheit über die Entwicklung der Weltwirtschaft, der Irak-Konflikt, der dramatischen Einbruch der Börsenkurse und das Spar- und Abgabenpaket der Regierungskoalition.

Jetzt streikt auch noch die Konjunktur

Steigende Inflation, zurückhaltende Konsumenten, stockender Aufschwung in den USA: Die deutsche Wirtschaft schwächelt. (…)

Vor drei Wochen klang die Botschaft noch eindeutig: „Die deutsche Wirtschaft befindet sich im Frühjahr 2002 am Beginn eines Aufschwungs." So formulierten die Wirtschaftsforschungsinstitute die Perspektive für die Konjunktur; Politiker und Unternehmer hörten es mit Wohlgefallen. Ein Wachstum von 0,9 Prozent für 2002 wäre zwar kaum mehr als das mickrige Plus von 0,6 Prozent im vergangenen Jahr. Aber immerhin, die Richtung stimmte.

Inzwischen gerät die Konjunkturerholung zu einer Zitterpartie. Einige Monate lang hatten die Frühindikatoren Anlass zur Hoffnung gegeben, jetzt machen sie unvermittelt schlapp. (…) Mitten in die allgemeine Verunsicherung platzt die Angst vor den Folgen eines harten Arbeitskampfes. (…)

Arbeitskampf, vgl. Kapitel 1, 6.3 Tarifverhandlungen, Streik und Aussperrung

In konjunkturell soliden Zeiten wäre es weniger dramatisch, wenn beim Tarifabschluss eine Drei oder gar Vier vor dem Komma stünde. Aber für den schwächlichen Aufschwung bedeutet das ein Risiko – vor allem angesichts der Gefahren, die das bescheidene deutsche Wachstum von außen bedrohen. Da steht an erster Stelle die amerikanische Konjunktur. Das vergangene Jahr hat gezeigt, wie abhängig die europäischen Volkswirtschaften vom Sog der Vereinigten Staaten sind. (…) Die Prognosen werden wieder bescheiden, Wachstumsraten über vier Prozent wie 1999 und 2000 erwartet längst niemand mehr.

Quelle: Die Zeit 20/2002, Autor: Klaus Peter Schmid

Übersicht:	
Konjunkturzyklus	– Aufschwung – Boom – Abschwung (Rezession) – Depression
Konjunkturindikatoren	zeigen die Wirtschaftsentwicklung an
	– Frühindikatoren – gleichlaufende Indikatoren – Spätindikatoren

Aufgaben

1. Erläutern Sie kurz Ordnungs- und Prozesspolitik.
2. Erklären Sie, warum die Konjunkturpolitik zur Prozesspolitik gehört.
3. Stellen Sie die Phasen des Konjunkturzyklus dar.
4. Legen Sie eine Tabelle mit den Spalten „Aufschwung" und „Abschwung" an und füllen Sie diese mit Faktoren, die die jeweilige Phase beeinflussen/kennzeichnen (z. B. steigende/sinkende Nachfrage).
5. Welche Konjunkturindikatoren kennen Sie? Finden Sie Beispiele für die einzelnen Indikatoren.

6.2 Geldpolitik

Als Geldpolitik werden alle Maßnahmen bezeichnet, mit denen eine Zentralbank versucht, die verschiedenen wirtschaftspolitischen Ziele zu erreichen. Vorrangiges Ziel der Geldpolitik der **Europäischen Zentralbank (EZB)** ist es, die Preisniveaustabilität zu gewährleisten. Außerdem fördert sie das reibungslose Funktionieren des Zahlungsverkehrs und verwaltet die Währungsreserven der Mitgliedsländer. Zur Erreichung der Ziele setzt die EZB so genannte geldpolitische Instrumente ein, mit denen sie die Zinskonditionen und Knappheitsverhältnisse am Geldmarkt steuert.

vgl. 4.2 3 Preisniveaustabilität

6.2.1 Die Währungshüter Europas – das Europäische System der Zentralbanken (ESZB)

Seit dem 1. Januar 1999 liegt die Verantwortung für die einheitliche Geldpolitik des Euro-Währungsgebietes beim Europäischen System der Zentralbanken (ESZB). Es besteht aus der Europäischen Zentralbank (EZB) und den nationalen Zentralbanken (NZB) der 15 Länder der Europäischen Union. Dem ESZB gehören somit auch Zentralbanken an, die den Euro zum Beginn der dritten Stufe der WWU nicht einführen. Sie dürfen jedoch in der europäischen Geldpolitik nicht mitbestimmen und sind daher in den maßgeblichen Entscheidungsorganen – EZB-Rat und -Direktorium – nicht vertreten. Dem ESZB wurden die folgenden Aufgaben übertragen, die durch die EZB und die nationalen Zentralbanken erfüllt werden sollen:

WWU = Wirtschafts- und Währungsunion, vgl. Kapitel 2, 8.7.1 Verschiedene Integrationsstufen für wirtschaftliche Zusammenschlüsse

Hauptaufgabe:
Sicherung der Preisniveaustabilität

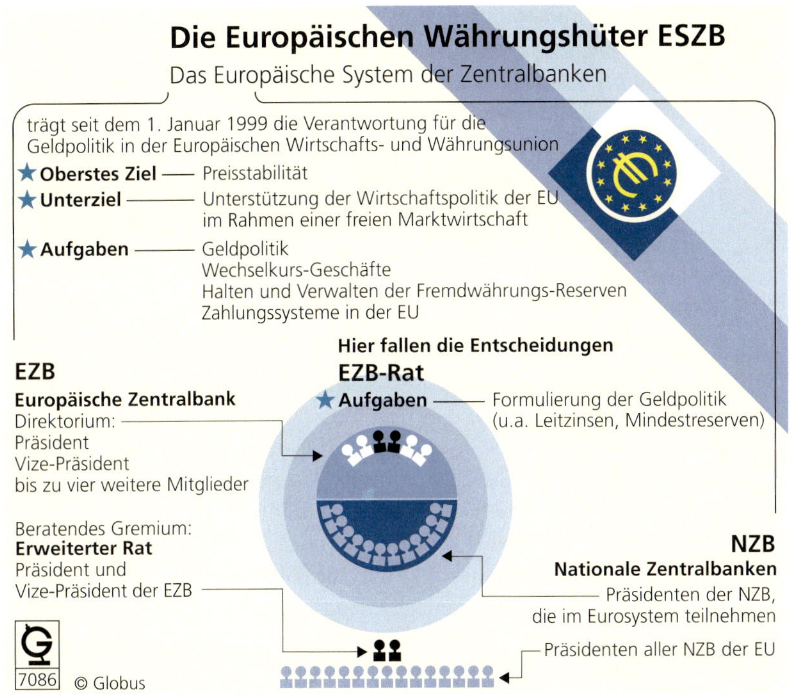

Unteraufgaben:

- Festlegung und Durchführung der Geldpolitik und Mitwirken bei der Währungspolitik
- Verwaltung der offiziellen Währungsreserven
- Förderung des reibungslosen Funktionierens des Zahlungsverkehrs
- Übernahme von Beratungs- und Informationsfunktionen

Unabhängigkeit des ESZB

Das ESZB ist gemäß Artikel 108 des EG-Vertrages in seinen geldpolitischen Entscheidungen grundsätzlich unabhängig von sonstigen Trägern der Wirtschaftspolitik. Bei der Wahrnehmung ihrer Aufgaben dürfen weder die EZB noch eine NZB oder ein Mitglied ihrer Beschlussorgane Weisungen von dritter Seite einholen oder entgegennehmen.

www.ecb.int

Die **Europäische Zentralbank** wurde 1998 mit Sitz in Frankfurt am Main gegründet. Sie ist die Zentralbank der an der Europäischen Währungsunion (EWU) teilnehmenden Staaten.

Organe der EZB:
- EZB-Direktorium
- EZB-Rat
- Erweiterter Rat

Das ESZB wird von den Beschlussorganen der EZB geleitet. Die obersten Organe der EZB sind der **EZB-Rat** und das Direktorium der EZB. Das EZB-**Direktorium** ist das geschäftsleitende Organ der EZB, das für die einheitliche Durchführung der Geldpolitik im Eurosystem gemäß den Leitlinien des EZB-Rats verantwortlich ist. Das Direktorium setzt sich aus dem Präsidenten und dem Vizepräsidenten der EZB und vier weiteren Mitgliedern zusammen. Die Auswahl und die Ernennung nehmen die teilnehmenden Länder der Europäischen Währungsunion vor.
Das maßgebliche Entscheidungsorgan der EZB ist der EZB-Rat. Er setzt sich zusammen aus den sechs Direktoriumsmitgliedern und den zwölf Zentralbankpräsidenten der EU-Staaten, die an der EWU teilnehmen. Die nationalen Präsidenten werden ausschließlich von den jeweiligen Mitgliedsländern ernannt. Der EZB-Rat tagt in der Regel alle vierzehn Tage und entscheidet nicht nur über geldpolitische, sondern auch über organisatori-

sche Maßnahmen. Jedes Mitglied des EZB-Rats hat gleiches Stimmrecht. Bei Stimmengleichheit gibt die Stimme des Präsidenten den Ausschlag.
Zum **Erweiterten Rat** der EZB gehören auch die Zentralbankpräsidenten der zunächst nicht an der EWU teilnehmenden EU-Mitgliedstaaten. Der Erweiterte Rat dient vor allem der Abstimmung der Geld- und Währungspolitik zwischen Teilnehmer- und Nichtteilnehmerländern.

6.2.2 Die Stellung der Deutschen Bundesbank im Eurosystem

Bundesbank als integraler Bestandteil des ESZB

Vor der Einführung des Europäischen Systems der Zentralbanken beinhaltete die Bundesbank viele verschiedene Organe. Sie bestand aus dem Zentralbankrat, dem Direktorium und den neun Vorständen der Landeszentralbanken. Der Zentralbankrat bestimmte als oberstes Beschlussorgan die Geschäftspolitik der Bundesbank. Das Direktorium war das zentrale ausführende Organ (Exekutivorgan), welches die Bundesbank leitete und verwaltete. Die Landesbanken waren die regionalen Hauptverwaltungen der Bundesbank in den Bundesländern. Sie bildeten die geschäftlichen Kontaktstellen mit der Wirtschaft und führten die in ihrem Bereich anfallenden Geschäfte und Verwaltungsangelegenheiten durch. Das Europäische System der Zentralbanken ist heute nach diesem Prinzip aufgebaut.

www.bundesbank.de

Deutsche Bundesbank, Frankfurt am Main

Organe der Bundesbank:
- Zentralbankrat
- Direktorium
- Vorstände der Landesbanken

Die Organisationsstruktur der Bundesbank wurde mit dem **7. Gesetz zur Änderung des Gesetzes über die Deutsche Bundesbank** mit Wirkung zum 30. April 2002 an die veränderte Rolle im ESZB angepasst. Durch das Gesetz wurde vor allem der Aufbau gestrafft und zentralisiert. Der Zentralbankrat und das Direktorium wurden abgeschafft, die früheren neun Landeszentralbanken wurden in Hauptverwaltungen umgewandelt.
Ein achtköpfiger **Vorstand** steht nun an der Spitze der Bundesbank. Der Vorstand setzt sich aus dem Präsidenten, dem Vizepräsidenten und sechs weiteren Mitgliedern zusammen. Die acht Mitglieder werden jeweils zur Hälfte von der Bundesregierung und dem Bundesrat vorgeschlagen. Die Aufgabe des Vorstandes ist die Leitung und die Verwaltung der Bundesbank.
Die **Hauptverwaltungen** führen – wie zuvor die Landesbanken – die Geschäfte der Bundesbank mit den Kreditinstituten und den öffentlichen Verwaltungen. Ihre Niederlassungen befinden sich in Berlin, Düsseldorf, Frankfurt am Main, Hamburg, Hannover, Leipzig, Mainz, München und Stuttgart. Ihnen sind ca. 125 Filialen in den größten Städten der Bundesrepublik nachgeordnet.

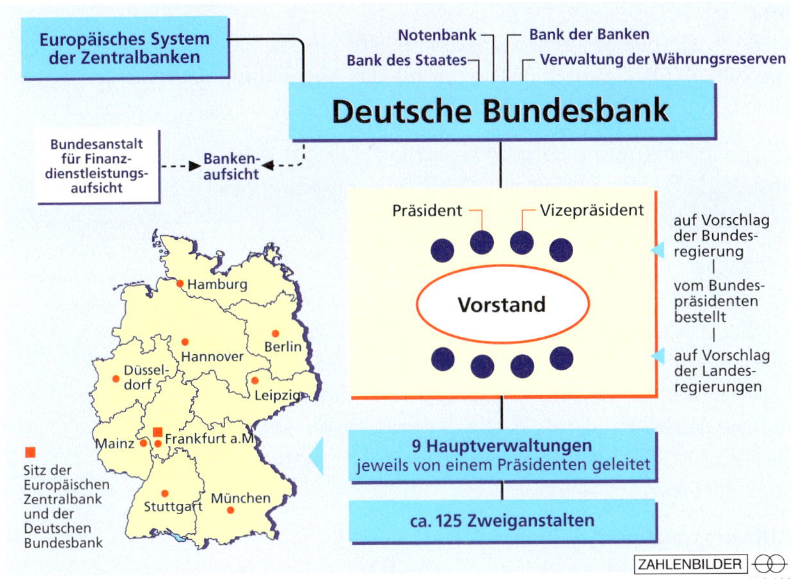

© Erich Schmidt Verlag

Als Zentralbank nimmt die Bundesbank eine Reihe von Aufgaben wahr. Sie ist Notenbank, Bank der Banken, Bank des Staates und Verwalterin der Währungsreserven. Darüber hinaus erfüllt sie Aufgaben im Rahmen des ESZB.

1. **Notenbank**

Die Bundesbank gibt die Banknoten in Deutschland heraus. Sie versorgt die Bevölkerung und die Wirtschaft mit Zahlungsmitteln. Die Versorgung umfasst unter anderem die regelmäßige Aussortierung nicht mehr umlaufsfähiger Noten, die Falschgeldkontrolle, die Ersatzleistung für beschädigte Noten und den selten vorkommenden Aufruf zur Einziehung von Noten (z. B. Ausgabe von Scheinen mit verändertem Erscheinungsbild). Seit Januar 2002 gibt die Bundesbank die neuen Euro-Banknoten heraus.

Als Notenbank übernimmt die Bundesbank die Banknotenauslieferung

2. **Die Bank der Banken**
Die Bundesbank ist als Bank der Banken in die Bankenaufsicht eingeschaltet. Außerdem stellt sie den Banken Dienstleistungen für die Abwicklung des unbaren Zahlungsverkehrs zur Verfügung.

Die Kreditinstitute müssen ihren Kunden Bargeld auszahlen. Zur Aufrechthaltung ihrer Zahlungsfähigkeit unterhalten sie Guthaben, so genannte Mindestreserven, bei der Bundesbank.

Mindestreservepolitik, vgl. 6.2.4 Welche geldpolitischen Instrumente kann das ESZB einsetzen?

3. **Die Hausbank des Staates**
Die Bundesbank ist die „Hausbank" des Bundes und – mit gewissen Einschränkungen – auch die „Hausbank" der Länder. Sie wickelt für Bund und Länder den Zahlungsverkehr ab. Zudem übernimmt sie die Beratungs-, Mittler- und Koordinationsfunktion bei der Mittelaufnahme am Kapitalmarkt. Außerdem bringt sie Münzen in Umlauf, die der Bund nach Genehmigung der EZB ausgeben darf. Die Bundesbank darf jedoch staatlichen Stellen keine Kredite gewähren.

4. **Verwalterin der Währungsreserven**
Die offiziellen Währungsreserven der Bundesrepublik Deutschland werden von der Bundesbank verwaltet und Gewinn bringend angelegt. Bei den Währungsreserven handelt es sich hauptsächlich um Guthaben, die in US-Dollar bei Banken oder Nichtbanken im Ausland gehalten werden. Dazu kommen die Goldbestände sowie Reservepositionen und Forderungen gegenüber dem IWF und der EZB.

5. **Aufgaben der Deutschen Bundesbank im Rahmen des ESZB**

> „Die Deutsche Bundesbank ist als Zentralbank der Bundesrepublik Deutschland integraler Bestandteil des Europäischen Systems der Zentralbanken. Sie wirkt an der Erfüllung seiner Aufgaben mit dem vorrangigen Ziel mit, die **Preisniveaustabilität** zu gewährleisten, und sorgt für die bankmäßige Abwicklung des Zahlungsverkehrs im Inland und mit dem Ausland. Sie nimmt darüber hinaus die ihr nach diesem Gesetz oder anderen Rechtsvorschriften übertragenen Aufgaben wahr."

§ 3 Bundesbankgesetz

Geldwertstörungen, vgl. 4.2.3.3 Inflation und 4.2.3.4 Deflation

Die Bundesbank führt also als nationale Zentralbank die gemeinsame Geldpolitik des ESZB in der Bundesrepublik Deutschland durch. Damit die Bundesbank ihre Aufgaben ohne politischen Druck ausführen kann, wurde ihr vom Gesetzgeber ein hohes Maß an **Unabhängigkeit** verliehen.

> „Die Deutsche Bundesbank ist bei der Ausübung der Befugnisse, die ihr nach diesem Gesetz zustehen, von Weisungen der Bundesregierung unabhängig. Soweit dies unter Wahrung ihrer Aufgabe als Bestandteil des Europäischen Systems der Zentralbanken möglich ist, unterstützt sie die allgemeine Wirtschaftspolitik der Bundesregierung."

§ 12 Bundesbankgesetz

6.2.3 Geldmenge und Geldschöpfungsprozess

Bevor die Instrumente der EZB erklärt werden, ist es notwendig, zunächst den Begriff der **Geldmenge** und die **Möglichkeiten der Geldschöpfung** zu erklären.

Der Geldbestand einer Volkswirtschaft heißt Geldmenge. Die EWU unterscheidet den Bestand des Geldes nach unterschiedlichen Geldmengendefinitionen.

Geldmenge M1

Die Geldmenge M1 enthält täglich verfügbares Geld. Dazu gehören der Bargeldumlauf und die Sichteinlagenbestände. Das Sichtguthaben bei Banken wird zur Geldmenge M1 gerechnet, da über das Geld mit Scheck, Überweisung usw. täglich verfügt werden kann. Das Sichtguthaben ist also ähnlich liquide wie Bargeld. Das Kürzel M stammt von dem englischen Wort „money".

Geldmenge M2

Einlagen mit kurzen Laufzeiten (bis zu zwei Jahren) und Kündigungsfristen (bis zu drei Monaten) können relativ kurzfristig in Bargeld umgewandelt werden. Zusammen mit der Geldmenge M1 bilden sie die Geldmenge M2. **Termingelder** sind größere Einlagen mit kurzen Laufzeiten. Sie werden dem Kreditinstitut gegen einen festen Zins für eine bestimmt Zeit überlassen. Danach verwandeln sie sich wieder automatisch in Sichteinlagen. **Spareinlagen** sind Einlagen mit einer Kündigungsfrist von bis zu drei Monaten. Sie sind unbefristet und erst nach der Einhaltung der Kündigungsfrist zurückzufordern. Die Forderung wird in ein Sparbuch eingetragen.

Geldmenge M3

Die Geldmenge M3 ergibt sich, wenn zur Geldmenge M2 die Geldmarktfondsanteile und die Geldmarktpapiere, die Repogeschäfte (Wertpapierpensionsgeschäfte) und die Schuldverschreibungen mit einer Laufzeit von bis zu drei Jahren zugerechnet werden.

Zentralbankgeldmenge

Bargeldumlauf und Guthaben von Banken bei der Zentralbank (so genannte Mindestreserve) werden zusammen als Zentralbankgeldmenge bezeichnet. Sie ist die Basis für die Giralgeldschöpfung des Bankensystems.

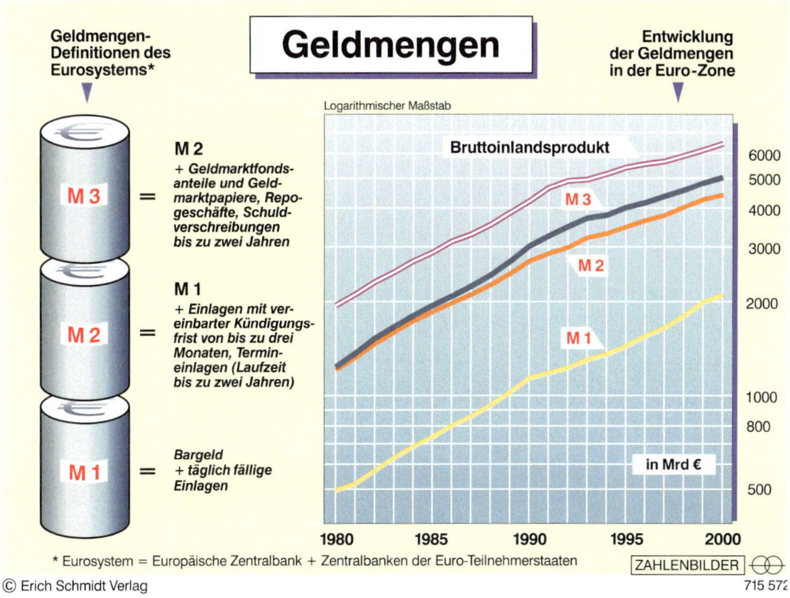

715 57

Die Steuerung der Geldmenge nimmt heute eine wichtige Position im Rahmen der EZB-Geldpolitik ein. In der Regel steht bei der praktischen Geldpolitik derjenige Geldmengenbegriff im Vordergrund, der den nationalen Notenbanken zur Erfüllung ihrer Aufgabe am hilfreichsten erscheint.

Münzen und Banknoten sind wichtig für den wirtschaftlichen Alltag. Sie bilden allerdings nur noch den kleinsten Teil des Geldumlaufs. Bequemer und sicherer ist es, wenn größere Zahlungen von Konto zu Konto vorgenommen werden.

Giralgeld bzw. Buchgeld

Das „unsichtbare" Geld wird als **Giralgeld** bezeichnet. Häufig wird hier auch von **Buchgeld** gesprochen, weil es nur in den Büchern der Banken erscheint. Allerdings erfolgt die Aufzeichnung heute eher elektronisch. Beim Giralgeld handelt es sich überwiegend um Sichteinlagen von Wirtschaftsunternehmen, öffentlichen Kassen oder Privatpersonen. Wie aber entsteht Giralgeld?

passive Giralgeldschöpfung, aktive Giralgeldschöpfung

Die einfachste Form der Giralgeldschöpfung ist die Einzahlung von Bargeld auf ein Bankkonto, wobei lediglich Bargeld in Buchgeld umgetauscht wird. Hier wird dann von **passiver Giralgeldschöpfung** gesprochen. Bei der **aktiven Giralgeldschöpfung** wird Buchgeld geschaffen, welches nicht durch Bargeld gedeckt wird.

Das Bankensystem ist also in der Lage, durch Gewährung von Krediten aktiv Giralgeld entstehen zu lassen und somit die Geldmenge zu erhöhen. Das Prinzip der aktiven Giralgeldschöpfung sei an einem einfachen Beispiel erläutert:

Beispiel: Ein Kunde zahlt bei der Bank A Bargeld in Höhe von 25.000 € ein. Es entstehen 25.000 € Giralgeld. Die Bank A muss z. B. 20 % der Einlage , also 5.000 €, als Mindestreserve bei der Bundesbank halten. Das verbleibende Überschussguthaben in Höhe von 20.000 € darf sie als Kredit ausleihen.

Das T-Konto der Bank A sieht nun wie folgt aus:

Aktiva			Passiva
Reserven	5.000 €	Einlagen	25.000 €
Kredite	20.000 €		

Ein Industriebetrieb möchte mit dem Kredit der Bank A die Rechnung eines Rohstofflieferanten bezahlen. Die Bank A überweist die Kreditsumme über die Bundesbank bargeldlos auf das Konto des Rohstofflieferanten bei der Bank B. Bei der Bank B entsteht eine neue Einlage von 20.000 €. Von dieser Einlage darf sie 16.000 € als neuen Kredit weitergeben.

Wir betrachten das T-Konto von Bank B:

Aktiva			Passiva
Reserven	4.000 €	Einlagen	20.000 €
Kredite	16.000 €		

Herr Meier bekommt die gesamte Summe als Kredit von Bank B. Er kauft sich ein neues Auto und überweist den Betrag an einen Autohändler der Bank C.

Damit ergibt sich das T-Konto von Bank C:

Aktiva		Passiva	
Reserven	3.200 €	Einlagen	16.000 €
Kredite	12.800 €		

Bank C vergibt die 12.800 € an eine Kundin, die sich neue Möbel leistet. Sie bezahlt die Rechnung und überweist an das Möbelhaus, welches ein Konto bei Bank D hat. So könnte es noch weitergehen, bis auf Grund der Mindestreserve der Kreditbetrag 0 € beträgt.

Aus dem Einzahlungsbetrag von 25.000 € sind 73.800 € geworden (25.000 € + 20.000 € + 16.000 € + 12.800 € = 73.800 €). Alle beteiligten Banken haben auf diesem Wege Giralgeld geschaffen.

Theoretisch wäre es den Banken auf diese Weise möglich, bei einer Mindestreserve von 20 % aus dem Einzahlungsbetrag von 25.000 € einen Betrag von 125.000 € zu schöpfen. Man spricht in diesem Zusammenhang auch von dem Geldschöpfungsmultiplikator.

Geldschöpfungsmultiplikator

Der **Geldschöpfungsmultiplikator** ist der Kehrwert des Mindestreservesatzes. Ist R der Reservesatz, so können aus jedem Euro an Reserven $1/R$ Euro an Geld erzeugt werden. In unserem Beispiel beträgt $R = 1/5$ (20 %), der Geldschöpfungsmultiplikator ist also 5.

Begrenzung der Giralgeldschöpfung

Eine Giralgeldschöpfung kann nicht eintreten, wenn die Einlagen ganz als Bargeld abgehoben werden, denn dann verwandelt sich Giralgeld in Bargeld. Bargeld kann von den Banken aber nicht geschöpft werden. Sie sind vielmehr gezwungen, sich das benötigte Bargeld bei der Notenbank zu beschaffen. Wie viel Zentralbankgeld sich Banken beschaffen können und welchen Zinssatz sie dafür zahlen müssen, bestimmt die Zentralbank mit ihrer Geldpolitik. Außerdem wird die aktive Geldschöpfung auch durch den Mindestreservesatz der EZB begrenzt.

Geldschöpfung der Banken und ihre Begrenzung

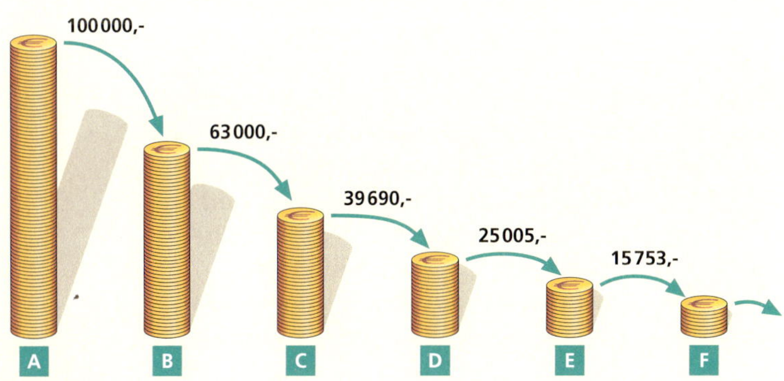

	B	C	D	E	F
30% Barauszahlung	30000,-	18900,-	11907,-	7502,-	4726,-
70% Giralgeld	70000,-	44100,-	27783,-	17503,-	11027,-
davon 10% Mindestreserve	7000,-	4410,-	2778,-	1750,-	1103,-

Also kann das **Giralgeldschöpfungspotenzial** des Bankensystems **begrenzt** werden durch
- verfügbare freie Zentralbankguthaben,
- Barabhebungsquote und
- Mindestreserveverpflichtung.

Über den Einsatz ihrer geldpolitischen Instrumente versucht die EZB die Geldmenge so zu steuern, dass das Ziel der Geldwertstabilität erreicht wird.

6.2.4 Welche geldpolitischen Instrumente kann das ESZB einsetzen?

Das ESZB will mit seinen geldpolitischen Instrumenten die Giralgeldschöpfung des Bankensystems kontrollieren. Wenn ihm das gelingt, kann es über die Geld- und Kreditversorgung der Wirtschaft, auf den Konsum und die Investitionstätigkeit Einfluss nehmen. Es kann somit auf das Wachstum, die Beschäftigung und das Preisniveau einwirken.

Zur Erreichung seiner Ziele (insbesondere Preisniveaustabilität) stehen dem ESZB **drei geldpolitische Instrumente** zur Verfügung:

- die Offenmarktgeschäfte
- die ständigen Fazilitäten
- die Mindestreserven auf Konten im ESZB

Offenmarktgeschäfte

Unter **Offenmarktgeschäften** wird der Kauf und der Verkauf von Wertpapieren durch die Zentralbank „am offenen Markt" verstanden. Jeder kann also als Nachfrager oder Anbieter auftreten, damit handelt es sich hier nicht ausschließlich um bilaterale (zweiseitige) Geschäfte zwischen der Zentralbank und den einzelnen Banken.
In der Geldpolitik spielen die Offenmarktgeschäfte eine wichtige Rolle. Mit ihrer Hilfe werden die Zinssätze und die Liquidität am Markt gesteuert und zusätzlich Signale bezüglich des geldpolitischen Kurses gegeben.

Liquidität = Fähigkeit, bestehenden Zahlungsverpflichtungen termingerecht und betragsgenau nachzukommen

Wenn die EZB Wertpapiere für eine bestimmte Zeit ankauft (verkauft), wird von einer befristeten Transaktion gesprochen. Die verkaufende (kaufende) Bank muss sich verpflichten, die Wertpapiere nach einer bestimmten Zeit zurückzukaufen (zurückzuverkaufen). Solche befristeten Geschäfte werden **Pensionsgeschäfte** genannt, da das Wertpapier für eine bestimmte Zeitspanne „in Pension geht", bevor es wieder zurückgenommen wird. Wenn die Zentralbank von einer Bank für eine bestimmte Zeit Wertpapiere ankauft, steht der Bank für diese Zeit Zentralbankgeld zur Verfügung. Dies bedeutet, dass sich die Liquidität erhöht und die Bank mehr Kredite vergeben kann. Die Giralgeldschöpfung wird vergrößert. Kauft oder verkauft die EZB Wertpapiere endgültig, handelt es sich um ein **definitives Geschäft**. Der Bank wird dann endgültig Zentralbankgeld zur Verfügung gestellt.

ständige Fazilitäten

Neben der Offenmarktpolitik stehen dem ESZB **zwei** so genannte **Fazilitäten** (Kreditmöglichkeiten) zur Verfügung. Sie dienen dazu, Übernachtliquidität bereitzustellen oder zu beanspruchen. Die Zinssätze für die ständigen Fazilitäten werden auch als **Leitzinsen** bezeichnet. Sie setzen Signale bezüglich des geldpolitischen Kurses und stecken Ober- und Untergrenze der Geldmarktsätze für Tagesgeld ab.

Um eine **Spitzenrefinanzierungsfazilität** handelt es sich, wenn Banken sich „über Nacht" Kredite (Übernachtkredit) verschaffen. Am folgenden Tag muss der Kredit zurückgezahlt werden. Für alle Kreditgeschäfte müssen die Banken Sicherheiten hinterlegen.
Die **Einlagefazilität** ermöglicht den Geschäftsbanken, überschüssige Liquidität „über Nacht" zu einem bestimmten Zinssatz festzulegen. Dieser Zinssatz ist natürlich niedriger als der Satz für die Spitzenrefinanzierungsfazilität.

Mindestreservepolitik

Das ESZB verlangt von den Kreditinstituten im Euro-Währungsraum, dass sie **Mindestreserven** auf Konten bei den nationalen Zentralbanken unterhalten. Das heißt, dass die Banken verpflichtet sind, bestimmte Prozentsätze der ihnen zur Verfügung gestellten Gelder als Mindestreserve bei der Zentralbank zu unterhalten. Die Einlagen werden vom ESZB zum Hauptrefinanzierungssatz verzinst, damit die Banken keinen Zinsverlust und keine Wettbewerbsnachteile gegenüber anderen Kredit- und Finanzinstituten außerhalb des Euro-Währungsraums haben.

Mindestreserven dienten ursprünglich vor allem der **Liquiditätssicherung** der Kundschaftseinlagen bei den Banken. Sie sind aber gleichzeitig ein wichtiges Instrument, um den **Geldumlauf**, den Umfang der Kreditgewährung der Banken und die Zinsbildung am Geldmarkt zu beeinflussen. Durch die Hinterlegung von Mindestreserven hat die EZB einen Hebel, um die Geldschöpfung der Banken und damit den Geldumlauf im Zaum zu halten. Ferner verursacht die Mindestreserve eine gewisse **Knappheit an Liquidität**. Die Banken sind daher auf die Bereitstellung von Zentralbankgeld angewiesen, um Kredite vergeben zu können.

Die Mindestreserveverpflichtung ist von den Banken nicht täglich, sondern nur zu bestimmten Zeitpunkten zu erfüllen. Die Banken können daher die Mindestreserve als Liquiditätspuffer bei Schwankungen am Geldmarkt nutzen. Welche Geldbeträge als Mindestreserve zu hinterlegen sind (Mindestreserve-Soll), bemisst sich nach dem Stand der reservepflichtigen Verbindlichkeiten am Ende des vorangegangenen Monats.

Mindestreservepflichtig sind

- alle täglichen Einlagen,
- alle Einlagen mit einer vereinbarten Laufzeit/Kündigungsfrist von bis zu zwei Jahren,
- ausgegebene Schuldverschreibungen mit vereinbarter Laufzeit von bis zu zwei Jahren und
- Geldmarktpapiere.

Der derzeitige Mindestreservesatz, der vom EZB-Rat festgelegt wird, liegt bei 2 %.

Obwohl das Instrumentarium des ESZB sehr effektiv ist, hat es mit Problemen zu kämpfen. Das erste Problem liegt darin, dass die Zentralbank nicht kontrollieren kann, wie viel Einlagen die privaten Haushalte bei den Geschäftsbanken halten. Wie bereits besprochen, ist die Geldschöpfung umso höher, je größer die Einlagen sind. Umgekehrt kann kein Geld geschöpft werden, wenn die Anleger ihr Geld abheben, weil sie z. B. das Vertrauen in das Bankensystem verloren haben. So kann auch ohne Eingreifen der Zentralbank das Geldangebot zurückgehen.

Probleme können sich durch das zweistufige Finanzsystem (Zentralbank und Geschäftsbanken) und durch partielle Reservehaltung ergeben.

Das zweite Problem kann sich durch das Verhalten der Geschäftsbanken ergeben. Diese sind dazu verpflichtet, nur einen bestimmten Prozentsatz ihrer Einlagen als Reserve zu halten (so genanntes partielles Reservesystem). Den übrigen zur Verfügung stehenden Betrag können, müssen sie jedoch nicht in Form von Krediten vergeben. Verleihen die Geschäftsbanken also z. B. aus Gründen der Vorsicht nur einen Teil der Einlagen, kann weniger Geld geschöpft werden, als eigentlich möglich wäre. Auch dadurch verringert sich das Geldangebot, ohne dass die Zentralbank dies steuern kann.

In einem partiellen Reservesystem hängt die Geldmenge sowohl vom Verhalten der Einleger als auch von dem der Geschäftsbanken ab. Dies zeigt, dass die Zentralbank das Geldangebot nicht exakt steuern und kontrollieren kann.

Übersicht:

Aufgaben des ESZB	– Sicherung der Preisniveaustabilität – Unterstützung der Wirtschaftspolitik innerhalb der EU – Festlegung und Durchführung der Geldpolitik – Förderung des reibungslosen Zahlungsverkehrs innerhalb der EU – Verwaltung der Währungsreserven – Übernahme von Beratungs- und Informationsfunktionen
Unabhängigkeit des ESZB	– funktionale Unabhängigkeit – institutionelle Unabhängigkeit – finanzielle Unabhängigkeit – personelle Unabhängigkeit
Deutsche Bundesbank	– nationale Zentralbank – integraler Bestandteil des ESZB
Aufgaben der Bundesbank	– Notenbank – Bank der Banken – Hausbank des Staates – Verwalterin der Währungsreserven – Sicherung der Preisniveaustabilität

Geldmenge	Geldbestand einer Volkswirtschaft	– M1 – M2 – M3 – Zentralbankgeldmenge
Geldschöpfung	Erhöhung der Geldmenge	– passive Giralgeldschöpfung – aktive Giralgeldschöpfung
Offenmarktpolitik	Verkauf bzw. Kauf von Wertpapieren	– „auf Zeit" = Pensionsgeschäfte – „endgültig" = definitives Geschäft
ständige Fazilitäten	Spitzenrefinanzierungsfazilität	Kreditbeschaffung „über Nacht"
	Einlagefazilität	Anlage überflüssiger Liquidität „über Nacht"
Mindestreserven	– Zwangsabgaben der Geschäftsbanken bei der Zentralbank – Gewährleistung der Zahlungsfähigkeit der Kreditinstitute	

Aufgaben

1. Welche Aufgaben hat die EZB im Rahmen des Eurosystems?
2. Warum ist es so wichtig, dass das ESZB unabhängig von den sonstigen Trägern der Wirtschaftspolitik ist?
3. Welche Aufgaben hat die Deutsche Bundesbank?
4. Recherchieren Sie im Internet – z. B. bei der Deutschen Bundesbank und der EZB –, wie sich die Geldmenge M3 in letzter Zeit entwickelt hat.
5. Sie haben 1.000 € in Bargeld und zahlen diese bei der Bank A ein. Diese 1.000 € verbleiben im Bankensystem. Die Bank A muss Mindestreserven in Höhe von 2 % ihrer Einlagen bei der Bundesbank halten.
   a) Wie hoch ist das Überschussguthaben, das die Bank A als Kredit vergeben darf?
   b) Ein Einzelhandelsunternehmen nimmt den Kredit der Bank A in Anspruch und zahlt damit eine Rechnung der Firma X bei der Bank B. Wie hoch ist hier das Überschussguthaben, dass die Bank B als Kredit vergeben darf, wenn die Firma X: (1) 200 € bar abhebt? (2) keine Abhebung vom Konto vornimmt?
   c) Welcher maximale Betrag kann aus den 1.000 € geschöpft werden? Wie groß ist der Geldschöpfungsmultiplikator?
   d) Wie würden sich die Mindestreserve und das Geldangebot bei Bank A verändern, wenn die Zentralbank den Mindestreservesatz auf 5 % erhöhen würde?
6. In einer fiktiven Volkswirtschaft gäbe es 5.000 Banknoten zu je 100 €. Wie hoch ist die Geldmenge,
   a) wenn die Bevölkerung das gesamte Geld als Bargeld hält?,
   b) wenn die Einwohner das gesamte Geld auf Girokonten halten und der Mindestreservesatz bei 20 % liegt?,
   c) wenn die Bewohner zu gleichen Teilen Bargeld und Giroeinlagen besitzen und der Mindestreservesatz 10 % beträgt?
7. Nennen Sie die Faktoren, von denen die gesamtwirtschaftliche Kreditschöpfungsmöglichkeit entscheidend abhängt.
8. Beschreiben Sie die Funktionsweise und die Wirkung der Offenmarktgeschäfte.

9. Erläutern Sie die Zielsetzung und die Funktionsweise der ständigen Fazilitäten.
10. Erklären Sie den Begriff der Mindestreserve.
11. Informieren Sie sich im Internet und in der Tagespresse über den derzeitigen Mindestreservesatz und die Höhe der Leitzinsen.
12. Warum kann eine Zentralbank das Geldangebot nicht vollständig kontrollieren? Diskutieren Sie in der Gruppe, welche Maßnahmen die Zentralbank ergreifen könnte, um dieses Problem zu mindern.
13. Erklären Sie, warum es problematisch ist, wenn alle Einleger ihr Geld gleichzeitig abheben wollen.

6.3 Öffentliche Finanzpolitik

Neben der Geldpolitik und vielfältigen Ge- und Verboten ist die öffentliche Finanzpolitik ein Instrument der Wirtschaftspolitik. Es gibt kaum einen ökonomischen oder politischen Bereich, der nicht von ihren Maßnahmen berührt wird.

6.3.1 Einnahmepolitik des Staats

Finanzierungsquellen des Staats

Der Staat nimmt Aufgaben wahr, die ein Einzelner nicht lösen kann, z. B. äußere Sicherheit, Erziehung und Bildung, Gesundheit, Polizei und Verkehrswesen. Hier wird der Staat für uns alle tätig. Damit er die zahlreichen und vielfältigen Pflichten erfüllen kann, benötigt er viel Geld.
Einnahmen können auf verschiedene Art und Weise beschafft werden:

Einnahmen des Staats		
Gebühren	Abgaben für öffentliche Dienstleistungen	z.B. Gebühren für – Beurkundungen – Baugenehmigungen – Passgebühren
Beiträge	vor allem von Gemeinden erhoben, um Kosten zu decken, die sowohl im Interesse des Einzelnen als auch der Gesamtheit liegen	z.B. – Kurbeiträge – Straßenanliegerbeiträge – Fremdenverkehrsbeiträge
Einkünfte aus Kapitalbeteiligungen	Bund und Länder erhalten Gewinnausschüttungen durch ihre Beteiligungen an Unternehmen	z.B. von – VW – Lufthansa
Kredite	Reichen die Einnahmen und Rücklagen nicht aus, müssen Kredite an den Finanzmärkten aufgenommen werden. Die Schulden der öffentlichen Hand sind stetig gewachsen, allein zwischen 1990 und 1998 hat sich die Verschuldung verdoppelt.	
Steuern	sind die wichtigste Finanzierungsquelle des Staates. Steuern werden hoheitlich erhoben und stellen eine Geldleistung ohne Anspruch auf eine konkrete Gegenleistung dar.	

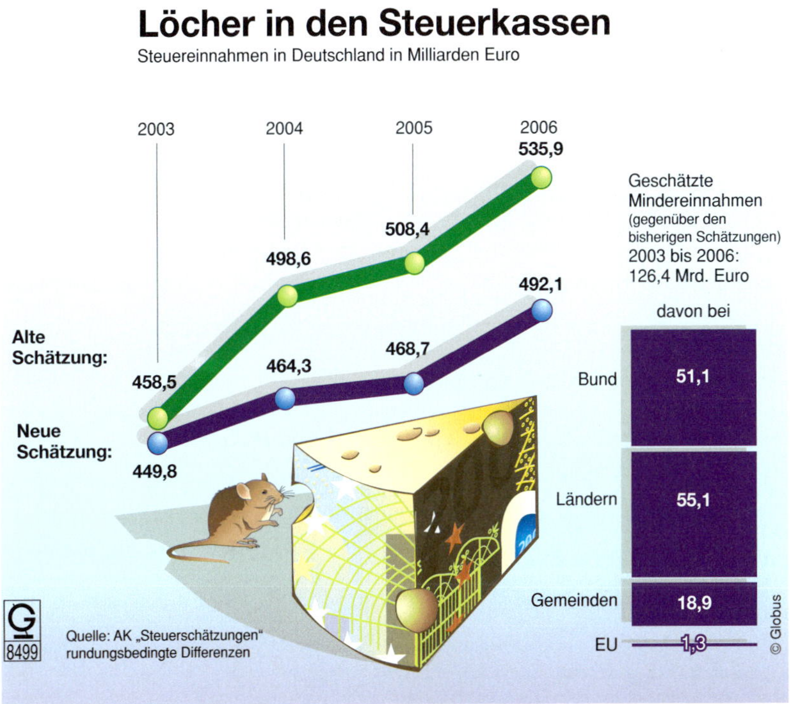

Steuern können nach verschiedenen Einteilungskriterien klassifiziert werden:

Einteilung der Steuern	
nach der Ertragskompetenz	– Gemeinschaftssteuern, die Bund und Ländern in einem bestimmten Verhältnis zufließen, z. B. Einkommen- und Lohnsteuer – Bundessteuern, z. B. Einfuhrumsatzsteuer – Landessteuern, z. B. Erbschaft- und Schenkungsteuer – Gemeindesteuern, z. B. Grund- und Hundesteuer
in direkte und indirekte Steuern	– Bei der direkten Besteuerung sind Steuerzahler und Steuerträger identisch. Die mit der Steuer belastete Person entrichtet den entsprechenden Betrag unmittelbar an das Finanzamt, damit ist keine Überwälzung auf andere Personen möglich. Direkte Steuern werden auf die Einkünfte des Steuerzahlers erhoben, z. B. Lohnsteuer. – Indirekte Steuern werden auf Güter erhoben und von den Unternehmen abgeführt, die die Möglichkeit haben, die Steuer durch Preiserhöhungen auf den Verbraucher abzuwälzen. Beispiele sind Umsatzsteuer (allgemeine Verbrauchsteuer) und Tabak- oder Mineralölsteuer (spezielle Verbrauchsteuer).
nach belastungspolitischen Gesichtspunkten	– Subjektsteuern (Personensteuern), die auch persönliche Verhältnisse wie Familienstand, Anzahl der Kinder und Körperbehinderungen des Steuerpflichtigen berücksichtigt, z. B. Einkommensteuer – Objektsteuern (Realsteuern), die an ein sachliches Merkmal anknüpfen, z. B. Grundsteuer

6.3.2 Ausgabenpolitik des Staats

Da die Staatsaufgaben im Laufe der Zeit immer umfangreicher geworden sind, haben auch die Ausgaben zugenommen. Dementsprechend hoch ist auch die Belastung durch Zins- und Tilgungszahlungen. Insgesamt wird der Spielraum für Investitionen in den öffentlichen Haushalten immer enger, vor allem in Bereichen, die die Attraktivität und Qualität des Standorts Deutschland ausmachen, wie z. B. Erhalt und Ausbau der Infrastruktur. Gestiegen sind dagegen die Ausgaben für Personal, Verwaltung, staatliche Transferleistungen sowie Schuldendienst.

Die Investitionsausgaben sind rückläufig.

vgl. Kapitel 2, 4.3 Standort-faktoren

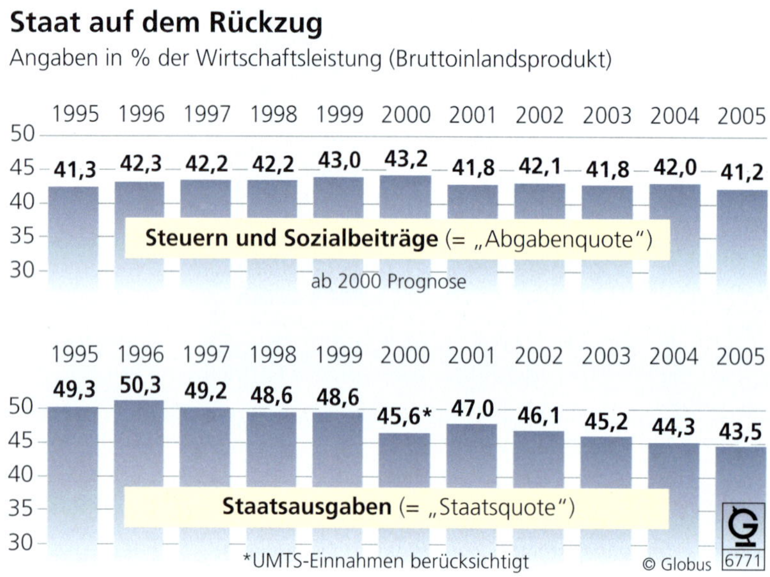

Die von der öffentlichen Hand zu tätigenden Ausgaben sind vielfältig:

1. **Sachaufwand**
   z. B. für Straßenbau oder Umrüstung der Bundeswehr
2. **Personalaufwand**
   für Löhne und Gehälter der Angestellten und Beamten, Richter und Soldaten
3. **Transferleistungen**
   wie z. B. Rente und Sozialhilfe, welche auch zu einer Umverteilung von Einkommen und Vermögen beitragen sollen
4. **Subventionen**
   die zweckgebunden bestimmten Unternehmen bzw. Wirtschaftszweigen in Form von Finanzhilfen oder Steuervergünstigen zugute kommen
5. **Schuldendienst**
   Zinsen und Tilgung belasten den Staatshaushalt sehr

Fast jeden dritten Euro gibt der Bund für Arbeit und Soziales aus, wobei die Leistungen für Rentenversicherung und Arbeitsmarkt besonders wichtig sind. Der Verteidigungshaushalt schrumpft, der Anteil der Gesamtausgaben ist auf unter zehn Prozent gefallen. Neben dem Personal der Streitkräfte werden auch die Zivildienstleistungen finanziert. Bei der Wirtschaftsförderung geht es um die Stärkung kleinerer und mittlerer Unternehmen. Denn für den Wirtschaftsstandort Deutschland ist es wichtig, konkurrenzfähig zu bleiben.

vgl. 7.4, Arbeitslosigkeit Gefahr für den Sozialstaat

6.3.3 Fiskalpolitik des Staats

Unter Fiskalpolitik versteht man alle finanzpolitischen Maßnahmen des Staatssektors im Dienst der Konjunkturpolitik.

Bis in die 1930er-Jahre verfolgten die meisten Staaten eine eher passive Finanzpolitik. Ziel war es, einen möglichst ausgeglichenen Haushalt zu erreichen. Das hatte zur Folge, dass der Staat in Zeiten der Hochkonjunktur die Nachfrage erhöhte, da er erhöhte Steuereinnahmen verzeichnen konnte. Dadurch wurde die Überhitzung der Wirtschaft vorangetrieben. Die Folgen dieser **prozyklischen Finanzpolitik** waren fatal. In der Abschwungphase verringerten sich die Steuereinnahmen, der Staat verminderte seine Nachfrage, was eine weitere Dämpfung der Wirtschaft zur Folge hatte.

prozyklisch = dem Konjunkturverlauf gleichgerichtete Wirkung wirtschaftspolitischer Maßnahmen

Heute ist die **Fiskalpolitik** (fiscal policy) die finanzpolitische Umsetzung der keynesianischen Wirtschaftspolitik. 1936 erschien die „Allgemeine Theorie der Beschäftigung, des Zinses und des Geldes" von John Maynard Keynes, in der er die damals herrschende Wirtschaftstheorie grundlegend angriff. Die Hoffnung der Klassiker auf Selbststabilisierung des Systems wird abgelöst durch die Keynes'sche Botschaft der Steuerungsnotwendigkeit und Steuerungsmöglichkeit. Es geht besonders um eine **antizyklische Wirtschaftspolitik** zur Beeinflussung der gesamtwirtschaftlichen Nachfrage, häufig verbunden mit einer Verschuldungspolitik (deficit spending).

J. M. Keynes (1883–1946)

antizyklisch = dem Konjunkturverlauf entgegengerichtete Wirkung wirtschaftspolitischer Maßnahmen

Im Gesetz zur Förderung der Stabilität und des Wachstums der Wirtschaft (StWG) vom 8. Juni 1967 wurde die keynesianische Wirtschaftspolitik verankert. Danach sollen in der Bundesrepublik Deutschland Maßnahmen so eingesetzt werden, dass sie zur Verstetigung des Konjunkturverlaufs, also zur Stabilität des Preisniveaus, zu einem hohen Beschäftigungsstand, zum außenwirtschaftlichen Gleichgewicht und zu einem stetigen und angemessenen Wirtschaftswachstum (**magisches Viereck**) beitragen.

StWG und magisches Viereck, vgl. 4.2 Welche Ziele soll die Wirtschaftspolitik erreichen?

fiskalpolitische Eingriffsinstrumente des StWG, vgl. Tabelle auf S. 460

Dementsprechend wird eine antizyklische Finanzpolitik betrieben: In **Boomphasen** kommt es zu einer dämpfenden (kontraktiven) Haushaltspolitik. Der Staat verringert seine Ausgaben und entzieht den privaten Haushalten Kaufkraft z. B. durch Steuererhöhungen. Während der **Rezession** müssen die Staatsausgaben erhöht werden, um die Wirtschaft anzukurbeln. Da gleichzeitig eine Steuersenkung erforderlich wird, kann der Staat seine Strategie nur verfolgen, indem er Kredite aufnimmt und damit ein Haushaltsdefizit in Kauf nimmt (*deficit spending*).

Der Staat kann mit einer gezielten Gestaltung seiner Haushaltspolitik konjunkturfördernd oder -hemmend eingreifen. Die zur Verfügung stehenden Maßnahmen sind recht vielfältig.

Fiskalpolitische Eingriffsinstrumente des StWG				
Beeinflussung der Nachfrage	kontraktive Wirkungsrichtung		expansive Wirkungsrichtung	
der privaten Haushalte	§ 26 Nr. 1	Anpassung der Einkommensteuervorauszahlung an die konjunkturelle Entwicklung	§ 26 Nr. 1	Anpassung der Einkommensteuervorauszahlung an die konjunkturelle Entwicklung
	§ 26 Nr. 3	Heraufsetzung der Einkommensteuer um höchstens 10 % für höchstens ein Jahr	§ 26 Nr. 3	Herabsetzung der Einkommensteuer um höchstens 10 % für höchstens ein Jahr
der Unternehmen	§§ 26 Nr. 1, 27 und 28	Anpassung der Steuervorauszahlungen (Einkommen-, Körperschaft- und Gewerbesteuer)	§§ 26 Nr. 1, 27 und 28	Anpassung der Steuervorauszahlungen (Einkommen-, Körperschaft- und Gewerbesteuer)
	§ 26 Nr. 3	Beschränkung der Abschreibungsmöglichkeiten durch Aussetzung von Sonderabschreibungen sowie erhöhter und degressiver Abschreibungen für Abnutzung (AfA)	§ 26 Nr. 3	Einräumung eines Investitionsbonus, d. h., von der Einkommen- oder Körperschaftsteuerschuld können bis zu 7,5 % der Anschaffungs- oder Herstellungskosten best. Investitionsgüter abgezogen werden.
	§ 26 Nr. 3	Heraufsetzung der Einkommen- und Körperschaftsteuer um höchstens 10 % für längstens ein Jahr	§ 26 Nr. 3	Herabsetzung der Einkommen- und Körperschaftsteuer um höchstens 10 % für längstens ein Jahr
des Staats	§§ 5 Abs. 2 und 15	Einnahmestilllegung durch Verwendung öffentlicher Mittel zur zusätzlichen Schuldentilgung bei der Bundesbank oder Bildung einer Konjunkturausgleichsrücklage bei der Bundesbank	§ 5 Abs. 3	Bildung von Ausgabeüberschüssen im Haushaltsplan durch ihre Finanzierung aus der Konjunkturausgleichsrücklage
	§§ 19 und 25	Beschränkung der Möglichkeiten der Kreditaufnahme durch die öffentliche Hand	§ 6 Abs. 2	Finanzierung zusätzlicher Ausgaben (zum Haushaltsplan) aus der Konjunkturausgleichsrücklage oder durch zusätzliche Kreditermächtigung bis zu 2,56 Mrd. €
	§ 6 Abs. 1	Verschiebung öffentlicher Ausgaben und Stilllegung der frei gewordenen Gelder bei der Bundesbank	§ 11	Beschleunigung der Planung und Vergabe von in der mittelfristigen Finanzplanung für einen späteren Zeitpunkt vorgesehenen Investitionsvorhaben

A. Einnahmenpolitische Mittel

Steuerpolitik

Die progressive Besteuerung der Einkommen- und Körperschaftsteuer hat automatisch eine gewisse antizyklische Wirkung: Steigt das Einkommen im Boom, so wirkt ein höherer Steuersatz, der das verfügbare Einkommen mindert. Die Wirtschaftssubjekte können weniger kaufen. Umgekehrt wirkt im Abschwung bei sinkendem Einkommen ein niedrigerer Steuersatz, sodass die Wirtschaftssubjekte mehr konsumieren können. Außerdem können Lohn- und Körperschaftsteuer für die Dauer von maximal einem Jahr um 10 % variiert werden. Soll die Konjunktur durch eine Steuererhöhung gebremst werden, müssen die Mehreinnahmen in der Konjunkturrücklage stillgelegt werden, damit sie nicht wieder zurück in den Umlauf kommen. Aber auch hier wirken psychologische Faktoren:

Steuererhöhungen und -senkungen

Haben die Wirtschaftssubjekte pessimistische Erwartungen, werden sie sich auch durch eine Steuersenkung nicht zu höheren Investitions- bzw. Konsumausgaben anregen lassen, sondern lieber ihre Ersparnisse erhöhen. Umgekehrt lösen sie diese bei optimistischen Annahmen auf, sodass eine Steuererhöhung unter Umständen wirkungslos bleibt.

Veränderungen der Abschreibungsregelungen

Abschreibungsregelungen beeinflussen die Steuerbelastung der Unternehmen und sollen die Investitionsgüternachfrage anregen bzw. bremsen. Verminderte Abschreibungsmöglichkeiten bedeuten für die Unternehmen erhöhte steuerpflichtige Gewinne (Einkommen), die Steuereinnahmen steigen, die verfügbaren Einkommen der Steuerpflichtigen hingegen sinken.

Abschreibungen stellen bilanztechnisch steuermindernde Kosten für die Unternehmen dar.
vgl. ausführlich Teilband *Prozessorientiertes Rechnungswesen,* Kapitel 1 Werteströme und Werte erfassen und dokumentieren

B. Ausgabenpolitische Mittel

Direkte Staatsausgaben

Staatsausgaben können die gesamtwirtschaftliche Nachfrage unmittelbar beeinflussen, sind aber auch mit einigen Problemen behaftet:

- Zahlungen öffentlicher **Gehälter** bzw. **Bezüge** sind durch Tarifverträge festgelegt und können nicht kurzfristig verändert werden.
- Auch **staatliche Investitionen** können nur bedingt variiert werden, da sie einer langfristigen Planung bedürfen und ebenfalls durch Verträge gebunden sind.
- Letztlich hat die Bundesregierung nur einen begrenzten Zugriff auf die Investitionstätigkeit, da ein großer Teil auf die **Gemeinden** selbst entfällt. Diese zeigen jedoch oft ein prozyklisches Verhalten (Parallelpolitik), indem sie z. B. in der Hochkonjunktur ihre Ausgaben mit der Durchführung bisher zurückgestellter Projekte erhöhen.

Kreditaufnahme

Wie bereits angesprochen, soll der Staat nach dem Prinzip der antizyklischen Wirtschaftspolitik in Schwächephasen die Ausgaben erhöhen, um die Gesamtnachfrage anzukurbeln. Würde er dies aber durch eine Steuererhöhung finanzieren, würde die private Nachfrage gedämpft. Daher kann der Staat entweder die Konjunkturausgleichsrücklage auflösen oder er muss Kredite aufnehmen. Das deficit spending sieht vor, dass diese Kredite im Aufschwung zurückgezahlt werden. Diese Idee wurde jedoch bisher nicht konsequent verfolgt, somit steigt die Staatsverschuldung.

Konjunkturausgleichsrücklage
Bei zu starker Nachfrageausweitung werden eingesparte Geldmittel der Bundes- und Länderhaushalte unverzinst bei der Bundesbank hinterlegt. Bei einer Abschwächung der allgemeinen Wirtschaftstätigkeit sollen sie im Interesse des gesamtwirtschaftlichen Gleichgewichts zur Finanzierung zusätzlicher Ausgaben dienen.
Das Gesetz zur Förderung der Stabilität und des Wachstums der Wirtschaft (StWG) gilt als Rechtsgrundlage.

StWG, vgl. 4.2 Welche Ziele soll die Wirtschaftspolitik erreichen?

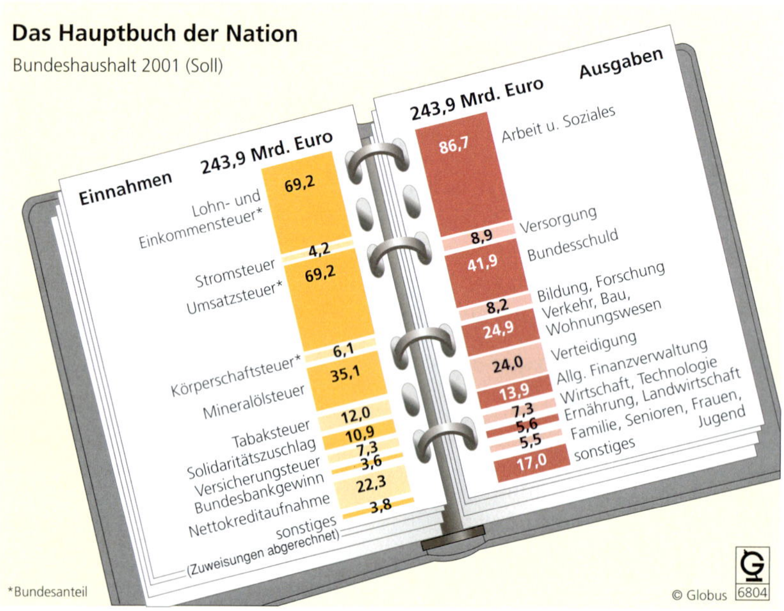

Probleme der keynesianisch orientierten Fiskalpolitik:

1. Zwar spielen ausgabenpolitische Mittel eine wichtige Rolle, da durch sie direkte Effekte erzielt werden können, ihre **Variabilität** ist jedoch auf Grund internationaler Verpflichtungen, Gesetze oder Verträge **beschränkt**.

2. Auch die Beeinflussung der Steuereinnahmen ist wegen der **schwerfälligen Gesetzesmaschinerie** begrenzt. Es vergeht viel Zeit, bis sich sämtliche Koalitionspartner und Parteien geeinigt haben.

3. Die **Diagnose** der Konjunkturlage ist relativ **ungewiss**, sodass die Gefahr besteht, dass Politiker die Daten nutzen, die ihren Interessen entsprechen.

4. Die Zunahme der Staatsschulden engt den **Handlungsspielraum** der Ausgabenpolitik immer weiter ein.

5. Durch **Zeitverzögerungen** können die Maßnahmen nicht zum geeigneten Zeitpunkt wirken. Zunächst muss ein Problem erkannt und eine Gegenmaßnahme vom Entscheidungsträger gewählt werden. Zwischen Einsatz und Wirkung kommt es ebenfalls zu Verzögerungen, sodass Instrumente oftmals pro- statt antizyklisch wirken. Die Innenverzögerung umfasst den Zeitraum vom Auftreten des Problems bis zum Einsatz von Gegenmaßnahmen. Die Zeit, die zwischen Einsatz der Gegenmaßnahme und deren Wirkung vergeht, nennt man Außenverzögerung.

Durch Zeitverzögerungen (*time lags*) wirken die Maßnahmen prozyklisch anstatt antizyklisch.

Zeitverzögerung bei wirtschaftspolitischen Maßnahmen

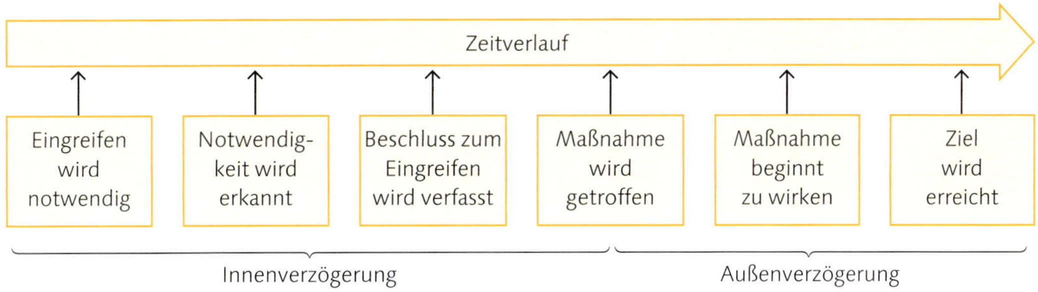

Am Ende dann liegt zwischen dem Beschluß eines Haushaltsgesetzes und der ökonomisch relevanten kassenmäßigen Umsetzung nochmals eine nicht unerhebliche Verzögerung. Der gesamte Prozess von der Wahrnehmung der Problemlage bis zur Auszahlung der (...) Beträge dauert viele Monate und manchmal sogar Jahre. So können die fiskalpolitischen Maßnahmen schließlich in einer völlig veränderten Volkswirtschaft wirksam – und damit vielleicht kontraproduktiv – werden.
Das Lag-Problem (...) der Fiskalpolitik wird noch dadurch verschlimmert, dass erforderliche Prognosen überaus ungenau sind. Nur dann, wenn die Prognostiker Exaktes über die volkswirtschaftliche Lage in einem Jahr im Voraus sagen könnten, wäre (...) Fiskalpolitikern eine vorausschauende Politik möglich. In diesem Fall nur wäre trotz der Verzögerungen eine wirksame Stabilisierungspolitik durchführbar. Im praktischen Wirtschaftsleben jedoch treffen Rezession und Depression oft ohne jede Vorwarnung der beobachtenden Statistiker und Ökonometriker ein. Meist können die fähigsten Wirtschaftspolitiker nur reagieren – dann, wenn Veränderungen oder Schwankungen sichtbar werden.

Quelle: Mankiw, N. G., Grundzüge der Volkswirtschaftslehre, Stuttgart 1999, S. 790

Ökonometrie = Teilgebiet der Wirtschaftswissenschaft, auf dem mit Hilfe mathematisch-statistischer Methoden wirtschaftstheoretische Modelle und Hypothesen auf ihren Realitätsgehalt untersucht werden.

6.4 Einsatz der Geld- und Fiskalpolitik zur Stabilisierung der Volkswirtschaft

Während die keynesianische Sichtweise den Schwerpunkt auf die Fiskalpolitik legt, betont die neoklassische Denkweise die Wirksamkeit der Geldpolitik.

Vertreter der verschiedenen Lehren werden Fiskalisten bzw. Monetaristen genannt. Während die Industriestaaten Westeuropas eher die keynesianische Politik vertreten, spielt in den USA der Monetarismus eine stärkere Rolle. Allen gemeinsam ist jedoch die Tatsache, dass sowohl fiskalpolitische als auch geldpolitische Instrumente aufeinander abgestimmt sein müssen, um konjunkturpolitisch erfolgreich sein zu können. Sowohl der Staat als auch die Notenbank sind damit zentrale Träger der Wirtschaftpolitik.

Die Europäische Zentralbank und die einzelnen Staaten der EWU bestimmen zusammen die Wirtschaftspolitik.

Welche Instrumente auf fiskal- bzw. geldpolitischer Ebene zur Verfügung stehen und welche Auswirkungen dies auf den Konjunkturzyklus haben kann, wird zusammenfassend in den folgenden Schaubildern dargestellt:

Konjunkturfördernde Maßnahmen

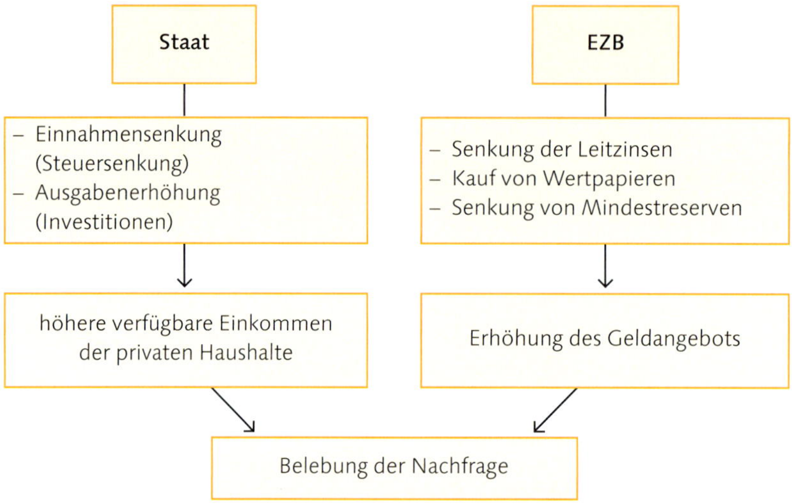

Konjunkturhemmende Maßnahmen

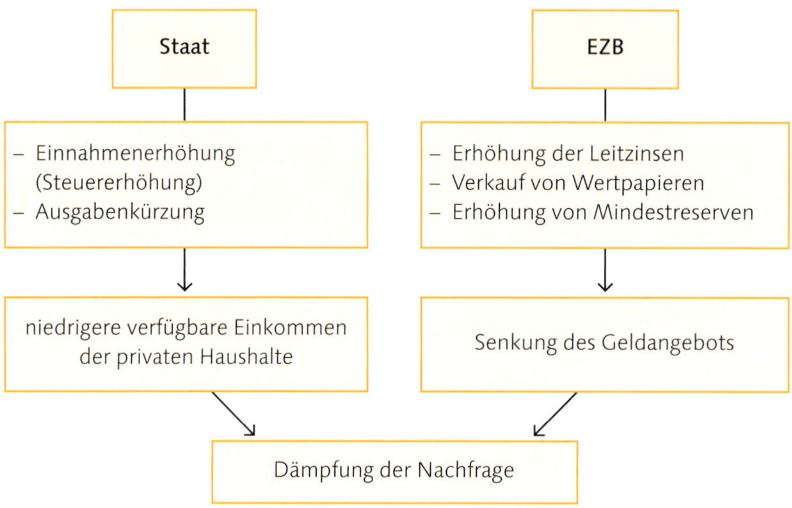

Übersicht:

Einnahmen des Staats	– Gebühren – Beiträge – Einkünfte aus Kapitalbeteiligungen – Kredite – Steuern
Ausgaben des Staats	– Sachaufwand – Personalaufwand – Transferleistungen – Subventionen – Schuldendienste
Fiskalpolitik	– alle finanzpolitischen Maßnahmen des Staats im Dienste der Konjunkturpolitik – Umsetzung der keynesianischen Wirtschaftstheorie

fiskalpolitisches Instrumentarium	einnahmepolitische Mittel	– Steuerpolitik – Veränderungen der Abschreibungsregelungen
	ausgabenpolitische Mittel	– direkte Staatsabgaben – Kreditaufnahme – Konjunkturausgleichs-rücklage
Zeitverzögerungen (time lags)	Konjunkturpolitische Maßnahmen können prozyklisch anstatt antizyklisch wirken.	

Aufgaben

1. Erläutern Sie kurz die Grundidee der antizyklischen Fiskalpolitik.
2. Welche Instrumente kann die Fiskalpolitik nutzen? Beschreiben Sie, wie die Maßnahmen während eines Booms aussehen sollten.
3. Führen Sie in der Gruppe ein Streitgespräch darüber, ob die Fiskalpolitik zur Stabilisierung der Volkswirtschaft eingesetzt werden sollte oder nicht.
4. In der folgenden Abbildung sind der Konjunkturverlauf und der Trend dargestellt:

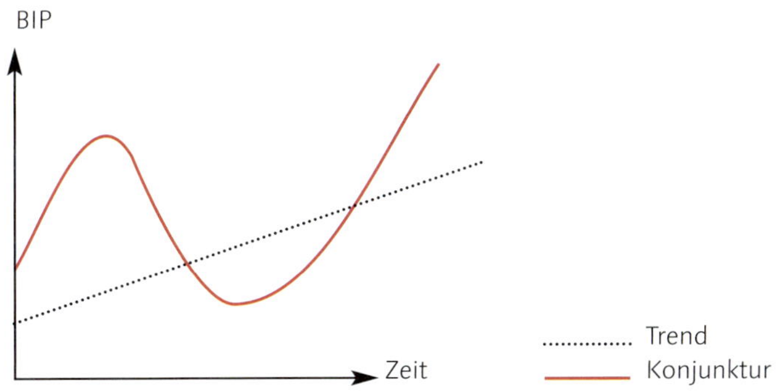

a) Zeigen Sie anhand des folgenden Koordinatensystems, wie nach Keynes ein sinnvoller Verlauf der Staatsausgaben aussieht.

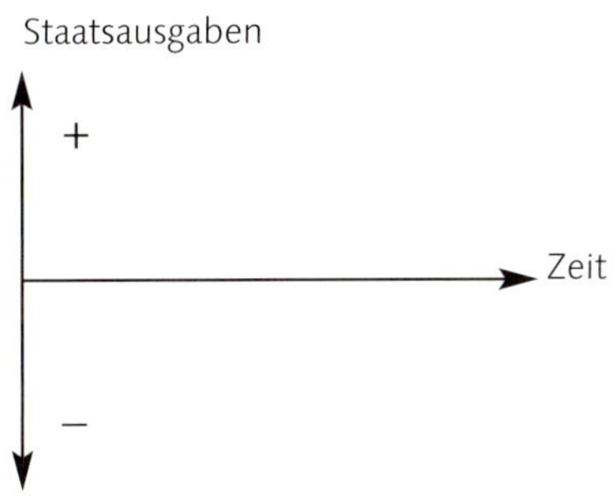

b) Wie sehen Trend und Konjunkturverlauf aus, wenn die keynesianische Wirtschaftspolitik optimal greift? Stellen Sie auch dies grafisch dar.

5. Nehmen Sie kritisch zur antizyklischen Fiskalpolitik Stellung!
6. Stellen Sie den Zusammenhang zwischen Geld- und Fiskalpolitik in seinen Grundzügen dar.

7 Arbeitsmarkt- und Sozialpolitik

7.1 Arbeits- und Sozialordnung

Die soziale Frage des 19. Jahrhunderts

Der jeder Wirtschaftsordnung eigene soziale Grundgehalt kann – gemessen an gesellschaftlichen Normvorstellungen über soziale Ziele, d. h. über soziale Gerechtigkeit, soziale Sicherheit, über betriebliche Schutzvorrichtungen, die Wahrung von Rechten der Persönlichkeit, der Menschenwürde auch im Betrieb usw. – mehr oder weniger hoch sein. Beispielsweise war der soziale Grundgehalt der Wirtschaftsordnung der Industriegesellschaften des 19. Jahrhunderts sehr gering. Die Industriearbeiter befanden sich zwar im wirtschaftlichen Aufstieg. Nichtsdestoweniger war die soziale Lage des Arbeiters gekennzeichnet durch eine permanente Bedrohung seiner eigenen Existenz und der seiner Familie sowie durch menschenunwürdige Lebensverhältnisse, weil es ihm an einer Sicherung des Lebensunterhalts im Falle der Krankheit, der Arbeitslosigkeit, der Invalidität und des Alters fehlte, weil er 70 und mehr Stunden wöchentlich arbeiten musste, weil es meist unausweichlich war, dass auch seine Frau und seine Kinder arbeiteten, um das Existenzminimum zu sichern, weil es im Betrieb kaum einen Schutz gegen die Gefährdung von Gesundheit, Sittlichkeit und Persönlichkeitsrechten gab und weil die Wohnverhältnisse in den stark wachsenden Städten zum Teil katastrophal waren.

Lampert, H.: Die Wirtschafts- und Sozialordnung der Bundesrepublik Deutschland, 1990, S. 64 f.

Auf Grund der Erfahrung, dass in rein marktwirtschaftlichen Wirtschaftsordnungen die sozialen Belange zu wenig Berücksichtigung finden, wird in der sozialen Marktwirtschaft die Wirtschaftsordnung durch die Arbeits- und Sozialordnung ergänzt.

vgl. 6.3 Soziale Marktwirtschaft als realtypische Wirtschaftsordnung

Aufgabe der **Arbeitsordnung** ist der Schutz der abhängig Beschäftigten durch die Tarifordnung, die betriebliche Mitbestimmung und die Arbeitsschutzgesetze.

Die **Sozialordnung** soll den Menschen aus wirtschaftlichen Notlagen helfen bzw. deren Eintreten verhindern, einen Mindestlebensstandard sichern und die Chancengleichheit für den beruflichen Werdegang sicherstellen.

Die Arbeits- und Sozialordnung soll den sozialen Frieden sichern und soziale Gerechtigkeit, soziale Sicherheit und soziale Mindestbedingungen im Wirtschaftsleben gewährleisten. In der sozialen Marktwirtschaft ist die Arbeits- und Sozialordnung also untrennbar mit der Wirtschaftsordnung verbunden.

7.2 Sozialpolitische Maßnahmen

Im Rahmen der Sozialordnung spannen staatliche (und private) Institutionen durch eine Vielzahl von sozialpolitischen Maßnahmen das „soziale Netz". Der Staat will mit seiner Sozialpolitik der Entstehung von sozialen Risiken vorbeugen, soziale Risiken ausgleichen sowie das Einkommens-, Versorgungs- und Lebensniveau einzelner Personen bzw. Personengruppen sichern und verbessern. In der Bundesrepublik Deutschland werden Leistungen der Sozialpolitik nahezu von der gesamten Bevölkerung in Anspruch genommen. Nachfolgend sollen die wichtigsten sozialpolitischen Instrumente der staatlichen Institutionen vorgestellt werden.

7.2.1 Sozialversicherung

Die Sozialversicherung bietet Schutz vor den individuellen wirtschaftlichen Risiken, die aus Alter, Krankheit, Unfall und Arbeitslosigkeit resultieren.

vgl. ausführlich Kapitel 1, 7 Sozialversicherung

Idee des zu Grunde liegenden Versicherungsprinzips ist es, individuelle Risiken gemeinschaftlich abzusichern. Die Sozialversicherung trägt in der sozialen Marktwirtschaft zum sozialen Ausgleich bei.

Die Sozialversicherung umfasst die
- Krankenversicherung,
- Unfallversicherung,
- Rentenversicherung,
- Arbeitslosenversicherung und
- Pflegeversicherung (seit 1995).

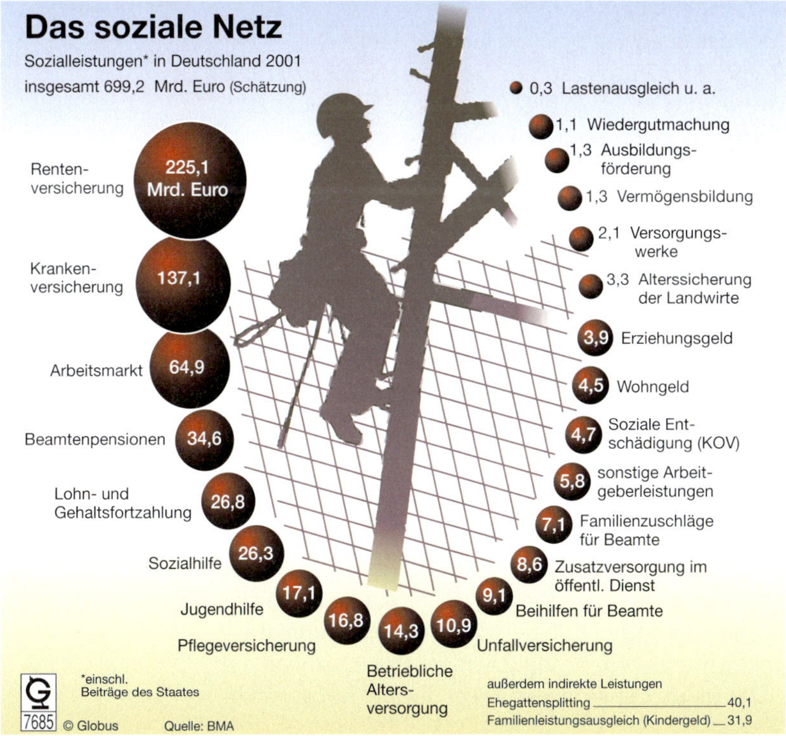

7.2.2 Familienförderung

Nach Art. 6 GG stehen die Familien unter dem besonderen Schutz des Staates. Dieser besonderen Verpflichtung kommt der Staat auf verschiedenen Wegen nach:

besondere Rechte für Eltern

- Kündigungsschutz und Mutterschutz
- Elternzeit
- Recht auf einen Kindergartenplatz
  Seit dem 1. Januar 1996 hat jedes Kind vom vollendeten dritten Lebensjahr an bis zum Schuleintritt einen Rechtsanspruch auf einen Kindergartenplatz.
- Kindergeld
  Wer Kinder hat und in Deutschland wohnt, hat Anspruch auf Kindergeld, unabhängig vom Einkommen. Auf jeden Fall wird das Kindergeld bis zur Vollendung des 18. Lebensjahres gezahlt, in bestimmten Fällen auch bis zur Vollendung des 27. Lebensjahres, z. B. während einer Schul- oder Berufsausbildung. Ab 2002 beträgt das Kindergeld für das erste, zweite und dritte Kind jeweils 154 € im Monat. Für das vierte und jedes weitere Kind werden 179 € gezahlt.
- Erziehungsgeld
  Das Erziehungsgeld wird längstens bis zur Vollendung des 2. Lebensjahrs gezahlt. Im Unterschied zum Kindergeld hängt seine Höhe vom Einkommen der Eltern ab. Die meisten Eltern erhalten nur für 6 Monate das volle Erziehungsgeld in Höhe von 307 € pro Monat, danach erhalten Durchschnittsverdiener entweder kein oder ein reduziertes Erziehungsgeld. Die Einkommensgrenze für den Erhalt des ungekürzten Erziehungsgeldes ab dem siebten Lebensmonat beträgt im Jahre 2002 z. B. für Eltern mit einem Kind 16.470 € pro Jahr.
- Kinderzulage bei der Eigenheimförderung
  Seit 1996 erhalten Käufer eines Eigenheims für acht Jahre eine Eigenheimzulage in Höhe von 2.556 € pro Jahr für Neubauten. Diese Grundförderung wird pro Kind und Jahr um 767 € aufgestockt. Ab Januar 2003 sollen voraussichtlich verstärkt Familien gefördert werden.

vgl. Kapitel 1, 5.5 Mutterschutzgesetz

direkte Geldzuwendungen

Kindergeld, vgl. Kapitel 1, 8.4 Lohnsteuerkarte

Neben den direkten Geldzuwendungen werden Familien auch dadurch unterstützt, dass sie weniger Steuern zahlen müssen als andere. **Steuererleichterungen** für Familien werden über die Einkommensteuer gewährt, und zwar aus zwei Gründen:

steuerpolitische Maßnahmen

Steuererleichterungen, vgl. Kapitel 1, 8.4 Lohnsteuerkarte

- Die Einkommensteuer ist die Steuer mit dem **höchsten Aufkommen** und daher am besten geeignet, Familien zu entlasten.
- Die Einkommensteuer ist eine **Subjektsteuer**, sie kann also in ihrer Höhe an die persönlichen Lebensumstände des Steuerpflichtigen angepasst werden.

Die wichtigsten Steuererleichterungen für Eltern sind der **Kinderfreibetrag** sowie der **„Freibetrag für Betreuung und Erziehung oder Ausbildung"**. Sie werden allerdings nicht zusätzlich, sondern nur **alternativ zum Kindergeld** gewährt. Das heißt, dass Kinder- und Freibetrag für Betreuung und Erziehung oder Ausbildung nur dann zu einer Steuererleichterung führen, wenn das gezahlte Kindergeld unterhalb der möglichen Steuerersparnis durch die Freibeträge liegt. Das ist allerdings in der Regel nur bei höheren Einkommen der Fall.

7.2.3 Ausbildungsförderung und Aufstiegsfortbildung

Die Ausbildungsförderung hat zum Ziel, allen Jugendlichen eine der Begabung entsprechende Ausbildung ohne Rücksicht auf Herkunft und Einkommen zu ermöglichen. Gesetzliche Grundlage ist das **Bundesausbildungsförderungsgesetz (BAföG)**.

BaföG können erhalten:
- Schüler weiterführender allgemein bildender Schulen und Berufsfachschulen ab Klasse 10 und Schüler von Fach- und Fachoberschulklassen ohne abgeschlossene Berufsausbildung, sofern sie aus bestimmten Gründen notwendigerweise nicht bei ihren Eltern wohnen können
- Schüler von Abendschulen oder Kollegs
- Schüler ohne abgeschlossene Berufsausbildung in Fach- und Berufsschulklassen, die in einem mindestens zweijährigen Bildungsgang zu einem berufsqualifizierenden Abschluss führen
- Schüler an Berufsaufbauschulen
- Schüler in Fachoberschul- und Fachschulklassen, deren Besuch eine abgeschlossene Berufsausbildung voraussetzt
- Studierende an allen Arten von Hochschulen, Höheren Fachschulen und Akademien

Die Ausbildungsförderung soll den Lebensunterhalt und die Kosten der Ausbildung decken. Wie hoch der Bedarf ist, hängt davon ab, welche Ausbildung man erhält und wo man untergebracht ist. Auf die Bedarfssätze werden die persönlichen Einkommen und das persönliche Vermögen, aber auch das Einkommen der Eltern und des Ehepartners angerechnet, falls es bestimmte Freibeträge übersteigt. Die Förderung erfolgt für Schüler vollständig als Zuschuss. Das heißt: Die Leistungen müssen nicht zurückgezahlt werden. Studierende erhalten die Förderung in der Regel zur Hälfte als Zuschuss und zur Hälfte als unverzinsliches Staatsdarlehen. Die Förderung für Studierende, die nicht bei ihren Eltern wohnen, beträgt derzeit monatlich maximal 582,88 €. Informationen zum BAföG erhält man beim zuständigen Amt für Ausbildungsförderung.

www.bafoeg.bmbf.de.

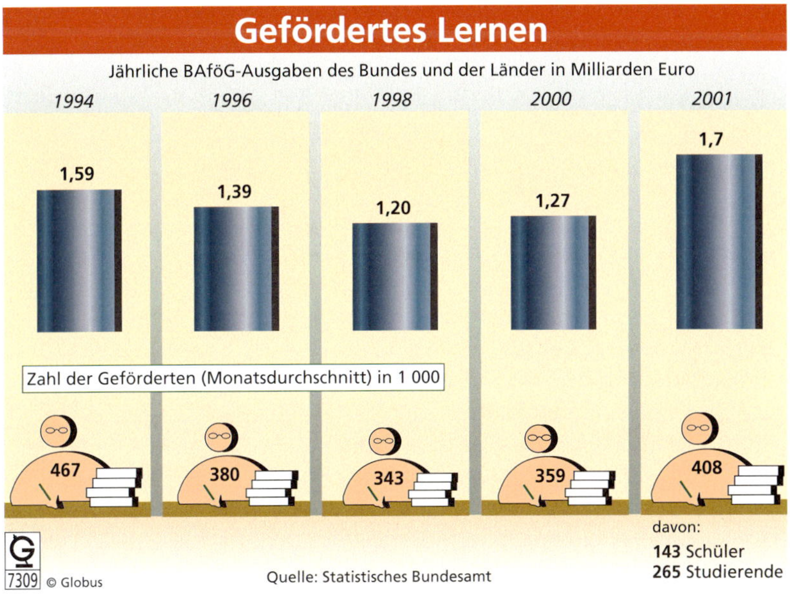

> Im Jahr 2001 gab es durchschnittlich 39 ¤ mehr Bafög im Monat für Studierende und 47 ¤ mehr für Schüler als im Jahr 2000. Außerdem erhöhte sich die Zahl der Geförderten um 14 % von 359 000 auf 408 000 – eine Folge des neuen Bundesausbildungsgesetzes, das zum 1. April 2001 in Kraft trat. Sowohl die Bedarfssätze als auch die Freibeträge wurden erhöht, so dass jetzt auch Studierende Bafög-Leistungen beanspruchen können, die bislang durch zu hohes Einkommen der Eltern von diesen Leistungen ausgeschlossen waren. Für Bund und Länder bedeutet dies höhere Ausgaben: 380 Millionen ¤ oder 30 % mehr als im Vorjahr.
>
> Quelle: Globus Grafik 7974, Statistisches Bundesamt

Das **Aufstiegsfortbildungsförderungsgesetz (AFBG)** – das so genannte **„Meister-BAföG"** – soll den Standort Deutschland stärken. Maßnahmen der beruflichen Aufstiegsfortbildung werden finanziell unterstützt und die Begünstigten zu Existenzgründungen ermutigt. Aufstiegsförderung gibt es für Handwerker und andere Fachkräfte, die sich auf den Fortbildungsabschluss zu Handwerks- oder Industriemeistern, Technikern, Fachkaufleuten, Fachkrankenpflegern, Betriebsinformatikern, Programmierern oder Betriebswirten vorbereiten. Um die Aufstiegsförderung zu beantragen, muss eine nach dem Berufsbildungsgesetz (BBiG) oder der Handwerksordnung (HwO) anerkannte Berufsausbildung abgeschlossen sein.

vgl. Kapitel 2, 4.3 Standortfaktoren

Personalentwicklung, vgl. Teilband *Industrielle Geschäftsprozesse,* Kapitel 4 Personalmanagement

Berufsbildungsgesetz, vgl. Kapitel 1, 3 Berufbildungsgesetz und Ausbildungsvertrag

Die Höhe der Förderung ist abhängig vom persönlichen Einkommen und Vermögen, gegebenenfalls auch vom Einkommen und Vermögen des Ehepartners. Die Förderung erfolgt zum einenTeil als Zuschuss und zum anderen Teil als Darlehen.

Beispiel: Ein allein Stehender, der an einer Vollzeitmaßnahme teilnimmt, kann einen monatlichen einkommens- und vermögensabhängigen Unterhaltsbeitrag von bis zu 614 € bekommen. 230 € gelten als Zuschuss, der Rest (384 €) wird als Darlehen gewährt.

7.2.4 Soziale Wohnungsbau- und Wohnungsmarktpolitik

Dem sozialen Wohnungsbau liegt die Erkenntnis zu Grunde, dass ein ausreichender und gesunder Wohnraum großen Einfluss auf die Arbeitsfähigkeit und Entfaltung der Persönlichkeit ausübt. Ziel ist es, auch einkommensschwächeren Bevölkerungsschichten angemessenen Wohnraum zu erschwinglichen Preisen verfügbar zu machen.

- Da die Wohnung ein lebensnotwendiges menschliches Bedürfnis darstellt, werden die Mieter im Rahmen des Mieterschutzes durch eine Anzahl von Gesetzen, z. B. zur Kündigungsfrist, besonders geschützt.
- Das Wohngeld wird einkommensschwächeren Familien als Miet- oder Tilgungszuschuss (Lastenzuschuss) gewährt.
- Im Rahmen des sozialen Wohnungsbaus wird der Bau von Wohnraum für einkommensschwache Familien unterstützt.
  Die Unterstützung wird in Form von Darlehen oder Zuschüssen zur Deckung der Baukosten oder laufenden Aufwendungen gewährt und kann
- von Bauherren, deren jährliches Einkommen bestimmte Grenzen nicht übersteigt (nach den Bestimmungen der einzelnen Bundesländer), für

den Bau und die Modernisierung von Wohnraum für den Eigenbedarf und

- von Vermietern für den Bau und die Modernisierung von Mietwohnungen (nach den Wohnungsbauförderungsbestimmungen der einzelnen Länder) in Anspruch genommen werden.
- Außerdem existieren verschiedene Möglichkeiten für die steuerliche Abschreibung von Bau- und Modernisierungsaufwendungen.
- Schließlich sei noch auf das Vermögensbildungsgesetz verwiesen.

Wenn Arbeitnehmer regelmäßig einen bestimmten Beitrag ihres Einkommens sparen, um einen Grundstock für ein Vermögen zu bilden, so unterstützt sie der Staat dabei auf zwei Wegen:

- Er zahlt an Arbeitnehmer mit niedrigen und mittleren Einkommen eine Arbeitnehmersparzulage für Vermögenswirksame Leistungen (VL).
- Er gewährt Steuer- und Beitragsbefreiungen, wenn Arbeitnehmer vom Arbeitgeber Beteiligungen kostenlos oder verbilligt erhalten.

So können beispielsweise Arbeitnehmer Beteiligungen mit vermögenswirksamen Leistungen in Form von Anteilsscheinen zu Aktienfonds, von Aktien oder von Mitarbeiterbeteiligungen erwerben.

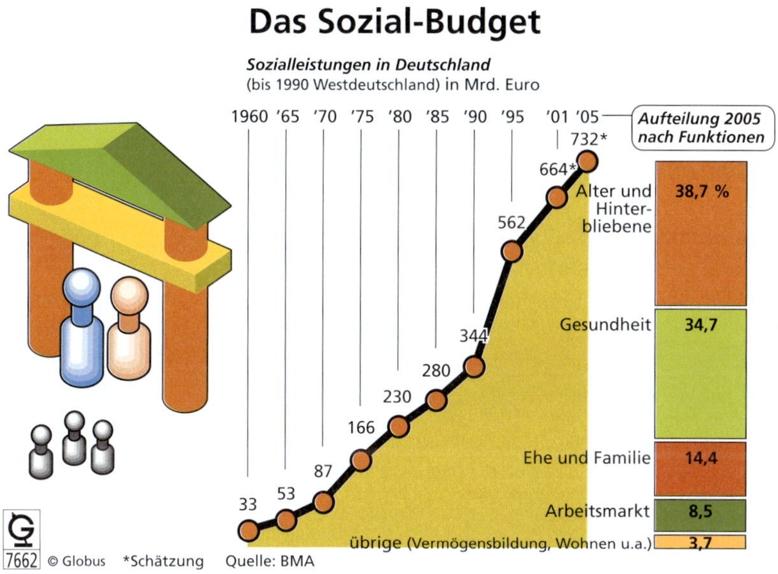

7.3 Einkommens- und Vermögensverteilung

Wie wird der Kuchen „Bruttonationaleinkommen" verteilt?

Das Bruttonationaleinkommen wird gern mit einem Kuchen verglichen, der in einer Volkswirtschaft innerhalb eines Jahres gebacken wird. Aus volkswirtschaftlicher Sicht sind hierzu mindestens drei Zutaten erforderlich: Arbeitsleistung, Kapital und Boden, die so genannten Produktionsfaktoren. Die Bürger eines Landes stellen Produktionsfaktoren zur Verfügung und erhalten als vertragliche Gegenleistung Einkommen.

Bruttonationaleinkommen, vgl. Kapitel 2, 5.2 Volkswirtschaftliche Gesamtrechnung nach dem Europäischen System Volkswirtschaftlicher Gesamtrechnungen

Nicht jeder Bürger kann gleich viel zur Produktion des Kuchens beisteuern, da das **Vermögen der Bürger** unterschiedlich hoch ist. **Immobilien-** und

Kapitalbesitz wird traditionell zum Vermögen gezählt. In der Volkswirtschaftslehre hat sich in letzter Zeit aber auch der Begriff **„Humanvermögen"** eingebürgert, dessen Wert allerdings schwer zu beziffern ist. Damit sind die Fähigkeiten, Kenntnisse und Erfahrungen eines Menschen gemeint. Das Humanvermögen ist die Quelle des Arbeitseinkommens und damit die wichtigste Einkommensquelle.

Vermögen = Grundbesitz, Kapitalbesitz und Humanvermögen

Die Vermögensausstattung legt fest, welchen Beitrag ein Bürger zum Bruttonationaleinkommen leisten kann. Danach bemisst sich sein Einkommen. Die Höhe des Einkommens entscheidet schließlich darüber, welchen Teil vom gemeinsam gebackenen Kuchen jeder Bürger erhält. Zur Messung der sozialen Gerechtigkeit ist es von großer Bedeutung, wie das gemeinsam erwirtschaftete Bruttonettoeinkommen auf die einzelnen Bürger verteilt wird. Die **Einkommensverteilung** kann nach verschiedenen Gesichtspunkten untersucht werden.

Einkommensverteilung nach verschiedenen Gesichtspunkten

Faktor	Vermögensart	Einkommensart
Arbeit	Humanvermögen/Wissen	Lohn/Gehalt
Boden	Immobilien (fremdgenutzt)	Miete/Pacht
Kapital	Aktien Spareinlagen	Dividende Zinsen

vgl. Kapitel 2, 3.2 Volkswirtschaftliche Produktionsfaktoren

7.3.1 Funktionelle – personelle Einkommensverteilung

Bei der **funktionellen Einkommensverteilung** geht es darum, wie das Bruttonationaleinkommen auf die Produktionsfaktoren verteilt wird. In der VGR werden dabei zwei Gruppen von Einkommen unterschieden:

Zusammenhang zwischen Vermögen und Einkommen

VGR, vgl. Kapitel 2, 5.2 Volkswirtschaftliche Gesamtrechnung nach dem Europäischen System Volkswirtschaftlicher Gesamtrechnungen

Einkommen	
Einkommen aus unselbstständiger Arbeit	Lohneinkommen
	Lohnquote = Einkommen aus unselbstständiger Arbeit, bezogen auf das Bruttonationaleinkommen
Einkommen aus Unternehmertätigkeit und Vermögen	– Kapitaleinkommen – Einkommen aus Vermietung – Gewinneinkommen
	Gewinnquote = Einkommen aus Unternehmertätigkeit und Vermögen, bezogen auf das Bruttonationaleinkommen

Funktionelle Einkommensverteilung

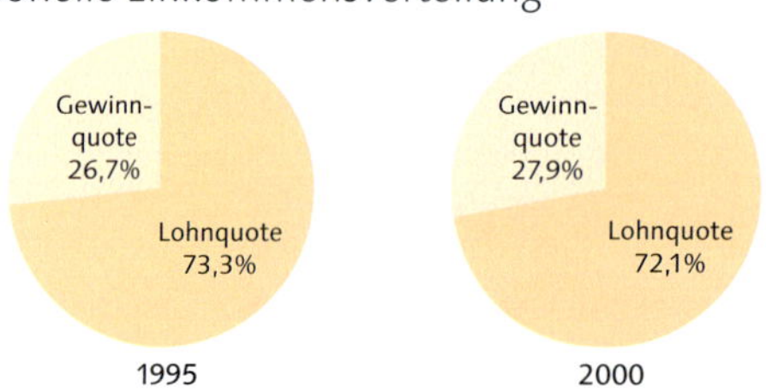

Auf den ersten Blick scheint die **Lohnquote** ein interessanter Indikator für die Verteilungssituation zu sein: Wenn die Lohnquote sinkt, erhält der Produktionsfaktor Arbeit einen geringeren Teil am gemeinsam erwirtschafteten Bruttonationaleinkommen. Aus dieser rein funktionalen Betrachtungsweise lässt sich aber nicht ableiten, dass sich die Verteilungssituation zu Lasten der Arbeiter verschlechtert und zu Gunsten der Unternehmer verbessert hat. Die Lohnquote erlaubt tatsächlich keine Aussage über die personelle Einkommensverteilung zwischen sozialen Schichten, wie folgende Beispiele zeigen:

Lohnquote

- Arbeiter können auch Einkommen aus Unternehmertätigkeit und Vermögen beziehen. Wenn die Gewinnquote sinkt, kann dies zu Lasten dieser Schicht gehen.
- Die Gehälter der Topmanager zählen zu den Lohneinkommen und erhöhen somit die Lohnquote, obwohl die Manager sicher nicht zur Arbeiterschicht gezählt werden dürfen.

Um die Einkommensverteilung in einem Land bewerten zu können, muss man die **personelle Einkommensverteilung** kennen. Diese zeigt, wie sich das Bruttonationaleinkommen auf verschiedene Personengruppen in der Volkswirtschaft verteilt. Die Gruppenbildung kann nach unterschiedlichen Kriterien erfolgen:

- nach **beruflichem Status** (Arbeiter, Angestellter, Selbstständiger usw.)
- nach **Höhe des Einkommens**, üblich ist z. B. die Einteilung in fünf Einkommensschichten

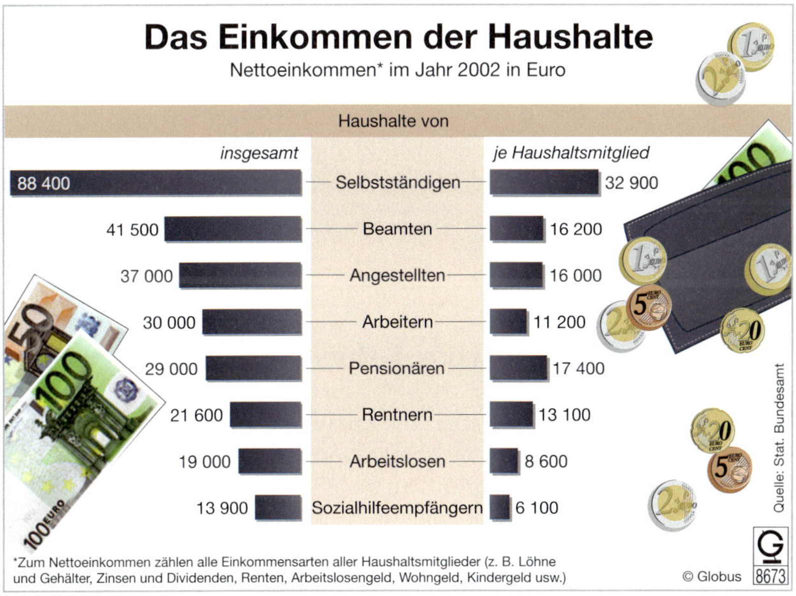

7.3.2 Primäre – sekundäre Einkommensverteilung

Einkommen wird in der Regel auf Grund eines Vertrags erzielt. Der Immobilieneigentümer erzielt sein Mieteinkommen durch einen Mietvertrag, der Humanvermögenseigentümer durch einen Arbeitsvertrag. Der Kapitaleigentümer schließt Darlehensverträge ab und erwirtschaftet die Zinsen.

Alle diese Einkommensarten werden **Kontrakteinkommen** genannt (Kontrakt = Vertrag), da ein Vertrag die Höhe im Voraus bestimmt. Die Höhe der Kontrakteinkommen wird durch die Angebots- und Nachfragesituation auf dem jeweiligen Faktormarkt bestimmt.

Die **Unternehmereinkommen** oder Gewinneinkommen werden nicht in einem Kontrakt im Voraus festgelegt, sondern ergeben sich aus der **Gewinn- und Verlustrechnung** nachträglich als Restgröße. Unternehmereinkommen und Kontrakteinkommen haben jedoch eine Gemeinsamkeit: Sie werden am Markt erwirtschaftet. Die Einkommensverteilung, die sich am Markt ergibt, wird auch **primäre Einkommensverteilung** genannt.

Gewinn- und Verlustrechnung, vgl. ausführlich Teilband *Prozessorientiertes Rechnungswesen*

primäre Einkommensverteilung

Die Primärverteilung wird vom Staat allerdings auf zweierlei Weise korrigiert:

- Korrektur durch Erhebung von **Einkommensteuern**
- Korrektur durch Zahlung von **Transfereinkommen** wie z. B. Kindergeld und Renten

Beide Maßnahmen staatlicher Umverteilung ergänzen sich. Wenn das am Markt erzielte Einkommen einer Familie als niedrig eingestuft wird, übersteigen die Transfereinkommen die zu zahlenden Steuern. Gut verdienende Familien zahlen hingegen mehr Steuern, als sie im Gegenzug Transfereinkommen erhalten. Das Ergebnis dieser korrigierenden Eingriffe des Staates nennt man **sekundäre Einkommensverteilung**.

sekundäre Einkommensverteilung

Zusammenhang primäre und sekundäre Einkommensverteilung

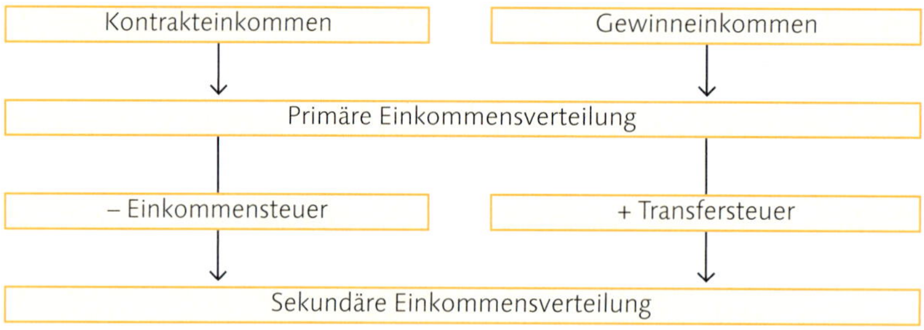

7.3.3 Darstellung der Verteilung anhand der Lorenz-Kurve

Der Unterschied zwischen primärer und sekundärer Einkommensverteilung, aber auch die unterschiedliche personelle Einkommensverteilung in verschiedenen Ländern, lässt sich mit Hilfe der **Lorenz-Kurve** anschaulich darstellen. Diese Sonderform der grafischen Darstellung ist die gebräuchlichste, um die Einkommensverteilung deutlich zu machen, da die Häufigkeitsverteilungen berücksichtigt werden.

Ein einfaches Beispiel soll das Prinzip veranschaulichen.

Beispiel:

Stellen Sie sich vor, in einem Land leben 100 Einkommensbezieher. Das gesamte Einkommen beträgt 1.000 GE, im Schnitt also 10 GE pro Einkommensbezieher. Die primäre und die sekundäre Einkommensverteilung sehen folgendermaßen aus:

Primäre Einkommensverteilung

Anzahl	Einkommen
30	120 GE
30	240 GE
30	420 GE
10	220 GE
100	1.000 GE

Sekundäre Einkommensverteilung

Anzahl	Einkommen
30	180 GE
30	240 GE
30	390 GE
10	190 GE
100	1.000 GE

Die Tabellen zeigen z. B., dass vor der staatlichen Umverteilung die 30 Steuerzahler mit dem geringsten Einkommen insgesamt 120 GE erzielten. Nach der Umverteilung sind es 180 GE. Um eine Lorenz-Kurve zeichnen zu können, müssen alle Werte in Prozent ausgedrückt und aufsteigend kumuliert (aufaddiert) werden:

Primäre Einkommensverteilung

Anzahl		Einkommen	
	kumuliert		kumuliert
30 %	30 %	12 %	12 %
30 %	60 %	24 %	36 %
30 %	90 %	42 %	78 %
30 %	100 %	22 %	100 %

Sekundäre Einkommensverteilung

Anzahl		Einkommen	
	kumuliert		kumuliert
30 %	30 %	18 %	18 %
30 %	60 %	24 %	42 %
30 %	90 %	39 %	81 %
10 %	100 %	19 %	100 %

Vor der staatlichen Umverteilung verdienen z. B. 30 % der Steuerpflichtigen nur 12 % des gesamten Einkommens, nach der Umverteilung verdienen sie 18 %. Im Lorenz-Kurven-Diagramm werden die kumulierten Prozentwerte der Anzahl auf der x-Achse und die kumulierten Prozentwerte des Einkommens auf der y-Achse abgetragen. Es ergibt sich folgendes Diagramm:

Einkommensverteilung im Lorenz-Diagramm

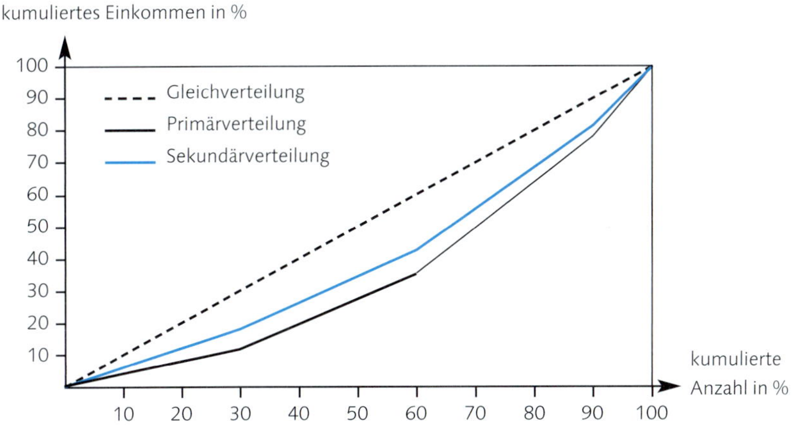

Im Diagramm sind drei Linien eingetragen: Die 45-Grad-Linie (schwarz gestrichelt) zeigt die völlige Gleichverteilung: 10 % der Steuerzahler erzielen 10 % des Einkommens, 20 % der Steuerzahler erzielen 20 % usw. Je weiter sich die tatsächliche Verteilungslinie von der Gleichverteilung entfernt, desto „ungleicher" ist die Verteilung in dem betrachteten Land. Deutlich ist zu sehen, dass die Sekundärverteilung der Gleichverteilung näher kommt als die Primärverteilung.

7.3.4 Was ist Gerechtigkeit?

Beispiel:

Die Mutter verteilt den Kuchen an ihre drei Kinder „Für mich das größte Stück", fordert die Älteste, „ich habe den größten Magen und den größten Appetit!" – „Nein", erwidert der Mittlere, „ich will das größte Stück, denn ich habe beim Backen mitgeholfen!"
Doch wie immer achtet die Mutter darauf, dass alle Stücke gleich groß sind.

Auch in der Volkswirtschaft entstehen **Verteilungskämpfe**, wenn es um die Verteilung des gemeinsam erwirtschafteten Bruttonationaleinkommens geht. Die Gesellschaft muss einen Maßstab finden, nach dem das Bruttonationaleinkommen verteilt wird.

Dieser Maßstab sollte von den Mitgliedern der Gesellschaft als gerecht empfunden werden. Doch was heißt „gerecht"? Hier drei mögliche Antworten:

Gerechtigkeitsprinzipien	
Leistungsprinzip:	Wer mehr leistet, sollte auch mehr bekommen!
Gleichheitsprinzip:	Alle Menschen sollten möglichst gleich ausgestattet werden.
Bedürfnisprinzip:	Wer mehr benötigt, sollte auch mehr bekommen!

Leistungsprinzip

Die primäre Einkommensverteilung in einer Marktwirtschaft orientiert sich am **Leistungsprinzip**, da am Markt in der Regel hohe Einkommen nur gezahlt werden, wenn der Vertragspartner im Gegenzug eine hohe Leistung erbringt. Nicht immer empfinden wir das Leistungsprinzip allerdings als gerecht, z. B. wenn jemand auf Grund einer Krankheit keine Leistungen erbringen kann. Dann sollte dem Kranken entsprechend seinen Bedürfnissen geholfen werden. Die soziale Sicherung orientiert sich überwiegend am **Bedürfnisprinzip** und ergänzt somit das Leistungsprinzip.

Gleichheitsprinzip

Das **Gleichheitsprinzip** dagegen wird heute in seiner reinen Form nicht mehr vertreten. Zwar sind alle Menschen von Natur aus gleich, doch es wäre sehr ungerecht, wenn bei der Verteilung auf die unterschiedlichen Leistungen und Bedürfnisse keine Rücksicht genommen würde. Dennoch bleibt die Gleichverteilung ein theoretisch wichtiger Referenzpunkt: Je weiter die Einkommensverteilung von der Gleichverteilung abweicht, desto ungerechter ist das Wirtschaftssystem.

Für die Sozialpolitik besteht das Problem, zwischen Leistungsprinzip und Bedürfnisprinzip die **richtige Balance** zu finden. Die Umverteilung zu Gunsten der Bedürftigen senkt ab einer bestimmten Höhe die Leistungsbereitschaft derjenigen, die das Bruttonationaleinkommen erwirtschaften, und auch die Eigeninitiative der Bedürftigen wird geringer. Die Anstrengungen aller Bürger verringern sich und das Bruttonationaleinkommen, der „Kuchen", der verteilt werden kann, wird immer kleiner. Bei allen aktuellen Debatten um den Umbau des Sozialstaates geht es nicht zuletzt um diese Gratwanderung.

Übersicht:

Familienförderung	– Kündigungsschutz und Mutterschutz – Elternzeit – Recht auf einen Kindergartenplatz – Kindergeld – Erziehungsgeld – Kinderzulage – Steuererleichterungen (Kinderfreibetrag, „Freibetrag für Betreuung und Erziehung oder Ausbildung")
Ausbildungsförderung/ Aufstiegsfortbildung	– BAföG – Meister-BAföG
soziale Wohnungsbau- und Wohnungsmarktpolitik	– Mieterschutz – Wohngeld – sozialer Wohnungsbau – steuerliche Abschreibungen – Vermögensbildungsgesetz
funktionelle Einkommensverteilung	Verteilung des Bruttonationaleinkommens auf die Produktionsfaktoren
personelle Einkommensverteilung	Verteilung des Bruttonationaleinkommens auf verschiedene Personengruppen
primäre Einkommensverteilung	Einkommensverteilung, die sich am Markt ergibt
sekundäre Einkommensverteilung	staatliche Umverteilung des Einkommens
Gerechtigkeitsprinzipien	– Leistungsprinzip – Gleichheitsprinzip – Bedürfnisprinzip

Aufgaben

1. Lesen Sie den Text „Die soziale Frage des 19. Jahrhunderts" von Seite 466. Leiten Sie aus den dargestellten Missständen Ansatzpunkte für sozialpolitische Maßnahmen ab.
2. Suchen Sie die rechtlichen Grundlagen der Arbeits- und Sozialordnung im Grundgesetz.
3. Welche Ziele werden mit den verschiedenen sozialpolitischen Instrumenten verfolgt?
4. Erkundigen Sie sich bei den entsprechenen Institutionen über die sozialen Leistungen Ihrer Stadt, z. B. den Betrieb von Drogenberatungsstellen oder Jugendzentren.
5. Diskutieren Sie die folgenden Fragen:
   – Welche Möglichkeiten bestehen, das soziale Netz enger oder weiter zu knüpfen?
   – Welche Auswirkungen könnten sich daraus ergeben?

www.sozialpolitik.com

6. Sozialpolitik umfasst auch die Stärkung der Rechte sozial Schwacher. Beispiel Mutterschutz am Arbeitsplatz:
   Welche besonderen Rechte genießen werdende Mütter in Deutschland?

vgl. Kapitel 1, 5.5 Mutterschutzgesetz

7. Vor der Industrialisierung waren die reichsten Menschen in Deutschland die Grundbesitzer, meist Adlige. Fast der gesamte Wohlstand des Landes wurde aus dem Boden gewonnen.
   Welche Bedeutung hat der Boden als Produktionsfaktor heute?
8. Worin liegt die Bedeutung der Produktionsfaktoren Arbeit und Kapital in der heutigen Volkswirtschaft?
9. Wie definieren Sie den Begriff „soziale Gerechtigkeit"?
10. Der Entertainer einer Quizsendung erhält für eine Sendung ein Honorar von 50.000 €. Ein Arbeiter bei VW in Wolfsburg kann mit einem Monatsbruttoeinkommen von ca. 3.000 € rechnen, während ein Arbeiter in einem VW-Zulieferbetrieb nur ca. 2.000 € im Monat verdient. Diskutieren Sie die Frage, ob die Entlohnung in den drei Fällen dem Leistungsprinzip entspricht.
    Erstellen Sie mit Hilfe der folgenden Angaben ein Lorenz-Diagramm.
11. Nach Angaben des Statistischen Bundesamtes beliefen sich Einkünfte der Steuerpflichtigen mit positivem Einkommen im Jahr 1995 auf 0,84 Billionen €; dies entspricht durchschnittlichen Einkünften von 30.000 € je Steuerpflichtigen (Alleinstehende/r oder Ehepaar).
    Mehr als die Hälfte der Steuerpflichtigen (52,5 %) erzielte unterdurchschnittliche Einkünfte (bis unter 25.000 €); ihr Anteil am Gesamtbetrag der Einkünfte betrug 23,7 %.
    Über ein Drittel (35,2 %) verbuchte mittlere Einkommen (25.500 bis unter 51.000 €) und war mit 41,3 % am Gesamtbetrag der Einkünfte beteiligt.
    Bei den Einkünften zwischen 51.000 und 128.000 € belief sich der Anteil der Steuerpflichtigen auf 11,3 %, ihr Anteil am Gesamtbetrag der Einkünfte auf 25,5 %.
    Bei den hohen Einkommen (ab 128.000 €) vereinigte 1,0 % der Steuerpflichtigen einen Anteil von 9,6 % der Einkünfte auf sich.

7.4 Arbeitslosigkeit – Gefahr für den Sozialstaat

Nach dem Subsidiaritätsprinzip sollte der Einzelne die ökonomische Hilfe anderer erst in Anspruch nehmen, wenn er sich selbst nicht mehr helfen kann. Für die meisten Menschen ist die Erwerbsarbeit die wichtigste Möglichkeit, ohne fremde Hilfe den Lebensunterhalt zu sichern. Natürlich gibt es andere Wege: unternehmerische Tätigkeit, Kapitalerträge wie Zinsen, Dividenden oder Mieterträge. Aber: Nicht jeder ist zum Unternehmer geboren und nur wenige verfügen über ein genügend hohes Vermögen, um von den Kapitalerträgen leben zu können.

Die beste Sozialpolitik besteht also darin, dass für jeden Bürger, der arbeiten kann, ein geeigneter Arbeitsplatz zur Verfügung steht. Bekanntlich leidet Deutschland wie viele andere Länder der Welt aber unter einer hohen Arbeitslosigkeit. Die folgende Übersicht zeigt die **negativen Folgen** der Arbeitslosigkeit für den Einzelnen und die Gesellschaft unter finanziellen und sozialen Aspekten.

Arbeitsplatz als soziale Sicherung

Negative Folgen der Arbeitslosigkeit		
	finanzielle Belastungen	soziale Belastungen
Folgen für den Einzelnen	– Einkommenseinbußen – Schulden entstehen – Lebensstandard sinkt – Humankapital wird vernichtet	– soziale Kontakte zu Arbeitskollegen fehlen – Gefühl, überflüssig zu sein – Spannungen in der Familie – Selbstachtung sinkt
Folgen für die Gesellschaft	– Mindereinnahmen bei den Sozialversicherungsbeiträgen und Steuern – Mehrausgaben für Versicherungsleistungen und Transfers – höhere Belastung der Arbeitseinkommen	– Kluft zwischen Arm und Reich wächst – soziale Spannungen entstehen – Gefahr der politischen Radikalisierung (Weimarer Republik!)

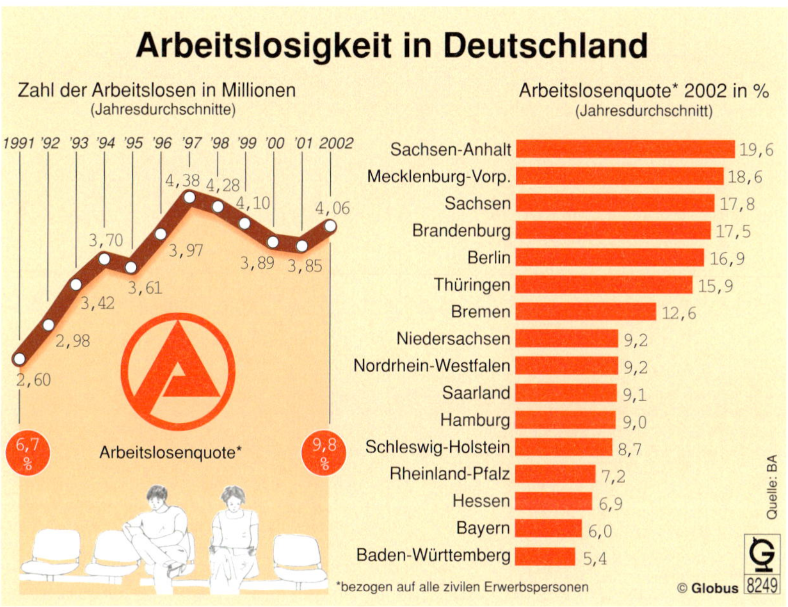

7.4.1 Auf einem vollkommenen Arbeitsmarkt gibt es keine Arbeitslosigkeit

Der Arbeitsmarkt ist ein Markt, auf dem Arbeit gegen Lohn getauscht wird. Die Unternehmen fragen auf dem Arbeitsmarkt Arbeitskräfte nach, wenn es für sie lohnenswert erscheint zusätzliches Personal einzustellen. Dagegen bieten die Arbeitnehmer ihre Leistungen auf dem Arbeitsmarkt an, um ihr Einkommen zu sichern.

Aus Sicht der Volkswirtschaftslehre ist Arbeitslosigkeit nichts anderes als ein **Ungleichgewicht auf dem Arbeitsmarkt**. Genauer: Es werden auf dem Arbeitsmarkt von den Arbeitskräften mehr Arbeitsleistungen angeboten als von den Unternehmen nachgefragt. Es ist daher sehr irreführend, dass die

Arbeitslosigkeit = Angebotsüberhang am Arbeitsmarkt

Anbieter auf dem Arbeitsmarkt häufig als **Arbeitnehmer** und die **Nachfrager** als **Arbeitgeber** bezeichnet werden.

Der **Marktmechanismus** führt bei vollkommenen Märkten dazu, dass ein Marktungleichgewicht von selbst verschwindet. Arbeitslosigkeit dürfte demnach gar nicht entstehen, wenn es sich beim Arbeitsmarkt um einen vollkommenen Markt handeln würde. Wäre der Arbeitsmarkt ein vollkommener Markt, müssten folgende Bedingungen gelten:

vgl. Kapitel 2, 2.2.1 Bedingungen des vollkommenen Markts

Bedingungen für den vollkommenen Arbeitsmarkt	
Homogenität	– alle Arbeitsplätze in Deutschland stellen dieselben Anforderungen – alle Arbeitskräfte in Deutschland erfüllen diese Anforderungen
keine Präferenzen	– kein Unternehmer hat Vorlieben für bestimmte Arbeitskräfte – kein Arbeiter hat Vorlieben für bestimmte Jobs
Markttransparenz	Unternehmer und Arbeitskräfte sind vollständig informiert
unendliche Reaktionsgeschwindigkeit	Unternehmer und Arbeitskräfte reagieren bei Änderung der Marktdaten ohne zeitliche Verzögerungen mit Umzug, Einstellung bzw. Kündigung
keine Eingriffe in den Preismechanismus	– Die Lohnbildung am Arbeitsmarkt vollzieht sich völlig frei. – Es existieren keine Tarifverträge und keine staatlichen Eingriffe in die Lohnbildung.

Beispiel: Eine Textilfabrik schließt ihre Produktionsstätten in Süddeutschland, um in Fernost billiger zu produzieren. Die Arbeiter, überwiegend Frauen in der Näherei, suchen eine neue Arbeit.

Wenn die Bedingungen für den vollkommenen Arbeitsmarkt gelten würden, würde keine Näherin aus dem Beispiel arbeitslos! Machen wir das Gedankenexperiment:

Wegen der Homogenitätsannahme können die Näherinnen jeden beliebigen Job annehmen, jeder Unternehmer ist auch bereit, sie einzustellen, denn er hat keine Präferenzen, die dem entgegenstehen.
- Wegen der Markttransparenz weiß jeder Unternehmer sofort von der Schließung der Textilfabrik, und die freigesetzten Arbeitskräfte wissen auch sofort, wo Arbeitskräfte gesucht werden.
- Die Besetzung der offenen Stellen, z. B. in Ostfriesland, vollzieht sich von heute auf morgen, denn familiäre Bindungen, Wohnungssuche u. Ä. entfallen auf Grund der gemachten Annahmen.
- Doch was passiert, wenn zu diesem Zeitpunkt anderswo gar keine Arbeitskräfte gesucht werden? Kein Problem: Das zusätzliche Angebot an Arbeitskräften führt zu einer geringen Senkung der annahmegemäß völlig flexiblen Löhne, einige Arbeiter geben daraufhin die Arbeit auf, während einige Unternehmer zusätzliche Arbeitskräfte einstellen.

Der Arbeitsmarkt ist wieder geräumt!

Die nachfolgende Grafik veranschaulicht das Gedankenexperiment:

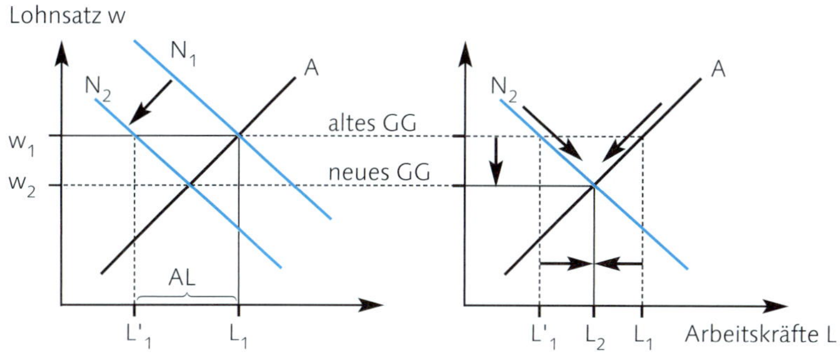

Schließung der Fabrik: Arbeitsnachfrage sinkt von L1 auf L'1. Der Lohnsatz w1 ist noch nicht gesunken: Es entsteht ein Angebotsüberhang am Arbeitsmarkt, also Arbeitslosigkeit (AL).

Durch die flexiblen Löhne wird der Angebotsüberhang abgebaut: Einerseits sinkt das Angebot, andererseits die Nachfrage. Im neuen Gleichgewicht (GG) sind bei niedrigerem Lohnsatz w_1 weniger Arbeitskräfte L_2 beschäftigt.

Gäbe es in der Realität einen vollkommenen Arbeitsmarkt, würde das Problem der Arbeitslosigkeit nur ganz kurzfristig auftreten, wie das linke Diagramm zeigt. Im rechten Diagramm wird gezeigt, wie die automatische Beseitigung der Arbeitslosigkeit im vollkommenen Arbeitsmarkt funktioniert. Einzelne Arbeiter senken ihre Lohnforderungen, um entweder einen Job zu bekommen oder um ihren Job nicht zu verlieren. Dies löst im Modell zwei Reaktionen aus:

Funktionsweise des Anpassungsmechanismus

- Einzelne Unternehmen stellen weitere Arbeitskräfte ein, da Arbeitskräfte am Markt jetzt günstiger beschafft werden können.
- Einzelne Arbeiter geben ihre Tätigkeit auf, da der Verkauf ihrer Arbeitskraft nicht mehr genügend Ertrag „abwirft". Sie gelten dann nicht mehr als arbeitslos, weil sie sich „freiwillig" vom Arbeitsmarkt zurückgezogen haben.

Beide Reaktionen führen dazu, dass sich Arbeitsangebot und Arbeitsnachfrage aufeinander zu bewegen. Es pendelt sich durch weitere Lohnsenkungen sehr schnell ein neues Gleichgewicht am Arbeitsmarkt ein.

7.4.2 Ursachen der Arbeitslosigkeit

Im Modell des vollkommenen Arbeitsmarktes gibt es keine Arbeitslosigkeit. Der reale Arbeitsmarkt weicht aber von der Idealvorstellung eines vollkommenen Marktes ab. Weil der **reale Arbeitsmarkt** kein vollkommener Markt ist, entstehen unterschiedliche Formen der Arbeitslosigkeit.

Formen der Arbeitslosigkeit durch Störungen am Arbeitsmarkt		
Die Lohnbildung ist nicht frei.	Durch das Eingreifen der Tarifpartner und des Staates in die freie Lohnbildung kommt ein Lohnsatz zu Stande, der oberhalb des Gleichgewichtslohnes liegt.	Folge: Hochlohn-Arbeitslosigkeit
Es existieren regionale Teilarbeitsmärkte.	Die Nachfrage nach Arbeitskräften ist in unterschiedlichen Regionen unterschiedlich hoch. Da die Arbeitskräfte an ihrer Heimatregion hängen, kommt es nicht zur Markträumung.	Folge: regionale Arbeitslosigkeit

Es existieren sektorale Teilarbeitsmärkte.	Die Nachfrage nach Arbeitskräften ist in unterschiedlichen Sektoren der Volkswirtschaft unterschiedlich hoch. Da die Arbeitskräfte an ihrem erlernten Berufen hängen, kommt es nicht zur Markträumung.	Folge: sektorale Arbeitslosigkeit
Der Arbeitsmarkt ist nicht transparent.	Arbeitskräfte und Unternehmen brauchen Zeit für die Suche, bis sie eine geeignete Stelle bzw. einen geeigneten Bewerber gefunden haben.	Folge: Sucharbeitslosigkeit

Diese **Formen der Arbeitslosigkeit** entstehen durch „Störungen" des Arbeitsmarktes selbst. Experten schätzen, dass allein die Sucharbeitslosigkeit eine Arbeitslosenquote von ca. 2 % verursacht. Dass regionale und sektorale Arbeitslosigkeit in noch weit größerem Umfang Arbeitslosigkeit verursachen, zeigt ein Vergleich der Arbeitslosenquoten z. B. von Baden-Württemberg und Sachsen-Anhalt. Inwieweit zu hohe Löhne für Arbeitslosigkeit verantwortlich sind, ist umstritten.

Arbeitslosigkeit entsteht durch Störungen am Arbeitsmarkt.

Letztlich hängt die Arbeitslosigkeit davon ab, wie viele Arbeitskräfte die Unternehmen zur Güterproduktion benötigen. Wenn die Güterproduktion zu niedrig ist, um alle Arbeitskräfte zu beschäftigen, entsteht Arbeitslosigkeit, auch wenn der Arbeitsmarkt selbst gut funktioniert.
Auf vielen Märkten geht die Güterproduktion jedes Jahr durch **saisonale Schwankungen** zurück. Daneben entstehen in der gesamten Volkswirtschaft im Konjunkturzyklus **Rezessionen**, die die Güterproduktion reduzieren und damit die Arbeitslosigkeit erhöhen. Schließlich kann auch ein auf Dauer zu **niedriges Wirtschaftswachstum** Arbeitslosigkeit entstehen lassen.

Arbeitslosigkeit entsteht durch Störungen am Gütermarkt.

vgl. 6.1 Konjunkturzyklus

Formen der Arbeitslosigkeit durch Störungen am Gütermarkt		
saisonale Schwankungen	Beispiel: Die Nachfrage nach Bauleistungen geht witterungsbedingt im Winter zurück.	Folge: saisonale Arbeitslosigkeit
konjunkturelle Schwankungen	Durch gesamtwirtschaftliche Störungen schwankt die Güternachfrage im Konjunkturzyklus.	Folge: konjunkturelle Arbeitslosigkeit
zu geringe Wachstumsraten	Wenn die Wirtschaft zu langsam wächst, geht die Arbeitskräftenachfrage auf Grund permanenter Produktivitätssteigerungen zurück.	Folge: wachstumsdefizitäre Arbeitslosigkeit

7.4.3 Maßnahmen gegen Arbeitslosigkeit

Maßnahmen im Überblick

Die allgemeine Wirtschaftspolitik ist dafür zuständig, die Störungen am Gütermarkt gering zu halten, durch die Arbeitslosigkeit entsteht. Das Arbeitsamt bekämpft nur die Formen der Arbeitslosigkeit, die durch Störungen am Arbeitsmarkt entstehen. Diese Aktivitäten des Arbeitsamtes werden als **aktive Arbeitsmarktpolitik** bezeichnet. Außerdem zahlt das Arbeitsamt Lohnersatzleistungen an die Arbeitslosen (**passive Arbeitsmarktpolitik**).

www.arbeitsamt.de
www.bmwi.de

Mit den Maßnahmen der **aktiven Arbeitsmarktpolitik** wendet sich das Arbeitsamt entweder an die Arbeit Suchenden oder an die Arbeitgeber.

aktive Arbeitsmarktpolitik

Aktive Arbeitsmarktpolitik		
Ziel	Leistungen an Arbeitslose	Leistungen an Arbeitgeber
Verhinderung von Arbeitslosigkeit	– Berufs- und Arbeitsberatung – Arbeitsvermittlung	– Zahlung von Kurzarbeitergeld
Qualifizierung bei Arbeitslosigkeit	– Fortbildung und Umschulung – Arbeitsbeschaffungsmaßnahmen – Trainingsmaßnahmen bei anerkannten Bildungsträgern	– betriebliche Trainingsmaßnahmen
finanzielle Hilfen zur Beseitigung von Vermittlungshemmnissen	– Unterhaltsgeldzahlung während einer Qualifizierungsmaßnahme – Überbrückungsgeld für Arbeitslose, die sich selbstständig machen (6 Monate) – Übernahme von Bewerbungskosten (Portokosten, Reisekosten) – Mobilitätshilfen bei Aufnahme einer Beschäftigung, z. B. Umzugskostenbeihilfe – Zuschüsse, z. B. für die Anschaffung von Arbeitskleidung	– Eingliederungszuschüsse für schwer vermittelbare Arbeitslose – Einstellungszuschüsse für Arbeitslose, wenn es sich um ein neu gegründetes Unternehmen handelt

Durch die Zahlung von Arbeitslosengeld und Arbeitslosenhilfe sichert das Arbeitsamt Arbeitslose so lange finanziell ab, bis sie wieder eine Arbeit gefunden haben. Um allerdings Leistungen zu erhalten, muss der Arbeitslose sich beim Arbeitsamt melden, um sich registrieren zu lassen, und erklären, dass er eine Beschäftigung aufnehmen und ausüben will, die

Arbeitslos ist, wer der Arbeitsvermittlung zur Verfügung steht.

- ihm zumutbar ist,
- versicherungspflichtig ist und
- mindestens 15 Stunden wöchentlich umfasst.

Demnach sind im Sinne des Arbeitsamtes folgende Personen nicht arbeitslos, da sie der Arbeitsvermittlung nicht zur Verfügung stehen. Nicht jeder, der nicht arbeitet, ist arbeitslos:

- die allein erziehende Mutter zweier Kleinkinder, die arbeiten möchte, dies aber nicht kann, da sie keine Betreuungsmöglichkeit für ihre Kinder hat,
- der Schwerbehinderte, der auf Grund seiner Behinderung nicht mehr erwerbsfähig ist,
- der Aussteiger, der seine Arbeit aufgibt und von seinen Ersparnissen eine Weltreise finanziert,
- die Schülerin und die Studentin, die nur in den Schulferien bzw. Semesterferien Zeit zum Jobben haben.

Arbeitslosengeld, Arbeitslosenhilfe und Sozialhilfe			
Leistungsart	Anspruchsvoraussetzungen	Dauer	Höhe
Arbeitslosengeld	in den letzten drei Jahren mindestens zwölf Monate versicherungspflichtig beschäftigt	stets befristet: mind. sechs Monate, max. 32 Monate, abhängig von der Dauer der vorherigen Beschäftigung und vom Alter	60 % des letzten Nettoentgelts, 67 % bei mindestens einem eingetragenen Kind auf der Lohnsteuerkarte
Arbeitslosenhilfe	innerhalb des letzen Jahres wurde Arbeitslosengeld bezogen, Bedürftigkeit muss vorliegen	wird zunächst für 1 Jahr bewilligt, nach Ablauf des Jahres erfolgt vor der Weiterbewilligung für ein weiteres Jahr eine erneute Anspruchsprüfung	53 % bzw. 57 % des letzten Nettoentgelts (s. Arbeitslosengeld), verringert sich, wenn der Arbeitslose oder sein Lebenspartner über Einkommen oder Vermögen verfügen
Sozialhilfe	Bedürftigkeit	Bedürftigkeit	ausschließlich von der Bedürftigkeit abhängig

Sofern der Arbeitslose die Anspruchsvoraussetzungen erfüllt, zahlt das Arbeitsamt für eine bestimmte Zeit **Arbeitslosengeld**. Hat der Arbeitslose danach noch immer keine Arbeit gefunden, kann er **Arbeitslosenhilfe** beantragen. Häufig müssen Arbeitslose sich auch an das Sozialamt wenden und **Sozialhilfe** beantragen, nämlich wenn sie keinen Anspruch auf Arbeitslosengeld oder Arbeitslosenhilfe haben oder wenn die Arbeitslosenhilfe zur Deckung des Lebensbedarfs nicht ausreicht.

vgl. 7.4.4 Sozialhilfe

Sicher kann es vorkommen, dass sich beim Arbeitsamt Personen arbeitslos melden, obwohl sie gar nicht arbeiten wollen. Die Sachbearbeiter im Arbeitsamt haben zwei Möglichkeiten, gegen solche Arbeitslosen vorzugehen:

Was tut das Arbeitsamt gegen „Drückeberger"?

- **Sperrzeit:** Wenn ein Arbeitnehmer ohne wichtigen Grund kündigt, hat er erst drei Monate nach der Arbeitslosmeldung Anspruch auf Arbeitslosengeld. Eine Sperrzeit kann auch wegen eines Fehlverhaltens verhängt werden, z.B., wenn ein Arbeitsloser betrunken zu einem Vorstellungsgespräch erscheint. Nach der zweiten Sperrzeit erlischt der Anspruch auf Arbeitslosengeld oder -hilfe vollständig.
- **Meldeversäumnis:** Ein Arbeitsloser muss sich in regelmäßigen Abständen und auf Einladung jederzeit beim Arbeitsamt melden. Erscheint er wiederholt trotz Aufforderung nicht, wird das Arbeitslosengeld oder die Arbeitslosenhilfe sechs Wochen nicht gezahlt.

Seit dem Luxemburger Beschäftigungsgipfel von 1997 ist es eine Aufgabe der Europäische Union, die Bemühungen der einzelnen EU-Mitgliedstaaten zur Erreichung der Vollbeschäftigung zu koordinieren. Das strategische Ziel dabei lautet: Die Europäische Union soll zum wettbewerbsfähigsten und dynamischsten wissensbasierten Wirtschaftsraum der Welt werden, in dem die Wirtschaft dauerhaft wächst und mehr und bessere Arbeitsplätze entstehen. Zu diesem Zweck erstellt die EU-Kommission jährlich einen gemeinsamen Beschäftigungsbericht und verständigt sich mit dem Europäischen Rat auf beschäftigungspolitische Leitlinien, die die Mitgliedstaaten im folgenden Jahr bei ihrer nationalen Beschäftigungspolitik berücksichtigen müssen.

europäische Initiative zur Beschäftigungsförderung

Europäischer Sozialfonds, vgl. Kapitel 2, 8.7.3.3 Fördermaßnahmen

Die beschäftigungspolitischen Leitlinien bestehen aus vier Säulen, die zusammen die Europäische Beschäftigungsstrategie bilden:

Europäische Beschäftigungsstrategie	
Verbesserung der Beschäftigungsfähigkeit	Beispielsweise muss allen arbeitslosen Jugendlichen innerhalb von sechs Monaten und allen arbeitslosen Erwachsenen von zwölf Monaten nach Eintritt der Arbeitslosigkeit vom Staat eine Ausbildung oder Umschulung angeboten werden.
Entwicklung von Unternehmergeist	Die Mitgliedstaaten müssen die Gründung und Führung von Unternehmen vor allem durch Abbau rechtlicher Regelungen erleichtern und die Steuern sowie Abgaben senken.
Förderung der Anpassungsfähigkeit der Unternehmen	Die Nationalstaaten müssen Beschäftigungshemmnisse abbauen, z.B. durch flexiblere Arbeitsverträge.
gleichberechtigter Zugang zu Arbeitsplätzen für Männer und Frauen	Hier geht es unter anderem um die Einhaltung des Grundsatzes „Gleicher Lohn für gleiche Arbeit" und ein ausgewogenes Verhältnis von Männer und Frauen in allen Berufen und Wirtschaftsbereichen.

Verstößt ein Mitgliedsland nach Auffassung der Kommission gegen Vorgaben aus den beschäftigungspolitischen Leitlinien, kann sie rechtliche Schritte gegen dieses Land einleiten.

7.4.4 Sozialhilfe

Beispiel: Der 25-jährige Robert ist wieder arbeitslos. Er hat in der Vergangenheit zwar gelegentlich sozialversicherungspflichtig gearbeitet, doch keinen Anspruch auf Arbeitslosengeld erworben. Seine Frau Tanja, 23, kümmert sich um die 3-jährige Michelle, ihr gemeinsames Kind. Neben dem Kindergeld erhält Tanja 150 € von ihrer Mutter. Robert wendet sich an das Sozialamt, um Sozialhilfe zu beantragen.

Die Sozialhilfe soll verhindern, dass in Deutschland Armut entsteht. Es gibt zwei Arten von Sozialhilfe:

- die **Hilfe zum Lebensunterhalt** (Sozialhilfe im engeren Sinn) und
- die **Hilfe in besonderen Lebenslagen**, auf die hier nicht näher eingegangen wird.

Arten der Sozialhilfe: laufende Hilfe zum Lebensunterhalt und Hilfe in besonderen Lebenslagen

Die Hilfe zum Lebensunterhalt wird an alle gezahlt, die ihren Lebensunterhalt nicht aus eigener Kraft bestreiten können und auch von Angehörigen oder anderen Sozialleistungsträgern keine ausreichende Hilfe erhalten. Um die Höhe der Sozialhilfe zu errechnen, muss zunächst anhand von so genannten Regelsätzen der Gesamtbedarf der Familie ermittelt werden, die Sozialhilfe beantragt. Zum **Gesamtbedarf** zählen außerdem die tatsächlichen Kosten der Unterkunft (Miete und Heizkosten). Die im folgenden Beispiel angegebenen Regelsätze entsprechen den durchschnittlichen Werten im Jahr 2001, sie werden von jedem Bundesland am 1. Juli jedes Jahres neu festlegt.

Beispiel: Für Robert und seine Familie könnte die Rechnung wie folgt aussehen

Regelsatz für den Haushaltsvorstand	296,00 €
Regelsatz für den Ehepartner	237,00 €
Regelsatz für ein Kind unter 7	163,00 €
Kosten der Unterkunft	400,00 €
Gesamtbedarf pro Monat	1.096,00 €

1. Schritt: Ermittlung des Gesamtbedarfs

Das gesamte Einkommen von Robert und seiner Familie berechnet sich wie folgt:

Neben dem Gesamtbedarf ermittelt das Sozialamt das anrechenbare Einkommen des Antragstellers.

Einkommen des Vaters	0,00 €
Einkommen der Mutter	150,00 €
Kindergeld	154,00 €
Anrechenbares Einkommen der Familie	304,00 €

2. Schritt: Ermittlung des anrechenbaren Einkommens

Das Sozialamt zahlt Hilfe zum Lebensunterhalt dann, wenn der Gesamtbedarf des Antragstellers höher ist als sein anrechenbares Einkommen.

Robert und seine Familie erhalten somit folgende Leistungen:

Gesamtbedarf der Familie	1.096,00 €
Anrechenbares Einkommen der Familie	304,00 €
Ausbezahlter Nettobetrag	792,00 €

3. Schritt: Berechnung der ergänzenden Hilfe

Um die Ausgabenexplosion bei den laufenden Hilfen zum Lebensunterhalt zu stoppen, wird auch versucht, arbeitsfähige Sozialhilfeempfänger in den Arbeitsmarkt einzugliedern. Schätzungen gehen davon aus, dass von den knapp 2,9 Millionen Sozialhilfeempfängern im Jahre 1997 ca. 1 Million Personen arbeitsfähig wären. Bei Eingliederung dieser Personen in den Arbeitsmarkt würden auch viele Kinder und Ehepartner keine Sozialhilfe mehr benötigen.

Hartz-Konzept

Peter Hartz ist der Vorsitzende einer Regierungskommission zur Reform des Arbeitsmarktes, die 13 „Innovationsmodule" im August 2002 vorgestellt hat, durch die die Arbeitslosigkeit in nur drei Jahren halbiert werden soll. Die Bundesregierung plant zwar, das Hartz-Konzept ohne Abstriche umzusetzen, doch erst die nächsten Jahre werden zeigen, welche Bestandteile tatsächlich Gesetz werden. Die wichtigsten Module sind:

- Arbeitsämtern werden Job-Center
- Personal-Service-Agenturen
- Zusammenführung von Arbeitslosenhilfe und Sozialhilfe
- Ich-AG und Mini-Jobs
- Job-Floater

Übersicht:		
Annahmen für den vollkommenen Arbeitsmarkt	– Homogenität – keine Präferenzen – Markttransparenz – unendliche Reaktionsgeschwindigkeit – keine Eingriffe in den Preismechanismus	
Arbeitslosigkeit	durch Störungen am Arbeitsmarkt	– Hochlohnarbeitslosigkeit – regionale Arbeitslosigkeit – sektorale Arbeitslosigkeit – Sucharbeitslosigkeit
	durch Störungen am Gütermarkt	– saisonale Arbeitslosigkeit – konjunkturelle Arbeitslosigkeit – wachstumsdefizitäre Arbeitslosigkeit
Maßnahmen gegen Arbeitslosigkeit	aktive Arbeitsmarktpolitik	– Verhinderung von Arbeitslosigkeit – Qualifizierung bei Arbeitslosigkeit – finanzielle Hilfe zur Beseitigung von Vermittlungshemmnissen
	passive Arbeitsmarktpolitik	– Arbeitslosengeld – Arbeitslosenhilfe – Sozialhilfe

Aufgaben

1. Arbeitslosigkeit kann durch Störungen des Arbeitsmarktes oder durch Störungen des Gütermarktes entstehen. Erläutern Sie den Unterschied!
2. Zeigen Sie anhand des Preis-Mengen-Diagramms, dass Tariflöhne, die oberhalb des markträumenden Gleichgewichtslohnsatzes liegen, Arbeitslosigkeit entstehen lassen!
3. Erläutern Sie die verschiedenen Formen der Arbeitslosigkeit.
   a) konjunkturelle Arbeitslosigkeit
   b) strukturelle Arbeitslosigkeit
   c) friktionelle Arbeitslosigkeit
   d) saisonale Arbeitslosigkeit

vgl. Kapitel 2, 3.2.1 Arbeit

4. In welchen Wirtschaftssektoren und in welchen Regionen ist die Arbeitslosigkeit besonders hoch, in welchen besonders niedrig? Recherchieren Sie im Internet.
5. Welche Gründe halten einen Arbeitslosen davon ab, für einen Arbeitsplatz den Wohnort zu wechseln?
6. Recherchieren Sie: Unter welchen Umständen ist einem Arbeitslosen die Annahme einer geringer qualifizierten Arbeit zumutbar? Unter welchen Umständen ist einem Arbeitslosen der Umzug zumutbar?
7. Nehmen Sie an, das BIP im Jahre null beträgt 1.000 Geldeinheiten. Zur Produktion sind 1.000 Arbeitskräfte nötig. Das Wirtschaftswachstum beträgt 2,5 %.
   a) Wie viele Arbeitskräfte werden benötigt, wenn die Arbeitsproduktivität nicht steigt?
   b) Wie viele Arbeitskräfte werden benötigt, wenn die Arbeitsproduktivität um 3 % steigt?
8. Robert nimmt einen 400-Euro-Job an. Wie wirkt sich diese Tätigkeit auf die ergänzende Hilfe zum Lebensunterhalt aus?

9. Erläutern Sie mit eigenen Worten den Unterschied zwischen Arbeitslosengeld, Arbeitslosenhilfe und Sozialhilfe!
10. Diskutieren Sie in der Klasse: Erhöhen sich durch den Trend zur Dienstleistungsgesellschaft die Anforderungen an die Beschäftigten?
11. Lesen Sie den folgenden Artikel über die Scheinselbstständigkeit aus dem Jahre 1998.
    a) Warum fordert der DGB eine Erweiterung der Merkmalskriterien?
    b) Recherchieren Sie im Internet, ob die vier genannten Merkmalskriterien in die Scheinselbstständigkeitsregelung, die seit dem 1. Januar 1999 in Kraft getreten ist, übernommen worden sind.

Scheinselbstständigkeit

Die von der Regierung geplanten Maßnahmen zur Eindämmung der so genannten Scheinselbstständigkeit stoßen in der Wirtschaft auf entschiedene Ablehnung. Die Gewerkschaften unterstützen dagegen die vorgesehenen Rechtsänderungen. Das hat eine Anhörung des Bundestagsausschusses für Arbeit und Sozialordnung gezeigt.
Nach dem Gesetzentwurf von SPD und Grünen zu Korrekturen im Sozialrecht soll bei formal Selbstständigen eine sozialversicherungspflichtige Beschäftigung vermutet werden, wenn sie zwei der folgenden Kriterien erfüllen: keine Beschäftigung versicherungspflichtiger Arbeitnehmer; regelmäßige Tätigkeit nur für einen Auftraggeber; Arbeitsleistungen, die für Beschäftigte typisch sind, und fehlendes Auftreten als Unternehmer.
Ausnahmen sind vorgesehen für Handelsvertreter und Familienangehörige. Es soll Sache des Betreffenden sein, in einem solchen Fall nachzuweisen, dass eine selbstständige Tätigkeit vorliegt. Der Deutsche Gewerkschaftsbund (DGB) hält diese Kriterien für sinnvoll, tritt gleichzeitig aber dafür ein, sie noch zu erweitern. Auch bei Personen, die Teilzeitbeschäftigte oder kurzzeitig Beschäftigte anstellten, könne Scheinselbstständigkeit vorliegen. Ähnliches gelte für das Vorhandensein mehrerer Auftraggeber.
Nach Ansicht des DGB hat die Scheinselbstständigkeit eine neue Dimension erreicht. So würden Mitarbeiter von Fuhrparks, Serviceabteilungen, Schlossereien und ganze Elektrikerkolonnen in scheinselbstständige Beschäftigungen gedrängt.
Der DGB sieht ein erhebliches Schutzbedürfnis dieser Personen, da sie nicht mehr von der Renten- und Krankenversicherung erfasst werden. (...)

Quelle: F.A.Z. vom 27. November 1998

12. Erläutern Sie die einzelnen Module des Hartz-Konzeptes. Wie schätzen Sie die Umsetzungsmöglichkeiten und die Effektivität ein? Recherchieren Sie auch im Internet.

8 Globalisierung

Monopoly ohne Grenzen

Wenn Heinrich von Pierer einen Globus in die Hand nimmt, kann er ihn drehen und wenden, wie er will: Siemens ist überall. Im indischen Bangalore entwickeln die Programmierer einer Subfirma hochintelligente Software. In Brasilien, Argentinien und Mexiko formen Billigkräfte gute alte Osram-Leuchten. Und in North Tyneside, einer Stadt in Nordengland, entsteht für gut zwei Milliarden Mark eine Chipfabrik, in der bald 1.500 Briten arbeiten werden.
„Wir sind in rund 190 Ländern dieser Welt präsent", verkündet der Konzernchef stolz. Globaler geht es kaum. Zum Weltreich zählen über 400 Produktionsstätten auf sechs Kontinenten, rund 382.000 Mitarbeiter, davon 170.000 im Ausland. Längst macht Siemens in der Fremde mehr Geld als in der Heimat. „Wir haben Produktion verlagert", bekennt der Boss, „aber wir haben vor allem neue Märkte erschlossen." (...) Ohne das globale Geschäft wäre die Firma aus Bayern „eine traurige Veranstaltung", sagt von Pierer. (...)
Globalisierung heißt die magische Macht, die Konzerne wie Siemens antreibt und deren wichtigste Triebfeder sie zugleich sind. Längst genügt es ihnen nicht mehr, ihre Waren in alle Welt zu exportieren. Nun wollen sie dort produzieren, wo neue, unerschlossene Märkte warten – oder billige Arbeitskräfte. Gleichzeitig bewegen Anleger Milliarden von einer Börse zur nächsten, aus Derivaten in Aktien, aus Aktien in Anleihen. Ländergrenzen spielen auch im globalen Kasino längst keine Rolle mehr. Die gewaltigen Kräfte, die da wirken, werden die Welt verändern wie nie zuvor; und die Konzerne treiben diesen Wandel immer schneller voran. Hilflos schauen die Nationalstaaten zu, nach und nach verlieren sie ihre Macht an die wahren „global players". (...) In einem atemberaubenden Tempo wächst die Welt zusammen, vernetzt durch CNN, Telefax und Internet. Immer schneller entstehen neue Produkte, die besser und billiger werden. Der internationale Handel entwickelt sich prozentual fast doppelt so schnell wie das globale Bruttosozialprodukt. Die Summe der weltweiten Direktinvestitionen hat sich seit den Achtzigerjahren gar vervierfacht. (...)

Quelle: Der Spiegel vom 23. September 1996, S. 80ff.

Aufgaben

Lesen sie den Spiegel-Bericht und beantworten Sie folgende Fragen:

1. Warum hat Siemens seine Produktion in fremde Länder verlagert?
2. Beschreiben Sie mit eigenen Worten, was man unter der Globalisierung versteht.
3. Finden Sie mit Hilfe der Tagespresse und des Internets weitere Beispiele für Global Players (= große, multinationale Unternehmen).

8.1 Globalisierung – was ist das?

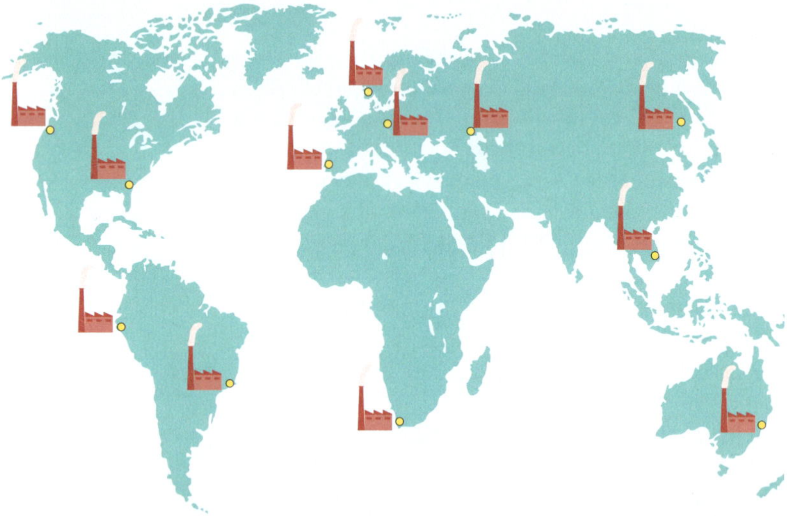

Die **Globalisierung der Wirtschaft** ist zu komplex, um hier vollständig dargestellt zu werden. In diesem Kapitel werden lediglich die wichtigsten Aspekte der Globalisierung angesprochen. Der Begriff der Globalisierung ist zwar relativ neu, die Inhalte sind uns aber schon länger bekannt. Schlägt man im DUDEN (Deutsches Universalwörterbuch) das Wort globalisieren nach, so findet man als Erklärung „auf die ganze Erde ausdehnen". Die Globalisierung kann es dann also in verschiedenen Bereichen geben, wie z. B. in der Wirtschaft, der Mode, der Musik, dem Sport, dem Fernsehen usw. Hier wird nur die Globalisierung der Wirtschaft genauer betrachtet.

Globalisierung im Duden nachgeschlagen

Die Globalisierung ist wahrscheinlich so alt wie die Menschheit selbst. Denn bereits in der Antike haben die verschiedenen Reiche „globalisiert", sie haben nämlich ihren Einfluss und ihren Handel bis an die Grenzen der damaligen Welt ausgedehnt. Über die Zeit erhielt die Globalisierung durch die Verselbstständigung von Handel und Recht immer mehr Auftrieb. Mit der industriellen Revolution im 18. Jahrhundert wurde auch der internationale Handel entscheidend vorangetrieben. Ein weltweiter Warenaustausch ergab sich schließlich im Zeitalter des Imperialismus mit seinen vielen Kolonien. Jedoch war es noch nicht jene Globalisierung, von der wir heute sprechen.

Globalisierung, so alt wie die Menschheit selbst

Die **Globalisierung im heutigen Sinne** wird vor allem durch die Neuen Informations- und Kommunikationstechnologien (NIKT), das Informations- und Transportwesen, neue Organisationsformen der betrieblichen Produktionsprozesse, die Liberalisierungs- und Deregulierungsmaßnahmen vorangetrieben. Sie bewirkt die Entstehung weltweiter Märkte, wie z. B. der Güter-, Finanz- und Dienstleistungsmärkte. Die Globalisierung der Wirtschaft hat sich in den letzten Jahren deutlich beschleunigt. Die Hauptakteure sind Unternehmen, die in vielen Staaten vertreten sind, so genannte multinationale Unternehmen bzw. Global Players wie z. B. Siemens, die Deutsche Telekom und Daimler Chrysler.

Globalisierung im heutigen Sinne

Deregulierung = Verringerung des staatlichen Einflusses auf die Wirtschaft und Schaffung von Entscheidungsspielräumen für Unternehmen

8.2 Akteure der Globalisierung – Global Players

Die Global Players, die durch weltweit angesiedelte Produktionsstätten die Weltmärkte beliefern, sind die entscheidenden Akteure, die die Globalisierung fördern. Die Erweiterung des Tätigkeitsfelds ist erst durch den technologischen Fortschritt ermöglicht worden. Theoretisch muss ein Global Player noch nicht einmal eine Niederlassung im Ausland haben, um weltweit operieren zu können. Große Unternehmen haben sich jedoch zunehmend auch im Ausland angesiedelt.

vgl. 8.3 Antriebskräfte der Globalisierung

Die Vernetzung der multinationalen Unternehmen hat besondere Auswirkungen auf die nationalen Volkswirtschaften, z. B. kann der Beitrag eines Unternehmens zum BIP eines Landes nicht mehr ganz eindeutig diesem Land zugeordnet werden. Außerdem vernetzen Global Players mit ihren Direktinvestitionen viele nationale Volkswirtschaften.

BIP, vgl. Kapitel 2, 5.2.1 Berechnung des Inlandprodukts

Wenn zum Beispiel ein Amerikaner einen Pontiac Le Mans von General Motors kauft, beteiligt er sich unbewusst an einer internationalen Transaktion. Von den 10.000 Dollar, die er an GM zahlt, gehen etwa 3.000 Dollar für Montagearbeiten nach Südkorea, 1.750 Dollar für hochtechnische Komponenten (Motor, Getriebe und Elektronik) nach Japan, 750 Dollar für Styling und Konstruktion nach Deutschland, 400 Dollar für verschiedene kleinere Komponenten nach Taiwan, Singapur und Japan, 250 Dollar für Werbung und Marketing nach Großbritannien und etwa 50 Dollar für Datenverarbeitung nach Irland und Barbados. Der Rest – weniger als 4.000 Dollar – geht an Marktstrategen in Detroit, Anwälte und Banker in New York, Lobbyisten in Washington, Renten- und Krankenversicherungsangestellte im ganzen Land sowie an GM-Aktionäre, von denen die meisten in den Vereinigten Staaten leben, eine wachsende Zahl aber im Ausland.

Quelle: Reich, R., Die neue Weltwirtschaft, Frankfurt 1996

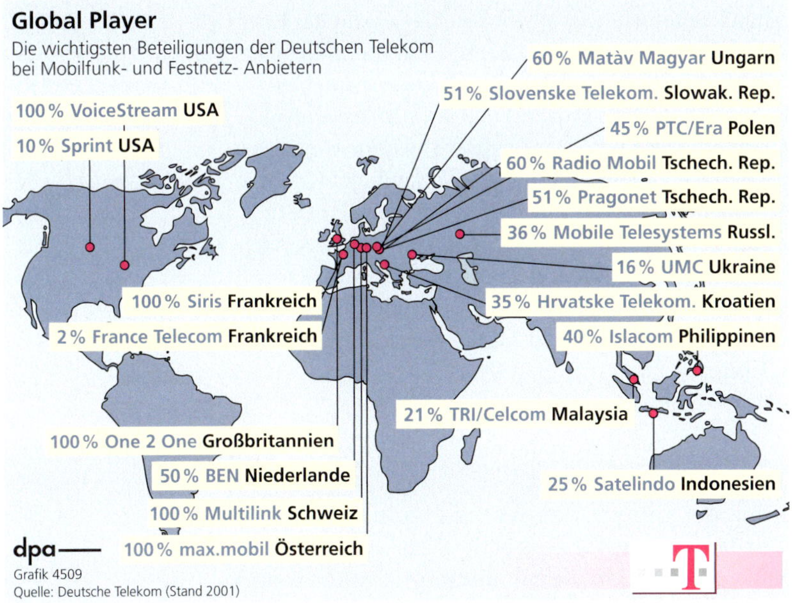

8.3 Antriebskräfte der Globalisierung

Es sind vor allem **drei Entwicklungen**, die die Globalisierung vorantreiben:

1. Liberalisierung der Märkte
2. technologischer Fortschritt
3. politische und wirtschaftliche Entwicklungen

Liberalisierung der Märkte

Seit Gründung des GATT (heute: WTO) wurde die Globalisierung auf den internationalen Märkten mehr und mehr vorangetrieben. Zunächst kam es durch die Vereinbarungen des GATT zum Abbau von Handelshemmnissen für den internationalen **Güteraustausch**. Erst in den 70er-Jahren setzte dann auch die Liberalisierung von **Devisen- und Kapitalverkehr** ein. Die Kapitalmobilität hat sich durch die globalen Finanzmärkte, die seither entstanden sind immer mehr erhöht. Auf dem **Dienstleistungssektor** kam es zur Deregulierung und Privatisierung insbesondere in den Bereichen Bankdienstleistungen, Transport, Telekommunikation und Versicherungen.

Die Marktliberalisierung hat seit Gründung des GATT erheblich zugenommen.

GATT = WTO, vgl. Kapitel 2, 8.6 Internationale Organisationen und Abkommen

Dienstleistungsmärkte

Die Neue Informations- und Kommunikationstechnologie sorgt dafür, dass Dienstleistungen verstärkt international ausgetauscht werden können, denn Dienstleistungen sind nicht lagerfähig, d. h., Produktion und Konsum müssen gleichzeitig erfolgen. Zu den Dienstleistungen zählen z. B. die Bereiche Wirtschaftsprüfung, rechtliche Beratung, Transport, Bankdienstleistungen, Wertpapierhandel, Versicherung, Bau- und Ingenieurdienste, Datenverarbeitung, Tourismus, Telekommunikation usw. Der Handel mit Dienstleistungen ist sozusagen ein „unsichtbarer" Handel, denn er erfolgt überwiegend zwischen Computern. Zurzeit entfallen gut zwei Drittel der Produktion und der Beschäftigung in den Industrieländern auf den Dienstleistungssektor. Der jährliche Handel mit Dienstleistungen nimmt seit Mitte der 80er-Jahren um ca. sieben Prozent zu.

Strukturwandel, vgl. Kapitel 2, 3.6.3 Wirtschaftssektoren im Wandel

IBM ist ein Dienstleistungsunternehmen, obwohl es jährlich auf der Liste der größten Industriekonzerne des Landes erscheint. 1990 stammte mehr als ein Drittel seiner Gewinne aus der Software-Produktion (Mitte der 80er-Jahre betrug dieser Anteil erst 18 Prozent) und über 20 Prozent aus der Integration von Computersystemen. Der Rest der Gewinne wurde von IBM größtenteils dem Bereich „sales and support" (Verkauf und Kundendienst) zugeordnet, darunter der Hilfestellung für Kunden bei der Definition ihrer Datenverarbeitungsbedürfnisse, bei der Auswahl der passenden Hard- und Software, bei deren Installation, Inbetriebnahme sowie der Beseitigung etwaiger Fehler. Weniger als 20.000 der 400.000 IBM-Beschäftigten wurden als mit herkömmlicher Montage beschäftigte Arbeitskräfte ausgewiesen.

Quelle: Reich, R., Die neue Weltwirtschaft, Frankfurt/M. 1996

Gütermärkte

Durch die Globalisierung der Gütermärkte wird die Aufteilung des Gesamtmarktes in verschiedene Segmente abgebaut. Dazu kommt es nicht nur durch gesunkene Transport- und Kommunikationskosten, sondern auch infolge der Aufhebung der Marktabgrenzung. Gibt es irgendwo regionale Preisunterschiede, dann tritt eine Reaktion weltweit auf. Der internationale Warenaustausch trägt einen großen Teil zur Wohlstandssteigerung bei. Der Warenhandel ist im vergangenen Jahrzehnt im Vergleich zur Weltproduktion wesentlich stärker gestiegen.

Finanzmärkte

Kennzeichen für die Globalisierung auf den Finanzmärkten ist die erhöhte Mobilität des Kapitals. Hier geht es nicht nur um Geldkapital, das blitzschnell von einem Börsenplatz zu einem anderen bewegt werden kann, sondern auch um Sachkapital. Für die starke Expansion des Umsatzvolumens an den internationalen Finanzmärkten sind mehrere Faktoren verantwortlich:

Gründe für das steigende Umsatzvolumen an den internationalen Finanzmärkten

- Die Unternehmen wollen auf expandierenden Märkten präsent sein und tätigen **Direktinvestitionen**. Diese Vertiefung der internationalen Arbeitsteilung zieht eine Ausweitung der Finanzströme nach sich.
- Länder und Regionen, die bisher keinen Zugang zu den internationalen Finanzmärkten hatten, werden mehr und mehr **integriert** und hoffen auf zinssenkende Effekte.
- Die **weltweite Deregulierung** hat die Integration nationaler und regionaler Finanzmärkte bedeutsam vorangetrieben.
- Durch das **Investmentsparen** und den **privaten Vermögensaufbau** wird vermehrt Kapital auf den internationalen Finanzmärkten angelegt.

Börse in New York

Banker und Broker

Der Devisenhandel hat sich vom Warenhandel gelöst. Der Wert aller Exporte betrug im Jahr 1998 rund 5.400 Milliarden Dollar; der Handel mit Devisen machte dagegen 1.500 Milliarden aus – am Tag! Der Währungshandel ist also hundertmal so groß wie der Außenhandel. Nur ein kleiner Teil der Fremdwährungen wird von Importeuren gekauft, die damit ausländische Ware bezahlen wollen. Umgekehrt verkaufen Exporteure die Devisen, die sie von ihren Kunden erhalten. Auch sie gehören nicht zu den Großen auf dem Markt. Der Devisenhandel wird von Banken und Brokern beherrscht, die kleinste Kursdifferenzen ausnutzen, um ihre Gewinne zu erzielen. Sie machen fast drei Viertel des Währungshandels unter sich aus.

Quelle: Globus; statistische Angaben: Internationaler Währungsfonds

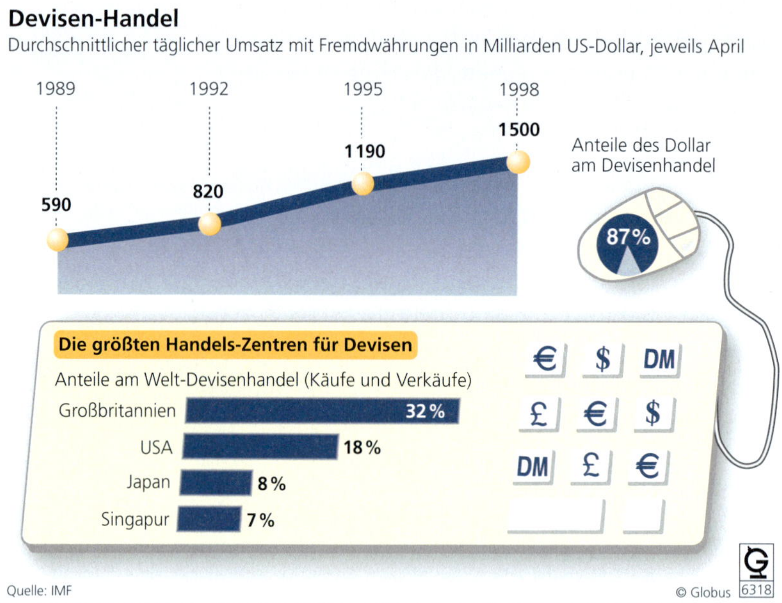

Technologischer Fortschritt

Zu einer rasanten Entwicklung kam es im Technologiebereich. Durch die **Neue Informations- und Kommunikationstechnologie (NIKT)** sind die Transport- und Kommunikationskosten in den letzten Jahren beachtlich gefallen. Erst durch die NIKT ist es möglich geworden, dass Unternehmen ihren Tätigkeitsbereich weltweit koordinieren können und beim Transport von Gütern, Personen und Informationen in dramatischem Ausmaß Kosten einsparen können. Das gilt inzwischen für alle Bereiche unternehmerischen Handelns, für Produktion, Marketing und Finanzierung ebenso wie für Forschung und Entwicklung. Die wirtschaftlichen Auswirkungen dieser technologischen „Revolution" werden auch unter dem Schlagwort **New Economy** zusammengefasst.

„Information" wird in der New Economy zu einem immer wichtigeren Produktionsfaktor

Mittlerweile ist die New Economy in aller Munde. Als Schlagwörter der neuen Ökonomie gelten die Begriffe Internet und Börse. Der Produktionsfaktor „Information" wird durch die Nutzung des Internets immer wichtiger. Seit den 90er -Jahren bildet das Internet für viele Unternehmen eine wichtige Grundlage für den Verkauf von Waren und Dienstleistungen. Bücher und CDs können z. B. bei dem US-Unternehmen Amazon bestellt werden. Innerhalb kürzester Zeit hat man die Bestellung in seinem Briefkasten liegen.

Mit der Entwicklung der New Economy werden oft auch neue Qualifikationen, andere Arbeits- und Lebensweisen gefragt. Außerdem erhält die weltweite schnelle Kapitalbewegung einen größeren Einfluss auf die Wirtschaft, denn ohne die Bereitschaft der Aktionäre, an der Börse zu spekulieren, könnten sich neue Unternehmen nicht so schnell entwickeln.

Politische und wirtschaftliche Entwicklungen

EU-Osterweiterung, vgl. Kapitel 2, 8.7.2 Europäische Union

Schließlich haben auch die politischen Entwicklungen der 90er-Jahre einen entscheidenden Beitrag zur zunehmenden Globalisierung geleistet. Nachdem die Marktwirtschaft gegenüber sozialistischen Wirtschaftsordnungen an Überlegenheit gewonnen hat, verwischen auch zunehmend die Grenzen unterschiedlicher politischer und wirtschaftlicher Systeme. Durch den fortschreitenden Transformationsprozess in Mittel- und Osteuropa liegen die Niedriglohnländer z. B. für Deutschland direkt vor der Haustür. Die Unternehmen können in den Ländern mit niedrigen Lohnkosten billiger produzieren. Aber auch Länder in Asien, Südamerika und Afrika, so genannte *emerging markets*, versuchen ihren materiellen Wohlstand durch zunehmende Exporte in die Industrieländer zu erhöhen.

Der wirtschaftliche Transformationsprozess in ehemaligen Zentralverwaltungswirtschaften begünstigt auch die Globalisierung.

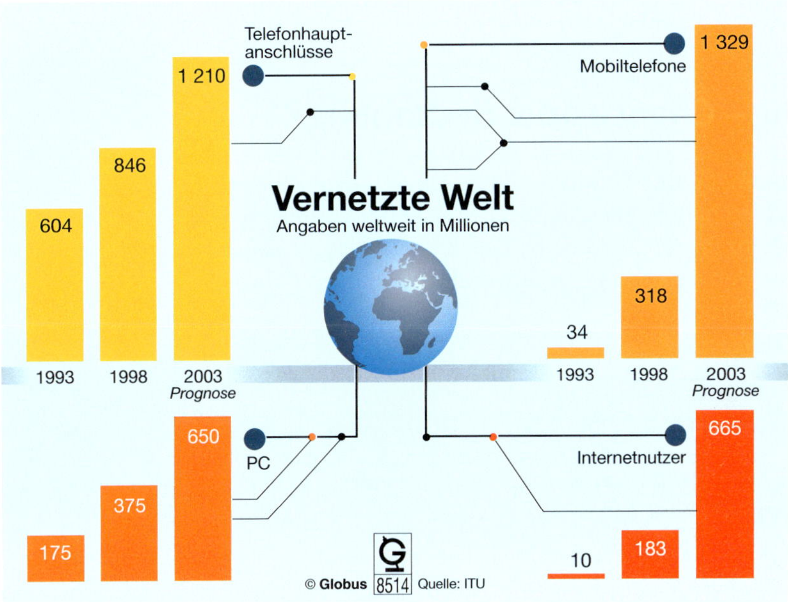

Beschleuniger der Globalisierung

Wie die Eisenbahn ab 1825 verändert die neue Kommunikations-Infrastruktur die wirtschaftlichen Rahmenbedingungen gravierend. Beide Systeme wirkten und wirken als Beschleuniger und Katalysatoren der Globalisierung. Weil sich die Entfernung zwischen unterschiedlichen geografischen Orten schneller überbrücken lässt, rückt die Welt enger zusammen. Verkürzte die Bahn im 19. Jahrhundert die Transportzeit für schwere Güter zwischen dem Ruhrgebiet und Warschau im Vergleich zum Pferdefuhrwerk von zwei Monaten auf 30 Stunden, so braucht ein Brief mit umfangreichen Grafiken, Plänen, Fotos und Verträgen heute nicht mehr Tage, sondern als E-Mail nur noch Sekunden. Menschen und Firmen können trotz räumlicher Distanz auf eine neue Weise zusammenarbeiten, werden aber – ob sie wollen oder nicht – auch zu direkten Konkurrenten. Im Jahr 2000 etwa ließ das Berliner Unternehmen 1000Hands AG technische Zeichnungen von Ingenieurbüros im Iran zu Computerdateien umarbeiten. Weil eingescannte Pläne und Zeichnungen schnell über das Netz verschickt werden können, machte sich die Firma die geringeren Kosten zu Nutze, die die iranischen Büros in Rechnung stellten. Dank der schnellen Telekommunikation sehen sich Berliner Grafiker nun in einer neuen Lage: Ihre Ansprüche an soziale Sicherheit, Lohn, Arbeitsplatz und Lebensführung müssen einem tendenziell weltweiten Vergleich standhalten.

Nicht nur eine neue internationale Arbeitsteilung entsteht. Durch die Vernetzung hunderter Millionen Menschen schafft das Internet außerdem globale Märkte neuer Qualität. Weil Online-Informationen jeglicher Art in kürzester Zeit verfügbar sind, fällt es Firmen leichter, weltweit Handel zu treiben und zu investieren. Das Netz ermöglicht ihnen einen komfortablen Zugang zu Millionen Kunden, die sie mit herkömmlichen Werbemaßnahmen und Angeboten kaum erreicht hätten.

Quelle: Koch, H., New Economy, Hamburg 2001, S. 23f.

8.4 Globalisierung – Chance oder Bedrohung?

Die Globalisierung eröffnet große Chancen für die Zukunft, denn sie kann uns mehr Wohlstand verschaffen. Allerdings gibt es nicht nur Vorteile, sondern auch eine ganze Anzahl von Risiken und Gefahren. In diesem Kapitel sollen sowohl die positiven als auch die negativen Auswirkungen der Globalisierung dargestellt werden.

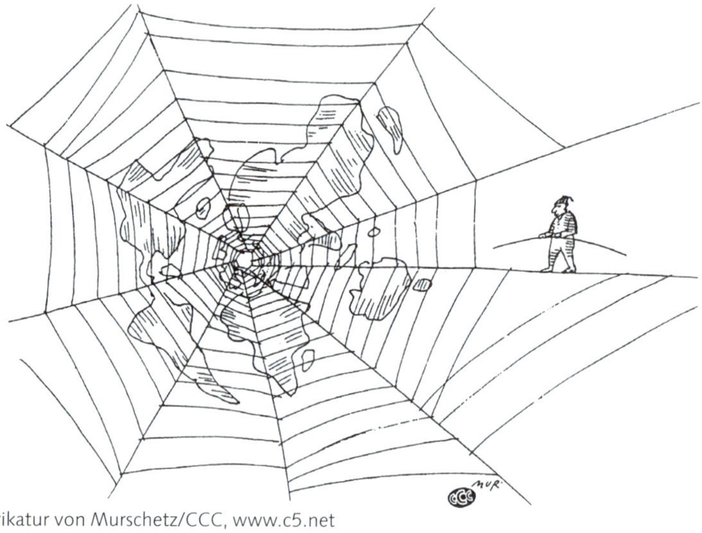

Karikatur von Murschetz/CCC, www.c5.net

Positive Auswirkungen

- Die Öffnung von neuen Märkten fördert den Handel. Es entstehen neue Unternehmen und folglich neue Arbeitsplätze. Dies bewirkt einen Wohlstandszuwachs der Länder.
- Es kommt zu einem Technologieaustausch von hoch entwickelten Ländern zu Entwicklungsländern.
- Durch die Verlegung von Unternehmensstandorten in Niedriglohnländer erhöht sich dort das Einkommen und das Wohlstandsniveau steigt. Die Wohlstandsunterschiede zwischen den Ländern können so langfristig ausgeglichen werden.
- Multinationale Unternehmen haben die Möglichkeit, neue Produkte und Ideen in vielen verschiedenen Ländern anzubieten. Ohne diese Unternehmen würden Erzeugnisse nur in den Ursprungsländern angeboten werden.
- Der Zwang zum Strukturwandel kommt letztlich allen Ländern zugute.

Modehersteller Steilmann: Produktion ins Ausland verlegt

Der Geschäftsführer des Modeherstellers Steilmann, Joachim Vogt, hat am Montag auf einer Betriebsversammlung der Lauenburger Produktionsstätte die Schließung dieses Standortes begründet. In der vergangenen Woche hatten die Mitarbeiter von den Schließungsplänen ihrer Firmenführung in Wattenscheid gehört. In Deutschland sollen 650 der insgesamt 3.000 Arbeitsplätze abgebaut werden. Im Lauenburger Werk werden Blusen genäht und verschickt.
Geschäftsführer Vogt war eigens aus der Firmenzentrale angereist, um den Mitarbeitern die Entscheidung zu erklären. „Es ist hier heute für uns alle ein trauriger Tag. Aber wir müssen sehen, dass wir unseren Firmenkern erhalten. Und das ist nur möglich, wenn wir künftig auch im Ausland produzieren. Nur so sind wir am Markt wettbewerbsfähig", sagte Vogt.

Quelle: Die Welt online vom 18. März 2000, www.welt.de

Negative Auswirkungen

- Die multinationalen Unternehmen haben die Möglichkeit, ihre Gewinne in Regionen mit niedrigen Steuersätzen zu verlagern.
- Der harte Wettbewerb um Investoren, Kapital und Arbeitsplätze bereitet der Politik immer größere Schwierigkeiten, soziale Sicherheit und soziale Gerechtigkeit zu gewährleisten (Gefahr des „Sozial-Dumpings").
- Weltweit agierende Unternehmen lassen sich kaum mehr ökonomisch und politisch kontrollieren.
- Entwicklungsländer stehen in einer Abhängigkeit von den multinationalen Unternehmen.
- Unternehmensstandorte werden in Länder mit geringen Umweltvorschriften verlagert.
- Letztlich überleben nur die Nationen, die über moderne Techniken, flexible und billige Arbeitskräfte verfügen. Die anderen Länder müssen Wohlstandsverluste in Kauf nehmen.

vgl. 7 Arbeitsmarkt- und Sozialpolitik

Globalisierungsgegner in Genua 2001

Wird die Dritte Welt ein Opfer der Globalisierung?

Die Gegner der Globalisierung hören nicht auf, vor den angeblich verheerenden Folgen einer weiteren Liberalisierung des Welthandels zu warnen. Gewaltsame Proteste bei der Handelskonferenz in Seattle und beim Davoser Symposium sollen die Entstehung globaler Märkte verhindern. Sie agieren im Namen der vermeintlichen Verlierer des weltweiten Wettbewerbs – der Länder der Dritten Welt. Dass das riesige Wohlstandsgefälle zwischen Arm und Reich größer zu werden droht, ist unbestritten. Mit Restriktionen aber ist den Armen am wenigsten gedient. Man kann ihnen nur durch freieren Zugang zu den Weltmärkten helfen.

Es gilt, die Armutsprobleme der Dritten Welt in einer weiteren Perspektive zu sehen, die mit der ersten industriellen Revolution vor 200 Jahren begann. Damals verhielt sich der Wohlstand zwischen dem reichsten und dem ärmsten Land wie 3 zu 1, 100 Jahre später waren es 10 zu 1. Im Jahr 2000 hat sich das Gefälle sogar auf 60 zu 1 erweitert zwischen dem „leader" USA und dem Schlusslicht Sierra Leone. Mit dem Aufstieg der technisch führenden Nationen wird das Gefälle zu den stagnierenden Gebieten am Ende der Skala zwangsläufig größer, auch wenn immer neue Aufsteiger den Anschluss schaffen wie zuletzt die „Tiger" Asiens. (...)

Der Aufholprozess aber beschleunigt sich ständig. Benötigte Europa im 19. Jahrhundert 40 bis 50 Jahre, um die Produktion zu verdoppeln, schafften China, Südkorea, Thailand und Malaysia es in nur sieben bis zehn Jahren. Das ist doch kein großer Trost für die 42 ärmsten und hoch verschuldeten Länder. Am Kölner Gipfel hat die G-7-Gruppe zwar beschlossen, ihnen Schulden zu erlassen. Mit der finanziellen und technischen Hilfe ist ihr schweres Los aber kaum zu verbessern. Auch andere Hürden stehen dem Fortschritt im Weg.

G7 = Informelles Treffen der Staats- und Regierungs-Chefs von Frankreich, Deutschland, Italien, Japan, Großbritanien, USA und Kanada.

In Afrika hemmt nicht nur der hohe Bevölkerungszuwachs den Aufstieg. Auch der schlechte gesundheitliche Zustand trägt dazu bei. 39 der 42 ärmsten Länder liegen in Tropen- oder Wüstengebieten. Hier liegt die Lebenserwartung nur wenig über 50 Jahre, gegenüber mehr als 70 in den reichen Ländern. Im Schulwesen besteht fast überall Nachholbedarf. Vor allem hapert es in diesen Ländern, namentlich südlich der Sahara, an stabilen politischen Verhältnissen und Voraussetzungen für die Entfaltung von Unternehmen und ausländischen Investitionen zur Ankurbelung der Wirtschaft. Es fehlen auch solide Rechtsordnungen, eine kompetente Beamtenschaft und der Zugang zum Welthandel, um in den Genuss der internationalen Arbeitsteilung zu kommen.

Quelle: Die Welt online vom 20. März 2000, www.welt.de

Übersicht:	
Globalisierung der Wirtschaft	– Zunahme internationaler Wirtschaftsverflechtungen – Zusammenwachsen von Märkten für Güter, Dienstleistungen und Finanzen über Grenzen einzelner Staaten hinaus
Global Player	Unternehmen, die weltweit tätig sind, z. B. Siemens, VW, Daimler Chrysler, die Deutsche Telekom
Ursachen der Globalisierung	– Liberalisierung der Märkte – technologischer Fortschritt – politische und wirtschaftliche Entwicklung

Auswirkungen der Globalisierung	positiv	– Öffnung von neuen Märkten – Technologieaustausch – Wohlstandsniveau steigt – neue Produkte und Ideen
	negativ	– Steuerflucht der Unternehmen – sozial Dumping – schwierige ökonomische und politische Kontrolle – Abhängigkeit der Entwicklungsländer – Unternehmensstandorte in Ländern mit geringen Umweltvorschriften – Wohlstandsverluste

Aufgaben

1. Was sind die Antriebskräfte der Globalisierung?
2. Welche Rolle spielt die New Economy bei der Globalisierung der Güter-, Dienstleistungs- und Finanzmärkte?
3. Nehmen Sie die beiden Positionen des folgenden Textes „Fortschritt oder Verlust?" als Ausgangsbasis für eine Pro-und-Kontra-Debatte zum Thema „Globalisierung – Chance oder Bedrohung". Stellen Sie dafür Argumente aus den weiteren Texten dieses Kapitels zusammen.

Fortschritt oder Verlust?

Frage: „Globalisierung bedeutet ja, dass durch Fortschritte in Verkehrstechnik und Computer-Kommunikation in der Welt alles miteinander zusammenhängt und dass sich technische und wirtschaftliche Entwicklungen in der ganzen Welt schnell durchsetzen. Hier sind einmal zwei, die sich über Globalisierung unterhalten. Wer von beiden sagt eher das, was auch Sie denken?" (Angaben in Prozent)

PRO: „Globalisierung ist ein Fortschritt. Durch die Globalisierung verschwinden Grenzen und die Welt öffnet sich und wird eins. Man fühlt sich wie ein Astronaut, der den blauen Planeten Erde als Ganzes vor sich sieht."

KONTRA: „Von der Globalisierung profitieren doch nur die Geschäftemacher. Es herrschen Profitgier und Ellenbogendenken. Die Menschlichkeit geht verloren."

	Nach Wohnort			Nach Altersgruppen in Jahren			
	West	Ost	Insg.	16–29	30–44	45–59	>60
PRO (in Prozent)	29	24	28	40	28	31	17
KONTRA (in Prozent)	36	43	37	30	39	38	40
unentschieden/ keine Angabe (in Prozent)	35	33	35	30	33	31	43

Quelle: Allensbacher Archiv, IfD-Umfrage 6055 (März 1998) veröffentlicht unter dem Titel „Zuversicht und Angst beim Blick auf den blauen Planeten." FAZ Nr. 99 vom 29. April 1998, S. 5

9 Projekt – Unternehmerische Ziele im Zeichen der Globalisierung

9.1 Projektarbeit

In fast allen betrieblichen Arbeitsbereichen nimmt die Bedeutung von Projektarbeit zu. Auch für Industriekaufleute steigt die Notwendigkeit, komplexe Sachverhalte zu analysieren, in Teilprobleme zu zerlegen, brauchbare Lösungen zu erarbeiten und erfolgreich umzusetzen. Die Zusammenarbeit bei der Lösung komplexer Aufgaben setzt ein hohes Maß an Planung voraus. Das **Projektmanagement** ermöglicht hier eine komplexe, fächerübergreifende Zusammenarbeit und flexible Organisation.

vgl. ausführlich
1 Projektmanagement

Während der Projektarbeit werden bestimmte Planungs-, Entscheidungs- und Kreativitätstechniken ebenso erlernt wie das Arbeiten im Team und das Tragen von Verantwortung. Praktisches Handeln, Tun und Ausführen stellen die Grundlagen für das Lernen an Projekten dar (Handlungsorientierung).

Die Verlaufsstruktur eines Projekts haben Sie bereits in Abschnitt 1, Projektmanagement, kennen gelernt. Anhand eines Rechercheprojekten lernen Sie nun, selbstständig ein Projekt zu planen, durchzuführen und zu reflektieren. Dabei sollen Sie auch Informationen aus dem Internet nutzen.

9.2 Lern- und Arbeitsstrategien zur Informationsbeschaffung im Internet

Das Internet bietet eine Vielzahl von Nutzungsmöglichkeiten, es ist z. B. Kommunikationsmittel, Publikationsplattform und Datenbank. Das World Wide Web (WWW) bietet ein sehr vielfältiges Angebot an Informationen aus vielen unterschiedlichen Bereichen. Der Vorteil des WWW liegt darin, dass Wissen gespeichert und weiterverarbeitet werden kann, da es in digitaler Form vorliegt. Jeder Nutzer, der auf Informationen aus dem Internet zugreifen möchte, muss Methoden und Wege kennen, um die gewünschten Informationen aufzuspüren.

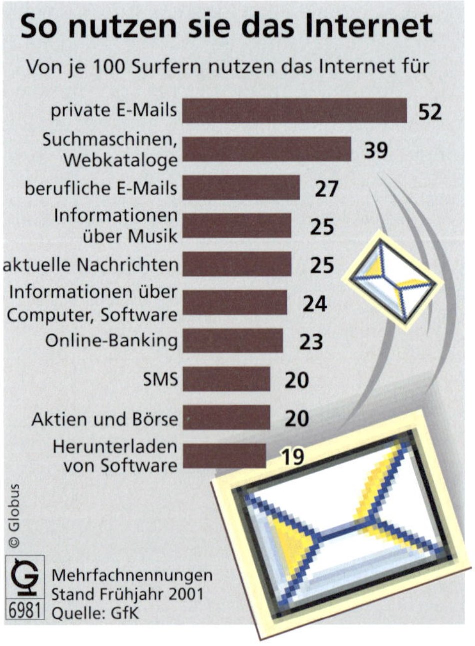

9.2.1 Suchmethoden

Um bestimmte Informationen im WWW zu suchen, sind verschiedene Suchmethoden und -strategien nötig. Die unterschiedlichen Methoden, die nachfolgend vorgestellt werden, können bei der Informationssuche auch kombiniert werden. Dabei sollte aber bedacht werden, dass es die Suchmethode, die für alle Situationen am besten ist, derzeit nicht gibt.

Die erste Möglichkeit, Informationen auf Internetseiten zu suchen, besteht darin, eine bekannte Adresse in das Adressenfeld des Browsers einzugeben. Dieses Vorgehen eignet sich zunächst nur bei bekannten Dokumentenadressen. Weil die Internetadressen aber immer die gleiche Struktur haben, können auch Adressen ausprobiert werden. Beispielsweise lassen sich geschützte Markennamen, Städte, Institutionen usw. häufig nach der bekannten Struktur bilden (z.B. www.bmw.de, www.bundesregierung.de).

Die zweite Suchmethode baut prinzipiell auf der ersten auf. Ausgehend von einem geeigneten Anfangsdokument können die Hyperlinks angeklickt werden, um auf andere Webseiten zu gelangen. Ein gutes Anfangsdokument ist z. B. ein Katalog, da man über Hyperlinks zu Seiten kommt, die für bestimmte thematische Bereiche interessant sind.

Katalog, vgl. 9.2.2 Suchdienste

Hyperlink = Querverweise zu anderen Webseiten, die angeklickt werden können

Eine sehr bekannte und häufig angewendete Suchmethode ist die Nutzung eines Suchdienstes. Dabei werden bestimmte Suchwörter in das Eingabefeld des Suchwerkzeugs eingegeben, und dieses sucht dann einen mehr oder weniger großen Teil des Internets nach Dokumenten ab, in denen die Suchwörter vorkommen. Allerdings ist dies nicht immer der schnellste Weg, um an gewünschte Informationen zu gelangen.

9.2.2 Suchdienste

Grundsätzlich lassen sich im Internet drei verschiedene Suchdienste unterscheiden: Kataloge, Suchmaschinen und Metasuchmaschinen. Über **Kataloge** lassen sich Internetdokumente, die von einer Redaktion in verschiedene Kategorien eingeteilt werden, finden. Ein Katalogsystem ist daher nichts anderes als eine Hierarchie von Kategorien. Oben in der Hierarchie erscheinen allgemeine Kategorien. Je weiter man in die Kategorien hinuntersteigt, desto spezifischer werden die Einträge. Kataloge beanspruchen einen hohen Pflegeaufwand, da die Informationen bzw. Dokumente redaktionell bewertet werden, bevor sie einer Kategorie zugeordnet werden. Demzufolge sind Kataloge nicht so umfassend wie Suchmaschinen. Die Anwendung eines Katalogs bietet sich vor allem dann an, wenn ein erster allgemeiner Überblick über ein bestimmtes Thema gewonnen werden soll.

Kataloge

Nachfolgend finden Sie drei interessante Kataloge:

- Unter http://www.google.de/dirhp?hl=de findet sich ein Katalog von Google, der sich durch ein ausgeklügeltes Ranking auszeichnet.
- Auch Yahoo bietet einen Katalog an, der wegen seiner leichten Bedienung für Anfänger geeignet ist (http://www.yahoo.de).
- Ein besonders interessanter Katalog ist unter http://www.wissen-unserer-zeit.de zu finden, in dem fast ausschließlich Seiten für den Unterricht aufgeführt werden.

Mit Hilfe von **Suchmaschinen** kann das gesamte Internet nach Dokumenten durchgesehen werden. Nach der Eingabe von selbst definierten Begriffen werden in einer Datenbank alle Webseiten durchsucht. Um die Datenbanken der Suchmaschinen auf dem aktuellen Stand zu halten, werden so genannte Spider oder Crawler (spionierende Programme) durch das ganze Internet geschickt, um neue Webseiten aufzufinden. Suchmaschinen

Bekannte und häufig genutzte Suchmaschinen sind

- Altavista (http://www.altavista.de),
- Lycos (http://www.lycos.de),
- Yahoo (http://www.yahoo.de),
- Google (http://www.google.de) und
- Fireball (http://www.fireball.de).

Wenn der eingegebene Suchbegriff zu allgemein formuliert wird, kann es sehr schnell passieren, dass die Recherche völlig unüberschaubar wird. In der Regel bieten daher alle Suchmaschinen Kriterien an, um die Suche einzuschränken. Jede Suchmaschine bietet mindestens logische Verknüpfungen wie ODER und UND an. Weil es aber keine einheitlichen Regeln gibt, sollten dazu allerdings die jeweiligen Hilfefunktionen der Suchmaschinen aufgerufen werden.

Keine Suchmaschine kann annähernd alle Dokumente des Internets erfassen. Die „beste" Suchmaschine findet allerhöchstens ein Drittel der Webseiten, welche dem vom Benutzter eingestellten Suchkriterien entsprechen würde. Daher sollte bei einer breit angelegten Recherche eine **Metasuchmaschine** zum Aufspüren von Dokumenten konsultiert werden. Metasuchmaschinen arbeiten nach einem interessanten Prinzip: Sie unterhalten keine eigenen Datenbanken, sondern durchsuchen verschiedene gleichzeitig. Der Vorteil der Metasuchmaschine besteht darin, dass nicht mehrere Suchmaschinen nacheinander befragt werden müssen. Deutschsprachige Metasuchmaschinen sind beispielsweise

Metasuchmaschinen

- MetaGer (http://www.metager.de),
- Metacrawler (http://www.metacrawler.de),
- Highway 61 (http://www.highway61.com).

9.3 Internetrechercheprojekte zur Globalisierung

Wenn von Globalisierung aus unternehmerischer Perspektive gesprochen wird, sind damit grenzüberschreitende Zusammenschlüsse gemeint, die den beteiligten Parteien wirtschaftliche, politische oder ökonomische Vorteile verschaffen.

vgl. ausführlich 8 Globalisierung

Unternehmen nutzen die Globalisierung in erster Linie, um den Gewinn zu steigern. Dieser Prozess kostet aber in der Regel Arbeitsplätze, geht zu Lasten der Umwelt und der Entwicklungsländer. Daher ist die Globalisierung ein kontrovers diskutiertes Thema. Viele Unternehmen versuchen nichtsdestoweniger diesen Zielkonflikt zu lösen.

Globalisierung schafft Konflikte zwischen den Staaten der Industrieländer und den Entwicklungsländern auf dem Weltmarkt. Dies kann auch als Zielkonflikt dargestellt werden.

Zielkonflikte der Globalisierung

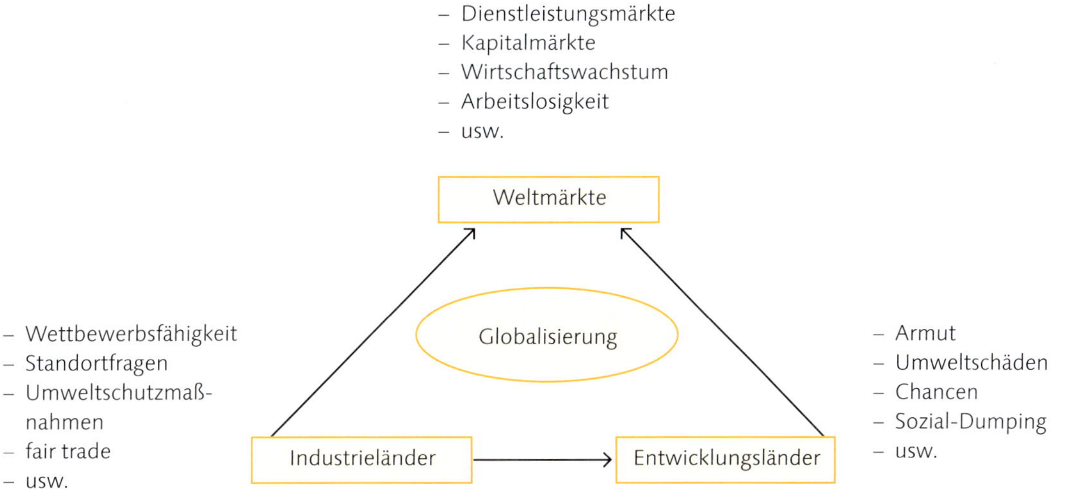

Die dargestellten Zielkonflikte der Globalisierung können beliebig erweitert werden. Für eine **Projektarbeit** können einzelne Aspekte herausgegriffen und bearbeitet werden.

Nachfolgend werden die Phasen eines Internetrechercheprojekts für den Themenbereich der Globalisierung an einigen ausgewählten Beispielen exemplarisch dargestellt.

9.3.1 Vorgehensweise beim Internetrechercheprojekt

In einem Internetrechercheprojekt lernen Sie, Informationen zu erschließen und diese zu bewerten. Da das Internet ein unerschöpfliches Informationsangebot sowie Bild- und Tonmaterialien bereithält, kann es hervorragend als Übungsfeld für die Entwicklung von Fähigkeiten und Fertigkeiten des Recherchierens benutzt werden.

Bei der Bearbeitung einer Projektaufgabe eröffnet das Internet als Informationsquelle folgende Vorteile:
- Es präsentiert eine unermesslich große Zahl von Informationen zu fast jedem beliebigen Thema,
- auf die rund um die Uhr leicht und bequem zugegriffen werden kann.
- Informationen aus dem Netz sind häufig schneller erreichbar als über andere Informationsquellen,
- manche stehen nur im Internet zur Verfügung.

Ein Internetrechercheprojekt setzt sich aus den folgenden acht Phasen zusammen:

Phasen eines Internetrechercheprojekts

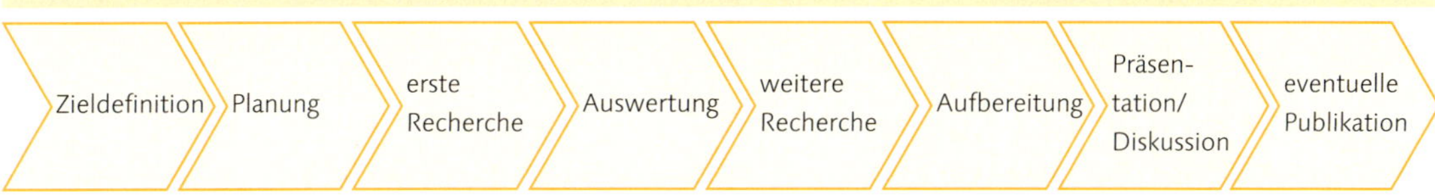

Die acht Phase kann als Eventualphase angesehen werden. Denn sie sollte sich nur dann anschließen, wenn alle Projektteilnehmer den gemeinsamen Entschluss fassen, eine Gesamtdokumentation zu erstellen.

vgl. 1 Projektmanagement

Nachfolgend werden die einzelnen Phasen vorgestellt. Um die Charakteristika des **Projektmanagements** in den verschiedenen Phasen zu verdeutlichen, werden Beispiele für ein Internetrechercheprojekt zum Themenbereich Globalisierung aufgezeigt.

9.3.1.1 Phase 1: Zieldefinition

Diese Phase ist mit der Projektdefinitionsphase des Projektmanagements vergleichbar, denn hier stehen die Themenfindung und die Zielformulierung im Vordergrund. Damit ein Thema mit der inhaltlichen Vielschichtigkeit und der Vernetzung zu anderen Themen erschlossen werden kann, können verschiedene Kreativitätstechniken angewendet werden.

vgl. 1.1 Projektdefinition

Für den Themenbereich Globalisierung ist beispielsweise folgendes **Mindmapping** denkbar. Es kann für jedes beliebige Thema der Globalisierung erweitert werden.

vgl. 1.1.2.1 Mindmapping

Beispiel: Mindmapping zum Themenbereich Globalisierung

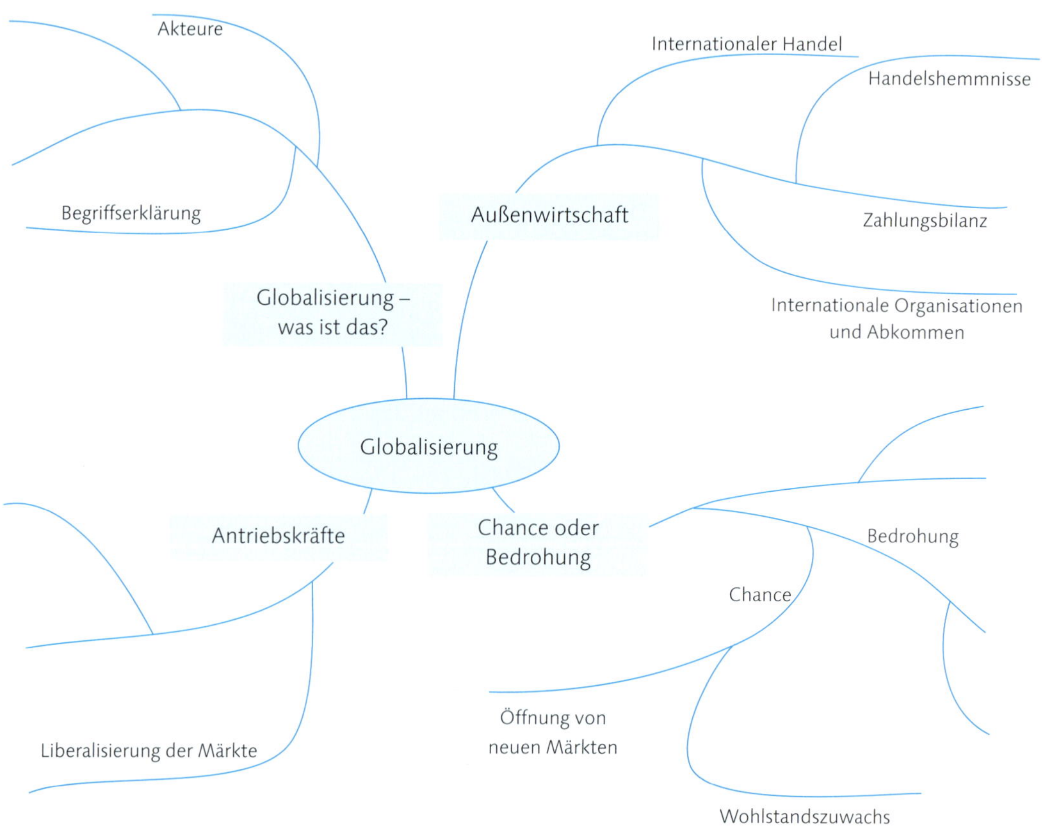

Mit Hilfe des Mindmappings können Sie die Projektziele festlegen. Nach der Zielformulierung sollten Sie einen Projektauftrag ausfüllen und von allen Teilnehmern unterschreiben lassen.

vgl. 1.1.3 Projektauftrag

9.3.1.2 Phase 2: Planung

In dieser Phase wird die Informationsrecherche im Internet vorbereitet. Die **Vorbereitungsphase** für eine Internetrecherche ist eine wichtige Phase, denn hier sollen Sie

- Ziele festlegen, die Sie mit Ihrer Internetrecherche erreichen möchten,
- Ihr Vorwissen aktivieren, bereichern und strukturieren,
- die unterschiedlichen Suchstrategien auswählen und entwickeln und schließlich
- Suchbegriffe bilden, um die Zahl der potenziellen Dokumente einzuschränken.

Wenn Sie nicht gleich draufiossurfen, wird die Chance auf eine strukturierte und effektive Internetrecherche steigen.

Außerdem wird in der Planungsphase das weitere Vorgehen bei der Projektdurchführung geplant. Sie sollen darüber beraten, ob und welche weiteren Informationsquellen, z. B. Mailinglisten, Newsgroups, Printtexte, Filme und CD-ROMs, in die Informationsrecherche mit einbezogen werden sollen. Daneben sollen Sie nötige Arbeitsschritte, zeitliche Abläufe, Arbeitsformen, Arbeitsmittel, Zuständigkeiten usw. festlegen. Für ein Projekt, in dem z. B die Chancen und Risiken der Entwicklungsländer betrachtet werden sollen, könnte sich folgender Projektablaufplan ergeben:

vgl. 1.2 Projektplanung

Beispiel: Möglicher Projektplan für ein Informationsrechercheprojekt

Vorgangs-nummer	Vorgangsbezeichnung:	Dauer (Minuten)
1	Zielbestimmung	15
2	Schwerpunkte setzen	30
3	Checkliste für Aufgaben	30
4	Zuweisung der Aufgaben	10
5	Recherche: Chance	60
6	Recherche: Risiken	60
7	Recherche: soziale Aspekte	60
8	Austausch der Ergebnisse	30
9	Auswertung der Ergebnisse	20
10	Reflexion/weitere Planung	30
11	Überarbeitung und weitere Recherche	60
12	Aufbereitung und Präsentationsvorbereitung	240
13	Präsentation	30
14	Diskussion	30
15	Publikation im WWW (eigenes neues Projekt)	

Der Projektablaufplan lässt sich auch grafisch als Balkendiagramm darstellen.

Beispiel: Balkendiadramm für ein Internetrechercheprojekt

Nr.	Dauer (Minuten)
1	15
2	30
3	30
4	10
5	60
6	60
7	60
8	30
9	20
10	30
11	60
12	240
13	30
14	30

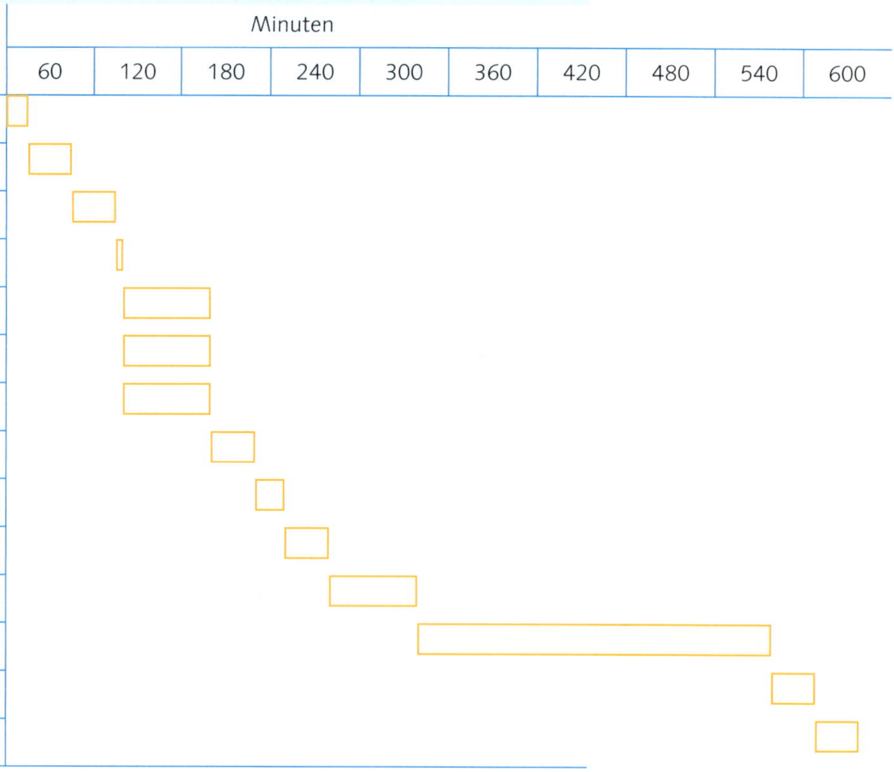

9.3.1.3 Phase 3: Erste Recherche

In dieser Phase werden eine Recherche im WWW und die erste Beurteilung der gefundenen Materialien durchgeführt. Damit Sie sich nicht in den Weiten des WWW verlieren, sollten Sie nicht gleich jedem Link nachgehen, sondern zuerst die interessanten Adressen notieren und erst später eine inhaltliche Analyse vornehmen. Am besten wird dafür ein Protokoll angelegt, in dem die URL-Adresse und die genutzten Suchbegriffe festgehalten werden.

Danach sollten die Dokumente einer ersten Beurteilung unterzogen werden; es muss entschieden werden, ob eine weitere, genauere Analyse erfolgen soll.

Beurteilung von Webseiten	
URL-Server-Name Domain-Name	Wo ist das Dokument zu finden bzw. wie sieht der Pfad zum Dokument aus? Handelt es sich um ein Dokument innerhalb der Website eines Benutzers oder um die offizielle Publikation einer Organisation? Deutet der Server-Name auf eine Unternehmung, eine Non-Profit-Organisation, eine Stadt oder eine Behörde hin? Lässt sich aus dem Domain-Namen auf den Bereich schließen?
Dokumententitel	Enthält der Dokumententitel Begriffe, welche für das zu bearbeitende Thema relevant sind?

Beschreibung des Dokuments	Scheint das Dokument auf Grund der Kurzbeschreibung nützlich für die Bearbeitung des Themas?
Autorenangabe/Verlag	Sind die Urheberinnen oder der Urheber des Dokuments angegeben? Kann auf Grund der Angaben auf die Fachkompetenz der Autorin oder des Autors geschlossen werden?
Aktualität	Ist ein Erstellungs- oder Modifikationsdatum angegeben? Ist das Dokument für das zu bearbeitende Thema ausreichend aktuell?

Quelle: C. Nüesch, In: Zeitschrift für Berufs- und Wirtschaftspädagogik (2001), S. 540 – 560

Damit ein möglichst großes Repertoire an potenziell nutzbaren Webseiten aufgespürt wird, sollten Sie die Informationssuche arbeitsteilig in Gruppen durchführen, da verschiedene Gruppen gewöhnlich unterschiedliche Suchstrategien anwenden und somit zu verschiedenen Ergebnissen kommen.

9.3.1.4. Phase 4: Auswertung

Die vorselektierten Webressourcen müssen nun eingehend geprüft werden. Hierzu müssen Sie sich einen Überblick über die Texte verschaffen und sie beurteilen.

Auswertung von Webseiten	
Motive der Publikation	– Mit welchem Motiv wurde die Publikation verfasst und veröffentlicht? – Handelt es sich um einen politischen oder religiösen Text? – Macht eine Unternehmung Öffentlichkeitsarbeit oder ist es Werbung? – Handelt es sich um einen wissenschaftlichen Text, ist es ein Forschungsbericht einer Forschungsinstitution (z. B. Universität)?
Wahrheitsgehalt und Verifizierungsmöglichkeiten	– Sind die Informationen glaubwürdig? – Enthält das Dokument keine falschen Aussagen? – Gibt es Hinweise auf verwendete Literatur? – Lässt sich die Information belegen? – Gibt es an anderen Orten im Web Dokumente, welche dieselben Aussagen machen?
Objektivität der Aussagen	– Sind die Informationen wertneutral oder handelt es sich um subjektive Meinungen? – Wird versucht, die Leserschaft mit sprachlichen Mitteln zu beeinflussen? – Werden gewisse Fakten bewusst weggelassen?
Layout	Ist die Seite übersichtlich dargestellt und konzentriert sie sich auf die Präsentation des Inhalts oder wird man mit farbigen, blinkenden Schriften, viel Animation und nichts sagenden Bildern überschwemmt?
Pflege der Seite bzw. der Website	Ist die Seite bzw. Website sorgfältig gepflegt oder gibt es zahlreiche ungültige Hyperlinks, Bilder, die nicht erscheinen, oder andere Probleme?

Quelle: C. Nüesch, In: Zeitschrift für Berufs- und Wirtschaftspädagogik (2001), S. 540 – 560

Falls nötig, müssen Sie die gefundenen Materialien sprachlich aufbereiten, d. h., Sie schlagen unbekannte Begriffe nach, nehmen Übersetzungen vor oder legen eine Liste mit bedeutsamen Begriffen an.

Die Projektgruppen informieren sich in dieser Phase über ihren gegenwärtigen Arbeitsstand und über ihre ersten Eindrücke der Recherche. Kann die Ausgangsfrage mit den bereits gesichteten Materialien nicht beantwortet werden, weil z. B. die Suche nicht zufriedenstellend verlaufen ist oder weil sie weiter spezifiziert werden soll, muss eine weitere Recherche durchgeführt werden.

9.3.1.5 Phase 5: Weitere Recherche

In dieser Phase erfolgt die Vertiefung oder Spezialisierung der vorangegangenen Internetrecherche durch die Anwendung anderer, differenzierterer Suchstrategien oder durch Einbeziehung von Mailinglisten, Newsgroups, Printtexten, Filmen usw.

9.3.1.6 Phase 6: Aufbereitung

In der Aufbereitungsphase müssen die hinzukommenden Informationen selektiert und ebenfalls kritisch beurteilt werden. Jetzt sollen Sie auch die Präsentation der Ergebnisse sowie die abschließende Dokumentation des Recherchewegs und eine kritische Gesamtbetrachtung der genutzten Medien vorbereiten. Für die Präsentation müssen die Formen und die einzusetzenden Hilfsmittel (z. B. Tafel, Overheadprojektor, Flipchart, Dia usw.) festgelegt werden.

Präsentation, vgl. Teilband *Industielle Geschäftsprozesse*, Kapitel 1 Marktorientierte Geschäftsprozesse eines Industriebetriebs

Um den Rechercheweg zu dokumentieren, sollten die eingesetzten Suchwerkzeuge und -strategien aufgezeigt, bewertet und die geeigneten WWW-Adressen zu einer Link-Liste zusammengestellt werden. Ein Suchprotokoll, das bereits ab der ersten Recherche geführt wird, erleichtert diese Arbeit wesentlich.

Die nachfolgende Abbildung zeigt einen möglichen Auszug aus einem Suchprotokoll zum Themenbereich Globalisierung:

Beispiel: Suchprotokoll für den Themenbereich Globalisierung

WWW-Adressen	**genauere URL-Adresse**	**Stichwort (Schlagwort)**
http://www.bpb.de 10. September 2003	http://www.bpb.de/publikationen/00461408856606629 10228866277442,0,0,Globalisierung.html	Bundeszentrale für politische Bildung
http://www.welthaus.de 10. September 2003	http://www.welthaus.de	Welthaus Bielefeld
usw.		
Thematische Kataloge	**gefundene URL-Adressen**	**Stichwort (Schlagwort)**
http://www.yahoo.de 10. September 2003	http://www.heise.de/tp/deutsch/inhalt/te/1176/1.html	Globalisierung – ein Mythos?
http://www.yahoo.de 10. September 2003	http://www.kas.de/international/aussen_sicherheit/ globalisierung/770_website.html	verschiedene Publikationen zur Globalisierung
usw.		

Google				
Datum	Suchbegriff	Anzahl Treffer	URL-Adresse	Stichwort
10. September 2003	Globalisierung, Entwicklungsländer, Chance, Bedrohung	1.970	http://www.wr-unterricht.de/wr_global.html	Wirtschafts- und Rechtslehre im Unterricht, sehr viele weiterführende Links, Arbeitsblätter
10. September 2003	Globalisierung, Entwicklungsländer, Chance, Bedrohung, Risiko, Aussichten	160	http://www.imf.org/external/ np/exr/ib/2000/deu/041200g.htm	Diskussionsunterlagen, IWF-Stab, Schaubilder, weitere Infos
usw.				

9.3.1.7 Phase 7: Präsentation/Diskussion

Die Projektergebnisse und die Suchwege zum genutzten Material werden in dieser Phase Mitschülern, Lehrern, Eltern und Interessierten vorgestellt. Auf die Präsentation des Ergebnisses und des Recherchewegs sollte eine kritische Diskussion über die gefundenen Informationen und die eingesetzten Medien erfolgen.

9.3.1.8 Eventuelle Publikation

Wenn Sie als Projektgruppe beschließen, noch eine Gesamtdokumentation über das Informationsrechercheprojekt zu erstellen, kann diese Phase angeschlossen werden. Dabei wird das Projektergebnis kommunikativ nach außen vermittelt, und zwar in Form einer WWW-Rubrik auf der Schul-Homepage oder auf einer CD-ROM.

9.3.2 Materialauswahl für die Projektarbeit

Damit Sie nun eigenständig ein Projekt zum Themenbereich Globalisierung planen, durchführen und reflektieren können, soll die folgende Materialauswahl Unterstützung bieten. Benutzen Sie bei Ihrem Projekt auch die aus Abschnitt 1, Projektmanagement, vorgestellten Techniken.

Fair Trade
Mit einem fairen Handel sollen die Produzenten der Entwicklungsländer ihre Existenz aus eigener Kraft sichern. Fair bedeutet dabei direkter Handel mit den Produzentengruppen unter Ausschluss z. B. von Zwischenhändlern und Zahlung von über dem Weltmarktniveau festgelegten Mindestpreisen. Viele Organisationen unterstützen diesen Gedanken. Auf den Webseiten dieser Organisationen finden sich z. B. auch interessante Informationen und Materialien.

Das katholische Hilfswerk Misereor engagiert sich z. B. im Fairen Handel für die Armen in den Ländern des Südens. Es unterstützt auch das größte europäische Fair Handelshaus gepa (Gesellschaft zur Förderung der Partner- www.misereor.de

schaft mit der Dritten Welt mbH, (www.gepa3.de) und den gemeinnützigen Verein TransFair, der selbst nicht mit Waren handelt, sondern Siegel für fair gehandelte Produkte vergibt.

www.transfair.org

Auch die Verbraucher Initiative e.V. (www.verbraucher.org) setzt sich für den fairen Handel ein.

Umweltschutz

Viele Unternehmen produzieren mittlerweile in Ländern, deren Umweltstandards nicht so hoch sind wie beispielsweise in Deutschland. Die Globalisierung wirkt sich somit auch auf die Umwelt aus.

Beim Umweltbundesamt (www.umweltbundesamt.de) und dem Bundesumweltministerium (www.bmu.de) finden Sie beispielsweise Veröffentlichungen zu diesem Thema.

vgl. 5 Umweltpolitik

Es gibt aber auch Unternehmen, die sich für den Umweltschutz und die Globalisierung stark machen. Beispiele sind:

- Otto Versand (www.otto.com)
- Bayer (http://www.bayer.de/sd)
- Volkswagen (www.volkswagen-umwelt.de)
- Siemens (www.siemens.com)

Natürlich gibt es noch viel mehr Unternehmen, die sich für den Umweltschutz einsetzen.

Auf der Internetseite des Umweltmanagement-Internet-Service (www.umis.de) finden Sie viele weitere Informationen zum betrieblichen Umweltschutz.

vgl. 5 Umweltberichterstattung

Standorte

Viele Unternehmen verlagern ihren Standort ins Ausland, weil z. B. die Lohnkosten niedriger sind als in Deutschland. Auf den Internetseiten der folgenden Unternehmen finden Sie die verschiedenen Standorte.

vgl. Kapitel 2,
4.3 Standortfaktoren

- Adidas-Salomon AG (www.adidas.com/de)
- Henkel (www.henkel.de)
- Thyssenkrupp (www.thyssenkrupp.de)
- BASF (www.basf.de)
- Daimler Chrysler (www.daimlerchrysler.de)

Auch die Gewerkschaften und andere Organisationen nehmen zur Standortdebatte Stellung:

- Deutscher Gewerkschaftsbund (www.dgb.de)
- IG-Metall (www.igmetall.de)
- www.verdi.de
- Bundesverband der Deutschen Industrie e.V. (www.bdi-online.de)

Globalisierungsgegner

Es gibt viele Organisationen und Verbände, die die Globalisierung kritisch sehen. Organisationen wie Attac (www.attac-netzwerk.de), Oxfam (www.oxfam.de), Greenpeace (www.greenpeace.de) und der Verband Entwicklungspolitik deutscher Nichtregierungsorganisationen (www.venro.org), aber auch Kirchen und Gewerkschaften kämpfen für soziale Gerechtigkeit in den armen Ländern und für eine Regulierung der Global Players, da diese den Welthandel immer mehr kontrollieren.

vgl. 8.2 Akteure der
Globalisierung – Global Players

Auch auf vielen anderen Internetseiten finden Sie interessante Informationen zur Globalisierung, z. B.:

- Portal zur internationalen Politik (http://www.weltpolitik.net)
- www.globalisierung-online.de
- Entwicklungsagentur (www.welthaus.de)
- Bundeszentrale für politische Bildung (www.bpb.de)
- Institut für Wirtschaftsforschung (www.diw.de)
- www.wr-unterricht.de
- WTO (www.wto.org)

Auch auf den Seiten der Bildungsserver der Bundesländer finden Sie Materialien und Informationen:

- Deutscher Bildungsserver (www.bildungsserver.de)
- Bildungsserver Baden-Württemberg (www.bw.schule.de)
- Bildungsserver Bayern (www.schule.bayern.de)
- Bildungsserver Berlin (www.be.schule.de)
- Bildungsserver Bremen (www.schule.bremen.de)
- Bildungsserver Brandenburg (www.bildung-brandenburg.de)
- Bildungsserver Hessen (www.bildung.hessen.de)
- Bildungsserver Hamburg (www.hh.schule.de)
- Bildungsserver Mecklenburg-Vorpommern (www.bildung-mv.de)
- Bildungsserver Niedersachsen (www.ni.schule.de)
- Bildungsserver NRW (www.learn-line.nrw.de)
- Bildungsserver Rheinland-Pfalz (www.bildung-rp.de)
- Bildungsserver Saarland (www.bildungsserver.saarland.de)
- Bildungsserver Sachsen-Anhalt (www.bildung-lsa.de)
- Bildungsserver Sachsen (www.sn.schule.de)
- Bildungsserver Schleswig-Holstein (www.sh.schule.de)
- Bildungsserver Thüringen (www.th.schule.de)

10 Wissens-Check

1. Die Wirtschaftpolitik hat mehrere Träger. Wer gehört nicht in diese Reihe?

   a) Ausland
   b) Europäische Zentralbank
   c) Bundesregierung
   d) Verbraucherverbände
   e) Arbeitgeberverbände

2. Im Stabilitäts- und Wachstumsgesetz sind die wichtigsten wirtschaftspolitischen Ziele vorgegeben (magisches Vier- bzw. Sechseck). Welche der nachfolgenden Punkte gehören dazu?

   a) planmäßiger Ausbau der Infrastruktur
   b) wirtschaftliches Wachstum
   c) Vollbeschäftigung
   d) Erweiterung der Inlandmärkte
   e) Preisniveaustabilität
   f) außenwirtschaftliches Gleichgewicht
   g) Importbeschränkungen
   h) Freihandel

3. Störungen der Preisniveaustabilität ziehen Störungen im Wirtschaftsleben nach sich. Welcher Begriff gehört nicht in diese Reihe?

   a) Angebotsinflation
   b) Nachfrageinflation
   c) monetäre Inflation
   d) Rohstoffinflation
   e) Deflation

4. Das Statistische Bundesamt ermittelt zur Darstellung des Preisniveaus und der damit veränderten Kaufkraft jedes Jahr Preisindizes. Ermitteln Sie die Preissteigerungsraten für Lebenshaltung im Jahr 2001, bezogen auf das Vorjahr, anhand des abgebildeten Preisindex.

fiktives Beispiel

Preisindex für die Lebenshaltung

Jahr (Durchschnitt)	Preisindex für die Lebenshaltung
1995 (Basisjahr)	100,0
1996	103,6
1997	108,9
1998	113,8
1999	116,9
2000	118,9
2001	120,7

5. Welche Konjunkturphasen werden in den nachfolgenden gesamtwirtschaftlichen Situationen beschrieben? Ordnen Sie zu.

① Aufschwung (Expansion)
② Hochkonjunktur (Boom)
③ Abschwung (Rezession)
④ Tiefstand (Depression)

a) Bei niedriger Kapazitätsauslastung und sehr hohen Lagerbeständen geraten Löhne und Preis unter Druck.
b) Die Arbeitslosenquote und der Druck auf die Löhne und Preise steigen.
c) Die Nachfrage ist größer als das Angebot und die Inflationsrate ist hoch.

6. Mit Hilfe von Konjunkturindikatoren können Rückschlüsse und Erkenntnisse auf den Stand und die Entwicklung der Wirtschaft gezogen werden. Welcher Indikator wird als Frühindikator bezeichnet?

a) Arbeitsmarktentwicklung
b) Preisentwicklung
c) Produktionsentwicklung
d) Geldmengenentwicklung
e) Auftragseingangsentwicklung

7. In welchem Fall ist eine der Aufgaben der Deutschen Bundesbank richtig dargestellt?

a) Die Bundesbank ist für die maximale Versorgung der Wirtschaft mit Bargeld zuständig.
b) Um das Ziel der Geldwertstabilität zu erreichen, kann die Bundesbank geldpolitische Instrumente einsetzen.
c) Nur die Bundesbank hat das ausschließliche Recht, „Geld zu schöpfen".
d) Unter anderem muss die Bundesbank dafür Sorge tragen, dass sie das jährliche Haushaltsdefizit der Bundesländer ausgleicht.
e) Wenn sich das Geld verknappt, ist die Bundesbank verpflichtet, hochwertigere Münzen zu prägen.

8. Um die Nachfrage zu beleben, kann der Staat Mittel der Fiskal- und Haushaltspolitik einsetzten. Welche nachfolgenden Aussagen sind richtig?

a) Der Staat führt eine strenge Sparpolitik in allen öffentlichen Verwaltungen ein.
b) Sonderabschreibungen für Unternehmen werden gestrichen.
c) Die Schulden werden durch die Bildung einer Konjunkturausgleichsrücklage getilgt.
d) Neben der Einkommensteuer wird eine Ergänzungsabgabe eingeführt. Der Betrag wird bei der Bundesbank festgelegt.
e) Der Solidaritätszuschlag wird abgeschafft.

9. Die Arbeits- und Sozialordnung ist untrennbar mit der Wirtschaftsordnung verbunden. Was gehört nicht zum „sozialen Netz"?

a) Sozialversicherung
b) Familienförderung
c) Ausbildungsförderung
d) Kulturförderung

→

e) Arbeitsförderung
f) Sozialhilfe

10. Die Situation auf dem Arbeitsmarkt kann tendenziell durch verschiedene Maßnahmen bzw. Vorgänge beeinflusst werden. Ordnen Sie zu.

① tendenzielle Verschlechterung auf dem Arbeitsmarkt
② tendenzielle Verbesserung auf dem Arbeitsmarkt
③ keine Veränderung auf dem Arbeitsmarkt

a) Wenn die Importe steigen, sinken die Exporte stetig.
b) Die Arbeitszeit wird gekürzt, es gibt aber keinen vollen Lohnausgleich.
c) Der Abbau von Überstunden wird im Tarifvertrag vereinbart.
d) Es werden verschärfte Auflagen bei der Neugründung von Unternehmen eingeführt.
e) Die Zahl der gewerblich-technischen Ausbildungsverträge ist konstant geblieben, jedoch ist die Zahl der kaufmännischen Ausbildungsverträge gestiegen.
f) Der Staat überträgt die Auszahlung des Kindergeldes auf die Familienkassen des Arbeitsamts.

11. Mit welcher der folgenden Situationen würden Sie die „konjunkturelle Arbeitslosigkeit" erklären?

a) Die Hotelfachfrau, die in einem Hotel an der Nordsee arbeitet, wird jedes Jahr zu Winterbeginn arbeitslos.
b) Arbeitskräfte werden entlassen, wenn auf Grund der schlechten Wirtschaftslage die Investitionen und die Produktion der Unternehmen sinken.
c) Arbeitskräfte der Kohleindustrie wurden entlassen, als die Heizungsanlagen von Kohle auf Erdgas/Erdöl umgestellt wurden.
d) Durch den wissenschaftlich-technischen Fortschritt lassen sich die bisherigen Gütermengen mit weniger Arbeitskräften herstellen.
e) Ein Angestellter einer Versicherung zieht zu seiner Freundin nach Frankfurt am Main und will dort eine neue Arbeitsstelle suchen.

12. Welche Auswirkungen haben die folgenden Maßnahmen? Orden Sie zu.

① führt zu einer Steigerung der Nachfrage nach Arbeitskräften
② führt unmittelbar zu einer qualitativen Veränderung des Angebots an Arbeitsleistungen
③ hat keinen unmittelbaren Einfluss auf die Beschäftigungssituation

a) Überstunden werden durch den Tarifvertrag beschränkt.
b) Der Staat gewährt Investitionszulagen.
c) In den Berufsschulen wird Teilzeitunterricht an Stelle des Blockunterrichts eingeführt.
d) Die Gewerbesteuer wird gesenkt.
e) Das Arbeitsamt führt Umschulungen durch.
f) Die Arbeitszeit wird verkürzt, jedoch ohne vollen Lohnausgleich.
g) Die Berufsausbildungszeit wird verlängert.

13. Zwischen Ökonomie und Ökologie gibt es einen engen Zusammenhang. Auf welchen Prinzipien beruht die Umweltpolitik der Bundesrepublik?

a) Verursacherprinzip
b) Vorsorgeprinzip
c) Quotenprinzip
d) Kooperationsprinzip
e) Nachsorgeprinzip

14. Welches der hier genannten Instrumente gehört nicht zur Umweltpolitik?

a) rechtliche Gebote und Verbote
b) preisfestsetzungen für bestimmte Produkte
c) Vereinbarungen auf freiwilliger Basis
d) wirtschaftliche Anreize und Belastungen

15. Welche Handlungsempfehlung zur nachhaltigen Bewirtschaftung der Ressourcen gehört nicht dazu?

a) Regeneration
b) regionales Leitbild
c) Substitution
d) Anpassungsfähigkeit
e) Vermeidung unvertretbarer Risiken

16. Welche Prinzipien sind handlungsleitend für die Ausgestaltung der Umweltpolitik?

a) Gemeinlastprinzip
b) Anpassungsprinzip
c) Vorsorgeprinzip
d) Auflagenprinzip
e) Verursacherprinzip
f) Kooperationsprinzip

17. Situation: Sie arbeiten in der Projektabteilung eines auf Anlagenbau spezialisierten Unternehmens. Sie planen mit mehreren Kollegen die Erstellung einer Anlage. Folgende Vorgänge haben Sie projektiert:

Lfd. Nr.	Vorgang	Dauer (in Tagen)	Vorgänger
1	Modifizierte Konstruktion und Anpassung des Produktionsprogramms	15	–
2	Aufstellung des Fertigungsplans	3	–
3	Anlieferung des benötigten Rohmaterials	10	–
4	Bearbeitung der Einzelteile	8	1, 2, 3
5	Montagezeichnungen anfertigen	6	1
6	Montage	4	4, 5
7	Anlernphase	10	6

a) Was versteht man unter einem Netzplan und worin unterscheidet er sich von einem Balkendiagramm?
b) Welche Verfahren der Netzplantechnik sind Ihnen bekannt? →

c) In welchen Schritten wird ein Netzplan aufgestellt?
d) Erstellen Sie auf der Basis o. g. Daten einen Netzplan nach der Vorgangsknotentechnik; zeichnen Sie in den fertigen Netzplan den kritischen Weg ein und erläutern Sie die Bedeutung des kritischen Wegs.
e) „Die Aufstellung des Netzplans ist eine Sache, der tatsächliche Projektverlauf eine andere." Auf welche Problematik weist diese These hin?

18. Welche Phasen gehört nicht zum Projektmanagement?

a) Durchführungsphase
b) Zielsetzungsphase
c) Definitionsphase
d) Auftragsphase
e) Planungsphase
f) Abschlussphase

19. Was sind die Antriebskräfte der Globalisierung?

a) politische und wirtschaftliche Entwicklung
b) technologischer Fortschritt
c) Wechselkursentwicklungen
d) Liberalisierung der Märkte
e) Entwicklung des Preisniveaus

20. Lesen Sie den nachfolgenden Text und beantworten Sie die folgenden Fragen.

a) Welche Probleme gibt es beim Handel zwischen den Industrienationen und den Entwicklungsländern?
b) Wie wichtig sind Handel und Investitionen für die Entwicklungsländer?
c) Welche Forderungen stellt der Autor an die Zukunft des Freihandels? Welche konkreten Umsetzungsperspektiven werden von ihm aufgezeigt? Erläutern Sie in diesem Zusammenhang auch die Aussage „Trade not aid".

Freihandel auch für die Dritte Welt

Freihandel, vgl. Kapitel 2, 8.7.1 Verschiedene Integrationsstufen für wirtschaftliche Zusammenschlüsse

Die industrialisierte Welt darf nicht versuchen, ihre eigenen Probleme zu Lasten der Armen zu lösen. Es bringt selten etwas, zu versuchen, mit Handelsschranken Probleme zu bewältigen, deren Ursprung nicht im Handel liegt, sondern in anderen Bereichen der Politik. Diese Barrieren verschärfen nur die Armut und behindern die Entwicklung und sie machen die Probleme, die sie lösen wollen, oft noch schlimmer.
Die praktische Erfahrung hat gezeigt, dass Handel und Investitionen nicht nur wirtschaftliche Entwicklung bringen, sondern oft auch mehr Menschenrechte und Umweltschutz. (...) Es ist kaum erstaunlich, dass die Entwicklungsländer misstrauisch gegenüber jenen sind, die vorgeben, ihnen mit neuen Handelsbedingungen oder Handelsschranken helfen zu wollen. Immer wieder hat man den Entwicklungsländern gesagt, dass der Freihandel gut für sie sei und dass sie ihre Wirtschaft öffnen müssten. Und sie haben es getan, häufig zu einem hohen Preis. Vielleicht nicht weit genug: Viele Entwicklungsländer halten immer noch hohe Zollschranken aufrecht, die den Wettbewerb einschränken, ihren eigenen Produzenten

lebenswichtige Importe verwehren und damit Wachstum verlangsamen. Mag sein, aber es ist eine Tatsache, dass die reichen Länder ihre Zölle nicht so weit abgebaut haben wie die armen. Die reichen Länder scheinen zufrieden damit zu sein, ihre verarbeiteten Güter untereinander austauschen zu können. Aber von den Entwicklungsländern wollen sie immer noch lediglich Rohstoffe und keine fertigen Produkte beziehen. Dies führt dazu, dass ihre durchschnittlichen Zölle auf die aus Entwicklungsländern importierten Fertigwaren heute viermal so hoch sind wie die Zölle auf vorrangig aus anderen Industrieländern kommende Produkte. Aber nicht nur Zölle, sondern auch Einfuhrquoten und „Anti-Dumping"-Strafen dienen dazu, Importe aus der Dritten Welt von den Märkten der Ersten Welt fern zu halten, vor allem in den Sektoren, in denen die ärmeren Länder einen Wettbewerbsvorteil haben, wie zum Beispiel in der Landwirtschaft, bei Textilien und Kleidung. In manchen reichen Ländern scheint man anzunehmen, dass die aufstrebenden Volkswirtschaften zu ehrlichem Wettbewerb nicht fähig sind, denn immer, wenn sie etwas zu einem konkurrenzfähigen Preis produzieren, werden sie automatisch des Dumpings beschuldigt.

In Wahrheit sind es die Industrieländer, die ihre überschüssigen Lebensmittel auf den Weltmärkten zu Dumpingpreisen verschleudern – Überschüsse, die mit jährlichen Subventionen in Höhe von 250 Mrd. Dollar produziert werden – und damit den Lebensunterhalt von Millionen von Kleinbauern in den Entwicklungsländern gefährden, die mit den subventionierten Importen nicht konkurrieren können. (...) Der freie globale Markt muss, ebenso wie freie nationale Märkte, von gemeinsamen Werten getragen und mit wirksamen Institutionen abgesichert werden. Wir müssen bei der Verteidigung von Menschenrechten, Arbeitsstandards und der Umwelt die gleiche entschlossene Führung zeigen, wie bei der Verteidigung des geistigen Eigentums.

Aber wir brauchen dazu Hilfe vom privaten Sektor. Transnationale Unternehmen haben als Erste von der Globalisierung profitiert. Sie müssen ihren Teil der Verantwortung für die Bewältigung der Auswirkungen tragen. Aus diesem Grund habe ich vor einiger Zeit einen globalen Pakt zwischen der Privatwirtschaft und den Vereinten Nationen vorgeschlagen, mit dem wir Unternehmen helfen wollen, im Einklang mit anerkannten Grundsätzen der Menschenrechte, der Arbeitsstandards und des Umweltschutzes zu agieren. Inzwischen darf sich die Welthandelsorganisation nicht von ihrer eigenen, entscheidenden Aufgabe abbringen lassen. Dieses Mal müssen die Vorteile des Freihandels uneingeschränkt auch den Entwicklungsländern zugute kommen. Sonst könnte das Pendel unabwendbar gegen die Globalisierung ausschlagen.

Handel ist besser als Hilfe. Wenn die Industrieländer ihre Märkte stärker öffnen, könnten die Entwicklungsländer ihre Exporte um viele Milliarden Dollar pro Jahr erhöhen – um ein Vielfaches dessen, was sie jetzt an Hilfe erhalten. Für ungezählte Millionen armer Menschen könnte dies den entscheidenden Unterschied zwischen ihrem gegenwärtigen Elend und einem anständigen Leben ausmachen. Und trotzdem wäre der Preis für die reichen Länder minimal.

(...) Jetzt heißt es, Zölle und andere Handelsschranken für Exporte aus Entwicklungsländern entscheidend abzubauen. (...)

Quelle: K. Annan, in: Handelsblatt Nr. 232 vom 30. November 1999, S. 11

Glossar

ABC-Analyse	Verfahren zur Schwerpunktbildung in der Materialwirtschaft durch Einteilung in A-, B- und C-Güter. Wichtiges Einteilungskriterium ist dabei das Mengen-Wert-Verhältnis der Materialien.
Abschreibungen	bilanztechnisch steuermindernde Aufwendungen für Unternehmen
absolute Rechte	Rechte, die gegenüber allen anderen Rechtssubjekten bestehen
absoluter Vorteil	Produktivitätsvorteil eines Produzenten gegenüber einem anderen Produzenten bei der Erzeugung eines bestimmten Guts. Ansatz von Adam Smith zur Erklärung des internationalen Handels.
Abwertung	Verminderung des Außenwerts einer Währung
Äquivalenzprinzip	Versicherungsprinzip, bei dem die Prämie entsprechend dem Risiko des Versicherten berechnet wird. Gegenteil: → Leistungsfähigkeitsprinzip
Agenda 21	Leitbild für die weltweite Entwicklung von Wirtschaft, Gesellschaft und Umwelt, die den Prinzipien einer → nachhaltigen Entwicklung entspricht
Aktie	Der Begriff „Aktie" kann mehrere Bedeutungen haben, zum Beispiel den Bruchteil des Grundkapitals einer Aktiengesellschaft mit festem Nennwert, die Mitgliedschaft in der AG, verbunden mit Rechten und Pflichten des Aktionärs, die Aktienurkunde zur Erleichterung der Mitgliedschaftsübertragung in Form von Inhaberaktien.
Aktiengesellschaft	Zur Gründung einer AG ist nur eine Person notwendig, die einen Gesellschaftsvertrag aufstellt, der von einem Notar beurkundet werden muss. Diese Satzung beinhaltet Firma, Sitz und Gegenstand des Unternehmens, die Höhe des Grundkapitals (mindestens 50.000,– €), die Zusammensetzung des Aufsichtsrats und des Vorstands usw. Die Einzelheiten vom Gründungsvorgang bis zur Eintragung in das Handelsregister sind im Aktiengesetz genau geregelt.
Allokationsfunktion	Funktion des Wettbewerbs, die Unternehmen dazu anhält, Produktionsverfahren einzusetzen, die die größtmögliche Effizienz der eingesetzten Faktoren gewährleisten
Amtsgericht	unterste Instanz des Gerichtswesens
Anfechtbarkeit	Möglichkeit, Rechtsgeschäfte rückwirkend ungültig zu machen
Angebotskurve	grafische Darstellung des Angebots in einem Preis-Mengen-Diagramm
Angebotslücke	Situation, in der das Angebot die Nachfrage nicht befriedigen kann
Angebotsmonopol	ein Anbieter, viele Nachfrager
Angebotsoligopol	wenige Anbieter, viele Nachfrager
Angebotsüberhang	Situation, in der mehr Angebot als Nachfrage vorhanden ist
anorganischer Zusammenschluss	Zusammenschluss von Unternehmen aus unterschiedlichen Branchen (z. B. Industrie und Versicherung)
Anpassungsfunktion	Funktion des Wettbewerbs, die die Unternehmen zum produktiven Einsatz ihrer Produktionsfaktoren zwingt

antizyklische Finanzpolitik	gegen den Konjunkturverlauf gerichtete Wirkung wirtschaftspolitischer Maßnahmen; Gegenteil: → prozyklische Finanzpolitik
APEC	Asia-Pacific Economic Cooperation; Freihandelszone im asiatisch-pazifischen Raum, die bis zum Jahr 2020 entstehen soll. Motiv dieses Bündnisses ist das gemeinsame Interesse an der Aufrechterhaltung des raschen Wirtschaftswachstums in den Ländern Ostasiens und an der Liberalisierung des Handels in der Pazifikregion.
Arbeitsgemeinschaften	vertragliche Bindung von Unternehmen, einmalig oder für eine bestimmte Dauer einen Auftrag gemeinsam durchzuführen
Arbeitsgericht	Gericht, das für Streitigkeiten aus dem Arbeitsleben zuständig ist.
Arbeitskampf	Maßnahmen von Arbeitnehmern und Arbeitgebern, durch die die Gegenpartei zur Annahme gestellter Forderungen gezwungen werden soll (auf Arbeitnehmerseite: → Streik, auf Arbeitgeberseite: → Aussperrung)
Arbeitslosenquote	Anteil der gemeldeten Arbeitslosen an den Erwerbspersonen
Arbeitsmarktpolitik	Maßnahmen zur Bekämpfung von Störungen am Arbeitsmarkt
Arbeitsteilung	Mit Hilfe von Arbeitsteilung und Spezialisierung kann die Produktivität der Arbeitskraft während einer Arbeitsstunde erheblich gesteigert werden.
Aufwertung	Erhöhung des Außenwerts einer Währung
Ausbildungsordnung	legt Inhalte für den Ausbildungsberuf fest, wie z. B. Bezeichnung des Ausbildungsberufs, Ausbildungsdauer, fachspezifische Ausbildungsinhalte, Prüfungen
Ausbildungsrahmenplan	Teil der Ausbildungsordnung für den Lernort Betrieb. Zeitliche Zuordnung der Ausbildungsinhalte zu den (i. d. R.) drei Ausbildungsjahren
Ausgleichsfunktion	Ausgleich von Angebot und Nachfrage durch den Preis
Außenbeitrag	Differenz zwischen Einnahmen und Ausgaben für Warengeschäfte, Dienstleitungen und den laufenden Erwerbs- und Vermögenseinkommen. Diese kann positiv, negativ oder gleich null sein.
Außenhandel	internationale Warenbewegungen, d. h. Import und Export
Außenwirtschaft	alle denkbaren Beziehungen mit dem Ausland auf wirtschaftlichem Gebiet, z. B. Geldbewegungen, Dienstleistungen, Warenbewegungen
außenwirtschaftliches Gleichgewicht	gehört zu den vier gesamtwirtschaftlichen Zielen des → Stabilitäts- und Wachstumsgesetzes. Außenwirtschaftliches Gleichgewicht bezieht sich auf die so genannte Ausgeglichenheit der → Zahlungsbilanz.
Aussperrung	Maßnahmen der Arbeitgeber im Arbeitskampf, meist zur Streikabwehr. Bei der A. wird ein großer Teil der Arbeitnehmer von der Arbeit ausgeschlossen, jedoch i. d. R. mit der Absicht, später wieder eingestellt zu werden.
Bandbreite	Spanne in einem System fester Wechselkurse, innerhalb derer der Wechselkurs einer Währung schwanken darf
Barreserve	Bestand an Bargeld und jederzeit in bar verfügbare Guthaben bei der Europäischen Zentralbank

Bedarf	auf bestimmte Produkte und Dienstleistungen bezogener Wunsch; finanziell gesicherte Möglichkeit, Güter zu kaufen; → Bedürfnisse, → Nachfrage
Bedürfnisse	Antriebskräfte, die den Menschen bewegen, wirtschaftlich zu handeln und einen empfundenen Mangel zu beseitigen; → Bedarf, → Nachfrage
Beitragsbemessungsgrenze	Bruttoentgeltgrenze, bis zu der Beiträge zu den einzelnen Zweigen der gesetzlichen Sozialversicherung erhoben werden
Berufsausbildungsvertrag	Vertrag, der zustande kommt, wenn ein Ausbildender einen Auszubildenden zur Berufsausbildung einstellt. Inhalt des Berufsausbildungsvertrag ist im Berufsbildungsgesetz geregelt sowie die Rechte und Pflichten aus dem Berufsausbildungsvertrag
Berufung	Rechtsmittel gegen Urteile aus erster Instanz, um eine erneute Verhandlung des Rechtsstreits vor der nächst höheren Instanz zu erreichen
Besitz	tatsächliche Herrschaft über ein Rechtsobjekt
BGB (Bürgerliches Gesetzbuch)	Gesetzeswerk, welches einen großen Teil des Privatrechts regelt
Binnenwert	Kaufkraft der Währung
BIP	Bruttoinlandsprodukt; misst im Unterschied zum → BNE nur die im Inland entstandenen wirtschaftlichen Leistungen
Bretton-Woods-Abkommen	1944 geschlossenes Abkommen zur Errichtung des → IWF und der → Weltbank. Ferner ordnete das Bretton-Woods-Abkommen die internationalen Währungsverhältnisse in einem System fester Wechselkurse, das bis 1973 beibehalten wurde.
BNE	Bruttonationaleinkommen; Maß für die wirtschaftliche Leistung einer Volkswirtschaft in einer Periode. Das BNE entspricht dem Wert aller in einer Periode produzierten Güter (Waren und Dienstleistungen), einschließlich der aus dem Ausland netto empfangenen Erwerbs- und Vermögenseinkommen, jedoch ohne die Güter, die als Vorleistungen bei der Produktion verbraucht wurden. → BIP
Buchgeld (Giralgeld)	Sichtguthaben auf Bankkonten
Bundeskartellamt	oberste Bundesbehörde zur Sicherung des nationalen Wettbewerbs mit Sitz in Bonn
Deflation	Prozess sinkender Preise und steigender Kaufkraft des Geldes; Ursachen: Verringerung der Geldmenge oder steigende Umlaufgeschwindigkeit des Geldes
Deliktsfähigkeit	Voraussetzung für eine Schadensersatzverpflichtung bei schuldhaftem Verhalten
Deregulierung	Verringerung des staatlichen Einflusses auf die Wirtschaft und Schaffung von Entscheidungsspielräumen für Unternehmen
Deutsche Bundesbank	Zentralbank Deutschlands mit Sitz in Frankfurt am Main
Devisen	alle ausländischen Zahlungsmittel

Devisenbilanz	Teilbilanz der → Zahlungsbilanz. Hier werden alle Kapitalbewegungen der Zentralbank festgehalten. Die Devisenbilanz erfasst alle Devisenzu- und -abgänge sowie die Änderungen der Auslandspositionen Deutschlands und die Änderungen der Goldbestände.
Devisenkurs	der am Devisenmarkt gebildete Preis für Devisen
Dienstleistungsbilanz	Teilbilanz der → Leistungsbilanz; erfasst Ausgaben im Reiseverkehr, Einnahmen aus dem Reiseverkehr und den gesamten Austausch von Dienstleistungen zwischen Inländern und Ausländern
duales System	Ausbildung am Lernort Betrieb und am Lernort Berufsschule
Effizienz	Versuch, aus den zur Verfügung stehenden → Ressourcen so viel wie möglich herauszuholen („etwas optimal tun")
EFTA	European Free Trade Association; 1960 gegründete → Freihandelszone in Europa. Viele Gründungsstaaten sind mittlerweile der → EU beigetreten; zu den Mitgliedsländern der EFTA zählen noch Liechtenstein, Island, Norwegen und die Schweiz.
EG	Europäische Gemeinschaften; setzen sich aus der 1952 gegründeten Europäischen Gemeinschaft für Kohle und Stahl (EGKS) sowie der 1957 gegründeten Europäischen Wirtschaftsgemeinschaft (EWG) und Euratom (gemeinsame Atom-Energie-Behörde) zusammen; 1993 ging aus der EG die → EU hervor.
Eigentum	rechtliche Herrschaft über ein Rechtsobjekt
Einheitskurs	Abschlusskurs an der Börse
Einkommensverteilung, funktionelle	Verteilung aufgrund der im Produktionsprozess ausgeübten Funktion (Löhne, Gewinne, Zinsen usw.)
Einkommensverteilung, personelle	Verteilung des Einkommens auf Personen oder Personengruppen
Einkommensverteilung, primäre	Verteilung des Volkseinkommens, wie sie sich unmittelbar aus dem Marktprozess ergibt
Einkommensverteilung, sekundäre	Verteilung der Einkommen nach der staatlichen Umverteilungspolitik mit dem Ziel einer gerechteren Einkommensverteilung
Einnahmen des Staats	Der Staat finanziert sich über Gebühren, Beiträge, Einkünfte aus Kapitalbeteiligungen, Kredite und besonders über → Steuern.
Einzelunternehmung	bei der Einzelunternehmung prägt die Persönlichkeit des Unternehmers durch Eigeninitiative und das Maß an Verantwortung Aufbau und Entwicklung der Unternehmung. Der Unternehmer ist im Rahmen der bestehenden Wirtschafts- und Rechtsordnung frei in seinen Entschlüssen und durch seinen unternehmerischen Betätigungsdrang und seine Kapitalkraft elastisch.
Emission	Ausstoß von Schadstoffen bei der Produktion oder durch den Konsum. Man unterscheidet zwischen Emissionen: Abfälle, Müll, Staube, Gase, Abwässer usw. und Emissionsquellen: Verkehr, Haushalte, Industrie, Landwirtschaft usw.

Erwerbs- und Vermögensbilanz	Teilbilanz der → Leistungsbilanz; alle Einkommen aus unselbstständiger Arbeit und aus Kapitalerträgen, die aus dem Ausland kommen oder an das Ausland gehen, werden hier erfasst.
ESVG	Das System der → VGR wurde 1999 auf das Europäische System Volkswirtschaftlicher Gesamtrechnungen umgestellt. Dadurch soll die gesamteuropäische Vergleichbarkeit gefördert werden.
ESZB	Europäisches System der Zentralbanken
EU	Europäische Union; Zusammenschluss von 15 Ländern zu einer Zoll- und Wirtschaftsunion. Durch den Vertrag von Maastricht ging die EU 1993 aus der → EG hervor.
EU-Kommission	europäische Behörde mit Sitz in Brüssel
Euro	einheitliche Währung innerhalb der Europäischen Union
Euro-Zone	Gebiet in Europa, in dem der Euro als Zahlungsmittel eingeführt wurde (→ EWU)
EWU	Europäische Währungsunion zwischen 12 der 15 EU-Staaten, beinhaltet seit 1999 eine einheitliche Währung bzw. Geld- und Währungspolitik der Mitgliedsländer
EWWU	Abkürzung für „Europäische Wirtschafts- und Währungsunion" (→ EU, → EWU)
expansive Geldpolitik	Maßnahmen zur Ausweitung des Geldangebots, z. B. Senkung der Leitzinsen, mit dem Ziel, die Nachfrage zu steigern und die Wirtschaftstätigkeit zu beleben
Export	Ausfuhr; Absatz von im eigenen Wirtschaftsgebiet produzierten Gütern und Dienstleistungen in fremde Wirtschaftsgebiete
externe Effekte	Auswirkungen von Produktions- und Konsumtionsaktivitäten auf Dritte, die Allgemeinheit oder die Umwelt, die nicht über den Marktmechanismus verrechnet werden. Externe Effekte sind neben dem Vorliegen von → Marktmacht ein Ansatz zur Erklärung von → Marktversagen.
EZB	Europäische Zentralbank
Fachverbände	Zusammenschluss von rechtlich selbstständig bleibenden Unternehmen, um durch gemeinsame Maßnahmen das Leistungsangebot einer Branche bekannt zu machen
Faktormärkte	Märkte, auf denen die → Produktionsfaktoren gehandelt werden, z. B. Arbeitsmarkt
Familienversicherung	beitragsfreie Versicherung von Kindern und nicht berufstätigen Ehegatten in der gesetzlichen Kranken- und Pflegeversicherung, entspricht dem → Leistungsfähigkeitsprinzip
Festpreis	vom Staat festgelegter Preis, der weder über- noch unterschritten werden soll
finanzielle Kapitalgesellschaften	Unternehmen, deren Hauptfunktion in der finanziellen Mittlertätigkeit liegt (Banken- und Versicherungsgewerbe); → Wirtschaftssektor

Finanzpolitik	gezielte Veränderungen der Einnahmen und Ausgaben des Staats, mit denen die wirtschaftliche Entwicklung beeinflusst werden kann, z. B. über → Steuern, → Transferzahlungen oder → Subventionen
Fiskalpolitik	alle finanzpolitischen Maßnahmen des Staats im Dienst der Konjunkturpolitik
Floating	Bezeichnung für die freie Bildung von → Wechselkursen (engl. float = treiben, schwimmen)
freie Marktwirtschaft, Modell	Die Wurzeln des Modells der freien Marktwirtschaft liegen im Liberalismus. Das Eigennutzstreben des Einzelnen wird als Triebkraft wirtschaftlichen Handelns angesehen. Der Staat soll die Rahmenbedingungen der Wirtschaft entsprechend gestalten und so wenig wie möglich in das wirtschaftliche Geschehen eingreifen. Moral und Ethik setzen dem Einzelnen Grenzen für sein Handeln.
Freihandelszone	regionales Handelsabkommen mit dem Ziel, zwischen den beteiligten Ländern alle Zölle und Kontingente schrittweise abzubauen. Jedes Mitgliedsland behält aber seine volle Autonomie bei der Gestaltung der eigenen Handelspolitik gegenüber Drittländern. Beispiele: → EFTA, → FTAA
FTAA	Free Trade Area of the Americas; amerikanische → Freihandelszone, die bis 2005 errichtet werden soll; erstreckt sich auf dem amerikanischen Kontinent von Kanada im Norden bis nach Feuerland im Süden Chiles
Fusion	Zusammenschluss (Verschmelzung) von Unternehmen zu einer rechtlichen und wirtschaftlichen Einheit
Fusionskontrolle	Kontrollverfahren des Bundeskartellamts, das Zusammenschlüsse von Unternehmen bei Entstehung einer marktbeherrschenden Stellung untersagen bzw. Auflagen zum Zusammenschluss machen kann
GATT	General Agreement on Tariffs and Trade (Allgemeines Zoll- und Handelsabkommen); 1947 geschlossenes Abkommen mit dem Ziel, Handelshemmnisse im internationalen Handelsverkehr abzubauen. Das GATT wurde 1995 von der → WTO abgelöst.
Geldmenge	Geldbestand einer Volkswirtschaft (M1, M2, M3 und Zentralbankgeldmenge)
Geldmengenziel	von der Europäischen Zentralbank im Voraus festgelegte Ausweitung der Geldmenge
Geldschöpfung	Schaffung von neuem, zusätzlichem Geld durch das Bankensystem
Geldschöpfungsmultiplikator	beschreibt das Wievielfache an Geld die Banken aus Zentralbankgeld schöpfen können
Geldwert	Kaufkraft einer Währung
Geldwertstabilität	Erhaltung der Kaufkraft
gemeinsamer Markt	Auf diesem Markt sollen binnenmarktähnliche Verhältnisse mit einheitlichen Wettbewerbsregeln geschaffen werden. Voraussetzung für einen Binnenmarkt sind die vier Grundfreiheiten: freier Personenverkehr, freier Dienstleistungsverkehr, freier Warenverkehr und freier Kapitalverkehr.

gerechte Einkommensverteilung	Das Einkommen soll so verteilt sein, dass sozialer Frieden herrscht.
Geschäftsfähigkeit	Fähigkeit, Rechtsgeschäfte selbstständig und rechtsgültig abzuschließen
Gesetz gegen den unlauteren Wettbewerb (UWG)	Gesetz, das die Verbraucher und Unternehmen vor unfairen Wettbewerbspraktiken von Marktteilnehmern schützt
Gesetz gegen Wettbewerbsbeschränkungen (GWB)	wichtigstes nationales Gesetz zur Sicherung eines funktionsfähigen Wettbewerbs (Kartellgesetz)
Gewinnquote	Anteil der Einkommen aus Unternehmertätigkeit und Vermögen am gesamten Volkseinkommen
Gewohnheitsrecht	Rechtsnormen, die durch langandauernde Anwendung entstehen
Giralgeld (Buchgeld)	Sichtguthaben auf Bankkonten
gleichgerichtetes Verhalten	informelle Absprachen bzw. stillschweigende Übereinkommen (Parallelverhalten) zwischen Unternehmen zum Zweck der Wettbewerbsbeschränkung
Gleichgewichtspreis	Preis, bei dem Angebot und Nachfrage ausgeglichen sind
Gleichordnungskonzern	Austausch von Kapitalbeteiligungen zwischen gleichberechtigten Unternehmen (Schwesterunternehmen)
Global Player	→ Multinationales Unternehmen, das durch seine Marktstellung internationale Märkte beeinflusst
Globalisierung	durch den technischen Fortschritt beschleunigtes Zusammenwachsen der Weltwirtschaft verbunden mit verschärftem Konkurrenzdruck
GmbH	Die GmbH ist eine Gesellschaft mit eigener Rechtspersönlichkeit, deren Gesellschafter sich mit Einlagen an dem in Stammeinlagen zerlegten Stammkapital beteiligt haben, ohne persönlich für die Verbindlichkeiten zu haften.
Goldwährung	Währungssystem, in dem die Währungseinheit an eine bestimmte Goldmenge (i. d. R. Unze) gebunden ist
Grenzsteuersatz	prozentuale Höhe der Steuer auf den letzten Euro des Einkommens
Grundfreibetrag	Betrag, bis zu dem das Einkommen steuerfrei bleibt; entspricht dem Existenzminimum
Güter, öffentliche	Konsum dieser Güter rivalisiert nicht, sie stiften also mehreren Konsumenten gleichzeitig Nutzen. Zudem kann niemand von der Nutzung ausgeschlossen werden.
Güter, private	Der Nutzen kommt nur einem Konsumenten zugute; der Ausschluss Dritter ist möglich.
Handelsbilanz	Teilbilanz der → Leistungsbilanz. Die Werte aller Importe und Exporte werden in der Handelsbilanz erfasst.
Handelsgeschäfte	alle Geschäfte eines Kaufmanns, die zum Betrieb seines Handelsgewerbes gehören

Handelskauf	Kauf, bei dem mindestens ein Vertragspartner Kaufmann ist
HVPI	Harmonisierter Verbraucherpreisindex; wurde entwickelt, um Vergleichbarkeit der Inflationsraten zwischen den EU-Staaten zu ermöglichen
Hermes-Bürgschaft	Mit Hermes-Bürgschaften kann Deutschland Exporte absichern. Deutsche Exporteure werden mit dieser Bürgschaft des Staats vor politischen und vor wirtschaftlichen Risiken geschützt.
HGB (Handelsgesetzbuch)	Gesetzeswerk, welches das spezielle Recht der Kaufleute regelt
Höchstpreis	Preis, der unter dem Gleichgewichtspreis liegt und die Nachfrager schützen soll
Holding	Dachgesellschaft, der angeschlossene Unternehmen ihre Kapitalanteile übertragen
homo oeconomicus	Modellvorstellung, nach der der Mensch alle seine Bedürfnisse in eine Rangfolge bringt und sie auf rationalem Weg der Reihe nach befriedigt (Handeln gemäß dem → ökonomischen Prinzip).
homogene Güter	gleichartige Güter
horizontaler Zusammenschluss	Zusammenschluss von Unternehmen der gleichen Wirtschaftsstufe, die gleichartige oder substituierbare Güter anbieten
Humanvermögen, Humankapital	Fähigkeiten und Kenntnisse eines Menschen, die ihn befähigen, Arbeitseinkommen zu erzielen
Hyperinflation	Inflationsrate pro Monat von über 50 %, → Inflation
IMF	International Monetary Fund, → IWF
Import	Einfuhr; Bezug von Waren und Dienstleistungen aus dem Ausland
Index	Maßzahl
Inflation	Prozess laufender Preissteigerungen, Kaufkraft des Geldes sinkt
Interessengemeinschaften	Zusammenschluss von rechtlich selbstständig bleibenden Unternehmen zur Förderung gemeinsamer Interessen, auf deren Gebieten die Unternehmen ihre Selbstständigkeit jedoch aufgeben
irreführendes Verhalten	Verhalten von Marktteilnehmern, die bewusst falsche oder irreführende Angaben über ihre Produkte machen
Irrtum	Auseinanderfallen von Wille und Erklärung
IWF	Internationaler Währungsfonds; Organisation, die eine Zusammenarbeit auf dem Gebiet der Währungspolitik weltweit fördert und die Stabilität der Währungen sichern soll. Geraten Mitgliedsländer in Zahlungsschwierigkeiten, werden Kredite gewährt.
Kapitalbilanz	Teilbilanz der → Zahlungsbilanz; erfasst die Kapitalbewegungen (Kapitalimporte und -exporte) zwischen In- und Ausland, z. B. Direktinvestitionen, Kapitalmarktpapiere, Kredite
Kartell	vertraglicher Zusammenschluss von Unternehmen mit dem Ziel, den Wettbewerb zu beschränken bzw. auszuschließen

Kaufkraft des Geldes	misst diejenige Gütermenge, die mit einem bestimmten Geldbetrag gekauft werden kann
Kaufvertrag	Veräußerung von Sachen und Rechten gegen Entgelt
Kommanditgesellschaft	Die Kommanditgesellschaft (KG) ist eine Gesellschaft zum Betrieb eines Handelsgewerbes unter gemeinschaftlicher Firma. Im Gegensatz zur OHG ist die Haftung hier teilweise unbeschränkt (Komplementäre), teilweise beschränkt (Kommanditisten).
Kommissionär	selbstständiger Kaufmann, der in eigenem Namen, aber auf Rechnung eines Auftraggebers (Kommitent) tätig ist
Komplementärgüter	Güter, die zusammengehören
Konjunktur	zyklischer Verlauf („Auf und Ab") wirtschaftlicher Aktivitäten (→ Konjunkturzyklus)
Konjunkturausgleichs-rücklage	Ersparnisse des Staats, die bei einer Abschwächung der allgemeinen Wirtschaftstätigkeit im Interesse des gesamtwirtschaftlichen Gleichgewichts zusätzliche Ausgaben ermöglichen
konjunkturelle Arbeitslosigkeit	Arbeitslosigkeit, die als Folge von konjunkturellen Schwankungen entsteht
Konjunkturindikatoren	ökonomische Zeitreihen und aus ihnen abgeleitete Messgrößen, die den Konjunkturverlauf anzeigen (Frühindikatoren, gleichlaufende Indikatoren, Spätindikatoren)
Konjunkturzyklus	vollständiger Bewegungsablauf von Aufschwung über Abschwung bis zum nächsten Aufschwung
Konsortium	Zusammenschluss von rechtlich selbstständig bleibenden Unternehmen zur Förderung gemeinsamer Ziele. Die angeschlossenen Unternehmen müssen sich jedoch einem Konsortialführer unterordnen.
Kontingent	wert- oder mengenmäßige Begrenzung für bestimmte Erzeugnisse. Kontingente können sowohl für Importe als auch für Exporte festgesetzt werden. → Nichttarifäre Handelshemmnisse
kontraktive Geldpolitik	Maßnahmen zur Reduktion des Geldangebots, z. B. Erhöhung der Leitzinsen, mit dem Ziel, die Nachfrage zu dämpfen, um eine konjunkturelle Überhitzung zu vermeiden
Kontrollfunktion	Funktion des Wettbewerbs, die die wirtschaftliche Macht auf den Märkten begrenzt
Konvergenzkriterien	finanzpolitische und monetäre Bedingungen, die ein Beitrittskandidat der EU erfüllen muss, um der → EWU beitreten zu können
Konvertibilität	Möglichkeit, Währungen untereinander zu tauschen
Konzentration	als Prozess: Unternehmen verlieren ihre rechtliche und/oder wirtschaftliche Selbstständigkeit; als Zustand: Teilmärkte mit nur einer relativ geringen Zahl von Anbietern
Konzern	Zusammenschluss von Unternehmen durch kapitalmäßige Verflechtung (z. B. durch Aktientausch, Erwerb von Aktienmehrheiten)
Kooperation	Zusammenarbeit zwischen rechtlich und wirtschaftlich unabhängigen Unternehmen zur Steigerung des Wettbewerbs

Landeszentralbanken	Niederlassungen der Deutschen Bundesbank in den einzelnen Bundesländern
Leistungsbilanz	Teilbilanz der → Zahlungsbilanz; setzt sich zusammen aus → Handelsbilanz, → Dienstleistungsbilanz, → Erwerbs- und Vermögensbilanz und → Übertragungsbilanz
Leistungsfähigkeitsprinzip	Prinzip einer Versicherung, bei der die Prämie entsprechend der Leistungsfähigkeit des Versicherten berechnet wird. Gegenteil: → Äquivalenzprinzip
Lenkungsfunktion	Funktion des Preises: Preise lenken die Produktionsfaktoren in die rentabelsten Produktionen.
Liquidität	Fähigkeit, bestehenden Zahlungsverpflichtungen termingerecht und betragsgenau nachzukommen
Lobbyismus	Einflussnahme organisierter Interessengruppen bzw. -verbände auf Exekutive und Legislative
Lohn-Preis-Spirale	Auf jede Welle von Preiserhöhungen folgt eine Welle von Lohnerhöhungen, sodass Löhne und Preise sich gegenseitig in die Höhe treiben.
Lohnquote	Anteil des Einkommens aus unselbstständiger Arbeit am gesamten Volkseinkommen
Lokale Agenda 21	Ansätze auf der Ebene von Städten und Gemeinden, die → Agenda 21 auf regionalpolitischer Ebene umzusetzen
Lorenz-Kurve	grafische Darstellung von Verteilungssituationen, insbesondere der Einkommensverteilung
Low-Cost-/High-Cost-Situationen	Menschen sind in der Regel in Situationen, in denen es keine große Mühe für sie bedeutet, eher bereit, etwas zum Erhalt der Umwelt beizutragen. In Situationen, in denen sie hohe finanzielle Kosten hätten und viel Zeit aufwenden müssten, handeln sie eher umweltschädlich.
magisches Sechseck	Ergänzung der vier Ziele des → Stabilitäts- und Wachstumsgesetzes (→ „magisches Viereck") um zwei weitere, nämlich „Umweltschutz" und → „gerechte Einkommensverteilung"
magisches Viereck	Da die Ziele des → Stabilitäts- und Wachstumsgesetzes (StWG) von 1967 nur schwer gleichzeitig zu verwirklichen sind, wird das Zielbündel (→ Preisniveaustabilität, → Vollbeschäftigung, → außenwirtschaftliches Gleichgewicht und stetiges und angemessenenes → Wirtschaftswachstum) auch als magisches Viereck bezeichnet.
Markt	Auf Märkten treffen die wirtschaftlichen Güter, die Produzenten anbieten, und die Nachfrage der Verbraucher aufeinander. Mit Hilfe von Preisen wird der Tausch der Güter organisiert.
Marktarten	Unterscheidung der Märkte nach der Art der gehandelten Güter
Marktformen	Unterscheidung der Märkte nach der Anzahl der Marktteilnehmer
marktinkonform	Maßnahmen, durch die die freie Preisbildung außer Kraft gesetzt wird
marktkonform	Maßnahmen, durch die die freie Preisbildung beeinflusst, aber nicht aufgehoben wird

Markttransparenz	Marktübersicht für die Marktteilnehmer
Marktmacht	Beschränkung des funktionsfähigen Wettbewerbs auf dem Markt, z. B. durch → Konzentration. Neben → externen Effekten ein Ansatz zur Erklärung von → Marktversagen
Marktversagen	Situation, in der der Markt es alleine nicht schafft, die wirtschaftlichen Güter effizient zu verteilen, d. h., Angebot und Nachfrage über den Preismechanismus zu koordinieren (z. B. Umweltschäden, für deren Beseitigung sich niemand zuständig fühlt, Oligopolbildung und entsprechende Preisabsprachen der Anbieter). Als Gründe gelten insbesondere → externe Effekte und → Marktmacht.
Maximalprinzip	Mit einem bestimmten Mitteleinsatz soll der größtmögliche Nutzen erreicht werden.
Menschenbild	Die Menschenbildannahme in der Ökonomie besagt, dass der Mensch auf seinen eigenen Vorteil dacht ist und entsprechend rational handelt. → homo oeconomicus, → ökonomisches Prinzip
Mindestpreis	Preis, der über dem Gleichgewichtspreis liegt und die Anbieter schützen soll
Mindestreserven	werden von Kreditinstituten zwangsweise bei der Zentralbank hinterlegt, um die Zahlungsfähigkeit zu gewährleisten
Minimalprinzip	Ein bestimmter Nutzen wird mit geringstem Aufwand erreicht.
Ministererlaubnis	Ausnahmegenehmigung des Bundeswirtschaftsministers bei geplanten Zusammenschlüssen, wenn durch die Fusion übergeordnete, gesamtwirtschaftliche Vorteile gerechtfertigt werden
Missbrauchsaufsicht	Vorgehen des Bundeskartellamts, das bei missbräuchlicher Ausnutzung einer marktbeherrschenden Position von Unternehmen wettbewerbsschädigendes Verhalten untersagen und Verträge für unwirksam erklären lassen kann
Modelldenken	Mit Hilfe von Modellen werden nicht alle Eigenschaften erfasst, die ökonomische Sachverhalte in der Realität aufweisen, sondern nur solche, die für den Konstrukteur eines Modells von besonderer Wichtigkeit sind. Modelle beschränken sich in der Regel auf einige wenige Faktoren, die besonders hervorgehoben werden sollen und bilden die ökonomische Wirklichkeit nie vollständig ab.
Monopol	Situation mit nur einem Anbieter auf dem Markt
Monopson	Situation mit nur einem Nachfrager auf dem Markt
Münzhoheit	Recht des Staats, Münzen zu prägen
Multinationale Unternehmen	Unternehmen, die weltweit tätig sind und Niederlassungen bzw. Fertigungsstätten in vielen Ländern besitzen. Die größten multinationalen Unternehmen werden → Global Players genannt.
Nachfrage	→ Bedarf, der am Markt auftritt; → Bedürfnisse
Nachfragekurve	grafische Darstellung der Nachfrage in einem Preis-Mengen-Diagramm

Nachfragelücke	Situation, in der für ein bestimmtes Angebot zu wenig Nachfrage vorhanden ist
Nachfragemonopol	ein Nachfrager, viele Anbieter
Nachfrageoligopol	wenige Nachfrager, viele Anbieter
Nachfrageüberhang	Situation, in der die Nachfrage das Angebot überschreitet
nachhaltige Entwicklung	Ansatz, der den Zusammenhang von ökonomischen, sozialen und ökologischen Entwicklungen betont. Nur so viele → Ressourcen sollen verbraucht werden, wie der Mensch zum Überleben benötigt und die Natur verkraften kann. Gewahrt bleiben muss, dass auch nachfolgende Generationen angemessene Lebensmöglichkeiten haben.
Nennwert	festgesetzter Wert eines Zahlungsmittels
New Economy	Durch die → NIKT wird ein innovativer und produktivitätssteigernder Prozess ausgelöst, der neue Rahmenbedingungen für wirtschaftliches Handeln schafft. Informationen selbst werden zu einem neuen Gut. Neue Technologien erhalten deshalb entscheidende Bedeutung für wirtschaftliches Wachstum.
nichtfinanzielle Kapitalgesellschaften	→ Wirtschaftssektor in der → VGR; Kapitalgesellschaften wie AG, GmbH sowie Personengesellschaften (OHG und KG) ohne Banken und Versicherungen
Nichtigkeit	Unwirksamkeit von Rechtsgeschäften von Anfang an
nichttarifäre Handelshemmnisse	„versteckte" Handelsbarrieren in Form von z. B. → Kontingenten, administrativen und technischen Vorschriften der Länder, → Subventionen
NIKT	Neue Informations- und Kommunikationstechnologie
Nominaleinkommen	in Geldeinheiten ausgedrücktes Einkommen
Objektives Recht	Gesamtheit aller Regelungen zur Lösung von Konflikten
OECD	Organization for Economic Cooperation and Development; wurde zur Förderung der wirtschaftlichen Zusammenarbeit und Entwicklung gegründet. Mitglieder sind im Wesentlichen die westlichen Industrieländer.
Offene Handelsgesellschaft (OHG)	Die Offene Handelsgesellschaft betreibt ein Handelsgewerbe unter gemeinschaftlicher Firma, wobei die Gesellschafter den Gläubigern unmittelbar und unbeschränkt mit ihrem vollen Vermögen haften. Die wichtigsten rechtlichen Vorschriften sind im HGB § 105 ff. geregelt.
öffentliches Recht	Gesamtheit der Regelungen für die Rechtsbeziehungen des Staats zu den Bürgern
Ökonometrie	Teilgebiet der Wirtschaftswissenschaft, auf dem mit Hilfe mathematisch-statistischer Methoden wirtschaftstheoretische Modelle und Hypothesen auf ihren Realitätsgehalt untersucht werden.
ökonomisches Prinzip	effizienter Einsatz von Mitteln nach → Minimalprinzip bzw. → Maximalprinzip
offener Markt	Markt ohne Zutrittsbeschränkungen

Offenmarktgeschäfte	Wertpapiere werden von der Zentralbank auf bestimmte Zeit oder endgültig gekauft oder verkauft. Befristete Transaktionen mit Rückkaufvereinbarung werden als Wertpapierpensionsgeschäfte bezeichnet.
Oligopol	Markt mit nur wenigen Anbietern
OPEC	Organization of Petroleum Exporting Countries (Organisation der Erdöl exportierenden Länder); Ziel der OPEC ist eine gemeinsame Preis- und Mengenpolitik zur Steigerung der Exporterlöse.
Opportunitätskosten	Kosten, die entgangene Erträge oder entgangenen Nutzen im Vergleich zu einer besseren Handlungsalternative in Geld ausdrücken (Alternativkosten)
Ordnungspolitik	Gestaltung der Rahmenbedingungen der Volkswirtschaft durch den Staat
Papierwährung	Währung ohne Bindung an ein Edelmetall
Parität	Wertverhältnis zwischen zwei Währungen
Personengesellschaft	Personengesellschaften sind Bestandteil der Gesellschaftsunternehmen und setzen sich aus den Handelsgesellschaften (OHG, KG) und unvollkommenen Gesellschaften (BGB-Gesellschaft, stille Gesellschaft) zusammen. Sie haben keine eigene Rechtspersönlichkeit
Polypol	Situation mit vielen Anbietern und Nachfragern auf dem Markt
Präferenzen	Bevorzugungen auf Grund verschiedener Gründe
präventive Umweltpolitik	Ansatz, nach dem nicht die Erfassung und Beschreibung von Umweltschäden, sondern die in Wirtschaft und Gesellschaft getroffenen Maßnahmen zur Vermeidung von Umweltschäden in den Mittelpunkt einer Umweltberichterstattung gestellt werden sollen
Preis	in Geldeinheiten ausgedrückter Tauschwert eines Guts
Preisbindung	Ein Hersteller verpflichtet seine Abnehmer, die von ihm gelieferte Ware nur zu dem von ihm festgelegten Preis weiterzuveräußern.
Preisdifferenzierung	Angebot gleichartiger Güter zu verschiedenen Preisen
Preiselastizität	Messung der Nachfrageänderung bei Preisänderungen
Preisfixierer	Hersteller, der seinen Preis frei wählen kann
Preisführerschaft	Strategie im Oligopol, bei dem sich die Anbieter an den Preis des Marktführers anpassen
Preisindex der Lebenshaltung	gibt an, ob und wie sich die Kosten für die Lebenshaltung, gemessen am Preis bestimmter Güter, verändert haben
Preisniveau	Durchschnittspreis aller für eine Volkswirtschaft wichtigen Güter
Preisniveaustabilität	Eines der vier Ziele des → Stabilitäts- und Wachstumsgesetzes. Preisniveaustabilität bedeutet, dass mit einer bestimmten Menge Geld die gleiche Gütermenge über einen langen Zeitraum hinweg erworben werden kann.
Preispolitik	alle Überlegungen zur Festlegung von Preisen und Konditionen
private Haushalte	Personen, die in einem Haushalt wohnen (Mehrpersonenhaushalt), im Hinblick auf die Einkommensverwendung gemeinsam wirtschaften, und

	Personen, die alleine wohnen und wirtschaften (Einpersonenhaushalt); → Wirtschaftssektoren.
private Organisationen ohne Erwerbszweck	Kirchen, Parteien, Gewerkschaften, Religionsgemeinschaften, kulturelle und soziale Vereinigungen, Sport- und Freizeitvereine, Hilfswerke, karitative Einrichtungen, u. a. → Wirtschaftssektoren
Privatrecht	Gesamtheit der Regelungen der Rechtsbeziehungen der Rechtssubjekte untereinander
Produktionsfaktoren	Input einer Volkswirtschaft, in der Regel Boden, Arbeit, Kapital, Informationen. Teilweise werden auch weitere Faktoren einbezogen, wie z. B. technischer Fortschritt.
Produktivität	Menge und Qualität der pro Arbeitsstunde produzierten Güter. Zur Ermittlung der Arbeitsproduktivität wird die Produktionsmenge durch die benötigte Arbeitszeit geteilt. Je höher die Produktivität in einer Volkswirtschaft ist, desto höher kann der Lebensstandard entwickelt sein.
Protektionismus	Schutz der einheimischen Produktion gegen die Konkurrenz des Auslandes durch Maßnahmen der Außenhandelspolitik
Prozesspolitik	Eingriffe des Staats in den Ablauf des Wirtschaftsgeschehens
prozyklische Finanzpolitik	mit dem Konjunkturverlauf gleichgerichtete Wirkung wirtschaftspolitischer Maßnahmen; Gegenteil: → antizyklische Fiskalpolitik
Rahmenlehrplan	zeitliche Zuordnung der Ausbildungsinhalte (Lernziele, Lerninhalte) für den Lernort Berufsschule zu den (i. d. R.) drei Ausbildungsjahren
Rationalprinzip	→ ökonomisches Prinzip
Rationierung	Festlegung von Mengen
Realeinkommen	→ Nominaleinkommen unter Berücksichtigung der Kaufkraft
reales BSP	Umfassender Ausdruck für die von Preisänderungen bereinigte, periodisch abgegrenzte wirtschaftliche Leistung einer Volkswirtschaft (→ BSP)
Rechtsfähigkeit	Fähigkeit, Träger von Rechten und Pflichten zu sein
Rechtsgeschäfte	Rechtsbeziehungen zwischen Rechtssubjekten und -objekten
Rechtsobjekte	Gegenstände des Rechtsverkehrs (Sachen und Rechte)
Rechtsordnung	Gesamtheit aller in einem Rechtsstaat gültigen Rechtsregeln
Rechtssubjekte	natürliche oder juristische Personen
Rechtsverordnung	Anordnungen, die nicht per Gesetz, sondern durch ermächtigte Verwaltungsbehörden erlassen werden
Regelsätze	dienen der Berechnung der Sozialhilfe (Hilfe zum Lebensunterhalt)
regionale Arbeitslosigkeit	Arbeitslosigkeit, die durch sinkende Arbeitskräftenachfrage in bestimmten Regionen entsteht
Ressourcen	Güter, die die Umwelt der Wirtschaft zur Verfügung stellt, z. B. Boden, Rohstoffe, Luft, Wasser, Fischbestand in den Weltmeeren usw.

Sachenrechte	Herrschaftsansprüche an Sachen
Sachleistungsprinzip	Beispiel Krankenversicherung: Die Versicherung sorgt dafür, dass dem Versicherten die medizinischen Dienste ohne Zahlungsverpflichtungen zur Verfügung stehen.
saisonale Arbeitslosigkeit	Arbeitslosigkeit, die durch jahreszeitliche Einflüsse in einzelnen Wirtschaftszweigen entsteht
Scheidemünze	Münze, deren Metallwert unter ihrem Nennwert liegt
schleichende Inflation	Inflationsrate von etwa 10 % pro Jahr, → Inflation
schwebende Unwirksamkeit	Abhängigkeit der Wirksamkeit eines Rechtsgeschäftes von der Genehmigung des gesetzlichen Vertreters
Sektor	Die Produktionsstruktur einer Volkswirtschaft wird in drei Sektoren eingeteilt: Primärer Sektor (Urerzeugung), Sekundärer Sektor (Verarbeitung), Tertiärer Sektor (Dienstleistung)
sektorale Arbeitslosigkeit	Arbeitslosigkeit, die durch sinkende Arbeitskräftenachfrage in bestimmten Branchen entsteht
Shareholder-Value	Kapitalanteil von Aktionären, Unternehmenswert
sittenwidriges Verhalten	Verhalten von Marktteilnehmern, das gegen die „guten Sitten" verstößt (z. B. sittenwidrige Werbung)
Sonderziehungsrechte	internationales Kunstgeld des → IWF; Mitglieder des IWF haben durch Sonderziehungsrechte das Recht, Devisen gegen eigene Währung zu erwerben, um ein Zahlungsbilanzdefizit auszugleichen.
Sorten	ausländische Banknoten und Münzen
Sozialbudget	Zusammenstellung aller Sozialleistungen und ihrer Finanzierung
Soziale Frage	Die Entwicklung der europäischen Volkswirtschaften gemäß den Modellvorstellungen der freien Marktwirtschaft führten im 19. Jahrhundert dazu, dass in großem Ausmaß soziale Missstände auftraten (z. B. 12–14 Stunden Arbeitszeit pro Tag, Kinderarbeit, schlechte Wohnverhältnisse auf Grund äußerst geringer Löhne).
Soziale Marktwirtschaft	Die Konzeption der Sozialen Marktwirtschaft ist durch die Prinzipien Wettbewerbsprinzip, Sozialprinzip, Konjunkturpolitisches Prinzip und Marktkonformität gekennzeichnet. Gemäß der Konzeption sollen betriebswirtschaftlicher Erfolg und Sicherheit des Arbeitsplatzes, steigendes Einkommen und hoher Lebensstandard für den Einzelnen in Einklang gebracht werden.
Sozialgericht	Gericht, welches für Streitigkeiten innerhalb der Sozialgesetzgebung zuständig ist
Sozialhilfe	Hilfe des Staats, die dem Empfänger die Führung eines menschenwürdigen Lebens ermöglichen soll
Sozialversicherung	gesetzlich vorgeschriebene (Zwangs-) Versicherung für Arbeitnehmer. Zu ihr gehören die gesetzliche Unfall-, Kranken-, Arbeitslosen-, Renten- und Pflegeversicherung
Staat	Bund, Länder, Kommunen, Sozialversicherungen und die öffentlich-rechtlichen Unternehmen, die weniger als die Hälfte ihrer Produktions-

kosten durch Verkäufe am Markt decken, zählen in der → VGR zum → Wirtschaftssektor Staat.

Stabilitäts- und Wachstumsgesetz (StWG) Kurzbezeichnung für das Gesetz zur Förderung der Stabilität und des Wachstums der Wirtschaft von 1967. Bund und Länder obliegen der rechtlichen Pflicht, bei ihren wirtschafts- und finanzpolitischen Maßnahmen die Erfordernisse des gesamtwirtschaftlichen Gleichgewichts zu beachten. Maßnahmen gem. StWG sollen so getroffen werden, dass sie im Rahmen der marktwirtschaftlichen Ordnung gleichzeitig zu → Preisniveaustabilität, → Vollbeschäftigung, → außenwirtschaftlichem Gleichgewicht und zu einem stetigen und angemessenen → Wirtschaftswachstum beitragen (→ magisches Viereck)

ständige Fazilitäten Kreditinstitute können über Nacht überschüssige Liquidität anlegen oder sich über Nacht Kredite verschaffen.

Stagflation gleichzeitiges Auftreten von → Inflation und → Stagnation

Stagnation stagnierendes, d. h. gleich bleibendes Wirtschaftswachstum; ausbleibender konjunktureller Aufschwung

Steuerfreibeträge Geldbeträge, um die das zu versteuernde Einkommen gemindert wird und die somit nicht der Einkommensteuer unterliegen

Steuern Geldleistungen ohne Anspruch auf eine konkrete Gegenleistung, die hoheitlich erhoben werden

Steuerungsfunktion Funktion des Wettbewerbs, den Konsumenten ein Angebot bereitzustellen, das ihren Präferenzen (Vorlieben) entspricht

Strafmündigkeit Fähigkeit, im Sinne des Strafrechts für unerlaubte Handlungen verantwortlich zu sein

Streik letztes Instrument der Arbeitnehmer, um ihre Forderungen im Arbeitskampf durchzusetzen. Während eines Arbeitskampfes legen die Arbeitnehmer ihre Arbeit nieder.

Strukturwandel Verschiebung der drei → Sektoren hinsichtlich ihrer Anteile an der Wertschöpfung und Beschäftigung. Seit den 1970er-Jahren ist in den westlichen Industriestaaten eine erhebliche Zunahme der Wertschöpfung im Dienstleistungssektor zu verzeichnen, die zu Lasten sowohl des Primären als auch des Sekundären Sektors geht.

Subjektive Rechte Ansprüche, die Personen gegenüber allen oder bestimmten anderen Personen haben

Subsidiaritätsprinzip bestimmt die Rangfolge der Zuständigkeit staatlicher Behörden; Bsp. Sozialpolitik: Soziale Sicherung ist zunächst Aufgabe möglichst kleiner Gemeinschaften (Familie, Vereine), der Staat soll nur eingreifen, wenn diese mit der Aufgabe überfordert sind. Bsp. Wettbewerbspolitik: Regelung zwischen nationalen und europäischen Wettbewerbsbehörden, dass erst bei Konzentrationsvorgängen, die den europäischen Markt betreffen, die europäische Wettbewerbsbehörde zuständig wird

Substitutionsgüter Güter, die sich gegenseitig ersetzen können

Subventionen zweckgebundene Unterstützungen für Unternehmen, z.T. aus bestimmten Branchen. Sie können durch direkte Geldleistungen und

	steuerliche Ermäßigungen vom Staat an eine bestimmte Empfängergruppe geleistet werden.
Sucharbeitslosigkeit	Arbeitslosigkeit, die dadurch entsteht, dass sowohl die Arbeitskraft als auch das Unternehmen Zeit zur Suche benötigen, bevor eine Stelle besetzt werden kann
SVR	Sachverständigenrat, welcher sich aus fünf Mitgliedern („Fünf Weisen") zusammensetzt. Seine Gutachten über die aktuelle und zukünftige konjunkturelle Entwicklung sollen der Regierung zur Unterstützung ihrer politischen Entscheidungen dienen.
Synergie	positive/verstärkte Wirkung, die sich aus dem Zusammenwirken mehrerer Beteiligter oder Faktoren ergibt
tarifäre Handelshemmnisse	steuerliche handelspolitische Maßnahmen (→ Zoll)
Tarifautonomie	Verträge können von den Tarifvertragsparteien ohne Eingriff des Staats ausgehandelt werden.
Tarifparteien	Sammelbezeichnung für Arbeitgeberverbände und Gewerkschaften, die das Recht auf Förderung der Arbeits- und Wirtschaftsbedingungen für die Arbeitnehmer in den Unternehmen durch den abschluss von Tarifverträgen ausüben
Terms of Trade	geben Auskunft über das Austausch- bzw. Preisverhältnis der Güter im Außenhandel. Ins Verhältnis gesetzt werden hier die durchschnittlichen Preise für exportierte Güter zu importierten Gütern. Terms of Trade = Exportpreise / Importpreise
time lags	(engl.) Zeitverzögerungen, durch die wirtschafts- und geldpolitische Maßnahmen nicht zum gewünschten Zeitpunkt wirken
Transaktionskosten	„Sandkörner im Räderwerk der Wirtschaft", die zu wirtschaftlichen „Reibungsverlusten" führen können, z. B. hohe Informationskosten, um sich einen vollständigen Marktüberblick beim Kauf eines Fernsehers zu verschaffen
Transferzahlungen	Zahlungen der öffentlichen Hand an private Haushalte und an Unternehmen (→ Subventionen) ohne marktliche Gegenleistung
Trust	Ergebnis eines Unternehmenszusammenschlusses
Überschussreserve	Betrag, der den Kreditinstituten zur Kreditvergabe zur Verfügung steht
Übertragungsbilanz	Teilbilanz der → Leistungsbilanz. Hier werden alle laufenden Vorgänge ohne wirtschaftliche Gegenleistung festgehalten. Dies sind vor allem: Zahlungen an internationale Einrichtungen (wie z. B. NATO, EU, Weltbank usw.), Wiedergutmachungszahlungen auf Grund von Kriegen, Renten und Pensionen und Versicherungszahlungen ins Ausland, aber auch die Überweisungen der Gastarbeiter in die Heimat.
Umweltabgaben	Die ökonomische Inanspruchnahme von Umweltleistungen wird entsprechend ihrer Nutzung mit Preisen belegt.
Umweltauflagen	Mit Hilfe von Verboten können Umweltschäden vollständig unterbunden werden. Gebote lassen ein begrenztes Maß an Umweltschäden zu.

Umweltbegriff	Gesamtheit der Faktoren, die Einfluss auf die Existenz des Menschen haben
Umweltbewusstsein	Wissen des Menschen über Umweltschäden und Möglichkeiten ihrer Vermeidung. Häufig besteht eine Diskrepanz zwischen Umweltbewusstsein und Umweltverhalten, d. h., der Mensch handelt nicht gemäß seiner Kenntnisse. → Low-Cost-/ High-Cost-Situationen
Umweltlizenzen	Umweltverschmutzer können Rechte kaufen, mit denen der Staat festlegt, bis zu welchem Umfang sie die Umwelt verschmutzen dürfen.
Umweltpolitik	Gesamtheit staatlicher Maßnahmen, die erforderlich sind, um dem Menschen notwendige Umweltgüter zu sichern, → Ressourcen vor nachteiligen Folgen menschlichen Handelns zu schützen und Umweltschäden zu beseitigen. Die Umweltpolitik kann als Ressortpolitik z. T. nur die Umweltschäden beseitigen, die aufgrund von Entscheidungen in anderen politischen Bereichen verursacht werden (z. B. Verkehrspolitik, Raumordnung, Wirtschaftspolitik).
Umweltprobleme	Ereignisse oder Entwicklungen in der Natur, die die Lebensgrundlagen des Menschen bedrohen und auf menschliche Ursachen zurückzuführen sind. Umweltprobleme können entwicklungsbedingte, sozio-ökonomische und wirtschaftssystembedingte Ursachen haben.
UNCTAD	United Nations Conference on Trade and Development; 1964 gegründete Unterorganisation der UN mit dem Ziel, die Umstrukturierung des Welthandels zu Gunsten der Entwicklungsländer zu fördern
Unterordnungskonzern	Zusammenschluss zwischen einem herrschenden Unternehmen (Konzernmutter) und einem oder mehreren abhängigen Unternehmen (Töchterunternehmen) (→ Konzern)
Verein	auf Dauer angelegte Personenvereinigung im Sinne des BGB
Verfügbarkeit	bezeichnet die Bereitschaft und Fähigkeit zur Arbeitsaufnahme, wichtigste Voraussetzung für den Bezug von Arbeitslosengeld
Vermögen	die Sachwerte oder finanziellen Guthaben, die einer Person, einer Institution, einem Unternehmen oder einer Volkswirtschaft gehören
Vermögensübertragungsbilanz	Teilbilanz der → Zahlungsbilanz; einmalige Vermögensübertragungen, wie z. B. Schenkungen, Erbschaften, der Erlass von Schulden, Vermögensmitnahmen von Auswanderern bzw. Einwanderern oder Zuschüsse der EU für Infrastrukturmaßnamen werden in der Vermögensübertragungsbilanz ausgewiesen.
Verteilungsfunktion	Funktion des Wettbewerbs, auf den Faktormärkten eine leistungsgerechte Einkommensverteilung zu gewährleisten
vertikaler Zusammenschluss	Zusammenschluss von Unternehmen, die vor- oder nachgelagerten Wirtschaftsstufen angehören, z. B. Industrie und Handel
Vertrag	Mittel zur Gestaltung von Rechtsgeschäften
Vertragsfreiheit	freie Entscheidung, ob ein Vertrag mit welchem Inhalt, mit wem und in welcher Form eingegangen werden soll

VGR	Volkswirtschaftliche Gesamtrechnung; mengenmäßige Darstellung des wirtschaftlichen Geschehens in einer abgelaufenen Periode
Volkswirtschaftslehre	Wissenschaft von der Bewirtschaftung der → Ressourcen, wobei prinzipiell davon ausgegangen wird, dass Ressourcen knapp und menschliche → Bedürfnisse „unendlich" groß sind.
Vollbeschäftigung	zählt in der Bundesrepublik zu den vier Zielen des → Stabilitäts- und Wachstumsgesetzes (StWG). Vollbeschäftigung bezieht sich auf die Auslastung des Produktionsfaktors Arbeit.
vollkommener Markt	Markt unter bestimmten Bedingungen, der nur in der Theorie existiert
wachstumsdefizitäre Arbeitslosigkeit	Arbeitslosigkeit, die als Folge einer anhaltenden Wachstumsschwäche entsteht
Währung	Geldverfassung eines Landes
Währungsordnung	Regelungen des Geldwesens eines Landes
Währungsreform	Neuordnung des Geldwesens eines Landes
Währungssystem	Ordnung des Geldwesens in einem Land
Währungsunion	gemeinsame Währung bzw. gemeinsame Geld- und Währungspolitik zwischen verschiedenen Ländern, Bsp.: → EWU
Warenkorb	statistisch ermitteltes Einkaufssortiment bestimmter Haushaltsgruppen
Wechselkurs	Austauschverhältnis zwischen zwei Währungen
Weltbank	Organisation zur Finanzierung von Projekten in Entwicklungsländern
Weltwirtschaftsordnung	System vertraglicher Regelungen der internationalen Wirtschaftsbeziehungen
Werbung	Maßnahmen der Unternehmen, auf weitgehend gesättigten Märkten → Nachfrage für ihre Güter zu schaffen
Werkvertrag	Herstellen eines Werks oder sonstigen Erfolgs gegen Entgelt
Willenserklärung	Äußerung, um eine Rechtsfolge herbeizuführen
Wirtschaftskreislauf	Darstellung gesamtwirtschaftlicher Zusammenhänge anhand eines vereinfachten Modells, bestehend aus den Sektoren Unternehmen, private Haushalte, Staat, Ausland, Vermögensänderungen
Wirtschaftsordnung	tatsächlich realisierte Ausprägung eines → Wirtschaftssystems
Wirtschaftssektoren	Im Rahmen der → VGR werden wirtschaftliche Institutionen in folgende Sektoren zusammengefasst: → Nichtfinanzielle Kapitalgesellschaften, → Finanzielle Kapitalgesellschaften, → Staat, → Private Haushalte, → Private Organisationen ohne Erwerbszweck.
Wirtschaftssubjekte	Handelnde im Wirtschaftsgeschehen
Wirtschaftssystem	theoretische, idealtypische Ordnung einer Wirtschaft
Wirtschaftsunion	Die Idee der Wirtschaftsunion ist die Schaffung eines gemeinsamen Wirtschaftsgebietes; d. h., dass eine gemeinsame Wirtschaftspolitik aller Mitgliedsstaaten angestrebt werden soll (Bsp.: → EU). Ziel der Wirtschaftsunion ist die Schaffung einer → Währungsunion.

Wirtschaftsverfassung
juristische Konkretisierungen einer → Wirtschaftsordnung, die sich in einer Fülle von Gesetzen und Rechtsverordnungen widerspiegelt

Wirtschaftswachstum
liegt vor, wenn innerhalb einer Periode mehr Waren und Dienstleistungen produziert wurden als in einem Vergleichszeitraum; wird gemessen in prozentualen Veränderungen des → BIP. Stetiges und angemessenes Wirtschaftswachstum gehört zu den vier Zielen des → Stabilitäts- und Wachstumsgesetzes.

WTO
World Trade Organization; Nachfolgeorganisation des → GATT. Die WTO kann im Gegensatz zum GATT die Handelspraktiken der Mitgliedsstaaten überwachen, da sie über Entscheidungskompetenzen verfügt. Derzeit hat die WTO mehr als 130 Mitglieder und über 30 Länder haben einen Aufnahmeantrag gestellt.

Wucher
Rechtsgeschäft, bei dem Leistung und Gegenleistung in einem besonderen Mißverhältnis zueinander stehen

WWU
Wirtschafts- und Währungsunion, Bsp.: → EWWU; → EU, → EWU

Zahlungsbilanz
Gegenüberstellung aller Transaktionen mit dem Ausland innerhalb eines bestimmten Zeitraums, ausgedrückt in Geld. Die Zahlungsbilanz erfasst im Gegensatz zu anderen Bilanzen keine auf einen bestimmten Zeitpunkt bezogenen Bestandsgrößen, sondern Stromgrößen. Sie gibt Auskunft über die internationalen Verflechtungen einer Volkswirtschaft.

Zahlungsbilanzdefizit
unausgeglichene Teilbilanzen der Zahlungsbilanz:
Ein Zahlungsbilanzdefizit liegt vor bei einer passiven → Handelsbilanz (Warenimporte > Warenexporte), einer passiven → Dienstleistungsbilanz (Dienstleistungsimporte > Dienstleistungsexporte) oder einer passiven → Übertragungsbilanz (Leistungen an das Ausland > Leistungen an das Inland).

Zahlungsbilanzüberschuss
unausgeglichene Teilbilanzen der Zahlungsbilanz:
Ein Zahlungsbilanzüberschuss liegt vor, wenn eine aktive → Handelsbilanz (Warenimporte < Warenexporte), eine aktive → Dienstleistungsbilanz (Dienstleistungsimporte < Dienstleistungsexporte) oder eine aktive → Übertragungsbilanz (Leistungen an das Ausland < Leistungen an das Inland) vorliegt.

Zentralverwaltungswirtschaft
Im Rahmen der Volkswirtschaft wird die Entscheidungsstruktur zentral vom Staat bestimmt. Die Preise werden staatlich festgelegt.

Zoll
Abgabe, die der Staat an der Grenze auf die Einfuhr, Ausfuhr oder Durchfuhr von Waren erhebt; → tarifäre Handelshemmnisse

Zollunion
einheitliches Zollgebiet, das entsteht, wenn mehrere Staaten sich zusammenschließen und schrittweise alle Zölle und sonstige Handelsbeschränkungen beseitigen. Länder, die der Zollunion nicht angehören, müssen einen einheitlichen Außenzoll zahlen. Die Errichtung einer Zollunion ist i. d. R. die Vorstufe zur Gründung eines → gemeinsamen Markts oder einer → Wirtschaftsunion.

Stichwortverzeichnis

Verzeichnis der Internet-Adressen

www.adidas.com/de
www.altavista.de
www.apecsec.org.sg
www.arbeitsamt.de
www.attac.de
www.bafoeg.bmbf.de
www.basf.de
www.bayer.de/sd
www.bdi-online.de
www.be.schule.de
www.bildung.hessen.de
www.bildung-brandenburg.de
www.bildung-lsa.de
www.bildung-mv.de
www.bildung-rp.de
www.bildungsserver.de
www.bildungsserver.saarland.de
www.bmbf.de
www.bmfsfj.de
www.bmu.de
www.bmw.de
www.bmwi.de
www.bpb.de
www.bundesbank.de
www.bundeskartellamt.de
www.bundesregierung.de
www.bw.schule.de
www.cdu.de
www.daimlerchrysler.com
www.dejure.org
www.destatis.de
www.dgb.de
www.dialog-nachhaltigkeit.de
www.diw.de
www.ecb.int
www.efta.int
www.epcos.de
www.europa.eu.int
www.faz.de
www.fes.de
www.fireball.de
www.ftaa-alca.org
www.gabler-online.de
www.gepa3.de
www.globalisierung-online.de
www.google.de
www.greenpeace.de
www.gruene.de
www.handelsblatt.com
www.heise.de
www.henkel.de
www.hermes-kredit.com
www.hh.schule.de
www.highway61.com
www.iatge.de
www.igmetall.de
www.imf.org
www.iwkoeln.de
www.kas.de
www.learn-line.nrw.de
www.lycos.de
www.metacrawler.de
www.metager.de
www.mindjet.de
www.misereor.de
www.ni.schule.de
www.oecd.org
www.opec.org
www.otto.com
www.oxfam.de
www.rewi.hu-berlin.de
www.schule.bayern.de
www.schule.bremen.de
www.sh.schule.de
www.siemens.de
www.sn.schule.de
www.sozialpolitik.com
www.spd.de
www.statistisches-bundesamt.de
www.sueddeutsche.de
www.tagesspiegel.de
www.th.schule.de
www.thyssenkrupp.de
www.transfair.org
www.umis.de
www.umweltbundesamt.de
www.umweltrat.de
www.uno.de
www.venro.org
www.verbraucher.org
www.verbrauchernews.de
www.verdi.de
www.volkswagen-umwelt.de
www.welt.de
www.welthaus.de
www.weltpolitik.net
www.wissen-unserer-zeit.de
www.wiwi.de
www.worldbank.org
www.wr-unterricht.de
www.wto.org
www.yahoo.de

Die in diesem Werk angegebenen Internet-Adressen und -Dateien haben wir überprüft (Redaktionsschluss 30. September 2003). Dennoch kann nicht ausgeschlossen werden, dass unter einer der angegebenen Adressen inzwischen ein anderer Inhalt angeboten wird. Deshalb empfehlen wir Ihnen, die Adressen vor der Nutzung im Unterricht selbst noch einmal zu überprüfen.